GOLDMANN

Buch

Oslo, Frühling 1965. Die Beatlemania grassiert. Gerade ist »I feel fine« erschienen. Für Gunnar, Seb, Ola und Kim treten Hausaufgaben und Fußballtraining in den Hintergrund. Sie sind jetzt John, George, Ringo und Paul und sie wachsen mit den Beatles heran. Die Zeit der Swinging Sixties erleben sie im Rhythmus der neuen Scheiben. Die vier überstehen den Erziehungsamoklauf ihrer besorgten Eltern, treiben Herrenfriseure in den Ruin und erfahren den bittersüßen Geschmack der ersten Liebe. Und als die Zeit überschattet wird vom blutigen Ausgang der Pariser Maiunruhen und dem Massaker von My Lai, geht auch das nicht spurlos an ihnen vorüber.

Yesterday ist die Geschichte einer Generation zwischen Aufbruch und Abschied. Das faszinierende Epos von Freundschaft, Trennung und Suche endet 1972, zu dem Zeitpunkt als seine Hauptfiguren erwachsen geworden sind.

Autor

Lars Saabey Christensen, 1953 in Oslo geboren, schreibt Gedichte, Romane, Hörspiele, Krimis und Drehbücher.
»Vor fünf Jahren erschienen, war *Yesterday* im skandinavischen Sprachraum ein immenser Erfolg – kein Wunder bei einem Autor, der seine ganze narrative Kraft in diesem Entwicklungsroman gebündelt hat. Tomorrow Never Knows: *Yesterday* ist nicht mehr und nicht weniger als die feinfühlige und rasante Besichtigung eines mythischen Jahrzehnts.«

Sky Nonhoff in LUI

LARS SAABYE CHRISTENSEN

YESTERDAY

ROMAN

Aus dem Norwegischen von
Christel Hildebrandt

GOLDMANN VERLAG

Titel der Originalausgabe: »Beatles«

Der Goldmann Verlag
ist ein Unternehmen
der Verlagsgruppe Bertelsmann

Made in Germany · 2/91 · 1. Auflage
Genehmigte Taschenbuchausgabe

Umschlaggestaltung: Design Team München
Druck: Elsnerdruck, Berlin
Verlagsnummer: 9879
Lektorat: Ge
Herstellung: Heidrun Nawrot
ISBN 3-442-09879-3

INHALT

1. TEIL

I FEEL FINE

Frühling 1965

Ich sitze im Sommerhaus, es ist Herbst. Meine rechte Hand irritiert mich, mit den Narben kreuz und quer, besonders der Zeigefinger. Er ist krumm und schief wie eine Klaue. Ich muß ihn immer wieder ansehen. Er klammert sich an den Kugelschreiber, der rote Buchstaben malt. Es ist ein ungewöhnlich häßlicher Finger. Eine Schande, daß ich kein Linkshänder bin, ich habe mir das mal gewünscht, Linkshänder zu sein und Baßgitarre zu spielen. Aber ich kann mit der linken Hand spiegelverkehrt schreiben, genau wie Leonardo da Vinci. Trotzdem schreibe ich mit rechts und übe Nachsicht mit der verunstalteten Hand und dem abstoßenden Zeigefinger. Hier drinnen riecht es nach Äpfeln, ein intensiver Apfelduft steigt von dem alten Tisch auf, an dem ich mitten im dunklen Raum sitze. Es ist der erste Tag, an dem es Abend wird, und ich habe nur von einem Fenster die Fensterläden abgenommen. Der Fensterrahmen ist voll von toten Insekten, Fliegen, Mücken, Wespen, mit trockenen, dürren Beinen. Der Geruch nach Früchten macht mich ganz benommen, mein leerer Kopf löst etwas aus in mir; im Licht des Mondes, der jetzt durch das einzige offene Fenster scheint, tanzen Schatten an den Wänden und verwandeln das Zimmer in ein altmodisches Diorama. Und genau wie Olas Vater, der Friseur in Solli, der den Film immer, wenn Geburtstag war, verkehrt in den Vorführapparat legte, so daß wir drei Chaplin-Filme rückwärts sahen, so drehe ich jetzt allem den Rücken zu und begebe mich zurück. Und ohne daß ich mir dessen bewußt bin, stoppt die Filmrolle hinter meinen Augen bei einem bestimmten Bild, ich halte es für ein paar Sekunden fest, friere es ein, dann setze ich es wieder in Bewegung, denn ich bin allmächtig. Ich verleihe ihm Stimmen, Geräusche, Gerüche und Licht. Deutlich kann ich hören, wie der Kies unter den Schuhen knirscht, wenn wir über den Vestkanttorg schleichen, ich kann das berauschende Schwindelgefühl nach einem Lungenzug spüren, und immer noch kann ich Ringos Ellenbogen fühlen, der mich weich in der Seite trifft, und wir vier stehen in Reih und Glied, und John zeigt auf einen schwarzen, blankpolierten Mercedes, der vorm Naranja parkt.

Es war George, der als erster etwas sagte. Und zwar:
»Das ist deiner, Paul.«
Alle wußten, daß ich Spezialist war, wenn es um Mercedeswagen ging. Ich brauchte nicht einmal Werkzeug. Man mußte nur den runden Stern dreimal nach links drehen, ihn schnell loslassen und herausziehen, denn dann war die Befestigung garantiert abgerissen. Wir rannten die Treppe hinauf, und es kribbelte warm unterm Pullover. Wir nahmen die Situation in Augenschein.
»Zu viele Leute«, flüsterte John.
Die anderen waren seiner Meinung. Zwei Männer standen an der Ecke unter den Apfelbäumen, eine alte Dame überquerte dicht daneben die Straße.
»Hat keinen Sinn, es zu v-v-versuchen«, murmelte Ringo.
»Wir haben schon einen Opel und zwei Ford«, sagte George.
»Aber das is' doch 'n 220 S!« sagte ich.
»Wir hol'n ihn an einem andern Abend«, sagte John.
Es war aber nicht sicher, ob er dort morgen auch noch stehen würde. Und ich spürte diesen Sog in mir, den ich seitdem so oft gefühlt habe, und ich hörte nicht mehr auf die anderen. Ich ging ruhig über die Straße, allein, beugte mich über die Motorhaube, mein Herz schlug immer noch mit schwachem, gleichmütigem Schlag, ein Pärchen kam den Hügel von Berle herab, die beiden Männer unter den Apfelblüten schielten zu mir herüber, die Papageien im Fenster schrien stumm. Da drehte ich das Mercedesgeweih dreimal herum, ließ es schnell los, zog nochmal und schob es vorsichtig unter den Pullover. John, George und Ringo waren bereits weit entfernt, sie sollten irgendwie ganz natürlich gehen, aber von hinten ähnelten sie drei Laternenpfählen mit roten Lampen. John drehte sich um und winkte mir wild, ich grinste und winkte zurück, dann rannten sie los Richtung Urra. Ich stand immer noch am Tatort, sah mich um, aber niemand hatte irgendwie reagiert. Ich begann, hinter den anderen herzugehen, langsam, wie um das Ganze zu verlängern, um deutlich zu spüren, wie es war, ich gab dem Autobesitzer eine Chance, mich zu erwischen. Diese herrliche nervöse Wärme breitete sich in meinem Körper aus. Und niemand folgte mir. Ich zog den Stern hervor, schwenkte ihn triumphierend in der Luft und lief den anderen nach.
Sie warteten am Kiosk »Der Mann auf der Treppe«, jeder mit seiner Safttüte.
»Du bist v-v-verrückt«, sagte Ringo.
»Verdammt, wenn wir eines Tages erwischt werden«, murmelte John. Er sah zu mir hoch, lächelte nicht, wirkte leicht resigniert, fast unglücklich, wie er dasaß, mit der gefrorenen Safttüte und einer zitternden Zigarette.
Es war fast neun Uhr. Wir stellten fest, daß es draußen dunkel geworden war. »Der Mann auf der Treppe« löschte im Geschäft das Licht, und wir huschten den Bondeberg hinunter. Ich gab George den Mercedesstern, denn er ver-

steckte sie unter Zeitschriften in einem Kasten unterm Bett.
»Jetzt haben wir sechs davon«, sagte er.
»Aber keinen 220 S!«
»Da seh' ich k-k-keinen Unterschied«, meinte Ringo.
»Du mußt es nicht sehen, Hauptsache ist, daß du's weißt«, sagte ich.
»Wieviele Fiats haben wir, he«, überlegte John.
»Neun«, sagte George. »Neun Fotzen.«
»Mein Bruder hat aus Kopenhagen ein Pornoheft mitgebracht«, sagte John.
Wir blieben abrupt stehen, sahen ihn an.
»Aus Dänemark?« flüsterte Ringo und vergaß ganz zu stottern.
»Hat in Kopenhagen Handball gespielt, verdammt noch mal.«
»Wie ... wie is' es denn?«
»Super«, sagte John — »Ich muß jetzt abhaun.«
»Bring's morgen mal mit«, sagte George.
»Mach das!« rief Ringo und schwenkte den Schraubenzieher in der Luft. »Mach das!«
Ich ging mit John. Wir hatten den gleichen Weg, die Løvenskioldsgate hinunter. George und Ringo latschten hinüber zum Solli-Platz. Keiner von uns sagte etwas. Der Streusand vom Winter knirschte unter unseren Schuhen, und der vertrocknete Hundedreck lag in Reih und Glied auf dem Bürgersteig. Das war ein sicheres Zeichen für den Frühling, obwohl es noch ziemlich kalt und dunkel war und wir erst Mitte April hatten. Ich sah auf meine Schuhe und freute mich, denn Mutter hatte mir versprochen, daß ich im Mai neue bekäme, und die, die ich hatte, ähnelten eher Wanderstiefeln und waren schwer wie Blei. Johns Schuhe waren auch nicht viel besser, denn er erbte alles, was er trug, von seinem Bruder Stig, und der war zwei Jahre älter als er und 1,85 Meter groß, so daß Johns Schuhe immer so riesig waren, daß er zuerst einen Schritt in ihnen machen mußte, ehe er vorankommen konnte.
»Ich finde, wir haben langsam genug Autozeichen«, sagte John, ohne mich anzusehen.
»Vielleicht sollten wir nur verschiedene Zeichen sammeln«, schlug ich vor.
»Wir haben genug«, wiederholte er.
»Wir können ja die verkaufen, von denen wir zu viele haben.«
John stoppte und faßte mich hart am Arm.
»Da!« rief er und zeigte auf den Bürgersteig.
Ich erstarrte. Vor uns lag eine Schnur. Eine Schnur. Eine weiße Schnur direkt vor uns auf der Erde.
»Der Handgranatenmann«, flüsterte John.
Ich sagte nichts, starrte nur nach vorn.
»Der Granatenmann«, wiederholte John und trat einen Schritt zurück. Ich

blieb einen Meter, vielleicht noch weniger, von der Schnur entfernt stehen. Sie verschwand in einer Hecke und war an den Stäben eines Gullis im Rinnstein festgebunden.
»Bin nicht so sicher, daß das der Granatenmann is'«, sagte ich leise.
»Was sollen wir machen?« stotterte John hinter mir. »Die Bullen holen?«
»Muß nich' der Granatenmann sein, auch wenn da 'ne Schnur ist«, fuhr ich fort, aber mehr zu mir selbst.
»Die beiden Jungen in Grefsen haben die Bullen geholt«, zischte John. »Wir können in Fetzen gesprengt werden!«
In dem Moment hatte ich das Gefühl zu zerschmelzen. Ich zerfloß und war nirgends. Ich ging einen Schritt vor, beugte mich hinab, hörte John hinter mir schreien, dann zog ich mit aller Kraft.
Es polterte fürchterlich, aber nur, weil an das andere Ende der Schnur sechs Blechdosen festgebunden waren. John war längst auf die andere Straßenseite gelaufen und hatte sich hinter einem Laternenmast verschanzt. Ich zeigte ihm die Beute, und er kam aus dem Schützengraben hervor. Im selben Moment hörten wir hinter der Hecke Gelächter und Kichern. John war weiß im Gesicht, sein Kiefer knackte, und mit einem Satz war er über die Hecke rüber und zog zwei Knirpse ans Licht. Er drückte sie gegen einen Opel, führte eine Leibesvisitation durch, zeigte auf mich und auf die Schnur und sagte:
»Wißt ihr, wieviele Jahre Knast es für so was gibt?«
Die Pygmäen schüttelten den Kopf.
»Fünf Jahre!« rief John. »Fünf Jahre! Ihr werdet nach Jæren gebracht, ihr wißt sicher nicht mal, wo das ist, aber das ist verflucht weit weg, und da werdet ihr hingebracht, um Steine zu klopfen! Fünf Jahre lang. Verstanden?«
Die Rübenköpfe nickten.
Dann packte John sie, band sie mit der Schnur zusammen und jagte sie die Straße hinunter. Sie rannten wie die Wahnsinnigen, alles lief ans Fenster und glaubte, da sei eine Hochzeit. Wir hörten das Scheppern der Blechdosen noch viele Häuserblocks entfernt.
»Warum nehmen sie's nicht ab?« wunderte John sich und kratzte sich am Ohr.
»Finden das wohl toll«, sagte ich.
»Kann sein.«
Wir trödelten weiter. Nach einer Weile sagte John: »Du bist wahnsinnig! Hättest in die Luft fliegen können!«
»Was für Fotos sind das in dem Heft von deinem Bruder?«
»Riesenfotzen. Doppelt so groß wie im *Cocktail*.«
Er schwieg abrupt. Ich traute mich nicht, mehr zu fragen, wartete also einfach, daß John den Rest ausspucken würde.

»Da sind keine Haare drauf«, platzte es aus ihm heraus.
»Keine Haare?«
»Nichts. Wegrasiert.«
»Geht'n das?«
»Sieht so aus.«
»Ringos Vater ist Friseur«, sagte ich.
»Man kann alles sehn«, sagte John.
»Alles?«
»Logo.«
Wir trennten uns bei Gimle. John zog die Thomas Heflyesgate hinunter, ich ging weiter zum Skillebekk. Ich konnte diese kahlen Mösen nicht vergessen. Ich versuchte, sie mir vorzustellen, aber das war einfach unmöglich. Ich kam höchstens bis zum Foto der nackten Frau im Hausarztbuch, aber ich glaube, daß das Foto retuschiert war, jedenfalls war die Möse eine glatte Fläche, es schienen keine Haare drauf zu sein, aber es gab auch keine Ritze dort, eine derartige Dame hätten sie auch nicht gut im Hausarztbuch zeigen können. Als ich in die Svoldergate einbog, begann es zu nieseln, so ein warmer, leichter Regen, den man nicht sieht und von dem man kaum naß wurde. Ich hatte das Gefühl, als ob unzählige Haare mein Gesicht berührten, kleine kurze, dunkle Haare, in der ganzen Straße roch es komisch, ungefähr so wie in der Dusche der Turnhalle, und es war nirgends ein Mensch zu sehen. Ich sprintete das letzte Stück, denn ich war schon eine dreiviertel Stunde zu spät dran. Aber an den Briefkästen stoppte ich jäh. Dort lag ein brauner Briefumschlag. Daneben hatte der Briefträger einen Zettel mit Suchangaben gelegt. Es gab niemanden an diesem Treppenaufgang, der Nordahl Rolfsen hieß. Ob ihm jemand helfen konnte? Ich konnte. Der Brief war für mich. Ich schob den Umschlag unter mein Hemd, schlich mich hoch und in mein Zimmer. Dort zog ich den Brief vorsichtig heraus, stellte meine Ohren auf größte Reichweite, niemand im Anmarsch. Es stimmte also, was in der Anzeige in »Nå« gestanden hatte. Diskret und gut verpackt. Von »Alles in Einem«. Ein Dutzend »Rubin-Extra«, rosa. 11 Kronen. Aber das mußte ich nicht bezahlen. Niemand wußte, wer Nordahl Rolfsen war. Raffiniert. Ich traute mich nicht, das glatte Paket zu öffnen, hielt es nur in der Hand, hörte den Nieselregen draußen, Haare, die ans Fenster klopften. Dann versteckte ich das ganze Zeug in der dritten Schublade unter Pop-Extra, Beatles-Zeitschriften und einem Conquest-Roman.

Es war an einem Donnerstag, da bin ich mir ganz sicher, denn wir hatten für den folgenden Tag einen Aufsatz auf, den letzten vor der Prüfung, und Aufsätze mußten wir immer freitags abgeben, damit unser Klassenlehrer Mütze sich am Wochenende damit amüsieren konnte. Ich hatte noch kein einziges Wort geschrieben. Mein Plan war eigentlich gewesen, schon abends zu husten, lange, gurgelnde, verzweifelte Huster, die Mutter und Vater bis weit nach Mitternacht wach halten sollten. Und am nächsten Morgen mußte ich mir nur noch die Stirn am Kissen warm reiben, dann würde Mutter 39,5 Fieber feststellen und Daheimbleiben verordnen. Aber ich wollte nicht der letzte sein, der das Pornoheft von Gunnars Bruder zu sehen bekam. Ich entschloß mich, den Aufsatz zu schreiben, nachdem Vater und Mutter ins Bett gegangen waren. Doch plötzlich stand Mutter mit dem Abendbrot und einem Glas Milch in der Tür.

»Du kannst gerne bei uns reingucken, wenn du nach Hause kommst«, sagte sie.

Ich nahm ihr den Teller und das Glas ab.

»Wir sitzen im Wohnzimmer. Das ist nicht so weit weg.«

»Weiß ich«, sagte ich.

»Wo warst du?«

»Auf'm Schulhof.«

»So spät?«

»Wir haben Schlagball gespielt.«

Sie kam einen Schritt näher, und ich wußte, daß es jetzt kommen würde. Und ich wußte genau, was sie sagen würde und was ich antworten müßte, wenn ich schlau sein wollte.

»*Müssen* all diese scheußlichen Bilder an der Wand kleben?«

»Ich find' sie schön«, entgegnete ich.

»Sind *die* schön?« Mutter schrie fast und zeigte auf ein Bild unter der Decke.

»Das sind die Animals«, sagte ich.

Mutter sah mir wieder direkt ins Gesicht.

»Du mußt zum Friseur«, sagte sie. »Das Haar geht dir fast über die Ohren.«

Ich dachte an Vater, der fast schon eine Glatze hatte, und dabei errötete ich, weil ich plötzlich eine eklige Figur, ein Monster von einem Kopf, so eine wahnsinnige Kreuzung deutlich vor mir sah. Meine Mutter kam näher, fragte, was los sei.

»Was soll sein?« fragte ich heiser.

»Hm. Du wurdest plötzlich so komisch.«

Jetzt nahm das Gespräch eine völlig überraschende und gefährliche Wendung. Ich fing demonstrativ an zu essen, aber Mutter blieb einfach stehen, lehnte sich an den Türpfosten.

»Hast du dich heute abend mit einem Mädchen getroffen?« fragte Mutter. Die Frage war wahnsinnig, falsch gestellt, idiotisch, ins Blaue geschossen, aber statt sie in Grund und Boden zu lachen, wurde ich wütend.

»Ich war mit Gunnar zusammen! Und mit Sebastian und Ola!«
Mutter strich mir über den Kopf.
»Aber ich finde trotzdem, du könntest zum Friseur gehen.«
Trotzdem? Was meinte sie damit? Welche Falle stellte sie mir jetzt? Ich mobilisierte meine letzten Kräfte und brachte das Argument, das immer eine gewisse Wirkung auf meine Mutter hatte, weil sie einmal Schauspielerin werden wollte.
»Rudolf Nurejew hat auch lange Haare!«
Mutter nickte kurz, lächelte über das ganze Gesicht, und dabei legte sie mir auch noch zum zweiten Mal die Hand auf den Kopf.
»Du kannst sie gerne mitbringen.«
Ich war davon überzeugt, daß ich das roteste Bleichgesicht im Westen war, außer Jensenius, dem Opernsänger ein Stockwerk höher, der 30 Export am Tag trank und der sagte, daß das Pfandgeld und die Kunst die Welt in Bewegung halten.

Wie gewöhnlich saß Vater mit der Zeitschrift »Nå«, deren Titelseite ein Foto von Wencke Myhre schmückte, in seinem Sessel vor dem Bücherregal. Er arbeitete intensiv am Kreuzworträtsel. Dann hob er das schmale, bleiche Gesicht und sah mich an.
»Hast du deine Hausaufgaben gemacht?«
»Ja.«
»Welche Chancen hast du bei der Prüfung?«
»Gute. Glaub' ich.«
»Du sollst nicht glauben. Du sollst es wissen.«
»Ich hab' gute Chancen.«
»Freust du dich auf die Realschule?«
Ich nickte.
Vater lächelte kurz und vertiefte sich wieder in sein Kreuzworträtsel. Ich sagte gute Nacht, doch als ich mich umdrehte, hörte ich Vaters Stimme wieder.
»Wie heißt der Schlagzeuger bei The Beatles?«
Er sah sehr komisch aus, als er das sagte, und ich glaube fast, daß er ein bißchen rot wurde. Um sich zu rechtfertigen, zeigte er emsig auf die Zeitschrift.
»Ola«, fing ich an, schluckte es aber runter. »Ringo, Ringo Starr. Aber eigentlich heißt er Richard Starkey«, gab ich an.
Vater schrieb eifrig in die Kästchen, nickte und sagte: »Ausgezeichnet. Es stimmt.«

Ich lag im Bett und wartete darauf, daß meine Eltern schlafen gehen würden. Machte ich jetzt das Licht an, würden sie kommen und mich fragen, was los sei, denn sie konnten am Spalt unter der Tür sehen, ob es dunkel bei mir war. Ich hörte es draußen regnen, hörte die Züge nur 100 Meter entfernt zwischen meinem Fenster und der Frognerbucht vorbeirattern. Ich wußte haargenau, wohin sie fuhren, aber schließlich gab es ja nicht so viele verschiedene Strecken. Und auch wenn sie gar nicht so weit fuhren und nur in Norwegen blieben, so ließen sie mich doch jedesmal an fremde Länder denken, wie sie auf der Karte hinter dem Lehrerpult zu sehen waren; wenn ich die Züge hörte, dachte ich auch an die Sterne, an das Weltall, und dann verschwand alles vor meinen Augen, und ich fiel nach hinten, sozusagen in mich selbst hinein, und wenn ich schrie, kamen Mutter und Vater hereingestürzt, sie waren winzige Punkte, weit, weit entfernt, und sie zogen mich vorsichtig wieder hervor. Aber dieses Mal schrie ich nicht. Ich hörte die Züge und die Straßenbahn, die über den Ola Bulls Platz quietschte. Und zwischen all dem hörte ich Mutters und Vaters gedämpfte Stimmen und das Radio, das immer lief, und immer gab es im Radio eine Oper, das hörte sich so einsam an, trauriger als alles andere, sie sangen von einer anderen Welt, einer Welt, die grau war und ohne Bewegung, sie sangen so kalt und tot. Und an den Wänden um mich herum hingen Fotos von Gesichtern, die auch sangen, aber es kam kein Laut hervor, Gitarren und Schlagzeug waren stumm. Rolling Stones, Animals, Dave Clark Five, Hollies, Beatles. Beatles. Fotos der Beatles. Und ich träumte von Ringo und John, von George und Paul. Ich träumte, daß ich einer von ihnen sei, daß ich Paul McCartney sei, daß ich seinen freundlichen, wehmütigen Blick hätte, wegen dem sich alle Mädchen halbtot schrien, ich träumte, daß ich Linkshänder sei und Baßgitarre spielte. Ich setzte mich plötzlich, hellwach, im Bett auf. Aber ich bin doch einer von ihnen, dachte ich laut und lachte. Ich bin einer der Beatles.

Es war halb zwölf, Mutter und Vater waren ins Bett gegangen. Ich schritt zur Tat. Es gab drei Themen. Das erste war ausgeschlossen: *Meine Familie.* Mein Vater arbeitet in einer Bank und löst Kreuzworträtsel. Meine Mutter wollte Schauspielerin werden, als ich klein war. Ich heiße Kim. Das ging einfach nicht. Das zweite Thema lautete: *Ein Tag in der Schule.* Ausgeschlossen. Selbst Lügen haben ihre Grenzen, selbst für mich haben Lügen ihre Grenzen. Man kann bis zu einem gewissen Punkt schummeln und bekommt das gut hin, aber darüber hinaus wird es nur noch wahnsinnig. Ich mußte das letzte nehmen: *Deine Pläne nach der Volksschule.* Ich fand das Aufsatzheft zwischen einem Haufen alter Schulbrote. Für den letzten Aufsatz hatte ich eine Vier bekommen. Aber den hatte Vater geschrieben. *Mein Hobby.* Er fand, daß ich unbedingt über Briefmarken schreiben müßte, auch wenn ich nur zwei dreieckige von der Elfenbeinküste habe. Vater hatte eine Vier bekommen, nicht ich. Dann nahm ich's in Angriff. Ich lud den Füller mit einer Patrone und fing

gleich mit Tinte an. Kein Weg zurück. Es kribbelte im Rückgrat, die Aufregung ließ mich fast genial werden. Zunächst wollte ich Realschule und Gymnasium beenden. Danach wollte ich Medizin studieren und Arzt in einem armen Land werden, in dem ich für kranke Neger leben und sterben würde. Ich schaffte dreieinhalb Seiten und beendete das Ganze mit irgend etwas über Nansen, bekam aber den Nordpol und die Neger nicht ganz zusammen, und da kam ich drauf, daß es Albert Schweitzer war, den ich hätte anführen sollen, aber da war es zu spät. Ich schlug das Heft zu, ohne es durchzulesen. Anscheinend war die Zeit unglaublich schnell vergangen, denn der letzte Zug nach Drammen donnerte vorbei, und danach wurde die ganze Welt still. Der Regen hatte aufgehört. Die Straßenbahnen fuhren nicht mehr. Mutter und Vater schliefen. Und ich bin auch kurz vorm Einschlafen, als eine klare Fistelstimme das Zimmer füllt. Sie kommt von oben, aber das ist nicht Gott, das ist die wahnsinnige Nachtigall, Jensenius, der mit seinem nächtlichen Auf- und Abgehen angefangen hat, vor und zurück, während er die alten Lieder aus der Zeit, als er weltberühmt war, singt.
Und mit dem singenden Jensenius über mir konnte ich unmöglich einschlafen, auch wenn es bei weitem nicht so traurig war wie die Stimmen im Radio. Es war zwar etwas unheimlich, Jensenius zu hören, wenn man ihn jedoch sah, war es fast nur noch komisch. Er war so wahnsinnig groß, er ähnelte ein bißchen dem Typen, dessen Bild auf den IFA-Lakritzpastillen war, und der war ja auch Opernsänger. Das erinnerte mich an etwas. In der fünften Klasse schnitt ich den Namenszug des Typen auf der Pastillenpackung aus, Ivar Fredrik Andresen, und erzählte Gunnar, daß das ein seltenes Autogramm eines weltberühmten Opernsängers sei. Gunnar kaufte es für zwei Kronen, denn er sammelte Autogramme, alles von Arne Ingier bis Genosse Lin Piao. Gunnar wunderte sich aber, warum es auf so dickes Papier geschrieben war. Kein Papier, sagte ich. *Karton*. Das Beste überhaupt. Aber warum war es so verdammt klein? Aus einem heimlichen Brief ausgeschnitten, erklärte ich ihm. Drei Tage später kam Gunnar zu mir und fragte mich, ob ich Lakritzpastillen wolle. Und dann zog er eine IFA-Packung hervor und stopfte sie mir ins Maul. Er war nicht sauer. Nur verblüfft. Er bekam sein Geld zurück, und seitdem haben wir keine Geschäfte mehr gemacht.
Aber zurück zu Jensenius, dem Opernsänger des Treppenaufgangs, er ähnelte einem Luftschiff, und aus diesem kolossalen Fahrwerk kam eine Stimme hervor, die so hoch und dünn und herzzerreißend klang, als sitze ein kleines Schulmädchen in ihm und singe statt seiner. Er war sicher mal Bariton gewesen. Es gibt viele Geschichten über Jensenius, und ich weiß nicht, welche ich glauben soll, aber es wird gesagt, daß er kleinen Mädchen Bonbons gab und Jungen auch, und daß er sie gerne in den Arm nahm. Er war einmal Bariton,

dann fummelten sie an seinem Untergestell herum, und jetzt ist er Sopran, trinkt wie ein Bär und singt wie ein Engel. Und ich würde ihn gern den Wal nennen, denn Wale singen auch, und sie singen, weil sie einsam sind und das Meer für sie viel zu groß ist.
Und dann schlief ich ein.

Die Aufsätze wurden in der ersten Stunde eingesammelt, nachdem wir das Vaterunser mit dem Drachen als Vorbeter gebetet hatten. Aber der kam nie weiter als »werde dein Name«, dann verstummte er, wurde rot und preßte seine Hände aneinander, daß die Knöchel weiß hervorstanden, und dann mußte die Gans übernehmen, das ging wie mit Butter geschmiert, und wir anderen standen in Reih und Glied neben unseren Plätzen und murmelten mit, so gut wir konnten. Seb war diese Woche der Klassenverantwortliche, er trottete durch die Reihen, sammelte die Aufsatzhefte ein und legte sie in einem ordentlichen Stapel auf das Pult vor Lehrer Mütze, der verblüfft in die Klasse starrte.
»Alle abgegeben?« fragte er leise.
Seb nickte und zog sich auf seinen Platz zurück. Er saß ganz hinten in der Fensterreihe, während ich hinter Gunnar in der mittleren Reihe saß und Ola direkt an der Tür, so daß er immer als erster draußen war und als letzter drinnen. Es war übrigens gut, den Platz hinter Gunnar zu haben, sein Rücken war breit genug, das ganze Hausarztbuch zu verdecken. Er drehte sich um und flüsterte: »Welchen hast du geschrieben?«
»Zukunftspläne.«
»Was willste werden?«
»Arzt in Afrika.«
»Seb will Missionar werden. In Indien.«
»Wofür hast du dich entschieden?«
»Will Pilot werden. Und Ola Damenfriseur.«
»Haste das Heft mit, he?«
Gunnar nickte kurz und drehte sich nach vorn.
Mütze sah immer noch auf die Klasse, als ob wir eine neue Landschaft wären, die sich in all ihrer Pracht zeigte, und nicht die 7a, 22 Grünschnäbel mit fettigem Haar und Pickeln und den Händen in den Hosentaschen.
»Haben *alle* abgegeben?« wiederholte er.
Keine Reaktion.
»Wer hat *nicht* abgegeben?« veränderte er seine Frage.
Stille im Klassenzimmer. Eine Stecknadel. Nur die Straßenbahn nach Briskeby klapperte vorbei, weit unten auf der Erde, denn wir waren die Ältesten und durften in die oberste Etage.

Mütze stand auf und begann auf dem Podium vor uns hin und her zu wandern. Jedesmal, wenn er sein Pult erreichte, streichelte er den Stapel mit Aufsatzheften und grinste immer breiter.

»Ihr lernt«, sagte er. »Ihr lernt, und meine Bemühungen waren vielleicht doch nicht umsonst. Ihr werdet bald die Erfahrung gemacht haben, daß *Pünktlichkeit* einer der Eckpfeiler in der Welt der Erwachsenen ist. Wenn ihr jetzt zur Realschule wechselt, werden andere und viel strengere Forderungen an euch gestellt werden, um nicht von denen zu sprechen, die Gymnasium und Universität im Auge haben, ihr werdet es bald begreifen, und am besten ist es, wenn ihr es schon jetzt begreift, etwas, wovon dieser schöne Heftstapel Kunde gibt, nämlich, daß ihr verstanden habt, wenn nicht alles, so zumindest einen Teil.«

Ich saß in der mittleren Reihe, hinter Gunnars sicherem Rücken. Mütze marschierte oben auf seiner Bühne und sprach mit warmer, zitternder Stimme. Und keiner hörte auch nur einer Silbe zu, aber wir freuten uns alle, daß wir drum herum kamen, Hauptsätze zu analysieren oder »Terje Vigen« zu lesen. Und nach einer Weile verschwand seine Stimme, das ist ein Trick von mir, ich kann sozusagen den Ton ausblenden, das kann manchmal äußerst bequem sein. Lehrer Mütze wurde zum Stummfilm, seine Bewegungen waren ruckartig und übertrieben, und sein Mund arbeitete emsig, als ob das geistlose Publikum im Saal dadurch erraten konnte, was er auf dem Herzen hatte. Und zwischendurch erschienen erklärende Texte auf der Tafel. *Wenn ihr jetzt in die Welt hinausmüßt, seid bereit. — Kämpft für euer Vaterland und die norwegische Sprache. — Übung macht den Meister. — Halte die linke Wange hin und frage immer zuerst. — Bjørnstjerne Bjørnson.* Und kurz vorm Klingeln begriff ich, daß er glücklich war. Er war glücklich, weil wir ein einziges Mal, das letzte Mal, unsere Aufsätze rechtzeitig abgegeben hatten. Lehrer Mütze war glücklich, und er liebte uns. Dann klingelte es, und alles stürzte zur Tür, obwohl Mütze mitten im Satz war, und wenn ich ihn jetzt vor mir sehe, sehe ich eine kleine, graue Gestalt, den viel zu großen Kittel um sich gewickelt, das dünne Haar ist ihm in die Stirn gefallen, und sein Gesicht glänzt vor Anstrengung und Glück. Er steht immer noch dort und redet stumm, während 22 verrückte Jungen rausstürmen wie die jungen Pferde, und er steht immer noch dort, in seiner eigenen Welt, genauso einsam, wie wohl auch Jensenius ist, aber glücklich, denn die Ironie hat ihn endlich losgelassen, und er mag uns aus vollem Herzen.

Aber so ist es jetzt und nicht damals. Als der Stummfilm abrupt stoppte, weil es klingelte, war gleichzeitig Mütze verschwunden, wie ein technischer Fehler, und ich war Gunnar auf den Fersen. Die Gruppe ging schnurstracks ins Klo hinunter, wo zum Schluß zehn, fünfzehn Mann versammelt waren, das

bedeutete eindeutig, daß einer gequatscht haben mußte, und das war Ola, denn Ola hatte das schlechteste Pokerface der Welt, er bekam ein Zucken ums ganze Maul, wenn er nur ein Paar Dreier hatte.
»Wo hast du's!« quängelte der Drachen.
»Das is' kein Zirkus hier«, sagte Gunnar.
»Du gibst nur an«, sagte der Drachen. »Du hast es gar nicht!«
Gunnar sah ihn nur lange an, und der Drachen wurde unruhig, er war fett und verschwitzt und trat von einem Fuß auf den anderen.
»Wann hab' ich jemals angegeben?« fragte Gunnar.
Ich dachte an die Sache mit den IFA-Pastillen und sah in eine andere Richtung, denn alle wußten, daß Gunnar niemanden anschmiert, und der Drachen wurde langsam aber unerbittlich aus dem Kreis gedrückt, beschämt, rot und keuchend.
Gunnar sah uns eine Weile an. Dann zog er den Pullover und das Hemd hoch und holte einen weißen Umschlag hervor. Und der Kreis zog sich enger um ihn, als er endlich den Umschlag öffnete und das Heft herauszog. Und plötzlich, als ob er keine Lust mehr hätte, gab er mir wortlos das Heft, verschwand in einer Klokabine und schloß die Tür.
Dadurch wurde ich zum Mittelpunkt des Kreises, und alle drängten mich zur Eile und klammerten sich an mich, denn die Pause war schnell vorbei. Ich fing an zu blättern. Sofort spürte ich die Unruhe, ich selbst wurde auch unruhig, es war nicht so, wie ich es mir vorgestellt hatte. Die ersten Fotos waren Nahaufnahmen von rasierten Mösen. Von der ganzen Versammlung kam kein Laut, keiner lachte, keiner kicherte, es war stumm wie in einer Gruft. Ich blätterte schneller, es kamen Mösen von oben und unten, ganze Seiten mit großen Ritzen diagonal von einer Ecke bis zur anderen. Doch endlich, zum Schluß wurde es bekannter, ganze Damen, riesige Busen, viel Haar, und plötzlich kam ein Foto von einem Kerl, der mit seiner ganzen Schnauze zwischen den Schenkeln einer Dame lag.
»Was macht der da?« fragte eine Stimme.
»Er leckt«, sagte eine andere Stimme, und das war Gunnar, er stand vor dem Klo und grinste.
Einen Augenblick lang blieb es still, vollkommen still.
»Leckt?«
»Leckt die Möse der Frau, siehst du doch«, sagte eine andere Stimme.
»Leckt die Möse!«
Der Drachen stand außerhalb und verdrehte die Augen.
»Tja.«
»Wie ... wie schmeckt'n das, he?«
»Das schmeckt wie Gras«, sagte ich schnell. »Wenn du Glück hast. Aber

kriegste 'ne Saure, schmeckt's wie alte Salami oder Turnschuh.«
Jemand kam die Treppen herunter, in der großen weißen Horde kam Unruhe auf. Gunnar sah mich verblüfft an, gab mir plötzlich den Umschlag und machte sich mit den anderen auf den Weg zum Ausgang. Ich stand mit dem Rücken zur Tür, schob gerade das Heft in den Umschlag, als der Direktor meine Schulter packte und mich umdrehte.
»Was hast du denn da?« fragte er.
Einen Moment lang sah ich die ganze Welt zusammenbrechen, alles stürzte ineinander und zwar mit gleichbleibender Geschwindigkeit, so daß es nie aufhörte. Der Direktor stand wie eine Galionsfigur über mich gebeugt, und ich mußte mich zurücklehnen, um ihm in die Augen sehen zu können. Alles brach zusammen, wir auch, und es war toller, als ganz oben auf dem Zehnmeterturm im Frognerbad zu stehen, kurz vor dem großen Sprung, auch wenn ich noch nie von dort gesprungen war.
»Eine Zeitschrift von meinem Vater«, sagte ich, »die ich Herrn Mütze zeigen will.«
»Was für eine Zeitschrift?«
»Eine Urlaubsbroschüre aus Afrika. Mein Onkel war Ostern in Afrika.«
»Dein Onkel war also in Afrika?«
»Ja«, sagte ich.
Er beugte sich noch weiter über mich, sein Atem war nicht auszuhalten, Hering, Lebertran und Tabak. Endlich ging er einen Schritt zurück und rief: »Na, dann sieh mal zu, daß du hier rauskommst, Junge!«
Und ich lief die Treppen hoch, in die Sonne. In dem Moment läutete es, und es schien mir, als ob die Glocke in mir war, irgendwo zwischen den Ohren. Der Rest der Stinktiere stand an der Turnhalle, sie glotzten mich an, als ob ich gerade gelandet sei und klein, grün und häßlich wäre.
»Wie ... wie«, brachte der Drachen hervor.
»Er hat's glatt geschluckt mit Joghurt drauf«, sagte ich und schlenderte gelassen an ihnen vorbei.
Und mit einem Mal merkte ich, daß ich erschöpft war, völlig erledigt. Der Sportlehrer drängte uns in die Tür, und wir schlurften in die verschwitzten Garderoben runter mit ihren Holzbänken und Eisenhaken und einem Fußboden, der vom Dampf der Duschen immer glatt war. Wenn wir heute nicht rausgingen, war es auch egal. Mit einem Mal war Gunnar neben mir. Wir trödelten etwas. Ich schob ihm den Umschlag rüber, er rollte ihn in den Pullover, den er ausgezogen hatte.
»Ich bin ein Scheißkerl«, murmelte Gunnar.
Wir blieben stehen.
»Ich hab' dich im Stich gelassen«, fuhr er fort. »Ich bin ein Verräter.«

»Ich hatte das Heft in der Hand«, sagte ich.
»Ich hab' dir den Umschlag gegeben und bin gegangen. Ich bin ein Schwein.«
»Du hattest nicht vor, mich reinzulegen«, sagte ich.
Gunnar streckte sich, ein schwaches Grinsen zog über sein breites Gesicht. »Nee«, sagte er, »das wollte ich nich'.«
Wir lachten, Gunnar duckte sich, boxte mit der einen Faust ein wenig in die Luft, dann wurde er plötzlich wieder ernst, ernster als je zuvor.
Leise, fast beschwörend sagte er: »Merk dir das, Kim. Du kannst dich immer auf mich verlassen.« Und dann nahm er meine Hand — es war sehr feierlich — und seine kräftigen Finger drückten meine wie ein Bund Petersilie zusammen, und ich überlegte, ob ich etwas Ähnliches in den »Illustrierten Klassikern« gesehen hatte, war das »Lord Jim« oder »Der letzte Mohikaner« gewesen, aber dann fiel mir ein, daß es eine Folge von »Simon Templar« gewesen war, und ich freute mich schon auf den Abend, denn es war Freitag und im Fernsehen kam ein Krimi.

»Und jetzt Sechs N-n-null, he!« rief Ringo, als wir am Eisstadion die Kurve nahmen, auf dem Weg zu Kåres Tabak in der Theresegate. Er saß hinten, sein Fahrrad hatte nämlich keine Speichen mehr, seit die Bremsen am Bondebakken versagt und Ringo in heller Panik seinen Schuh ins Vorderrad gesteckt hatte. Es sah hinterher aus, als wäre er in einen Eierschneider geraten.
»S-s-sechs Null, Mensch«, wiederholte Ringo. »Sechs N-n-null!«
»Wenn's England oder die Schweiz gewesen wäre, hm, aber Thailand ...«, sagte ich.
»Egal! Sechs Tore.«
Jetzt stieg die Theresegate noch steiler an, und ich hatte keine Luft mehr, um zu reden. John und George fuhren vor uns Slalom und schrien und jubelten, und von ganz unten kam die Straßenbahn heran, und wir mußten in die Pedale treten, um Kåres Tabak zu erreichen, bevor sie uns wieder einholte.
»Wo is' ei-ei-eigentlich Thailand?« fragte Ringo.
»Links von Japan«, keuchte ich.
Und wir schafften es vor der Straßenbahn, ich freute mich bereits auf die Runterfahrt, dann war George dran, Ringo hintendrauf zu nehmen.
»Verflucht, wenn ich dieses Jahr nicht als Außenstürmer spielen darf«, sagte John.
»Sei froh, wenn wir überhaupt aufgestellt werden«, meinte George.
»Wenn ich h-h-hinten spielen muß, habe ich keine Lust«, sagte Ringo. »Werd' so nervös vom St-st-stillstehen.«
Dann ging der gesamte Trupp rein zu Kåre, in sein dunkles Geschäft, »Kåres Tabak«. Dort drinnen roch es merkwürdig, nach Obst und Rauch, Schweiß,

Schokolade und Lakritze. Und wir wußten, daß »Cocktail« und das »Kriminaljournal« unter dem Tresen lagen, aber das war nichts Besonderes mehr, nicht nach dem Heft von Gunnars Bruder, irgendwas war dadurch verlorengegangen, irgendwie schade.
Kåre tauchte aus dem Dunkel auf, sein liebes Boxergesicht mit der Hasenscharte, und ich glaube, daß er uns vom letzten Jahr wiedererkannte.
»Mitgliedschaft?« fragte er.
Wir nickten und legten jeder unseren Zehner auf den Tresen, und darauf holte er vier Karten, und wir diktierten ihm unsere Namen.
»51 geboren«, murmelte Kåre. »Dieses Jahr also Junioren.«
»Hab'n sich viele angemeldet, oder?« wollte John wissen.
»Wir kriegen in allen Klassen gute Mannschaften«, grinste Kåre.
»Wie w-w-wird'n das mit F-frigg in der Oberliga, he?« fragte Ringo.
»Wir gewinnen«, sagte Kåre bestimmt.
»Wo wir doch Thailand S-s-sechs Null geschlagen haben, he!« fuhr Ringo begeistert fort, er konnte nicht darüber wegkommen.
»Training fängt Dienstag an«, sagte Kåre. »Um fünf auf dem Platz von Frigg.«
»Gibt's dieses Jahr 'ne Fahrt nach Dänemark?« fragte George.
»Die wird's sicher geben. Trainiert nur hart, dann kommt ihr mit.«
Wir bekamen unsere Mitgliedskarte, kauften eine Cola zum Teilen, trauten uns aber nicht, was zu rauchen zu kaufen, denn vielleicht mochte Kåre es nicht, wenn Frigg-Jungen rauchten, und keiner von uns wollte die Dänemark-Fahrt verpassen.
Als wir wieder draußen auf der Straße standen, guckte Ringo John an und sagte leise: »Was hast'n mit dem Heft gemacht?«
»Weggeschmissen«, antwortete John.
»Du hast es weggeschmissen!«
»Tja.«
Und eigentlich atmeten wir alle erleichtert auf, aber Ringo ließ nicht locker.
»Was s-s-sagt'n dein B-b-bruder dazu?«
»Der findet's in Ordnung, daß ich's weggeschmissen hab'.«
Also schwangen wir uns aufs Rad und sausten die Theresegate hinunter. Die warme Luft rauschte in den Ohren, wir gröhlten *I feel fine*, daß es zwischen den Häuserwänden widerhallte, und George rief, daß sein Kilometerzähler bei 80 zittere, so was durfte man nicht immer ganz glauben, aber nichtsdestotrotz ging es schnell, und wir mußten nicht treten, bis wir zum Bogstadvei kamen.
»Jetzt is' es nich' mal mehr 'n Monat bis zum 17. Mai«, sagte John.
»Dann is' auch die Prüfung«, fügte George hinzu.
»Und dann is' S-s-sommer!« rief Ringo.

Wir verstummten für einen Augenblick, denn es war schon komisch, an den Sommer zu denken, weil es nicht sicher war, ob wir nach dem Sommer in die gleiche Klasse kamen, oder wenigstens in die gleiche Schule. Aber wir hatten uns Treue geschworen, nichts könnte uns trennen, und die Beatles würden sich nie auflösen.

Zuerst rannten wir um das ganze Feld, dann übten wir ein wenig Kopfball, und danach wurden wir in zwei Mannschaften aufgeteilt, acht in jeder. Wir mußten die großen Tore der Senioren und der Polizeischule benutzen, und die Torhüter kamen sich zwischen den Stangen ziemlich winzig vor; auch wenn sie so hoch sprangen, wie sie nur konnten, erreichten sie nie die Querlatte, erinnerten eher an Heringe in einem Riesennetz. John und ich kamen in die gleiche Mannschaft, er war Mittelstürmer, ich spielte rechter Verteidiger. Gegen mich hatte ich Ringo als Linksaußen. George war Mittelläufer, und es schien ihm gar nicht zu gefallen, wenn John wie ein Panzer angestürmt kam und jeden Widerstand wegfegte. Ich stand auf meinem Platz und schaufelte die Bälle in das Mittelfeld. Ein paar Mal schaffte George es, John zu stoppen, aber ich frage mich, ob John ihm nicht nur den Ball gab, damit wir alle zusammen in die Mannschaft kamen. Zum Schluß konnte Ringo sich die Kugel krallen und kam in voller Fahrt an der Seitenlinie herauf. Als er nahe genug war, flüsterte er so, daß nur ich es hören konnte: »L-l-laß mich durch! L-l-laß mich vorbei!«
Ich stand breitbeinig auf meinem Platz und rührte mich nicht vom Fleck, ich konnte Ringo gut vorbeilassen, denn ich hatte schon einige solide, gute Züge und nahm an, daß mein Platz gesichert war. Also blieb ich stehen, vollkommen bewegungslos, Ringo hätte mich wie einen Kegel umrunden können und den Ball mit einer tollen Flanke vors Tor bringen. Aber er schoß natürlich übers Ziel hinaus, fing mit irgendwelchen irrsinnigen Tricks an und dachte wohl, er sei in Brasilien, seine Mitspieler schrien und johlten ihm zu, und dann machte er endlich den Vorstoß, krümmte den Rücken und flog direkt auf mich zu. Wir fielen beide auf die Nase, der Ball rollte ins Aus, und ich bekam den Einwurf.
»V-v-verdammt«, fauchte Ringo, »v-v-verdammt noch mal.«
»Ich hab' mich doch gar nicht bewegt!«
»D-d-das kann ich doch nich' ahnen. Is' ja nich' üblich, daß der Verteidiger sich nich' rührt.«
Ich glaube, die Mannschaft von John und mir gewann 17:11, und hinterher gab es Besprechung und Kritik. Einige waren schon jetzt bombensicher, Aksel im Tor, Kjetil und Willy im Angriff. Und John war wohl auch klar, als Abräumer. George sah sehr müde aus, und Ringo war sauer.

»Nächstes Wochenende ist ein Spiel«, rief Åge, »Samstag, gegen Slemmestad. In Slemmestad.«
Niemand sagte etwas. Der Ernst hatte uns eingeholt.
Der Trainer fuhr fort: »Und den Kampf müssen wir gewinnen!«
Wir grölten.
»Jungs, ihr seid in Ordnung. Alle, die heute da sind, treffen sich hier, am Samstag um drei. Wir fahren mit dem Bus nach Slemmestad. Und die meisten werden sich auf dem Spielfeld behaupten können. Wenn aber einige von euch im ersten Spiel nicht mitspielen können, so kommt ihre Chance später, okay?«
Die Mannschaft zerstreute sich, einige gingen allein, andere in Gruppen. Wir blieben zurück, standen mitten auf der schwarzen Erde, schätzten uns gegenseitig ein.
»Ich glaub', unsere ganze Gang wird dabei sein«, sagte John.
»Der Trottel hat mich nich' v-v-vorbeigelassen, obwohl ich g-g-gefragt hab'«, sagte Ringo und zeigte auf mich.
»Hab' mich doch gar nich' gerührt!«
»Ja, g-g-genau das! Ich mußte doch denken, daß d-d-du nach links gehst, darum b-b-bin ich grade durch. Scheißtrick.«
John wurde ganz plötzlich still, starrte wie ein Jagdhund Richtung NRK und flüsterte mit spröder Stimme: »Is' das, is' das nich' Per Pettersen, der da kommt!«
Wir starrten auch hin. Es war Per Pettersen. Persönlich. Er kam schlendernd auf uns zu, in weißen Shorts, blauweißem Hemd und mit einer Tasche, die er sich über die Schulter geworfen hatte.
»Ich muß sein Autogramm haben«, rief John. »Hat jemand was zu schreiben da?«
Natürlich hatten wir keinen Bleistift mit zum Fußballtraining, und Papier auch nicht. Per Pettersen kam näher, und John begann verzweifelt im Gras zu suchen, denn eine solche Chance konnte er sich nicht entgehen lassen — das einzige, was er fand, war Kaugummipapier. Das strich er auf seinem Schenkel glatt, und jetzt war auch Per Pettersen da.
»'n Autogramm«, stotterte John und hielt das Kaugummipapier hin.
Per blieb stehen und sah uns an. Dann setzte er seine Tasche ab und lachte.
»Hab' nichts zu schreiben mit«, sagte John.
Per wühlte einen Kugelschreiber aus der Tasche und schrieb seinen Namen auf das süß duftende Papier, Per Pettersen, mit zwei eleganten Ps. Aber als er wieder gehen wollte, war Ringo plötzlich da, er hatte die ganze Zeit dagestanden und war von einem Bein auf das andere getreten.
»Kannste nich' mal auf mich schießen?«

Pettersen stoppte und strich sich die widerborstigen Haare zurück.
»Klar! Geh in Position.«
Ringo starrte uns an, rot im Gesicht, dann sprintete er zum Tor, stellte sich möglichst genau in der Mitte auf, krümmte sich zusammen wie ein Hummer. Per Pettersen legte den Ball auf seinen Platz, ging einige Schritte zurück und klopfte ein wenig in den Rasen.
»Armer Ola«, sagte George leise. »Er is' wahnsinnig geworden. Wenn er den Ball kriegt, muß er mit ihm durchs Netz.«
Per Pettersen nahm Anlauf und trat zu, und plötzlich saß Ringo mit dem Ball im Schoß auf der Erde. Er hatte sich nicht von der Stelle gerührt. Er sah ziemlich verblüfft aus, als ob er nicht verstand, was passiert war. Dann rappelte er sich auf und kam schwankend zu uns herüber. Per Pettersen warf sich die Tasche über die Schulter, strich die Haare nach hinten und rief Ola zu: »Gut gehalten!«
Und damit ging Per Pettersen.
Ola sah erschöpft aus. Er konnte kaum den Ball halten. Aber er war glücklich.
»War er hart?« fragte George vorsichtig.
»Das ist der h-h-härteste Schuß, den ich kenne«, sagte Ringo. »Gordon B-b-banks hätte Probleme mit dem G-g-gleichgewicht gehabt.«
»Wahnsinnsrettung«, sagte John. »Perfekt.«
»Woher wußtest du, wohin er schießt?« fragte George.
»H-h-hab' ihn ausgetrickst«, sagte Ola. »Tat so, als wollte ich n-n-nach rechts. Und dann drehte ich mich nach l-l-links, und schon hatte ich die Kugel im Schoß.«
Wir schlenderten zu den Fahrrädern, die im hohen Gras am Slemdalsvei lagen.
»Meint ihr, daß Per P-p-pettersen das K-k-kåre und Åge erzählt?« fragte Ola.
»Is' möglich«, sagte John. »Wenn sie sich sehen.«
»Dann krieg' ich sicher den Torhüterposten. Fest in der Mannschaft!«
Ola war immer noch etwas abwesend in seinem Blick, es schien, als erkenne er uns nicht richtig.
»Man muß B-b-blickkontakt haben«, hörten wir Ola sagen. »Ich habe das Weiße in seinen Augen gesehen. Und da wurde er u-u-unsicher, und der Ball war meiner.«
Wir schoben die Räder bis zum Kiosk bei der Polizeischule und spendierten Ringo eine Cola. Er fand, er hätte das verdient, und trank die Flasche in einem Zug aus. Als wir das Pfand wiederbekommen hatten, guckten wir die Autowracks hinter dem Drahtzaun an und dachten an die, die in den Autos gesessen hatten, es war unheimlich, daran zu denken, als ob sie immer noch

darin säßen, blutig und zerquetscht, ein Gespenst in den Autowracks. Der Wachhund am Tor knurrte uns an, seine weißen Zähne leuchteten im roten Maul. Wir fröstelten etwas und fuhren Richtung Majorstua, zeigten uns gegenseitig die Pariserreklame von Durex über der Uhr, die fast sieben zeigte. Und da rief Ringo, so laut er konnte — er saß wieder bei mir hinten drauf —, er fing an, nach seiner Superrettung wieder Kontakt mit der Wirklichkeit zu bekommen: »Du-du — d-d-du ...!«
Und Seb antwortete: »Rex!«
Und Gunnar schrie aus vollem Hals: »Balla-balla-balla-balla-!«
Und ich antwortete: »Ballangrud!«
Aber das war nicht alles, was wir konnten, wir bumsten mit den Autos zusammen und hatten Lampenständer, aber dann verstummten alle Stimmen, denn auf dem Valkyrie-Platz standen Nina und Guri aus der C-Klasse, und wir rutschten mit quietschenden Reifen und klopfenden Herzen an den Kantstein.
»Wo kommt ihr denn her?« fragte Guri.
»Aus der Tanzschule«, antwortete Seb.
Die Mädchen lachten, und Seb wurde ganz schwer auf dem Gepäckträger.
»Könnt ihr uns nicht zum Urrapark mitnehmen?« bat Nina.
Wir hatten den gleichen Weg, also war es ganz in Ordnung, und auch wenn wir nach Trondheim hätten fahren müssen, wäre es genauso in Ordnung gewesen. Aber eine Sache war jetzt jedenfalls klar, und zwar, daß Ola sein Fahrrad repariert haben mußte, und das schnell, denn er saß ja bei mir hinten drauf, und Nina und Guri sprangen hinten bei Gunnar und Seb rauf, und damit war die Chance vertan. Wir donnerten die Jacob Aallsgate hinunter, die Mädchen kreischten und jammerten, und vielleicht war ich trotzdem auch ein wenig erleichtert darüber, daß Ola sein Fahrrad kaputt gemacht hatte und hinten bei mir saß, denn sonst hätten Guri und Nina sich zwischen uns vieren entscheiden müssen, und dann wären zwei leer ausgegangen, und auch wenn wir uns den Teufel aus kleinen Mädchen mit Rattenschwänzen und Rosinenbrüsten machten, so hätte es doch keinen Spaß gemacht, mit leerem Gepäckträger zu fahren, zu pfeifen und in den Sonnenuntergang zu blinzeln und so zu tun, als wenn nichts wäre.
Die Mädchen wurden im Urrapark abgesetzt, und dann hingen wir wieder über den Lenkern und sahen aneinander vorbei, als warteten wir darauf, daß etwas vom Himmel fallen solle — als Ola mit seinem Brummbaß sagte:
»Hab'n Elfmeter von Per P-p-pettersen gehalten!«
»Wer?« fragte Nina.
»Ich! Ich hab'n Elfmeter von Per P-p-pettersen gehalten!«
»Wer is'n Per Pettersen?«

Ola sah uns mit leerem Blick an, flehte um Hilfe, aber damit mußte er allein fertig werden. Er hätte genauso gut erzählen können, daß er 14 Schüsse von Pele nacheinander gehalten habe, das hätte auch keinen größeren Eindruck gemacht.
»P-p-per Pettersen! Spielt in der Nationalmannschaft, Mensch!«
»Oh, wie schön«, sagte Guri.
Und weiter wurde über Olas Torpedorettung nicht geredet. Die Mädchen gingen zu einer Bank, wir ließen sie gehen, aber dann folgten wir ihnen doch. Und an den Bäumen waren kleine grüne Knospen, die klebrig waren, wenn man sie anfaßte, die Dunkelheit glitt über uns wie eine große Wolke und deckte uns alle zu. Es war kalt, dort in kurzen Hosen zu stehen, mit grünen Knien und Ellenbogen. Und selbstverständlich passierte nichts. Genaugenommen kann ich mich besser an alles erinnern, was nicht geschah. Denn das, was nicht geschah, aber hätte geschehen können, war viel fantastischer als das, was wirklich geschah, an einem Aprilabend im Urrapark, 1965.

Man kann ja einiges gegen Mütze sagen, aber Fallhöhe, die hatte er. Schon als wir ihn im Gang hörten, wurde uns klar, daß die Enttäuschung ihn wieder zu packen gekriegt hatte und Spott und Ironie sich erneut in dem dürren, harten Körper eingefunden hatten. Er trug die Aufsatzhefte unterm Arm, ging mit schnellem, wiegendem Schritt, wie der Leiter eines Blasorchesters. Sein Blick durchfuhr uns wie Röntgenstrahlen, ein Lächeln mit einem Anflug von Wahnsinn erschien unter seiner flaumigen Nase, er sagte kein Wort. Er schloß nur auf, setzte sich mit dem Stapel Aufsatzhefte wie einem drohenden Turm vor sich hinter das Lehrerpult, und da blieb er sitzen, stumm wie ein Schuh.
»Ich platz' gleich vor Lachen«, flüsterte ich Gunnar zu.
»Er hat die Stimme verloren. Schock.«
Mit einem Satz sprang Lue auf, galoppierte durch die Reihen und baute sich mit den Händen in den Seiten über mir auf. Seine Gesichtsmuskeln waren nur noch harte Knoten unter der Haut, und einen Augenblick lang dachte ich an Onkel Hubert. Der arme Onkel Hubert war nicht ganz richtig im Kopf, auch wenn er Vaters Bruder war, und ich fragte mich, ob Mütze vielleicht auch nicht ganz beieinander war. Aber stumm war er jedenfalls nicht.
»Was hast du gesagt!«
Ich sah zu ihm auf. Ich hatte nie zuvor bemerkt, daß er so viele Haare in der Nase hatte. Sie standen wie schwarze Rasierpinsel hervor.
»Ich hab' Gunnar was gefragt.«
»Und *was* hast du Gunnar gefragt!«
Plötzlich packte er statt dessen Gunnar im Nacken und schrie:
»Gunnar! Was hat Kim dich gefragt!«

Das konnte nicht gut gehen, denn Gunnar konnte einfach nichts anderes als die Wahrheit sagen. Wenn er versuchte zu flunkern, ging das in die Hose, er packte es einfach nicht. Ich sah, wie sich die Röte von seinem Nacken wie ein glühendes Bügeleisen ausbreitete.
Also antwortete ich für ihn:
»Ich habe Gunnar nur gefragt, ob er einen Radiergummi hat.«
Blitzartig drehte sich Mütze wieder zu mir um, sein Mund war vollkommen verschwunden, kam aber gleichzeitig mit einem zitternden Zeigefinger wieder zum Vorschein, der auf meine Stirn gerichtet war. Ich war froh, daß der Zeigefinger nicht geladen war.
»Wenn ich Gunnar frage, soll *Gunnar* antworten und nicht du! Verstanden!«
»Das ist doch egal, wer antwortet, wenn die Antwort die gleiche ist«, sagte ich, von meiner eigenen Logik fast überwältigt.
Mützes Hand kam näher, packte mich an den Schultern, zerrte mich vom Stuhl und zog mich mit aufs Katheder. Dort mußte ich stehen, während Mütze wie rasend die Aufsatzhefte durchblätterte. Und während ich so dastand, bekam ich sogar etwas Mitleid mit ihm, denn es war schon ein erbärmlicher Anblick, die Klasse 7a zu betrachten. Schließlich fand er mein Aufsatzheft und wedelte damit vor meiner Nase herum.
»Du, der du es so ausgezeichnet verstehst zu antworten, kannst du dieser Klasse, all diesen intelligenten, aufgeweckten, interessierten und hochgebildeten Mitschülern erzählen, was deine Zukunftspläne sind!«
Ich sagte gar nichts, sah direkt über die Mauer zum Fenster hinaus. Auf der anderen Straßenseite arbeitete jemand auf dem Dach. Sie hatten sich mit einem Seil am Schornstein festgebunden für den Fall, daß sie abrutschen würden. Ich konnte mir gut vorstellen, dort oben ohne Seil zu balancieren, ich spürte das Kribbeln im Kreuz, es war ein Gefühl, als wenn das Gehirn überkochen wollte. So zu balancieren, ganz außen. Dann war Mützes Stimme wieder da, wie ein heißer Atem an meiner Wange.
»Du antwortest doch sonst immer so schnell und bestimmt, erzähl' uns jetzt mal, was du werden willst.«
»Ich hab' im Aufsatz geschrieben, daß ich Arzt werden will, aber das habe ich nur geschrieben, weil ich nicht weiß, was ich werden soll. Und dann hab' ich geschrieben, daß ich nach Afrika fahren will, damit der Aufsatz lang genug wird.«
Der Lehrer Mütze starrte mich an, und ich merkte, daß ihn fast seine Kräfte verließen, es konnte nicht mehr lange dauern, bis er aufgab. Mit einem Mal tat er mir leid, und ich hätte ihm gern geholfen, wußte aber nicht, wie.
»Setz dich«, sagte er. »Und sei still, solange dich niemand fragt.«
Die Stimmung in der Klasse entkrampfte sich etwas, alle Zeichen deuteten

darauf hin, daß Mütze der Kapitulation nahe war. Aber er kämpfte noch immer tapfer, hoffnungslos und außer Atem. Ab und zu mußte er auf den Flur, um Luft zu schöpfen. Mit geballten Fäusten kam er wieder herein, beugte sich über sein Pult, zuckte mit den Augen.
»Hier in der Klasse sind 22 Schüler, nicht wahr. 22 aufgeweckte, intelligente, höfliche, reinliche, ehrliche und nicht zuletzt ehrgeizige Jungen. Einverstanden?«
Er wartete die Antwort nicht ab. Natürlich waren wir einverstanden.
»Zehn von euch wollen Pfarrer werden. Alle, die Pfarrer werden wollen, möchten sich mal melden.«
Zögernd reckten sich die Finger in die Luft. Gleichzeitig erhob sich ein Kichern. Der Drachen wollte Pfarrer werden.
Mütze zeigte ruhig auf den Drachen.
»Du willst also Pfarrer werden. Dann mußt du aber erst mal das Vaterunser lernen. Und zwar auswendig! Und dann mußt du dir deine Zähne besser putzen, sonst wird die Gemeinde schon beim ersten Halleluja umkommen!«
Der Drachen sah auf sein Pult, sein Nackenspeck zitterte. Uns war klar, daß er Mütze in diesem Augenblick haßte, ihn auf der Stelle hätte ermorden können. Die anderen Pfarrer sahen auch nicht sehr gutgelaunt aus. Ich war froh, daß ich Arzt in Afrika werden wollte.
»Zehn Pfarrer also«, sagte Mütze. »Ihr könnt eure segnenden Hände jetzt senken. Und dann sind da fünf Missionare. *Fünf*. Das ist weit überm Durchschnitt. Könnt ihr ein Zeichen geben!«
Fünf Hände in der Luft. Sebs Hand war darunter.
»Ihr wollt also Missionare werden. In Indien. Afrika. Australien. Erklärt mir bitte, warum wollt ihr zum Wasserholen über den Fluß gehen. Warum nicht hier zu Hause anfangen. Warum wollt ihr nicht zunächst Norwegen christianisieren. Oder diese Klasse. Warum fangt ihr eigentlich nicht hier und jetzt damit an, diese Klasse 7a zu bekehren, einschließlich des Klassenlehrers!«
Keiner der Missionare antwortete. Seb saß mit einem schiefen Grinsen da und lehnte sich mit seinem Stuhl hinten gegen die Wand. Mütze hatte ihn im Visier, zeigte auf ihn und schrie:
»Du! Sebastian! Erzähl uns mal, warum du Missionar werden willst! Nun! Rede!«
Seb kippte mit seinem Stuhl nach vorn, das Grinsen war immer noch da, und aus diesem Grinsen konntest du nicht immer klug werden, es war nicht eindeutig, ob er über dich, sich selbst oder irgend etwas anderes grinste.
Seb sagte ruhig: »Ich habe Lust zu reisen!«
»Und deshalb mußt du Missionar werden! Hör ich richtig?«
»Mir fiel nichts anderes ein.«

»Machst du dich über mich lustig?«
»Nein, ich hätte auch Seemann werden können, aber das hab' ich nicht hingekriegt ...«
»Macht ihr euch über mich lustig?«
Jetzt wandte er sich an die ganze Klasse, ja, an die ganze Welt. Mit der flachen Hand schlug er auf den Stapel Aufsatzhefte, daß das Lehrerpult erzitterte. Dann nahm er das Podium ein. Hier blieb er stehen, genau dort, wo die Sonne wie ein Projektor in den Raum schien, aber es sah so aus, als hätte er seinen Text vergessen und kein Souffleur sei zugegen. Er zog ein Taschentuch hervor, doch damit kamen auch keine Tauben oder Kaninchen zum Vorschein, und dann wischte er sich übers Gesicht. Es war ein kleines Gesicht und ein riesiges Taschentuch, wie eine Tischdecke, verschossen und gelblich und nicht ganz sauber. Dann verließ er den Lichtkegel und kam in den Saal herunter, zu dem geistlosen und gottverlassenen Publikum. Der Lehrer Mütze baute sich vor Ola auf. Ola sackte zusammen wie ein Fußball, dem die Luft ausgeht. Mütze strich ihm über den Kopf.
»Hier haben wir jemanden, der eine gute Berufswahl getroffen hat, eine Wahl, die im richtigen Verhältnis zu seinen Fähigkeiten steht. Aber sage mir doch eins: warum *Damen*friseur?«
Schleimiges Hohngelächter stieg aus der Klasse auf. In Ola war fast keine Luft mehr. Aus dieser Zwangslage konnte er sich unmöglich ohne sofortige Hilfe befreien. Gunnar und ich versuchten verzweifelt, auf irgend etwas zu kommen, aber er kam uns zuvor, es kam wieder Luft in den Fußball. Ola richtete sich auf und sagte mit trockener, fremder Stimme:
»Weil mein Vater meint, daß Jungen sich bald nicht mehr die Haare schneiden lassen.«
Mütze nickte. Traurig nickte er mehrere Male. Gunnar, Seb und ich atmeten erleichtert auf, Ola hatte es geschafft. Der Rest der Duckmäuser akzeptierte seine Antwort, saß da und zog sich die Haare ins Gesicht und über die Ohren, und Mütze trabte zurück auf seinen Platz in der Sonne.
»Und dann haben wir noch einen Autorennfahrer, ein paar Piloten, einen Fallschirmspringer und ...« — er setzte sich noch mal zurecht —, »dann gibt es einen, der über einen Tag in der Schule geschrieben hat.«
Es wurde augenblicklich still, alle starrten die Gans an, denn es konnte sich nur um die Gans handeln, und er wurde zum Lehrerpult geholt. Mütze blätterte in seinem Heft und las laut vor: »Unser Klassenlehrer heißt Mütze und ist der beste Lehrer der Welt.«
Ein Raunen ging durch den Raum. Die Gans schrumpfte wie ein Wollpullover in kochendem Wasser zusammen, und alle waren sich einig, daß das die unverfrorenste Behauptung war seit dieser Sache mit Jesus, der auf dem Was-

ser ging. Mütze blickte auf die Klasse, seine Lippen versuchten ein dünnes, blutleeres Lächeln, seine Augen waren tief und ohne Hoffnung. Er drehte sich langsam zu der Gans.
»Bin ich der beste Lehrer der Welt?«
In der 7a war es noch nie so still gewesen. Der Puls stand still, die Zeit lag wie ein riesiger Deckel über uns, und wir waren ein Topf, der kurz vor der Explosion stand.
»Bin ich der beste Lehrer der Welt?« wiederholte Mütze, ruhiger als jemals zuvor.
»Nein«, sagte die Gans, und da klingelte es zur Pause.

Ich bekam eine Vier plus, Seb auch. Gunnar und Ola bekamen eine Drei.
»Wenn wir im Sommer aufhören, müssen wir Mütze ein Geschenk kaufen«, sagte Gunnar.
»Was denn?« fragte Ola.
»Das weiß ich auch nicht. Aber irgendwas müssen wir ihm kaufen, dann freut er sich ein bißchen.«
»Wir können ihm 'ne Beatles-Platte schenken«, schlug Seb vor.
»Ich weiß nicht, ob er einen Plattenspieler hat«, sagte Gunnar.
»Der gute Wille zählt, sagt mein Vater immer«, bemerkte ich.
»Dann brauchen wir ja gar nichts zu kaufen«, meinte Ola.

Die Stimmung im Bus war prima. Åge stand vorn beim Fahrer und erklärte die Taktik: Auf dem Mittelfeld sollten wir das Spiel für uns entscheiden. Ich sah einen langen Tag als rechter Verteidiger vor mir, zum Glück schien die Sonne. Neben mir saß John, hinter uns saßen Ringo und George. George guckte nur aus dem Fenster und hörte nicht zu, kriegte aber doch irgendwie alles mit, so was ist angeboren, glaube ich. Ringo dagegen sah ziemlich traurig aus, sein sagenhaftes Halten konnten wir kaum noch erinnern, auch wenn es erst ein paar Tage her war, er fing tatsächlich selbst an zu zweifeln, ob es wirklich stattgefunden hatte oder ob er das Ganze nur geträumt hatte. Außerdem war Aksel der Torwart der Mannschaft, blitzschnell wie eine Schiebetür aus Hoff, den Platz konnte ihm niemand so schnell streitig machen.
Ringo beugte sich besorgt zwischen John und mir vor.
»Das geht nicht gut«, sagte er leise.
»Geht nicht gut«, platzte John raus. »Wir werden die Kohlköpfe ins Gras stampfen!«
»Nee, ich mein, mit mir«, fuhr Ringo leise fort. »Ich werd'n Eigentor schießen. Ich spür das.«
»So einfach ist das nicht, Aksel zu überlisten«, sagte ich.

»Das sind die Beine«, murmelte Ringo. »Die gehorchen nicht. Ich schieß 'n Eigentor.«
Ringo warf sich in seinen Sitz zurück, und wir erreichten Slemmestad. Slemmestad war immer nur weißer Rauch für mich gewesen, den ich von der Zementfabrik aufsteigen sah, wenn ich im Sommer auf dem Anleger von Nesodden stand und Blechdosen ins Wasser warf.
Aber erst in der Kabine traf mich der Ernst der Lage wie Nägel im Magen. Es stank nach Schweiß aus der Steinzeit und alten Turnschuhen, wir saßen mit gebeugten Köpfen auf den Holzbänken und starrten unsere sauberen Fußballstiefel an, die Stollen, die langen weißen Schnürsenkel. Åge stand mit seinem Notizbuch in der Hand in der Tür und sah von einem zum anderen. Neben ihm auf dem Boden stand die Kiste mit den Trikots. Es war ganz still. Es war so still, daß wir draußen die Vögel singen hören konnten. Endlich fing Åge an zu reden. Er zog das Trikot des Torhüters hervor und warf es Aksel zu. Niemand hatte etwas anderes erwartet. Aber linker Verteidiger wurde zur allgemeinen Überraschung ein Typ von Nordberg, von dem viele glaubten, er sei ein Spion für den Verein von Lyn. Ich wurde rechter Verteidiger, zwängte mir das Trikot über den Kopf, es war steif und frisch gewaschen und hatte die Nummer Zwei auf dem Rücken. George wurde linker Außenstürmer und John Mittelstürmer. Ringo war mit sieben anderen Reserve und sah fast erleichtert aus, er schlug uns auf die Schulter und meinte, daß es phantastisch laufen werde, schließlich seien die aus Slemmestad alle Pygmäen und wir würden mindestens mit 25:0 gewinnen. Dann liefen wir in einer Reihe hinaus, die Schwänze aus Slemmestad waren schon beim Aufwärmen, und an der Seitenlinie standen elf Väter und brüllten und winkten.
Das Gras war noch nicht richtig angewachsen, das Feld bestand vor allem aus loser Erde. Wir spielten uns die Bälle zu und schossen ein paar Mal aufs Tor, um uns an das Leder zu gewöhnen. Dann pfiff so ein fetter Bauer in seine Pfeife, und Kjetil und der Mannschaftskapitän aus Slemmestad gingen zur Mitte, warfen die Münze, und wir mußten die Seiten tauschen — ich brauchte mehrere Stunden, dem Genie aus Nordberg zu erklären, daß er sich falsch aufgestellt hatte, nämlich auf meinem Platz. Endlich war die Aufstellung klar, wir standen wie die Ölgötzen, der Ball lag auf der Erde, der Schiedsrichter pfiff, und John eröffnete das Spiel. Alle fingen an, sich langsam zu bewegen. Der Ball kam in unsere Hälfte, der Mittelläufer, ein langer Kerl aus Ruseløkka, warf seine Beine hoch und plazierte den Ball in der Nähe des gegnerischen Tores. Alle stürmten dorthin, aber der Torhüter warf sich in das Menschengemenge und landete mit seinem gesamten Körper auf dem Ball. Tosender Applaus vom heimischen Publikum. Dieser Tormann mußte mit Finten überwunden werden, es hatte keinen Zweck, direkt draufloszustürmen. Dann

kam der Ball wieder zu uns, im Mittelfeld ging es etwas hin und her, der fette Schiedsrichter war immer auf der falschen Seite des Feldes, und jedes Mal, wenn er pustend ankam, wurde der Ball wieder zurückgespielt. John bekam den Ball zu fassen, beschleunigte seine Fahrt Richtung Tor, aber einer dieser Slemmestadrüpel streckte sein Bein aus, und John versank mit der Nase im Rasen. Der Schiedsrichter stand natürlich mit dem Rücken zum Spielgeschehen und wußte überhaupt nicht, wo sich der Ball befand. Slemmestad war am Ball und stürmte gegen uns. Der Rüpel machte einen Ausfall in meine Richtung, spurtete vor, nahm den Ball und lief auf mich zu. Am Tor war es voll von Leuten, die schrien, tobten und mit den Köpfen wackelten. Der Rüpel kam näher, er hatte einen ganz wilden Blick, ich überlegte, ob ich ihm das Trikot herunterreißen oder ihm eins auf die Nase geben sollte, aber ich hatte nicht genug Zeit, es mir genau zu überlegen. Ich traf ihn mit der Schulter, plazierte meine Hacke auf seinen Schuh, und mit dem anderen Fuß trat ich den Ball nach hinten, drehte mich scharf um und umrundete den fallenden Feind. John, der mit voller Kraft voraus über das Feld kam, geriet in mein Blickfeld, ich sandte ihm einen Paß rüber, der ihm in der Luft folgte, auf seinen Rist niedersank und dort wie Kaugummi kleben blieb. Ich war nicht wenig von mir selbst begeistert. John hatte freie Bahn. Die Slemmestad-Versager kamen keuchend hinter ihm her, er hatte nur noch den Torhüter vor sich, doch dieser Idiot warf sich direkt zwischen Johns Beine, beide kugelten übereinander, und der Slemmestad-Desperado kam danach schwankend wieder auf die Füße — mit dem Ball im Arm und einer ziemlich blutigen Nase. Er wurde mit Wattebäuschen und Limo wiederhergestellt, man mußte ihn täuschen, daran gab es gar keinen Zweifel.
Jetzt ging es mit dem Spiel bergab. Die Bälle mußten einfach ins Mittelfeld gefegt werden, wo es immer wieder in Umklammerungen und Nahkampf endete. Doch da war so ein Slemmestad-Schelm, der sich auf der linken Seite freikämpfte, alle hinter sich zurückließ und Richtung Seitenlinie stürmte. Ich sprintete rüber, um dem linken Verteidiger zu helfen und hinter ihm dem Rest Einhalt zu gebieten. Aber das hätte ich nicht machen sollen. Als er merkte, daß ich auf seiner Seite war, fing er an zu grölen, ich solle mich aus dem Staub machen, das sei sein Platz, was zum Teufel ich hier zu suchen hätte. Dabei vergaß er vollkommen den Slemmestad-Schelm, der an ihm vorbeidribbelte. Aksel brüllte zu uns rüber, aber ich mußte ja nun trotzdem zutreten. Ich traf den Schelm im Lauf, drehte meinen Körper nach rechts, während ich gleichzeitig den linken Ellenbogen in Nierenhöhe hob. Der Vogel verabschiedete sich, der Ball war auf meinen Füßen, und ich wollte ihn ruhig zu Aksel schieben, als der linke Verteidiger mich von hinten anging. Er trat mir gegen die Beine, schob mich mit bleichem Gesicht zur Seite. Und da kam na-

türlich so ein neuer Slemmestad-Schwanz, schnappte sich den Ball und lief damit zum Tor. Aksel warf sich nicht zwischen seine Beine, oh nein, er wartete, bis der Schuß kam und lag dann wie ein Lineal in der Luft. Der Ball klebte zwischen seinen Fäusten, dann breitete er den Fallschirm aus und landete weich auf dem Rasen. Der Nordberg-Agent stand etwas unbeholfen da, meinte aber immer noch, daß es seine Seite sei. Er sollte lieber ein Schild aufstellen mit »Privatbesitz« drauf, schlug ich ihm sauer vor und nahm wieder meinen Platz ein.

Es waren nur noch ein paar Minuten in der ersten Halbzeit zu spielen. Aksel schob den Ball zu mir, so weit ich konnte, führte ich ihn zur Mittellinie, die durfte ich als Verteidiger auf keinen Fall überqueren. Dann schickte ich den Ball zu Kjetil, er umdribbelte drei Gegener, Willy tauchte an seiner Seite auf, durch den Rest der Abwehr spielten sie sich Doppelpässe zu, und Doppelpaßspiel, das war noch nicht bis Slemmestad gedrungen. Der Torhüter tat das einzige, was er konnte, er warf sich zwischen die Beine, aber da, wo er sich hinwarf, war weder Bein noch Ball, und so konnte Willy den Ball mit der Nase über die Torlinie bringen, so viel Zeit hatte er, die absolute Finte. 1:0, Kriegstanz und Purzelbäume. Die Vögel übertönten die Pfeife des Schiedsrichters, sie waren auf unserer Seite, das mußten Zugvögel von Tørtberg sein.

In der Pause scharten wir uns um Åge. Er war nicht ganz zufrieden, auch wenn wir führten. Die Abwehr sei zu schwach, zu unentschlossen, meinte er. Er nahm den schlaksigen Mittelstopper raus, plazierte John ins Mittelfeld und als Mittelstürmer einen Sprinter von Majorstua, der 7,6 als Bestleistung auf 60 Meter hatte. George sollte auf dem linken Flügel weiterspielen, er hatte sich nicht besonders hervorgetan, hatte sich aber auch keine großen Schnitzer geleistet. Und dann wurde natürlich der Spion von Lyn rausgepflückt. Åge warf einen Blick auf die Reservebank, stoppte bei Ringo und zeigte auf ihn. Ringo kam einen Schritt vor, seine Schenkel waren zum äußersten gespannt. Er bekam das Trikot von dem Nordberg-Dummkopf und zitterte derart an den Händen, daß er sich fast darin verknotet hätte.

Als die Pause vorbei war und wir wieder aufs Feld laufen sollten, hielt Åge mich noch mal zurück und sagte leise:

»Nicht alle Schiedsrichter sind halbblind. Spiel mit den Beinen und dem Kopf, nicht mit dem Ellenbogen!«

Ich schlich hinter den anderen her und fand meinen Platz auf der rechten Seite. Ich versuchte, Kontakt zu Ringo aufzunehmen, aber der war nicht ganz bei der Sache, starrte nur intensiv auf den Rasen und hielt seine Schenkel umklammert. John winkte, machte das Siegeszeichen, und dann wurde angepfiffen. Sofort ergab sich ein Gewühle, niemand sah den Ball, aber alle traten wie wild um sich. Dann kam er durch die Luft wirbelnd auf uns zu. John stieg

zu einem Kopfball hoch, und auch wenn er nicht besonders groß war, schaffte er es doch, die Kletten aus Slemmestad wegzudrücken, und köpfte den Ball Ringo zu, der sich auf dem Feld bereitgestellt hatte. Ringo nahm Anlauf und trat den Ball so hart er konnte, traf ihn aber etwas schräg, so daß der Ball in Richtung Umkleidekabinen verschwand. Perfekte Spielverzögerung. Die Väter pfiffen, aber die Vögel waren auf unserer Seite und überstimmten sie mit ihrem Gezwitscher. Wir zogen uns in die Verteidigung zurück, der Einwurf landete in einem neuen Gemenge. Plötzlich kam George aus dem Menschenknäuel gestürmt, den Ball auf der Fußspitze, nahm ihn an der Seitenlinie entlang mit, umspielte einen Zementpfosten und schickte eine angeschnittene Banane in Richtung Tor. Kjetil empfing sie mit Geschrei, und das Leder traf die Querlatte, der Torwart stand nur da und starrte in den Himmel. Dann sank der Ball vor ihm nieder, und er warf sich kopfüber zwischen die wildgewordenen Beine, die nach allen Seiten traten. Und aus irgendeinem mysteriösen Grunde kam er auch dieses Mal wieder aus dem Fußbad mit dem Ball in den Klauen hervor, er war schlimmer als ein japanischer Todespilot.
Jetzt spielte sich das meiste in der Hälfte von Slemmestad ab. John ging weiter nach vorn, aber Åge schrie Ringo und mir zu, daß wir auf unseren Plätzen bleiben sollten, falls es einen Gegenangriff gäbe. Und genau das passierte. Ich war gerade vorn und beschnüffelte die Mittellinie, als ein langer Ball in unsere Hälfte getragen wurde. Ringo wirbelte wie eine Kompaßnadel um die eigene Achse, zwei Zebras aus Slemmestad hatten schon zum Spurt angesetzt, und ich fing auch an, hinter dem Ball herzulaufen, der noch in der Luft segelte, es ging um Sekunden. An der 16-m-Marke passierte es. Ringo hatte den Ball erwischt, herrlich angenommen. John und ich hatten die beiden Slemmestad-Angreifer abgeschnitten, und das Ganze war eigentlich ganz einfach. Wir warteten nur darauf, daß Ringo den Ball zu Aksel herübergeben würde. Aber statt dessen spannte er seinen gesamten Körper an und schickte einen prachtvoll angeschnittenen Ball in die linke Ecke, unhaltbar. Wir erstarrten alle Mann, standen nur da und glotzten. Aksel kapierte nichts, stierte den Ball an, der im Netz schaukelte. Die Feiglinge aus Slemmestad grölten und umarmten sich, während Ringo mit gesenktem Kopf dastand und die Schuhspitze in die Erde bohrte. Ich konnte nicht genau sehen, was in seinem Gesicht vor sich ging, aber es kamen merkwürdige Laute daraus hervor, und sein Rücken zitterte. Der Schiedsrichter blies in seine eklige Pfeife, und die Vögel krochen auf den Ästen zusammen und versteckten ihre Schnäbel im Gefieder.
Dann ging Ringo. Er ging schnurstracks vom Feld, an Åge vorbei, in die Kabinen. Ein neuer Mann wurde auf den Rasen geschickt, ein Typ von Frøn, der so o-beinig war, daß die halbe Slemmestadmannschaft zwischen seinen Schenkeln hätte hindurchspazieren können. Wir guckten hinter Ringo her,

aber er war verschwunden. Zehn Minuten waren noch zu spielen.
Die Heimmannschaft hatte Blut geleckt, sie startete einen Angriff nach dem anderen. John kämpfte wie ein Löwe, und ich war auch nicht ganz ohne, denn jetzt konnten wir nur noch eins tun: Ringos Schnitzer wieder wettmachen. Wir mußten gewinnen. Weit entfernt winkte George nach dem Ball, aber lange Pässe waren nicht drin, das Spiel wurde klumpig wie saure Milch. Es ging Mann gegen Mann, egal, wo der Ball war. Und die Zeit lief. Åge schrie von der Seitenlinie, aber niemand konnte verstehen, was er sagte. Es waren nur noch ein paar Minuten, alle Spieler waren in unserer Hälfte, Aksel rannte wie ein Känguruh zwischen den Pfosten hin und her und wedelte mit den Armen. Da bekam ich den Ball in meine Klauen, schob mich rückwärts aus dem Gewühle und sah, daß John zu einem Wahnsinnsspurt in Slemmestads leere Hälfte ansetzte. Ich legte meine gesamte Kraft in den Schuß, lehnte meinen Körper nach hinten und schickte eine Flanke hinüber, die wie eine ferngesteuerte Möwe die Luft durchschnitt. John nahm sie im Lauf mit dem Rist auf, zehn Mann donnerten hinter ihm her, der Torhüter war bereit, sich zwischen seine Beine zu schmeißen, aber John hob das Leder einfach über ihn hinweg, zehn Mann rutschten hinter dem Ball her, aber zu spät, er landete im Kasten wie eine Hand im Handschuh. Nun gabs Kriegstanz und Hochsprung; das Heimpublikum riß sich die Haare aus, die Zementmischer schafften gerade noch den Anstoß, bevor der Schiedsrichter abpfiff und die Vögel sich erleichtert von den Zweigen erhoben und tirilierten, der Sieg war unser.
Wir rannten in die Umkleidekabine, um Ringo zu finden. Aber da war niemand. Das Trikot mit der Nummer 14 auf dem Rücken lag ordentlich zusammengelegt auf der Bank. Seine Kleider waren weg. Wir stürzten wieder nach oben.
»Vielleicht sitzt er schon im Bus«, sagte George.
Wir rannten ums Haus zum Parkplatz. Der Bus war leer. Wir gingen zu Åge zurück und fragten ihn, ob er Ringo gesehen habe.
»Ringo?«
»Ola«, sagte John.
»Tolles Tor«, sagte Åge und schlug John auf die Schulter.
»Gold wert. Ich sollte dich wieder als Stürmer aufstellen.«
»Hast du Ola gesehen?« fragte George ungeduldig.
»Ist er nicht in der Kabine?«
»Nee.«
Ringo war wie vom Erdboden verschluckt. Wir suchten überall, fanden aber keine Spur von ihm. Zum Schluß blieb uns nichts anderes übrig, als den Bus nach Hause zu nehmen – ohne Ringo. Und irgendwie war die Stimmung nicht so, wie sie sein sollte. Åge sah nervös aus, alle hatten die eine oder ande-

re Verletzung, die sie versorgen mußten. Die Trikots, die wir mit nach Hause nehmen und selbst waschen mußten, stanken nach Schweiß und Zement.
»Es gibt so etwas, das heißt Vorahnung«, sagte Seb leise.
»Vorahnung?« Gunnar drehte sich zu ihm um.
»Ja, das ist so'ne Art Warnung. Er sagte doch schon auf der Hinfahrt, daß er es in den Beinen merkte, nicht?«
Wir dachten nach, sahen uns unsicher an.
»Vielleicht war es schon vorherbestimmt, daß er ein Eigentor schießen sollte«, fuhr Seb fort.
»Vorherbestimmt?« fragte ich, »von wem denn?«
»Von ... von ... das weiß ich auch nicht. Gott, vielleicht«, antwortete Seb und errötete.
Wir wurden wieder still, die Vorstellung, daß Gott sich in den Kampf zwischen der Jungenmannschaft von Slemmestad und Frigg eingemischt hatte, war nicht so leicht zu verdauen.
»Dann war es vielleicht auch Gott, der für mich den Punkt gemacht hat«, sagte Gunnar wütend.
»Nein«, meinte Seb resigniert. »Ich dachte nur, daß ... daß es doch merkwürdig war.«
»Er hatte einfach Pech«, meinte Gunnar. »Das hätte jedem passieren können.«
»Pech! Bei dem Schuß!«
»Er ist es nicht gewohnt, in der Abwehr zu spielen«, sagte ich. »Vielleicht hat er sich vergessen und dachte, er sei im Angriff.«
Damit beruhigten wir uns etwas. Der Bus fuhr an Sjølyst vorbei. Wir sollten an der Frogner-Kirche raus. Wir saßen alle und überlegten, wo Ola wohl geblieben war. Entweder war er losgelaufen, oder er hatte den Zug genommen, falls er Geld hatte. Oder aber er war immer noch da draußen. O Mann.
Åge kam zu uns nach hinten und hockte sich vor uns.
»Ich werde seine Eltern anrufen und fragen, ob er schon nach Hause gekommen ist.«
Wir nickten gleichzeitig.
»Und achtet darauf, daß er zum Training kommt. Jeder kann mal einen schlechten Tag haben. Wir werden schon einen Platz für ihn finden.«
»Er ist gut im Tor«, sagte Seb.
»Aha.« Åge sah uns an. »Es ist wohl etwas schwierig, Aksel den Posten wegzunehmen.«
»Er kann doch Reservetorwart werden«, schlug Gunnar vor.
Åge stand auf.
»Das ist eine Idee. Ich werde drüber nachdenken.«
Und dann hielt der Bus an der Kirche, und wir stürzten raus. Es gab nur eins

zu tun. Geschlossen zogen wir runter in die Observatoriegate. Aber Ola war nicht nach Hause gekommen. Sein Vater machte auf.
»Ist Ola nicht mit euch gekommen?« fragte er.
Gunnar und Seb sahen sich verwirrt an. Ich räusperte mich und sagte: »Wir hatten nach dem Spiel in Tørtberg noch Training. Ola ist mit einigen aus der Klasse gefahren, die wir bei Majorstua getroffen haben.«
»Nein, er ist noch nicht zu Hause.«
Friseur Jensen schob seine Hemdsärmel hoch und sah auf die Uhr, hob die gekämmten Brauen und schüttelte sacht den Kopf. »Wißt ihr, wo er steckt?«
»Er ist sicher mit Putte oder der Gans zusammen«, sagte ich schnell.
In dem Augenblick war auch die Mutter da, eine dünne kleine Dame mit Lockenkopf und traurigen Augen.
»Stimmt was nicht?«
Da klingelte ganz hinten in der Wohnung das Telefon, das war sicher Åge, also zogen wir uns lieber rückwärts die Treppe runter zurück und stürmten aus der Tür.
Wir konnten ja nicht nach Slemmestad gehen. Es blieb uns nichts anderes übrig, als nach Hause zu gehen. Aber wir zögerten damit in der schwachen Hoffnung, daß Ola auftauchen könnte. Das tat er nicht. Es war schon komisch, sich vorzustellen, daß er vielleicht allein auf der Straße ging, vielleicht sogar auf einem falschen Weg. Und bald wurde es dunkel. Wir fröstelten, verabredeten, uns am nächsten Tag zu treffen, um fünf Uhr im Moggapark. Danach gingen wir unserer Wege. Die Sonne ging hinter roten Wolken über dem Holmenkollen unter und schickte ein flaches, gedämpftes Licht über die Stadt. Nun hieß es, nach Hause zu kommen, denn jetzt begann der Sonnabendkrieg. Die Frognerbande konnte ab jetzt überall zuschlagen. Ich schlich mich an den Hauswänden entlang, lugte verschreckt um jede Ecke, ich dachte an Ola und an Schlagringe, Schädel, Nasenbeine, die ins Gehirn geschlagen worden waren, vor einigen Jahren bekam ein Typ eine Krampe ins Auge, mitten im Augapfel steckte sie, während der Typ nur so schrie.
Das letzte Stück rannte ich.
Ich duschte und wusch mir den Slemmestad-Dreck vom Leib, setzte mich dann zu meinen Eltern ins Wohnzimmer und mußte vom Spiel berichten, ich bekam Würstchen in Kartoffelfladen, Limonade und solchen Kram. Aber ich konnte nicht stillsitzen. Vielleicht war Ola gekidnappt worden, in einen Sack gesteckt und in den Fjord geworfen worden. Oder er wurde vielleicht als Sklave nach Arabien verkauft, das war schon vorgekommen. Ich mußte anrufen. Die Finger zitterten beim Wählen. Die Mutter war am Telefon.
»Ist Ola zu Hause?« fragte ich. »Hier ist Kim.«
»Ja.«

Ola lebte. Ich sank auf den nächstbesten Stuhl.
»Kann ich mit ihm reden«, flüsterte ich.
»Er liegt im Bett. Er ist krank.«
»Krank?«
»Er sagt es jedenfalls.«
»Wird er morgen wieder gesund sein?« fragte ich listig und schrumpfte in meinen Kleidern.
»Du kannst es ja versuchen«, sagte die leise, etwas matte Stimme. Und bevor sie den Hörer auflegte, hätte ich wetten können, daß ich eine Schere hörte, die in einer Tour im Hintergrund klapperte, das muß Valdemar Jensen gewesen sein bei seinem Trockentraining für die norwegische Meisterschaft der Friseure in Lillesand, oder vielleicht war es auch nur mein eigenes Herz, das das Blut in kurzen, harten Stößen durch den Kopf pumpte, hart wie der erste Akkord in *A hard Day's Night*.

Es war abgemacht, Gunnar und Seb um fünf Uhr im Moggapark zu treffen, aber das war nur schwer einzuhalten, denn an diesem Sonntag kam Onkel Hubert zum Mittagessen, um drei Uhr stand er in der Tür, und ab da ging alles nur noch halb so schnell. Ich weiß nicht so genau, was eigentlich mit Onkel Hubert los ist, es gab in seinem Kopf diese Knoten, die sich nicht lösen wollten, und manchmal waren sie fester geknotet als sonst, und an diesem Sonntag waren sie außergewöhnlich stramm. Es fing schon in der Tür an. Er streckte seine Hand 34mal aus, ohne dabei etwas zu sagen, zum Schluß mußte Vater ihn hereinziehen und in einen Stuhl drücken. Beide hatten gerötete Gesichter und Schweißperlen auf der Stirn, und Mutter beeilte sich, hinauszukommen und noch ein Gedeck aufzulegen.
Onkel Hubert lebte allein in einem der Hochhäuser bei Marienlyst, er zeichnete Illustrationen für Zeitschriften und Kitschromane, von daher war es vielleicht nicht so merkwürdig, daß er nun mal so war. Vater hatte eine Glatze, aber Hubert hatte noch sein volles Haar, und jetzt saß er im Sessel am Bücherregal und war ein wenig zur Ruhe gekommen, erschöpft am ganzen Körper, er atmete schwer. Aber als er mich erblickte, kam wieder Leben in den Ballon.
»Komm her, komm mal her«, rief er und wedelte mit den Armen. Ich ging zu ihm. Er nahm meine Hand mit beiden Händen und fing an, sie zu schütteln, so daß ich schon damit rechnete, ein paar Stunden so stehen zu müssen. Glücklicherweise ließ er schon nach einer Viertelstunde wieder los.
»Der junge Kim, die Hoffnung der Familie, wie geht es dir?«
»Mir geht's gut«, sagte ich und versteckte die Hände in der Tasche.
»Das freut mich. Was meinst du, soll ich heiraten?«

Vater machte einen Riesenschritt auf uns zu und beugte sich mit zitterndem Kopf zu uns herab.
»Willst du heiraten?«
»Ich spiele mit dem Gedanken, lieber Bruder. Was meint ihr dazu?«
Vater erhob sich und sagte mit zusammengekniffenen Lippen:
»Kim. Geh in die Küche und hilf deiner Mutter!«
Da gab es keine andere Möglichkeit. Ich fand Mutter über dem Heilbutt. Er dampfte ihr ins Gesicht. Es sah aus, als weine sie.
»Onkel Hubert will heiraten«, sagte ich.
Ich mußte die Schüssel auffangen.
»Was! Was sagst du da?«
»Er hat gesagt, daß er heiraten will.«
Im gleichen Moment war sie draußen. Und ich stand da mit dem dampfenden Fisch, zwischen Petersilienbutter, Kartoffeln und Karamelpudding. Ich hörte sie aufgeregt im Wohnzimmer reden, Vaters Stimme war leise und hitzig, hatte den gleichen Tonfall wie dann, wenn ich mit dem Zeugnis nach Hause kam. Mutters Stimme klang ergeben, Onkel Hubert lachte nur.
Kurz darauf war Mutter wieder da, und wir deckten auf.
Am Anfang ging alles gut. Wir bedienten uns, und alles war, wie es sein sollte, abgesehen von Vaters Gesicht, das stramm wie ein Tennisschläger war. Als wir uns das zweite Mal etwas nehmen sollten, konnte ich mich nicht länger zurückhalten.
»Wen willst du denn heiraten?« fragte ich.
Vaters Stimme schnitt den Satz ab, er knurrte meinen Namen hervor, so daß das »i« vollkommen verschwand, es blieben nur noch zwei verzerrte Konsonanten übrig: »Km!« Mutter krümmte sich zusammen, und Onkel Hubert sah von einem zum anderen, und als er sich Kartoffeln nehmen wollte, hakte es ganz aus. Ich sah es schon kommen. Als er den Löffel mit Kartoffeln schon halb über seinem Teller hatte, blieb er dort, es schien, als kämpfe er, er biß die Zähne zusammen, seine Wangen zitterten, dann fing der Löffel mit den Kartoffeln an, sich über dem Tisch hin- und herzubewegen, und zwar schnell, er mußte mindestens Weltmeister im Kartoffelbalancieren sein. Vater war kurz vorm Explodieren, Mutter verschwand in der Küche, und Onkel Hubert saß da und schwenkte die Kartoffeln hin und her, ich hätte zu gern gewußt, was in seinem Kopf dabei vor sich ging. Er sah sehr unglücklich und gleichzeitig ganz zielbewußt aus, und als er endlich, nach 43 Malen, fertig war, sank er ermattet und zufrieden auf seinen Stuhl zurück, die Tischdecke war grün von der Petersilie, Vater blau im Gesicht und Mutter kam mit mehr weißem Fisch herein.
Als es auf fünf zuging und wir immer noch nicht beim Dessert waren, konnte

ich nicht mehr länger stillsitzen. Ich nahm die Gelegenheit wahr und fragte, obwohl ich wußte, daß es eine Todsünde war, vorzeitig von Tisch aufzustehen.
»Ich bin mit Gunnar und Sebastian verabredet«, sagte ich schnell, »um fünf. Darf ich gehen?«
Zu meiner großen Überraschung sah Vater richtig erleichtert aus.
»Das mach man«, sagte er. »Komm nicht zu spät nach Hause.«
Ich sprang auf, traute mich nicht, Hubert noch mal die Hand zu geben, Mutter kam mit einigen sanften Ermahnungen hinterher, und alle schienen froh, daß ich verschwand. Ich sprang aus dem Fenster, landete weich rittlings auf dem Pferd, wie Zorro im Frogner, und galoppierte zum Moggapark.
John und George hingen über ihren Lenkern unf pafften an ihren Craven. Ich rollte zu ihnen hinunter und schleuderte scharf in der Kurve.
»Haste was von Ola gehört?« fragte John.
»Der liegt im Bett. Er sagt, er sei krank.«
George schnipste seine Kippe in einem Riesenbogen zum Klettergerüst hinüber, strich sich über den Mund und sagte:
»Ich weiß, wie wir ihn wieder hinkriegen.«
»Und wie?« John saugte seine Glut bis an die Lippen heran und spuckte sie dann aus.
»Abwarten«, sagte George.
Wir bogen auf den Drammensvei ab und umrundeten die Universitätsbibliothek in geschlossener Formation. Es war schon ein gewagtes Unternehmen. Es war nicht so einfach, Kranke zu heilen, besonders, wenn die Eltern zu Hause sind. Hatte man sich erst mal ins Bett gelegt, mußte man dort eine Weile bleiben, um den Schein zu wahren, ansonsten könnte es bei späteren Anfällen katastrophale Folgen haben.
Der Vater öffnete uns.
»Wir müssen mit Ola sprechen«, sagte ich atemlos.
»Er liegt im Bett.«
»Es geht um die Hausaufgaben«, fuhr ich fort.
Jetzt kam die Mutter hinzu. Sie stellte sich neben den Friseur.
»Bleibt nicht so lange«, entschied sie.
Wir fanden Ringo unter einer riesigen hellblauen Federdecke. Seine Augen waren gerade noch zu sehen. Wir schlossen die Tür und stellten uns um das Bett. Es roch nach Kampfer.
»Was hast du mit den ganzen Bildern gemacht?« fragte ich und schaute auf die leeren Wände.
»Vater hat sie runtergerissen. Der Arsch!«
Er sank noch tiefer in die Matratzen.

»Was haste denn?« fragte George.
Ringo fing an zu husten. Das Federbett ging hoch und runter.
»Ich bin k-k-krank«, sagte er mit spröder Stimme. »Ich werde euch noch ans-s-stecken.«
Für eine Weile waren wir still. Das war ernster, als wir gedacht hatten. Ein Stapel Micky-Maus-Hefte und eine angebrochene Tafel Schokolade lagen auf dem Fußboden.
»Wo bist du eigentlich abgeblieben?« fragte John vorsichtig.
Keine Antwort. Alle Mann wurden wir nervös, durchforsteten unser Hirn, um etwas Passendes zu finden, was wir hätten sagen können. Da fing Ringo an zu reden, er sprach mit der Stimme eines Alten, sie war hohl, trocken und bitter.
»Ich bin fertig mit dem F-f-fußball. Das ist v-v-vorbei. D-d-damit ist Schluß.«
Damit verschwand er ganz. Unser gesamter Trupp mußte schwer schlucken, ich schwöre es. Jetzt mußte das Handauflegen ernstlich beginnen.
»Jeder kann mal Pech haben«, sagte ich. »Du bist nicht der erste, der 'n Eigentor schießt. Und wenn wir schon mal dabei sind, das war ein verdammt guter Schuß!«
Wir versuchten zu lachen. Vom Bett kam kein einziger Laut.
»Åge hat mit uns auf der Rückfahrt gesprochen«, fuhr ich fort. »Und er hat mit Per Pettersen geredet. Er will dich als Ersatztorwart haben.«
Ein Haarbüschel kam zum Vorschein. Unter der Bettdecke sprach es, schwach, aber deutlich.
»E-e-ersatztorwart? Hat er d-d-das gesagt? War er nicht stinks-s-sauer?«
»Wir haben doch 2:1 gewonnen!«
»Wir haben gewonnen?«
»John hat das Tor gemacht«, sagte ich. »Soloangriff vom Mittelfeld aus.«
Ringos Gesicht kam zum Vorschein. Er sah John an.
»D-d-du hast das Tor gemacht?«
»Mmh. Nicht so wichtig. Hauptsache, daß wir gewonnen haben. Die Schwänze von Slemmestad wissen ja nicht mal, wie Tore zu schießen sind.«
Wir entspannten uns in befreiendem Gelächter. Ringo schüttelte es fast aus dem Bett, obwohl er doch krank war. Wir hörten vor der Tür ein Trippeln.
»Komm mit raus«, sagte ich.
»K-k-kann ich nich'. Bin nicht auf'm Posten.«
George lehnte sich vor, legte seine Hand auf die Schulter des Patienten und ließ sie dort liegen.
»Ich habe ein Geschenk für dich. Da steht ... da steht ein Volvo Spezial hinterm Schloß.«
Ein Raunen ging durch den Raum. Ringo war bereits aus dem Bett.

»So einer ... s-s-so einer, w-w-wie Simon Templar einen hat!« stotterte er verblüfft.
»Genau. Er gehört dir.«
Mehr gab's nicht zu bereden. Ringo zog sich an, und vier desperate Männer stiefelten durch die Wohnung. Im Flur stand der Friseur mit seiner Frau.
»Was machst du da?« stieß die Mutter erschreckt hervor.
»Ich geh' raus«, antwortete Ringo und schob jeden Widerstand beiseite.
»Du bist doch krank«, sagte der Vater.
»Ich b-b-bin gesund«, sagte Ringo.
»Dann kannst du morgen auch zur Schule gehen«, sagte die Mutter spitz. »Daß du's nur weißt.«
»Das w-w-weiß ich«, erwiderte Ringo.
Damit waren wir draußen, rutschten das Geländer runter. Weil Ringos Fahrrad immer noch kaputt war, schob er sich hinter John, und wir nahmen Kurs auf den Parkvei.
»Wie biste denn von Slemmestad nach Hause gekommen?« schrie ich.
»Get-t-trampt«, antwortete Ringo munter. »Mit 'nem Lkw. 'n Umzugswagen. Bekam Selbstgedrehte und alles.«
»Sauber.«
»Der hatte Pornoblätter im Handschuhfach, ehrlich.«
Wir schnitten die Kreuzung vor der amerikanischen Botschaft und rollten vorsichtig hinterm Schloß hoch.
»Der steht in der Riddervoldsgate«, sagte George. »Hab' ihn gesehen, als ich heut mit meiner Mutter da lang ging. Schwedisches Nummernschild.«
»Sind 'ne ganze Menge Bullen hier in der Gegend«, sagte John.
»W-w-wir kriegen es trotzdem«, kreischte Ringo vom Rücksitz. »Wir k-k-kriegen's!«
Es entstand eine Art Leere im Magen, die sich sofort mit Vorfreude und einer süßen Angst füllte, die in einem fort in mir wuchs, es war schön, sie zu spüren. Wir bogen langsam in die Riddervoldsgate ein, und dort, kurz vor der Ecke zur Oscarsgate, stand er, ein strahlend weißer Volvo Spezial. Wir sprangen von unseren Rädern, bildeten einen engen Kreis und spähten in alle Richtungen. Ein Mann mit Hut kam auf dem gegenüberliegenden Bürgersteig an, wir sagten kein Wort, bevor er nicht verschwunden war. Zwei Krähen stiegen aus einem Baum dicht hinter uns auf, so daß wir zusammenfuhren. Unsere Herzen schlugen hoch und laut an diesem schwülen Nachmittag.
»Wir stellen uns mit unseren Rädern an die Ecke«, flüsterte ich.
»Wenn Ringo die Marke hat, springt er hinten bei John auf, dann fahren wir die Oscarsgate runter, an Vestheim vorbei und direkt nach Skillebekk. Auf dieser Route kann uns niemand einholen.«

Die anderen nickten. Ringo bekam von George den Schraubenzieher, und wir schoben die Räder rauf zur Ecke. Eine Katze lag auf einer Steinmauer und starrte uns aus schmalen Augen an, aber die würde nicht petzen, sie war auf unserer Seite. Die Straßenbahn schaukelte zum Briskebyvei hinauf, die Glocken fingen in der Kirche an zu läuten. Sonst blieb alles still. Wir schoben am Volvo vorbei, Ringo blieb stehen, wartete einige Sekunden, dann ging er zum Angriff über. Eklige Geräusche waren zu hören, als wenn jemand mit den Nägeln über die Tafel kratzt, selbst der König müßte es hören. Wir trauten uns nicht, uns umzudrehen, und es dauerte unendlich lange, die ganze Welt hielt den Atem an. Das Blut lief wie ein Sturzbach aus meinem Kopf. Ich glaube, ich war niemals vorher so nervös gewesen. Und ich war überzeugt davon, daß ich überhaupt keine Angst gehabt hätte, wenn ich dort an Ringos Stelle beim Auto gestanden hätte. Das war komisch.

Endlich passierte hinter uns was. Ringo kam angerannt, wir hatten die Pedale bereit, er warf sich hinter John auf den Gepäckträger, und dann rasten wir runter nach Skillebekk und saßen neben dem Springbrunnen auf der Bank, bevor Simon Templar sich auch nur die Schuhe angezogen hatte. Wir wischten uns den Schweiß von der Stirn und starrten sprachlos auf die Volvo-Marke, wogen sie in der Hand, waren erleichtert und glücklich. George zog eine Craven-Packung hervor und reichte sie herum.

»Die beste, die wir je hatten«, sagte John. »Verflucht, war ich nervös.«

»W-w-warum das denn?« fragte Ringo und machte einen Lungenzug, daß sich seine Augen wie eine Schere kreuzten.

Und so saßen wir da, es war Sonntag und der Abend zog sich um uns herum zu, wurde warm und schwül, und bevor wir etwas davon merkten, schüttete es, daß das Wasser einen Meter auf dem Hügel stand und die Pferde hinter uns wieherten.

»Wir können zu mir fahren«, rief John. »Meine Alten sind nicht da.«

Wir fuhren, daß uns die Schmutzfänger um die Ohren flatterten, und drängten uns klatschnaß und erschöpft in Johns Zimmer. John stellte den Plattenspieler mitten auf den Boden und legte die neueste Beatles-Platte auf den Teller: *Ticket to ride*. Wir lauschten andächtig, unsere Trommelfelle waren sensibel wie Fledermäuse. Wir hielten den Atem an, bis die letzten Gitarrenklänge verklungen waren und die Nadel über die innersten Rillen kratzte.

Gunnar spielte sie noch einmal. Wir lagen auf dem Boden, die Ohren im Lautsprecher, es hämmerte durch den ganzen Körper, und wir konnten so viel Englisch, daß wir verstanden, worum es ging. Wir fragten uns, wer das wohl war, der auf diese Art und Weise Schluß machte, das Mädchen mußte ganz schön doof sein. Wir wurden böse und dachten vernichtende Gedanken über alle Mädchen auf dem ganzen Erdball. Die Nadel schob sich wieder in

die Mitte, und wir drückten die nassen Haare in die Stirn.
»Wir sollten eine Band gründen«, sagte Seb.
Wir sahen uns an. Eine Band. Na klar. Wir könnten eine Band gründen, und dann hätten Nina und Guri und die ganzen Duckmäuser aus der 7c nichts mehr zu melden.
»W-w-wie soll sie denn heißen?« überlegte Ola.
Gunnar holte ein englisch-norwegisches Wörterbuch und fing an, darin zu blättern.
»Was ist mit The Evilhearted Devils and Shining Angels«, schlug Seb vor. Die Aussprache war nicht ganz deutlich, aber wir verstanden, was er meinte.
»Zu lang«, sagte ich. »Muß kurz sein, wenn die Leute nach den Platten fragen. Dirty Fingers ist okay.«
»Dirty Fingers and Clean Girls«, ergänzte Seb.
»W-w-wir lassen doch wohl k-k-keine Mädchen mitmachen!« rief Ola.
»Ich hab's«, sagte Gunnar und schaute aus dem Buch auf. »Wir werden *The Snafus* heißen.«
»Schneem-m-maus?« Ola sah Gunnar irritiert an.
»Snafus«, wiederholte der.
»Was heißt'n das?« fragte Seb.
»Eine Abkürzung für *situation normal all fouled up*«, las Gunnar langsam und deutlich vor.
»A-a-aber w-w-was bedeutet das?« hakte Ola nach.
»Das bedeutet Wahnsinn, Chaos und Schmiererei.«
Wir dachten nach und wurden uns einig. Niemand hatte einen besseren Vorschlag. Er war kurz, ließ sich gut merken, und wir standen hinter der Interpretation. The Snafus.
»Ich klau 'ne Zigarre von Vater«, sagte Gunnar. »Das müssen wir feiern!«
Er kam mit einen Riesenknüppel mit roter Bauchbinde zurück, biß die Spitze ab und spuckte sie aus dem Fenster. Mit dem ersten Zug war das Zimmer eingenebelt, wir husteten, räusperten uns und hingen im Fenster, aber alle waren sich einig, daß sie verdammt gut sei, das Beste, was wir je probiert hatten.
»W-w-was wollen w-w-wir denn spielen?« fragte Ola durch den Rauch hindurch.
Das war ein Problem. Bei Ola war es ja klar, er schlug im Jugendorchester die Trommel. Das hörten wir jeden 17. Mai. Gunnar konnte auf der Gitarre seines Bruders zwei Griffe, aber dafür war er gut darin, das Tempo zu beschleunigen. Seb spielte Blockflöte, und ich konnte gar nichts.
»Du kannst ja singen«, sagte Seb.
»Singen! Ich kann doch überhaupt nicht singen.«

»Das kannst du lernen«, meinte Gunnar.
»Dann soll ich also den Sänger machen«, stellte ich fest.
»Du mußt lernen, ordentlich zu *heulen*«, sagte Seb. »Genau wie in *I wanna be your Man* oder *Twist and Shout*.«
Ich dachte an die Musikstunden in der Schule. *Im Frühtau zu Berge. War einst ein kleines Segelschiffchen. Die Gedanken sind frei.* Vielleicht hatte meine Stimme nur nie das richtige Material bekommen, mit dem sie arbeiten konnte. Vielleicht konnte Jensenius mir ja das Singen beibringen.
»Gebongt! Ich trete als Sänger auf.«
Gunnar zündete die Zigarre erneut an und reichte sie herum. Die Tränen flossen, aber durch den Rauch konnte das niemand sehen. Und dann begannen wir, alle Beatles-Platten durchzuspielen, angefangen bei *Love me do*.
Mitten in *Can't buy me Love* ging die Tür auf. Gunnar bekam einen derartigen Schreck, daß er einen Kratzer in die Platte machte. Aber es war nur sein Bruder, Stig, doch das war nicht nur »nur« er, er sollte in der ersten Gymnasiumsklasse in Katta anfangen, war 1,85 m groß und trug die Haare bis halb über die Ohren. Er stand in der Türöffnung, spähte herein und fragte:
»Habt ihr Castro zu Besuch oder was?«
Das verstanden wir zwar nicht, lachten aber trotzdem, denn soviel begriffen wir doch. Stig schloß die Tür und kam zu uns herein. Er faltete seinen langen Körper zusammen und setzte sich auf den Boden. Wir waren stumm vor Ehrfurcht, trauten uns kaum, den Mund aufzumachen, denn uns war klar, daß wir uns blamieren würden, mit jedem Laut, der über unsere Zungen kam. Gunnar sah etwas verlegen aus, aber gleichzeitig stolz, denn schließlich hatten nicht alle große Brüder, die sich herabließen und mit solch grünem Gemüse redeten, das gerade über die Ackerfurche lugen konnte.
Stig sah uns an und nahm einen wahnsinnig tiefen Zug von der Zigarre. Es kam kein Wölkchen aus seinem Mund, wir warteten und warteten, doch der Rauch blieb unten, so etwas hatten wir noch nie gesehen.
»Spielt ihr die Beatles?« fragte er freundlich.
Wir nickten und murmelten ja, genau, die Beatles seien verdammt gut, und besonders die letzte Single, *Ticket to ride*.
»Habt ihr die schon gehört?« fragte er und hielt uns eine LP hin, auf deren Cover das Foto eines schlaksigen Typen mit steifen Locken und einer unglaublich krummen Nase war, eine klapperdürre Ausgabe. Wir kannten sie nicht.
»Bob Dylan«, erklärte Stig. »Das schärfste, was es auf der Welt gibt.«
Er zog die Platte vorsichtig heraus und legte sie auf den Plattenspieler, wechselte auf 33 und hieß uns still sein, obwohl wir bereits leise wie Neuschnee waren.

»Hört zu«, flüsterte Stig. »*Masters of War*, und denkt dabei an Vietnam.«
»V-v-viet was?« platzte es aus Ola heraus. Die Röte stand wie ein Nordlicht über seinen Zügen. Stig mußte ihn in die Lehre nehmen.
»Vietnam«, erklärte er. »Ein kleines Land auf der anderen Seite des Planeten. Da bombardieren die Amerikaner ein unschuldiges Volk. Sie bombardieren es mit etwas, das Napalm heißt. Wißt ihr, was Napalm ist?«
Der Plattenspieler lief. Er hielt die Nadel einen Millimeter über den Rillen. Wir wußten nicht, was Napalm war.
»Das ist ein Stoff, der auf der Haut festklebt, und dann brennt er. Hast nicht die geringste Chance. Das brennt unter Wasser! Kapiert ihr. Napalm brennt *unter Wasser.*«
Er schloß jäh den Mund. Es rauschte im Lautsprecher, und gleich darauf kam die harte, akustische Gitarre, die Akkorde, die ich niemals vergessen werde, und die Stimme, die meinen Kopf aufschnitt wie ein Rasiermesser. Wir verstanden nicht alles, aber das Wichtigste begriffen wir, und das war unheimlich, mir lief es kalt den Rücken runter. *And I'll stand over your grave till I'm sure that you're dead.* Das verstanden wir. Und wir bekamen Lust, auf die Straße zu gehen, und so'n paar erwachsene Arschlöcher zu verprügeln. Es war sehr feierlich, denn jetzt konnten wir nie wieder so sein wie vorher, jetzt wußten wir es besser.
Stig schob die Platte wieder in ihre Hülle und stand auf, er ragte über uns, und egal, um was er uns jetzt gebeten hätte, wir hätten ja gesagt, wir lechzten danach, von ihm einen Befehl zu bekommen, einen lebenswichtigen und lebensgefährlichen Auftrag, wir wären für ihn durch Feuer und Wasser gegangen.
Aber er sagte nur im äußersten Mundwinkel:
»Lüftet gut, bevor die Eltern zurückkommen, Jungs.«
Ich fuhr nach Hause und versuchte, den neuen Song zu singen, aber ich bekam die Melodie nicht so ganz hin, jedes Mal, wenn ich anfangen wollte, war sie weg, als wenn ich sie schon vergessen hätte. Aber so leicht vergißt man nicht, man bewahrt alles in sich auf, und eines Tages taucht es dann wieder auf, wann auch immer und wo auch immer, so wie ich plötzlich den Geruch des Flieders spüre, des Flieders nach dem Regen, obwohl es doch schon spät im Herbst ist. Ich fuhr auf den Drammensvei und versuchte, mir die Worte, die Melodie, die Stimme in Erinnerung zu rufen. Aber als ich in die Svoldergate einbog, mußte ich an andere Dinge denken. Ich hielt abrupt an, denn aus der Tür kam Onkel Hubert. Er blieb stehen, starrte auf seine Füße, dann ging er rückwärts wieder hinein, kam heraus, ging rückwärts hinein, und damit machte er weiter, so daß ich anfing zu zählen, vielleicht war ja in allem, was er tat, eine Art System, vielleicht gab es einen heimlichen Code. Onkel

Hubert ging 21mal durch die Haustür ein und aus, dann verschwand er mit schnellem Schritt um die Ecke. Ich stellte mein Pferd in den Stall, gab ihm einen Sack Heu und schlenderte die Treppen hinauf. Als ich schon mit dem Schlüssel in der Hand dastand, hörte ich Vaters Stimme aus dem Wohnzimmer. Sie war laut und hysterisch und drang wie eine Säge durch die Wand. Ich blieb stehen, lehnte mich vorsichtig gegen die Tür. *»Das geht nicht. Das geht ganz einfach nicht. Das ist ein Skandal. 21 Jahre!«*
Mutters Stimme hörte ich nicht, sie saß sicher mit den Händen im Schoß auf dem Sofa und sah unglücklich aus.
Vaters Stimme fuhr fort:
»Sie könnte seine Tochter sein. Das ist ... das ist widerlich! 21 Jahre!«
Danach war es im ganzen Haus still. Ich holte tief Luft, öffnete die Tür so vorsichtig ich nur konnte und schlich mich in mein Zimmer. In dieser Nacht wünschte ich mir, fliegen zu können oder zu fallen, nach hinten zu fallen, wo mich niemand auffing, in ein schwarzes Loch im Himmel.

Die Bombe schlug am nächsten Tag ein, Montag, Resteessen. Plötzlich legte Vater Messer und Gabel hin und wischte sich sorgfältig den Mund ab.
»Der Filialchef Ahlsen war heute stinkwütend, ihr könnt euch das nicht vorstellen. Er hatte am Wochenende eine äußerst wichtige Bankverbindung aus Schweden zu Besuch, und im Laufe des Sonntags wurde der Wagen des Kunden beschädigt.«
»Beschädigt?« fragte Mutter.
»Ja. Irgendwelche Rüpel haben die Automarke vorne abgebrochen und Kratzer im Lack gemacht. Und das war ein ganz besonderes Auto. Ein Volvo Spezial. So einer, wie Simon Templar einen hat«, sagte er zu mir in der Erwartung, daß ich über alle Maßen beeindruckt sein würde.
»Aha«, sagte ich nur.
»Du kennst niemanden, der so etwas tut?« fragte er mich scharf und sah mir direkt in die Augen.
»Ich? Woher denn? Wieso soll ich so was wissen?«
»Nein. Natürlich weißt du so was nicht.« — Vater sah zu Mutter hinüber. »Natürlich haben sie das bei der Polizei angezeigt. Und da gab es in letzter Zeit mehrere ähnliche Anzeigen. Es ist beschämend!«
Nach dem Mittagessen bekam ich Landgang und radelte wie ein Verrückter zu Gunnar hinüber, erzählte ihm, was passiert war. Dann fuhren wir weiter zu Ola, holten ihn raus und stürmten zu Seb, der dort um die Ecke wohnte. Seine Mutter öffnete uns — als sie uns sah, öffnete sie alle Lachschleusen.
»Kommt ihr geradewegs vom Mond«, lachte sie.
»Es geht um den 17. Mai«, sagte ich. »Wir sollen die Flaggen tragen.«

Ola sah mich blöd an, aber Gunnar machte ihn mit einem Finger im Rückgrat unschädlich. Es kam ein kleiner Hicks, dann blieb er stumm.
»Sebastian ist in seinem Zimmer. Er macht Hausaufgaben.«
Wir lärmten hinein, hörten das Lachen der Mutter hinter uns und hätten ihn fast zu Tode erschreckt, als wir durch die Tür stürzten.
»Wir sind ertappt«, piepste Ola. »Es ist r-r-rausgekommen!«
»Schrei nicht so, verdammt noch mal!« zischte Gunnar.
»Was ist rausgekommen?« fragte Seb.
Ich erzählte ihm die ganze Geschichte. Gunnar stand an der Tür und paßte auf, daß niemand lauschte.
»Aber sie wissen nicht, daß wir es waren«, sagte Seb zum Schluß. »Noch nicht. Wir müssen aber das Diebesgut loswerden!«
Seb zog den Kasten hervor. Wir scharten uns drumherum. Obenauf lagen ein paar Zeitschriften, dann schimmerte es metallen, blankgeputzt wie das Silber der Eltern, es war ganz wie beim Grafen von Monte Christo.
Ich fällte die Entscheidung.
»Wir müssen es im Meer versenken.«
»W-w-wo denn?« Ola stand mit dem Volvo-Zeichen in der Hand da.
»Bei Filipstad«, schlug Gunnar vor.
»Bei Bygdøy«, meinte ich. »Weniger Leute.«
Die anderen nickten ernsthaft. Wir bewunderten unsere Jagdtrophäen in feierlichem Schweigen, dann stopften wir sie in sämtliche Taschen und stolperten mit einem verlegenen Grinsen wie vier übergewichtige Schrotthändler hinaus.
Die Mutter tauchte plötzlich wieder auf, jetzt ganz still, und irgendwie wurde mir schwindlig, denn sie bewegte riesige Massen, die noch lange hin und her wogten, nachdem sie stand, ihr Rock saß stramm über den Hüften, es gab einen Schlitz in ihm und so was.
»Hast du deine Aufgaben gemacht?« fragte sie.
»Ja«, antwortete Seb, die Hände fest in den Jackentaschen vergraben.
»Ich hoffe, ihr dürft die Fahnen tragen.«
Er sah sie etwas verwirrt an, Ola wollte gerade den Mund aufmachen. Aber ich kam ihm zuvor.
»Drei aus jeder 7. Klasse sollen die Flaggen tragen«, antwortete ich schnell. »Und Ola spielt ja Trommel, deshalb kann er's nicht.«
Und dann kamen wir endlich raus, rannten die Treppe runter und rasten fort Richtung Bygdøy.
Wir stellten unsere Räder hinterm Restaurant ab und gingen zum Wasser hinunter. Wir waren ganz allein, nur weit entfernt kläffte ein Hund. Von hier aus konnte ich nach Nesodden hinüber sehen, den Anlegesteg, Hornstrand,

das rote Strandhaus. Mich fröstelte, anscheinend war der Frühling doch noch nicht so ganz gekommen, es war gerade so, als säße man in einem warmen Raum, in dem jemand plötzlich die Tür geöffnet hatte und die kalte Luft hereinströmte. Sie kam vom Fjord, der dunkel dalag und einem Wellblechdach ähnelte.

»S-s-sollen wir a-a-alle wegschmeißen?« fragte Ola vorsichtig.

»Alle«, sagte Gunnar bestimmt.

Ola stieß in ein Algenbüschel.

»G-g-glaubt ihr, die haben Fingerabdrücke?«

»Fingerabdrücke!« lachte Seb. »Wo denn?«

»Na, auf'm V-v-volvo!«

»Die ham keinen Beweis. Nicht, wenn wir die hier los sind.«

Wir liefen am Strand entlang zu den kantigen Felsen. Dort hielten wir an und sahen uns um. Es war niemand in der Nähe, der Hund war weg, kein Boot zu sehen, nur eine Baggerschute, die in den Bundefjord geschleppt wurde.

»Erst schmeißen wir Steine«, sagte Gunnar. »Und dann kommen die Marken dazwischen.«

Es hagelte ins Wasser, Fiat, Mercedes, Opel, Peugeot, Morris, ein Vauxhall, Renault, ein Hillman, ab und zu ein Moskwitch.

»Ob die j-j-jemand findet?« murmelte Ola zum Schluß.

»Die werden von der Strömung mitgenommen«, sagte Gunnar, »und verflucht weit rausgetragen. Vielleicht sogar bis Afrika.«

»Und eines Tages sitzt Vater während einer Freiwache da und angelt, und plötzlich bekommt er einen Volvo an den Haken«, kicherte Seb.

Wir lachten und schrien und sprinteten zur anderen Seite der Felsen hinüber, aber da hielten wir jäh wieder an und starrten auf etwas, das an der Wassergrenze auf den Steinen lag.

Es war ein Kleiderbündel.

»Ob d-d-da jetzt jemand badet!« stammelte Ringo. »Muß j-j-ja verd-d-dammt kalt sein!«

Wir spähten auf den Fjord hinaus, konnten aber niemanden entdecken. Die Kälte schlug uns mit voller Kraft entgegen, da wir nicht mehr im Windschatten standen.

»Das muß jedenfalls ein Eisschwimmer sein«, flüsterte George.

Aber es war niemand im Wasser zu sehen, und an Land auch nicht. Also gingen wir zu den Kleidern, sehr zögernd, ich bin noch niemals so langsam gegangen, wir hielten die Luft an. Vielleicht hatte uns ja doch jemand gesehen. Als wir näherkamen, sahen wir, daß dort ein Anzug lag, ein weißes Hemd, ein Schlips, Unterzeug und ein Paar schwarze, blankgeputzte Schuhe, die ordentlich daneben standen. Und auf dem Anzug lag ein Zettel, unter einem

Stein. Wir stoppten wieder. Unsere Herzen flatterten wie Pappe zwischen Fahrradspeichen. Ich ging dann weiter, nahm den Zettel auf, ganz vorsichtig, als wäre es ein verletzter Schmetterling. Ich las laut mit belegter Stimme: »Ich habe mir das Leben genommen. Ich habe keine Familie. Das Wenige, was ich hinterlasse, soll die Heilsarmee bekommen. Keine Sorgen. Ich habe jetzt meinen Frieden.«
Ich legte den Zettel wieder hin und sprang zu den anderen, klammerte mich an Gunnar.
»Verflucht! Er ist ins Wasser gegangen!«
Wir machten auf dem Absatz kehrt und stürmten hinauf ins Restaurant, wo wir an die Tür donnerten. Aber da war geschlossen, keiner machte uns auf. Wir warfen uns auf unsere Räder und fuhren wie der Blitz zum Parkplatz, stoppten dort bei einer Telefonzelle. Wir preßten uns hinein und fanden die Nummer der Polizei auf der ersten Seite des Telefonbuches. Ich nahm den Hörer ab, Gunnar warf die Münzen ein, Seb wählte. Ich bekam sofort die Verbindung, meine Kniegelenke schmolzen.
»Ein Mann hat sich ertränkt«, sagte mein Mund.
»Mit wem spreche ich?« hörte ich.
»Kim. Kim Karlsen.«
»Von wo rufen Sie an?«
»Von der Telefonzelle. Auf Huk.«
»Wiederholen Sie, was geschehen ist.«
»Ein Mann hat sich ertränkt. Seine Kleider liegen da, und er hat auch einen Zettel geschrieben.«
»Bleibt, wo ihr seid *und faßt nichts an.* Wir kommen sofort.«
Wir radelten zurück und liefen wieder über die Felsen. Die Kleider lagen immer noch da, ordentlich zusammengelegt, genau wie abends, bevor man ins Bett geht. Wir setzten uns in sicherem Abstand hin und schauten auf den Fjord hinaus, aber der verriet nichts. Mich schauderte, ich dachte daran, wie schnell sich das Wasser über etwas schließt, und an Haare, die sich wie Tang wiegen, wenn die Wellen gegen das Land rollen.
»Hoffentlich f-f-finden sie die Automarken nicht«, flüsterte Ola.
»Ich werde jedenfalls nie mehr hier baden«, sagte Gunnar und schüttelte sich.
Kurz danach war die Polente da. Sie kam mit zwei Wagen, und ein Krankenwagen war auch noch dabei. Die Wachtmeister liefen zu uns herunter. Zwei fingen an die Kleidung zu untersuchen, die anderen zwei sprachen mit uns.
»Habt ihr angerufen?«
»Ja«, sagte ich.
»Wann habt ihr die Kleider entdeckt?«
»Höchstens vor 'ner halben Stunde.«

»Wie lange vorher wart ihr schon hier?«
»So 'ne Viertelstunde.«
»Und ihr habt nichts gesehen oder gehört?«
»Nee.«
»Was habt ihr denn hier gemacht?«
Die anderen fingen an, mit ihren Händen zu fummeln. Ola bekam im linken Bein ein Zucken, sah zum Polizisten hoch.
»Wir haben Muscheln gesucht«, sagte ich.
Da passierte wieder etwas. Ein großes Polizeiboot fuhr aufs Land zu. An Deck standen zwei Taucher. Die Wachtmeister gingen zum Wasser hinunter, wir folgten ihnen, blieben aber ein gutes Stück hinter ihnen stehen.
Es dauerte nicht lange, bis sie ihn gefunden hatten. Er lag dicht beim Ufer. Sie kamen mit einem nackten, blauen Körper rauf, als hätte das Wasser abgefärbt. Er war völlig steif, der Mund war riesig und weit geöffnet. Er war sicherlich noch nicht so alt, jünger als mein Vater. Sie legten ihn auf eine Bahre, mußten dazu den Körper herunterdrücken, bedeckten ihn mit einer Wolldecke und schoben ihn in den Krankenwagen.
Das war das erste Mal, daß ich einen Menschen sah, der nicht mehr lebte. Gunnar kotzte, als wir nach Hause fuhren. Niemand von uns sagte etwas, jeder fuhr wortlos zu sich. In dieser Nacht lag ich da und dachte an den Tod, hellwach, mit offenen Augen, ohne etwas zu sehen, starrte ich in ein wahnsinniges Dunkel. Da wurde mir klar, ohne daß ich es eigentlich begriff, daß ich bereits angefangen hatte zu sterben. Das war ein widerlicher Gedanke, und ich weinte.

Es war Frühling, und wir warteten. Wir warteten darauf, daß das Frognerbad öffnen würde, sie hatten schon angefangen, die Becken zu reinigen. In diesem Jahr wollte ich vom Zehner den Köpfer machen, verfluchte Beine, ich spürte den Sprung schon jetzt in mir. Aber ich bekam Konkurrenz. Ich schnitt das Bild des Russen Alexej Leonow aus, auf dem er im All schwebte, ein trübes, gespenstisches Bild, anfangs konnte ich es nicht so ganz glauben. Es ähnelte ein wenig den ersten Fotos von Vater, bevor er gelernt hatte, richtig scharfzustellen. Zehn Minuten schwebte der da so, in dem unendlichen blauen Raum, mit seinem Fahrzeug nur mit einem dünnen Band, einer Nabelschnur, verbunden. Und nicht viel später waren die Amerikaner dran. Diesmal war das Bild deutlicher, man konnte dran glauben, im Hintergrund war nämlich die Erdkugel zu sehen. Edward White hing 21 Minuten lang außerhalb seiner Kapsel. Danach sagte er, daß ihm überhaupt nicht schwindlig geworden sei, es sei fast, als schwimme man. Und dann sah ich das riesige Meer vor mir, als stehe ich am Grunde eines enorm großen Meeres, und ganz weit oben schwammen des Nachts Goldfische, zehnmal größer als wir, große, goldene Schiffe in langsamer Fahrt. Einmal waren sie Teil der Sonne gewesen. Vielleicht hatte der Selbstmörder von Bygdøy es auch so gesehen, bevor sich seine Augen schlossen. Und wir warteten auf den Handgranaten-Mann, aber in der Stadt war alles ruhig, nur Fahrradklingeln, Vögel und übende Musikkorps waren zu hören.

Und dann warteten wir natürlich auf den 17. Mai. Der Tag kam, mit Dauerregen. Wir trafen uns um drei Uhr morgens am Springbrunnen in der Gyldenløvesgate, es schüttete und stürmte aus dem Westen, aber das machte nichts, solange wir nur die Streichhölzer anzünden konnten. Insgesamt hatten wir 35 Chinaböller, 20 Knallerbsen und 16 Spinnen. Wir brannten schon mal zwei Chinaböller ab, um sozusagen in Gang zu kommen, es klang etwas flau im Regen, aber immer noch laut genug, um die Nächsten zu wecken. Dann zogen wir zum Urrapark. Es war so gut wie keiner draußen, wir hörten nur vereinzelten Krach und einige Abiturientenautos, die im Regen hupten.

»Wir müssen einen trockenen Platz finden«, sagte George.

»'nen Hauseingang«, schlug ich vor.

Wir schlichen uns durch die nächste Tür. Die Akustik war gut, Steinfußboden und Steinwände. Ringo zündete das Streichholz an und hielt es an die Lunte, es zischte, und ich warf das Ganze die Treppe hoch zu den Briefkästen. Es knallte, bevor wir raus waren, es war wahnsinnig, unserer gesamten Truppe standen die Haare zu Berge.

»Davon sind sie bestimmt wach geworden«, zischte Ringo, während wir zum Briskebyvei spurteten, an Albin Upp vorbei. Wir hielten nicht vor dem Urrapark an. Die Uhr am Kirchturm zeigte halb vier. Es regnete immer noch. Wir schmissen ein paar Knallerbsen an die Wand, aber sie waren schon naß, bevor sie trafen. Also unterbrachen wir unser Bombardement, lauschten, unten in der Holtegate kam ein Abi-Auto. Wir rannten zum Geländer und konnten einen roten Lastwagen sehen, der zum Hegdehaugsvei hinaus rumpelte. Auf der Plane saß eine Fuhre klitschnaßer Abiturienten, die gröhlten so gut sie konnten. Dann hörten wir nur noch den Regen, gleichmäßiger, kalter Regen, der senkrecht vom Himmel fiel, der Wind war weg.

»Den Rest heben wir für später auf«, schlug Seb vor. »Wenn das Wetter besser wird.«

Statt dessen steckten wir uns jeder eine Zigarette an, und der leere Magen reagierte wie eine Schleuder, alles drehte sich bei mir im Kreis, bei den anderen auch, wir torkelten gegeneinander und trippelten in alle Richtungen, bis wir endlich die richtige Peilung nach Briskeby aufgenommen hatten.

»Vielleicht schlägt der Granatenmann ja heute zu«, sagte Seb plötzlich.

»Scheiße«, flüsterte Gunnar. »In den Zug, eine Granate mitten in den Zug.

Ich glaub' nicht, daß ich dies Jahr mitgehe.«
»Und ich, ich muß sogar trommeln!« sagte Ola. »Ihr k-k-könnt mich d-d-doch nich' einfach im Stich lassen!«
»Natürlich gehen wir auch im Zug«, sagte ich.
Aber die Spannung war wieder da, als wäre das Rückgrat ein Hochspannungsmast. Es summte in meinem ganzen Körper. Und für einen schrecklichen Moment sah ich blutige Menschenkörper vor mir, zerschlagene Gesichter, tote Kinder, die noch krampfhaft ihre kleinen Fahnen umklammerten. Und gleichzeitig hörte ich den Song in mir, den Gunnars Bruder uns vorgespielt hatte: *Masters of War.*
Dann ging's zum Frühstück und Umziehen nach Hause. Es nützte nichts, ich starrte auf einen Punkt in der Zukunft, an dem ich die Sachen anziehen konnte, die ich wollte, aber er erschien mir unendlich weit in der Ferne zu liegen, und die Stimmen von Vater und Mutter waren sehr nah an meinem Ohr. Und so stand ich dann schließlich da, in blankgeputzten schwarzen Schuhen, um unten anzufangen, grauen engen Hosen mit Bügelfalte, weißem Hemd und blauem Schlips, Blazer mit Silberknöpfen, einer Riesenschleife auf der Brust, der Flagge in der Hand und der Matrosenmütze zuoberst. Nein, keine Mütze, aber naßgekämmtes Haar, das wie ein Topflappen auf dem Schädel lag, zum Teufel, Mutter tanzte um mich herum und klatschte in die Hände, und Vater kam mit diesem Von-Mann-zu-Mann-Blick, aber da floh ich schon zur Tür, bevor die Chinaböller sich selbst entzündeten.
Als wir vom Schulhof zum Stortorg marschierten, regnete es nicht mehr, aber der Himmel sah dunkel und bedrohlich aus. Die Mädchen trugen weiße Kleider und rote Schleifen im Haar, sie zitterten vor Kälte, und natürlich trugen wir nicht die Fahnen, das überließen wir den Strebern, aber Ringo schlug die Trommel, das konnten wir hören. Er trug eine hellblaue Uniform, eine Schirmmütze und fast so viele Medaillen wie Oscar Mathisen. Mütze stolzierte neben ihm mit schwarzem Anzug, durchsichtigem Regenmantel und einer Studentenmütze mit Quaste, die er auf seiner Schulter mit einer riesigen Sicherheitsnadel befestigt hatte. Hinter uns gingen Nina und Guri und die ganzen Transusen aus der 7c, sie waren zwar unter Beobachtung, es wäre aber besser gewesen, wenn sie vor uns gegangen wären, es war nicht gut, sie im Rücken zu haben, hinterhältig wie sie waren. Doch da begann das ganze Orchester zu spielen, jaulender als letztes Jahr, und Fahnen und Gebrüll stiegen in die Luft.
»Für wieviel Eis haste Geld?« fragte George.
»Will heute kein Eis kaufen«, sagte ich.
»Willste nich'?«
»Brauch' ich lieber für den Urrapark.«

»Vater hat mir 'nen Umschlag mit vier Zehnern geschickt«, fuhr George fort. »Vom persischen Golf. Das reicht für 18 Eis, 15 Würstchen und sechs Cola.«
»Eis können wir bei mir essen«, sagte John. »Vater hat 'nen Karton mit Nußeis beiseite gestellt.«
Auf dem Stortorg herrschten Minusgrade, Schnee lag in der Luft. Wir hauten ab und suchten Ringo, er sah fesch und gleichzeitig verlegen aus, aber dann fing es wieder an zu regnen, und der Truppenchef verteilte durchsichtige Capes, genau solche, wie Mütze eines trug, und jetzt sah Ringo nicht mehr so flott aus.
»Er sieht aus wie'n Pariser«, lachte George, aber da wurde Ringo gefährlich wütend.
»So, tu ich das, dann guck dich doch im S-s-spiegel an, dann siehst du 'nen Schwanz!«
»War nicht so gemeint«, beruhigte George ihn. »Hab' 'ne Schachtel Consulate für nachher dabei.«
»Und falls der Granatenmann zuschlägt, rechnen wir mit dir«, sagte ich.
»Okay.«
John wurde um die Schnauze rum grau wie ein Knäckebrot.
»Oh Mann, red' nich' vom Granatenmann, eyh!«
Der Zug kam in Bewegung. Wir fanden unsere Plätze und marschierten Richtung Karl Johangate. Die Orchester spielten auf ihren Instrumenten um die Wette, eines schlimmer als das andere, und am Straßenrand standen hysterische Eltern, die grölten und winkten, und ich tat so, als sei ich ein Soldat, wir waren siegreich aus dem Krieg zurückgekehrt und wurden von den Menschenmassen gefeiert. Wir waren Helden, ich tat, als hinke ich ein bißchen, die Mädchen sahen mich an und konnten ihre Tränen nicht zurückhalten, sie standen mit weißen, spitzenumhäkelten Taschentüchern da und warfen mir Kußhände zu, dem tapferen, verwundeten Soldaten. Und plötzlich hatte ich ganz deutlich ein Bild vor mir, das vor nicht allzu langer Zeit in der Zeitung gewesen und auch in den Fernsehnachrichten gezeigt worden war: ein kleines vietnamesisches Mädchen, das an einem Stock davonhinkt, barfuß, mit nacktem Oberkörper, der eine Arm in Bandagen. Und hinter ihr etwas, das wie Ruinen aussieht, es ist nicht ganz deutlich zu erkennen, aber ich nehme an, daß dort Tote liegen, tote, verbrannte und verstümmelte Menschen, ihre Familie. Das kleine Mädchen schleppt sich von den Ruinen fort, an mir vorbei, und sie schreit so schrecklich, ich kann sie in mir hören, vielleicht ist es auch nur mein eigener Schrei, sie ist so ängstlich und verzweifelt, ich möchte wissen, wohin sie geht, zu wem.
»Hier wird's passieren«, flüsterte John.
»Hä?«

»Der Granatenarsch. Hier wird er sie schmeißen. Mitten auf der Karl Johan.«
Wir waren beim »Studenten«. Ich hörte fröhliche Rufe vom Bürgersteig. Da standen meine Eltern und hüpften und winkten, ich war nur froh, daß sie zumindest nicht die Trittleiter mitgenommen hatten.
Als wir uns dem Schloß näherten, wurde John bleich und stumm. Die Spannung übertrug sich auch auf mich. Die Erwartung von irgend etwas, von einer Katastrophe, süß und widerlich zugleich. Zwei Krankenwagen und ein Bus des Roten Kreuzes standen in einer Seitenstraße, aber die standen sicher an jedem 17. Mai da. Ein Chinaböller wurde mitten vom Rasen aus losgefeuert, es klang wie ein Bombenregen, wir klammerten uns aneinander. Jetzt waren es nur noch 100 Meter. Der König stand auf dem Balkon und winkte mit seinem Zylinder, Kronprinz Harald und einige Damen waren auch da, wir holten tief Luft und schlängelten uns vorbei, hinten am Wachhaus löste sich der Zug wie eine verwirrte Ameisenstraße auf, und wir brachten uns oben bei Camilla Collett in Sicherheit, setzten uns auf die Steine, warfen die Fahnen ins nasse Gras und steckten uns jeder unsere Mentholzigarette an.
Ringo kam nach einer Viertelstunde herbeigeschlichen, die Trommel über der Schulter, die Mütze in der Hand. In dem Moment glitten die Wolken zur Seite, die Sonne schien über den Schloßpark, und es wurden drei mal drei Hurras gerufen.
»Ihr habt lahmer als letztes Jahr gespielt«, sagte George. »Aber ihr wart besser als die von Russeløkka.«
»Die T-t-tuba hat 'n Chinaböller reingeschmissen g-g-gekriegt«, erklärte Ringo.
»An der st-st-stillsten St-st-stelle. Dachte schon, das wär' der Granatenmann, verdammt!«
Wir guckten zum Schloß rüber. Der Zug war jetzt vorbei. Aber er konnte auch später zuschlagen, wann auch immer.
Die Sonne verschwand wieder, nahm die Farben und Rufe mit sich. Eine dunkle Wolke schloß sich über uns zusammen, die ersten Tropfen hämmerten auf den Kopf.
»Wir geh'n zu mir und essen Eis«, sagte John.
Die Leute flohen in alle Richtungen, stürmten mit Kinderwagen, Kindern und Hunden im Schlepptau an uns vorbei. Trompeten und Schleifen blieben im Dreck liegen, eine niedergetrampelte Fahne, ein Paar Schuhe, die jemand verlassen hatte. Wir waren bereits so naß, daß es nichts genützt hätte, einen Sprint einzulegen. So trollten wir uns nur aus dem Park, nach Briskeby hoch, kauften beim »Mann auf der Treppe« Würstchen, stießen auf ein paar Kicherziegen aus der C-Klasse, die unter einem riesigen Regenschirm auf den Zehen standen und Cola mit dem Strohhalm tranken. Wir gingen wortlos an ihnen

vorbei, den Bondebakken runter, drehten uns nicht nach ihnen um, schließlich hatten wir auch unseren Stolz.

Als wir um die Ecke waren, sagte Ringo:

»Lieber Zöpfe an der Möse als M-m-mäuse im Zopf!«

Darüber lachten wir 'ne ganze Weile, steckten einen Chinaböller in einen Haufen Hundescheiße, zündeten ihn an und rasten hinters Wasserbecken in Deckung. Das war der größte Schweinkram seit der Zeit, als wir uns in den Schulgarten geschlichen hatten und drei Kilo Pflaumen und zwei Kohlköpfe gegessen hatten.

Bei Gunnar zu Hause aßen wir einen ganzen Karton mit Eis am Stiel leer, dann lagerten wir uns um den Plattenspieler. Ola nahm seine Trommel zwischen die Beine und hämmerte mit den Stöcken los. Bei *From me to you* ging es ganz gut, aber bei *Can't buy me Love* schaffte er es nicht ganz mitzuhalten. Er hing hinterher, schwitzte und mühte sich ab. Bei *A hard Day's Night* kriegte er wieder den richtigen Schwung, seine Nasenflügel zitterten wie bei einem zufriedenen Hasen, und zum Ende hin ging er auf alle möglichen Sachen im Zimmer los, die Lampe, das Modellboot, den Mekano-Bausatz, den Baseballschläger, seine Medaillen klapperten wie Kastagnetten an seiner Brust, das war das schärfste, was wir je gehört und gesehen hatten, seit unser Werklehrer Holzschädel letztes Jahr mit seiner riesigen Nase in der Drehbank festgesessen hatte.

Wir holten tief Luft. Ola lag langgestreckt da. Jäh ging die Tür auf, und die Türöffnung wurde von dem Kolonialwarenhändler Ernst Jespersen eingenommen, ein gütiger Mann in einem viel zu großen Anzug, riesig und hager, der '48 Bezirksmeister über 1.500 Meter gewesen war.

»Ihr amüsiert euch wohl gut«, sagte er.

»Oh ja«, wir nickten im Gleichtakt.

»Der Regen hat aufgehört«, meinte er.

Wir sahen hinaus. Es stimmte.

»Ach, übrigens«, fuhr er fort, sein Blick lief quer durch den Raum, genau auf Gunnar zu. »Übrigens«, sagte er, »weißt du was von einer Zigarre, die verschwunden ist, Gunnar?«

Ola fing an zu husten. Gunnars Visage glich sich seinem weißen Hemd an – perfekte Wintertarnung.

»Weißt du was?« beharrte der Vater, die Stimme war an ihren Kanten etwas schärfer geworden.

Gunnar hatte sich schon verraten, der Blick in seinen Augen, sein Gesicht, der Mund, der ganze Körper, die sagten alles, was zu sagen war, haargenau, ohne zu übertreiben, ohne auszuweichen. Trotzdem versuchte er es, und das klang jämmerlich.

»Was für 'ne Zigarre?« fragte Gunnar.
»'ne Havannazigarre«, sagte sein Vater. »'ne Havannazigarre, die ich justament für den heutigen Tag aufbewahrt hatte.«
Gunnar war drauf und dran, noch mehr zu sagen, ich krümmte mich an seiner Stelle, hoffte, daß er es einfach zugäbe. Aber da kam Stig hinter dem Vater aus seinem Zimmer hervor. Seine Haare waren länger als je zuvor, er ähnelte ein wenig Brian Jones. Und dann trug er ein paar total irre Hosen mit braunen Streifen, Schlag und so. Er sah den Vater an, verzog seinen Mund zu einem breiten Grinsen und sagte:
»Sorry, Vater, das war ich. Hab' sie zusammen mit Rudolf und dem Gaul geraucht.«
»*Meine Havannazigarre!*«
»Konnte doch nicht ahnen, daß sie so wertvoll war. Lagen ja so viele da.«
Der Vater stocherte mit einem krummen Zeigefinger in der Luft. »Nein, du konntest ja nicht ahnen, daß sie so wertvoll war. Deshalb hast du wohl ausgerechnet *diese* genommen, was. Willst du mich zum Narren halten?«
»Sorry, Dad. Nächstes Mal denk ich dran.«
Stig blinzelte uns zu, und die Tür wurde zugeschmissen.
»Ich schaff' das nicht«, murmelte Gunnar betreten.
»Entweder sagst du die Wahrheit«, meinte ich. »Oder du schwindelst. Dazwischen gibt's nichts.«
Gunnar dachte nach. Wir hörten seinen Vater im Wohnzimmer rumoren. Eine Etage höher spielte jemand die Nationalhymne.
»Dann muß ich die Wahrheit sagen«, erklärte Gunnar. »Ich schaffe es nicht zu schwindeln.«
Nach dem Zug der Abiturienten zog Ringo los, um seine Trommel vor dem Altersheim zu schlagen. John, George und ich bummelten durch die Stadt und warteten darauf, daß es vier wurde, denn dann würde der Urrapark öffnen. Wir schmissen ein paar Kracher, warfen eine Knallerbse in ein offenes Fenster und hörten einen Wahnsinnslärm, aber da waren wir schon drei Blocks weiter.
Wir stoppten hinter einer Ecke, lehnten uns an die Häuserwand, total verschwitzt.
»Verflucht«, sagte George, »ich halte es nicht länger mit dem Schlips aus.«
Wir rissen uns die Stricke vom Hals und knöpften die Hemden auf, holten tief Luft, und da merkten wir es: Wir waren in der Pilegate, von der Brauerei her roch es nach Malz und von Tiedemann nach Tabak, süßlich und etwas schwül. Wir nahmen die Witterung wie drei überdrehte Damhirsche auf, dann holten wir wieder tief Luft, so tief wir nur konnten, und hielten den Atem an, bis sich der Blazer über der Brust straffte, denn vielleicht würden

wir ja beschwipst werden, mit etwas Glück und der richtigen Windrichtung würden wir ganz sicher berauscht werden.
Punkt vier fanden wir uns im Urrapark ein, total nüchtern. Er war voller Menschen, das gleiche wie letztes Jahr, so, wie es sein sollte. Dosenwerfen, Nägelhämmern, Ringewerfen, Tombola, Eis, Würstchen und Cola. Wir fingen an beim Dosenwerfen, jeder bekam seine Stoffbälle, drei Wurf und weg damit. Da standen wir dann mit einem Riesen-Teddybären da, aber wir konnten es nicht verantworten, ihn mit rumzuschleppen, also gaben wir ihn einem kleinen Mädchen in Tracht, eine gute Tat paßte ausgezeichnet zu so einem Tag, jetzt konnten wir uns etwas Gemeines erlauben.
Wir schlugen Nägel in den Balken, warfen Ringe, aßen Würstchen, und um fünf kam Ringo in voller Montur, die Trommel über der Schulter, die Stöcke im Gürtel.
»Wie war's?« fragten wir.
»Okidoki. Die Alten hörten ja nichts, Mensch. Klatschten m-m-mitten im Stück, so'n Scheiß.«
Er kaufte sich eine Cola, und mit einem Mal stand der Drachen da, der Drachen und die Gans. Der Drachen trug den kleinsten Anzug der Welt, es sah aus, als hätte er kurze Hosen an, die Arme und Beine beulten unter dem abgewetzten, blanken Stoff. Er schien zufrieden und schüttelte mit dem Kopf. Wir sahen uns gegenseitig an. Die Gans schaute zu uns, leichenblaß und zitternd. Der Drachen war sternhagelvoll.
»Sherry, wißt ihr«, lallte er mit schwerer Zunge.
Die Gans trippelte nervös und schielte in alle Richtungen, ob auch ja kein Lehrer auftauchte.
»Er saß beim *Mann auf der Treppe*«, flüsterte die Gans. »Ist mir einfach gefolgt. Kam hinter mir her.«
»Hau lieber ab, bevor Mütze kommt«, sagte John freundlich.
Der Drachen sortierte seine Augen für einen geraden Blick und schnarrte dann:
»Ich werde Mütze *töten*!«
Wir nahmen den Drachen zwischen uns und führten ihn an einen ruhigeren Ort, plazierten ihn auf einer Bank und baten ihn, wieder nüchtern zu werden.
»Ich werde Mütze *töten*!« rief er und preßte seine Lippen zu einem kalten und gehässigen Grinsen zusammen, wie wir es noch nie zuvor gesehen hatten.
»Sollen wir dich nach Hause bringen?« fragte John vorsichtig.
»Will nich' nach Hause, verdammt noch mal!«
Jäh breitete sich ein Lächeln auf seinem Gesicht aus. Er steckte seine Hand in die Tasche und zog einen Chinaböller und Streichhölzer hervor.

»Nicht hier«, sagte George und wollte es ihm wegnehmen. Der Drachen zog seine Hand zurück.
Dann steckte er den Chinaböller in den Mund, riß ein Streichholz an und entzündete die Lunte. Es zischte, die Glut kroch zum Pulver hin. Der Drachen schloß die Augen, die Lunte war halb abgebrannt. Gunnar sagte was, Ola starrte nur hin, die Gans machte ein paar Schritte zurück, Seb und ich sahen uns an. Dann hob der Drachen seine schwere Hand und wollte den Chinaböller aus seinem Mund nehmen und ihn wegwerfen, wir hielten den Atem an — aber seine Lippen hingen am Papier fest. Ich sah ganz deutlich, daß die Haut der Lippen nach vorne gezerrt wurde, festgeklebt am roten Papier um das Pulver. Die Augen des Drachen waren weitgeöffnet und voller Panik, es dauerte nur eine Sekunde oder noch weniger, dann knallte es mitten im Gesicht des Drachen. Er wurde nach hinten geschleudert, saß an die weiße Bank gepreßt da, mit einem riesigen blutigen Loch unter der Nase, die Zähne waren weg, die Lippen, der ganze Mund war weg, er starrte uns an, kapierte gar nichts, während ihm die Tränen in einem fort die Wangen runterliefen, auf den roten Krater zu. Die Leute kamen angelaufen, Gunnar kotzte hinter einen Baum, Seb und ich versuchten zu erklären, was passiert war. Kurz darauf kam der Krankenwagen, und der Drachen wurde mit Blaulicht und Sirenen wegtransportiert.
Der Urrapark leerte sich langsam. Wir waren die letzten, die noch da standen, alle Buden hatten zusammengepackt, alle Gewinne waren weggeschafft worden. Auf der weißen Bank war Blut.
»Gebt mir die Chinaböller«, sagte Gunnar plötzlich. »Und die Knallerbsen und Spinnen.«
Wir taten, was er sagte, legten die Munition in seine Hände und wußten genau, was er tun wollte. Er ging zum Gulli und ließ einen nach dem anderen hineinfallen, wir protestierten nicht, schließlich lag der Drachen jetzt unter einem weißen Licht und war nur noch ein klaffendes Rot, während Skalpelle und Messer blinkten.
Wir zogen rüber zum Frognerpark. Irgendwie war es kein 17. Mai mehr. Die Dunkelheit breitete eine Decke über den Himmel, Würstchen, Eis und Cola lagen wie ein Stein im Magen. Die Fahnen, die von den Balkons und Fenstern hingen, ähnelten blutigen Flaggen.
Als wir am Frognerbad vorbeikamen, sagte Ola:
»Tut m-m-mir leid, was ich alles für'n Scheiß zum D-d-drachen gesagt hab'.«
Uns auch, das war gut, daß das mal gesagt wurde, wir waren Ola dankbar dafür, daß er es ausgesprochen hatte.
»Wenn er wieder zur Sch-sch-schule kommt, werde ich ihn anständig behandeln.«

Irgendwie erleichterte es uns, wir spuckten alles Schlechte aus. Ola schlug einmal seine Trommel, der Drachen würde sicher wieder ganz gesund werden.
»Dieses Jahr werd' ich vom Zehner springen«, sagte ich.
»Das traust du dich nicht«, meinte Seb.
»Woll'n wir wetten?«
»Schachtel Zigaretten.«
»In Ordnung.«
Es war jetzt so gut wie niemand mehr draußen, keine alten Damen, die ihre Pudel ausführten, keiner spielte Fußball zwischen umgeworfenen Bänken als Tor, niemand knutschte hinter den Bäumen, selbst die Schwulen waren nicht da, niemand atmete schwer zwischen den Blättern, auch in den Büschen bei der Hundejord war es leer. Nur die Toten auf der anderen Seite des Zaunes leisteten uns Gesellschaft. Der Wind spielte in Ringos Medaillen.
»Wißt ihr, was ich glaube?« fragte ich leise. »Ich glaub', daß das der Granatenmann war, der sich bei Bygdøy ertränkt hat.«
Die anderen starrten mich an.
»Meinste?« flüsterte Ola. »Wieso denn?«
»Na, sonst hätte er heute 'ne Granate in den Zug geworfen, wenn er noch leben würde«, antwortete ich.
»Glaub' ich auch«, stimmte Seb mir zu.
In dem Augenblick explodierte ein Feuerwerk am Himmel. Wir sahen erschreckt nach oben. Blut floß in dünnen Streifen über die Stadt.
Und weit entfernt hörten wir Musik.

Eines Freitags, nachdem wir eine Woche lang artig und fleißig gewesen waren, machten wir einen Klassenausflug. Wir nahmen die Straßenbahn bis Majorstua und wanderten von dort aus Richtung Vindern, über die Felder und hinter Gaustad hoch. Wir waren nicht allein, die C-Klasse mit Nina und Guri an der Spitze war auch dabei. Wir mußten verdammt weit laufen, Mütze war schon vor der Polizeischule ganz naß im Gesicht und sog die Luft ein, als sei er ein Hecht von 15 Kilo. Dazu kaute er kleine Pastillen. Blekka, die Klassenlehrerin der Zöpfe, war auch dabei, sie trug immer nur braun, heute hatte sie riesige braune Knickerbocker an, in denen sie wie eine Mischung aus Harald Grønningen und Wencke Myhre aussah. Und noch ein Lehrer war dabei, ein ganz junger Hänfling, der wie ein Schoßhund herumsauste und in einer Tour redete, der Naturkundelehrer Holst.
Wir ließen uns auf einer Lichtung, einem grünen Tor in den Wald, nieder, und Mütze fing augenblicklich an zu nerven. Erst mal zählte er uns dreimal, aber niemand fehlte, außer dem Drachen, der lag immer noch im Krankenhaus, mit seinem Gaumen war auch noch was schiefgelaufen. Mützes Stimme

donnerte durch die Natur. Neben ihm standen Blekka und Holst aufgereiht. »Und jetzt soll jeder einzelne von euch eine *Blume*, eine *Pflanze* finden und sie dem Naturkundelehrer Holst zeigen. Und daß mir *niemand* zu weit weg läuft. Ihr habt 'ne Viertelstunde Zeit.«

Die Versammlung kam auf die Beine und zertreute sich in alle Richtungen. Wir gingen den Weg zurück, den wir gekommen waren, so weit wie möglich von Mütze fort, und als er außer Sichtweite war, setzten wir uns hin und stocherten im Gras.

»Wir hätten 'nen F-f-fußball mitnehmen sollen«, murmelte Ringo.

Ein Käfer kam vorbei. Wir ließen ihn passieren. Über uns flatterten ein paar riesige Vögel mit langem Hals, sicher Gänse auf dem Weg zum Sognsee. Plötzlich sprang Ringo auf und starrte nach vorn.

»Komische Häuser da unten«, sagte er und zeigte dorthin.

Wir standen auf und starrten in die gleiche Richtung.

»Das ist Gaustad«, flüsterte George. »Wo die Verrückten leben.«

Wir sahen einen hohen Gitterzaun, die Gebäude waren alt und unheimlich, fast ohne Fenster. Aus einem stach ein riesiger Schornstein hervor, ein enormer Fabrikschlot.

»M-m-meint ihr«, stammelte Ringo, »m-m-meint ihr, daß die sie verbrennen?«

Es stieg kein Rauch auf. Der Himmel war blau und sauber.

»Das ist nur die Küche«, sagte John. »Denk doch nur, wieviel Essen die brauchen!«

»Irre essen ja verdammt viel«, sagte George.

Wir setzten uns. Der Käfer war auf einen langen Grashalm geklettert. Da hing er, während sich der Halm zur Erde neigte, ein schwarzes Schwert am äußersten Ende eines goldenen Halmes.

Hinter einem Busch bewegte sich etwas, und plötzlich kam Mützes Kopf zum Vorschein.

»Was, ihr habt schon vier Blumen gefunden?«

»Nee«, antwortete ich. »Aber wir haben einen riesengroßen Käfer gefangen.«

»Wir möchten eine Blume«, rief Mütze. »Laßt augenblicklich den Käfer frei und sucht eine Blume!«

Er drehte sich auf den Hacken um und verschwand wie ein Geist zwischen den Bäumen. Wir schlichen herum und starrten auf den Boden. Hier im Wald gab es keine Blumen, wir mußten auf die Lichtung hinaus. Und plötzlich war ich ganz allein, die anderen standen weit hinter mir bei einem Busch. Aber dann war ich doch nicht mehr allein, es knackte in einem Ast, ich drehte mich um, und da stand Nina.

»Wieviele Blumen haste gefunden?« fragte sie.

»Keine«, antwortete ich.

»Ich hab' zwei gefunden.«
Sie stand genau vor mir, keinen Meter entfernt, ich fühlte ihren Atem. Und ich konnte ihr helles Haar unter den Armen sehen, denn ihre Bluse war ziemlich weit — und ihre Brüste, sie hatte nicht die größten der Schule, die hatte Klara gut verwahrt, aber trotzdem, ich schluckte einen Felsbrocken hinunter und sah nach den anderen, aber die waren nicht da.
»Wie sah der aus, den ihr auf Bygdøy gefunden habt?« fragte sie plötzlich.
»Weiß nicht. Hab' ihn nicht so genau angesehen.«
Irgendwas war auf der Lichtung los. Alle kamen angerannt und stellten sich in einem riesigen Kreis auf und starrten irgendwas an. Mittendrin war die aufgeregte Stimme des Naturkundelehrers zu hören.
»Laß uns mal hingucken«, sagte ich schnell.
»Du kannst gerne ein Blume von mir haben«, sagte Nina und streckte mir ihre Hand entgegen.
Ich betrachtete die Hand. Sie war klein und schmal. Sie hielt eine Blume.
»Total nett von dir«, sagte ich und hielt vorsichtig den grünen, feuchten Stiel fest, zählte vier rote Blütenblätter, die sich zu einem großen Tropfen zusammenfalteten.
»Mohn«, flüsterte Nina.
Und dann rannten wir so schnell wir konnten zur Lichtung. Holst stand mitten in der Horde und zeigte auf die Erde. Dort lag eine zusammengerollte Schlange.
»Von der Natur bekommt ihr die wichtigsten Erkenntnisse«, predigte er. »Die Natur selbst ist das beste aller Bücher!«
Wir standen still wie die Zinnsoldaten und starrten verschreckt auf die Schlange.
»Hier in Norwegen gibt es nur eine einzige Giftschlange«, fuhr Holst fort. »Nämlich die Kreuzotter. Die Ringelnatter dagegen ist völlig ungefährlich. Und die Blindschleiche ist gar keine richtige Schlange, sie gehört zur Familie der Echsen. Und was hier liegt, ist eine Ringelnatter und deshalb völlig ungefährlich.«
Er sah sich triumphierend um. Mütze ging einen Schritt nach vorn, mutiger geworden, während Blekka auf Abstand blieb, ihre Knickerbocker flatterten wie Wimpel.
»Jetzt will ich euch zeigen«, Holst sang fast, »wie ich sie am Schwanz hochhebe. Das ist nicht gefährlich, weil es eine Ringelnatter ist. Und sollte es sich zeigen, was hier natürlich nicht der Fall ist, daß es eine Kreuzotter ist, dann ist es auch nicht gefährlich, sie am Schwanz hochzuheben, denn eine Kreuzotter kann den Kopf nicht heben und in der Luft beißen!«
Der Kreis wurde automatisch größer, als Holst sich die Ärmel aufkrempelte.

»Sieht aus wie 'ne Kreuzotter«, meinte John, der direkt hinter mir stand.
»Mmh, ja«, bestätigte ich. »Das muß 'ne Kreuzotter sein.«
»Ist es klug, 'ne Kreuzotter am Schwanz zu packen?« fragte John.
»Nein«, sagte ich.
Holst beugte sich hinunter, hob die Schlange blitzschnell hoch und zeigte sie mit einem strahlenden Lächeln vor. Da drehte die Schlange sich in der Luft, schoß mit dem Kopf hervor und hackte ihm in den Arm. Alles schrie. Holst schrie auch, schmiß jaulend die Schlange von sich, der Kreis brach auseinander. Die Schlange verschwand in einem hohen Gebüsch. Holst sank auf dem Hügel zusammen, Mütze stand hilflos da und wedelte mit den Armen.
»Ich sterbe«, röchelte Holst, weiß wie Zucker. »Ich sterbe.«
Wir trugen ihn zur Umgehungsstraße runter und konnten ein Auto anhalten, das ihn zum Notarzt brachte. Der Naturkundelehrer Holst überlebte. Hinterher sagte Mütze, daß wir gerade durch Versuch und Irrtum unsere größten Erkenntnisse bekommen würden. Er sei ganz sicher, daß niemand von uns in Zukunft eine Schlange beim Schwanz packen werde.
Auf dem Weg nach Hause hielt John plötzlich an und deutete auf meine Hand.
»Was haste'n da?« fragte er.
»'ne Blume, siehste doch«, erwiderte ich.
»Was willst'n damit?« grinste George mit einem Zwinkern.
»Kriegt Mutter«, erklärte ich. »Geburtstag.«
»Oh«, meinten die anderen.
Vor uns ging Nina. Ich konnte meine Augen nicht von ihrem Rücken und dem schmalen, langen Hals abwenden.
Ich umfaßte vorsichtig den roten Riesentropfen.
Und irgend jemand fing an zu singen: »Da ist 'n Loch im Zaun in Gaustad, da ist 'n Loch im Zaun in Gaustad!«

Wir hatten den Tod auf Bygdøy gesehen. Jetzt war der Tod auf andere Art und Weise da. Prüfung. Vielleicht ähnelte aber auch eher die Wartezeit dem Tod, eine Art Wartezimmer, weiß und lautlos. So ist es, das Warten ist der Tod, wenn das, auf das man gewartet hat, kommt, ist es schon vorbei, wie wir uns fünf Jahre lang vorm Impfen gefürchtet hatten, die Spritze bekam mit der Zeit wahnwitzige Dimensionen, zum Schluß stellten wir uns eine Heugabel im Rücken vor. Als wir dann endlich im Arztzimmer standen, mit bloßem Oberkörper in einer Reihe, die Krankenschwester uns dann mit einem feuchten Wattebausch die Schulter einrieb und es überhaupt nicht weh tat, als der Arzt zustach, da waren wir fast enttäuscht und fühlten uns zum Narren gehalten. Und so war es auch mit der Prüfung. Als ich erst mal in dem sonnen-

durchfluteten Klassenraum saß und die Aufgaben vor mir lagen, da war es irgendwie schon vorbei, oder irgend etwas ganz Neues hatte angefangen. Die Stille war ohrenbetäubend, nicht mal die Pausenklingel schnarrte, bis schließlich die Butterbrote hervorgeholt und die Fenster weit aufgerissen wurden, da überfiel uns der Sommer mit Vogelgezwitscher, Fahrradklingeln und einem ganzen Orchester von Gerüchen. Am ersten Tag hatten wir Rechnen und Raumlehre, am zweiten Englisch, und zum Schluß kam der Aufsatz. Als wir am dritten Tag fertig waren, stürmten wir die Treppe runter und rasten in die Stadt zum »Studenten«, jeder mit 15 Kronen in der Tasche, und das Wasser lief uns schon im Mund zusammen. Wir begannen mit Schokoladenmilchshake und machten weiter mit Bananen-Split.
»Welchen habt ihr geschrieben?« fragte ich in der Runde.
»Erzähle von etwas Spannendem, das du einmal erlebt hast«, antworteten John, George und Ringo.
Natürlich hatten sie das auch genommen, und über was hätten wir schreiben sollen, wenn nicht über den Typen, der sich bei Huk ertränkt hatte.
Ich schluckte die Banane runter und guckte Ringo an.
»Du hast doch wohl nichts davon geschrieben, daß wir die Automarken ins Meer geschmissen haben?«
»Spinnst d-d-du? D-d-das kann ich doch nicht schreiben!«
Wir schlossen mit Sundaesoda, Apfelsaft und Softeis mit Krokant ab. Dann schlenderten wir satt und zufrieden zum Schloß hinauf, an Pernille vorbei, das proppenvoll mit verrückten Leuten war, die ihr Bierglas schwenkten. Zwei von der Schloßwache kamen uns entgegen, die Mädchen pfiffen und winkten hinter ihnen her, und die zwei wurden unter ihren riesigen Mützen knallrot. Das war das Leben.
Und dann trafen wir die Gans auf dem Drammensvei. Er kam mit seiner Mutter, war mit Schlips, Blazer und frischgeschnittenem Haar herausgeputzt, sein Nacken sah aus wie ein Schleifstein. Seine Mutter war groß wie ein Weltwunder, sie beugte sich zu uns herab und sprach mit langgezogenen Vokalen.
»Du kannst hierbleiben und ein bißchen plaudern, dann kommst du nach.«
Sie schwang sich wieder nach oben und ging weiter den Glitnebakken hinunter.
»Wo willst'n hin?« fragte George.
»Halvorsen Konditorei«, murmelte die Gans.
»Und wie war's?« fragte John.
»Okay«, antwortete die Gans und blinzelte.
»Welches Thema haste denn genommen, he?«
»'s dritte«, sagte er leise.
»Was haste denn Spannendes erlebt, hä?« kicherte George.

Nun sah die Gans keinen von uns mehr an, wollte hinter seiner Mutter hinterherlaufen, aber kriegte das irgendwie nicht auf die Reihe.
»Ich hab über ... über den, der sich bei Bygdøy ertränkt hat, hab' ich geschrieben.«
Wir hörten nicht richtig.
»Hast du ... hast d-d-du über das geschrieben, was w-w-wir erlebt haben«, stotterte Ringo.
Die Gans nickte schnell. Der enge Hemdenkragen schnitt ihm in den Hals.
»Aber, verdammt noch mal, du warst doch gar nicht da!« schrie John. »Und zum Teufel, *du* hast das doch nicht erlebt!«
»Du kannst doch verflucht noch mal nicht bei der Prüfung schummeln!« fauchte Ringo.
Die Gans öffnete die trockenen Lippen, richtete seinen Blick auf einen Punkt im Schloßpark.
»Das ist keine Lüge«, sagte er feierlich. »Das ist *Dichtung*.«
Nun fand John, daß er doch ziemlich frech wurde, packte ihn bei den Schultern und bohrte ihn in den weichen Asphalt.
»Du Arsch mußt ja wohl wissen, daß du nicht über das schreiben kannst, was wir erlebt haben! Was zum Teufel glaubst du denn, worüber *wir* geschrieben haben!«
Die Gans stand durch das Gewicht von Johns Hand gebeugt da.
»Alle in der Klasse haben darüber geschrieben«, flüsterte er. »Alle!«
John ließ ihn los und sah uns an.
»Was, alle in der Klasse haben über das, was auf Bygdøy passiert ist, geschrieben?« fragte ich verblüfft.
»Ja! Alle! Außer dem Drachen.«
Dann lief die Gans hinter seiner Mutter her, und wir blieben auf dem Drammensvei stehen und fühlten uns richtiggehend angeschmiert und an der Nase herumgeführt. Aber die, die die Aufsätze bewerten würden, würden schon sehen, daß *wir* dort gewesen waren und daß die anderen die Geschichte nur von uns gehört hatten. Na klar. Wir beruhigten uns und schlenderten nach Hause, holten Badezeug und Handtuch und fuhren zum Frognerbad.
»Erinnerst du dich an unsere Wette«, fragte George, als wir am Sprungbecken standen.
Ich drehte mich um. Der Turm stieg in die Luft, höher als der Schornstein in Gaustad. Dann kam das Kribbeln, ich glühte, als wäre ich ein elektrischer Aal.
»Ja«, sagte ich. »Na logo.«
Ich stand allein da, auf der Spitze des Zehner. Ich konnte ganz Oslo sehen. Der Hitzedunst zitterte am Horizont. Ich stieg aufs Brett. Es ging weit nach

unten, aber es schien tiefer, als es war, weil man ja auch durchs Wasser sehen konnte, ganz bis zum grünen Boden. John, George und Ringo starrten zu mir herauf, und nicht nur sie, alle anderen dort unten nahmen auch Anteil, der Bademeister blies in seine Pfeife und scheuchte die Leute fort, so daß ich freie Bahn haben sollte. Da wurde mir plötzlich klar: Alle warteten auf mich. Jetzt konnte ich nicht mehr zurück. Ich war gefangen. Es gab keinen Weg mehr zurück. Das machte mich ganz ruhig. Ich holte tief Luft und spürte es zunächst wie einen Fall in mir, 100 Zehner durch meinen Kopf, dann schloß ich die Augen und ließ mich fallen, traf im selben Moment auf das Wasser. Ich wurde am Rand herausgezogen. Ich spuckte Chlor, aber ansonsten war ich in Topform, nur etwas rot auf der Stirn und mit frischgepflügtem Mittelscheitel.
»Du lagst wie ein Adler in der Luft!« sagte George und gab mir die Zigarettenpackung, die er natürlich schon vorher gekauft hatte.

Als ich nach Hause kam, reckte ich meinen schmerzenden Kopf aus dem Fenster, spürte die Seeluft von der Frognerbucht, und mit einem Mal hörte ich merkwürdige Geräusche über mir. Ich hob den Blick und dachte, ich hätte einen neuen Himmelskörper entdeckt, hellrot, mit drei Kratern und einem großen Gebirge.
Es war Jensenius.
»Hallo«, sagte er.
»Hallo«, sagte ich.
»Willst du mir einen Gefallen tun?«
»Was'n?«
»Bier kaufen.«
Ich ging zu ihm hoch, er stand schon in der Tür, ein Wal, ein Luftschiff, er mußte seitwärts gehen, um rauszukommen.
»15 Export«, flüsterte er und gab mir eine Handvoll Münzen.
Ich kaufte das Bier bei Jacobsen an der Ecke, die kannten mich dort, bezahlte bei dem Clark-Gable-Typen an der Kasse und schleppte die Last nach Svolder hinunter. Jensenius stand schon bereit und ließ mich durch den Türspalt hinein. Er nahm das Netz und marschierte damit ins Wohnzimmer. Dort sank er in einen riesigen Ledersessel und öffnete die erste Flasche. Er trank sie halb leer, leckte den Schaum rund um den Mund ab und drehte sich langsam zu mir auf der Türschwelle herum.
»Kannst das Wechselgeld behalten«, sagte er. »Bist ein netter Junge.«
Die Wände waren voll mit Fotografien, die mußten aus der Zeit stammen, als Jensenius jung und weltberühmt gewesen war. Es roch etwas komisch. Das war der Schimmel an den Fenstern.

»Können Sie mir singen beibringen?« fragte ich.
Jensenius sah mich lange an, die Flasche am Mund. Dann stellte er sich hin und streckte die Hand aus, während gleichzeitig ein Wahnsinnsgrinsen wie ein stumpfes Messer in sein Fleisch schnitt.
»Ob ich dir das Singen beibringen kann?« flötete er.
»Genau.«
Ich ging zu ihm.
»Warum willst du denn singen lernen, junger Freund?«
»Ich will Sänger werden«, sagte ich freundlich.
Er dirigierte mich auf einen Stuhl, öffnete fünf Bierflaschen auf einen Schlag, und dann saß ich zwei Stunden lang da und hörte zu, wie Jensenius vom Singen erzählte, vom Gesang und der Schönheit.
»Singen bedeutet, sich loslassen zu können«, sagte er zum Schluß.
»Sich loslassen und gleichzeitig die Kontrolle behalten. Du mußt dich unter Kontrolle haben! Aber habe keine Angst um deine Stimme. Jeder hat eine große Stimme in sich. Hier!«
Er schlug sich auf die Brust, aus dem ausgeblichenen Hemd wirbelte der Staub auf. »Laß sie los. Schreie!« piepste er.

Am letzten Tag in der Schule war großes Trara. Mütze trug einen dunklen Anzug mit blanken Knöpfen und Ellenbogen. Er wirkte feierlich, fast beschwipst. Zuerst dachte ich, daß er sicher überglücklich sei, mit uns fertig zu sein, aber mit der Zeit begriff ich, daß er nur traurig war und versuchte, das mit wilden Gebärden und Grinsen zu verbergen. Er hielt uns eine Rede, und das nicht zu knapp, und danach wackelte die Gans mit einem ziemlich unruhigen Geschenk zum Lehrerpult, es machte komische Geräusche. Mütze riß das Papier ab und stand schließlich mit einem Goldfischglas in den Händen da, und drinnen schwamm ein rasender Goldfisch. Da war das Faß für ihn voll, er mußte auf den Flur hinaus, wo er mit pfeifendem Geräusch Luft holte und sich schneuzte.
Dann lärmten wir zum Filmraum runter, wo zitternd der Rest der Truthähne saß, und an den Wänden entlang waren die Mütter aufgereiht, sie blinzelten und winkten, in Sommerkleidern und Dauerwellen, drei Meter Taschentuch griffbereit auf dem Schoß. Meine Mutter saß gleich bei der Tür und starrte derart auf mich, daß ich eine Brandwunde im Rücken bekam. Zwei Reihen weiter saß Nina, sie drehte sich zu mir um und zeigte mir eine Kette weißer Zähne, ich fühlte mich wie im Kreuzfeuer und kroch in mich zusammen.
Nina beugte sich zu mir.
»Springst du vom Zehner?« flüsterte sie.
»Wieso?« Ich bekam eine knallrote Birne.

»Hab' dich gesehen.«
Die Stimme des Schulleiters donnerte uns entgegen. Er sagte das gleiche wie Mütze, und an den Wänden schniefte und schluchzte es. Das waren Worte, die wir uns zu Herzen nehmen sollten, denn von jetzt an war alles blutiger Ernst. Ab jetzt wurden die Anforderungen größer, ab jetzt, ab jetzt, meine Güte, ansonsten wünschte er uns einen schönen Sommer, wenn wir nicht schon vor der Mittsommernacht einen Nervenzusammenbruch bekämen. Und danach war wieder Highlife im Klassenzimmer, Mütze teilte die Zeugnisse aus und gab uns die Hand. Der Goldfisch schwamm ununterbrochen im Kreis und schnappte nach allen, die ihm zu nahe kamen. Ich bekam eine Zwei in Englisch, Drei in Rechnen. Und Drei in Norwegisch. John hatte das gleiche wie ich, nur eine Zwei in Rechnen. George hatte auch eine Zwei in Norwegisch bekommen, während Ringo dastand und über eine fette Vier fluchte.
»Vier«, zischte er. »Ich hab 'ne Vier im Aufsatz!«
Er sprang zu der Gans rüber, der allein dastand und vor sich hingrinste.
»Was hast du im Aufsatz?« schrie er.
»'ne Zwei«, antwortete die Gans.
Ringo sah aus wie ein Fragezeichen, er war kurz davor, auf die Gans loszugehen. Wir hielten ihn zurück.
»Nun begreife ich gar nichts mehr«, brummelte Ringo. »D-d-das ist nicht in Ordnung.«
Wir waren alle ziemlich verblüfft und überlegten, ob wir uns ein letztes Mal mit Mütze anlegen sollten, ließen es aber sein und folgten dem Strom, der sich aus dem Klassenraum ergoß. Das letzte, was wir von Mütze sahen, war, daß er dastand, die Hände um den Glasballon. Er sah etwas irritiert und hilflos aus, überlegte sicher, wie er das Ding nach Hause balancieren könnte. Die Mütterhorde ging Richtung Harelabben, also schlichen wir uns in die Holtegate hinaus, und schon lag die Schule hinter uns. Wir feierten diese Begebenheit, indem wir uns zusammen 19 Punschkuchen beim Bäcker kauften, das war mit Abstand die größte Menge, in die wir unsere Zähne gehauen hatten, seit der Zahnarzt vor drei Jahren gestorben war.
»Hab 'ne Vier in Religion«, kaute John.
»Und ich hab 'ne Vier in Werken gekriegt«, sagte ich.
So verglichen wir unsere Noten und stellten fest, daß es trotzdem nicht so schlecht gelaufen war. Ich hatte nur noch eine Vier, in Schönschreiben, und eine Drei in Betragen, genau wie George.
Erst als ich zum Mittagessen nach Hause kam, begriff ich, daß dieses ein Wendepunkt sein müßte. Ab jetzt, klang es in meinen Ohren. Mutter hatte im Wohnzimmer gedeckt, obwohl es doch nur ein Wochentag war, und Vater

gab mir die Hand, als hätten wir uns nie zuvor gesehen.
»Ich gratuliere dir, mein Sohn«, sagte er. »Zeig mal dein Zeugnis. Und wasch dir die Hände.«
Ich ging ins Badezimmer, und als ich zurückkam, war Vaters Gesicht angespannt und ganz weiß. Der Zeigefinger schwebte über der Betragenszensur.
»Was soll das bedeuten?« fragte er. »Du hast ja eine Drei in Betragen!«
»Ich weiß nicht«, sagte ich kleinlaut.
»Du *weißt* nicht! Du wirst ja wohl wissen, was du getan hast, Junge!«
Ich dachte nach. Reicht das denn nicht mit einer Drei, dachte ich.
»Gunnar und ich ham geschwatzt«, sagte ich. »Er sitzt hinter mir.«
»*Haben*«, korrigierte Vater. »Aha. Dann hat er also auch eine Drei bekommen, nicht?«
Und da wurde ich plötzlich dumm und ehrlich.
»Nee. Er hat 'ne Zwei.«
Vater sah mich mit großen Augen an, sein Mund ging auf, aber zum Glück kam Mutter endlich mit dem Essen, und als sie mein Zeugnis betrachtet hatte, nahm sie mich in den Arm, und sie duftete nach Parfum und Zitrone.
»Zwei in Englisch schriftlich, das ist ja prima!«
Sie sah Vater an, der nickte, und ein vorsichtiges Lächeln zeigte sich in seinen Mundwinkeln. Dann legte er eine steife Hand auf meine Schulter und schüttelte mich hin und her, und da wurde mir klar, daß wirklich etwas los war, daß es von jetzt an war, von jetzt an.
Gekochte Forelle, Mutter und Vater tranken Weißwein dazu und glänzten leicht im Gesicht. Ich bekam ab und zu einen Schluck aus Mutters grünem Glas, es prickelte auf der Zunge wie gegorenes Brausepulver, aber ich schluckte es, ohne eine Miene zu verziehen, hinunter. Doch nach all dem Punschkuchen hatte ich nicht mehr so fürchterlich viel Hunger, ich saß da und dachte an Mütze und den Goldfisch, und wie er ihn durch die Straßen balancierte. Es war ganz lustig, sich das vorzustellen, dabei bekam ich einen leicht abwesenden Blick, während ich so dasaß und mir die Gräten aus den Zähnen puhlte.
»Wer war denn das Mädchen?« fragte Mutter plötzlich.
»Welches Mädchen?« räusperte ich mich.
»Die direkt vor dir im Filmraum saß.«
»Im Filmraum?«
Es klingelte an der Tür, das war Rettung in letzter Sekunde. Ich sprang auf und öffnete. Es war Gunnar.
»Sie sind gekommen!« keuchte er und wedelte mit den Armen. »Sie sind gekommen!«
Ich drehte mich auf dem Absatz um und lief ins Wohnzimmer zurück.

»Sie sind gekommen!« rief ich. »Ich muß hin!«
Vater traute seinen Ohren nicht.
»*Wer* ist gekommen?«
»Die Rolling Stones!«
Die Teller waren voll Haut und Gräten, die Gläser noch halbvoll, unter meinem Stuhl lag eine Gurkenscheibe, die Servietten ähnelten zusammengeknüllten Blumen, Sumpfdotterblumen, ich hatte auf die Decke gekleckert.
»Dann mußt du wohl gehen«, lächelte Vater, und da war ich auch schon weg, wir rannten bei Ola und Seb vorbei und erreichten noch die Straßenbahn runter in die Stadt.
»Sie sind vor 'ner Stunde in Fornebu gelandet«, keuchte Gunnar.
»Mein Bruder hat's gesagt. Sie wohnen im *Viking*.«
»Dachte, sie sollten morgen kommen«, meinte Seb.
»Wollten den Trubel vermeiden«, erklärte Gunnar. »Es weiß kaum jemand, daß sie jetzt kommen, weißte.«
Wir stiegen am Ostbahnhof aus und rannten, so schnell wir konnten, zum Viking-Hotel. Als wir näher kamen, hörten wir schon Rufe, Sprechchöre und Trampeln. Wir waren nicht die ersten, wir waren die letzten. Hunderte von Leuten waren schon da, sie schrien und starrten in die Höhe. Wir blieben stehen und starrten auch, sahen aber nichts, nur den Himmel und massenweise Fenster.
»Die liegen sicher in der Badewanne und trinken Champagner«, sagte Seb.
»M-m-mit M-m-massen von M-m-mädchen dabei!«
Mit einem Mal wurde es um uns herum völlig still, für den Bruchteil einer Sekunde war es totenstill, dann brach der Lärm wieder los, schlimmer als vorher, und alle zeigten und guckten in die gleiche Richtung. Im neunten Stock kam ein Gesicht zum Vorschein, mit Massen langer blonder Haare.
»Das ist Brian!« schrie Gunnar mir ins Ohr.
Es war Brian Jones. Ich war still. Die anderen schrien. Ein Mädchen vor uns fiel aufs Pflaster, sie seufzte einfach und fiel auf den Asphalt. Das Gesicht im Fenster war wieder verschwunden. Zwei Bullen bahnten sich den Weg durch die Menge und hoben das Mädchen auf.
»Da ist Mick«, schrie irgend jemand. »Da ist Mick!«
Eine andere Gestalt stand jetzt am Fenster im neunten Stock, fast nicht zu sehen, aber es war klar, daß das Mick sein mußte. Die Schreie stiegen zum Himmel empor, ich stand da und grölte mit, aber es kam kein einziger Laut über meine Lippen.
»Jetzt sind sie alle da!« rief Seb.
Fünf Umrisse im neunten Stock im Hotel »Viking«. Dann wurde mit einem Mal eine Gardine vorgezogen, wie das letzte Bild in einem Film. Die Schreie

hielten noch eine Weile an, dann sanken die Geräusche auf uns nieder, zurück in die Körper.
»Klar, die müssen sich ausruhen«, meinte Ola sachlich. »Fürs K-k-konzert in Sjølyst.«
»Logo«, bestätigte Gunnar. »Würde schon was geben für 'ne Eintrittskarte.«
»Die Pussycats sind Vorgruppe«, sagte ich.
»Kannst vergessen!«
Plötzlich stand jemand hinter uns. Der Drachen. Es war das erste Mal, daß er wieder so dicht bei uns stand, Gunnar guckte in die andere Richtung.
»H-h-hallo«, stammelte Ola.
Der Drachen konnte nicht mehr mit dem Mund grinsen, statt dessen grinste er jetzt mit den Augen. Er zeigte ohne Zögern sein entstelltes Gesicht.
Er stank nach Bier.
»Was'n hier los?« fragte er, überraschend deutlich.
»Weißte das nich'!« antwortete Seb. »Die Rolling Stones wohnen im *Viking!*«
Der Drachen sah sich um. Die Wunde in seinem Gesicht machte ihn fast unmenschlich.
»Die wohnen nich' im *Viking*«, sagte der Drachen.
»Was!«
»Die wohnen nich' im *Viking*«, wiederholte er, ein warmer Bierdunst kam uns entgegen.
»Was meinste damit?« schrie Gunnar fast. »'türlich wohnen sie im *Viking!*«
»Wir haben s-s-sie geseh'n!« bestätigte Ola.
»Ablenkungsmanöver«, nuschelte der Drachen. Seine Augen waren schmal und rot. »Sie wohnen ganz woanders.«
»Woher willste denn das wissen?« fragte Gunnar, schon zaghafter.
»Ich weiß es eben«, sagte der Drachen.
»Wo wohnen sie denn?« wollte ich wissen. »Wenn du doch alles weißt.«
»Darf ich nich' sagen. Geheimnis.«
Das war zuviel für Gunnar.
»Geheimnis! Bist du ganz plem-plem, oder was!«
Der Drachen war nicht zu bewegen.
»Geheimnis zwischen mir und Mick.«
Wir starrten ihn stumm an, das entstellte Gesicht bewegte sich keinen Zoll.
»Du bluffst!« schrie Gunnar. »Du bluffst wie verrückt!«
Der Drachen steckte die Hand in die Tasche und zog einen kleinen Block hervor.
»Da, guck«, sagte er, fast feierlich.
Wir glotzten auf den Zettel. Ein Name stand drauf. Mick. Mick Jagger. In flacher, ausgeschriebener Schrift. Das konnte der Drachen unmöglich selbst ge-

schrieben haben. Er hatte eine Fünf in Schönschreiben bekommen, er könnte niemals solch geschwungene Gs malen.
Gunnar wurde grün um die Nase, seine Unterlippe fiel eine Etage tiefer. Er brachte keinen Ton hervor.
»Glaubt ihr mir jetzt?« schmatzte der Drachen, schob seine Hand wieder in die Tasche und zog etwas anderes hervor. »Hab' ich gekriegt, damit ich die Klappe halte.« — Er wedelte damit vor unserer Nase herum, steckte es dann blitzschnell wieder in die Tasche. Es war eine Eintrittskarte für das Konzert in Sjølyst.
»Du bluffst!« sagte Gunnar zum letzten Mal.
»Glaubt doch, was ihr wollt!« sagte der Drachen leise, unangenehm leise. Dann drehte er sich auf dem Absatz um und verschwand, der große Drachen, der die Siebte nochmal machen mußte, der versuchte, Mütze umzubringen und der später noch andere und schlimmere Dinge tat, er war schlauer, als wir dachten. Der Drachen, wie er da verschwand, ein großer, breiter Rücken, ein riesiger Kopf und viel zu kurze Hosen.
»Was meint ihr?« fragte Seb nach einer Weile.
»Kann man's wissen?« meinte ich.
»Wir hab'n sie schließlich gesehen!« zweifelte Gunnar. »Mit eigenen Augen.«
Wir schauten zum neunten Stock hinauf. Das war verdammt weit oben.
»Vielleicht waren das nur welche, die so taten, als seien sie die Rolling Stones«, sagte Seb leise.
Wir zuckten mit den Schultern und trotteten davon, überquerten die Karl Johan, auf der es nur so von Leuten wimmelte, alle Straßenrestaurants waren zum Bersten voll. Die Mädchen trugen helle Röcke, dünner, sehr dünner Stoff, wie Schmetterlingsflügel, und alle lachten, obwohl es sicher nichts zu lachen gab, aber alle lachten trotzdem, und die Dunkelheit sickerte vom Himmel herab, Flocke für Flocke, es roch nach Zigaretten und Flieder.
Wir gingen zum Westbahnhof hinunter, sagten kein Wort, wanderten nur dahin, Richtung Filipstad, am Bananen-Matthiessen vorbei, und als wir zum »Kongen« kamen, setzten wir uns auf eine Bank und spähten auf die Frognerbucht hinaus. Die Segelboote kamen herein. Schlampig gekleidete Leute schlurften die Brücke hinauf zum »Club 7«.
»Wir fahren morgen, Mutter und ich«, sagte Seb. »Wollen Vater in Göteborg treffen.«
»W-w-wir auch«, seufzte Ola. »Wir wollen zur Oma nach Toten. W-w-wird sterbenslangweilig.«
Ein Zug tauchte hinter uns auf, zog seine Geräusche hinter sich her, nach Westen, und verschwand hinter Skarpsno.
»Wir fahren nach Arendal«, erklärte Gunnar traurig. »Stig kommt nicht mit.

Will in'ne Berghütte.«
»Ich fahr morgen«, sagte ich. »Nach Nesodden.«
Und dann sagten wir nichts mehr. Aber wir dachten alle das gleiche, daß es nicht sicher war, ob wir im Herbst alle in die gleiche Klasse kämen, oder zumindest in die gleiche Schule. Wir sprachen nicht davon, aber wir wußten, daß wir alle daran dachten, und egal, was passieren würde, wir würden einander niemals im Stich lassen.
Die Dunkelheit war jetzt stärker geworden. Wind war aufgekommen, warm und weich.
Und so begann der Sommer, zuerst mit einem Schrei, dann mit einer langen, grünen Stille, die sich sanft ins Blaue veränderte.

SHE'S A WOMAN

Sommer 65

Das war der kälteste Sommer seit dem Krieg. Ich lag in meinem Zimmer im ersten Stock und hörte Platten, las alte Zeitschriften oder machte gar nichts, hörte nur den Elstern zu, die draußen im Baum hysterisch herumschrien und jäh davonflatterten, wie schwarze Scheren im Regen.
An diese Dinge erinnere ich mich: die Tennisschuhe, die im nassen Gras grün und eng wurden, eine Schnecke, die glänzenden Schleim hinter sich her die Treppe hoch zog, die ovale Form der Stachelbeeren, ihre eklige, behaarte Oberfläche (die mich an etwas erinnerte, was ich nie getan hatte), weiße Johannisbeeren und Magenkneifen, das Klo auf dem Hof und eine verblichene Fotografie des Urgroßvaters, der das Haus 1920 gekauft hatte. Und die Stille. Die Stille im Regen, unter der Bettdecke und der Haut, eine große, bedeutungsträchtige Stille. Bis auch er Urlaub bekam, fuhr Vater jeden Morgen mit dem Schiff in die Stadt und kam genau um fünf Uhr zurück. Und Mutter trippelte in lautlosen Latschen herum, einen riesigen Schal umgeschlungen, sie fror die ganze Zeit und langweilte sich, genau wie ich.
An so einem Tag, mit einer Regenwand vor den Fenstern, kam sie auf was ganz Verrücktes.
»Ich langweile mich so«, sagte sie plötzlich und nahm ihren Kopf in beide Hände. »Es ist so dunkel hier. Können wir nicht irgendwas machen?«
»Kommt Vater nicht bald?« fragte ich nur.
Sie erhob sich und ging unruhig hin und her.
»Er bleibt bis morgen in der Stadt«, seufzte sie und starrte in den Regen hinaus. »Eine Sitzung.«
»Wir können ja Karten spielen«, schlug ich zaghaft vor.
»Nein, bloß nicht! Ich hasse Kartenspielen, das weißt du doch.«
Ich überlegte, ob ich runter zur Brücke verschwinden sollte, um dort ein paar Würfe mit dem neuen Blinker auszuprobieren.
Doch Mutter kam mir zuvor.
»Ich hab's!« sagte sie laut. »Wir verkleiden uns! Wir spielen Karneval!«
»Karneval?« murmelte ich. »Mit was für Kleidern denn?«

»Da liegt 'ne Masse alter Kleider im Schrank auf dem Boden!«
Sie trippelte aus dem Zimmer und blieb eine ganze Weile fort.
Ich wäre am liebsten abgehauen, könnte vielleicht Walderdbeeren pflücken fahren, die waren sicher nach all dem Regen reif. Aber ich blieb sitzen, und Mutter kam mit einem Haufen Kleidern überm Arm zurück.
»Hier!« strahlte sie und warf alles auf den riesigen Tisch im Zimmer.
Ein komischer Geruch war in dem Zeug, Mottenkugeln, Staub, tote Menschen, bildete ich mir ein, es war etwas unheimlich. Mutter wühlte in dem Haufen, legte das, was ihr gefiel, zur Seite, und die ganze Zeit lachte sie, so hatte sie den ganzen Sommer noch nicht gelacht. Ich fand eine alte zweireihige Jacke und hängte sie über einen Stuhl.
Mutter zog sich aus. Ich sah sie erschrocken an und drehte mich weg.
Mutter lachte hinter mir.
»Genierst du dich, Kim?«
Seide raschelte. Ich drehte mich schnell um und sah sie wieder an. Unsere Blicke trafen sich in dem halbdunklen Raum, viel Angst und Weichheit waren in ihren Augen, auf den Armen bekam sie eine Gänsehaut. Sie stand ausgezogen da, lange war es still, ihr war wohl klar, daß sie mich jetzt ein wenig verloren hatte.
Hinterher stolzierte sie in einem geraden, engen Kleid umher, es war kohlrabenschwarz, reichte ihr bis zu den Knöcheln, und um die Stirn trug sie ein genauso schwarzes Band, im Haar stach eine riesige goldene Feder. Sie machte einen Schmollmund, ihre Lippen waren knallrot. Ich stand breitbeinig in Urgroßvaters alter Leinenjacke da und ähnelte wohl einem Gärtner oder einem Leichtmatrosen. Dann rezitierte sie Gedichte für mich und Rollen, die sie vor langer Zeit, bevor sie Vater kennenlernte, einstudiert, aber nie gebraucht hatte. Und ich bildete mir ein, daß Lachen und Weinen bei ihr nicht weit voneinander entfernt lagen, denn auch wenn sie gutgelaunt war und eine Menge komischer Dinge machte, so war es doch eine einsame Vorstellung, einsam und voller Panik. Ich klatschte, was ich nur konnte.
In dieser Nacht hatte ich einen schlechten Traum: Ich lag in tiefer Finsternis, dunkler als ich es mir jemals vorgestellt hatte. Wenn ich mit meiner Hand ausholte, traf ich etwas Hartes, wie Holz. Ich schlug und schlug und spürte, daß ich blutete. Da hörte ich etwas außerhalb der Dunkelheit, zuerst Stimmen, leise, summende Stimmen ohne erkennbare Worte, gefolgt von Musik. Ich schlug gegen die Finsternis, schrie so laut ich konnte, aber es half alles nichts. Dann hörte ich ein neues Geräusch, während ich gleichzeitig herabsank: das Geräusch von Erde, die auf Bretter rieselt, dreimal.
Am nächsten Tag wußte ich, daß die Zeit gekommen war. Spät am Abend, als Vater aus der Stadt gekommen war, nahm ich meine Badehose und lief

zum Strand hinunter. Das Wetter hatte aufgeklart, aber es wehte ein starker Wind, der genau in den Fjord hineindrückte und das Wasser in scharfen, weißen Wellen vor sich hertrieb. Ich zog mich um und ging vorsichtig auf das Sprungbrett, zögerte kurz, bevor ich mich hinauswarf. Das Wasser schnürte mich in seiner grauen Kälte ein. Die Strömung und die Wellen zwangen mich hinaus, ich mußte alle meine Kräfte aufbieten, um dagegen anzukämpfen. Einen Augenblick lang geriet ich in Panik, wollte um Hilfe rufen, aber es war ja sowieso niemand da, der mich hätte hören können. Dann hatte ich die Kontrolle wieder, ich schwamm schräg gegen die Strömung und zog mich an Land.

Als ich hinaufkam, fror ich wie ein Hund, der Wind zerrte an meinem Körper, ich ging zitternd zu den Felsen. Ich blieb an einem Punkt stehen, wo ich den Wind und die Wellen direkt gegen mich hatte. Mehrere Male holte ich tief Luft, pumpte mich voll, und dann schrie ich. Ich schrie, bis die Tränen spritzten, aber ich hörte es fast selbst nicht, denn der Wind hatte eine größere Lunge als ich. Etwas in mir war dabei, sich zu lösen, eine Lawine, ich schrie und schrie, heulte, und zwischendurch sang ich, kam aber nur auf ein paar Worte, die sang ich immer, immer wieder, ohne Melodie:

Denk nicht an die Folgen.
Reite auf den Wellen.
Denk nicht an die Folgen.
Reite auf den Wellen.

Nach kurzer Zeit war ich völlig ausgepumpt. Müde und glücklich sank ich auf die nassen Steine. Ich hatte keine Töne mehr in mir. Ich hatte sie alle hinausgeschrien, jetzt war mein Schrei, mein Gesang auf dem Weg ins Weltall, wie ein Sputnik auf der Bahn rund um die Erde.

Eines Tages wird er zurückkommen.

Ich zog meine Sachen an und trottete mühsam nach Hause. Auf dem Balkon stand Vater und hielt Ausschau, er sah ganz wild aus.

»Wo bist du gewesen?« rief er.

»Baden«, antwortete ich.

»Du weißt doch, daß du nicht allein baden gehen darfst!«

Ich brachte keine Antwort mehr heraus.

Mutter kam auch herbei, sah mich mißtrauisch an, irgendwie war sie den ganzen Tag etwas verlegen gewesen.

»Du wirst dich erkälten, Kim«, sagte sie nur.

Und das tat ich. Sechs Tage lang lag ich im Bett, mit Fieber und leichten Phantasien, und die ganze Zeit krächzten die Elstern draußen im Baum. Und als ich abgezehrt und hungrig am siebten Tag aufstand, brannte die Sonne, der Sommer war endlich da. Wir saßen auf der Terrasse beim zweiten Frühstück, als Onkel Hubert kam. Er kam nicht allein. Er hatte ein Mädchen bei sich.

Nun gut. Vater wurde zum Hummer und Mutter zum Kanarienvogel. Und ich, ich wurde zum Schmetterling. Im Bauch. Sie trampelten stöhnend zu uns hinauf, verschwitzt und erhitzt von dem Weg von der Anlegestelle. Die Stimmung war auf dem Siedepunkt.

Sie war das Schönste, was ich je gesehen hatte.

Und sie begrüßte mich zuerst.

»Hallo. Ich bin Henny«, sagte sie und nahm meine Hand.

Und dann machten die Hände die ganze Runde, und Mutter sagte irgendwas von mehr Tassen holen, so daß sie etwas Kaffee oder Tee haben könnten, während Onkel Hubert nach Bier rief. Und dann verschwanden er und Henny im Schlafraum unter der Treppe.

Mutter und Vater blieben stehen und sahen sich an.

»Es ist schön, Besuch zu bekommen«, sagte Mutter. »Und das Mädchen sieht ja niedlich aus.«

Vater setzte sich, ohne zu antworten, nahm eine Zeitung und blätterte in ihr.

Mutter holte Bier aus dem Keller.

Und ich stellte die Liegestühle ins Gras.

Ich zählte 123 Segelboote auf dem Fjord, 16 Möwen flogen über meinen Kopf, und die Ameisen waren an diesem Samstag besonders fleißig, allein um meine Schuhe herum waren es 468, und alle trugen Tannennadeln. Der Rhododendron hatte 29 Blüten, doch acht davon waren schon kurz vorm Verwelken.

Es wurde ein merkwürdiger Tag.

Die anderen tranken Bier. Ich bekam Limo. Es war verrückt, Vater zuzusehen, wie er das Bier direkt aus der Flasche trank. Henny starrte mit großen, abwesenden Augen in den Himmel. Onkel Hubert lag verliebt im Liegestuhl, die Schirmmütze auf der Nase. Mutter saß mit dem Rücken zur Sonne da, ihre Schultern waren rot.

Henny sagte: »Wir haben Massen Krabben mit!«

»Und Weißwein«, fügte Hubert hinzu. »Ich hab' die Flaschen in den Kühlschrank gestellt.«

»Wie lange bleibt ihr denn?« fragte Vater plötzlich. Mutter sah ihn scharf an.

»Wir fahren morgen wieder, lieber Bruder, keine Sorge.«

»War nicht so gemeint«, lachte Vater und ruderte kräftig mit den Armen.

»Schon in Ordnung, Bruder.«

Rote Gesichter in der Sonne. Leere Bierflaschen im Gras. Noch nie hatte ich

Onkel Hubert so ruhig gesehen, er lag weich wie ein Kissen im Liegestuhl, ab und zu gab er Laute von sich, Gutwetterlaute, ein Murmeln und zufriedenes Seufzen. Alle Knoten waren gelöst, ich bildete mir ein, daß alle Fäden in seinem Kopf glatt und ordentlich wie Seide in Reih und Glied lagen.
Vater sagte: »Ich glaub', es gibt heute abend ein Gewitter, es ist so schwül.«
»Bestimmt«, seufzte Hubert. Der Schweiß lief ihm übers Gesicht.
Weit entfernt zogen sich am Himmel Wolken zusammen.
»Ich habe Lust zu baden«, sagte Henny plötzlich.
»Ich nicht«, kam es tief aus Huberts Stuhl hervor. »Nimm doch Kim mit.«
Sie sah mich an. Von ihrem Blick bekam ich einen Sonnenbrand.
»Willst du?«

Der Badestrand war leer. Nur Papier, leere Flaschen und Apfelsinenschalen lagen noch herum. Und ein roter Wasserball, der über die Steine sprang. Wind. Ich machte einen Köpfer, tauchte bis zum Grund, es brauste um meine Augen, ein Klippenbarsch schoß davon, eine Qualle glitt an meinem Bein vorbei. Ich tauchte wieder nach oben, sah die dünne Grenze zwischen Himmel und Meer, durchbrochen von der Sonne.
Henny stand unsicher zwischen Tangbüscheln da. Bikini. Weiß und schmal wie ein Strohhalm. Sie war hellbraun und am ganzen Körper glatt. Das Haar hatte sie sich in einem blonden Knoten im Nacken hochgebunden. Mit einem Schrei warf sie sich ins Wasser.
Und die Wolken kamen tiefer, umringten uns.
Henny war neben mir.
»Laß uns rausschwimmen«, schlug sie vor und zog mir mit langen, ruhigen Zügen davon.
Ich kam wie ein Ruderboot hinter ihr her und überlegte, über was man sich wohl draußen im Wasser unterhält und ob es denn üblich ist, sich überhaupt im Wasser zu unterhalten, aber über was sollte man sich dann an Land unterhalten?
»Wohnst du den ganzen Sommer hier, Kim?« fragte Henny.
»Ja«, stieß ich hervor.
Wir waren mindestens in der Mitte des Fjords. Der Wind wurde stärker. Kleine, scharfe Wellen schlugen uns ins Gesicht. Über uns zog es sich zusammen. Die Wolken kamen jetzt in dunklen Formationen. In der Luft war es kälter als im Wasser.
»Sollen wir nicht bald umkehren?« fragte ich leise.
Henny hielt augenblicklich an, sah mich an und lachte.
»Ich hab' mich ganz vergessen«, sagte sie. »'türlich drehen wir jetzt.«
Wir schwammen wieder an Land. Ich hatte einen ganzen Schwall Fragen auf

der Zunge, bekam sie aber nicht heraus, mein Mund war wie eine Nuß. Ich hätte gern nach Hubert gefragt, ob sie, ob sie Geliebte waren, ob sie heiraten wollten und warum, da sie doch so viel jünger war als er, und was in Huberts Kopf geschehen war, über die Knoten, über Henny, über alles.
Wir näherten uns dem Land.
Ich fragte: »Magst du die Beatles?«
»Die sind süß«, antwortete sie.
Ich ging fast unter. Süß. Salzwasser schoß mir aus der Nase. Ich sah sie an. Ihr Profil schnitt wie eine Haifischflosse durch die Wellen.
»Wen magst du am liebsten«, stotterte ich.
»Es gibt so viele. Miles Davis, Charlie Parker, Lester Young. Und John Coltrane.«
Wer waren die? Ich war auf unsicherem Grund, hatte mich in die Ecke manövriert, die Arme erschlafften, das Kinn sank ins Wasser.
»O ja«, sagte ich nur. »Aber Bob Dylan ist toll!« fügte ich hinzu.
»Der ist super. Und Woody Guthrie. Von dem hat's Dylan gelernt.«
Ich war ein Wattebausch und ein Holzpfropf. Ich biß die Zähne zusammen und versuchte, ihr zu folgen.
Dann kletterten wir an Land, und ich lief, um die Handtücher zu holen. Die Sonne war jetzt weg. Henny kauerte sich zusammen.
»Es ist kalt«, zitterte sie.
In dem Augenblick fing es an zu regnen. Henny fuhr auf.
»Wir gehn in den Schuppen«, rief ich.
Sie war schon auf dem Weg, der Regen hämmerte wie mit Nägeln herab, wir fanden Schutz in dem baufälligen Holzschuppen, in dem es wegen des Plumpsklos daneben nicht besonders gut roch, und in dem einiges an die Wand geschrieben und gezeichnet war, das nicht gerade zum Schulpensum gehört.
Henny lehnte sich atemlos gegen die Tür.
»Das dauert sicher nicht lange«, sagte sie.
»Nein«, bestätigte ich und hoffte, es würde den Rest des Sommers andauern.
»Du darfst nicht in der nassen Badehose rumstehen«, fuhr sie fort, »dann wirst du krank.«
Und schon zog sie ihren Bikini aus und stand nackt vor mir. Es dauerte nur eine Sekunde, ehe sie Jeans und Hemd übergestreift hatte. Alles sank in mir nach unten, bis in die Fußspitzen, wahrscheinlich stand ich da und schnappte nach Luft, denn sie lachte, löste ihr Haar, schüttelte es. Mit viel Zerren und Rucken bekam ich meine Sachen an, es pochte überall, alles war zu eng, die Haut eine Nummer zu klein, das Blut pochte von innen, und der Regen schlug aufs Dach.

»Wirst du im Herbst mit der Realschule anfangen?« fragte Henny.
»Ja«, bekam ich raus.
Nun war ich dran. Ich mußte etwas sagen, irgend etwas: »Was machst du?«
»Ich zeichne. Für die gleiche Zeitschrift wie dein Onkel.«
»Ah ja.«
»Aber das mache ich nur, um Geld zu verdienen. Nächstes Jahr will ich an der Kunsthochschule anfangen.«
»Willst du Künstlerin werden!« platzte ich raus.
Henny lachte.
»Ich will Bilder malen«, sagte sie.
Das Trommeln auf dem Dach wurde immer schwächer. Entweder hörte der Regen auf, oder ich war dabei, mich aufzulösen. Henny öffnete die Tür und entschied die Sache.
»Es hört auf«, stellte sie fest. »Wollen wir nach Hause gehen?«

Vater behielt mit seiner Wettervorhersage recht. Während wir zusammensaßen und Krabben pulten, wurde das Zimmer plötzlich von einem leuchtendgelben Flackern erhellt, und im gleichen Augenblick hörten wir einen Wahnsinnskrach. Wir rannten auf den Balkon, von wo aus wir oben bei der Fahnenstange etwas Merkwürdiges sehen konnten. Dort auf dem Hügel glühte etwas. Onkel Hubert meinte, das sei ein auf die Erde gefallener Meteorit, Mutter glaubte, daß es Marsmenschen seien, und Vater sah auch nicht sehr selbstsicher aus. Henny hielt meinen Arm fest. Nach einer Weile war die Glut erloschen, wie eine riesige Zigarette. Wir zogen Regenzeug an und stapften gemeinsam zu der Stelle hinauf.
Ein Blitz hatte einen Stein gespalten. Und das war nicht irgendein Stein, der wog gut und gerne seine 100 Kilo. Vater erzählte, daß sein Vater ihn mit seinen eigenen Händen von der Anlegestelle hier hochgetragen hatte. Das war eine Wette gewesen. Und Großvater hatte gewonnen.
Jetzt hatte der Blitz ihn gespalten, als wäre es ein Ei.
Wir liefen schnell wieder nach unten und priesen uns glücklich, daß nicht das Haus getroffen worden war. Aber der Strom war weg. Wir zündeten eine Unzahl von Kerzen an und machten Feuer im Kamin, saßen ängstlich da und horchten auf das Krachen, zählten Sekunden und Anzahl, um herauszufinden, wo das Gewitter jetzt war. Das Unwetter zog nach Westen. Wenn jemand etwas sagte, sprach er leise, als wäre die Luft um uns herum hochexplosiv. Hubert verlor für eine Weile die Kontrolle über sein linkes Augenlid, er mußte in die Küche, um sich etwas auszuruhen. Henny saß, die Füße angezogen, auf dem Sofa. Mutter räumte den Tisch ab, Vater stand an der Balkontür und sah hinaus.

»Laß uns Platten hören!« sagte Henny plötzlich so laut, daß alle zusammenzuckten. Sie stand auf, streckte mir die Hand entgegen.
Wir spielten meine alten Platten. Henny saß ganz still und hörte zu oder dachte an etwas ganz anderes, sicher letzteres, dabei blätterte sie in einem Beatles-Heft, das ich mitgenommen hatte, *Meet the Beatles*, mit Bildern von den Beatles in Paris. Sie erzählte mir, daß sie gern dorthin fahren würde, nach Paris, dort sei das Leben, meinte sie. Oslo sei nur stinklangweilig. Sie lächelte. Ich wechselte die Platten. Der alte Cliff. Henny lachte, sie verriet mir, daß sie früher mal in Cliff verliebt gewesen war. *Lucky Lips. Summer Holiday.* Sie steckte sich eine Zigarette an und gab mir auch einen Zug. Der Filter schmeckte nach feuchter Haut. Und der Regen schlug gegen das Fenster.
Plötzlich war das Licht wieder da, unsere Gesichter waren bleich und glänzend. Die Nadel kratzte in der innersten Rille. Die Batterien waren kurz davor, ihren Geist aufzugeben. Ich blies die Kerze aus, sah sie an, so wie ich sie jetzt sehe, wie ein Negativ auf dem Film der Augen, eingebrannt mit dem Blitz einer Sommernacht.

Henny und Hubert fuhren wieder nach Hause, und die Tage folgten einander wie auf einer Perlenschnur aufgereiht, die ganze Zeit das gleiche, nur ein Tag war anders, völlig anders. Das war, nachdem Vaters Urlaub vorbei war, er fuhr also wie üblich zur Arbeit. Und Mutter wollte Lose im Sunnaa-Krankenhaus verkaufen und nahm deshalb den Bus, kurz nachdem Vater gefahren war.
Und da stand ich, 20 Kronen in der Tasche und einen ganzen freien Tag vor mir.
Ich fuhr mit der Fähre in die Stadt.
Ich konnte es ja versuchen, lief schnell am Westbahnhof und Ruseløkka vorbei und klingelte bei Ola und Seb. Niemand zu Hause. Rüber zu Gunnar. Dort dasselbe Resultat. Das Geschäft war geschlossen. Auf einem Schild im Fenster stand in Blockbuchstaben: Wir haben bis zum 7.8. Ferien.
Ein merkwürdiges, leeres Gefühl. Alles war irgendwie anders. Ich huschte über den Drammensvei, nach Skillebekk, keiner draußen, keiner drinnen, ein neuer, fremder Geruch hatte von dem Viertel Besitz genommen, er ähnelte etwas dem in unserer Wohnung, wenn wir im August nach Hause kommen. Süß, eklig, nach etwas Totem, Verlassenem, und wir müssen sozusagen die Zimmer erst wieder neu benutzen, in ihnen atmen, reden, sie wieder in Besitz nehmen. Meine Straße war nicht mehr wie vorher. Ich stand da, mutterseelenallein, nicht ein Mensch, leere Fenster, und der Wind wehte mir entgegen und streute mir Sand in die Augen.
Ich fuhr runter in die Stadt. Da waren jedenfalls Menschen. Und Eis. Beim

»Studenten« stand ich eine halbe Stunde Schlange, bevor ich einen Erdbeermilchshake bekam. Die Stimmen um mich herum redeten in fremden Sprachen. Ich ging schnell wieder raus.
Mir blieb nichts anderes übrig, als auf und ab zu trotten. Ich guckte in die Plattenläden rein, fand aber keine Platten, die den Namen ähnelten, die Henny genannt hatte. Ich ging auf die andere Seite. Dort, im Schatten der Bäume, wurde es besser. Der Asphalt dampfte. Eine alte Dame fütterte ein Dutzend Tauben. Ein Typ, der vor mir ging, stampfte hart auf, die Tauben flogen mit Getöse davon, flatterten um die Dame und verschwanden hinter der Wergeland-Statue.
Und sie war auch von der Bank verschwunden. Der Typ vor mir drehte sich um, zuckte mit den Schultern und schlenderte weiter.
Aber das war noch nicht das Merkwürdigste.
Unten vor dem Parlament standen eine Menge Menschen und schauten ein Bild an, das in einem Glaskasten ausgestellt war. *Das Bild des Monats*, las ich auf einem Schild. Ich dachte an Henny. Vielleicht hatte Henny es ja gemalt. Ich bahnte mir einen Weg, aber das Bild war nicht von Henny, natürlich nicht. Ein merkwürdiger Name stand dort, den ich fast nicht buchstabieren konnte. Und es war ein sprödes Bild. So was hatte ich noch nie gesehen. Mitten auf dem Bild war eine Puppe zu sehen, die fast völlig kaputt war, als wäre sie über einem Feuer geschmolzen. Und dann gab es jede Menge rote Farbe, aber nicht wie bei den üblichen Malereien, hier ähnelte sie Blut, dickem Blut, das sich auf einer großen Wunde zusammenklumpt. Und diese rote Farbe floß auf eine Flagge, auf die amerikanische Flagge. Und hinter dem ganzen Bild, ja, denn irgendwie war es wie ein Raum, nicht nur so eine flache Natur, wie Vater und Mutter sie an der Wand hängen haben, hinter dem Bild stand geschrieben: VIETNAM. Ich las den Titel, es war der längste Titel, den ich jemals gelesen hatte. *Ein Bericht von Vietnam. Kinder werden mit brennendem Napalm übergossen. Ihre Haut verbrennt zu schwarzen Wunden, sie sterben.*
Es brennt unter Wasser. Stig hatte davon erzählt. Masters of War. Die Sonne brannte mir im Nacken. Ein Sausen war in meinem Kopf, die Puppe schrie nach mir, genau wie das Mädchen, das aus den Ruinen gestolpert war, Blut floß, die Sonne brannte, das Blut gerann zu grotesken Formen.
Da passierte es. Ich hörte ein Gebrüll, eine Hand packte mich bei der Schulter und schubste mich zur Seite. Ich traute meinen eigenen Augen nicht. Ein Mann in Vaters Alter stellte sich vor dem Bild auf, er trug Anzug und Aktentasche und so, und aus der Tasche holte er eine Axt hervor, eine Axt. Und dann donnerte er auf das Gestell los, daß das Glas spritzte, und mit einem Schlag zerschlug er die Puppe und zerriß die Leinwand. Und nun geschah etwas, was fast noch schlimmer war. Die Zuschauer, die um uns herumstanden,

klatschten, sie hielten ihn nicht zurück, sie klatschten. Ich faßte mich an den Kopf, hatte Lust zu schreien, und zog mich erschreckt zurück. Als der Mann schließlich das ganze Bild zerstört hatte, kamen zwei Bullen und führten ihn vorsichtig ab.
Ich ging zur Anlegestelle hinunter und wartete auf die Fähre. Ich begriff es nicht. Es war etwas zusammengefallen, zusammengebrochen. Ich bekam Angst.
Meinen Eltern erzählte ich nichts. Aber der Mann mit der Axt tauchte oft nachts auf, er tötete kleine Kinder, er ging umher und brachte kleine Kinder um.
Im Radio hörte ich Meldungen von Bombardierungen, Offensiven, Verlust und Sieg. Ich fühlte mich so merkwürdig fern und fremd, wie ich hier auf der Terrasse saß und zu Abend aß, Vollkorn, weichen Ziegenkäse und Nougatcreme.
Und die Sonne war auf ihrem Weg. Der August kam mit einem Duft von Herbst. Überall war Aufbruch. Es war, als wäre ich zu groß für mich selbst geworden.
Am letzten Tag meinte Mutter, daß ich in diesem Sommer reichlich gewachsen sei, mindestens drei Zentimeter.

HELP

Herbst 65

»Geigen«, murmelte Gunnar. »Geigen?«

Der Moggapark, am Abend, bevor die Schule wieder anfing. Wir hingen über den Lenkern und betrachteten die LP, die Seb in Schweden gekauft hatte. Erst dachte ich, es stünde »eple« (Apfel) drauf. Dann kriegte ich's richtig hin. *Help.*

»*String quartet*«, verbesserte Seb.

»Das sind doch *Geigen*, oder?«

»Genau. Absolute Spitze.«

Wir waren total scharf drauf, sie zu hören, aber Ola war noch nicht gekommen, er hätte schon vor einer halben Stunde hier sein sollen. Wir steckten uns ein paar alte Kippen an, ein Vogelschwarm flog keilförmig über uns hinweg.

»Wo Ola bloß bleibt!« sagte Gunnar ungeduldig.

Wir warteten noch eine Weile, dann hielten wir es nicht länger aus und fuhren mit den Rädern zur Observatoriegate. Seine Mutter öffnete uns, hellbraun und leichtfüßig, aber zwei Falten um die Mundwunkel zogen ihre Lippen nach unten.

»Ola war in einen Unfall verwickelt«, sagte sie ruhig.

Wir wurden ganz steif, ein Unfall?

»Er ist in seinem Zimmer. Ihr könnt gern zu ihm gehen.«

Ola saß am Fenster. Er hatte sich beide Arme gebrochen. Sie hingen in zwei Schlingen, der Gips reichte bis weit über die Ellenbogen. Er schnitt Grimassen, denn da drinnen juckte es wahnsinnig, und womit zum Teufel sollte er sich kratzen.

»Bin mit 'nem Traktor auf T-t-toten zusammengestoßen«, flüsterte er deprimiert. »Ich wollte den H-h-hügel im H-h-handstand runter.«

Gunnar räusperte sich, knurrte leise, versuchte es noch einmal.

»Wie ... wie kannste denn so essen?«

Olas Augen wurden eng und matt.

»Mutter füttert mich«, sagte er leise.

Wir sahen uns gegenseitig an, guckten aber schnell in eine andere Richtung,

denn hinter unseren ernsthaften Gesichtern gluckerte es, und Ola war nicht zum Lachen zumute.
Seb räusperte sich, er räusperte sich unnötig lange.
»Aber wie ... wie is'n das, wenn du aufs Klo mußt, he?«
Gunnars Wangen blähten sich wie zwei Segel auf, Seb starrte auf seine Hände, und plötzlich machte er seinen Mund sperrangelweit auf, schluckte aber das Gelächter sofort hinunter, nur ein zartes Hicksen kam zum Vorschein, und dann blieb er mit zum Gelächter bereitem offenen Mund sitzen und war von Kopf bis Fuß knallrot.
»Und sowas nennt sich Kumpel!« preßte Ola hervor.
»Aber wie machste das denn!«
Ola senkte den Kopf.
»M-m-mutter«, sagte er unglücklich, und es war lange still im Zimmer.
Seb fummelte an seiner Fahrradtasche. Wir anderen sahen zu Boden. Seb fand seine Stimme wieder.
»Wir haben was für dich mitgebracht. Hoffentlich sind Batterien im Plattenspieler.«
Seb zog die Platte heraus, und Ola holte pfeifend Luft. Und dann spielten wir den ganzen Abend lang Help, während die Dunkelheit draußen vom Himmel wie eine graue Gardine herabsank und der Sommer sozusagen in uns erstarrte. Der Herbst hatte bereits begonnen, und zum ersten Mal mochten wir Geigen.
Bevor wir gingen, schrieben wir unsere Namen auf den Gips: John, George, Paul.

Wir waren in die gleiche Schule, Vestheim, gekommen, aber in verschiedene Klassen. Wir schlichen uns an den Gymnasiasten, die an dem Tor zum Skovvei standen, vorbei und überlegten, wann sie uns wohl taufen würden. Jedenfalls schien es nicht, als wollten sie heute zuschlagen. Sie sahen uns nicht an, sie sahen nicht einmal auf uns herab. Am Maschendraht zur Oscarsgate warteten weitere Bleichgesichter. In einer anderen Gruppe standen Guri und Nina, Ninas Kniekehlen waren dunkelbraun, sicher nahm sie nicht einmal Notiz von mir.
Dann läutete es. Wir nahmen uns bei der Hand und trennten die Mannschaften, Gunnar und ich, Seb und Ola. Langsam wurde der Schulhof leer, als wenn die dunklen, großen Türen riesige Staubsauger wären.
Gunnar und ich konnten uns die hintersten Plätze in der Mittelreihe erkämpfen. Sein Rücken war breiter als sonst irgendwas, die Lehrer würden auf keinen Fall auch nur ein Auge auf mich werfen können. Die Gans setzte sich ganz nach vorn, naßgekämmt und frischgebügelt. Und die Mädchen — denn

es waren auch Mädchen in der Klasse –, sie saßen in der Fensterreihe, groß und unzugänglich, und wenn die Sonne auf sie schien, ähnelte ihr Haar Zukkerwatte, und ihre Gesichter schienen weiß und weich zu sein.

Dann ging die Tür auf, und der Klassenlehrer, Herr Iversen, genannt »rote Kartoffel«, kam herein. Er hatte ein Stück Land vor seinem Reihenhaus auf Tåsen, ein Hänfling im Kittel, aber er hatte riesige, behaarte Hände, und seine Stimme kam von irgendwo ganz unten am Boden und dröhnte aus seinem Mund wie Eisen.

Er rief unsere Namen auf, und alle betrachteten sich gegenseitig, einige kannten sich, einige kamen aus anderen Teilen der Stadt, starrten auf ihren Tisch, flüsterten ihre Namen, als meinten sie, sie würden etwas Großes und Gefährliches bedeuten.

Danach kamen die anderen Lehrer und stellten sich vor. Das war eine ganz gewöhnliche Mischung, keiner hatte einen Buckel, keiner einen Klumpfuß, alle hatten die Nase mitten im Gesicht und die Ohren auf beiden Seiten des Kopfes. Die Deutschlehrerin hieß Hammer, eine rundliche, kleine Dame mit jeder Menge viereckiger Worte im Mund, sie sang richtig nett ein paar »Lieder« für uns und redete endlos auf deutsch. Und dann erinnere ich mich noch an den Sportlehrer: Schinken, er hieß Schinken, eine lange Bohnenstange mit kleinem Kopf, dicker Brille, kurzem Herrenhaarschnitt und norwegischen Meisterschaften im Gehen. Er rollte sozusagen herein und piepste, daß die Jungen am nächsten Tag ihr Turnzeug mitbringen sollten, dann wackelte er im Geherschritt wieder hinaus, ohne daß sich seine Hüften bewegten, wie ein frischgeölter Globus. Zum Schluß kam der Rektor, o ja, an ihn erinnere ich mich gut, er ähnelte Hitler ein wenig, oder Arnulf Øverland, der gleiche Bart, eine harte, dichte Bürste unter der Nase, und dann rollte er das R, daß es in den Ohren kitzelte. Ein krumm dasitzender Junge an der Tür bekam einen Niesanfall von all den Rs, das gab ein ziemliches Theater.

Dann war der erste Tag in der Realschule vorbei. Wir steckten die neuen Bücher in die neuen Ranzen und schlurften hinaus. Seb und Ola warteten am Trinkbrunnen. Sie waren mit Nina und Guri in eine Klasse gekommen.

Während wir dastanden und die Lehrer durchhechelten, kamen einige auf uns zu, eine ziemlich schmierige Truppe, die wir nicht kannten.

Ola bekam sofort Fledermäuse in seinem Gips.

»Jetzt werden sie uns t-t-taufen«, stotterte er. »Sch-sch-schmeißen uns in die P-p-pinkelrinne!«

»Die gehn nich' auf's Gym«, flüsterte Seb.

Sie stellten sich vor uns auf, erschienen uns mit ihren Schlipsen, Kaugummi und der Zehnerpackung in der Brusttasche reichlich arrogant.

»Hast wohl mit 'nem Mädchen gebumst, hä?« fragte einer und zeigte auf Ola.

Der wurde knallrot, sein Pony stand steil zu Berge.
»Oder haste zuviel gewichst?« meinte ein anderer und blinzelte schräg.
Wir sagten nichts. Die anderen, die noch auf dem Schulhof herumstanden, kamen näher.
»Was machste denn, wenn de scheißen mußt, Kleiner? Muß Muttern abwischen, oder wie?«
Da nahm Gunnar seinen Ranzen ab. Das war etwas, über das wir unsere Scherze machen durften, aber niemand sonst. Er stellte seinen Ranzen ruhig auf die Erde, baute sich drei Zentimeter vor dem Arschloch auf, guckte ihm in das Weiße seiner Augen und fragte:
»Was haste gesagt?«
Der Typ fummelte etwas herum, wurde plötzlich unsicher, sein Schlipsknoten zitterte an der Kehle.
»Was haste gesagt?« wiederholte Gunnar.
Seine Kiefer knackten.
»Was haste gesagt?« fragte Gunnar zum dritten Mal, ging noch zwei Zentimeter näher, und der Kerl war bereits besiegt. Er zog sich zurück, versuchte es noch mal mit einer dummen Bemerkung, doch die fiel platsch auf den Boden wie ein schlaffer Klumpen. Gunnar ließ die Typen nicht aus den Augen, bis sie außer Reichweite waren.
»Arschlöcher«, sagte er zwischen den Zähnen.
Ich lachte innerlich, ein großes, unfreundliches Lachen, und in diesem Augenblick liebte ich Gunnar und hatte Lust, ihn in den Arm zu nehmen.

Wir zogen lärmend vom Schulhof, und als wir die Treppe erreicht hatten, kam ein kleiner Kerl an uns vorbei, er drückte sich fast am Zaun entlang, bleich, dünn, in weiten, grauen Hosen und einem viel zu großen Anorak mit Reißverschluß, obwohl es doch ziemlich warm war. Er ging mit gesenktem Kopf, und dann sprintete er hinaus auf die Straße, als hätte er vor irgend etwas Angst. Er ging mit Gunnar und mir in eine Klasse. Mir war aufgefallen, daß einige gekichert hatten, als er seinen Namen genannt hatte.
Ich erinnerte mich nicht mehr an seinen Namen.
Er hieß Fred Hansen.

Wir schlenderten nach Filipstad und stellten uns auf die Brücke über die Strandpromenade, schauten zu, wie die Autos unter uns davondröhnten.
»Was meint ihr, wann wir getauft werden?« fragte Ola.
»Weiß nich'«, meinte Gunnar. »Vielleicht warten sie ja bis zum Winter.«
»Ich möchte jedenfalls lieber in Schnee getaucht werden als in der Pisse schwimmen«, murmelte Seb.

»Das mit dem Deutsch schaff' ich nie«, seufzte Gunnar und schickte einen Rotzklumpen über das Geländer.

»Mein Vater meint, es wäre besser, wenn wir Spanisch lernen würden«, sagte Seb.

»Spanisch?«

»Viel mehr Leute reden Spanisch als Deutsch. Alle Seeleute tun das. Und in Südamerika.«

Ola setzte sich auf seinen Ranzen.

»Was meint ihr, wie das mit dem T-t-trommeln wird, he? Glaubt ihr, daß ich wieder t-t-trommeln kann, oder nich?«

»Na logo«, sagte Seb. »Warum denn nich'?«

»Dachte, daß die Arme vielleicht zu sch-sch-schwach werden«

»Charlie Watts hat sich beim Schlittschuhlaufen den Arm gebrochen.«, verkündete Gunnar mit einem Mal.

»Was, Charlie Watts hat sich den Arm gebrochen!« flüsterte Ola und krümmte sich zusammen.

Gunnar nickte.

»Auf *Schlittschuhen*?« fragte Seb.

»Ja. Is' auf die Schnauze gefallen und fiel dabei auf den Arm.«

Gunnar war rot und erschöpft.

»Die laufen in England doch gar nicht Schlittschuh, Mann!«

Gunnar sah mich an, er hatte sich festgefahren.

»'türlich tun sie das«, half ich ein. »London hat eine verdammt gute Eishockeymannschaft.«

»Und bei ihm blieb nichts zurück?«

»Das hörste ja wohl«, triumphierte Gunnar.

»Aber er hat sich n-n-nur einen Arm gebrochen!«

Gunnar war wieder auf schwankendem Boden, er sah mich an, aber jetzt mußte er selbst da rauskommen.

»Is' doch besser, beide zu brechen«, sagte er schnell, rot und erhitzt im Gesicht. »Dann ist es viel einfacher, nachher den Takt zu halten!«

Damit gab Ola sich zufrieden. Und dann sagten wir für eine Weile nicht mehr sehr viel. Die Sonne versteckte sich hinter einer Wolke, der Fjord wurde dunkel, die Zigarette machte ihre Runde, eine schlappe Kent, die Seb seiner Mutter geklaut hatte.

»Ich muß dieses Jahr Hausaufgaben machen«, sagte er. »Echt.«

»Ich auch«, sagte Gunnar.

»Ich auch«, sagte ich.

»Ich muß los«, sagte Ola. Er wirkte dabei ganz verkrampft im Gesicht und hatte eine unruhige Beinführung.

»Woll'n wir nich' noch zu Bananen-Matthiessen rüber?« schlug Seb vor.
»Ich muß los«, wiederholte Ola und trippelte.
Alle drei sahen wir ihn an.
»Ich muß pinkeln«, erklärte er.
»Kannste nich' einfach ...«, fing Gunnar an, zögerte.
Wir sahen uns an.
»Komm, wir gehn«, sagte Gunnar.
Und dann zogen wir davon, mit der Sonne im Rücken und den Ranzen im Schlepptau.

Am nächsten Tag fand das Turnen in der Halle statt, ein Dauerregen peitschte herab. Wir saßen in dem nach Schweiß stinkenden Umkleideraum. Schinken musterte uns von oben herab, während er seine Bauchmuskeln dehnte. Plötzlich schrie er mit erstaunlich hoher Stimme:
»Merkt euch das! Man kann auch in Sport *durchfallen!* Hört ihr? Man kann auch in Sport *durchfallen!*«
Wir liefen in einer Reihe in die Turnhalle. Schinken dirigierte uns in verschiedene Formationen, und als er uns da hatte, wo er uns haben wollte, donnerte er mit seiner Fistelstimme:
»Über eine Sache müßt ihr euch immer im klaren sein: das Warmmachen! Das Warmmachen ist die Grundlage für alle guten Leistungen! Das Warmmachen ist schon die eine Seite der Medaille!«
Er hielt jäh inne, faßte sich an den Kopf, hinter den Brillengläsern flackerten die vergrößerten Augen wie Planeten, die aus ihrer Bahn geraten waren. Wir sahen uns an, zuckten mit den Schultern, und einige zeigten mit dem Zeigefinger an die Stirn und streckten die Zunge raus.
»Jetzt laufen wir!« schrie er, und wir liefen, immer im Kreis, Schinken in der Mitte, als wären wir ein Rad und er die ungeschmierte Nabe.
Endlich ließ er uns anhalten, beorderte uns zur Sprossenwand, wo wir einige Minuten lang hingen und hin- und herschaukelten. Dann zog er den größten Bock hervor, legte Matte und Sprungbrett zurecht, zeigte auf uns und meinte:
»Jetzt werden wir den Salto mortale üben!«
Unter den Akrobaten erhob sich ein Murren. Schinken kam zu uns, legte seine Brille fort und dehnte seine Beine.
»Ich werde es euch vormachen! Paßt auf!«
Seine Füße trampelten los, knallten auf das Sprungbrett, er schwang sich in einem eleganten Bogen über den Bock und landete leicht auf der Matte. Dort drehte er sich schnell um und sagte mit einem breiten Lächeln:
»So sollt ihr das machen, Jungs! Jetzt seid ihr dran.«
Das wurde vielleicht eine Reihe. Alle wollten ans Ende, es mußte doch bald

klingeln. Und plötzlich war ich vorn. Ich holte tief Luft und lief, so schnell ich konnte. Ich vergaß ganz, wo ich war, lief sozusagen durch einen verschwitzten Traum, landete mit einem Riesenkrach auf dem Sprungbrett, warf mich dem braunen Tier entgegen, schwang mich hoch und stieß mich so kräftig ich konnte wieder ab, ich stürzte wie ein Astronaut in den Weltraum, und gleich darauf, oder gleichzeitig, stand ich stocksteif auf der Matte, und Schinken schrie mir ins Ohr:

»Gut! Gut, mein Junge! Wie heißt du?«

»Kim«, flüsterte ich.

»Gut! Das war gut, Kim!«

Jetzt war Gunnar dran. Er lief in langen Schritten über den Boden, schwang sich über den Bock, bekam aber nicht genug Luft unter die Beine. Er zog Schinken im Fall mit sich. Die beiden blieben auf der Matte liegen, japsten beide nach Luft.

»Du mußt noch an der Höhe arbeiten«, schrie Schinken. »An der Höhe! Ansonsten war es gut.«

Und dann kam einer nach dem anderen, alle, die ich vergessen habe, die mich vergessen haben: Frode, krummgebeugt und fett, landete rittlings mitten auf dem Bock und schrie jämmerlich. Ottar sprang drüber, ging aber irgendwie in eine Art Schweben über und machte eine Bauchlandung. Rune, der das R rollte, weil er aus Ris kam, schaffte es, auf dem Bock auf dem Rücken zu landen, und rollte sich auf den Boden runter. Und dann stockte es. Es kam keiner mehr. Fred Hansen war dran.

»Nun komm schon!« brüllte Schinken.

Fred Hansen kam nicht. Er stand da hinten, ein bleiches Streichholz in riesengroßen, kurzen Hosen. Alles, was er trug, war riesengroß, er hatte sicher einen riesengroßen Bruder, von dem er die Kleidung erbte. Jetzt stand er als erster in der Reihe und leuchtete von ganz allein.

»Jetzt mach schon!« schrie Schinken.

Fred Hansen stand da, die Arme hingen gerade herunter, hohl im Rücken, ein wenig x-beinig, die spitzen Knie stießen aneinander.

»Er packt es nicht«, flüsterte Gunnar. »Er hat Todesangst.«

Dann vibrierte es leicht im Boden. Fred Hansen kam an, mit verkrampften Zügen, die Arme angewinkelt.

»Prima! Das wird prima!« ermutigte ihn Schinken.

Fred Hansen sprang kopfüber auf den Bock zu, stieß sich ab, er ähnelte einer ausgehungerten Möwe über einem Heringsschwarm, wie er eine Sekunde lang unbeholfen in der Luft hing, dann landete er mit einem Dröhnen auf dem Rücken, außerhalb der Matte.

Die Ruhe kam genauso jäh. Fred Hansen blieb liegen, er rührte sich nicht,

seine Augen waren fest verschlossen. Er war kleiner als sonst, blasser, er wirkte richtiggehend überirdisch, wie er so dalag, wie ein abgestürzter Engel, in viel zu großen kurzen Hosen. Schinken kniete neben ihm, wedelte mit den Armen, suchte den Puls, fand ihn nicht, sah zu uns hoch, die wir vorgebeugt in einem Kreis um die beiden herumstanden.
»Wie heißt er?« flüsterte Schinken.
»Fred«, sagte irgend jemand.
Schinken preßte seine Handflächen auf Freds Herz, öffnete seine Augenlider, aber Fred starrte nur kreideweiß in die Gegend.
»Fred«, sagte Schinken vorsichtig. »Fred. Kannst du mich hören?«
Kein Ton.
»Er ist tot«, murmelte eine Stimme.
Da fing Schinken an zu schreien, er schrie, während er den leblosen Körper schüttelte.
»Fred! Fred! Fred!«
Es half nichts. Schinken bahnte sich einen Weg durch unseren Kreis, er wollte einen Arzt holen. Da plötzlich lächelte Fred Hansen, seine Lippen verzogen sich in dem bleichen, schmalen Gesicht, und er stand auf — so muß es ausgesehen haben, als Jesus am dritten Tag erwacht war — und ging über den Boden, als wäre er schwerelos. Schinken war in der Türöffnung stehengeblieben, er starrte, fast zu Tode erschreckt, auf Fred, der mit langen, schwankenden Schritten auf ihn zukam. Im selben Moment klingelte es, die Klingel hallte in der Turnhalle, das Ganze war ziemlich unheimlich und feierlich zugleich. Im Umkleideraum erbrach Fred Hansen sich und wurde dann mit einer Gehirnerschütterung in einer Taxe nach Hause gefahren. Zehn Tage lang fehlte er, dann kam er wieder, noch schmaler als vorher, seine Kleidung stand wie ein Zelt um ihn, und er sagte nichts, saß nur an der Wand und starrte auf irgendeinen Punkt, der ferne Fred Hansen.

Ola und Seb standen am Springbrunnen und warteten. Es war große Pause, der Regen hatte aufgehört. Olas Arme waren voll mit Namen, Grüßen und Zeichnungen, auch alle Mädchen der Klasse hatten in den Gips geritzt. Irgendwie war es sicher gar nicht so schlecht, sich die Arme zu brechen. Ola hatte was davon gehabt, er brauchte keine schriftlichen Hausaufgaben zu machen und wurde nie drangenommen. In der Tat graute ihm davor, daß er in einem Monat zum Arzt sollte, um den Gips loszuwerden.
»Hattet ihr Turnen?« rief er, als wir näherkamen.
»Genau.«
Wir erzählten von Fred Hansen. Er hätte sich den Hals brechen können, hatte nur Glück gehabt, daß er überlebte.

»Der Sportlehrer ist verrückt«, sagte Ola. »Ich dachte, ich hab' frei. Und dann mußte ich 70 Kniebeugen machen.«
»Hab'n wir genug für 'ne Schnecke«, fragte Seb.
Wir drehten die Taschen um. Jedesmal der gleiche Scheiß. Immer hatte ich am wenigsten Kies, jetzt waren's nur 25 Öre Flaschenpfand vom Tag vorher. Gunnar verdiente im Lebensmittelladen Geld. Seb bekam immer von seinem Vater Geld geschickt. Ola und mir ging es am schlechtesten. Aber seitdem er sich die Arme gebrochen hatte, bekam er doppeltes Taschengeld, und er dachte nicht daran, im Lohn wieder runterzugehen, wenn er wieder fit war. Dann würde er jedenfalls keinen blöden Mülleimer mehr ausleeren. Und ich bekam nur 10 Kronen die Woche, das langte gerade für die Pop-Revue und einmal Kino.
Ich legte die 25 Öre in den Topf. Seb zählte nach.
»Das gibt 'ne Schnecke und 'ne Cola. Und einen Bonbon für Kim«, kicherte er.
Da geschah etwas hinter uns, am Tor zum Skovvei. Rufe kamen von dort, und die Leute scharten sich in einem Haufen zusammen.
»'ne Klopperei!« meinte Gunnar.
Wir rannten hin. Es war keine Prügelei. Einige Gymnasiasten hielten eine große amerikanische Flagge hoch, und dann hatten sie auch noch eine gelbe Flagge mit roten Streifen. Sie riefen: Bombardiert Hanoi! Bombardiert Hanoi!
»Hanoi ist die Hauptstadt Nord-Vietnams!« wisperte Gunnar. »Mein Bruder hat gesagt, daß 200.000 amerikanische Soldaten in Vietnam gelandet sind.«
Die Rufe wurden immer lauter, die Menge klatschte und trampelte. Ich dachte an Napalm, an Napalm, das unter Wasser brennt. Ich dachte an die Bilder vom Sommer, an den Mann mit der Axt.
»Zerschlagt den Kommunismus! Zerschlagt den Kommunismus! Bringt die Kommunisten um!«
Es roch nach Blut. Die meinten, was sie sagten. Die wollten töten. Es roch nach Blut, Blut und Rasierwasser.
»Kommt«, sagte Seb. »Es läutet bald.«
Wir umrundeten den Haufen und sprinteten den Skovvei runter zum Bäcker. Es war so gut wie unmöglich, vorwärts zu kommen. Alle liefen uns entgegen, um zu sehen, was am Tor vor sich ging. Wir mußten uns unseren Weg bahnen, uns regelrecht vorwärtskämpfen, ja, uns fast mit denen schlagen, die uns in die andere Richtung ziehen wollten.

Es nützte nichts, daß ich ein Sparbuch mit 400 Kronen besaß, wenn ich sie doch nicht abheben durfte, bevor ich mündig war. Nach drei knallharten

Abenden entschloß ich mich, fand einen riesigen Pappkarton im Laden von Jacobsen, band ihn auf dem Gepäckträger fest und fuhr zum Blumenladen im Drammensvei, gleich bei der russischen Botschaft.
Ob sie jemanden bräuchten, der Blumen ausfuhr?
»Aber sicher«, zwitscherte die Inhaberin, eine dünne, ältere Dame in einem geblümten Kleid.
So wurde ich Blumenbote, radelte in der ganzen Stadt mit dem Karton voller Päckchen herum und bekam für jedes ausgetragene eine Krone. Ungefähr 20 Kronen verdiente ich in der Woche, und Frau Eng kochte Tee für mich und fütterte mich mit Marie-Keksen. Den anderen sagte ich nichts. Ich erzählte nur, daß ich damit angefangen hätte, die Schularbeiten vor dem Mittagessen zu machen, außerdem sei der Hausmeister krank, er liege in der eisernen Lunge im Universitätskrankenhaus und schnappe nach Luft, deshalb müsse ich die Treppen wischen und den Fußweg fegen, schwindelte ich ihnen vor. Denn ich wollte auf keinen Fall, daß Gunnar, Seb und Ola mich mit einem Pappkarton voller eleganter Blumenbouquets durch die Straßen ziehen sahen. Nichts da.
Also raste ich nach der Schule nach Hause, fuhr den Blumenexpreß und versorgte ganz Oslo mit Rosen, Nelken und Tulpen. Der Job war in Ordnung, denn alle freuten sich, wenn ich kam, und ab und zu bekam ich Trinkgeld. Eine Dame, die nach Bier und Qualm stank und mitten am hellichten Tag nur ein Nachthemd trug, gab mir fünf Kronen und fragte, ob ich nicht reinkommen wolle und eine Limo trinken.
Aber das wollte ich lieber nicht.
Sie hat das sicher bedauert.

Eines Freitags in der großen Pause, es wehte ein scharfer Wind aus Norden und es goß ununterbrochen, kamen Seb und Ola zum Schuppen galoppiert, in dem Gunnar und ich standen und die Erdkundehausaufgaben machten. Sie wirkten ganz durcheinander, beide sahen mich verschmitzt an, und endlich sagte Ola:
»Nina hat deinen Namen auf der H-h-hand«, berichtete er.
Was sagte Ola da?
»Was sagst du?« fragte ich mit belegter Stimme.
»Nina h-h-hat deinen Namen auf der H-h-hand!« wiederholte Ola und hüpfte hin und her.
»Auf der Hand?«
»Auf *ihrer* Hand, kapier doch!« kicherte Seb. Er zeigte auf seinen Handrücken. »Da. Mit wahnsinnig roter Tusche.«
»Aha«, sagte ich nur und versuchte, im Geographiebuch zu lesen, aber die

Buchstaben waren zu unruhig, ich hätte Afrika nicht auf der Karte zeigen können, wenn mich jemand danach gefragt hätte.
An diesem Tag nahm ich den kürzesten Weg nach Hause, warf den Ranzen in die Ecke und raste zum Blumengeschäft. Dort erhielt ich Tee und Marie-Kekse. Der Tee dort schmeckte anders als der Tee zu Hause, er roch auch anders, nach fernen Ländern und Abenteuern, Tausendundeiner Nacht und China. Frau Eng stippte den trockenen Keks in den süßen Tee und schmatzte leise. Danach rauchte sie eine lange Zigarette, sie benutzte ein Mundstück, ein schwarzes, blankes Mundstück.
»Heute gibt es sicher nichts für dich zu tun«, sagte sie.
Ich zählte die Zettel, die ich eingesammelt hatte, und gab sie ihr. Insgesamt waren es 28, eine ganz gute Woche. Sie zog drei Zehner aus ihrer Schürzentasche hervor, das waren zwei Kronen zuviel.
»Weil du so schnell bist«, sagte sie und strich mir über den Kopf.
Ich sah das Geld an. Es war ein ganzer Batzen. Dafür konnte man eine ganze Menge kaufen.
Frau Eng fing an, Zeitungspapier und Blumenstengel aufzuräumen. Ich blieb noch sitzen. Von meinen nassen Kleidern tropfte es. Frau Eng besprühte die Topfpflanzen und knipste die braunen Blätter ab. In dem engen Hinterzimmer dampfte es wie in einem Dschungel.
»Bist du noch da?« fragte sie, mit dem Rücken zu mir.
Ich dachte an Nina, an die Blume, die Nina mir einmal gegeben hatte.
»Was für eine Blume ist der Mohn?!« fragte ich.
»Das ist hier in Norwegen eine seltene Blume«, sagte Frau Eng und drehte sich zu mir. »Und gefährlich. Viele Mohnblumen sind giftig.« Sie lächelte merkwürdig. »Giftig und schön.«
»Ich glaube, ich lade sie ins Kino ein«, platzte es aus mir heraus.
»Mach das«, sagte Frau Eng und ging wieder in ihren Dschungel.

Am nächsten Morgen stand ich in aller Herrgottsfrühe auf, ich hatte die letzte Nacht nicht so furchtbar viel geschlafen, war jetzt hellwach und müde. Zuerst überlegte ich, ob ich die Schule schwänzen sollte, mir eine trockene Erkältung herbeihusten und die Stirn unter die Lampe halten. Quatsch. Die anderen würden sich totlachen. Jetzt oder nie. Ich schlich mich auf den Flur und holte die »Aftenposten«, las die Kinoanzeigen. Da war 'ne ganze Menge, was ich mir vorstellen konnte. »Die Puppen« mit Gina Lollobrigida, »Liebespaar, in den Klauen der Wildnis«, mit Ann-Margret. Oder »Wie man Erfolg bei Frauen hat«. Aber das ging nicht. Ich würde rausgeschmissen werden, bevor ich nur die Hand aus der Tasche hätte. Die Hand. Mein Magen schnürte sich wie ein alter Turnbeutel zusammen. Vielleicht hatten Seb und Ola ja sowieso geschielt. Vielleicht war es nur ein Notizzettel gewesen, was sie alles einkaufen sollte. Oder der Name einer Band. Kinks. Verflucht, ich würde ihr nicht auf den Leim gehen, bevor ich es nicht mit eigenen Augen gesehen hätte: Daß mein Name auf ihrer Hand stand. Und wenn sie ihn abgewaschen hatte? Natürlich hatte sie sich die Hände gewaschen! Ich machte weiter mit den Kinoanzeigen. »Donald Duck im Wilden Westen«. Ich war ja nicht ganz dicht. »Mary Poppins« im Colosseum. Ich war doch nicht bekloppt. Was lief im Frogner? »Zorba the Greek«. Zorba, klang es in mir, das kitzelte fast. Für Erwachsene, aber der Kontrolleur im Frogner war ziemlich kurzsichtig. Wenn ich mir einen Pony kämmte und auf Zehen ging. Zorba. Das klang gut.

»Du kommst zu spät!« sagte Mutter hinter mir. »Es ist schon halb acht vorbei!«

Aber ich schaffte es noch. In der ersten Stunde hatten wir Norwegisch. Die rote Kartoffel war munter wie ein Fohlen, er las laut aus »Nordlands Trompete« vor und erzählte von Petter Dass, während wir schnarchend auf unseren Tischen lagen.

In den Pausen schlich ich allein auf dem Schulhof herum. Nina sah ich nicht. Fast war ich erleichtert. Vielleicht war sie ja krank und fehlte. Aber in der letzten Pause stand sie da, am Trinkbrunnen. Also schlenderte ich auch dorthin, in mir war es vollkommen leer, meine Schuhe wogen mehrere 100 Kilo. Ich beugte mich über den Wasserstrahl und äugte mit dem linken Auge zu ihr hinüber. Da sah ich, daß sie auch zu mir herüberblinzelte, also sah sie sicher auch, daß ich zu ihr schielte.

Ich bekam Wasser ins ganze Gesicht. Auf ihrer Hand stand mein Name. Mit roten Buchstaben.

Die letzte Stunde dauerte eine Ewigkeit. Wir hatten Religion mit Steiner, Studienrat St., er brauchte eine Dreiviertelstunde, um zu erklären, warum Jesus über den Strauch, der keine Früchte trug, so verblüfft war, obwohl es doch mitten im Winter war. Und zum Schluß wollte er uns zum Singen bringen, diese wahnsinnigen Lieder, von denen wir keine Silbe kannten. »Jesus, die süße Vereinigung mit dir zu spüren.« Aber dann läutete es, und ich stürmte die Treppen hinunter, übermütig und reich.

Ich fand Nina in der Colbjørnsensgate. Sie war auf dem Weg nach Hause, sie wohnte in der Tidemandsgate. Ich ging fünf Häuserblocks lang hinter ihr her, war nicht mehr so mutig, sondern kurz davor, die Segel zu streichen und in einen Hinterhof abzutauchen. Aber da drehte sie sich plötzlich um, als wüßte sie, daß ich da war, stand still da und wartete.

»Hallo«, sagte sie, als ich sie erreichte, und ging weiter. Ich schielte auf ihre Hand. Die war in der Tasche. Vielleicht hatte ich ja doch falsch geguckt. Das beste wäre, sofort die Løvenskioldsgate hinunterzugehen, aber meine Beine

wollten etwas anderes. Sie folgten ihr, am Springbrunnen vorbei, gleich wären wir dort, wo sie wohnte.
»Wohnst du nicht auf Skillebekk?« fragte Nina.
»Doch.«
Sie sah mich an und lächelte.
»Wo willste denn hin?«
Auf frischer Tat ertappt. Angeschmiert und mit Butter lackiert.
»Zu meinem Onkel«, sagte ich schnell. »In Marienlyst.«
Tidemandsgate. Die Sanduhr lief ab. Wir hielten an der Ecke an.
»Verdammt kalt«, sagte ich.
»Ich mag den Winter lieber als den Herbst«, sagte Nina.
»Habt ihr auch den Heiligen in Religion?«
»Ja.«
»Kommst du heute abend mit ins Kino?«
»Ja.«
Wir verabredeten uns um halb sieben am Springbrunnen. Ich hatte weiche Knie. Als ich umkehren und mich nach Hause trollen wollte, hielt Nina mich zurück, sie war ganz ernst und fragte:
»Wohnt dein Onkel nicht in Marienlyst?«
»Ach ja«, sagte ich, ging in der richtigen Richtung weiter, glutrot im Nackenwirbel.
Nina lachte und winkte hinter mir her mit der Hand, die sie in der Tasche gehabt hatte, und die roten Buchstaben leuchteten, blendeten mich, daß ich unterging.

Zwei Kerle, die zusammen am Strand tanzen! Das war ziemlich verrückt. Nina ging neben mir und sagte nichts. Nach der Sieben-Uhr-Vorstellung war es dunkel, nasser Asphalt wellte sich unter den Straßenlaternen. Ich hatte noch einen Schokoladenriegel in der Tasche, aber sie wollte ihn nicht, es war der vierte. Herrgott, wie erleichtert war ich, daß ich sofort bei den Erwachsenen reinkam, ich brauchte nicht einmal zu lügen!
Dann waren wir wieder am Springbrunnen. Er sprühte hinter uns, eine schimmernde Säule, die die ganze Zeit fiel, aber trotzdem stehenblieb. Wir setzten uns auf den Rand, ganz eng aneinander, und starrten in die Luft.
»Er tat mir leid«, sagte Nina ernsthaft.
»Leid? Wer denn?«
»Der Alte.«
»Warum denn?«
»Er war doch am unglücklichsten!«
Zorba, klang es in mir. Wären wir doch an einem riesigen Strand, das Meer

würde uns entgegendonnern und von allen Seiten käme Musik, volle Pulle, und wir tanzten – nackt! O Mann, meine Gedanken wanderten. Mit einem Mal dachte ich an Henny, und mir wurde ganz schwindlig in der Birne. Henny tanzte sicher so, verdammt noch mal!

Ninas Hand war mir nah. Ich schluckte und fragte:

»Haste Lust auf einen Apfel?«

»'n Apfel?«

»Ja.«

»Hast du auch Äpfel mit?«

»Nein. Aber ich kann welche im Garten von Tobiassen holen.«

»Tobiassen?«

Ich war schon aufgestanden.

»Da an der Ecke«, ich zeigte mit dem Daumen hin.

»Jetzt?«

»Dauert nicht lange.«

Ich rannte zum Bondebakken. Es war niemand zu sehen, also kletterte ich übers Gitter und schlängelte mich zu den Bäumen hin. In zwei Fenstern der großen Villa war Licht. Ich hörte den Springbrunnen rauschen und konnte Ninas Schatten auf dem Rand sitzen sehen.

Es war schrecklich, wie hoch die Äpfel dieses Jahr hingen. Ich bekam nicht einmal den untersten zu fassen. Also mußte ich klettern. Ich hangelte mich den Stamm hoch, bekam einen dicken Ast zu fassen und zog mich hoch. Ich wollte noch höher, denn natürlich hängen die besten Äpfel ganz oben. Ich zwängte mich durch die Blätter und tastete mich voran, zu dem allerschönsten Apfel, ein riesiger grüner, den ich an der Jacke blank rieb, ehe ich ihn in die Tasche steckte.

Da hörte ich Stimmen. Ich saß wie festgeleimt, mit Tobiassen war nicht gut Kirschen essen. Ein Typ aus meiner Straße hatte erzählt, daß Tobiassen mit dem Luftgewehr schoß. Aber die Stimmen kamen nicht vom Haus, sie kamen vom Zaun. Irgend jemand schlich durchs Gras. Draußen auf dem Bürgersteig stand jemand Wache, hielt die Arme ineinander verschränkt und trat von einem Bein aufs andere.

»B-b-beeil dich«, hörte ich Ola flüstern.

»Halt die Klappe«, murmelte Gunnar unten im Gras.

Seb kroch neben ihm, einen riesigen Beutel in der Hand.

Ich überlegte nicht, ich tat es einfach: Ich schmiß einen Apfel in Richtung Haus. Er landete auf ein paar Zweigen.

Unten auf der Erde wurde es jäh still.

»Haste das gehört?« wisperte Gunnar.

Sie saßen in der Hocke und rührten sich nicht vom Fleck.

Ich schmiß noch einen Apfel, diesmal näher dran.
»Da war's wieder!«
»Vielleicht war's 'ne Wasserratte«, beruhigte Seb ihn. »Oder ein Igel.«
Sie bewegten sich aufs neue. Da formte ich mit meinen Händen ein Sprachrohr und rief in die Nacht hinaus:
»Keine Äpfel für Diebe! Keine Äpfel für Diebe!«
Nun kam Leben ins Gras. Sie fuhren hoch, überschrien sich gegenseitig, sprangen über den Zaun und verschwanden in der Gyldenløvesgate.
Ich wartete noch eine Weile, dann kletterte ich vorsichtig hinunter und lief rüber zu Nina.
»Du warst ganz schön lange weg«, sagte sie und war sicher ein bißchen sauer.
»Ich mußte doch den schönsten finden«, erklärte ich und gab ihr den großen, grünen Apfel.
Sie biß hinein, es krachte, und der Saft lief ihr übers Kinn. Sie atmete schwer, hielt den Apfel in beiden Händen, schmatzte, sog den Apfel richtiggehend in sich hinein. Und als wir uns küßten, schmeckte es nach Apfel, es roch nach Apfel, überall, und der Springbrunnen lief und lief.

Ola kam ohne Gips zur Schule. Seine Arme waren schlapp und dünn, er wußte nicht so recht, was er mit ihnen anfangen sollte. Wie zwei Schnüre hingen sie von seinen Schultern. Er sah ziemlich durcheinander aus. Aber er schätzte, daß er noch ein paar Wochen um die schriftlichen Aufgaben herumkommen würde, er konnte ja kaum einen Bleistift halten, da war es klar, daß er sich nicht überanstrengen durfte.
»Du mußt Fingergymnastik machen«, erklärte Gunnar ihm und zeigte seine Faust. »So. Weißt du, das hat Charlie Watts auch gemacht.«
Ola versuchte, eine Faust zu ballen, aber das ging kaum, schon nach dem Daumen war er erschöpft.
»Ich brauch Z-z-zeit«, stöhnte er. »Wartet bis W-w-weihnachten. Da fangen wir an zu üben!«
Es klingelte zur Stunde, und wir gingen in unsere Klassenzimmer. Kurz davor hielt Gunnar mich zurück.
»Was machst du eigentlich die ganze Zeit?« fragte er.
»Was ich mach? Gar nichts.«
»Du hast ja nie Zeit!«
»Hausaufgaben«, antwortete ich.
Gunnar sah mich scharf an.
»Hausaufgaben! Erzähl keinen Scheiß. Du wußtest ja nicht mal, wo Afrika auf der Karte liegt, Mensch.«
»Pech.«

»Und du warst auch nicht beim Abschlußtraining.«
»Hab' ich vergessen«, sagte ich.
»Im Herbst wird es nichts mit der Fahrt nach Dänemark. Erst im nächsten Frühjahr.«
»Auch gut«, sagte ich.
Dann kam Hammer, die Deutschlehrerin, und die Minuten krochen wie verwundete Ameisen dahin. Fred Hansen stand an der Tafel und wurde in Vokabeln abgehört. Er verschwand fast in seiner Riesenjacke, und hatte Kahlschnitt auf dem Kopf. Die Mädchen kicherten, und Hammer kläffte.
»*Hode*«, rief sie. »Was heißt *Hode* auf Deutsch?«
Fred Hansen stand stumm und unbeweglich, ich bildete mir ein, daß er hinter den Lippen die Zähne zusammenbiß.
Hammer zuckte resigniert mit den Schulter und zeigte auf Freds schiefen Scheitel.
»*Dummkopf!*« sagte sie auf deutsch und schickte ihn zurück zu seinem Tisch.
Dann wurde die Gans nach vorn gerufen, die Gans konnte die Vokabeln natürlich auswendig, und Fred Hansen wurde noch kleiner und gebeugter im Lichte der glanzpolierten Glorie der Gans.
In der großen Pause standen wir wieder im Schuppen. Ola hatte ein wenig Schwung in den Armen bekommen, das durfte er nur nicht den Lehrern zeigen. Fred Hansen schlich sich mit einem riesigen Butterbrotpaket am Zaun entlang, vielleicht hatte er das ja auch von seinem Bruder geerbt.
»Alle hänseln ihn«, meinte Gunnar leise. »Auch die Lehrer! Verflucht, das finde ich zum Kotzen!«
Wir lugten zu ihm hinüber, er stand allein da, ans Gitter geschmiegt, erinnerte an ein Bild vom Konzentrationslager aus dem Geschichtsbuch.
»Ich würd' gern mal seinen Bruder sehen«, sagte ich. »Der muß ja reichlich groß sein.«
»Wir haun ab und kaufen Schnecken«, schlug Seb vor. »Hat jemand Geld?«
Ich fummelte einen Zehner aus der Tasche und legte ihn in den Pott. Verblüfft sahen sie mich an.
»B-b-bekommst du *Geld* von Nina?« fragte Ola, worauf sie in brüllendes Gelächter ausbrachen und Nina, die an dem Trinkbrunnen stand, zu uns herübersah, so daß mir das Blut ins Gesicht schoß, als wäre meine Haut aus Löschpapier.
»Soll'n wir nun abhauen, ehe es wieder klingelt, oder was!« fragte ich, und so trollten wir uns Richtung Ausgang, während Gunnar, Seb und Ola kicherten, daß es in ihren Mundwinkeln zuckte, und auch Nina lachte, ich war so ziemlich der einzige auf dem Schulhof, der nicht lachte, ich und Fred Hansen.

Eines Sonntags fuhren wir nach Nesodden raus, um Äpfel zu pflücken. Ich stand an Deck, in Windjacke und mit einem Riesenschal, obwohl die Sonne schien und es warm wie lange nicht mehr war. Aber Mutter meinte immer, das sei eine gefährliche Zeit, in der man auf sich aufpassen und sich warm anziehen müsse. Immer noch gab es auf dem Fjord ein paar Segelboote, kreideweiße Laken auf dem schwarzen Wasser.
Auf dem Weg hinauf zum Haus blieb Vater stehen und wischte sich den Schweiß von der Stirn.
»Indian summer«, stöhnte er leicht.
»Was ist das?« fragte ich.
»Wenn es im Herbst plötzlich wieder warm wird, als wenn der Sommer wiederkäme.«
Ich lief hinunter in den Obstgarten. Die vier Bäume hingen schwer voller Äpfel, die Äste neigten sich zu Boden. Der Geruch schlug mir wie eine weiche Wand entgegen, die Früchte, Erde, der Baum, ich lief zwischen ihnen hindurch und griff nach einem Apfel. Und als ich die Zähne hineinschlug, da war Nina da, ich spürte durch das saftige, triefende Fruchtfleich ihren Atem. Dann kamen Mutter und Vater mit zwei Rechen, mit denen wir auch die obersten Zweige erreichen konnten. Hinaufklettern durfte ich nicht. Wir legten die Äpfel in Kisten und trugen sie ins Haus. Mitten in der dunklen Stube stand ein großer Tisch. Mutter legte eine Wachstuchdecke drauf und befestigte sie mit vier Wäscheklammern. Dann schütteten wir die Äpfel auf der Decke aus und gingen mit den leeren Kisten zurück, um sie wieder zu füllen. Als wir mit zwei Bäumen fertig waren, aßen wir Rosinenbrötchen und tranken Tee aus der Thermoskanne, und ich spuckte die Sukkadestücke aus, denn das ist mit das Schlimmste, was ich kenne: Sukkade, Haut auf der Milch und Schale im Apfelmus. Vater ging zufrieden umher, summte vor sich hin und hatte sogar zufällig seine Pfeife mit. Mutter war auch zufrieden, sie zog meinen Schal zurecht, denn es sei nicht so warm, wie wir dachten, sagte sie immer wieder.
Und dann ernteten wir die letzten Bäume ab. Auf dem Stubentisch lag ein Berg von Äpfeln. Wir füllten sie in alle Säcke und Netze, die wir hatten.
»Den Rest müssen wir später mitnehmen«, sagte Vater. »Wenn wir das Haus winterfest verschließen.«
Wir beeilten uns, zur Anlegestelle zu kommen. Die Sonne stand über Kolsås, kalt und leergebrannt. Trotzdem blieb ich wieder auf Deck stehen. Meine Hände rochen nach Äpfeln.

Eines Abends wurde ich mit dem Blumenkarton voller Äpfel zu Onkel Hubert geschickt. Er wohnte im 6. Stock und konnte direkt auf das Große Fern-

sehstudio sehen. Während ich durch die dunklen, feuchten Straßen fuhr, fiel mir ein, daß ja vielleicht Henny da sein könnte, meine Beine wurden mit einem Mal merkwürdig schwer, und die Pedale unter mir quietschten.
Wir trugen den Karton in die Küche, dort packten wir die ganzen Äpfel in den Korb für schmutzige Wäsche. Onkel Hubert sah erschöpft aus, sein rechter Arm war ganz unruhig. Auf jeden Fall war Henny nicht da, das war klar. Nachher saß ich auf dem Sofa und trank Nesquick, während Hubert hin und her ging, er konnte nicht ruhig sitzen. Bei Hubert war es immer unordentlich, überall verstreut lagen Kleidungsstücke, Teller und Zeichnungen vom Königsschloß, von Frauen und Ärzten. Mir gefiel das; nur vom Zuschauen, wie Hubert ununterbrochen hin und her wanderte, wurde mir fast schwindlig. Er war anders als im Sommer, jetzt war er wie vorher, vor Henny.
»Was macht die Schule?« versuchte er ein Gespräch.
»Prima«, sagte ich.
Dann sagte er nichts mehr. Ich ging zum Fenster und schaute auf das weiße Fernsehgebäude hinunter, überlegte, ob das nicht Erik Bye war, den ich in einem der Fenster sah.
Hubert hatte sich auf meinen Platz gesetzt und trank die Tasse Nesquick aus.
»Könnt ihr uns nicht mal besuchen?« fragte ich schnell.
Er sah mich irritiert an, sein Kopf drehte sich im Kreis.
»Wer?«
»Du und Henny.«
In seinen Augen war trübes Wetter.
»Vielleicht«, sagte er und preßte ein gezwungenes Lächeln hervor.
Irgendwas war nicht in Ordnung, aber ich traute mich nicht, ihn danach zu fragen. Ich trug den leeren Blumenkarton zum Fahrrad hinunter und befestigte ihn auf dem Gepäckträger. Dann fuhr ich den Kirkevei hinab, der Wind blies meine gelbe Regenjacke wie einen Ballon auf. In der Tidemandsgate hielt ich an und klingelte mit der Fahrradklingel, bis Nina auf dem engen Kiesweg angerannt kam.

Mutter hatte recht. Es war eine ungemütliche Zeit. Der Oktober kam, und ich hatte das Gefühl, rückwärts zu gehen, lag nachts wach und lauschte Jensenius' Herbstgesang, dem Regen, der flach in der Luft lag, und den Zügen, die mit dem Wind um die Wette um die Frognerbucht donnerten. Ich fuhr in der ganzen Stadt Blumen aus, und im Hinterzimmer stand Frau Eng und flocht Kränze, denn der Herbst, das war die Zeit, in der die Menschen Kränze brauchten. Und dann war Nina da. Nina vor meinen Augen und Nina im Sinn. Ich war ziemlich erschöpft. Jeden Abend gingen wir durch die Straßen, kauten Kaugummi, aber den Geschmack der Äpfel vergaß ich nicht, und an

einem solchen Abend, als wir vorgebeugt den Bondebakken hinaufgingen, trafen wir Guri, sie war mit einem Kerl zusammen, der in die zweite Realschulklasse in Maja ging. Er war drei Kopf größer als ich, mit Schmalztolle und Kette ums Handgelenk. Guri war vor lauter Schminke und Lippenstift ganz steif im Gesicht. Es stellte sich heraus, daß sie auf eine Bude in der Thomas Heftyesgate wollten, und sie fragten uns, ob wir nicht mitkommen wollten, na, und da konnten wir schlecht nein sagen. So gingen wir mit, es kitzelte warm im Bauch, und Ninas Hand hielt meine wie im Krampf fest.
»In dieser Bude hat früher Bjørnstjerne Bjørnson gelebt«, sagte der Kerl von Maja. »Seine Urenkelin wohnt unter dem Dach und hat keine Ahnung.«
Es war ein großes Holzhaus, dunkelbraun, in einem ziemlich verwilderten Garten. Nina war stumm, der Maja-Kerl spuckte seine Kippe aus und klopfte Guri auf den Hintern, dann stolperten wir hinter ihnen her durch das Tor und eine steile Kellertreppe hinunter. Zum Schluß standen wir in einem kalten und dunklen Raum, konnten aber erkennen, daß ein paar Leute da herumsaßen und -lagen. Auf dem Boden lagen Matratzen, es roch nach Schnaps, Tabak und irgend etwas ganz anderem, mir schlug das Herz bis zum Hals. Guri und der Kerl waren mit einem Mal verschwunden. Ich stand mit Nina im Arm da. Jemand zündete ein Streichholz an, und in dem kurzen Aufschein sahen wir, womit einige beschäftigt waren. Wir blieben stehen, wußten nicht, was wir tun sollten, doch schließlich ließen wir uns einfach auf der nächsten Matratze nieder. Unsere Regenjacken waren naß und glatt, darunter waren wir kochendheiß. Wir küßten uns, Nina sperrte ihren Mund auf und wand sich, unsere Hände fuhren wie Schneepflüge über die Körper, wir lagen da, Ninas Hand war sicher und kalt, sie machte etwas mit mir, aber plötzlich gab's einen Riesenlärm, und alle rannten durch die Finsternis. Wir kamen auf die Beine, da merkte ich, was mit mir passiert war, und ich war froh, daß es stockdunkel war. Irgend jemand rief: Sie kommen, sie kommen. Ich hielt Ninas Hand fest und zog sie hinter mir her, fand endlich die Tür und stieß uns die Treppe hinauf. Blaue Lampen blinkten, die Bullen, sie hatten bereits einige erwischt, Bjørnsons Urenkelin schrie, heulte und schlug mit dem Stock gegen den Fensterrahmen. Wir rannten in die andere Richtung, sprangen über einen Zaun und gelangten in einen Garten, in dem es hinter einem zerrupften Apfelbaum unheimlich knurrte. Wir liefen weiter und versteckten uns bei der amerikanischen Kirche. Nina lehnte sich weinend an mich und sagte, daß Guri sich in letzter Zeit so verändert hätte, seit sie mit diesem Typen zusammen sei, und daß sie nie wieder an so einen Ort gehen wolle, daß sie noch nie solche Angst gehabt habe und ob ich fände, daß das in Ordnung sei.
»Ja«, sagte ich ziemlich verwirrt und starrte auf den Asphalt, »o ja«.
»Willst du nicht Sonntag zum Mittagessen zu uns kommen?«

»Ja«, sagte ich noch mehr irritiert, und damit war es abgemacht. Erst als ich nach Hause kam, fiel mir ein, daß am nächsten Sonntag ja das Cupfinale zwischen Frigg und Skeid war. Verdammte Scheiße! Scheiße, Scheiße und nochmal Scheiße!

Ninas Vater war Däne. Er war klein, rundlich, mit reichlich viel Bart, so daß sein Mund ganz verschwunden war, aber weg war er nicht, denn von irgendwoher ganz tief drinnen kamen merkwürdige Töne, und zwar schnell und lange. Natürlich aßen sie am Sonntag früh Mittag, schon um zwei Uhr, und so saß ich in dem riesigen, kühlen Wohnzimmer und bekam kaum eine Kartoffel runter, denn jetzt war im Ullevål-Stadion erste Halbzeit, und Gunnar, Seb und Ola standen grölend in der Kurve, während ich wie ein kurzbeiniger Sonntagsschüler dasaß und nichts von dem verstand, was Ninas Vater sagte, nur lachte, wenn die anderen lachten, mir das Hemd bekleckerte und die Ohren spitzte, um mitzukriegen, ob nicht irgendwo in der Nähe ein Radio war oder ob man vielleicht das Geschrei von Ullevål bis in die Tidemandsgate hören konnte.

Dann war es natürlich auch noch recht feierlich, denn ich hatte noch niemals vorher bei einem Mädchen Mittag gegessen, ich wußte kaum noch, wie ich Messer und Gabel benutzen sollte. Zum Glück war das Lachen der Mutter von der kühlen Sorte, das alle roten Gesichter mit Sonnencreme einschmiert. So wurde es im großen und ganzen doch noch ganz gemütlich, während der Vater viele kleine Gläser Dram trank, ja, wäre da nicht das Cupfinale gewesen, das juckte mich am ganzen Körper.

Hinterher saßen wir in Ninas Zimmer, in dem die Wände voller Fotos waren, und wir fingen an, uns über Bands zu streiten, sie fand die Rolling Stones und die Yardbirds am besten, o Mann, sie hatte ziemlich Ahnung, hatte sicher 'nen älteren Cousin in Kopenhagen, der elektrische Gitarre spielte und in einer Bude wohnte. Ich sagte ganz diplomatisch, daß die ganz in Ordnung seien, aber die Beatles waren nun mal die Beatles, da kam keiner ran. Nina beendete die Diskussion damit, daß sie meinte, die Beatles hätten die besten Melodien, spielten aber nicht so gut.

Ich begann, den Cousin in Kopenhagen zu verabscheuen, er hatte sich sicher mit solchen Argumenten brüsten müssen. Aber wir hatten so lange über Paul McCartneys Baßspiel geredet, daß ich keine Lust mehr hatte, den Faden wiederaufzunehmen. Ich lag auf dem Boden, schloß die Augen und sah das Spielfeld in Ullevål vor mir, spürte den Geruch nach Kampfer, sah Per Pettersen über das gesamte Mittelfeld dribbeln und Kasper umlaufen, der wie ein Krüppel dastand und den Mond anstarrte.

Da guckte Nina mich vollkommen ernst an und sagte leise:

»Kannst du ein Geheimnis für dich behalten, Kim?«
»Natürlich kann ich das.«
»Versprichst du, es niemandem zu sagen?«
»Ich schwöre es.«
»Guri bekommt ein Kind.«
Ich fuhr jäh auf.
»Verflucht. Von dem Kerl aus Maja?«
»Mmh. Ja.«
»Was will sie denn tun?«
»Sie hat es ihren Eltern noch nicht gesagt. Ich werde heute abend zu ihr nach Hause gehen.«
»Ausgezählt«, sagte ich und legte mich wieder auf den Fußboden. »Ausgezählt.«
Nina sah nachdenklich aus, besorgt, veränderte sich sozusagen, während sie da saß, und wurde deutlich um Jahre älter. Ich schluckte und fragte:
»Was sagt der ... der Vater denn?«
»Gar nichts! Er ist ein Arschloch!«
Das hatte ich gleich gesehen. Ein Schmierlappen. Ein paar Tage, nachdem wir auf der Bude gewesen waren, bekamen alle in der Schule einen Brief mit nach Hause, der die Eltern davor warnte, was dort so vor sich ging. Mutter sah mir in die Augen und meinte, daß ich von so was sicher nichts wisse, natürlich nicht, antwortete ich und balancierte mit glühendem Magen in mein Zimmer. Mir war klar, noch knapper hätte ich kaum davon kommen können. Jetzt war das Spiel längst vorbei. Ich war der letzte auf der Welt, der das Ergebnis erfahren würde. Nina legte eine Platte auf, Swinging Blue Jeans, irgendwie paßte sie nicht zur Stimmung. Sie legte mir eine Hand auf den Bauch.
»Woran denkst du?« fragte sie plötzlich.
»Wer wohl das Cupfinale gewonnen hat«, platzte es aus mir heraus, und sofort verschwand die Hand.
»Ach so«, sagte sie nur und sah in eine andere Richtung. »Das ist also so wichtig.«
»Eigentlich nicht«, versuchte ich zu retten, »Aber es wäre doch ganz nett zu wissen, ich meine, wer gewonnen hat.«
»Jungen denken doch immer nur an eine Sache«, fauchte sie, ihr Mund war schmal wie eine Angelschnur.
Nun gab es nichts mehr zu sagen, und die Stille war reichlich bedrückend. Nina saß wie eine geschlossene Tür da, zu der ich nicht den Schlüssel fand.
»Ich muß jetzt gehen«, sagte sie rasch und stand auf. »Ich will doch zu Guri.«
Ich hatte vergessen, den Blumenkarton vom Gepäckträger zu nehmen, nun stand er wie ein Turm da und sah ziemlich dumm aus. Aber sie wollte sowie-

so nicht hintendrauf sitzen. Und der Kuß, den ich bekam, war ziemlich unterkühlt. Ich rollte die holprige Straße hinunter und dachte, daß es schon merkwürdig war, daß Guri ein Kind bekommen sollte. Aber wer zum Teufel hatte das Cupfinale gewonnen?

Ich kam nur bis zum Frognervei. Dort standen drei Piraten hinter einer Ecke, und als sie mich sahen, stürmten sie übers Brückengeländer und zwangen mich auf den Bürgersteig. Mit großen Augen starrten sie auf mich und mein Fahrrad.

Ola deutete auf den Karton.

»Fährst du N-n-nina darin rum, oder was?«

»Wer hat gewonnen?« schrie ich.

»Biste Blumenbote geworden«, kicherte Seb.

»Vielleicht hat er ja 'ne Fährstation aufgemacht«, schlug Gunnar vor.

»Wer hat gewonnen«, schrie ich.

Gunnar steckte seine Hände in die Hosentaschen und trat nach ein paar Steinen.

»3:3 nach Verlängerung.«

»Unentschieden!« brüllte ich.

»Genau.«

Mein Gott, da hatte ich noch mal Glück gehabt. Zwei Fliegen mit einer Klappe. Ob ich nächsten Sonntag zum Wiederholungsspiel mitkäme? Na klar!

Zu Hause traf ich auf der Treppe Jensenius. Er schleppte sich Stufe um Stufe hinauf, es knackte unter ihm, der Schweiß rann ihm den dicken Kopf hinunter.

Als ich kam, blieb er stehen, keuchte wie ein Dudelsack.

»Na, mein Junge, singst du nicht mehr?« fragte er.

»Ich übe«, sagte ich.

»Aber ich höre nichts!«

»Ich übe in mir«, erklärte ich ihm.

»Du mußt es rauslassen, mein Junge!« Jensenius klopfte sich auf die Brust. Und dann warf er seinen gesamten Körper in einen kolossalen Ton, sein Gesicht wurde puterrot, der Ton stieg und stieg, daß der Putz von den Wänden fiel und alle Türen weit aufgerissen wurden. Aber Jensenius sang, bis kein Dur-Ton mehr übrig war und es im gesamten Treppenaufgang nach Bier, Schweiß und Karbonade roch.

»Du mußt es rauslassen«, flüsterte er hinterher. »Denk an meine Worte!«

Vater meinte, die Beatles hätten den königlichen Orden bekommen, weil sie die englische Handelsbilanz ausgeglichen hätten. Und Mutter fand *Yesterday* richtig nett, und die Königin Elisabeth wisse sicher, was sie tue. Wir gingen

völlig durcheinander in mein Zimmer und schlossen sorgfältig die Tür.
»Da stimmt was nicht«, murmelte Ola. »Ich kann es nicht l-l-leiden, wenn unsere Eltern dasselbe m-m-mögen wie wir.«
Wir dachten nach und stimmten ihm zu. Wir waren uns einig. Ola hatte es ausgesprochen. Etwas Unheimliches war im Gang.
»Die meinen das gar nicht«, sagte Seb. »Die reden nur so daher. Die meinen nie das, was sie sagen. Sie reden nur so.«
Wir dachten intensiver nach und stimmten wieder zu. So hing das Ganze zusammen. Wir hatten es gründlich durchschaut. Uns konnten sie nicht anschmieren.
Erst mal mußten die Medaillen verteilt werden. Wir streckten die Brust heraus und befestigten gegenseitig die Nadeln. Ringo erhielt eine Silbermedaille vom Holmenkollenrennen, die Gunnars Vater '52 vor Ready gewonnen hatte. Seb bekam den Knopf für fünf Jahre Schwimmen, den ich letztes Jahr auf Nesodden an Land geholt hatte. Gunnar kriegte eine Goldmedaille für die Siegerkuh von Toten, die Olas Großvater zwei Jahre nacheinander direkt vorm Krieg gewonnen hatte. Ich bildete den Schluß mit einer Rot-Kreuz-Nadel, die Sebs Mutter beim Jahrestreffen des Regionalverbandes 1961 erhalten hatte. Wir standen in Reih und Glied stramm da, es blinkte und klimperte in den edlen Medaillen, und dann schüttelten wir Hände, verneigten uns tief, und die englische Königin schritt wie ein Geist durch das Zimmer.
Nach der Zeremonie gab es ein Konzert. Gunnar, Seb und Ola hatten ihre gesamten Platten mit, zusammen hatten wir zehn Singles, vier EPs und vier LPs. Da hieß es nur gleich anfangen, damit wir das ganze Repertoire schaffen würden. Ich hatte für den Philips neue Batterien gekauft.
Wir fingen mit *Love me do* an und klebten mit den Ohren am Lautsprecher.
»Wie läuft's mit dem Trommeln?« fragten wir Ola in einer Pause.
»Ich üb' mit Bleistiften. Die Linke ist am schlimmsten.«
»Ich wünsch' mir 'ne elektrische Gitarre zu Weihnachten«, sagte Gunnar. »Mit Verstärker.«
Wir drehten die Platte um. *P.S. I love you*. Im Wohnzimmer stöhnte Vater. So sollte es sein. Wir drehten voll auf.
Mitten in *Do you want to know a Secret* klopfte es an die Tür. Mutter stand da, und hinter ihr Nina.
»Hallo«, sagte ich heiser. Nina kam herein, und Mutter schloß die Tür vorsichtiger als der Drachen das Vaterunser herbetete.
Nina setzte sich neben mich auf den Boden. Sie schaute sich um.
»Spielt ihr Platten?« fragte sie.
»Wir spielen Karten«, kicherte Seb, worauf Nina ihm einen Vogel zeigte — ich hatte einen Stein im Magen.

»Wir feiern, daß die Beatles die königlichen Orden bekommen haben«, sagte ich schnell.
»Und warum nur die?« fragte Nina.
Wir sperrten unsere Glupschaugen auf.
»Wer sollte denn noch welche kriegen, he?«
»Die Byrds«, sagte Nina, ohne zu zögern.
»Das sind doch Amerikaner, Mann!« höhnte Seb.
»Dann eben die Rolling Stones. Und die Yardbirds! Oder Manfred Mann!« Nina gab nicht auf. Es war ein Kampf auf Messers Schneide.
»Aber nur die B-b-beatles haben die englische H-h-handelsbilanz ausgeglichen«, platzte Ola raus, und damit war die Diskussion beendet.
Wir hörten noch die anderen Singles, dann legte ich die EP mit *Long tall Sally* auf, um Nina ein für allemal zu beweisen, daß die Beatles spielen konnten, o Mann, was für ein Gitarrensolo, Gunnar wand sich wie ein Regenwurm auf dem Boden, und Ola trommelte mit den Fingern auf allem, was in seiner Nähe war.
Als es still wurde, mußte Seb unbedingt etwas sagen.
»Warum hört Guri eigentlich mit der Schule auf?« fragte er.
Nina warf mir einen scharfen Blick zu. Ich sah aus dem Fenster. Ich hatte nicht geplaudert.
»Sie fängt an 'ner anderen Schule an«, erklärte Nina.
»Gefällt ihr unsere Klasse nicht, oder was?«
Nina versuchte, die Aufmerksamkeit auf ein anderes Thema zu lenken.
»Wißt ihr eigentlich, daß der Drachen versucht hat, Mütze umzubringen?«
Wir zuckten zusammen.
»Meine Mutter hat's mir erzählt, sie kennt nämlich die Krankenschwester in der Schule«
Wir waren gespannt wie ein Flitzbogen. Der Drachen — ein Mörder!
»Mütze hat ein schwaches Herz, nicht wahr. Und deshalb braucht er mehrmals am Tag so'ne Medizin. Und die Pillen hat er in der Jackentasche, und zwar in der rechten, denn wenn sein Herz schwach wird, wird der linke Arm fast lahm.«
»Ist er deshalb so oft auf dem Flur verschwunden?« flüsterte Gunnar.
»Na klar, und dann hat der Drachen in einer Pause die Medizin in die linke Tasche gesteckt.«
»Und dann?« Mehr bekam Seb nicht heraus.
»Mütze ist bewußtlos draußen auf dem Flur gefunden worden, aber im Arztzimmer haben sie ihn wiederbelebt.«
»Und wie haben sie rausgekriegt, daß es der Drachen war?«
»Hat er selbst gesagt. Er hat damit vor allen geprahlt.«

»Kommt er nun ins G-g-gefängis?« stotterte Ola.
»Er soll nach Berg, in die Besserungsanstalt«, wußte Nina.
Nun ging's bergab mit dem Drachen, dem Drachen ohne Gesicht. Uns wurde eiskalt, es nützte auch nichts, daß Ola *Help* auflegte.
»Hab' nich' gedacht, daß der Drachen so gerissen ist«, flüsterte Seb.

Ich brachte Nina nach Hause. Mit kleinen Schritten gingen wir die Løvenskioldsgate hinauf. Es war ziemlich glatt auf dem Bürgersteig.
»Hört Guri mit der Schule auf?« fragte ich.
»Mmh ja. Sie macht 'ne Abtreibung.«
Wir gingen ein Stück weiter. Mir wehte ein eiskaltes Blatt mitten in die Visage.
»Der Kerl«, murmelte ich. »Is' das nicht strafbar?«
»Sie will nicht sagen, wer es war.«
Wir waren am Springbrunnen. Das Wasser war jetzt abgestellt, eine riesige Abdeckung über dem Bassin. Wir setzten uns auf den Rand. Es war kalt am Po, aber wir blieben sitzen. Nina war so merkwürdig, irgendwie weit weg, ich konnte sie kaum erreichen.
»Da ist was, was ich dir noch nicht gesagt habe«, fing sie an.
Jetzt kam's. Ich suchte krampfhaft einen Platz für meine Hände. Sie wollten einfach nicht still liegen.
»Ich zieh' weg«, sagte sie.
»Weg? Wohin denn?«
»Nach Dänemark.«
»Nach Dänemark«, wiederholte ich ganz ruhig.
»Ja. Kopenhagen. Vater soll dort bei der Botschaft arbeiten.«
»Wann denn?«
»In drei Wochen.«
Es war Herbst. Der Springbrunnen abgestellt. Und mir war so verdammt kalt an den Händen. Ich versteckte sie unter Ninas Pullover.
»Vielleicht komme ich dich im Frühling besuchen«, sagte ich. »Wir sollen nämlich in Kopenhagen Fußball spielen.«
Meine Hände wurden ganz heiß, und ihr Haar fiel über meinen Kopf.

Dann ging's Schlag auf Schlag. Jeden Abend war ich mit Nina zusammen, entweder trieben wir uns auf den Straßen herum, ich war noch nie in meinem Leben so viel gelaufen, oder wir waren in ihrem Zimmer, spielten Schallplatten und guckten die Landkarte von Dänemark an. Es war gar nicht so wahnsinnig weit dorthin, wenn man durch Schweden ging, könnte man fast trockenen Fußes hingelangen. Ich hatte von einem Typen von Ruseløkka gehört, der hatte sich auf die Fähre nach Dänemark geschlichen, war aber noch vor Dyna Fyr entdeckt und in Horten runtergeschmissen worden. Aber im Frühling würde ich kommen. Das war todsicher. Mit der Nummer zwei auf dem Rücken. Der Beste der Stadt. Und wenn ich daran dachte, war es eigentlich gar nicht so schlecht, ein Mädchen in Kopenhagen zu haben. Als ich nach Hause ging, sagte ich es lautlos zu mir. Ich hab' ein Mädchen in Kopenhagen. Das klang ganz gut. Ein Mädchen in Kopenhagen.

Gunnar, Seb und Ola fingen an mich argwöhnisch zu betrachten, überlegten, ob ich ganz und gar verloren war. Aber am nächsten Sonntag gingen wir zum Cupfinale, mit Frigg-Fahnen und Kastanien bewaffnet, die wir auf die Skeid-Kriecher werfen wollten. Aber dann hieß es wieder Unentschieden nach Verlängerung, und Seb meinte, wenn die so weitermachten, dann müßten sie zum Schluß auf Schneefeldern spielen. Den Sonntag darauf waren wir erneut zur Stelle, mit Fahnen und Kastanien, der Boden war gefroren, und das Ullevål-Stadion sah wie ein Acker aus. Auf so einem Feld mußte Skeid gewinnen, und dann noch mit dem Idioten von Schiedsrichter, der ein Traumtor von Frigg in letzter Minute annullierte, wegen Angriffs auf den Torwart, Kasper hatte sich wohl auf die Zehen getreten gefühlt, o Mann. Mit hängenden Ohren trotteten wir nach Hause, guckten zum Himmel und überlegten, ob es bald Schnee geben würde.

»Wann zieht Nina weg?« fragte Gunnar.

»In einer Woche.«

»Und — ziehst du mit?«

»Halt die Klappe.«

Wir zwängten uns in die Sognsee-Bahn und kriegten Ärger mit ein paar Torshov-Spinnern, die die Frigg-Wimpel unter unseren Jacken entdeckten.

»Per Pettersen schießt wie ein Mistkäfer«, sagte ein Sommersprossengesicht.

Da steckte Ola den Kopf heraus, seine Lippen zitterten.

»Per Pettersen schießt wie ein P-p-puma. Und K-k-kasper ist ein Schlappschwanz.«

»Mann, verpiß dich!«

»Verpiß dich selbst! Auf so'nem Feld kann man nun mal nicht Fußball spielen!«

»Die Verhältnisse waren für beide Mannschaften gleich«, kicherten die Sommersprossen.

»Skeid ist besser im Orientierungsl-l-lauf! Und d-d-der Schiedsrichter war b-b-bestochen!«

Es gab ein kurzes Handgemenge, aber bei Valkyrien bekamen wir Ola unbeschadet raus und schlurften unschlüssig durch die kalten Straßen, die nach Braten rochen.

Ich ging mit zu Seb und lieh mir seinen Aufsatz über »Sicheren Verkehr« aus. Der war ziemlich verrückt. Seb schlug vor, daß alle Autos rückwärts fahren sollten. Dann könnten sie nicht mehr so schnell fahren. Aber sie bräuchten größere Spiegel. O Mann. Bei mir hätte er 'ne Vier bekommen, aber wenn ich die gröbsten Schnitzer ausmerzte, war noch eine Drei zu schaffen.
»Zu Weihnachten kommt mein Vater nach Hause«, sagte Seb und strahlte. Er brachte mich bis zum Flur, stand da und wippte mit seinem dünnen Körper hin und her.
»Kriegst ihn morgen wieder«, sagte ich.
»Das eilt nicht. Du ...«
Mehr sagte er nicht. Ich blieb stehen und sah zu ihm hoch.
»Ja?«
»Ist das was Ernstes, mit Nina und dir?«
Ich antwortete nicht, hüpfte nur die Stufen runter.
»Ich mach doch nur Quatsch!« rief Seb, überm Geländer hängend.
Dann rannte er plötzlich hinter mir her und hielt mich zurück. Seine Augen waren mit einem Male so verdammt traurig.
»Weißt du ... weißt du, daß Guri ... was Kleines kriegt?«
»Hab' so was gehört«, antwortete ich.
»Alle reden davon. Darum kommt sie nicht mehr zur Schule.«
Seb war ganz weiß im Gesicht.
»Furchtbar für sie, nicht?« sagte er und ging langsam die Treppe hoch. »Ich hab' sie übrigens mal zum Kino eingeladen«, sagte er mit dem Rücken zu mir.

Den zweiten Sonntag im November fuhr Nina fort.
Aber am Samstag war die Premiere von *Help*, also stand ich drei Stunden in der Schlange vorm Eldorado und erwischte gerade noch zwei Karten, ganz außen in der 14. Reihe. Und dort saßen wir, Nina und ich, der Saal kochte, und ich überlegte, ob Gunnar, Seb und Ola wohl auch Karten erwischt hatten, aber ich hatte sie nicht in der Schlange gesehen. Ich war ziemlich erschöpft, es passierte einfach zuviel auf einmal. Ich wollte mit ihnen zusammensein und wollte gleichzeitig mit Nina zusammensein, da saß ich nun, Ninas Hand auf dem Schoß, eine warme Tafel Schokolade in der Tasche und ein total verwirrtes Gehirn im Kopf, mitten in einem Spektakel von Gejohle, wirbelnden Armen, Parfum und trampelnden Stiefeln, saß da und bekam nichts davon mit, was auf der Leinwand passierte.
Und dann waren wir auf dem Weg nach Hause. Wir sagten nicht viel, eigentlich sagten wir gar nichts. Der letzte Abend. Es war eiskalt, die Kälte biß im Gesicht. Wir kamen zur Tidemandsgate. Das Haus war schon leer, die Umzugsleute waren schon mit zwei großen Lkws weggefahren. Und je näher wir

kamen, desto fester hielten wir uns bei den Händen, bis Nina aua sagte und den Arm zu sich zog.

»Das tat weh«, sagte sie.

»Das wollte ich nicht.«

»Weiß ich doch!«

Sie boxte mich in die Seite und holte einen riesigen Apfel aus der Tasche, er war ganz blank und glänzte wie ein roter Mond. Sie biß hinein, der Duft wirkte in der Dunkelheit noch intensiver. Und dann biß ich zu, und so aßen wir den Apfel, jeder von einer Seite, lachend, daß uns der Speichel runterlief, bis zum Kerngehäuse, so standen wir Mund an Mund da, das Gehäuse fiel zwischen uns hinunter, das war toll gewesen, und dann küßten wir uns lange, unendlich lange, schließlich ließen wir voneinander, Nina war ganz naß im Gesicht, und ich wußte nicht, ob es Tränen waren oder der Apfel oder nur ich.

»Ich werde dir schreiben«, sagte sie.

»Gut.«

»Versprichst du auch zu schreiben?«

Ich nickte, fummelte mit den Händen und räusperte mich.

»Erinnerst du dich noch an die Blume?« fragte ich.

Nina sah mich an.

»Die du mir gegeben hast, als Holst fast von 'ner Schlange aufgefressen wurde.«

»Ja.«

Ich trat nach einem Stein. Er traf eine Radkappe, es gab einen fürchterlichen Lärm.

»Ich hab' sie noch«, sagte ich.

Wir küßten uns wieder, dann riß sie sich los und rannte zum Kiesweg, und in dem großen leeren Haus leuchteten die Fenster wie elektrische Höhlen in der Nacht.

Während ich nach Hause lief, fing es an zu schneien.

RUBBER SOUL

Winter 65/66

Mutter weckte mich mit dem Wetterbericht. 40 Zentimeter Neuschnee auf dem Try-Vann. Das Rollo schnappte hoch, der Winter stürzte durchs Fenster hinein. Ich lag im Bett und versuchte, etwas zu spüren, ich spürte nichts. Dann sprang ich ans Telefon und rief Gunnar an, aber der war nicht zu Hause, er war mit Seb und Ola beim Skilaufen. Sein Bruder war am Telefon.
»Die sind bestimmt zum Kobberhaugen. Die Amerikaner kommen.«
»Hä?«
»Die Amerikaner kommen!«
Ich verstand nur Bahnhof.
»Die Nordmarka nehmen sie als erstes«, sagte Stig.
»Die Kobberhaughütte«, sagte ich.
»Genau.«
Ich düste in den Keller und holte die Bonna-Bretter hervor, die Stöcke waren viel zu kurz geworden. Dann fuhr ich zum Frognerseter und sprang in den Wald, stieß mich vorwärts und kletterte hinauf, fuhr ohne Zögern die Hügel in Schußfahrt hinunter, nahm den Slaktern, daß es in den Kandahar-Bindungen nur so knirschte, und ratterte über den Blanksee ohne zu überlegen, ob das Eis halten würde, es knackte und dröhnte unter mir, einige schrien vom Ufer zu mir rüber, aber es hielt, natürlich hielt es, und dann waren es nur noch ein paar Buckel hoch zur Kobberhaug-Hütte. Dort saßen sie schwitzend mit Johannisbeergrog und Zigaretten am Kamin.
Ich setzte mich dazu, sie musterten mich von oben bis unten.
»Wer ist das denn?« fragte Gunnar.
»Wohnt vielleicht hier«, schlug Seb vor.
»Ich glaub', das ist der B-b-bruder von Ole Ellefsæter«, meinte Ola.
»Hört auf«, sagte ich.
»Er kann Norwegisch«, stellte Gunnar fest. »Irgendwo hab' ich ihn schon mal gesehen.«
Und so ging das eine ganze Weile, aber schließlich erkannten sie mich doch wieder, und Gunnar fragte:

»Wo warste denn gestern abend? Wir haben versucht, Karten für *Help* zu kriegen.«
»Ich war in *Help*«, sagte ich leise.
Sofort waren sie alle mit roten Gesichtern über mir, schrien und führten sich wie die Verrückten auf, es war ein Mordsradau.
»Du warst ... du warst schon in *Help!*« stöhnte Gunnar.
»Mit Nina«, sagte ich.
»Und ohne uns! Verdammt nochmal, warum haste denn nicht für uns Karten mitgekauft?«
»War'n nur noch zwei da«, versuchte ich.
»Das kannste deiner Großmutter erzählen!«
Für eine Weile war es still um den Tisch. Ich fühlte mich ganz leer. Das war so etwas wie Hochverrat. Ich würde auf dem Appelsinhaugen erschossen werden, dort verbrannt, meine Asche würde über den Bjørnsee verstreut werden.
Da sagte Seb zu den anderen:
»Der letzte Abend mit seinem Mädchen, da kann er machen, was er will. Einverstanden?«
Gunnar und Ola nickten widerwillig, es wurde noch stiller.
»Aber wie war's denn!« schrien sie plötzlich. »Wie war der Film!«
»Weiß' nich'«, murmelte ich.
»Das weißt du nicht!« Gunnar packte mich. »Was soll das heißen?«
»Ich weiß nichts mehr. Ehrenwort.«
Sie sahen sich an, dann fingen sie an zu lachen. Es war demütigend. Sie lagen überm Tisch und schüttelten sich in ihren Anoraks. Ich entschloß mich zu gehen, aber da wurde ich mit Nachdruck zurückgehalten.
»Weißt du nichts mehr?« kicherte Gunnar.
»Nichts.«
»Dann laß uns doch alle zusammen heute abend gehen, Mensch. Alle Mann!«
Gebongt! Es durchrieselte mich warm. Wir warfen unser Geld auf dem Tisch zusammen, es war genug für die Karten und eine Zwanziger-Packung, und dann warfen wir uns auf unsere Bretter und legten einen neuen Rekord zum Sognssee hin, obwohl Ola sich gerade erst an seine Stöcke lehnen konnte, aber wir schoben ihn von hinten, und nach unten ging es von selbst, na klar.
Wir bekamen Karten für die erste Reihe im Eldo und marschierten mit unseren Medaillen auf der Brust und strammem Pony auf. Die Schreie von hinten erreichten unsere Nacken wie Windböen, es hagelte Schokoladenpapier und Pastillen vom Rang. Wir saßen in der ersten Reihe, so dicht vor der Leinwand, daß wir nur aufzustehen brauchten, um sie anzufassen.
Als wir rauskamen, glänzte der Schnee in den Straßen. Wir blieben stehen und guckten uns die Bilder an, müde, erschöpft und glücklich.

»Eins ist sonnenklar«, sagte Gunnar. »Jedenfalls können wir besser skilaufen als die Beatles.«
»Solche B-b-badehosen müssen wir im Sommer auch haben«, meinte Ola. »Mit Streifen!«
»Wißt ihr, was wir im Sommer machen«, schlug Gunnar vor. »Wir fahren zum Fischen in die Nordmarka. Mit Zelt und allem.«
Dann schlenderten wir nach Hause, schmiedeten Pläne, was wir alles machen wollten. Mit The Snafus. Wie berühmt wir werden würden. Für den Sommer, obwohl der Winter ja gerade erst begonnen hatte, für alle Sommer unseres Lebens. Wir sprachen darüber, wann wir im Gymnasium anfangen sollten, und wann wir endlich mit der Schule fertig sein würden. Unsere Phantasien wurden immer wagemutiger, wunderschöne Vögel flogen uns aus dem Mund. Wir nahmen Vorschuß auf unsere Zukunft, und die sah echt prima aus.

Drei Tage lang blieb der Schnee liegen, dann schmolz er, und eine Woche lang war es rein und mild. Dann kam eine neue Ladung, und jetzt bekam der Schnee die Erlaubnis, liegenzubleiben. Die Schneewälle wurden immer höher, man mußte ganz um die Häuserblocks herumlaufen, ehe man eine Öffnung fand. Das Quecksilber schwankte um die 20 Grad minus, und auf dem Fjord bildete sich Eis, so daß wir auf Schlittschuhen nach Nesodden gehen und beim Dyna Fyr Dorsch stechen konnten. Auch auf dem Schulhof lag Schnee. Ola war sich ganz sicher, daß jetzt etwas geschehen würde, aber es passierte nichts, sie kamen nicht, um unsere Köpfe in den Schnee zu tauchen, die Gymnasiasten, sie gingen einfach an uns vorbei, wir waren Luft für sie. Erleichtert atmeten wir auf, so daß der Frosthauch uns wie eine Nebelbank vor der Stirn stand, während wir uns gleichzeitig im tiefsten Inneren leicht angeschmiert fühlten, genau wie beim Impfen. Das Fahrrad konnte nur noch in den Keller gestellt werden, jetzt war ich Blumenbote zu Fuß mit Schlechtwetterzulage von 50 Öre, oder ich nahm die Straßenbahn. Aber da gab es jedesmal einen Idioten, der auf den Schienen parkte, denn die konnte man unter all dem Schnee nicht sehen. Und dann war es ein Klingeln und Rufen, ein Lärm und Trara, denn damals gab es einen richtigen Winter in Oslo.
An einem solchen Tag war ich mit einem Blumenpaket in der plastischen Chirurgie im Wergelandsvei gewesen, verschwitzt und flau im Magen kam ich wieder heraus, ich schaffte es nicht, all die malträtierten Gesichter dort drinnen anzusehen, Gesichter ohne Nase und Kinn, ohne Mund, Augen und Ohren, als wäre ich in einem Lazarett im Dschungel von Vietnam. Ich stand da und wollte gerade in den Wergelandvei und wieder Luft zum Atmen schöpfen, als jemand meinen Namen rief. Ich drehte mich um, vor dem Haus der Künstler stand eine Gestalt und winkte mir zu, das war Henny, Henny in

einem riesigen Mantel, die Mütze ins Gesicht gezogen. Ich rannte schnell zu ihr, sie war auf dem Weg in die Nationalgalerie und fragte mich, ob ich nicht Lust hätte mitzukommen. Klar hatte ich das, und an dem Tag gab es sowieso keine Blumen mehr. Wir schlenderten bei Aars und Foss vorbei, Henny sprach von Bildern, von Munch, ob ich je im Munch-Museum gewesen sei, das war ich nicht, das müßte ich unbedingt, jetzt wollten wir jedenfalls den Munch-Saal besichtigen. Wir stiegen in den 1. Stock, an schwarzen, glänzenden Körpern vorbei, die mich an den Sommer erinnerten, und artig folgte ich ihr über den knarrenden Fußboden, ziemlich weich in den Knien. Dann waren wir da. Pferde sprangen aus der Wand. Mädchen standen auf der Brücke. Henny zeigte und erklärte.
»Sieh das grüne Gesicht«, sagte sie. »Ein Gesicht ist nicht grün, nicht wahr. Aber trotzdem scheint es doch, als *müsse* dieses Gesicht unbedingt grün sein!«
Sie schaute mich an, ob ich verstanden hatte.
»Ja«, sagte ich, grün im Gesicht.
»Siehst du die *Angst?*« fragte sie.
»Ja«, sagte ich und sah die Angst.
Und plötzlich *hörte* ich ein Bild. Das ist die Wahrheit. Ich *hörte* es. Ich drehte mich abrupt um und sah direkt auf eine wahnsinnige Gestalt, die auf einer Brücke stand, sich die Ohren zuhielt und aus voller Kraft schrie. Im Hintergrund brannte die Landschaft, Blut rann vom Himmel. Ich hörte es. Das ist wirklich wahr. Wie angenagelt stand ich vorm Bild. *Schrei* stand auf dem Rahmen, mich fröstelte, der Schrei schnitt mir in den Ohren, das war nicht allein sie, die da schrie, auch die Hügel hinter ihr schrien, der Himmel, das Wasser und die Brücke, auf der sie stand, die ganze Welt war ein riesiger Schrei, das mußte die Mutter des kleinen Mädchens aus Vietnam sein. Ein Wahnsinnsschrei baute sich in mir auf, er stieg wie eine Säule den Hals empor, ich schluckte und wand mich, ich konnte doch hier nicht einfach losschreien, in einem Museum, das ging nicht, ich riß mich los und lief zu Henny hinüber, erschöpft bis ins Knochenmark.
»Ich hab' Lust auf 'nen Kakao«, sagte sie plötzlich. »Du auch?«
Wir trotteten hinaus und fanden im Ritz einen kleinen Fenstertisch. Henny kaufte Napoleonskuchen, wir aßen mit kleinen Teelöffeln und tranken aus dünnen blauen Tassen.
»Hast du jemals solche Bilder gesehen?« fragte sie.
»Im Sommer hab' ich ein Bild gesehen«, berichtete ich atemlos. »Vorm Parlament. Über Vietnam.«
»Wie fandst du das denn?«
»Weiß nich'. Es war ... das war so häßlich. Häßlich und schön zugleich.«
Henny sah mich ernsthaft über die Tasse hinweg an.

»Das finde ich auch«, sagte sie. »Das ist auch der Sinn dabei. Man kann von etwas Schrecklichem nun mal kein schönes Bild machen.«
»Die Amerikaner werfen Napalmbomben«, sagte ich leise.
Sie nickte ganz langsam.
Ich dachte nach, starrte dabei in meine leere Tasse.
»Da war so ein Kerl, der schlug das Bild kaputt. Warum hat er das bloß getan?«
»Weil er anderer Meinung als das Bild war.«
Das verstand ich nicht.
»Anderer Meinung als ein Bild?«
»Ja, er ist auf seiten der Amerikaner in Vietnam.«
»Aber stimmt das mit dem Napalm denn nicht?«
»Doch.«
»Aber wieso ...«
Henny unterbrach mich.
»Weil das 'n Reaktionär war, 'n Faschist. Wenn er könnte, würde er liebend gern alle Kommunisten umbringen.«
Ich kratzte auf meinem Teller herum und leckte den Löffel ab. Die Uhr über der Tür zeigte mir, daß ich zu spät zum Mittagessen kommen würde. Außerdem hatten wir Massen an Hausaufgaben auf, und die Zwischenprüfung kam näher, und am Abend war Treffen bei Gunnar, da wollten wir das Repertoire für The Snafus festlegen. Aber ich hätte niemals gehen hönnen, selbst wenn sie da eine Woche lang sitzen würde.
»Übermorgen fahre ich nach Paris«, sagte sie mit einem Mal. »Ich werd' da zur Kunstschule gehen.«
»Und wie lange?«
»Zwei Jahre. Aber im Sommer komme ich nach Hause.«
Darum war Hubert so daneben gewesen, als ich mit den Äpfeln kam. Und ich fühlte mich plötzlich ganz bedeutend, auch ich hatte ja ein Mädchen im Ausland, das mir versprochen hatte zu schreiben und das ich im Frühling besuchen wollte.
»Das wird sicher toll«, sagte ich leise. »Paris. Is 'ne lange Zeit.«
Jetzt sah sie auf die Uhr und fuhr hoch, wobei sie fast den Tisch umwarf. »Ich muß rennen«, lachte sie. »Hatte schon vor 'ner halben Stunde 'ne Verabredung.«
Ich bekam einen dicken, feuchten Kuß auf die Wange, dann rauschte sie in ihrem riesigen Mantel durch die Tür. Ganz durcheinander saß ich da, hörte, daß jemand am anderen Tisch lachte, und starrte hinter ihr her. Sie war schon lange verschwunden — und erst jetzt entdeckte ich, daß die Weihnachtsbeleuchtung in den Straßen angezündet war. Es schneite.

Der Weihnachtsabend bei uns war wie immer, ich kannte nichts anderes. Da waren wir drei, plus Onkel Hubert, und dann kamen Mutters Mutter und Vaters Vater, denn Mutters Vater war tot, und Vaters Mutter auch, ich erinnere mich an sie nur noch wie an große Bäume über dem Kinderwagen, mit vielen Vögeln und Geräuschen drum herum, und ab und zu fiel ein Kienapfel auf mich herab. Jetzt waren sie schon lange tot, aber die anderen beiden reichten auch vollauf. Die Großmutter war eine kleine Frau mit langen, roten Fingernägeln, dünnem, blauem Haar und einem grünen Wellensittich im Bauer. Sie konnte in der dramatischsten Weise, die ich je gehört hatte, Luft holen und hielt Messer und Gabel immer, als wären das Bazillenträger. Der Großvater war von gröberem Kaliber. Seit er der Großmutter Weihnachten '62 drei Nägel abgebrochen hatte, gab sie ihm nicht mehr die Hand. Er war ein alter Eisenbahner, hatte Schwellen gelegt mit 18 und mit 50 im Büro gesessen, jetzt saß er im Altersheim am Alexander Kiellands Platz im Sessel am Fenster und blätterte im Kursbuch. Wenn er einen Zug hörte, zitterten seine Ohren, er hörte ihn immer erst sehr spät, weil er schwerhörig und ein wenig senil war, aber trotzdem war das Geräusch wie ein Lied für ihn, das langsam zu ihm kam, lange nachdem Geräusch und Zug eigentlich schon vorbei waren, der Gesang von Schienen, Weichen, Rhythmen und Reisen.
»Das war der Expreß«, sagte er jedesmal. »Jetzt kommt er sicher bald und holt mich auch.«
Immer wenn wir die Geschenke öffneten, ging es mit Onkel Hubert los. Wenn er das ganze Papier abgewickelt hatte, packte er sein Geschenk wieder ein. Und das machte er 21mal, ich zählte mit, rein und raus aus dem Papier. Großmutter mußte in ein anderes Zimmer gehen, Großvater schlug sich auf die Schenkel, lachte und sagte laut:
»O nein, das sieht Hubert ähnlich. Jetzt hat er doch ganz vergessen, die Geschenke wieder einzupacken.«
Die meisten Päckchen, die ich bekam, waren weich, Hemden, Pullover, neue Knickerbocker. Einige waren hart, ein altes Buch von Großmutter, Hamsun, eine Angelrolle von Abu von Hubert, ein Volltreffer. Und ein Eishockeyschläger von Vater — als ich den auspacken wollte, pochte mir das Herz bis zum Hals, natürlich glaubte ich, das wäre ein Mikrophonstativ, denn das hatte ich mir am allermeisten gewünscht, aber es war ein Eishockeyschläger, und Vater stand so strahlend da, daß mir nichts anderes übrigblieb, als einmal zu schlucken, ihm die Hand zu geben und mich zu freuen.
Und ganz zum Schluß war ich dran, mich zu winden. Unterm Baum war es leer, Mutter gab mir das letzte Päckchen, ein flaches, viereckiges Ding, ohne Zweifel eine LP. Ich rutschte im Sessel hin und her, riß das Papier ab.
»Lies mal, von wem das kommt«, sagte Mutter.

Ich schaute auf die Karte, und Weihnachten erstrahlte jetzt auch auf meinem Gesicht. Ich traute meinen eigenen Augen nicht. Von Nina.
»Von wem ist es denn?« rief Hubert.
Meine Stimme war weg.
»Das ist von Kims Freundin«, erklärte Mutter wohlwollend. »Sie hat es aus Kopenhagen geschickt.«
Ich war reichlich verwirrt, aber gleichzeitig stieg die Freude wie eine Säule in mir hoch. Es war die neue Beatles-LP: *Rubber Soul*. Ich hielt sie hoch. Und sofort wurde die Freudensäule geknickt. Der Tempel, den sie trug, wurde zu Ruinen. Ich erkannte kaum eines der Gesichter, die über mir gebeugt standen, ja, sie standen über mir und blickten auf mich herab, vier feindliche, fremde Gesichter auf dem Plattencover.
Später am Abend stand ich in meinem Zimmer und starrte blind auf die Platte. Ich traute mich nicht, sie zu spielen. Ich traute mich nicht, sie ohne Gunnar, Seb und Ola zu hören. Da kam Onkel Hubert herein, er zog an seiner Zigarette, hatte Ringe unter den Augen, seine Stirn war traurig und blau.
»Hier stehst du rum«, sagte er nur.
Ich nickte.
»Willst du die Platte nicht hören?«
»Ich glaub', ich wart' noch 'n bißchen damit«, sagte ich.
Eine Weile sagten wir nichts mehr. Das war so prima mit Onkel Hubert, wenn er da war, mußte man nicht in einem fort quatschen. Aber dann sagte ich doch:
»Du, Onkel Hubert.«
»Ja.« Er sah mich an.
»Du, Onkel Hubert, mein Mädchen ist auch weggefahren.«
Für eine Sekunde flackerte sein Blick, dann war ihm alles klar, wir zwei hatten alles kapiert, und er zog mich zu sich. Über uns sang Jensenius, der fetteste aller Engel, »Die Erde ist herrlich«, und alle Probleme waren wie weggeblasen an diesem Weihnachtsabend '65.

Am zweiten Weihnachtstag saßen wir bei Seb im Zimmer und starrten auf *Rubber Soul*. Eine ganze Weile lang sagte niemand etwas. Wir saßen über die Platte gebeugt da, fast sauer, genau wie John, George, Ringo und Paul über uns gebeugt dastanden, und starrten böse zurück.
Wir erkannten sie nicht wieder.
»Wie isse denn?« fragte Seb leise.
»Hab'se noch nicht gehört.«
Sie sahen mich an, nickten, damit hatte ich den *Help*-Schnitzer wieder gutgemacht. Vorsichtig nahm ich die Platte aus der Hülle. Seb legte sie auf den neu-

en Gerard-Plattenspieler, drückte auf »On«, und der Arm hob sich von selbst und legte sich weich wie eine Katzenpfote in die Rille.
Den ganzen Abend blieben wir sitzen und spielten sie immer wieder, unsere Ohren waren riesige Muscheln, wir lagen auf dem Grunde des Meeres und lauschten, versuchten, die Lieder, die zu uns herankamen, zu deuten. Gunnar zeigte verzweifelt auf ein Bild von John im Nadelwald, während wir *Norwegian Wood* hörten und nichts kapierten.
»Norwegischer Wald!« stöhnte Gunnar. »Norwegischer Wald! Und was zum Teufel ist denn *Sitar*!«
Seb kroch in den Lautsprecher und suchte die Sitar, das mußten ganz merkwürdige Dinge sein. Nur Ola war zufrieden mit *What goes on*, weil er ein paar Bleistifte gefunden hatte, mit denen er um sich schlug, er war deutlich auf dem Weg der Besserung. Ich fand *Michelle* ziemlich flau, während *Girl* wie ein Pfeil traf und mich bitter und warm machte. *Nowhere Man* ging am Haus vorbei und immer weiter, Gunnar war kurz vorm Heulen, ihm stand der Schweiß auf der Stirn, sein Mund stand offen, völlig leer.
»W-w-was ist eigentlich passiert?« murmelte Ola.
Da wurde die Tür mit einem Ruck aufgerissen, Sebs Vater stand da, der Kapitän, braungegerbtes Gesicht, das weiße Hemd hochgekrempelt und aufgeknöpft, so daß sein Haar auf der Brust zu sehen war und seine Arme wie schwarzes Moos hervorquollen.
»Hallihallo. Ihr seht ja schlapp aus!«
»Du, Vater«, fing Seb an. »Was ist eine Sitar!«
Er kam ins Zimmer und stellte sich dort fest auf, als wäre er auf hoher See.
»Sitar. Ja, das will ich euch erzählen. Wir kamen mal mit Öl nach Bombay. Unser Koch war Inder, er arbeitete heldenhaft, da gibt's nicht so wahnsinnig viel zu essen auf so'nem Dampfer, müßt ihr wissen. Und wißt ihr, die Inder essen ja kein Fleisch, weil sie glauben, daß ihre Vorfahren eines Tages als Kühe oder Grashüpfer auftauchen könnten, darum essen sie also kein Fleisch. Aber unser Inder mußte ja jeden Tag Fleisch zubereiten, und ihr könnt euch denken, wie ihm dabei wohl zumute war, jeden Tag die Vorstellung, man serviert seinen eigenen Großvater. Aber trotzdem gab es nie Ärger mit diesem Inder.«
Seb räusperte sich.
»Du, Vater, was ist denn 'ne Sitar?«
»Nun quengel doch nicht. Es gab nie Krach mit diesem Jungen, das heißt, es gab einen Mordsradau, denn er spielte nämlich jeden Abend Sitar. Das war sein Trost. Ein riesiges Instrument. Bestimmt hundert Saiten. Klingt wie schrullige Weiber.«
»Also 'ne indische Gitarre«, sagte Seb.
»Genau. War nett, euch kennenzulernen, Jungs.«

Damit war der Kapitän draußen. Wir hörten noch mal *Norwegian Wood.*
»O Mann. Indien?«
Das wurde eine merkwürdige Woche zwischen den Jahren. Wir machten, was wir immer gemacht hatten, fuhren in der Nordmarka Ski, spielten im Urrapark Eishockey, warfen Schneebälle in die Fenster. Aber trotzdem war alles irgendwie anders. Es gab mehr Schnee als je zuvor, die Schneewehen wuchsen gen Himmel, die Leute mußten in Schneehöhlen übernachten, wenn sie nur die Straße überqueren wollten. Genau so war es. Riesige Schneeberge auf allen Seiten. Es war, als hätten wir etwas verloren, einen Teil unserer selbst. Diese vier fremden, verzerrten Gesichter starrten uns unentwegt an, und wir vermieden, ihren Blicken zu begegnen. Abends lag ich da und schaute auf die alten Bilder an den Wänden. Die Beatles in Arlanda, jeder mit seinem Blumenstrauß, Beatles mit Medaillen, Ringo auf dem Rücken von John, Paul und George daneben. Das war lange her, ich sehnte mich danach zurück, als alles noch in Ordnung war. Aber gleichzeitig war es spannend, es war, als spürte ich einen elektrischen Schlag im Rücken. Und wenn ich die Augen schloß, spann *Rubber Soul* in mir weiter, und ich fiel nach hinten, tiefer als je zuvor, und eines Nachts schrie ich so laut im Schlaf, daß ich die ganze Stadt aufweckte, zumindest Mutter und Vater, die angestürzt kamen, aber da war es schon vorbei.
Ich schickte Nina eine Neujahrskarte, saß den ganzen Tag und kämpfte mit vier Zeilen. Zum Schluß schrieb ich mit der linken Hand spiegelverkehrt, genau wie Leonardo da Vinci. Die Karte, das war ein Foto von Munchs Schrei.
Silvester kam, wir waren bei Gunnar und aßen abends Eis mit Schokoladensoße. Dann saßen wir mit den gleichen Blicken und denselben irritierten Köpfen in seinem Zimmer, auf dem Plattenspieler lag *Rubber Soul*, und wir wurden langsam richtig verzweifelt.
»Die Sitar ist ganz flott«, versuchte Seb es.
Wir sahen ihn an.
»Ich meine, das ist doch ganz prima, so was mal zu probieren, ich meine ja nur, weil es doch verdammt noch mal noch nie jemand vorher versucht hat!«
Plötzlich stand Stig in der Tür, ein Bier in jeder Faust.
»Rubber Soul ist das phantastischste, was die Beatles je gemacht haben«, sagte er. »Meine Verehrung.«
Er machte eine tiefe Verbeugung. Wir kapierten nichts.
»Seid ihr nicht meiner Meinung, oder was«, fragte er, als er wieder hochkam.
»Ja, klar.«
»Sonst könntet ihr mich auch mal! Was sind das doch alles nur für Schwächlinge! Vergleicht mal *Love me scheiß* und *Piß piß'me* mit *Nowhere Man* und *Norwegian Wood!* Was!«

Es war totenstill. Stig starrte uns verblüfft an, dann lachte er schallend, stellte sein Bier ins Bücherregal und kam zu uns herab.

»Bob Dylan hat gesagt, daß die Beatles verflucht noch mal ihre Texte schärfer machen müssen! Hört euch nur *Nowhere Man* an. So ist es, oder etwa nicht. Alle Leute gehen nur mit Scheuklappen herum und kümmern sich einen Dreck um andere, es interessiert sie nicht, daß wir die Atombombe direkt über unseren Köpfen haben, sie schließen die Augen vor dem Wahnsinn und denken nur an Kunststoff und Materialismus. Davon handelt es, nicht wahr!«

Wir legten die Platte erneut auf. Stig war ganz bei der Sache.

»Hört euch das Barockklavier an! Es klingt wahnsinnig! Und *Norwegian Wood* bedeutet nicht Wald und Bäume. Das ist Tabak, kapiert ihr, so ein Tabak, den Indianer rauchen, Friedenspfeife, Leute.«

So saß er da, bis *Michelle* langsamer wurde und die Töne sich verloren, dann griff er sich sein Bier und segelte durch die Tür davon. Wir spielten die Platte weiter, bis es vor dem Fenster knallte, große, bunte Explosionen. Es war zwölf Uhr.

Wir gingen auf den Balkon. Gunnars Eltern standen auch da. Die Luft war kalt und klar, und uns war ganz warm ums Herz. Prosit Neujahr! O ja. Das würde schon werden. Wir waren auf dem richtigen Weg. Der Vater wollte ein Bild von uns machen, also schlugen wir die Kragen hoch, zogen das Kinn nach unten, senkten die Augenlider und beugten uns ernst über seinen funkelnagelneuen Blitz. Er meinte, wir sollten lächeln und nicht so ein böses Gesicht machen. Er würde uns ja kaum wiedererkennen.

Und so sollte es sein.

Am letzten Ferientag wateten wir die Thomas Heftyesgate hinauf, summten *Norwegian Wood* und planten die Zukunft der »Snafus«. Noch ein Jahr bis zu unserer Konfirmation, bis dahin mußten wir zumindest Instrumente und Gerätschaften haben. Es reichte nicht, Trockenübungen mit Bleistiften und Weckgummi oder dem Tennisschläger zu machen. Mit einem Mal hörten wir einen Wahnsinnskrach aus einer Garage gegenüber der englischen Botschaft. Das war kein Plattenspieler auf voller Lautstärke, das war eine Band. Wir stoppten in einer Schneewehe und schlichen uns näher. Eine Band. Sie fingen an zu singen, es klang ziemlich schräg, aber es war eine Band. Wir standen eine ganze Weile da und lauschten, und als sie gerade dabei waren, eine Gitarrenversion von »Lappland« zu spielen, bewegte sich hinter uns etwas, so daß wir aufsprangen.

»Wollt ihr in den Fan-Club, oder was«, blökte eine runde Kugel mit fettigem Haar und einem blauen zweireihigen Mantel hinter uns.

»W-w-wir sind nur gerade v-v-vorbeigegangen«, stotterte Ola.

Die Musik hörte auf, und die Garagentür öffnete sich. Wir lugten hinein: Dort stand alles, was wir uns wünschten, elektrische Gitarren, Mikrophone, ein riesiges Schlagzeug, Verstärker und jede Menge Kabel, kreuz und quer auf dem Steinfußboden. Die Typen, die spielten, trugen rote Jacken, ihre Haare hingen in die Stirn und über die Ohren, sie waren mindestens 20 Jahre alt.
»Hab' diese Fans entdeckt«, sagte der Typ.
»Mach das Tor zu, eh' uns die Eier erfrieren«, schrie der Schlagzeuger, und darauf wurden wir hineingeschoben und die Garagentür zugeschmissen.
»Hab' 'nen Auftritt«, sagte der Manager, steckte sich eine Zigarette an und blies 15 Ringe zur Decke. »Erste Sahne Job. Eine Soirée in Vestheim.«
Er wandte sich uns zu.
»Auf welche Schule geht ihr denn, Jungs?«
»Vestheim«, sagte ich.
Er kam näher.
»Spitze«, sagte er. »Erste Sahne mit Zucker drauf. Ihr stellt euch in die vorderste Reihe.«
»Klar«, sagte ich. »Wenn wir reinkommen.«
»Sagt, daß der Bob es gesagt hat, dann kommt ihr rein. Sagt nur, ihr kommt vom Bob.«
Die Band stampfte zu einer Melodie, *Cadillac*. Der Bob schnipste. Der Sologitarrist arbeitete intensiv, aber der Sänger knackte beim Refrain wie ein Streichholz.
»Du mußt diesen verdammten Husten wegkriegen«, rief der Bob anschließend. »Sonst kam's flott rüber.«
»Wie heißt die B-b-band?« fragte Ola.
»Snowflakes«, sagte der Bob. »Merkt euch den Namen.«
»Snowflakes«, wiederholte Ola. »Spielt ihr denn nur im W-w-winter?«
Nun mußte Ola aber die Klappe halten, sonst würden wir achtkantig rausfliegen. Seb hatte schon eine Hand auf seinem Rücken.
»Nein, mein Süßer. Im Sommer heißen wir Raindrops.«
Die Snowflakes fingen wieder an, diesmal mit einem Instrumental, *Apache*. Der Sologitarrist zitterte am Verstärkerhebel, und die Töne verbreiteten sich in Zeitlupe im Raum. Bob trabte vor ihnen auf und ab, beugte sich nach unten und sperrte die Ohren auf.
»Das Klangbild ist gut«, erklärte er hinterher.
Es hämmerte an der Tür. Der Bob kurbelte sie auf, und herein stürmten drei Mädchen, die sich zunächst über Bob warfen und danach die Band küßten. Aber als wir an der Reihe waren, hielten sie jäh inne.
»Die Fans«, erklärte Bob. »Die Vorsitzenden des Fanclubs in Vestheim. Wir sollen da 'n Abend spielen.«

»Dufte«, sagte eins der Mädchen. »Können wir nicht hier abhauen und uns ein Bier besorgen?«
»Bombenidee«, meinte der Bob. »Laßt uns ein Bier hinter die Binde kippen.« Er sah auf uns runter.
»Und wir sind soweit klar«, sagte der Bob.
Wir nickten, wußten aber nicht so recht, womit wir klar waren.
»Können wir nicht mal versuchen, 'n bißchen zu spielen?« fragte Seb plötzlich.
Der Bob schaute ihn an, überlegte es sich lange.
»Spielen?«
»Nur mal versuchen.«
»Na gut«, sagte der Baß. »Aber laßt es easy angehen, Jungs. Sind empfindliche Sachen.«
»Geht in Ordnung«, sagte der Bob und zog die Stirn kraus. »Aber bleibt cool. Is' teurer Stoff.«
Damit zogen sie ab, die Mädchen trugen Pullover, auf deren Rücken »Snowflakes« stand.
Ola warf sich auf die Trommeln, Gunnar und Seb nahmen jeder eine Gitarre, und ich stellte mich hinters Mikrophon – dann dröhnten wir los. Wir heulten und schrien, ich stöhnte und kreischte ins Mikrophon, meine Stimme kam ganz woanders hervor und klang völlig fremd. Gunnar donnerte ununterbrochen die zwei Griffe, die er konnte, und Seb war kurz davor, eine Saite zu zerreißen. So machten wir mindestens eine halbe Stunde lang weiter, es klang ganz schrecklich und toll.
Plötzlich grölte Gunnar: »Halt!«
Es wurde totenstill. Wir waren völlig erledigt. Ola hing auf seinem Hocker wie ein altes Bettlaken.
»Wir müssen uns einig sein, *was* wir spielen«, meinte Gunnar. »Damit wir *zusammen* spielen können.«
»Und was sollen wir spielen, he?« fragte Seb.
Wir dachten nach.
»Wir machen unsere eigenen Stücke«, sagte ich.
Seb war meiner Meinung.
»Genau, natürlich! Wir machen unsere eigenen Melodien! Verdammt, da hätten wir früher drauf kommen können!«
»Aber verflucht, wir haben doch noch gar nichts geschrieben. Wir müssen doch wissen, was wir *jetzt* spielen wollen!«
»*Norwegian Wood*«, sagte Seb.
»Ohne Sitar?«
»Versuchen wir's.«

Wir versuchten es, fanden aber nicht die richtige Melodie. Also fingen wir wieder an wie zuvor. Es dröhnte im Bauch, daß ich mindestens einen Nierenschutz gebraucht hätte, wir hüpften umher, ich schmiß mich zu Boden und grölte wild, die große Trommel ging unter Ola wie eine Mühle, Seb schuftete an den Saiten, daß es wie vierzig Sitars und zehn geile Katzen klang, während Gunnar stoisch seine Akkorde schlug und das ganze zusammenhielt.
»Genau wie im Cavern!« schrie Seb. »Genau wie im Cavern!«
Wir gingen über in etwas, das irgendwie *Twist and Shout* ähnelte, der Schweiß dampfte, wir gaben alles, was wir hatten, unser Letztes und noch mehr, da wurde die Garagentür aufgerissen – ich lag auf dem Rücken, und die Stille brach wie eine Schneelawine über mich herein. Die Mädchen standen angesäuselt da, der Bob glotzte, und die Snowflakes kicherten schief.
Ich krabbelte hoch, Gunnar und Seb krochen aus den Gitarren heraus, und Ola legte die Stöcke hin und kam hinter der großen Trommel hervor.
»Verflucht nochmal, was macht ihr da?« fragte der Bob.
»Spielen«, flüsterte ich.
»Spielen! Nennt ihr das spielen?«
»Wie heißt ihr denn, ey?« fragte eines der Mädchen und lehnte sich gegen mich.
»The Snafus«, sagte ich, noch leiser.
Da fingen sie an zu lachen. Alle lachten. Wir schlichen uns zur Tür.
»Mach mal halblang«, rief Bob. »Ihr denkt an den Auftritt?«
Wir nickten.
»Und dann erzählt ihr allen, die ihr kennt, von den Snowflakes. Klar?«
Wir nickten.
»'n Deal is'n Deal, Boys.«
Wir machten, daß wir rauskamen, erschöpft und verschwitzt, die Kälte kroch durch die Kleider am Körper hoch.
»Stellt euch vor, so'ne Garage zum Üben!« sagte Gunnar, als wir uns etwas erholt hatten. »Da würden wir auf jeden Fall besser sein als die Snowflakes!«
»Wir *sind* besser als die Snowflakes«, rief Seb. »Die spielen doch nur Scheiße.«
Ich warf einen Schneeball in die Luft und kann beschwören, daß er nicht wieder herunter kam.
»Die wissen doch nicht mal, was 'ne Sitar ist!« kicherte Ola.

Die Schule begann, Weihnachten war vorbei, die Weihnachtsbäume standen braun und gerupft wie Fischgräten in den Hauseingängen und Hinterhöfen. Die Sterne verschwanden aus den Fenstern und tauchten statt dessen an kalten, pechschwarzen Abenden am Himmel wieder auf. Ein neues Jahr. Alles hatte sich verändert. Alles war gleich geblieben. Nur dem Sportlehrer Schin-

ken war eine neue Idee gekommen. Wir sollten schwimmen. In derart kalten Jahreszeiten, verkündete er, sei es gut und richtig zu schwimmen. Denn dadurch würde sich unter der Haut eine neue Lage Fett bilden, die uns gegen die Kälte schützen würde. Wie beim Eisbären. Und damit tobten wir zum Vestkant-Schwimmbad und sprangen ins Chlor. Schinken marschierte am Rand entlang, blies in eine Flöte und schrie Befehle.
»Wo ist Fred?« gurgelte Gunnar und spuckte grünes Wasser.
Ich sah mich um.
»Da kommt er.« Seine Rippen standen wie Treppenstufen auf beiden Seiten der eckigen Hüften hervor, über denen eine Tarzanhose schlackerte. Er zögerte ein paar Sekunden, dann ging er geradewegs aufs Sprungbrett und warf sich wie ein verdrehter Seehund in die Luft, knickte in der Mitte zusammen und traf ohne einen Spritzer, ohne einen Laut aufs Wasser. Und dort blieb er. Fred Hansen kam nicht wieder hoch. Schinken wedelte mit den Armen und schrie, wir sahen Fred Hansen undeutlich auf dem Grund wie einen grauen Schatten, ein klapperdürrer Tiefseefisch. Das dauerte eine Ewigkeit, und Schinken war schon kurz davor, ins Wasser zu springen, da schoß Fred Hansen wie ein Torpedo hoch, stand fast senkrecht im Wasser, wirklich, Fred Hansen tauchte wie eine Forelle auf, begann zu schwimmen, er kraulte, das wahnsinnigste Kraulen, das ich je gesehen hatte, er drehte sich wie ein Baumstamm im Wasser, bewegte sich dabei so gut wie gar nicht, die dünnen Arme schossen hervor, als hätte er unter den Fußsohlen einen Propeller.
»Das ist prima!« rief Schinken. »Das ist prima, Fred! Weiter so!«
Fred Hansen machte weiter, Bahn für Bahn, Rücken, Butterfly, Brust, während wir anderen nur dalagen und wie invalide Flußpferde paddelten, Fred Hansen war dagegen ein Seehund, er war wirklich ein Seehund!
Hinterher unter der Dusche starrten wir ihn alle an. Es war nicht zu glauben.
»Du schwimmst verdammt gut«, sagten wir.
Fred Hansen errötete und verschwand im Dampf.
Dann rannten wir zurück zur Schule. Schon vor dem Skovvei war unser Haar tiefgefroren, und der Pony stand wie eine Schirmmütze waagerecht von der Stirn ab. Als wir dann ins Klassenzimmer kamen, schmolz das Eis langsam und lief uns übers Gesicht, die Mädchen saßen währenddessen kichernd in der Fensterreihe.
An dem Tag, als Gjermund Gold über 50 Kilometer holte, war die Soirée in Vestheim. Wir trafen uns zwei Stunden vorm Anpfiff bei Seb. Seine Mutter war dem Vater nach Marseille gefolgt, wo sein neues Schiff lag und wartete. In der Zwischenzeit wohnte nur seine Großmutter dort, und die saß immer hinten im Wohnzimmer und stickte und hörte deshalb nicht, daß es in Gunnars Tasche klirrte, als wir uns über den Teppich schlichen.

»Nur Lagerbier!« klagte Seb, als wir die Tür verbarrikadiert hatten.
»Was anderes gab's nicht«, erklärte Gunnar.
»Wenn wir hinterher Liegestütz machen, dann kriegen w-w-wir schon 'nen Schwips«, meinte Ola.
Wir sahen ihn an.
»Um das Blut w-w-warm zu kriegen. Dann geht's schneller in'n Kopf.«
Seb machte die Flaschen mit der Gürtelschnalle auf, und wir nahmen jeder unseren Schluck. Es schmeckte nach Turnbeutel.
»Ganz okay«, sagte Gunnar.
Wir nickten, und Seb verteilte Zigaretten. Dann saßen wir da, pafften und soffen Lagerbier, in unseren Blazern mit blanken Knöpfen und den grauen, hautengen Hosen, und vom Plattenspieler grölte Paul *When I saw her standing there.* So sollte es sein, genau so.
Um acht Uhr schlurften wir durch die Straßen, stießen mit Laternenpfählen zusammen, stolperten, kicherten und hielten uns gegenseitig fest, johlten laut und gossen unsere Namen in Goldbuchstaben in den Schnee so weit es reichte, es langte bis zu den Nachnamen und Adressen, o Mann, was für ein Abend das werden würde.
Die Leute standen in dunklen Gruppen auf dem Schulhof. Wir hörten Musik von einem Plattenspieler. Hinter einer Ecke machte eine viereckige Flasche ihre Runde. Rote Gesichter leuchteten auf. Mit einem Mal hatten wir nicht mehr so eine große Klappe, steif wie Fahnenmasten gingen wir die Treppe hinunter, mit klopfendem Herzen unterm Hemd und einem Fünfer in der Faust. Wir hängten unsere Dufflecoats an die Garderobe, die heute nicht nach Schweiß und Fußpilz roch, sondern nach Parfum, Rosinen und anderen abenteuerlichen Dingen. Schinken paßte am Eingang auf, die Arme gekreuzt, im zweireihigen Silberanzug, goldenem Schlips und Brillantine auf der Frisur.
»Prima Salto«, sagte er zu mir, als wir an ihm vorbeigingen.
Und in der Turnhalle roch es nicht nach Kuhstall, es war ein ganz anderer Raum geworden, Girlanden hingen von der Decke, an den Wänden riesige Fischernetze, außerdem gab es Ballons, Kerzen, eine lange Theke, an der Cola, Kuchen und Würstchen verkauft wurden, und in der Ecke war ein großes Podium aufgebaut, auf dem die Geräte der Snowflakes schon bereitstanden. Wir erholten uns bei einer Cola und linsten vorsichtig umher. Mädchen in weiten Kleidern, Mädchen in engen Kleidern, viele Mädchen, mit hochgestecktem Haar und schwarzen Augen und dünnen Schuhen, in denen sie ganz still standen. Und Jungen in glänzenden Anzügen, die Gymnasiasten, einige trugen Beatles-Jacken, und wir standen in unseren Blazern mit steifen Hemden und Strickkrawatte da und fühlten uns ziemlich unwohl.
Die ganze Zeit strömten Leute herein, langsam wurde es voll, einige waren

völlig unbekümmert und trampelten wie glückliche Elefanten herum. Überall wurde über Gjermund und die 50 Kilometer gesprochen – und über Wirkola. Namen wurden gerufen, Luftballons zerplatzten, Mädchengekicher. Dann fiel das Licht keilförmig, und es wurde jäh still. Die Snowflakes kamen der Reihe nach anmarschiert und gingen auf die Bühne, in roten Jacken, grünen Hosen und weißen Schuhen. Der Bob stellte sich an die Seite und fummelte an den Kabeln. Dann fingen sie an, mit *A hard Day's Night*, wir machten die Ohren zu und zogen uns so weit es ging zurück, denn das durfte nicht erlaubt sein, sie hatten nicht das Recht, die Beatles auf diese Art und Weise zu spielen.

»Pappige Version«, stöhnte Seb und verstopfte seine Kanäle erneut mit zwei Korken.

Die Jagd begann. Die Leoparden schlichen durch das Gras, fanden die Windrichtung und bewegten sich Schritt für Schritt auf die Antilopen zu. Die Pumas saßen in der Sprossenwand und warteten darauf, daß ein unschuldiger Hase vorbeihoppeln würde. Die Zebras liefen umher, und die Elefanten legten sich schlafen. Und draußen in der Dunkelheit schrien die Hyänen und Wölfe, die nicht hereinkonnten.

Einige Mädchen aus Gunnars und meiner Klasse standen nah bei uns, herausgeputzt und dick geschminkt. Sie kicherten leise und ließen ihre Blicke wie Glasmurmeln im Raum kreisen.

»Wollt ihr sie nicht auffordern?« kicherte Seb.

»Ich hab' mein Mädchen in Kopenhagen«, sagte ich.

Die Snowflakes machten mit *Wo die Birken rauschten* weiter. Der Bob war oben auf dem Podium, drehte an irgendwas rum und markierte den Chef. Die Mädchen hatten sich an der Sprossenwand aufgestellt, die Stimmung wurde langsam hektisch. Wir gingen zum Klo, nahmen auf dem Weg dorthin den Schlips ab. Auf dem Klo war es genauso proppenvoll. Mitten in einer Horde stand Roar aus der B-Klasse, der Oberrüpel und Aufhetzer. »Pst!« zischte er uns an, als wir hineinkamen.

Er hatte eine geriffelte Flasche in der Faust, aus der er einen Riesenschluck nahm, um sich dann den Schweiß von der Stirn zu wischen.

Wir stellten uns an die Rinne und knöpften den Schlitz auf.

»Die Guri von euch«, sagte Roar plötzlich, und seine Stimme klang ungewöhnlich laut, »die Guri von euch, die in die C-Klasse ging, die ist geil wie 'ne Katze. Macht die Beine für 5 Öre breit.«

Die Bande lachte verhalten. Seb starrte in die dunkelgelbe Pisse, in der braune Kippen schwammen.

»Darum mußte sie aufhören! Die hat ihre Eisen im Feuer. Die fickt doch, wo sie rankommt. Die größte Hure der Stadt!«

Seb drehte sich scharf um und trat vor ihn.
»Halt's Maul!« knurrte er.
Roar guckte verblüfft hoch.
»Ich hör wohl nicht richtig.«
»Mach das Arschloch in deiner Visage dicht«, sagte Seb.
Auf dem Klo wurde es still. Um Seb und Roar bildete sich ein Kreis. Die Stimmung war erwartungsvoll.
»Was hast du gesagt?« fragte Roar und reichte die Flasche einem seiner Kumpel.
»Arschloch«, sagte Seb deutlich.
Jetzt war allen klar, daß was passieren mußte, der Kreis machte ihnen Platz. Ola stand mit offenem Mund da, Gunnar ballte die Fäuste und sah mich an. Ich schloß die Augen. Dann schrie es hinter uns.
»Was ist denn hier los!«
Schinken. Der Kreis löste sich auf. Roar nahm die Flasche und schlüpfte in einen Verschlag. Wir trollten uns zurück in den Turnsaal.
Die Snowflakes plätscherten so dahin. Sie spielten *Apache* mit Vibrator, daß es wogte und bebte. Der Bob hatte den Chor so arrangiert, daß er vor dem Podium hin und her hüpfte, es waren die drei Mädchen aus der Garage. Wir stahlen uns an Bobs Blick vorbei und holten eine Cola.
»Paß auf Roar auf«, flüsterte Gunnar.
»Er hat nicht das Recht, so 'nen Scheiß zu quatschen«, knurrte Seb und hieb seine Zähne in ein Rosinenbrötchen.
»Er ist ein A-a-arschloch«, sagte Ola. »Das nützt nichts!«
Schinken war wieder auf seinem Platz an der Tür, breitschultrig, die Stirn in Falten. Einige Mädchen vom Gymnasium versuchten mit ihm zu schmusen und wollten ihn aufs Parkett ziehen, aber Schinken war nicht zu bewegen. Die rote Kartoffel tauchte statt dessen auf, in Sonntagsanzug, Schuhen mit Lochmuster, die Mädchen stürzten sich auf ihn, und die Kartoffel wurde unter Jubel und Applaus auf den Tanzboden gezogen.
Plötzlich war Ola weg, wie vom Erdboden verschwunden.
»Wo ist Ola?« fragte Gunnar.
»Keine Ahnung«, sagte ich. »Wollte sich nur 'n Brötchen kaufen.«
Wir fragten Seb, er ließ den Kopf hängen und war immer noch wütend.
»Ist er nicht da?«
»Nee.«
»Da ist er ja!« rief Gunnar und zeigte hin.
Da war er. Ola war auf der Tanzfläche. Ola war mit der Größten der Schule, Klara aus der B-Klasse, der Torhüterin der Handballmannschaft, auf der Tanzfläche. Wir starrten hin, wir starrten so lange, bis unsere Augenbrauen

geradewegs himmelwärts zeigten. Ola war in der gesamten Klara fast verschwunden, sie drehte ihn in einem fort herum, während die Snowflakes *Dancing Shoes* spielten, und ab und zu konnten wir sehen, daß Ola seinen Kopf zurückwarf und nach Luft schnappte.

Wir sagten kein Wort. Da war nichts zu sagen.

Die Musik ging zu Ende, und Ola wand sich aus dem Griff. Klara hielt seinen Kopf wie einen Handball, aber Ola zog sich heraus, gut, daß er Haarwasser benutzt hatte, bevor wir losgegangen waren, er stürzte sich zwischen den Paaren hindurch und kam mit angstvollem Blick auf uns zu.

»Hilfe«, sagte er nur.

»Da können wir nichts machen«, sagte Gunnar ernsthaft.

»Da kommt sie«, sagte ich.

Klara war im Anmarsch.

»Hilfe«, sagte Ola, also bildeten wir einen Kreis um ihn und schmuggelten ihn in eine sichere Ecke.

Die rote Kartoffel hatte es geschafft, das Podium zu erklimmen, und nun hielt er eine Rede, er sprach von der Jugend und der Lebensfreude, von Spiel und Ernst. Mit der Zeit wurde ihm in seinem Anzug reichlich warm, und die Leute begannen zu pfeifen. Bob setzte den Begleitchor in Gang. Die rote Kartoffel wurde heruntergezogen, und die Snowflakes hämmerten mit einem Reihentanz los.

Plötzlich war Seb fort.

»Wir müssen ihn suchen«, sagte Gunnar sorgenvoll.

Wir durchforsteten den Saal, aber niemand hatte was von Seb gesehen.

»Vielleicht ist er raus«, sagte ich.

Und auf dem Weg nach draußen trafen wir auf eine Gruppe schräger Vögel, mit Roar an der Spitze und dem Schlappschwanz, mit dem Guri damals zusammen gewesen war, sowie den beiden Seidentypen, die Ola am ersten Tag geärgert hatten. Sie schubsten uns, so daß ich dieses Ziehen im Magen spürte, vor dem ich Angst hatte, es zog wie ein Windstoß durch den ganzen Körper, und mir war klar, daß jetzt alles passieren konnte.

Gunnar zog seine Schultern so weit hoch, daß sein Kopf fast dazwischen versank.

»Kommt weiter!« sagte er mit zusammengekniffenem Mund, und wir rannten an Schinken vorbei die Treppe hinauf.

Auf dem Schulhof war es eiskalt und dunkel. Die Stille wurde nur von leisem Lachen und unterdrücktem Flüstern unterbrochen.

Wir sahen keine Menschenseele.

»Sebastian!« riefen wir.

Keine Antwort.

Wir fingen an zu suchen. Es dauerte nicht lange. In der Schneewehe am Schuppen lag Seb, das Gesicht im Schnee. Wir zogen ihn hoch und transportierten ihn ins Licht eines Fensters. Aus seiner Nase lief Blut, vom Kopf auch, und quer über seine Stirn lief eine große Platzwunde. Gunnar konnte nicht hinschauen, er konnte kein Blut sehen.
»Das Arschloch hatte 'nen Schlagring«, stöhnte Seb.
Ich flog in die Garderobe und holte die Dufflecoats, und dann brachten wir Seb nach Hause. Seine Großmutter war nicht im geringsten erstaunt, als wir ihn so ablieferten.
»Er ist die Treppe runtergefallen«, sagte ich.
Sie holte Jod, Binden und Watte.
»Das habe ich doch immer gesagt«, meinte sie. »Die Treppen sind heutzutage viel zu glatt. Viel zu glatt. Laßt es euch eine Lehre sein!«

Eines Abends fanden wir Ola nicht. Er war nicht zu Hause, und seine Mutter dachte, er wäre bei einem von uns. Wir lärmten die Treppe hinunter und suchten im Neuschnee nach seinen Fußspuren. Olas Winterstiefel mit quergestreiften Sohlen zeigten Richtung Drammensvei, dort jedoch endeten alle Spuren.
»Vielleicht hat er die Bahn genommen«, meinte Seb.
»Die Bahn? Wohin sollte Ola denn mit der Straßenbahn fahren, he?«
Gunnar sah bedrückt aus, er formte einen Schneeball und warf ihn.
»Vielleicht ist er in irgendwelchen Schwierigkeiten«, sagte er.
Wir sahen uns an.
Die Seidenbande? Die Frognerbande?
Uns blieb nichts anderes übrig, als von neuem zu suchen. Wir gingen zum Moggapark hinunter – keine Spur von Ola -, machten dann Richtung Bygdøy Allee weiter, es fing an zu schneien, damit wären die letzten Spuren von Olas Winterstiefeln für alle Ewigkeit verschwunden.
»Laßt es uns im Frognerpark versuchen«, schlug Gunnar vor.
Wir fuhren hin. Wir riefen, erhielten aber keine Antwort, nur das Rascheln der Nadelbäume, wenn die Zweige den Schnee nicht mehr tragen konnten. Wir trollten uns zur Hundejord. Der Wind trieb den Schnee nahezu waagerecht durch die Luft. Das Tor zum Friedhof knarrte, und die Fichten standen wie riesige Damen in ihren langen schwarzen Kleidern da, es war ein ganzer Haufen, und ihr Gesang klang unheimlich.
»Hier is' er auch nicht. Laßt uns abhauen«, sagte Seb.
Da hörten wir plötzlich, nicht weit von uns entfernt, ein Geräusch, etwas schlich durch den Schnee.
»Ola«, riefen wir zögernd.

Das Geräusch war wieder weg, dann tauchte es an anderer Stelle erneut auf, direkt vor uns unter der Laterne. Und im Lichtkegel stand ein Spanner, die Hosen runter, den Schwanz steif in die Luft, sein Gesicht war ganz blau. Wir schrien vor Schreck, dann kneteten wir ein paar knallharte Schneebälle und bombardierten diesen schwulen Spanner. Er hüpfte heulend den Weg entlang, die Hose in den Kniekehlen.

Wir gingen hinüber zum Colosseum und weiter Richtung Majorstua.

»Muß verdammt kalt sein, so dazustehen«, sagte Seb.

»Wir fahren jetzt zum Urrapark«, entschied Gunnar.

Dir Kirchturmuhr leuchtete golden, wie ein zusätzlicher Mond. Fast acht. Auf der Eisbahn spielten die Zwerge Räuber und Gendarm — Ola war nicht da, logo. Wo konnte er bloß sein?

Wir trollten uns runter nach Biskeby. Bei Albin Upp knirschte es in den Wänden. Der »Mann auf der Treppe« hatte geschlossen. Die Zeit verging. Langsam wurde es kritisch.

»Wenn die ihm auch nur ein einziges Haar gekrümmt haben«, sagte Gunnar. Mehr sagte er nicht. »Wenn die ihm auch nur ein einziges Haar gekrümmt haben«, sagte er.

Plötzlich sah ich etwas. Mitten auf dem Bondebakken. Ich deutete dorthin. »Guckt mal«, flüsterte ich.

Wir stoppten und starrten in die Richtung. Sie kamen uns entgegen. Eine große, breitschultrige Gestalt und eine kleine, eng beieinander. Wir glotzten. Es waren Ola und Klara.

»Das sind Ola und Klara«, riefen wir wie aus einem Munde, sprinteten um die Ecke und versteckten uns im Eingang zum Slakter.

Es dauerte eine Weile, dann kamen sie an uns vorbei. Ola und Klara. Sie hielten sich bei der Hand. Oder besser, Klara hielt Ola. Und wir hielten die Luft an.

»Sie hat ihn gekidnappt!« sagte Gunnar, als sie vorbei waren. »Wir müssen ihn befreien!«

Wir hielten Gunnar gerade noch zurück, warteten einen Augenblick und schlichen uns dann auf den Bürgersteig. Dort verschwanden Ola und Klara gerade im Schneegestöber.

Wir ließen sie gehen.

»Das hätte ich nicht gedacht«, sagte Gunnar.

Wir schüttelten den Kopf und gingen schweigend nach Hause.

Und zu Hause passierte allerhand. Vater lernte für die Führerscheinprüfung, seit Weihnachten hatte er gepaukt, er saß im Wohnzimmer den Schoß voller Bücher, malte Verkehrsschilder und Kreuzungen, rot im Gesicht und genervt, wenn man ihm zu nahe kam und zuviel fragte. Ich hätte gern gewußt, wann wir ein Auto bekommen sollten, aber selbst darauf bekam ich keine Antwort. Mutter hieß mich still sein, wir gingen in die Küche und schlossen alle Türen hinter uns. Überhaupt waren alle sehr geheimnisvoll, aber wie üblich bekam ich nichts zu wissen, ich war ja immer der letzte, der mal was erfuhr.

Fred Hansens Stern sank erneut. Der Seehund war vergessen, er stand an der Tafel und murmelte mit geschlossenem Mund vor sich hin, er hatte alles dort drin, bekam es nur nicht heraus. Schriftliche Prüfungen schaffte er, aber mündlich, da ging bei ihm die Klappe runter. Die rote Kartoffel umkreiste ihn in den Norwegischstunden und wollte ihn schon dazu bringen, richtig Norwegisch zu sprechen, denn es hieß nicht »dem sein« und »ihm sein«, so redete man nicht. Freds Ohren glühten, und er fiel über seinem Pultdeckel zusammen, so winzig, daß er ins Tintenfaß hätte kriechen können.

Und in den Pausen waren sie hinter ihm her. Eine ganze Horde sammelte sich, nicht nur aus unserer Klasse, alle Seidenjungen von Skarpsno und weiter westlich waren dabei, und eines Tages trat so ein Seidenarsch nach Freds Butterbrot, daß es Mettwurst und Ziegenkäse regnete, worauf Gunnars Kiefer zu rollen begann und wir zum Gitter hinübergingen, wo Fred an den Zaun geklebt dastand.

Der Seidentyp sah uns an.

»Wir bringen dem Nigger Benimm bei«, sagte der, der getreten hatte.

»Verpiß dich«, sagte Gunnar.

Der Seidenkerl guckte verblüfft.

»Du willst mir sagen, was ich zu tun habe«, wunderte er sich.

»Du hast es erfaßt«, sagte Gunnar. »Du sollst dich verpissen und zwar schnell.«

Der Seidenheini sah sich um. Einen Ellenbogen breit war Platz gemacht worden.

»Und wenn ich's nicht tu'? Was passiert dann?«

Gunnar ist nicht einer der Schnellsten. Aber er ist treffsicher. Die Rechte kam aus der Tasche, der Arm streckte sich, und der Seidentyp sackte mit einem Stöhnen in sich zusammen. Die anderen Idioten wollten auch noch ein wenig knuffen, aber das geschah sehr halbherzig, denn sie hatten Gunnars rechten Arm in Bewegung gesehen. Dann nahmen wir Fred mit uns zum Schuppen und gaben ihm jeder eine Scheibe Brot.

An diesem Tag wartete Fred nach dem Unterricht auf uns. Er sah ein wenig verlegen aus, als er uns fragte, ob wir mit zu ihm nach Hause kommen wollten. Natürlich wollten wir, so trabten wir hinter Fred Hansen her durch die Stadt. Es war weit zu gehen, denn er wohnte auf der anderen Seite, in der Schweigaardsgate.

Ich spuckte es als erster aus.
»Was macht'n dein Bruder?« fragte ich, als wir am Ostbahnhof vorbeikamen.
Fred sah mich lange an, er bekam diesen klugen Ausdruck im Gesicht, der ihn um 20 Jahre älter machte, so, als würde er alles wissen.
»Hab' keinen Bruder«, sagte er.
»Du hast keinen Bruder?«
Er lächelte leicht, sah an seinen Kleidern runter, wedelte mit einem Hosenbein.
»Meine Mutter kauft die Sachen bei *Elevator*«, sagte Fred.
»Elevator?«
»Heilsarmee. Die verkaufen alte Kleidung.«
Es roch merkwürdig im Hauseingang, in dem Fred wohnte. Ich weiß nicht so recht, was es war. Es roch einfach nicht so wie zu Hause. Auf den Briefkästen stand eine leere Schnapsflasche. Die Farbe hing wie verwelkte Blätter von der Wand. Er wohnte im Erdgeschoß und trug den Schlüssel an einer Schnur um den Hals. Er zog ihn unter dem Pullover hervor und brach sich fast den Hals, als er aufschloß.
Er war allein zu Hause. Wir zogen die Schuhe aus und guckten vorsichtig herum, hielten fast die Luft an. Alles war irgendwie anders, die Möbel, die Luft, das Licht. Fred sagte nichts. Er ließ zu, daß wir uns umsahen. Nach einer Weile sagte er: »Mutter und ich wohnen hier.«
Jetzt wußte ich, wonach es roch. Nach alten Kleidern, wie auf dem Dachboden auf Nesodden.
»Wo is'n dein V-v-vater?« fragte Ola gerade raus.
»Hab' kein' Vater«, sagte Fred.
»Du hast keinen Vater!« Ola sah verwirrt aus.
»Nein«, sagte Fred kurz.
Seb versuchte, Ola unschädlich zu machen, aber dazu war's zu spät.
»I-i-is' er tot?«
»Weiß nich'«, antwortete Fred.
Wir huschten in sein Zimmer, ein ziemlich enger Schlauch mit vielen Bildern von Schwimmern an den Wänden. Wir setzten uns aufs Bett, auf dem eine Matratze mit einer grünen, verschossenen Decke lag.
»Schwimmst du oft?« fragte Gunnar.
»In Torggata ein paar Mal die Woche«, antwortete Fred.
Und dann redeten wir nicht mehr so viel, saßen nur da, kicherten und hetzten über die Lehrer. Fred schien ruhig und zufrieden zu sein, er schaute uns an, als hätten wir ihm einen großen Dienst erwiesen. Mit einem Mal fing der Boden an zu zittern, die Scheiben klirrten, und die Matratze hüpfte hoch und runter.

»Was war das?« rief ich.
Fred sah auf die Uhr.
»Der Stockholmzug«, sagte er.
Wir stürzten ans Fenster. Direkt davor, nur wenige Meter entfernt, liefen die Schienen. Kurz darauf kam der Trondheimzug, und wir konnten direkt in die Abteile schauen, die in der Dämmerung bereits erleuchtet waren. Da saßen die Leute und lasen, spielten Karten, hoben die Koffer hoch, wie in einem Film, viele gelbe Bilder folgten aufeinander, und dann war jäh Schluß, und das Geräusch verebbte, aber der Fußboden vibrierte immer noch.
»Von hier fahren die Züge wohl in die ganze Welt«, sagte ich imponiert.
Fred nickte.
»Bei mir fahren sie nur nach Drammen und ins Sørland.«
»Hier geht's sogar nach Moskau«, erklärte Fred stolz.
»Moskau! Nicht möglich!«
»Jeden Freitag. Die Transsibirische Eisenbahn.«
Transsibirische Eisenbahn. Das klang in mir weiter. Das war doch was anderes als ein Güterzug nach Skøyen.
»Wie sieht sie denn aus?« fragte ich.
»Sie ist blau. Und wahnsinnig viele Wagen.«
Plötzlich stand seine Mutter in der Tür, eine kleine Dame in einem großen grauen Mantel, mit dünnem, durchscheinendem Haar. Sie sah uns etwas überrascht an, dann lächelte sie, wir nannten unsere Namen, und sie reichte uns die Hand, eine große, knochige Faust, die für ihren kleinen Körper viel zu schwer war.
Und dann gab es Limo und eine Heißwecke für jeden, und sie redete wie ein Wasserfall, darüber, daß Fred aufs Gymnasium gehen sollte, dann sei er der allererste in der Familie, der Abitur mache, und wie gut Fred schwimme, und wenn er noch besser würde und noch mehr Hausaufgaben machte, dann könnte er vielleicht nach Amerika gehen und dort studieren. Amerika. Fred starrte aus dem Fenster, sein Nacken war dünn und angespannt, er starrte blicklos nach draußen, während seine Mutter erzählte, daß sie den ganzen Tag Treppen putzen müsse, aber das mache nichts, denn Fred sei ihre Zukunft, und sie sprach von der großen, goldenen Zukunft mit einer ganz zarten Stimme, aber in ihren grauen, müden Augen tauchten keinerlei Zweifel auf.
»Morgen ist wegen The Snafus Treffen«, sagte Gunnar, als wir am Solliplass aus der Straßenbahn stiegen.
Ola sah in eine andere Richtung.
»K-k-kann nich'«, sagte er.
»Was meinste damit?« fragte Seb.
»K-k-kann nich'«, wiederholte Ola.

Wir sahen ihn ernst an.
»Da brauchst du aber 'ne gute Entschuldigung«, sagte ich.
»K-k-klara.«
Als ich nach Hause kam, saßen Mutter und Vater im Wohnzimmer und warteten auf mich. Der Tisch war mit den Stilgläsern und dem guten Geschirr gedeckt, und auf allen Fensterbänken standen Blumen.
»Wo warst du?« fragte Mutter.
»Bei einem aus meiner Klasse. Fred Hansen.«
Vater saß wie eine Statue im Sessel, in dunklem Anzug und mit Schweißperlen auf der Nase. Dann zog er ein kleines grünes Ding aus der Innentasche und schwenkte es in der Luft. Der Führerschein!
»Herzlichen Glückwunsch, Vater!« sagte ich und durfte darin blättern.
»Du kannst Vater noch mal gratulieren«, sagte Mutter feierlich.
»Noch mal?«
Mutter nickte.
»Herzlichen Glückwunsch, Vater«, sagte ich. »Wozu denn?«
Aber Vater blieb stumm. Mutter mußte das Wort ergreifen.
»Vater soll Filialleiter werden.«
Das sagte mir nicht so viel. Aber es hörte sich gut an.
»Wann denn?« fragte ich.
»Nach Neujahr«, sagte Mutter.
»Kriegen wir dann ein Auto?«
Vater nickte bedächtig. Er war jetzt der König von Svolder.
»Meinen Glückwunsch, Vater«, sagte ich zum dritten Mal, und plötzlich stand ich mit seiner Hand in meiner da, und das Ganze war etwas zu feierlich geraten. Der König von Svolder erhob sich, Mutter weinte ein bißchen, und endlich gab es Mittagessen, ein Festessen mit Hühnerfrikassee und Wein und Cola für mich. Vater taute auf, er schmolz, es rann aus ihm heraus. Wie weit *ich* es bringen könnte, wenn er von *seinem* bescheidenen Ausgangspunkt so weit gekommen war. Meine Zukunft wurde nach allen Seiten hin wie eine Weltmeisterschaftsloipe in der Nordmarka abgesteckt, mit bombenfester Spur und roten Schleifen an jeder zweiten Fichte. Höhere Handelsschule. Technische Hochschule. Bauwesen. Bank. Die 70er Jahre sind das Jahrzehnt der praktischen und realistischen Männer, sagte Vater. Vielleicht könnte ich ja im Ausland studieren. England. Deutschland. Amerika! Der Kronprinz der Svoldergate hatte seine Karriere bereits begonnen. Es gab keine Grenzen.
»Bei wem warst du eigentlich?« fragte Mutter.
»Fred. Fred Hansen.«
»Wo wohnt er denn?« fragte Vater.
»In der Schweigaardsgate«, antwortete ich.

Mutter und Vater warfen sich über den Tisch einen Blick zu, unsichtbare Drähte liefen direkt an mir vorbei.
»Schweigaardsgate sagst du«, sagte Vater ruhig. »Das ist weit weg.«
»O ja!« berichtete ich eifrig. »Die Züge vom Ostbahnhof fahren dort direkt vorbei. Wir haben die Transsibirische Eisenbahn gesehen!«
»Die Transsibirische Eisenbahn?« Vater glotzte.
»Genau! Da würde ich gern wohnen!«
Mit einem Mal wurde es still. Vaters Augen starrten auf den Teller, Mutter starrte mich mit einem Blick an, der mir fremd war.
»Kim!« knallte es. »So was darfst du nicht sagen. So was darfst du nie wieder sagen!«
Ich stocherte in meinem Essen herum, spürte, daß mein Blut verwirrt im Kopf herumsauste.
»Nein«, sagte ich artig.
»Und du darfst *nie* abends dorthin gehen. Hörst du!«
Ich hörte. Ich starrte auf die Tischdecke, auf der sich ein Fleck zu einer merkwürdigen Form ausgedehnt hatte, er ähnelte einem entstellten Gesicht, oder einem Troll, eine unheimliche Mischung. Lange Zeit war es still am Tisch, ich dachte an Fred, der doch keinen Bruder hatte, und der auch keinen Vater hatte, ich dachte an die schweren roten Hände seiner Mutter. Und ich dachte daran, daß die Zukunft, die Fred vor sich hatte, doppelt so schwer sein würde wie meine.
»Ich glaube, es wird ein Saab«, sagte Vater.
Abends gingen wir ins Colosseum und sahen »Sound of Music«. Wahrscheinlich habe ich dabei mein Gefühl für Film gänzlich verloren. Wir saßen im Colosseum in der ersten Reihe, sahen »Sound of Music«, und wenn ich mich umdrehte, konnte ich zweitausend Menschen sehen, jeder mit weißem Taschentuch, es sah aus wie ein Vogelfelsen, ja, da habe ich meinen Sinn fürs Kino verloren. Jetzt weiß ich es. Und ich hätte es schon viel eher wissen können.
Im Laufe des Tages fiel mehr Schnee, und es gab weitere Aufgaben. Im Wunschkonzert hörte ich Zorba, und mir wurde dabei etwas flau im Magen, ich spürte den Geschmack von Äpfeln am Gaumen. Mutter sprach davon, daß ich nun bald mit ihr ins Theater gehen sollte, das war sicher eine heiße Sache, schon jetzt war sie mir nicht geheuer. Abends lag ich im Bett und konnte nicht für fünf Pfennig schlafen. Die Leute tun nur so als ob, dachte ich. Nur so aus Spaß. Film, Theater.
Und ich trug in der ganzen Stadt Blumen aus, auf einer Tour stieß ich in der Jacob Aallsgate auf Guri. Sie sah dünn und verwahrlost aus, ein gerupftes Vogeljunges, mit einem Blick wie der Schnee um sie herum. Ich hatte Lust, ste-

henzubleiben und mit ihr zu reden, aber sie glitt an mir vorbei, ohne mich zu sehen. Und ich hielt sie nicht auf, das war so etwas, von dem man weiß, man hätte es tun sollen, tut es aber nie.
Das passierte übrigens an dem Tag, an dem ich 50 Kronen von Frau Eng bekam, ich kriegte einfach einen Fünfziger, ich traute meinen Augen kaum. Weil es mit mir nie Probleme gebe, sagte sie. Der beste Blumenbote der Stadt, sagte sie.
50 Kronen.
Die wollte ich bis zum Frühling aufbewahren, wenn ich nach Kopenhagen fahren sollte. Der beste Rechtsaußen der Stadt.

Zu Ostern waren nur Seb und ich in der Stadt zurückgeblieben. Ola war in Toten, Gunnar im Heidal, sie mieteten dort immer eine Hütte. Und Großvater war im Heim. Wir besuchten ihn dort, er saß am Fenster mit einer karierten Wolldecke über den Knien, Bartstoppeln im Gesicht, und starrte auf die Autos, die sich über den Alexander-Kielland-Platz bewegten.
»Jetzt kommt bald der D-Zug und holt mich«, sagte er und sah uns sanft an, er wirkte gar nicht erschrocken bei dem Gedanken.
»Red nicht so«, sagte Mutter und fummelte herum, legte Apfelsinen auf den Nachttisch.
»Ich höre ihn schon«, fuhr er fort. »Ich höre ihn schon.«
An der Wand hingen ovale Bilder von Jesus, über dem Bett ein dunkles Kreuz. Auf der Fensterbank stand ein einsamer Kaktus.
»Ich hab' die Transsibirische Eisenbahn gesehen«, rief ich ihm ins Ohr.
Großvater drehte sich zu dem Geräusch.
»Was du nicht sagst«, meinte er. »Das ist toll. Ich hab's nie weiter als Schweden geschafft. Aber das war im Krieg und damals weit genug. War's sehr teuer?«
Mutter strich die Decke glatt. Vater versuchte eine Apfelsine zu schälen, gab es aber auf. Großvater war alt geworden, doppelt so alt wie Weihnachten. Ich lauschte dem D-Zug, ich meinte, die Schienen nicht weit entfernt singen zu hören.
Großvater räusperte sich. Sein Mund war trocken und klein.
»Und daß Hubert nach Paris will! Das ist doch was!«
Vater sprang auf, seine Unterlippe zitterte wie eine Gitarrensaite.
»Was sagst du?«
»Hörst du jetzt auch schon schlecht!« rief Großvater ihm direkt ins Gesicht.
»Wann war Hubert denn da?«
»Vorgestern«, rief Großvater. »Oder vor einer Woche. Ich bring' die Tage doch alle durcheinander.«
»Und er hat gesagt, daß er nach Paris will?«

»Es war alles vorbereitet«, bestätigte Großvater und sah uns geheimnisvoll an. »Vorbereitet«, sagte er. Was konnte er damit gemeint haben?

Vater nahm das sehr ernst. Großvater merkte sicher gar nicht, daß wir gingen. Wir winkten ihm noch vom Bürgersteig aus zu, aber er sah woanders hin, in eine ganz andere Richtung.

»Da muß Ordnung geschaffen werden«, sagte Vater.

Damit eilte er direkt nach Marienlyst, während Mutter und ich auf dem Nachhauseweg die Großmutter besuchten. Sie wohnte in der Sorgenfrigate, in einem dunklen Zimmer mit unendlich vielen Kissen und einem Wellensitich, der in seinem Käfig piepste und jede Nacht eine bestickte Decke über sich bekam, damit er gut schlafen konnte.

Ich steckte meinen Finger zwischen die Gitterstreben, aber da bekam er fürchterliche Angst, und ich konnte sehen, wie sein Herz hinter der grünen Brust schlug.

Den Mittwoch vor Gründonnerstag fuhren Seb und ich zu Fred. Er sah ziemlich verblüfft aus, als er uns die Tür öffnete, aber dann strahlte er das breiteste Grinsen, das ich je gesehen habe, und ließ uns rein.

Wir ließen uns in seinem Zimmer nieder, quatschten über Züge und Schwimmen. Auf dem Tisch lagen aufgeschlagene Schulbücher. Fred lernte in den Osterferien. O Mann.

»Haste 'n Plattenspieler?« fragte Seb plötzlich.

»Nee. Aber ich soll einen kriegen, wenn ich mit der Realschule fertig bin. Das hat Mutter mir versprochen.«

»Kannst mal zu uns kommen und Platten hören«, sagte Seb schnell.

»Meinste wirklich?«

»Na klar«, sagte Seb. »Wir bringen alle unsere Platten mit und spielen sie dann den ganzen Abend.«

Fred fing an zu lachen. Ich glaube, er saß einfach da und lachte vor Freude.

»Welche Band findest du am besten?« fragte ich.

Er wurde etwas unsicher, wischte sich über den Mund.

»Weiß' nich' genau«, sagte er.

»Das weißt du nicht?« riefen wir im Chor.

»Na, doch.«

Wir warteten gespannt. Er leckte sich die Lippen.

»Die Beatles.«

Das war's. Er war einer von uns. Die Sache war geritzt.

»Was hältst du von *Rubber Soul?*« fragte Seb.

Fred sah uns verzweifelt an.

»Röbber?«

»Ja. *Rubber Soul.*«
»Was'n das?« fragte Fred zaghaft.
Seb schielte zu mir. Ich schaute nach unten. Fred atmete schwer.
»Die letzte LP von den Beatles«, sagte Seb ruhig. »Verdammt gut. Mußt du bei uns mal hören.«
»Hab' fast gar keine Platten gehört«, erklärte Fred leise. »Nur im Radio. Wenn Mutter nicht zu Hause ist.«
»Und warum magste dann die Beatles am liebsten?« platzte ich heraus und bereute es im gleichen Augenblick, denn das war eine idiotische Frage.
»Weil die es geschafft haben«, antwortete Fred.
»Was? Was geschafft?«
»Die haben's geschafft. Ich mein', die sind Millionäre, weltberühmt und so. Ganz normale Arbeiterjungen.«
Wir waren mucksmäuschenstill. Normale Arbeiterjungen. Haben es geschafft. Das sauste im Kopf herum. An so was hatten wir nie zuvor gedacht. Fred Hansen hatte so gut wie keine Beatles-Platte gehört. Fred war wohl ein Arbeiterkind?
»Ich muß aufs Klo«, sagte Seb und stand auf.
»Der Schlüssel hängt in der Küche«, sagte Fred.
»Schlüssel?«
Im Gänsemarsch folgten wir Fred in die Küche. Er nahm einen großen Schlüssel herunter, der an einem Nagel neben der Tür hing.
»Du mußt in den ersten oder zweiten Stock gehen«, sagte Fred.
Sebs Augen wurden immer größer, dann grinste er verlegen, nahm den Schlüssel und sprang die Treppe hinauf.
Es dauerte eine ganze Weile. Dann kam er lärmend wieder herunter, außer Atem und rot im Gesicht.
»Von so hoch oben hab' ich noch nie geschissen«, rief er. »Ich konnte nicht mal hören, wie es unten ankam, Wahnsinn!«
»Ich muß auch aufs Klo«, sagte ich und bekam den Schlüssel, sprintete die schiefe Treppe hinauf und fand den Verschlag.
Es stank entsetzlich. Da lagen Zeitungen, um sich damit abzuwischen, die Klopapierrolle war leer. Genauso ein Loch wie im Plumpsklo auf Nesodden, aber in einem Mietshaus? In der Stadt? Im zweiten Stock! Kaum zu glauben. Ich mußte doch nicht aufs Klo, trödelte noch eine Weile rum, dann lief ich wieder nach unten.
»Stell dir nur vor, wer den ganzen Scheiß da rausschaufeln muß!« sinnierte Seb. »Stell dir das nur mal vor!«
»Woll'n wir in den Keller gehen?« schlug Fred vor.
»In den Keller?«

»Da sind Ratten.«
Fred holte eine flache Taschenlampe, und dann schlichen wir die Treppen hinunter, ins Dunkle und Muffige. Er schaffte es, eine Holztür aufzufummeln, es knarrte reichlich unheimlich. Er wedelte mit dem Licht herum, aber das brachte nicht viel. Erst als wir uns an die Dunkelheit gewöhnt hatten, wurde es besser. Da stieg der Keller vor uns auf, die Mauern, Kohlensäcke, alte Fahrräder, Skier, eine Matratze.
Fred leuchtete auf sie.
»Da hat mal 'n Mädchen drauf gebumst«, sagte er.
Wir guckten die Matratze an. Grün und dreckig, mit großen braunen Flecken. Es tropfte von der Decke.
Wir gingen weiter hinein, schlichen auf Zehenspitzen und fuhren erschreckt auf, als ein Zug vorbeiratterte. Wir waren unter der Strecke, unter dem Zug. Es vibrierte merkwürdig im Bauch. Fred deutete auf die Mauern. Dort waren Löcher im Putz.
»Einschußlöcher«, sagte Fred. »Vom Krieg. Hier haben sie 'n Nazi erschossen. 'n Verräter.«
Wir starrten auf die Wand, senkten den Blick langsam zu Boden. Verdammt. Da hatte er gestanden. Da war er gefallen. Da waren Löcher von den Kugeln in der Wand. Wahnsinn.
Dann sahen wir sie. Eine Ratte. Eine fette, schwarze Ratte mit langem Schwanz und spitzer Schnauze. Sie sah uns an und kroch irgendwie in sich zusammen. Fred nahm einen Besenstiel, schlich sich mit flatternden Hosenbeinen an sie heran. Da schoß sie davon. Wir johlten und rannten hinterher, in einen anderen Raum, wir verfolgten die Ratte, die im Zickzack über den Steinboden lief.
»Wir ham'se!« schrie Fred. »Wir ham'se!«
Wir hatten sie. Wir drängten sie an die Wand. Wir scheuchten sie in eine Ecke. Dort drehte sie sich um und starrte uns an. Die spitzen weißen Zähne blitzten. Ratte. Seb und ich zogen uns etwas zurück. Fred stand da, den Besenstiel zum Schlag erhoben. Dann schrie er, wie ich es noch nie zuvor gehört hatte. Die Ratte war in seiner Hose. Die Ratte war das Hosenbein hinaufgelaufen. Wir sahen, wie sich die Kugel an seinem Bein hochbewegte. Fred schrie und drehte sich um sich selbst.
»Zieh die Hose aus!« brüllte Seb. »Zieh die Hose aus!«
Die Ratte war schon ganz oben auf seiner Hüfte. Fred heulte, schlug die Hände vors Gesicht und heulte. Dann lief er gegen die Wand. Wir hörten es knacken, als er mit der Hüfte die Mauer traf. Danach sank er zu Boden und blieb totenstill dort liegen. Das Bündel in seiner Hose war auch ruhig. Nach einer Weile öffnete er die Augen, starrte uns an, knöpfte die Hose auf, und

wir zogen sie ihm vorsichtig aus. Auf seinem Schenkel war Blut. Eine zerquetschte Ratte rollte aus der Hose.
Wir halfen ihm auf die Beine, stützten ihn, während wir den Raum verließen, er schluchzte und zitterte. Ich drehte mich noch einmal um und sah die große blutige Ratte im Licht der Taschenlampe liegen.
In der Küche stand seine Mutter. Sie war ziemlich erstaunt, als wir ankamen, Fred zwischen uns, in Unterhosen und mit Rattenblut am Bein.
»Wo ist deine Hose?« fragte sie.
Fred konnte nicht antworten.
»Die liegt im Keller«, sagte ich. »Fred wollte uns Schußlöcher zeigen, aber da kam eine Ratte.«
Sie nahm ihn in den Arm, zog ihn hinein und holte eine mächtige Waschschüssel hervor. Wir holten unsere Sachen und machten uns auf den Heimweg, am Tag vor Gründonnerstag. 1966. In dieser Nacht schlief ich schlecht. Ich träumte von Ratten und glaubte, daß sich in meinem Pyjama etwas bewegte.

Wir hatten gedacht, Gunnar käme wie ein Neger nach Hause, so sah er üblicherweise nach Ostern aus, aber er war nur ums Kinn leicht karamelfarben.
»Warst du die ganze Zeit drinnen?« fragte Seb, während wir in seinem Zimmer saßen und wie üblich auf Ola warteten.
Nein, das war er nicht gewesen, ganz im Gegenteil, es war reichlich schwierig, aus Gunnar rauszuquetschen, was er über Ostern gemacht hatte, er war weit weg und kicherte, o ja, er war manchmal beim Skilaufen gewesen, hatte Radio Luxemburg gehört, ist nicht mehr lange bis zum Sommer, nicht. So saß er da und nuschelte vor sich hin. Seb und ich sahen uns an und schüttelten den Kopf.
»War also ’n schönes Ostern«, fragte ich.
O ja, ganz phantastisch. Echt tolle Ostern. Er freute sich schon riesig auf nächste Ostern. Prima Loipen. Und gute Milch. Gute Milch auf dem Lande. Besser als in der Stadt, näher bei der Kuh. Nee, wirklich.
Gunnar hatte geankert. Wir versuchten, ihm von Fred und der Ratte zu erzählen, aber das prallte nahezu an ihm ab. Er saß mit eingefrorenem Grinsen da und sagte, daß das doch zu schrecklich gewesen sein mußte, das mit der Ratte, nein wirklich, zu schrecklich – das war alles.
Dann sagte er nichts mehr. Wir warteten auf Ola.
»Der kann doch wohl nicht wieder mit dem Traktor zusammengestoßen sein«, meinte Seb.
Nach einer halben Stunde nahmen wir die Sache in die Hand und tummelten uns rüber zu ihm. Seine Schwester öffnete uns, Åse, 7. Klasse in Urra, Som-

mersprossen auf der Nase. Wir prahlten, strichen ihr über den Kopf, aber davon wurde sie nur widerspenstig und zickig.
»Ola«, kommandierten wir.
»Ihr könnt nicht zu ihm rein«, sagte sie.
Wir sahen auf sie hinunter.
»Er ist doch wohl nicht wieder auf den Traktor gestoßen?« fragte ich.
Sie schüttelte heftig den Kopf.
»Warum können wir denn nicht zu ihm?«
»Er will das nicht.«
»Sind deine Eltern nicht zu Hause?« fragte ich.
»Nein. Aber sie kommen gleich zurück!«
»Ist Klara da?« fragte Seb.
»Klara? Wer?«
Wir drängten uns hinein, trampelten über den Flur und rissen die Tür zu Olas Zimmer auf. Dort roch es kräftig nach Brandsalbe. Er lag im Bett. Unter der Decke. Wir konnten nur zwei Fäuste sehen, die die Bettdecke festhielten.
»Hallo Ola«, sagten wir. »Wie geht's?«
»Haut ab!« zischte er. Er zischte.
»Is' irgendwas passiert?« fragte Seb.
Kein Ton. Er lag absolut still da. Also fingen wir an, an der Bettdecke zu ziehen. Das war nicht einfach. Starke Kräfte lagen dort im Bett, er strampelte wild um sich, aber wir bekamen die Oberhand. Schließlich gab er den Widerstand auf, und wir schlugen artig die Decke zur Seite.
Das war das Roteste, was ich jemals gesehen habe. Sein Gesicht war rot wie eine Christbaumkerze. Er sah unglücklich aus.
»Haut ab«, flüsterte er.
»Gab's *so* viel Sonne dieses Jahr in Toten?« fragten wir.
Er drehte sich weg. Es zischte aus seinen Gesichtszügen.
»Verschwindet«, wiederholte er. »Ich w-w-werde nie wieder aufstehen.«
Wir setzten uns auf die Bettkante. Sein Haar war fast abgesengt. Es wellte sich in den Spitzen. Wahnsinnsdauerwelle.
»Hat die Scheune gebrannt?« fragte Seb.
Olas Schwester stand in der Tür, die Hände auf dem Rücken, schaukelte kichernd hin und her.
»Ola, Ola, wer ist Klara?«
Er drehte sich wieder zu uns. Mit dieser Farbe im Gesicht war es unmöglich, noch zu erröten. Aber seine Augen wurden ganz dunkel.
»V-v-verräter!«
»Betriebsunfall«, verteidigten wir uns. »Wir mußten uns absichern, bevor wir das Zimmer gestürmt haben!«

»Haut ab«, stöhnte er. »Verschwindet endlich!«

Wir schlenderten heim. Es stellte sich heraus, daß Olas Großvater per Versand eine Höhensonne gekauft hatte. Und am letzten Tag war Ola vor ihr eingeschlafen und über eine Stunde sitzen geblieben. Sie hatte sich durch drei Hautschichten gebrannt und den Scheitel versengt.

»Wir seh'n uns morgen in der Schule«, sagte Seb und schnipste seine Ascot über die Schulter. »Das dauert wohl 'ne Weile, bis Ola wieder kommt.«

Gunnar und ich gingen weiter. Gunnar war still, in Gedanken. Oben in der Bygdøy Allee hielt er mich zurück.

»Was is' denn bloß passiert?« fragte ich.

»Hab'n Mädchen kennengelernt.«

»Und — wie is' sie?«

»Unni. Sie heißt Unni. Wohnt auf'm Bauernhof. Verdammt in Ordnung.«

Wir gingen unter den schlaffen Kastanienbäumen weiter.

»Seid ihr fest zusammen?« wollte ich wissen.

»Na klar. Denk ich doch. Ich soll ihr schreiben. Und sie im Sommer besuchen.«

»Wie sieht sie denn aus?«

Gunnar starrte in die Luft, als würde er sie dort sehen können.

»Verdammt hübsch. Helles Haar. Blondes Haar und ...«

Mehr sagte er nicht. Das dauerte. Es dauerte ziemlich lange. Er lief ein bißchen. Ich holte ihn ein.

»Ist schon ganz in Ordnung, sie etwas auf Entfernung zu haben«, sagte ich.

Er sah mich an.

»Wie meinste das?«

»Na, muß doch ziemlich anstrengend sein, in die gleiche Schule zu gehen.«

Gunnar dachte darüber nach.

»Mmh. Ja. Aber 'n bißchen näher könnte sie schon sein.«

PAPERBACK WRITER

Frühling 66

Nach 14 Tagen kroch Ola aus den Federn, hellrot und gesund. Er kam mit der Sonne und dem Frühling. Der Schnee lief in die Rinnsteine, alles floß über, und die Vögel kamen aus dem Süden. Eines Abends, als ich nicht schlafen konnte, öffnete ich das Fenster und füllte meine Lungen mit der Nacht. Da gab es über mir ein Geräusch, Jensenius öffnete sein Fenster. Er grüßte mich und ließ seine Stimme über die ganze Stadt erklingen.

Genau. Das mußte der Frühling sein.

Eines Sonntags kam Onkel Hubert zum Mittagessen zu uns. Er sah besser aus, irrte kaum umher, ließ eine Kartoffel auf den Tisch kullern, aber sonst ging alles glatt. Hubert war glücklich, das war die Hauptsache. Seine Augen waren ruhig.

Als wir gegessen hatten, fragte ich ihn:

»Stimmt es, daß du nach Paris ziehst?«

Vater war wie eine Furie über mir.

»Wolltest du nicht in den Keller gehen und dein Fahrrad in Ordnung bringen?« fragte er so freundlich er nur konnte.

Hubert fand einen Stuhl und sank auf ihm zusammen.

»Nur 'ne kleine Reise«, sagte er. »Ein kurzer Besuch.«

Vater warf mich aus dem Wohnzimmer.

Er war spröde wie ein Radiergummi. Ich wollte auch nach Paris, einmal würde ich es schaffen. Das schwor ich und schmiß die Tür hinter mir zu. Ich trampelte in den Keller hinunter, und bevor ich den Lichtschalter fand, durchschoß mich ein Schreck. Ratten. Dann wurde es hell, und ich atmete erleichtert auf. Hier gab's keine Ratten. Aber Fred war nach Ostern in der gleichen Hose in die Schule gekommen. Die gleiche Hose! Er grinste schief, als er mich ansah. Ich mußte wegsehen.

Dann schob ich den Drahtesel in den frühen Sonntagabend, Richtung Gunnar. Ein lauer Wind wehte Staub und Sand in Kreisen auf den Bürgersteig. Zufrieden pfiff ich und fand Gunnar in seinem Zimmer, über einen rosaroten Zettel gebeugt, ein Vergrößerungsglas vorm Gesicht.

»Was machst du denn da?« fragte ich und setzte mich auf die Fensterbank. Er räusperte sich und legte das Vergrößerungsglas weg.
»Sie schreibt so verdammt undeutlich«, sagte er verzweifelt.
»Soll ich's mal versuchen«, schlug ich vor.
Er sah mich mißtrauisch an, zögerte einen Moment, dann gab er mir den Brief.
Ich schaute kurz drauf, er war reichlich gestelzt geschrieben, schlimmer als ein Schulaufsatz. Ich steckte meine Nase in die Tinte und blinzelte Gunnar zu.
»Parfum«, sagte ich.
»Lies!« befahl er.
Ich las langsam vor.
»Geliebter Gunnar.«
So fingen die Briefe, die ich von Nina bekam, nicht an. In ihnen stand nur »Hallo« und »Tag«.
»Was?« rief Gunnar.
Ich las weiter.
»Geliebter Gunnar.«
»Das hatten wir schon!«
»Geliebter Gunnar. Ich denke die ganze Zeit an dich. Tag und Nacht.« Ich unterbrach und sah Gunnar an. Er war hinten an der Tür mit den Hanteln beschäftigt. Der Schweiß rann.
»Ich freue mich darauf, wenn du mich besuchst. Ich zähle die Tage an den Fingern ab. Aber vielleicht komme ich noch vorher in die Stadt.«
Gunnar kreischte.
»Kommt sie hierher?«
»Aber vielleicht komme ich noch vorher in die Stadt«, wiederholte ich. »Meine Mutter fährt nämlich am zweiten Wochenende im Mai in die Stadt.«
Gunnar lag auf dem Rücken, die Arme zur Seite ausgestreckt.
»Ist das nicht dufte?«
Er schloß die Augen.
»Ja, doch. Aber die Mutter. Dann kommen die vielleicht hierher. Und dann meine Eltern ...«
»Du kannst sie doch sicher allein treffen, oder?«
»Das wird wohl schwierig. Ihre Mutter war die ganze Zeit wie ein Besen hinter uns her.«
Auf der Straße spielte jemand Schlagball, er schlug eine Scheibe ein und rannte um sein Leben.
»Reg dich ab«, sagte ich. »Wir fahren dann ja doch nach Dänemark.«
Er stand schnell auf.

»Stimmt überhaupt! Wenn wir aufgestellt werden!«
»Na sicher werden wir das. Morgen fahren wir zu Kåre.«
Er legte sich wieder hin, und es blieb eine Weile still.
Dann sagte er: »Mist mit solchen Zusammentreffen. Aber da kann man wohl nichts machen, was?«
»Nee, nichts«, sagte ich.
»Mach weiter«, sagte Gunnar.
»Ich glaube, daß ich in dich verliebt bin, Gunnar.«
»Du brauchst nicht die ganze Zeit Gunnar zu sagen! Ich kapier schon, wer gemeint ist.«
»Aber das steht doch hier!«
Er faltete seine Hände unter dem Kopf und starrte an die Decke.
»Ich denke häufig an den letzten Abend, als du ...«
Wie ein Elch war Gunnar über mir, riß den Brief an sich und knüllte ihn in seine Tasche.
»War aber noch nicht fertig«, grinste ich.
»Das langt«, sagte er.
Die Tür ging auf, das war Stig, in einer Spitzenjacke, eng tailliert und mit Streifen, die Haare bis in die Stirn, über den Augenbrauen wie eine Welle, mit Stiefeln, deren Spitzen sich nach oben wölbten. O Mann. Lang aufgeschossen stand er da, schon komisch, wie verschieden Gunnar und er waren.
»Kannste mir 'nen Zehner leihen?« fragte Stig.
»Was willste denn damit?«
»Das is' doch scheißegal. Kriegst ihn morgen wieder. Pernille hat offen«, fügte er hinzu.
Gunnar fand in einer Schublade einen Zehner.
»Prima«, sagte Stig. »Prima! Meine Platten stehen zur Verfügung.«
Er trug am Jackenaufschlag ein Zeichen, das einem Stern ähnelte.
»Was is'n das?« fragte ich und deutete darauf.
»Sieg für die FNL«, antwortete er.
»Bombardieren die Amerikaner immer noch mit Napalm?« wollte ich wissen.
»O ja. Aber die FNL verjagt sie bald.«
Er ging in die Hocke, bedeckte den ganzen Boden mit MG-Salven. Dann war er weg.
Guerilla.
Wir saßen eine Zeitlang da und guckten zur offenen Tür. Dann zog Gunnar den zerknüllten Bogen hervor und strich ihn überm Knie glatt. »Laß uns den Rest lesen«, sagte er.
»Klaro, machen wir«, sagte ich und setzte mich neben ihn.

Unsere ganze Gang kam mit. Es kostete 100 Kronen, die hatten Mutter und Vater mir versprochen, und Taschengeld, das hatte ich ja selbst, glatte 50 Kronen. Punkt 5 Uhr nachmittags, am ersten Freitag im Mai, sollten wir fahren. Das war was. Es war das größte. Das Wetter war umgeschlagen, Kaltfront und Windböen waren wieder da. Aber egal. Wir sollten gen Süden. Im Gänsemarsch trampelten wir die Gangway hinauf, mit Rucksack, Schlafsack und Fußballstiefeln. Das war so feierlich, daß wir ganz gerade im Rücken und steif im Nacken wurden. Aber in uns rumorte es vor Freude, ein ganzes Feuer von Erwartungen, das Dänemark in Brand stecken sollte.
Noch eine halbe Stunde bis zum Ablegen. Wir wurden in den Bauch des Schiffes beordert. Dort sollten wir in Schlafsesseln schlafen. Åge stellte sich auf einen Sessel und rief:
»Okay, Jungs! Ich hab's schon mal gesagt, aber ich sage es jetzt nochmal. Das ist keine übliche Ferienfahrt! Wir werden Fußball spielen! Wir wollen die Dänen besiegen!«
Wir trampelten und schrien den Frigg-Ruf. Åge brachte uns zur Ruhe.
»Und das wißt ihr auch. Aber ich sag's noch einmal. Hört ihr!«
»Ja!« riefen wir.
»Haben alle ihren Essensbon?«
»Ja!« schrien wir.
»Dafür bekommt ihr in der Cafeteria, ganz hinten im Schiff, ein Mittagessen. Vor sieben Uhr. Alles klar?«
»Ja«, schrien wir.
»Und — alle, alle sind vor 10 Uhr hier unten. Vor 10!«
»Ja«, kam es, etwas leiser.
»Und Alkohol ist verboten!«
Es kamen vereinzelte Rufe.
»Wer Alkohol trinkt, fliegt aus der Mannschaft! Kapiert!«
Im Schiffsrumpf zitterte es. Es ging auf fünf Uhr zu. Wir stürmten nach oben. Unten auf dem Anleger standen unsere Eltern und winkten wie verrückt. Dann wurde die Gangway fortgenommen, und das Schiff glitt davon, lief rückwärts aus und drehte auf der Stelle.
Wir lehnten uns über die Reling, der Wind fegte die Tränen aus den Augen. »König Olav« kämpfte mit den Wellen. Der Fjord war verhext. Schon vor Nesodden waren Gunnar und Ola grün um die Nase.
Ich zeigte zum Land hin.
»Da ist unser Haus!« schrie ich.
Dann waren wir vorbei. Ola ließ den Kopf hängen.
»Wenn das hier schon so schaukelt, wie soll das dann erst nach Færder werden!« stöhnte Gunnar.

»Mein Vater war in 20 Meter hohen Wellen«, brüllte Seb. »Auf dem Atlantik. Die waren so hoch, daß sie den Himmel nicht sehen konnten, wenn sie unten waren!«
Ola ging als erster, bei Drøbak. Gunnar klammerte sich an die Reling. Die Möwen schaukelten über und unter uns, wir brauchten bloß die Hand auszustrecken, um ihnen den Schnabel zu streicheln.
»Laßt uns reingehen und Mittag essen«, schlug Seb vor.
Daraufhin verschwand Gunnar. Er hielt sich den Mund zu und schaukelte von dannen. Seb und ich sahen uns an.
»Landratten!« kicherte er.
Gunnar und Ola waren aus dem Spiel. Sie hatten von Åge Tabletten gegen Seekrankheit bekommen und lagen im Schiffsrumpf, alle viere von sich gestreckt. Seb und ich aßen rote Würstchen und Kartoffelpüree, und später am Abend fanden wir das Mittelfeld und den Angriff oben auf dem Sonnendeck. Es war dunkel, Möwengeschrei und Lachen. Sie standen an der Wand und hatten vier Miniaturflaschen Larsen und drei Tuborg bei sich.
»Alle dänischen Mädchen haben Busen wie Klöpse«, sagte der rechte Außenstürmer. In seinen Augen leuchtete es wie rote Johannisbeeren.
»Wißt ihr, was *bumsen* auf Dänisch heißt?« kicherte der Mittelläufer.
»Knöpfen!«
»Knöpfen?«
»Ich werde meine Hose aufknöpfen!« johlte der rechte Außenstürmer, das Lachen verschwand im Dunkeln.
Plötzlich stand ein großer Schatten hinter uns. Es wurde abrupt still. Åge. Weiße Hände und roter Blick. Dann knipste er zu allem Unglück auch noch eine Taschenlampe an und leuchtete von einem zum anderen. Immer mehr kamen zum Vorschein, sie tauchten Gesicht für Gesicht aus dem Dunkel auf und schimmerten weiß in Åges Licht. Es war fast die gesamte Mannschaft. Er konnte nicht nach Dänemark kommen und die ganze Mannschaft rausgeschmissen haben. Er konnte Fremad nicht kampflos gewinnen lassen.
Åge stöhnte.
»Schmeißt die Flaschen über Bord«, sagte er.
Es vergingen einige Sekunden. Åge löschte das Licht.
»Ich kann euch nicht sehen. Ich will euch nicht sehen.«
Arme durchschnitten die Luft. Eine Möwe schrie.
Åge knipste die Taschenlampe wieder an.
»Das war nicht in Ordnung«, sagte er nur.
Dann scheuchte er uns nach unten, wo die Liliputaner saßen und mit blicklosen Pupillen nach Luft schnappten, der Magen hing ihnen wie ein Fesselballon aus dem Mund. Die Wellen rollten zwischen uns hindurch. Aksel war der

erste, der kotzte. Es platschte auf den Boden. Dann war der rechte Außenstürmer dran. Ich hielt mir den Magen, aber es half nichts. Ich stürzte zum Klo, gesellte mich zum Rest der Verteidigung und leerte mich wie einen Eimer aus. Nur Seb schaffte es. Er lag da, kicherte und grinste im Schlaf, und irgendwo über uns im Himmel gab es Tanzmusik und Möwengeschrei.
Wir kamen mit dem falschen Bein in Dänemark an, wurden mit dem Bus quer durch Kopenhagen befördert und in einer Schule untergebracht. Das Spielfeld war gleich daneben, grün und weich. Die erste Trainingsrunde verlief zäh. Das Spiel sollte um 5 Uhr sein.
Åge lief mit Falten in der Stirn herum und erklärte die Taktik.
»Dänemark ist technisch besser«, sagte er. »Die spielen polnisch. Aber wir werden sie mit unserer Kondition packen. Wir erschöpfen sie. Lange Pässe. Laßt sie arbeiten. Laßt sie leerlaufen!«
Um 12 Uhr gab es eine Pause. Ich fragte Åge, ob ich mal wegfahren dürfte, ich hätte nämlich Verwandte in Kopenhagen, und die würde ich besuchen wollen.
Er sah mich mißtrauisch an.
»Findest du allein hin?«
»Na klar. Bin schon oft dagewesen.«
»Also dann, um 3 Uhr zurück.«
Ich stürzte in die Garderobe, duschte und zog mir saubere Sachen an, einen neuen Rollkragenpullover, burgunderfarben. Die Haare waren auch ganz passabel. Wenn sie naß waren, konnte ich sie bis zu den Ohren ziehen, und im Nacken stießen sie an. Ich trampelte hinaus und fand eine Straße, griff an die Tasche, in der das Geld war, 50 norwegische Kronen waren 60 dänische geworden, Vater hatte mir bei seiner Bank den besten Kurs besorgt. Ein Taxi kam vorbei, ich sprang hinein, o Mann, ich war auf dem Weg zu Nina.
Der Taxifahrer pfiff und aß einen Kopenhagener.
Das Taxameter tickte wie eine Uhr. Ich hatte keine Ahnung, wie weit es bis zum Strandvej war.
»Ich hab' nur 60 Kronen«, stotterte ich.
Er sah über die Schulter, Krümel um den freundlichen Mund.
»Was, mein Junge, du hast nur 60 Kronen. Das reicht ja bis nach Norwegen!«
Ich drückte meine Nase an der Scheibe platt. Schon komisch, an einem ganz fremden Ort zu sein. Es kitzelte im Bauch. Tauben. Würstchenbuden. Schwarze Fahrräder. Ich kurbelte das Fenster runter. Es roch nach Brot. Frischgebackenes Brot.
Ich lehnte mich im Sitz zurück, schloß die Augen und war glücklich. Glücklich und ganz ruhig, konnte mich nicht dran erinnern, daß ich schon jemals so gefühlt hatte. Ich hätte jetzt auf dem Seil gehen können, ohne Sicherheits-

netz, ohne Stange, so ruhig war ich. Für eine Weile hatte ich vergessen, wie Nina aussah, aber jetzt nahm sie Formen an, ihr Gesicht war meinem nah, ganz deutlich, ich spürte ihren Atem und ihre Haare. Äpfel. Das war es. Ich sank in den Sitz, während wir am Øresund entlangfuhren, auf dem sich weiße Segelboote vor hellblauem Himmel wiegten.
Es kostete 20 Kronen. Strandvej 41 war ein ziemlich stattliches Haus, mit großem Garten und einer Aussicht bis nach Schweden. Jetzt war ich nicht mehr so ruhig. Die Angst lag wie eine Nadel im Magen. Ich ordnete hinter einem Laternenpfahl meine Haare, holte tief Luft und ging durch das Tor. Es war ziemlich weit bis zum Haus, mindestens mehrere hundert Meter. Vielleicht hatte sie mich ja schon vom Fenster aus gesehen. Sicher wartete sie. Ich war kurz davor, zu laufen anzufangen, endlich erreichte ich die Tür. Kein Laut war zu hören. Sie hatte mich nicht gesehen. Also klingelte ich. Es dauerte eine Weile. Dann kam jemand. Es war ihre Mutter. Sie betrachtete mich freundlich. Meine Stimme war weg.
»Willst du zu Nina?« fragte sie.
War sie nicht ganz dicht? Wußte sie etwa nicht mehr, wer ich war? Langsam aber sicher rutschte mir das Herz in die Hose.
Dann fiel es ihr ein.
»Aber ... das ist doch Kim!«
Das war's. Ich befürchtete das Schlimmste.
»Komm rein. Nina ist in ihrem Zimmer.«
Ich folgte ihr. Zum Umkehren war es zu spät. Komischerweise war ich wieder vollkommen ruhig, als wäre ich an einem Punkt angelangt, an dem ich nichts mehr zu verlieren hatte.
»Da wird Nina aber überrascht sein«, plauderte die Mutter.
»Bist du mit deinen Eltern hier?«
Hatte sie meinen Brief nicht bekommen? Hatte sie ihn nicht gelesen? Hatte sie ihren Eltern nicht erzählt, daß ich im Anmarsch war?
Ich scherte mich nicht darum.
»Fußball«, sagte ich. »Ich spiel' hier Fußball.«
Wir waren vor Ninas Zimmer angekommen. Ihre Mutter klopfte an, öffnete und schob mich durch die Tür.
Nina saß da und starrte mich mit großen Augen an. Neben ihr saß ein Typ mit 'ner Gitarre und grinste schief. Das war jedenfalls nicht ihr Cousin.
»Kim!« stotterte Nina. »Du!«
Das wär's.
»Ich hole euch was zu trinken«, flötete die Mutter und verschwand. Ich stand auf der Türschwelle.
»Hallo«, sagte ich nur.

»Das hab' ich völlig vergessen«, stotterte Nina verlegen.
Krampfhaft überlegte ich, was ich sagen könnte.
»Fährt ein Bus von hier?« fragte ich.
»Ja«, sagte der Typ mit der Gitarre. »Gleich unten auf der Straße. Der fährt direkt zum Rathausplatz.«
Ich begriff. Nina sah uns beide zugleich an.
»Das ist Kim aus Oslo«, sagte sie, indem sie auf mich zeigte.
»Und das ist Jesper.«
Jesper spielte für uns Gitarre. Das lange, blonde Haar hing ihm ins Gesicht. Jesper sang auf Englisch.
Ich sah auf die Uhr. In mir war alles leer.
»Kommst du zum Spiel?« fragte ich.
Nina starrte zu Boden.
»Hab' ich völlig verschwitzt«, flüsterte sie. »Ich kann nicht. Jesper spielt heute abend in Hornbæk. Er spielt in 'ner Band.«
Wir sagten nichts weiter. Jesper spielte eine neue Melodie. Dann guckte er zu mir hoch.
»Spiel?« fragte er. »Fußball?«
»Gegen Fremad«, erklärte Nina, sie wollte sicher nur zeigen, daß sie meinen verdammten Brief gelesen hatte.
»O weia! Da paß auf! Die sind ziemlich stark!«
Ich mußte abhauen, bevor ihre Mutter wiederkam. Ich hätte wortlos gehen können, mich auf den Hacken umdrehen. Das wäre mein gutes Recht gewesen, aber irgendwie war ich nicht ganz bei Sinnen. Statt dessen fragte ich — und verfluchte mich im gleichen Moment:
»Und was ist mit morgen?«
Nina guckte woanders hin.
»Ich hab's völlig vergessen«, wiederholte sie. »Wir sind das ganze Wochenende in Hornbæk.«
Jesper schlug einen Akkord an. Die Niederlage war offensichtlich. Ich konnte mich nur vom Schlachtfeld schleppen, blutig, am Boden zerstört, rot vor Scham. Aber mein Körper war bleischwer. Ich mußte Gewalt anwenden. Endlich schaffte ich es, mich umzudrehen — und stand Auge in Auge mit der Mutter da, die ein Tablett mit Flaschen brachte. Ich ging wortlos an ihr vorbei, fand die Haustür und spazierte durch den Garten davon, ich spazierte, lief nicht, drehte mich nicht um.
Aber mein Rücken brannte wie das Kupferdach des Kronborg-Schlosses.
Ich nahm ein Taxi zurück. Es kostete drei Kronen mehr. Ein Zehner war alles, was ich noch hatte. Meine Erwartungen waren zu grauer Asche geworden. Ich hätte alle Dänen umbringen können.

Das ganze Pack hieß Jesper, Ebbe, Ib und Eske. Sie führten sich auf wie in der Tanzstunde und schrien bereits, wenn man nur in ihre Nähe kam. Schon bei einem kräftigeren Wort lagen sie mit der Nase im Gras. Sie waren mit Kopenhagenern, Milchbrötchen und Sahne aufgewachsen. Und der Schiedsrichter war ein parteiischer Bäcker, und am Spielfeldrand stand das heimische Publikum mit Bier und Hängebauch.
»Lange Pässe!« schrie Åge. »Lange Pässe!«
Es war gar nicht daran zu denken zu dribbeln. Die konnten den Ball auf der Zunge balancieren, wenn sie wollten. Es war nur angesagt, ihnen so oft wie möglich im Weg zu stehen. Seb rackerte sich am linken Flügel ab, schaffte es aber nicht, auch nur eine Flanke richtig in die Mitte zu schlagen. Gunnar war außerhalb des Sechzehners festgebunden. Das Spiel quer übers Feld von Willy und Kjetil wurde vom dänischen Mittelläufer geschickt aufgebrochen. Aber Aksel im Tor war wie ein Känguruh. Jedes Mal, wenn sie schossen, schlüpfte der Ball in seinen Beutel.
Bis zur Pause hielten wir das Null zu Null. Åge sammelte uns um sich.
»Prima, Jungs«, flüsterte er. »Die Dänen werden langsam müde. Fangen an, ungenau zu spielen.«
Wir bekamen von Åge aus einem riesigen Plastikeimer Saft.
»Wir packen sie«, sagte er jedes Mal, wenn er einen Becher vollschenkte.
Die zweite Halbzeit begann mit einer dänischen Sturmwelle. Sie rollte gegen das Tor, Aksel hing wie ein Fischnetz zwischen den Stangen, der fliegende Holländer aus Hoff. Die Dänen waren am Verzweifeln. Aksel machte sie psychisch fertig. Jedes Mal, wenn er den Ball wieder hinausschoß, ließen sie den Kopf hängen, schafften es kaum, hinterm Ball herzurennen.
Doch dann geschah es. Ein schmieriger Däne erwischte den Ball im Mittelfeld, drehte auf der Stelle um und stürmte auf mich zu. Halt ihn auf, sagte es in mir. Halt ihn auf. Ich hielt ihn auf. Ich benutzte den uralten Trick. Statt mich zurückzuziehen, lief ich so schnell ich konnte direkt auf ihn zu. Ich traf ihn mit der Schulter, knickte seine Schenkel in zwei Teile, und schon lag er wie ein Sack im Gras. Ich dribbelte mit dem Ball zu Aksel rüber. Aber der Schiedsrichter hatte gepfiffen. Und alle Kopenhagener Törtchen wimmelten um mich rum. Ich war gespannt, wer als erster zuschlagen würde. Der Bäcker zwängte sich in die Horde, stellte sich vor meinem Gesicht auf und streckte die rote Karte in die Höhe. Unter einer Kanonade von Beschimpfungen verließ ich das Spielfeld. Åge nahm mich mit finsterem Blick in Empfang. Ich setzte mich neben Ola auf die Bank. Das Zuckerbübchen war wieder auf die Beine gekommen, humpelte herum und schnitt Grimassen.
»So kommt er nicht mal zur Schauspielschule«, sagte ich.
»War Nina zu H-h-hause?« fragte Ola.

»Nein«, sagte ich.
Das Spiel wurde wieder angepfiffen, ein Freistoß, der wie eine Kastanie in Aksels Klauen klebte. Der Rechtsaußen nahm meinen Platz mit ein. Seb erwischte einen weiten Paß und lief nach innen, schickte den Ball zu Gunnar rüber, der an ihm vorbeirannte und dann an Willy weitergab, der zur Spielfeldgrenze stürmte. Dort schaffte er es, sich im Gewühl eine Ecke zu erkämpfen.
Finn schoß sie. Finn hatte das gefühlvollste linke Bein der Mannschaft. Er schraubte den Ball vor das Tor, Seb hatte den Kopf am höchsten, köpfte direkt in die Fäuste des Torhüters, aber dann stolperte dieser und fiel auf den Rücken, direkt auf den Strich, den Ball im Schoß. Er versuchte, ihn noch rauszuschmeißen, aber zu spät: Der Ball war im Tor. 1:0. Die Dänen steckten den Kopf ins Gras, und das Publikum schmiß mit Bierflaschen. 1:0. Noch 20 Minuten zu spielen.
Nun war die ganze Mannschaft in der eigenen Spielfeldhälfte versammelt. Kein einziger Norweger befand sich in Fremads Hälfte. Åge lief am Spielfeldrand hin und her und wedelte mit den Armen. Aksel dirigierte die Mauer vor und zurück, die Kopenhagener Torten liefen wie die Idioten, aber das war nicht länger Taktik, die sie dirigierte, das war die reine Panik. Da passierte es. Noch 10 Minuten zu spielen, 1:0, und so ein dänisches Würstchen schickt eine Kanone los. Aksel liegt wie eine Boa in der Atmosphäre, schlägt den Ball mit dem Nagel des kleinen Fingers zur Ecke. Er landet jedoch verkehrt, auf seinem rechten Arm, und schreit ganz eklig, als er auf den Boden trifft. Åge und Kåre stürzen mit Schwamm und Limo zu ihm. Aber es nützt nichts. Aksel ist aus dem Spiel. Die Dänen grinsen. Neben mir sitzt Ola, der Ersatztorwart, grün wie ein ausgekochter Teebeutel im Gesicht. Åge und Kåre kommen zurück, Aksel zwischen sich. Sein rechter Arm hängt schlaff nach unten. Åge zeigt auf Ola.
»Du bist dran«, sagt er. »Mach dich fertig.«
Ich helfe ihm beim Schuhzubinden, seine Hände zittern wie Vogelflügel.
»Ganz cool«, sage ich. »Wird schon klappen.«
Aksel schlägt ihm mit dem gesunden Arm auf den Rücken.
»Viel Glück!«
Wir schieben ihn hinaus. Er schwankt zum Kasten, stellt sich zwischen die Pfosten. Der Eckball kommt angesaust. Ola stürzt sich aufs Spielfeld und boxt wild nach dem Ball, als stünde er mitten in einem Mückenschwarm. Und er trifft. Die Kugel segelt in einem wunderschönen Bogen weit ins Mittelfeld, die Dänen müssen mal wieder laufen.
»Prima!« schreit Åge. »Schaff den Ball weg!«
Noch fünf Minuten zu spielen. Das ist seit Napoleon die größte Schlacht in

Kopenhagen. Mindestens 15 Mann sind die ganze Zeit um den Ball. Es kommt zum Nahkampf. Noch zwei Minuten. Da stürzt so ein Storch, und der Bäcker pfeift und watschelt zur Elfmetermarke. Åge versucht, sich die Haut vom Gesicht zu reißen. Ola steht ganz allein zwischen den Pfosten, noch nie ist er mir so klein vorgekommen. Ich renne um das Feld und stelle mich hinter das Tor, hinter Ola. Die Dänen machen sich bereit. Der Kapitän legt den Ball auf seinen Platz und geht neun Schritte zurück. Ola krümmt sich zusammen, sieht von hier wie ein Mistkäfer aus. Ich schau auf den Kapitän. Er kratzt sich am Schenkel. Ich schau ihm in die Augen.
»Rechts«, flüstere ich zu Ola. »Wirf dich verdammt noch mal nach rechts.«
Dann kommt er angelaufen. Ola schmeißt sich nach rechts, der Ball trifft auf seinen Körper und prallt ab, neunzehn Mann stürmen nach vorn, Ola kommt auf die Beine, taumelt aus dem Torraum und fällt über die Kugel. Die Horde stoppt einen Millimeter vor seinem Haarschopf. Ola bleibt liegen, die Arme um den Kopf, als sei das der Ball. Dann wird er hochgehoben, der Held des Tages. Åge tanzt einen Kriegstanz. Ola steht mit dem Ball in der Hand da und versteht nicht so recht, was eigentlich passiert ist. Dann schießt er ihn raus, genau über die Seitenlinie. Aber das macht nichts, denn die Hefe ist aus den Heißwecken gewichen. Sie haben aufgegeben. Der Schiedsrichter sieht auf seine Uhr, hängt noch eine Minute dran, dann bläst er in seine Pfeife, daß seine Backen wie rote Tomaten anschwellen. Wir haben gewonnen. Norwegen-Dänemark 1:0. Ola wird auf den goldenen Thron gehoben und in die Luft geworfen, so hoch, daß er gerade noch wieder herunterkommt. Åge fällt auf die Knie und faltet seine Hände. Ich drehte dem Trubel den Rücken zu und trollte mich in die Garderobe, saß da, ließ den Kopf hängen und war nicht mehr wert als ein Topfdeckel. Gunnar kam als erster.
»Ola ist besser als Gordon Banks!« johlte er.
Er betrachtete mich genauer.
»Verflucht! Du bist doch wohl nicht sauer, weil du vom Platz gestellt worden bist, Mann.«
Ich leerte eine Limo.
»Du hast uns Respekt verschafft, eyh! Ein Platzverweis, und der Pudding hat gezittert.«
Die anderen kamen herunter, sie trugen Ola auf den Schultern. Kåre zog einen Kasten Selters hervor, und alle ließen sich erschöpft auf die Bänke fallen.
Ola setzte sich neben mich.
»Sauber gemacht«, sagte ich. »Spitze.«
Ola lächelte müde.
»Ich hab' ihm ins Auge geg-g-guckt«, sagte er. »Da hatte er k-k-keine Chance!«
Am Abend gab es Lieder, Spiele und etwas zu essen in der Schule. Die Dänen

waren auch dabei. Sie waren gute Verlierer. Ich dagegen nicht. Um acht Uhr stellte ich meine Stiefel ins Regal und sagte Åge, daß ich mich elend fühle, hätte sicher Fieber. Er legte mir zwei Finger auf die Stirn und nickte. Ich ging nach unten und legte mich hin. Ich habe Fieber, dachte ich. So lag ich da, ganz allein in der großen Turnhalle, in der der Geruch von Körpern, Schweiß und Strümpfen wie eine schwere Gardine vom Dach herabhing. Allein in dem hellblauen Schlafsack, in meiner Haut festgeklebt, fühlte ich mich mit einem Mal furchtbar alt und ausgelaugt. Meine Gedanken kamen nicht von Nina und Jesper los. Ich haßte ihn. Ich haßte beide. Ich war einfach rausgeschmissen worden, ausgekotzt und draufrumgetrampelt. Vom Platz verwiesen. Dann muß ich eingeschlafen sein, jedenfalls wachte ich davon auf, daß mich jemand rüttelte. Es war Gunnar. Inzwischen war es dunkel geworden, ich konnte gerade noch sehen, daß alle Schlafsäcke auf dem Boden ausgebreitet lagen wie riesige Larven in der Nacht.
»Hallo«, flüsterte Gunnar. »Schläfst du?«
»Ja«, antwortete ich.
Er robbte näher.
»Is' dir schlecht?«
»Fieber«, sagte ich. »Hab' wohl auf der Fähre Zug gekriegt.«
Er kam noch näher.
»War Nina nich' zu Hause?«
»Nee.«
»Hast du ihr denn nicht geschrieben?«
»Doch. Sie war da. Aber trotzdem war sie nicht da.«
Das kapierte Gunnar nicht.
»Red' keinen Käse.«
»Sie war mit einem anderen zusammen«, sagte mein Mund.

Ich erwachte in einem glühendheißen Bassin. Ich war unter Wasser. Oben an der Wasseroberfläche tanzte und bewegte es sich, viele Menschen standen am Rand und schauten auf mich herab. Dann schwamm ich zu ihnen hinauf und streckte meinen Kopf in die Sonne.
So war der Tag. Ich kann mich an gar nichts mehr erinnern, mochte nicht mal Würstchen. Ich saß auf einer Bank und fütterte die Tauben, während die anderen den Rundturm hinaufkletterten. Ich saß auf einer Bank und fütterte die Tauben, während die anderen im Zoo waren. Sie schafften mich auf die Fähre, aber ich wollte um alles in der Welt nicht nach unten. Ich saß auf dem Sonnendeck in einem Liegestuhl und schlief. Als ich aufwachte, war es schon ziemlich dunkel, und irgend jemand hatte mich mit zwei dicken Wolldecken zugedeckt. Ich tastete vorsichtig — mein Kopf war klar wie ein Gebirgsbach.

Ich stand auf. Weit entfernt sah ich eine Gruppe im Licht stehen. Weiter oben standen die Sterne und flackerten. Das Schiff zog einen weißen Läufer hinter sich her. Ein anderes Schiff kam backbords vorbei. Ich hörte Musik und Stimmen.

»Er ist aufgewacht!« sagte jemand hinter mir. »Der Flegel ist aufgewacht!« Das war Gunnar. Zusammen mit Seb und Ola kam er zu mir.

»Geht's besser?« fragte Seb.

»Okay«, sagte ich.

»Ich dachte, Wolldecken wären am besten«, murmelte Ola. »Daß die Möwen dich nicht vollscheißen.«

»Danke«, sagte ich. »Hat mir geholfen.«

Seb hatte etwas in seinen riesigen Taschen. Bierdosen. Sie kicherten und nahmen jeder einen Schluck. Ich wollte nicht.

»Åge sitzt in der Bar«, erklärte Seb. »Die Gelegenheit.«

»Mit einer D-d-dame!« stöhnte Ola. »'ne dänische Blondine. Ein Meter Titten!«

»Sieht aus wie Marilyn Monroe«, träumte Gunnar und nahm einen Schluck aus der Dose.

Ola schwankte leicht nach hinten, fing sich und kam wieder nach vorn.

»Wißt ihr, was mein Alter macht«, kicherte er. »Hä? Er wäscht sich seine H-h-haare mit Bier!«

Ola knickte in der Mitte zusammen und schwenkte die Bierdose in der Luft.

»Warum das denn?« johlte Gunnar.

»Er w-w-wäscht sein Haar mit Bier! Soll helfen, daß sie w-w-wachsen!«

Er lachte tonlos, mit offenem Mund, dann schüttete er sich den Rest des Bieres hinein und sah ganz verrückt aus.

Wir schafften ihn zur Reling, wo er die Möwen mit einigen roten Würstchenstücken fütterte. Tief unter uns donnerten die Wellen.

»Verdammte Scheiße«, stöhnte Ola und schickte noch einen Happen auf die Reise.

»Am besten bleiben wir hier 'ne Weile stehen«, meinte Seb kichernd und öffnete eine neue Dose, er hatte sie überall versteckt.

Ich spürte das Fieber wieder im Hinterkopf, wie eine kalte Angst. Zwischen uns stand eine Glaswand. Ich konnte meine Kumpel nicht erreichen. Ich war wieder vom Platz gestellt worden. Sie wollte ich nicht auch noch verlieren.

»Wetten, daß ich auf der Reling balancieren kann?« fragte ich.

Sie sahen mich an und lachten. Ola hob seine Birne, selbst er wieherte.

»Mach keinen Scheiß«, war das einzige, was Gunnar sagte.

Die Reling war ziemlich breit, aber oval. Und sicher ziemlich glatt. Ich trug Tennisschuhe.

»Sollen wir zu den anderen runtergehen«, schlug Seb vor und trank aus.
Ich schwang mich auf die Reling, hielt mich mit den Händen fest. Am Horizont war jetzt kein Licht mehr zu sehen, nur reine Schwärze. Die Wellen schlugen gegen mein Trommelfell. Dann fand ich das Gleichgewicht, richtete mich auf, die Arme zur Seite gestreckt. Ich fing an zu gehen. Gunnar, Seb und Ola wichen zurück, ihre Augen waren weiße Kugeln. Ich ging auf der Reling entlang. Mein Herz blieb zwischen zwei Schlägen stehen. Die Zeit stand still. Die Wellen erstarrten in ihrer Bewegung. Der Wind erstarb. Dann stürzte Gunnar aus dem Dunkel hervor, umfaßte mich und riß mich hinab. Wir purzelten übereinander auf das Deck, Gunnar hielt mich mit eisernen Griff fest. Dann schlug er zu. Er schlug mir mitten ins Gesicht.
»Arschloch!« schrie er.
Seb und Ola starrten auf uns runter, trauten ihren Augen nicht.
»'tschuldige«, flüsterte Gunnar plötzlich.
Ich zog ihn an mich. Er war naß im Gesicht.
»Schon in Ordnung«, sagte ich nur und spürte, wie mir das Blut aus dem Mund floß.

Ich saß in meinem Zimmer und büffelte. Die Abende zogen an meinem Fenster vorbei. Die getrocknete Blume, die ich in der Schublade versteckt hatte, wollte ich wegschmeißen. Giftig. In der Schublade lag ein Dutzend »Rubin Extra«-Kondome. Über mir sang Jensenius, nicht ganz so laut, denn das mit dem Frühling war blinder Alarm gewesen. Am 17. Mai hagelte es. Aber wir sahen Wencke Myhre in einem Abiturientenauto die Gyldenløvesgate hinaufknattern. Das Fieber war vorüber. Erst im Juni schlug es richtig ein. Die Bäume wurden zu grünen Maschinengewehren. An so einem Abend kam Gunnar zu mir. Er machte ein langes Gesicht und ließ sich auf mein Bett fallen.
»Es ist aus«, sagte er.
»Was?« fragte ich.
Er zog einen Brief aus der Tasche. Diesmal gab es kein Parfum, nur ein normales Blatt, aus dem Schönschreibheft gerissen.
»Sie hat einen Hoferben aus Vågå gefunden«, berichtete Gunnar, knüllte den Brief zu einer harten Kugel und schmiß ihn aus dem Fenster.
Ich klappte das Mathebuch zu und setzte mich neben ihn.
»Auf Mädchen ist kein Verlaß«, sagte ich.
Gunnar faltete die Hände und legte sie um die Knie.
»Ist gut, daß es so gekommen ist«, sagte er. »Auf so einen Klotz kann man nicht setzen.«
Ich legte ihm den Arm um die Schulter. Die Bitterkeit stieg in uns beiden auf.
»Die sind doch nicht mal die Schuhe wert, die sie anhaben«, sagte ich.

»Würd'se nich' mal mit 'ner Heugabel anfassen«, sagte Gunnar.
»Solche Hoferben stinken sicher nach Mist«, sagte ich.
»Auf Mädchen kann man sich nich' verlassen«, sagte Gunnar.
Für eine Weile saßen wir still da. Die Geräusche von der Straße störten uns. Ich schloß das Fenster.
»Ich fahr nie wieder nach Heidal«, meinte Gunnar. »Nie mehr.«
»Komm, wir gehen rüber zu Seb«, schlug ich vor.
Dort saß Ola, den Kopf zwischen den Knien.
»Wir wollten gerade rüber zu euch«, sagte Seb.
Wir ließen uns nieder. Ola hob den Kopf und starrte blind ins Weltall.
»Mit Klara ist's aus«, sagte er. »Is' mit dem Torschützenkönig von Njård z-z-zusammen.«
So war der Tag. Das war der Frühling.
»Zum Teufel«, sagte Gunnar und erzählte von Unni und dem Hoferben.
»Mädchen sind doch ziemliche A-a-arschlöcher«, sagte Ola und hob drohend die Faust.
»Sind die Strümpfe nicht wert, die sie tragen«, sagte ich.
»Erst du und Nina«, begann Gunnar aufzuzählen. »Und dann Unni. Und jetzt Klara.«
»Und Guri«, fügte ich hinzu.
»Und Guri«, flüsterte er.
Wir saßen da, ohne etwas zu sagen, mindestens eine Stunde lang. Draußen stieg die graue Dunkelheit zwischen den Häusern auf und verdüsterte die Straßen. Plötzlich kam Leben in Seb, er wühlte im Plattenhaufen.
»Hab' ich heute von Vater gekriegt«, pfiff er.
»Was denn?« fragten wir im Chor.
»Die neueste Beatles-Platte!«
Wir warfen uns über ihn, bekamen die Scheibe auf den Stift. *Paperback Writer.* Wir spielten sie zehnmal hintereinander. Das brachte es. Die Rückseite hieß *Rain.* Das paßte.
»Was bedeutet denn *Paperback Writer?*« fragte Ola.
»Schriftsteller«, sagte ich. »So einer, der Taschenbücher schreibt.«
Ola dachte nach.
»Der könnte auch über uns ein Buch schreiben«, meinte er. »Ein dickes B-b-buch!«

YELLOW SUBMARINE

Der Sommer 66

Und eines Tages Ende Juni standen wir endlich mit einem grünen Buch in der Hand da, vom Cappelen Verlag herausgegeben und geschrieben von der roten Kartoffel. Aber das handelte nicht allzusehr von uns. Ich hatte in Betragen »befriedigend«, aber »mangelhaft« im Werken. Seb hatte »sehr gut« in Gesang und Musik. Gunnar hatte »gut« in Betragen, während Ola »ausreichend« in Deutsch und Mathe bekommen hatte. Das interessierte uns jedoch momentan überhaupt nicht, wir dachten nur an Köder. Denn wir brauchten für unsere große Angeltour in die Nordmarka Regenwürmer.

Wir stürzten vom Schulhof, wurden aber trotzdem von der Gans erwischt, die genau im Weg stand und anscheinend etwas auf dem Herzen hatte.

»Hallo«, sagte er leise.

»Na, wie viele Einsen hast du, Gans?« fragte Seb.

»Warum nennt ihr mich *die Gans?*«

»Was?«

»Warum nennt ihr mich *die Gans?*« wiederholte er.

Es war nicht so einfach, darauf zu antworten. Die Gans hieß schon immer *die Gans.*

»Is' nun mal so«, sagte ich. »Wie der Drache *der Drache* heißt.«

»Die Mädchen ärgern mich deshalb«, sagte die Gans.

»Scheiß auf Mädchen«, sagte Ola.

»Könnt ihr mich nicht *Christian* nennen?« murmelte er.

»Ja, klar. 'türlich«, sagte Gunnar. »Aber wir müssen abhauen. Wollen Würmer auf Nesodden ausgraben.«

Wir stürmten an ihm vorbei.

»Schönen Sommer, Christian!« riefen wir unten auf der Straße.

Er strahlte über das ganze Gesicht und rief zurück:

»Schönen Sommer!«

»Komisch«, sagte Ola. »Einfach komisch.«

»Bist du auch sicher, daß wir da Regenwürmer finden?« fragte Gunnar, als wir zum Haus hochmarschierten.

»Na klar. Hinterm Plumpsklo.«
Gunnar hielt an.
»*Plumpsklo* hast du gesagt?«
»Genau.«
Ich holte den Spaten aus dem Schuppen und ging hinüber zu dem schiefen Raum mit dem Herzchen. Die fette Erde roch streng. Die obere Schicht war ziemlich trocken, aber eine Spatenlänge tiefer wurde sie weich und feucht. Ich schob einen Klumpen zur Seite, und die Würmer steckten ihre Köpfe heraus, zappelten und wanden sich.
»Was ist das denn?« fragte Gunnar, auf etwas im Boden deutend.
»Würmer, du Kohlkopf.«
»Nein, die nicht, das da«, sagte er.
Ich guckte, wohin er zeigte.
»Ach das. Das ist nur 'n bißchen Klopapier.«
Gunnar ging und setzte sich bei den Apfelbäumen auf einen Stein. Ola war auch nicht sehr engagiert.
»Die Fische sollen doch die Würmer fressen, und dann wollen wir die Fische essen, nicht wahr. Verflucht noch mal!«
»Du kannst ja mit 'nem Netz fischen, du Feigling«, schnaufte Seb; also mußten wir beide die Würmer rauspulen. Wir legten guten Mutterboden in Kaffeedosen, und alles in allem fanden wir zusammen tausend Würmer. Dann perforierten wir die Deckel, damit sie nicht erstickten, denn es war doch reichlich eng.
»Laßt uns eine Runde schwimmen, bevor wir nach Hause fahren!« rief ich. Ich ging einmal ums Haus, um zu sehen, ob alles in Ordnung war. Eine Ameisenstraße verlief über die Küchentreppe. Ich fand einen Pfeil, den ich letztes Jahr verloren hatte. Dann guckte ich durchs Fenster und sah mich selbst dort drinnen in der Stube sitzen und wandte mich erschrocken von dem verzerrten Spiegelbild in der Scheibe ab, lief hinter den anderen her. Der Strand war menschenleer. Wir zogen uns aus, die Sonne schien auf die bleichen Gerippe. Verlegen musterten wir uns gegenseitig, sprangen vom Sprungbrett, tauchten und holten jeder einen Stein herauf. Danach lagen wir auf den Felsen und bekamen einen roten Bauch, und als wir schließlich an dem alten Schuppen vorbeigingen, an dem sich die Planken lösten und die weiße Farbe abblätterte, wo es nach verrottetem Tang roch, da dachte ich mit einem Mal an Henny in Paris und wußte, daß so etwas wie letztes Jahr nicht wieder passieren würde, nie wieder.
»Wie ist denn das Zelt?« fragte Seb auf der Fähre zurück.
»Stig hat gesagt, es ist in Ordnung«, sagte Gunnar.
»Wir brauchen kein Zelt, wenn es schön ist«, sagte ich. »Dann können wir

in den Schlafsäcken draußen liegen.«
So wanderten wir mit unseren Eimern mit jeweils mindestens dreihundert Würmern durch die Stadt. Als wir an der amerikanischen Botschaft vorbeikamen, hielten wir an und betrachteten die Fahne, die schlaff herunterhing.
»Mein Bruder hat gesagt, daß da eine riesige Forelle drin ist«, erzählte Gunnar.
»'ne Forelle? Red' keinen Quatsch!«
»Das stimmt. Im Wasserbassin.«
Also trotteten wir an dem Wachtposten vorbei, der sich nicht traute, uns aufzuhalten, aber er wußte ja auch nicht, was wir in unseren Eimern hatten. Wir kamen in eine riesige Halle, und mitten darin gab es ein Wasserbecken mit Springbrunnen, Licht und all so was. Wir guckten hinein, sahen aber nur runde Steine auf dem Grund. Es war keine 20 cm tief.
»Da ist keine Forelle drin«, sagte Seb. »Vielleicht ein Anchovis.«
Wir gingen am Rand entlang. Plötzlich schrie Ola und war kurz davor, seinen Eimer fallen zu lassen.
»Guckt mal da, Boys!«
Nur einen Meter von uns entfernt schwamm eine große Forelle. Sie war so riesig, daß ihr Rücken aus dem Wasser ragte. Sie schwamm langsam, als sei sie wahnsinnig alt oder als langweile sie sich zu Tode. Wir folgten ihr so leise wir konnten, aber es war unmöglich, in so einer Steinhalle lautlos zu gehen. Die Forelle kam an den Rand und lehnte sich an ihn, als kratze sie sich an der Schulter. Ich beugte mich hinunter und faßte sie an. Sie ließ es geschehen. Sie war kalt und zäh, ganz bewegungslos. Dann glitt sie unter meinen Fingern davon, in den dünnen Strahl des Springbrunnens, der sie vielleicht an irgendeinen anderen Wasserfall erinnerte, wenn sie überhaupt jemals in einem Wasserfall geschwommen war.
»Eine Schande ist das«, sagte Seb.
»'ne Schweinerei, so einen großen Fisch im Wasserbecken zu halten«, sagte Gunnar.
Ich machte den Deckel meiner Kaffeedose auf, zog einen fetten, schönen Regenwurm hervor und warf ihn der Forelle hin. Die konnte sich nicht mal umdrehen, mußte rückwärts schwimmen. Aber da wachte der Posten auf. Er kam mit der Pistole im Gürtel an und schmiß uns raus.
»Tierquälerei«, sagte Ola.
»Wir hätten sie mit zum Skillingen nehmen sollen und dort aussetzen«, meinte Gunnar.
»Und dann hinterher angeln«, lachte Ola.
Am Abend trafen wir uns bei Seb und gingen unsere Ausrüstung durch. Gunnars Vater hatte für den Proviant gesorgt, ein ganzer Karton mit Mischbrot,

Keksen, Kaviarcreme, Trockenmilch, Tee, Kaffee, Obst, Dosen und Notrationen, die er noch von einer Reserveübung '56 hatte. Ola hatte einen Butanbrenner und eine Bratpfanne. Zelt und Kompaß liehen wir uns von Stig. Dann putzten wir unsere Spulen. Ich hatte von meinen Eltern eine Angelrute bekommen, als die Prüfung anstand. Gunnar hatte vierhundert Meter 0,30-mm-Schnur gekauft. Seb besaß drei Blinker, zwei Schwimmer und sechs Weinkorken. Meine Mutter hatte vier Einkaufsnetze besorgt, die wir uns über den Kopf ziehen und als Mückennetz benutzen konnten.

Aber Seb wußte was Besseres. Er zog eine Pfeife hervor. Eine Maispfeife.

»Knirpse und Mücken können keinen Tabak vertragen«, erklärte er.

Darüber lachten wir eine ganze Weile, dann falteten wir die Karte auseinander, verfolgten unsere Route mit dem Finger und versanken in der Landschaft, träumten uns weit weg.

»Wir nehmen keine Uhr mit«, sagte Seb plötzlich.

»Was?«

»Wir nehmen keine Uhr mit. Wie die Indianer.«

Wir dachten nach. Wir wußten, daß die Sonne im Osten aufging und im Westen unter.

»Und wenn es bewölkt ist«, räumte Ola ein.

»Wir wissen doch, wann es dunkel wird«, meinte Seb. »Wir scheißen auf Uhren.«

»Das Moos wächst im Westen«, wußte Gunnar.

»Und die Ameisenstraßen gehen nach Osten«, fügte ich hinzu.

»Und was ist mit 'nem Wecker?« schlug Ola vor.

Da klingelte es an der Tür. Seb ging öffnen und kam mit Fred zurück. Er hatte den Pony geschnitten und sich mit Sandpapier die Ohren geputzt. Außerdem trug er eine neue Hose, mit Wahnsinnsbeinen, eine neue Jeans, Aufschlag bis zu den Knien und einem riesigen Gürtel mit selbstleuchtender Schnalle. Zorro.

»Setz dich!« riefen wir.

Er ließ sich nieder und sah sich um. Seb holte Cola und was zu rauchen.

»Wollt ihr zum Angeln?« fragte Fred.

Wir zeigten ihm auf der Karte, wo wir hinwollten. Er begutachtete unsere Ausrüstung, probierte die Spulen, wog die Blinker in der Hand.

»Die sind aber leicht«, sagte er.

»Acht Gramm«, erklärte Gunnar. »Fast wie Fliegen.«

Seb öffnete das Fenster, und der Sommerabend kam herein.

Einige Mädchen lachten auf der Straße, wir steckten die Köpfe hinaus, sahen aber niemanden.

»Was machst du im Sommer?« fragte ich.

Fred bekam einen leeren Blick.
»Ferienkolonie«, sagte er. »Auf Hudøy.«
»Hast du Lust, 'n paar Platten zu hören?« fragte Seb schnell.
Und dann spielten wir für den Rest des Abends die Beatles, bis hin zu *Paperback Writer* und *Rain*. Fred sagte kein Wort, saß nur da und hörte mit langen Ohren zu, die wie riesige, rote Blumen leuchteten, und ab und zu sah er uns an, lächelte, ja, lachte beinahe.
Und draußen wurde der Himmel blutrot, die Mädchen waren nach Hause gegangen, und die Hunde bellten.
Fred sah auf die Uhr.
»Ich muß abhauen«, sagte er.
Wir begleiteten ihn alle zusammen bis Solli.
»'nen schönen Sommer«, sagte Fred und errötete leicht.
»Wir sehen uns im Herbst«, sagten wir, zeigten aufeinander und lachten.
»Toi, toi, toi«, sagte Fred, und dann spuckten wir alle auf den Bürgersteig. Er lief langsam den Drammensvei hinunter, Fred Hansen, drehte sich um, fiel fast hin, fing sich wieder und lief dann in voller Fahrt weiter, und wir standen da und sahen ihm nach, bis er verschwunden war.

Wir waren uns absolut nicht einig, wann wir eigentlich nach Skillingen gekommen waren. Gunnar meinte, es sei gleich sechs Uhr, während Seb und ich uns sicher waren, daß es erst fünf sein könne, denn der Zug war jedenfalls um drei in Stryken angekommen.
»Aber der hatte doch Verspätung!« rief Gunnar.
Wir spähten nach der Sonne, sie war nicht da, nur Wolken. Das Wasser lag blank und still vor uns, die Luft war warm. Ein Kuckuck war aus dem Wald zu hören, und irgendwo rauschte ein Wasserfall.
»Es ist halb sechs«, entschied Ola.
»Woher weißt du das?«
»Kann ich am Moos sehen.«
Wir fanden einen prima Lagerplatz auf der Südseite, mit einer alten Feuerstelle. Das Zelt hatte schon bessere Tage gesehen, aber nach ein paar Stunden harter Arbeit stand es bombensicher. Dann machten wir uns an unsere Angelausrüstung, schraubten die Stangen zusammen, befestigten die Spulen, spießten ein Bündel fetter Würmer auf den Haken und warfen die Angel aus. Wir setzten uns ans Ufer und starrten auf die Schwimmer. Sie standen senkrecht da, wie Eier, und rührten sich nicht.
»Hier müßte es doch Fische geben«, meinte Seb nach einer Weile.
»Wird abends bestimmt besser«, überlegte Gunnar.
»Is' doch bestimmt bald acht«, sagte Seb und schaute sich um.

Der Wald wurde auf der anderen Seite dunkler. Hinter uns trat die Finsternis zwischen den Stämmen hervor.
»Halb neun«, sagte Ola. »Merke ich an der Luft.«
Wir holten die Schnüre ein und wechselten den Köder.
»Langsam werde ich hungrig«, sagte ich.
»Wenn wir bis neun nichts gefangen haben, machen wir 'ne Dose auf«, schlug Gunnar vor.
Mit einem Mal wurde es heller, als wäre über uns eine riesige Lampe angezündet worden. Wir sahen nach oben. Die Wolken waren zur Seite gezogen, obwohl es überhaupt keinen Wind gab. Der Himmel war tiefblau. Und direkt über den Bäumen, genau in der Krümmung nach Westen, stand die Sonne wie eine Pflaume mit Blutflecken da, in goldenen und roten Wasserfarben. Wir starrten sie an, bis zum Blindwerden, und stöhnten vor Wonne. Gunnar holte seinen Fotoapparat und knipste los.
Da entdeckten wir mitten auf dem Wasser eine Ente. Sie segelte behaglich auf dem Sonnenstreifen, als wäre sie vor lauter Lust verhext.
»Die nehm' ich auf!« rief Gunnar und drehte am Apparat.
Da passierte etwas. Die Ente wurde unruhig. Sie flatterte mit den Flügeln, kam aber nicht hoch. Sie schrie wild und sank.
»O Mann«, sagte Seb, »die hat 'n Loch.«
Die Ente flatterte, daß das Wasser um sie schäumte, aber es half alles nichts. Sie saß fest. Dann kam ein riesiges Maul zum Vorschein, direkt aus dem Wasser, biß die Ente und zog sie nach unten.
Ein paar Federn wirbelten noch nach oben.
Das war das letzte, was wir von dem Vogel sahen.
»Ich hab's im Kasten!« schrie Gunnar. »O Jesus!«
Ola wurde blaß. Er zog seine Angelschnur an Land.
»Gibt's h-h-hier auch Haie«, murmelte er.
»Ein Hecht!« rief Seb. »Der größte Hecht, den ich je gesehen habe. Verdammt noch mal!«
»Darum fangen wir nichts«, sagte Gunnar. »Der Hecht frißt die Barsche und Forellen.«
Wir zogen unsere Schnüre ein. Plötzlich fing Seb an zu hüpfen. Er hatte was dran. Seine Schnur lief im Zickzack durch das Wasser.
»Is' riesig!« keuchte er. »Zieht wie 'ne Lokomotive!«
Wir standen bereit, den Fisch entgegenzunehmen. Seb gab abwechselnd nach und zog wieder an, seine Angel war nicht sehr stark gebogen, aber es war sicher ein durchtriebener Fisch. Seb stand der Schweiß auf der Stirn, er legte die Sperre vor, damit die Spule nicht schleifen konnte. Dann kam er ans Licht. Ein Barsch von höchstens 50 Gramm. Aber er sah reichlich sauer aus.

»Da muß vorher ein größerer Fisch drangewesen sein«, meinte Seb, als wir das Biest an Land bekommen hatten. »War ja kurz davor, mich reinzuziehen!« Bestimmt. Aber Barsch war Barsch. Der erste Fisch. Wir versammelten uns ums Feuer, nahmen den Kleinen aus, steckten ihm einen Zweig ins Maul und brieten das Gerippe über den Flammen. Der Geschmack war nicht schlecht, nur ein bißchen viele Gräten und zu wenig Fleisch. Gunnar holte eine Dose mit Bohnen in Tomatensoße, die wir aufwärmten und hinunterschlangen. Dann kochten wir Kaffee, und Seb stopfte die Maispfeife.

»Was für'n Tabak haste denn?« wollte Gunnar wissen.

»Karva Blad«, sagte Seb und prüfte den Zug.

»Is' er stark?«

»Genau richtig«, antwortete Seb.

Er nahm einen Lungenzug, seine Augen verschwanden im Kopf, das Haar stand ihm zu Berge. Dann reichte er die Pfeife weiter. Wir lagen ein oder zwei Stunden flach auf dem Rücken und schnappten nach Luft. Langsam erholten wir uns wieder und setzten uns näher ans Feuer.

»Gut für die Verdauung«, räusperte Seb sich, und das erinnerte uns an das, wovor uns am meisten graute. Gunnar war der erste, der losmußte. Er nahm die Rolle Klopapier und blieb ziemlich lange weg. Gespannt warteten wir. Er kam mit Heidekraut im Haar zurück.

»Da sind verdammt viele Tiere!« stöhnte er und setzte sich vorsichtig hin. Wir starrten in den Wald, blind vom Schein des Lagerfeuers. Aber die Augen gewöhnten sich schnell an die Dunkelheit, und die Bäume waren zu unterscheiden, das Unterholz kam näher, unheimliche Büsche und Ameisenwege und gigantische Fliegenpilze, groß wie Pavillons. Da drinnen raschelte und rauschte es. Ein Vogel schrie über uns. Wir zuckten zusammen. Der Kuckuck rief. Unten am Wasser kroch irgendwas.

»Laßt uns Schluß machen«, schlug Seb vor.

Wir pinkelten das Feuer aus und krochen ins Zelt. Gunnar löschte die Taschenlampe.

Und bevor wir wußten, was los war, schien die Sonne durch die Zeltplane — verwirrt setzten wir uns auf und rieben uns den Schlaf aus den Augen. Ola saß draußen und wartete mit gekochtem Kaffee auf uns. Er grinste.

»Langsch-sch-schläfer! Es ist schon nach a-a-acht Uhr«, sagte er und deutete triumphierend zur Sonne.

Wir frühstückten und angelten. Der Hügel war noch kalt von der Nacht, unsere Kleider klamm. Aber die Sonne erschien über dem Wald und durchbohrte uns mit ihren warmen Speeren. Skillingen lag glänzend da, in all dem Grün sah es wie eine riesige Münze aus. Und die Schwimmer zeigten keinerlei Regung. Gunnar versuchte es mit einem Blinker, aber beim dritten Wurf saß er

im Grund fest, und die Schnur riß.
»Laßt uns weiterziehen«, schlug Seb vor. »Nach Daltjuven.«
Wir packten zusammen, fanden zurück zum Waldweg und marschierten einer hinterm anderen her. Die Sonne stand hoch am Himmel und plagte uns. Nach einem anstrengenden Marsch sahen wir zwischen den Bäumen ein Wasser, verließen den Weg und sprangen über das Heidekraut. Daltjuven. Nicht gerade riesig, aber dann konnten die Fische um so enger stehen. Wir hatten Glück, kamen direkt zu einem guten Lagerplatz mit flachem Grund und Grasdecke.
Wir bauten das Zelt auf, zogen die Halteseile stramm und fummelten die Stangen zusammen. Die Würmer hielten sich gut, ließen nur etwas den Kopf hängen, oder den Schwanz. Wenn wir nach Katnosa kämen, wollten wir die Erde wechseln. Wir trollten uns zu einem Felsen, der senkrecht im Wasser stand. Dann kreuzten wir die Finger und warfen alle zugleich die Angel aus. Die Schwimmer gingen sofort auf den Grund.
»Ein Fisch!« schrien wir im Chor.
Wir zogen an und holten jeder unseren Barsch heraus. Und zwar nicht so ein Klappergestell wie Seb im Skillingen. Diese hier wogen mindestens ein Pfund, kugelrund, mit einer Rückenflosse wie ein Hahnenkamm. Gunnar holte den Fotoapparat und das Messer. Da lief 'ne ganze Menge Blut, bevor die Schlacht vorbei war. Jeder von uns machte ein Foto, damit alle drauf waren. Dann hakten wir neue Köder fest, warfen aus, und nun ging es Schlag auf Schlag. Es brodelte. Barsche, Forellen und Renken. Wir hätten einen Fischladen eröffnen können. Die Geier kreisten über uns. Die Sonne neigte sich zum Waldrand, und die Farben wurden klarer und intensiver.
Und mit einem Mal lagen die Schwimmer totenstill in dem tiefschwarzen Wasser.
»Ich glaub', wir haben sowieso genug«, sagte Seb und zählte den Fang. Es waren elf Barsche, vier Forellen und drei Renken.
Die Mücken wurden langsam aufdringlich.
Seb und ich putzten die Fische, während Gunnar und Ola das Feuer anzündeten. Der Hunger zwickte im Magen. Wir fingen mit den Forellen an. Sie drehten sich in der Bratpfanne und schickten ihren köstlichen Duft bis nach Oslo. Nach drei Forellen, einer Renke für jeden und sechs Barschen konnten wir nicht mehr. Wir wankten zum Ufer, steckten unsere Köpfe ins Wasser und legten uns ins Gras.
Die Mücken umkreisten uns.
»Ich hol' die Pfeife«, sagte Seb und trottete zum Zelt hoch.
Der Himmel hatte seine Farbe gewechselt, war eher schwarz als blau geworden. Eine kreideweiße Möwe verschwand hinterm Wald. Seb kam mit der

Pfeife zurück und stopfte sie mit »Karva Blad«. Man mußte nur den Rauch überm Zäpfchen halten. Wir pafften und bliesen große Wolken in die Luft. Es brannte in den Augen.
»Mensch, Leute, heute ist ja Mittsommernacht!« rief Seb und holte mit einem Grinsen eine geriffelte Flasche hervor. »Von Muttern geklaut!«
»G-g-gin!« murmelte Ola.
Seb schraubte die Flasche auf und trank. Er hustete kräftig und reichte die Flasche weiter. Ich tat so, als ob ich trank. Meine Lippen brannten. Gunnar nahm mir die Flasche ab. Er schluckte, legte sich nach hinten und kicherte. Ola fing an zu hicksen und mußte nach unten, sein Gesicht kühlen. Die Flasche kam erneut. Ich holte tief Luft und nahm einen Schluck, er landete wie ein glühender Mauerstein im Magen.
»So sollte man leben«, sagte Seb mit heiserer Stimme. »Genau wie die Indianer.«
»Vor allem im Winter«, ergänzte ich.
Er hörte nicht zu.
»In der Stadt leben die Menschen künstlich«, fuhr Seb fort.
»Mein Vater hat mir von den Indianern in Südamerika erzählt.«
Ein goldener Schimmer breitete sich über Sebs Gesicht aus. Er zündete die Pfeife an und reichte sie herum. Wir bliesen die lästigsten Mücken weg.
»Möchte wissen, wie es Fred geht«, sagte ich.
»Fred hätte hier sein sollen«, sagte Gunnar leise.
Ein warmer Wind bewegte den Wald, es atmete und sang zwischen den Bäumen. Auch das Wasser gab Geräusche von sich. Ich trottete zum Waldrand, um zu pinkeln. Das Dunkel war jetzt dichter, im Wald stand eine schwarze Wand und versperrte den Blick. Eine Mücke landete auf meinem Schwanz, doch ehe ich sie wegjagen konnte, hörte ich etwas anderes.
»Pst«, sagte es hinter einem Baum.
Ich sah mich um, konnte nichts entdecken.
»Pst«, kam es noch einmal.
Und dann krabbelte ein Zwerg mit unendlich viel Bart und Augen, die in der Nacht glühten, hervor. Ich hatte keine Angst. Es war, als gehöre er hier in diese Landschaft, als sei er ein Teil des Baumes, hinter dem er sich versteckt hatte. Seine Haare waren Moos, die Arme Zweige und seine Stimme ein rauhes Sausen.
»Ich bin dem Geruch nachgegangen«, erklärte er. »Ihr habt Anglerglück gehabt.«
Anglerglück. Das hörte sich komisch an.
Ich nickte.
»Dann ist vielleicht noch ein Happen übrig?«

»Oh ja. Barsch.«
Er deutete zum Wasser und schob den Mooskopf vor.
»Die anderen, sind die, äh, sind die in Ordnung!«
»In Ordnung? Das sind meine Kumpel«, sagte ich verwirrt.
»Du bürgst für sie?«
»Na klar!«
Er folgte mir zum Feuer, in dem immer noch Glut war.
»Hallo!« rief ich. »Wir haben Besuch!«
Sie kamen langsam zu uns hoch. Der Zwerg versteckte sich hinter mir. Seine Augen gingen von einem zum anderen.
»Er möchte was zu essen«, sagte ich.
Wir kriegten die Flammen wieder in Gang, holten den Rest vom Fisch, und bald brutzelte es in der Pfanne. Der Zwerg sagte nichts, er saß nur mit wachsamem Blick und Speichel im Bart da. Er roch nach Erde.
Dann konnte er nicht länger warten. Er nahm den Barsch mit den bloßen Fingern und stopfte ihn sich direkt in den Bart. So was hatte ich noch nie gesehen. Er schob den Fisch zum rechten Mundwinkel, seine Kiefer bewegten sich wie ein Rad, und dann kamen die Gräten und die Haut am linken Mundwinkel wieder zum Vorschein und fielen auf die Erde. Er funktionierte wie eine Fabrik. Anschließend rülpste er kolossal und lächelte, voll Fett.
»Daltjuven ist ein prima Platz«, flüsterte er. »Aber niemand hat hier öfter als ein Mal Angelglück. Morgen müßt ihr weiterziehen.«
Wir guckten uns verstohlen an. Das Feuer warf ein unheimliches Licht auf unsere Gesichter. Dann entdeckte der Zwerg die Flasche.
Er deutete mit einem schwarzen, krummen Finger auf sie.
Seb gab sie ihm. Er nahm einen enormen Schluck, seine Augen leuchteten noch stärker.
»W-w-wohnen Sie hier?« fragte Ola vorsichtig.
»Der Himmel ist mein Dach und die Erde mein Fußboden. Und die Wände sind im Osten, Westen, Norden und Süden. Ihr seid willkommen.«
Er nahm noch einen Schluck und gab dann die Flasche zurück.
»Ja, Jungs, ich wohne hier seit dem Krieg. Bin im Geleitzug mitgefahren. Jetzt gehe ich in meiner Stube umher und finde keine Ruhe.«
»Auch im Winter?«
»Auch im Winter. Da ruhen die Soldaten aus. Der Schnee ist warm.«
Das Feuer sank in sich zusammen. Die Mücken kamen mit neuer Kraft zurück. Wir boxten in die Luft. Der Zwerg saß unbeweglich da und ließ sie sein Blut trinken.
Dann stand er plötzlich auf, sein Gesicht wurde dort oben im Dunkel unsichtbar.

»Wenn ihr Iris trefft, grüßt sie«, sagte er.
»Wer ist das?« fragte ich.
»Iris ist unser Engel«, sagte er. »Sie ist schön wie die Sonne. Wenn man sie trifft, stirbt ein Mensch.«
Dann ging er. Er ging direkt in die Dunkelheit und war fort.
Wir saßen noch lange da, ohne etwas zu sagen. Das Feuer verlosch. Der Mond schien matt vom Himmel.
Seb drehte den Korken raus und wischte sorgfältig den Flaschenhals ab.
»So'n Verrückter«, meinte Gunnar. »Reichlich verrückt!«
Die Flasche machte die Runde. Ich nahm einen Schluck und spuckte ihn wieder aus.
Die Mücken waren überall. Es summte sogar im Kopf. Seb zündete die Pfeife an, aber das half nicht viel. Sie kamen die ganze Zeit wieder und fanden unsere Gesichter, Hände, Beine. Wir gaben auf. Wir mußten Schutz im Zelt suchen. Die Flasche kreiste. Ich tat nur so, als ob ich tränke. Sie war fast leer. Ola schlief. Sein Kopf fiel nach unten, dann folgte der Rest des Körpers. Die Augen waren blutunterlaufen, und aus seinem Mund kamen merkwürdige Laute. In seinen Mundwinkeln zeigten sich Bläschen. Da gab's nur eins zu tun. Wir zogen ihn raus und krochen wieder hinein.
»Wir können's nicht riskieren, daß er das Zelt vollkotzt«, sagte Gunnar undeutlich.
Kurz darauf gab es einen Mordsradau am Zelteingang. Die Wände bebten, dann ging der Reißverschluß auf, und Ola steckte einen grünen Kopf hinein und spuckte aus vollem Hals.
Wir schrien alle laut auf. Ola starrte uns mit schiefem Blick an, kapierte nichts.
»Ich d-d-dachte, ich bin draußen«, stotterte er.
»Du *warst* draußen«, sagte ich. »*Jetzt* bist du drinnen.«
»Hab' ich ins Zelt gekotzt?«
Wir schafften ihn raus und ans Wasser. Gunnar und Seb hatten einen Lachkrampf bekommen, sie saßen da und johlten. Ola wußte nicht so recht, wo er war. Und im Zelt roch es wie auf einem Plumpsklo, da war diese Nacht nicht mehr an Schlaf zu denken. Wir rollten unsere Schlafsäcke um die Feuerstelle aus. Gunnar schnarchte, bevor er lag. Seb lag wiehernd in der Dunkelheit.
Die Mücken hielten mich wach. Ich steckte den Kopf ins Einkaufsnetz und fand so eine Mütze voller Träume.
Ich erwachte davon, daß Gunnar schrie. Er heulte. Er saß aufrecht in seinem Schlafsack und hielt sich sein Gesicht. Das sah nicht gut aus, ähnelte vielmehr einer Buckelpiste.

Ich ging zu ihm. Er schien nicht ganz bei Sinnen zu sein.
»Was ist passiert!« jaulte er. »Was ist passiert!«
»Mücken«, sagte ich. »Du hast letzte Nacht vergessen, das Netz überzuziehen.«
Er schrie noch lauter. Sein Gesicht war knallrot und ungefähr doppelt so groß wie normal. Die Nase blühte in alle Richtungen, und die Augen lagen ganz tief wie zwei schmale, verschreckte Streifen zwischen all den Kugeln. Ich mußte ihn festhalten. Er wedelte mit den Armen wie eine Windmühle und war kurz davor, den Schlafsack zu zerreißen. Ich bekam ihn heraus und schleppte ihn ans Wasser. Ansonsten war es ein herrlicher Morgen, mit klarer Luft, windstill, noch kühl von der Nacht. Daltjuven lag glatt wie eine Schlittschuhbahn da. Gunnar ging in die Hocke und betrachtete sein Spiegelbild. Dabei wurde er ohnmächtig. Ich mußte ihn an Land ziehen. Dort ließ ich ihn im Gras liegen und ging hoch, um die anderen zu wecken. Die lagen mit Kater und Mundgeruch in ihren Einkaufsnetzen.
»Komm, du Schwein, mach das Zelt sauber«, sagte ich zu Ola und rüttelte ihn wach.
Seb rieb sich die Augen und strich sich mit fünf Fingern durchs Haar.
»Is' irgendwas passiert?« grunzte er.
»Die Mücken haben Gunnar aufgefressen.«
Augenblicklich schossen sie in die Senkrechte. Ola steckte sich zwei Schwimmer in die Nase und fing mit dem Zelt an. Seb und ich gingen hinunter, um Gunnar zu holen. Er versuchte, sein Gesicht zu verstecken. Seine Augen sahen unheimlich zwischen den Fingern aus.
Seb wollte ihn trösten.
»Das ist nur gesund, von Mücken gestochen zu werden. Die wechseln das alte Blut aus. Die Mädchen haben ihre Tage. Wir haben die Mücken.«
Gunnar wollte davon nichts wissen.
Ich nahm ihn an den Beinen, Seb faßte ihn unter die Arme.
»Kommt das davon, wenn man besoffen ist?« murmelte Gunnar.
»Du Kohlkopf hast das Mückennetz vergessen!«
Er trat mich.
»Nenn mich nicht Kohlkopf!« schrie er mit verdrehter Stimme.
»Nenn mich nicht Kohlkopf!«
Ola kam aus dem Zelt hervor und verkündete, daß es acht sei.
»T-t-tut's weh?« fragte er und beugte sich über Gunnar.
Gunnar schlug wild um sich. Drei Mann mußten ran. Wir packten ihn ins Zelt. Dort legte er sich artig hin und starrte uns hilflos an.
»Haste Hunger?« fragte ich.
Er schüttelte schwach den Kopf.

»Durst?«
»Ja«, kam es heiser.
Seb holte Wasser, und Ola zündete den Butankocher an. Ich holte die Erste-Hilfe-Ausrüstung hervor.
»Gunnar«, sagte ich. »Hörst du mich? Du darfst nicht kratzen. Auch wenn es juckt, darfst du nicht kratzen!«
Er bekam Fieber. Wir überlegten, ob wir ihn gänzlich in Gazebinden wickeln sollten, gaben ihm dann aber statt dessen drei Spalttabletten. Seb zählte die Stiche und notierte sie auf einem Zettel. Allein auf der Nase kam er auf 18 Stück, 43 auf der Stirn und 36 auf jeder Wange.
Als die Sonne am höchsten stand, begann Gunnar zu phantasieren. Das Gesicht war dicker als je zuvor, und er sprach in Bildern. Es hörte sich wie Schwedisch oder Neunorwegisch an. Er redete irgendwas von einem Hoferben und einem Mädchen mit langen, blonden Haaren. Wir gingen raus und ließen ihn in Ruhe phantasieren.
Seb war seit unserer Abfahrt nicht mehr auf dem Klo gewesen. Er hatte einen harten Bauch, saß im Schatten des Zeltes und döste vor sich hin. Ola lag mit dem Kopf nach unten im Schlafsack. Ich versuchte zu angeln, aber vielleicht hatte der Zwerg ja recht. Im Wasser war keinerlei Leben.
Später am Abend entdeckte ich um das Zelt herum seltsame Spuren. Ein Fußabdruck von einem gewöhnlichen Stiefel, der andere von einem Elchfuß. Sie verschwanden im Wald.
Den anderen erzählte ich nichts davon.

Am nächsten Morgen wurden wir durch noch fürchterlichere Geräusche geweckt. Wir sprangen aus unseren Schlafsäcken. Seb, Ola und ich starrten dorthin, wo Gunnar lag. Aber von dort kam der Lärm nicht. Wir wischten uns den Schlaf aus den Augen. Trompeten. Wir hörten Trompeten. Ola zeigte mit offenem Mund in die Richtung. Genau auf der anderen Seite des Sees wimmelte es nur so von Pfadfindern. Das Wasser war voller Kanus. Ein braungekleidetes Würstchen mit hellroten Knien blies die Trompete.
Wir sahen uns an. Da war nichts mehr zu sagen. Wir weckten Gunnar, sein Gesicht hatte sich etwas entspannt. Ein paar Stellen auf der Stirn hatte er aufgekratzt.
»Wir müssen weiter«, sagte ich.
»Das schaff ich nicht«, stöhnte er.
»Es sind Pfadfinder angekommen«, sagte ich.
»Wir haun ab«, sagte Gunnar.
Wir rollten unser Zelt zusammen und machten uns davon. Wir brauchten nur dem Waldweg bis Katnosa zu folgen. Ola stellte fest, daß es neun Uhr

war, er sah es an den Blumen. O Mann, das imponierte uns nicht wenig. Ola war eine wandelnde Kuckucksuhr.
Und dann waren wir da. Wir warfen die Angelruten in die Luft und liefen das letzte Stück. Es roch nach Kuh und Kaffee. Auf der Außentreppe stand eine kräftige Dame und lächelte. Sie trug ein blauweißes Kleid, genau wie der Himmel.
»Seid ihr weit gereist?« fragte sie.
Das waren wir.
Wir folgten ihr in die Wirtsstube und setzten uns an einen Tisch.
»Waffeln«, bestellten wir. »Und acht Cola.«
Seb verschwand auf dem Klo, und die Großmutter nahm Gunnar in näheren Augenschein.
»Du bist mit den Mücken aneinandergeraten«, lachte sie.
Gunnar nickte, es wäre dumm gewesen, das zu leugnen. Sie holte eine Tube mit irgend etwas. Rosenglycerin, erklärte sie, und dann schmierte sie sein Gesicht damit ein. Er saß mit zusammengekniffenen Augen da und faltete die Hände. Es roch merkwürdig, ich hatte diesen Geruch schon mal gerochen, und zwar bei Fred, an den Händen seiner Mutter.
»Laß es ein paar Stunden drauf«, sagte sie.
Und dann brachte sie die Cola, und kurz darauf kam der Duft vom Waffeleisen, und nach einer Weile kam auch Seb. Er strahlte wie ein Sieger von Squaw Valley und schien zehn Kilo leichter.
Er sah Gunnar an.
»Willst du Ski laufen?«
»Ski?«
»Hast du dich nicht eingewachst?«
Wir lachten darüber, bis die Waffeln kamen. Sie setzte sich zu uns, und wir erzählten von dem Hecht und der Ente, von Daltjuven und den vielen Fischen, aber nicht von dem verrückten Zwerg, ich weiß eigentlich auch nicht genau, warum nicht.
»Wo wollt ihr jetzt hin?« fragte sie.
»Zur Mündung«, sagte ich. »Wollen's im Fluß versuchen.«
»Da könnt ihr eine Hütte mieten«, meinte sie.
»Toll!« riefen wir im Chor, und die Waffeln schmolzen uns auf der Zunge, und die Erdbeermarmelade schmeckte wie ein ganzer Sommer und die halbe Kindheit. Danach konnten wir die Erde für die Würmer wechseln. Und als wir weiterzogen, bekamen wir Waffeln und ein riesiges frisches Brot mit, das noch zwischen den Fingern brannte. Sie stand auf der Außentreppe und winkte, in ihrem blauweißen Kleid, wie der Himmel, und wir folgten dem Weg längs dem Wasser und verschwanden aus ihrem Blick.

Wir balancierten über den Damm. Das kalte Wasser ergoß sich in den Fluß, und der Luftzug kühlte uns. Weiter unten standen die Regenbogen in Reih und Glied, ganz bis zu dem Punkt, wo der Fluß in den Storløken fließt und sich etwas ausruht, bevor er weiter nach Sandungen rast.
Die Hütte war nicht besonders groß, aber immer noch besser als das Zelt. Hier roch es nicht nach Kotze, sondern nach Heu und Pferd. Gunnar legte sich in den Schatten und schlief ein. Seb, Ola und ich testeten die Würmer im Fluß, aber es biß kein Fisch an. Statt dessen steckten wir die Pfeife an, mischten die Trockenmilch, das wurden jedoch nur Klumpen. Ola versuchte, sie als Köder zu benutzen, und dachte schon, er hätte einen Mordskerl, aber sicher war das nur der Grund. Und dann kam von hinten die Dunkelheit und legte sich über uns, fast wie in einem Kinosaal. Wir versuchten es mit den Blinkern, kein Biß. Und dann kamen die Kriebelmücken. Die waren schlimmer als die Mücken. Sie krochen uns scharenweise in Ohren, Nase und Mund. Wir pafften wie verrückte Indianer die Maispfeife, es nützte aber nichts. So flohen wir in die Hütte, in der Gunnar schon lag und brabbelte. Dann schliefen wir auch ein und träumten von Pferden und Wasserfällen.

Ich stand früher als die anderen auf, war hellwach und hatte einen Bärenhunger. Ich schlich mich raus. Das Wetter war klar, die Sonne konnte ich aber nicht entdecken. Erst jetzt wurde mir der Lärm vom Fluß bewußt, ein dröhnender, schwerer Ton. Es konnte nicht später als sechs Uhr sein.
Ich nahm meine Angel, die Dose mit den Würmern und spazierte zum Fluß hinunter, fand dort eine günstige Stelle, wo ich barfuß ins Wasser gehen konnte. Ich befestigte einige dicke Würmer am Haken und warf die Angel aus. Der Haken wurde nach unten gezogen, ich gab Schnur nach, zog wieder ein und warf erneut aus. Während ich so weitermachte, tauchte die Sonne hinter mir auf und wärmte mir den Rücken. Die Vögel begannen zu zwitschern, die Blumen öffneten sich, und die Regenbögen überm Fluß tanzten und zitterten. Beim vierten Wurf biß einer an. Es zog im Handgelenk. Die Angel stand wie eine Büroklammer in der Luft. Ich gab trotzdem Schnur nach, die der Fisch mit sich zog. Das mußte eine Forelle sein. Oder ein Lachs. Einige Kilo schwer – mindestens. Ich fing an zu schwitzen. Hundert Meter waren auf der Spule, und die waren bereits abgespult. Ich ging rückwärts an Land und dann vorsichtig am Ufer entlang, befestigte die Angelrute in meiner Gürtelschnalle. Dann spannte sich die Schnur noch straffer, sie sang in der Luft. Ich blieb stehen, gab dem Fisch ein paar Sekunden und versuchte dann, ihn rauszuziehen. Er saß bombenfest, rührte sich keinen Millimeter. Er stand quer zur Strömung. Ich ließ ihn da stehen. Ich hatte viel Zeit. Aber da sah ich etwas, unten bei Storløken. Ich traute meinen eigenen Augen nicht. Da saß eine nackte

Frau auf einem Stein, splitternackt mit Riesentitten und hellbrauner Haut. Ich ließ die Rute los, die Schnur riß. Ich stand nur da und schnappte nach Luft. Sie sah mich nicht. Dann glitt sie in das schwarze Wasser und schwamm hinaus. Gleichzeitig hörte ich einen Hund bellen.

Ich lief zur Hütte. Sie schliefen. Ich rüttelte sie wach.

»'ne nackte Frau im Fluß!« rief ich.

Sie sprangen wie die Schmetterlinge aus ihren Schlafsäcken und rannten hinter mir her. Wir fanden zwei Büsche, hinter denen wir uns verstecken konnten.

»Da!« sagte ich und zeigte auf den Felsen im Wasser.

Niemand war dort zu sehen. Das Wasser lag glatt und unberührt da.

»Wo!« keuchten sie.

Ich ging ein paar Schritte nach vorn.

»Aber sie war da«, sagte ich kraftlos. »Genau da. Vor wenigen Minuten. Sie saß auf dem Fels, splitternackt.«

Die anderen sahen sich an und verdrehten die Augen.

»Es stimmt!« schrie ich. »Sie hatte riesige Titten!«

»Es ist erst sieben«, sagte Ola und pflückte eine Blume.

»Glaubt ihr mir etwa nicht!«

Keine Antwort, sie gingen nur langsam wieder zur Hütte zurück. Ich holte meine Angel. Als ich kam, kochte Seb Tee. Ola schnitt von dem frischen Brot dicke Kanten ab. Gunnar sah wieder ganz normal aus, hatte nur noch ein paar Beulen auf der Stirn.

»Warst wohl zu lange auf, was?« kicherte er.

»Aber ich hab' sie gesehen, bestimmt! Verdammt noch mal!«

»Ja, ja«, gluckste Seb.

»Ich hatte 'ne Riesenforelle dran«, sagte ich verzweifelt.

»Bestimmt fünf Kilo. Die wollte ich gegen die Strömung rausholen. Und dann entdeckte ich die Dame, und die Schnur riß!«

Gunnar klopfte mir auf die Schulter.

»Bist du auch sicher, daß sie es nicht war, die du an der Angel hattest?«

Sie konnten sich lange nicht beruhigen.

Ich ging zum Damm und setzte mich dort hin. »'ne nackte Frau«, hörte ich es unten aus der Hütte. »'ne nackte Frau im Katnosfluß!« Und dann kam schallendes Gelächter und Prusten.

Im Wald hörte ich einen Hund bellen.

An diesem Tag wurde es nichts mit Fischen, wir mußten uns mit Fischklößen zum Mittagessen begnügen. Wir saßen auf der Außentreppe, während die Dose auf dem Butankocher brodelte. Seb stopfte die Pfeife für den Fall, daß

aufdringliche Mücken oder Kriebelmücken kommen würden und uns Ärger machten. Ola spähte in die Landschaft und zog die Stirn kraus, er wollte herausfinden, wie spät es war.
Aber dann sah er statt dessen etwas anderes. Er reckte seinen Hals und machte uns Zeichen, leise zu sein.
»Da kommt jemand«, flüsterte er und deutete dorthin.
Wir fuhren hoch und guckten um die Ecke. Sie kam über den Damm, ein schmächtiges Mädchen in merkwürdigen Kleidern, mit einem Hund bei sich, einem dicken, struppigen Spitz.
»Das ist sie!« sagte ich. »Die habe ich im Fluß gesehen!«
Die Fischklöße kochten über. Wir retteten das, was noch zu retten war. Kurz darauf stand sie auf der Treppe. Der Hund schnüffelte herum, seine Zunge hing weit heraus. Sie stand nur da, ziemlich lange, und sah uns an, so daß wir ganz unruhig wurden.
»Hast du Lust, was zu essen?« fragte ich mit trockener Kehle. Sie nickte, nahm den Rucksack ab und setzte sich. Ich gab ihr alles, was von den Fischklößen übrig war. Sie teilte es mit dem Hund. Danach lachte sie.
»Guter Fang«, sagte sie. »Frisch aus der Dose.«
Sie war merkwürdig, das Merkwürdigste, was ich je gesehen habe. Sie war noch seltsamer als der Zwerg. Ihre Haare waren lang und ganz dunkel. In die Haare hatte sie sich unzählige Blumen gesteckt, Margeriten, Glockenblumen, Sumpfdotterblumen. Sie sah aus wie ein Blumenstrauß. Aber ihre Augen waren das Merkwürdigste an ihr. Zunächst erschienen sie ganz intensiv, strahlten eine große Schwere aus, aber hinter dem Blau waren sie grau und matt, wie Wasser, in das jemand getreten war und Sand und Schlamm aufgewirbelt hatte.
Wir kochten Kaffee. Sie blieb sitzen. Seb zündete die Pfeife an und räusperte sich leise. Sie wollte mal probieren. Wir kicherten innerlich. Karva Blad. Aber sie zog den Rauch mit einem Riesenzug ein, und dort unten blieb er. Sie gab mir die Pfeife weiter, zwinkerte nicht mal mit den Augenlidern.
»Hast du heute morgen was gefangen?« fragte sie.
Augenblicklich wurde ich zur Tomate. All mein Blut sammelte sich im Kopf und wurde siedendheiß. Es tröpfelte aus der Stirn heraus, blutrote Schweißperlen.
»Nein«, flüsterte ich.
Aber sie sah nicht sauer aus, lächelte.
»Heute abend werden wir 'ne ganze Menge Fisch kriegen«, sagte sie und drehte sich mit schnellen Griffen eine Zigarette. Ihr Tabak sah trocken und dunkel aus. Sie steckte ihn an und sog den Rauch ein, hielt die Luft an und schloß die Augen. Als sie sie wieder öffnete, waren sie verändert. Das klare Blau war

verschwunden, der matte, trübe Bodensatz war nach oben gekommen. Es schien, als sähe sie uns gar nicht. Sie roch süßlich und etwas stickig.
»Heute abend werden wir Fische haben«, wiederholte sie. »Aber erst einmal muß ich schlafen.«
Und damit legte sie ihren Kopf auf den Hund und schlief auf der Treppe ein.
Wir gingen hinunter zum Fluß und setzten uns jeder auf einen Stein.
»Sie hat gar keine Angel«, stellte Gunnar fest.
Daran hatten wir eine Weile zu kauen.
Ola entdeckte einen Ameisenhügel.
»Es ist halb sieben«, erklärte er.
»Damit wirst du sowieso recht haben«, meinte Gunnar.
»Ich glaub', sie is'n Indianer«, wisperte Seb und blies Ringe in die Luft.

Nach einer ganzen Weile erwachten sie und der Hund. Beide kamen zu uns hinunter. Sie sah sich um und nickte mehrere Male.
»Habt ihr irgend jemanden gesehen oder gehört?« fragte sie.
»Nein«, antworteten wir irritiert.
»Dann kommt.«
Wir folgten ihr hinauf zum Damm. Dort blieb sie stehen und deutete auf einen riesigen Hebel. Er ähnelte einem Türriegel.
»Wir werden die Schleuse schließen«, sagte sie.
»Wozu das denn?«
Sie grinste.
»Abwarten.«
Wir mußten alle zusammen dran ziehen und drücken. Der große Handgriff ließ sich gerade eben bewegen. Aber dann bekamen wir ihn in die Senkrechte, und er glitt auf die andere Seite. Wir richteten uns auf und lauschten. Es war geradezu so, als verschwände der Fluß. Es wurde immer stiller.
»Kommt«, flüsterte sie.
Sie nahm ihren Rucksack und Gunnar die Taschenlampe. Wir gingen ans Ufer hinunter.
»Wir müssen noch einen Augenblick warten«, sagte sie und setzte sich hin.
Es war komisch. Die Geräusche vom Wald kamen jetzt, wo der Lärm vom Wasserfall weg war, näher. Ich guckte Gunnar an. Selbst im Dunkeln konnte ich sehen, daß er sich nicht wohl fühlte.
Er war ganz unruhig.
Nach einer Weile stand sie auf und lächelte blaß.
»Jetzt werden wir Fische kriegen«, sagte sie.
Gunnar leuchtete. Zwischen den Steinen zappelten die Forellen. In der Vertiefung, die entstanden war, standen sie dicht wie in einer Dose. Es war ver-

rückt, als wenn man Beeren pflückte. Seb holte unsere Netze. Das Indianermädchen füllte ihren Rucksack.

Gunnar hielt mich am Arm fest.

»Das ist nicht erlaubt«, knurrte er.

»'türlich nicht. Aber das ist das erste Mal, daß ich Fische *pflücke*!«

Er ließ mich los und ging hinauf zur Hütte. Wir füllten zwei Netze, bis wir genug hatten. Das verrückte Mädchen hatte ihren Rucksack bis oben hin voll. Er zappelte wie ein Tintenfisch.

Dann öffneten wir die Schleuse wieder, indem wir alle Kräfte einsetzten und die Schranke anhoben. Und langsam bewegte sich die Welt wieder. Zunächst sickerte es leise, dann sprang das Wasser hervor, das Brummen setzte sich in den Ohren fest, und der Fluß floß in die Nacht, mit weißen Schaumkronen auf dem Rücken.

Nun zündeten wir bei der Hütte ein Feuer an, machten acht Forellen sauber, brieten sie auf einem Spieß und tranken Tee dazu. Sie schmeckten wie Waffeln mit Gräten drin. Wir schmatzten und schlürften so laut, daß man es bis Skillebekk hören konnte. Nur Gunnar hatte keinen Hunger. Er saß etwas abseits, sah mürrisch drein und machte sich mit dem Messer die Fingernägel sauber.

Seb steckte die Pfeife in Brand und schickte sie herum. Sie drehte sich eine von ihren eigenen, rauchte lange daran, und dann fing sie an zu reden, vor allem zu sich selbst, oder zu dem Hund, der mit der roten, rauhen Zunge auf den Vorderpfoten neben ihr lag.

»Das Leben ist ein Fluß«, sagte sie. »Das Leben ist ein Strom.«

Sie lehnte den Kopf zurück, der Himmel sank auf ihr Gesicht.

Dann war sie wieder mucksmäuschenstill. Das Feuer knisterte. Das Wasser floß hinter uns.

»Kann ich mal 'n Zug?« fragte Seb.

Sie gab ihm die Kippe. Seb nahm einen Lungenzug, seine Augen standen wie Eishockeypucks aus dem Gesicht.

»Wahnsinn!« stöhnte er und stürzte hinunter zum Fluß, um dort wie ein Elefant zu saufen.

Sie lachte, zog die Glut fast bis an die Lippen, nahm eine Blume aus dem Haar und warf sie ins Feuer.

Gunnar schnitzte an einem Stock. Er fragte:

»Wie heißt du eigentlich?«

Sie lehnte sich wieder zurück. Der Hund rollte seine Zunge ein.

»Es gibt keine Nacht«, sagte sie in die Luft.

»Was tust du eigentlich so?« fuhr Gunnar fort.

Der Hund fing an zu knurren. Seine Ohren standen steil vom zerzausten

Kopf ab. Hinter dem schiefen Maul kam eine Zahnreihe zum Vorschein. Sie wurde unruhig, stand schnell auf. Der Hund folgte ihr, stand eine Weile lauschend da, dann knurrte er wieder und fletschte die Zähne. Er zitterte am ganzen Körper.
»Ich muß gehen«, sagte sie und nahm ihren Rucksack.
Und dann ging sie ins Dunkel, verschwand, wie der Fluß davonfließt.
»O Mann.«
Das war alles, was wir sagten. O Mann.
Wir blieben noch sitzen und froren. Eine Mauer von Kälte kam vom Fluß herauf. Dann kamen die winzigen Mücken. Sie kamen blitzschnell und ohne Gnade. Wir schütteten Wasser auf das Feuer, rannten zur Hütte und sprangen kopfüber in unsere Schlafsäcke. Durch das kleine dreckige Fenster schien der Mond und warf ein unheimliches Licht in den Raum. Dann zog er weiter, und das Dunkel wurde undurchdringlich. Wir schliefen unruhig, sprachen im Schlaf, ein merkwürdiges, nervöses Gespräch.
Gunnar war als erster auf. Er kam mit knirschenden Zähnen und schmalen Augen zurück.
»Der Teufel soll sie holen«, sagte er. »Der Teufel soll sie holen!«
Ola und ich gingen raus, nachsehen. Unten an der Feuerstelle lagen die verrottenden Fische. Die Fliegen standen in einem dichten, stinkenden Klumpen über ihnen. Mit den Einkaufsnetzen war es vorbei.
»Das ist unsere Schuld, wir haben die Fische vergessen«, sagte ich.
Gunnar warf mit aller Kraft einen Stein in die Luft.
Es war schier unmöglich, Seb zu wecken. Er murmelte, redete dummes Zeug und war total im Tran. Außerdem schrie er auch noch. Wir mußten Gewalt anwenden, zogen ihn in die Höhe und stellten ihn an die Wand. Dann packten wir ein und zogen unseres Weges. Wir hatten die längste Etappe unserer Tour vor uns, ganz bis zum Kikut und zum Bjørnsjø.
»Die ganzen Fische verdorben!« murmelte Gunnar. Er war verbittert. »Ich hab's geahnt!«
»Was hast du geahnt?« fragte ich.
»Daß nur Scheiß dabei rauskommt, wenn man so'n Mist macht. Das war nicht in Ordnung, den Damm zu sperren. Das ist kein Spaß. Denk mal dran, wie viele kein Wasser hatten!«
Daran hatten wir nicht gedacht. Ola verlor augenblicklich seine braune Farbe.
»Meinste, die im N-n-norden haben das ge-m-m-merkt?«
»'türlich«, sagte Gunnar. »Maridalswasser. Ganz Oslo!«
Vielleicht sollten wir lieber ein paar Umwege machen. Wir warfen einen Blick auf die Karte, aber die Wege waren ziemlich verschlungen. Wir wollten

ja nicht oben bei Hadelands Glasfabrik rauskommen.
Ich sagte: »Wir waren das nicht. Wir haben geschlafen.«
Seb brummelte.
Gunnar ging als letzter und kratzte sich an seinen Wunden auf der Stirn.
»Ich hab' heute nacht was ganz Verrücktes geträumt«, kicherte Seb und rieb sich die Augen. »Ich hab' geträumt, ich wäre ein Fisch.«
»Was für'n Fisch denn?« fragte Ola.
»Weiß' nich', was für einer, is' ja auch egal. Eben ein Fisch. Und konnte wie der Teufel schwimmen. Und dann haben wir miteinander geredet, also, ich mit den anderen Fischen. Wir haben uns mit so 'nem kurzen Geheule verständigt. Ich fühl das noch im Körper, wie es ist, 'n Fisch zu sein. Verrückt, was! Und dann war es unter Wasser völlig hell.«
»Hat denn keiner geangelt?« fragte ich.
»O doch. Ich bekam Wind von einem großen Haken. Und genau in dem Augenblick, als ich anbiß, habt ihr mich geweckt.«
Als wir endlich Bjørnsjø fanden, war es fünf Uhr. Das behauptete jedenfalls Ola. Er konnte es an den Farben der Wolken sehen. Wir stürmten ins Kikut und bestellten Butterbrote mit Leberwurst, Cola und Ascot-Tabak. An der Wand hing eine riesige Uhr. Es war fünf nach fünf. Wir schauten Ola an. Er hatte die Zeit in sich drin.
Wir blieben noch eine ganze Weile da sitzen, mit wunden Füßen, braungebrannt und müde. Hinter dem Tresen war nur ein alter Mann und in der Küche zwei alte Frauen. Und niemand beklagte sich über Niedrigwasser. Gunnar beruhigte sich etwas.
»Niemand weiß, daß wir das waren«, flüsterte ich über den Tisch.
Gunnar sah mich direkt an.
»Ich hab' sowieso nichts mit der Sache zu tun!«
Wir fanden zur Flußmündung hin, auf einer Landspitze, die wie ein Zeigefinger ins Wasser ragte, einen Platz zum Zelten. Dort bauten wir das Zelt auf und holten unser Angelzeug heraus. Die Regenwürmer wurden allmählich schlapp, sie leisteten keinen Widerstand mehr, wenn wir sie auf die Haken spießten. Die Schwimmer rührten sich nicht. Langsam wurde das Wasser durch die Wolken, die heraufzogen, ganz schwarz. Ein Kältestoß traf uns von hinten. Der Wald begann zu klagen.
Wir krochen ins Zelt. Es war sowieso spät, und wir waren hundemüde. Die Schlafsäcke lagen dicht beieinander. Das Zelt bebte im Wind. Weit entfernt, vielleicht über Frogner, hörten wir es donnern.
»Keine schlechte Idee, hier draußen zu liegen«, meinte Ola.
»Im Wald isses schlimmer«, stimmte Seb zu. »Da kannste 'nen Baum auf den Kopf kriegen.«

Wir lagen da und lauschten dem Wind und den Wellen, die gegen die Steine schlugen. Es war dunkel. Es war verdammt dunkel.

»Wir sagen Bands auf«, schlug Gunnar vor.

Seb fing an.

»Beatles«, sagte er. Natürlich.

Dann war Ola dran.

»Beach B-b-boys.«

Gunnar: »Gerry and the Peacemakers.«

Und ich: »Rolling Stones.«

Und so machten wir weiter: Animals. Pretty Things. Who. Dave Clark Five. Manfred Mann. Yardbirds. Byrds. Lovin' Spoonful. Kinks. Snowflakes.

»Wer war das?« brüllte Seb.

Ola wars.

»Das gilt nicht. Snowflakes gelten nicht!«

Wir machten weiter, denn wir konnten immer noch nicht schlafen: Supremes. Pussycats. Tremeloes. Shadows. Dave Dee, Dozy, Beaky, Mick and Tich. Swinging Blue Jeans.

»The Snafus!« sagte Seb, und da ging's los. Das Dunkel wurde von blauen Messern durchschnitten. Der Boden unter uns erzitterte, Regen hämmerte gegen die Zeltwand. Dann hämmerte er auf uns nieder. Es strömte von allen Seiten: Das Zelt war leck wie ein Sieb.

Wir sprangen auf und raus. Der Himmel knirschte mit den Zähnen. Der Donner rollte den Hügel runter. Der Wind schlug uns ins Gesicht.

»Wir müssen zum Kikut!« schrie Gunnar.

Er knipste die Taschenlampe an, aber das brachte nicht viel. Wir packten, so gut wir konnten, unsere Sachen zusammen und kämpften uns durch den Sturm, fielen in den Dreck oder wurden vom Wind zu Boden gerissen. In unregelmäßigen Abständen leuchtete es blau wie von einem riesigen knisternden Fernseher auf.

Alle Fenster im Kikut waren dunkel. Wir hämmerten gegen die Tür, aber es hörte uns niemand. Seb zeigte auf eine andere Tür. Das war das Klo. Wir rannten hin. Es war dort zwar genauso kalt, aber jedenfalls trocken. Von den Verschlägen und der Rinne her roch es sauer.

»Morgen fahren wir nach Hause«, sagte Seb.

Wir versuchten zu schlafen, aber unsere Schlafsäcke waren zu naß. Dann probierten wir, die Pfeife in Brand zu stecken, aber die Streichhölzer waren auch zu naß. Wir versuchten, uns zu streiten, aber selbst dazu waren wir zu naß. Und dann müssen wir doch eingeschlafen sein, denn wir erwachten mit verstopften Nasen total groggy auf. Und es regnete nicht mehr. Nur in der Rinne hinter uns tröpfelte es. Ansonsten schien die Sonne. Völlig zerschunden

und mit steifen Gliedern torkelten wir nach draußen, kauften uns eine Brühe und ein Brötchen und hängten uns für ein paar Stunden in der aufgehenden Sonne zum Trocknen.
»Kennst du den Geruch?« fragte Seb.
»Klar kenn ich den«, antwortete ich.
Die Würmer. Die Regenwürmer waren verrottet. Wir gingen in den Wald und kippten sie aus. Ein paar Bäume verloren auf der Stelle ihre Nadeln. Dann hängten wir unsere Kleidung und die Schlafsäcke draußen an die Rucksäcke und machten uns auf den Heimweg. Beim Skjærsjø machten wir Rast und aßen den Rest der Notration.
»Es war 'ne prima Tour«, stellte Seb fest.
Das konnten wir nur bestätigen.
Gunnar holte den Fotoapparat heraus, ging in die Hocke, drehte dran herum und blinzelte. Da kam ein Alter des Wegs, den wir baten, das Foto zu machen. So waren wir alle mit drauf.
Auf dem Ullevålseter aßen wir für die letzten Öre Mittag: Labskaus und Malzbier. Jetzt waren es nur noch die Hügel hinunter zum Sognsee, und auch wenn es ganz gut war, wieder nach Hause zum Bett, Klo und zu den Schallplatten zu kommen, hatten wir doch Lust, es noch etwas hinauszuzögern. So machten wir einen Abstecher zum Lille Åklungen, dessen Wasser tief und dunkel neben der steilen Geröllhalde auf der Westseite lag. Wir ließen uns auf einer grünen Landzunge nieder und bauten die Ausrüstung zusammen.
»Wie spät ist es?« fragten wir Ola.
Er sah sich etwas unsicher um, zählte es an den Fingern ab und meinte, es sei fünf Uhr.
Dann befestigten wir die Fliegen und warfen die Ruten aus. Sebs Haken landete auf dem Grund, so daß seine Schnur riß. Er packte zusammen und wollte keine Fische mehr sehen. Ola drehte eine Runde im Wald, und nach und nach gab auch Gunnar auf.
Seb zeigte auf etwas.
»Guckt euch mal die Hochspannungsmasten da an! Die sehn wie riesige Roboter aus!«
Sie ragten über die Bäume, ohne Kopf, mit ausgestreckten Armen, enorme Stahlskelette. Wenn wir ganz still waren, konnten wir die Leitungen singen hören. Das klang unheimlich.
»Das Mädchen war reichlich merkwürdig«, sagte ich.
»Der Zwerg auch«, meinte Gunnar.
»Aber er hatte Recht, wir haben im Daltjuven keine Fische mehr gefangen«, erwiderte ich.
Ola polterte mit den Rucksäcken. Wir gingen hinauf zu ihm. Als wir anka-

men, wand er sich wie ein Frosch und versuchte, irgendwas in seiner Hand zu verstecken. Wir holten es heraus. Seine Uhr.
Er wurde häßlich rot und bekam im linken Ohr ein Zucken, daß es flatterte.
Wir sahen ihn wortlos an. Ein Stern verlosch. Ein Kuckuck sagte gute Nacht.
»Ich h-h-hatte sie bis jetzt nie r-r-rausgeholt!« stotterte er.
»O nein, nicht das auch noch«, sagten wir. »Wie spät ist es denn jetzt, hä? Kannst du das feststellen oder nicht?«
Er starrte auf die Uhr.
»I-i-is' stehengeblieben«, sagte er. »Is' nicht wasserdicht.«
Dann blinzelte er in den Himmel, während sein Ohr wie wild zuckte.
»Ich glaub', es is' halb sieben«, sagte er.
Ich warf ein letztes Mal aus, und die Schnur spannte sich, die Fliege flog in einem schönen Bogen und landete mit einem Seufzer mitten in der Bucht. Ich ließ sie weit einsinken und zog sie dann langsam ein. Da spürte ich einen Ruck im Arm. Die Schnur zitterte und sang wie die Hochspannungsleitungen da oben. Das war nicht der Grund. Da zog was.
»Ich hab' einen!« rief ich.
Ich gab Schnur nach. Der Fisch nahm sie. Ich gab mehr. Dann blieb es ruhig. Vorsichtig drehte ich die Spule auf. Er wollte nicht mit, versuchte, weiter hinaus zu schwimmen, aber er war zu müde, und der Haken saß gut. Er gab auf, folgte der Schnur. Als er nah genug war, sahen wir ihn im dunklen Wasser schimmern. Ich bekam ihn an Land. Er wog mindestens ein Pfund. Eine Regenbogenforelle.
»Woll'n wir sie essen?« fragte ich.
»Nimm sie mit nach Hause«, sagte Gunnar und schlug mir auf den Rücken.
Wir nahmen das letzte Stück in Angriff, trotteten an Gaustadjordene vorbei. Es war eine prima Tour gewesen. Da waren sich alle einig. Mit einem Mal kamen uns welche entgegen, eine merkwürdige Reihe, zehn, fünfzehn Mann, alle gleich gekleidet, sie hatten rasierte Schädel, tiefliegende, dunkle Augen und bleiche, bläuliche Haut. Vorn und hinten gingen zwei Männer, die den anderen überhaupt nicht ähnelten, sie trugen andere Kleidung und sahen richtig kräftig aus, eher wie Wachtleute. Sie gingen alle ohne Gruß an uns vorbei, sahen nirgendwo hin, ihre Hände waren graue Knoten, und das einzige, was ich hören konnte, war das Schlurfen ihrer Füße.
Ich blieb stehen, mir lief es eiskalt den Rücken hinunter. Dann lief ich hinter den anderen her.
»Habt ihr die gesehen?« fragte ich. »Arme Schweine!«
»Wer?« fragte Gunnar.
»Wer! Die Idioten, natürlich. Das waren die Idioten von Gaustad!«
Ich deutete den Weg hinauf. Sie waren nicht mehr da. Mit Geschrei erhob

sich ein Vogelschwarm von dem gelben Acker.
»Ich wette, daß England Weltmeister wird«, sagte Gunnar.
»Und was ist mit Brasilien, hä!« erwiderte Ola. »P-p-pele!«
Ich drehte mich noch mal um. Der Weg war leer.

Ola war total aus dem Häuschen. Ringo war der größte Sänger der Welt, Ringo war der einzige. Ola war in Gunnars Plattenspieler gekrochen und schwitzte im Nacken.
»Wenn ich zum Militär muß, geh' ich zur M-m-marine!« rief er.
Wir spielten es noch einmal. *Yellow Submarine*, volle Pulle, öffneten das Fenster, und die ganze Stadt wurde ein gelbes U-Boot, der Himmel war die Wasseroberfläche und wir die Mannschaft.
»Wir müssen uns beeilen, sonst kommen wir zu spät«, drängelte Gunnar. Er hatte immer noch ein paar Narben von den schlimmsten Mückenstichen auf der Stirn.
Wir schafften auch noch die Rückseite, bevor wir losliefen. Und plötzlich war die Stimmung völlig verändert. Die Straße draußen wurde zum Friedhof, für eine Weile war die Sonne hinter einer Wolke verschwunden, und der Herbst schlich sich ein. *Eleanor Rigby*. Wir saßen still da und hörten zu, merkwürdig, daß auch unsere Stimmung sich so jäh ändern konnte, genauso schnell, wie wir die Platte gedreht hatten, als wären auch wir zweigeteilt: Vorder- und Rückseite, Freude und Leid.
Und dann rannten wir zum Vestheim. Es war der erste Schultag nach dem Sommer. Es war der erste Tag in der zweiten Klasse der Realschule.
Die Gymnasiasten standen im Skovvei, rauchten und prahlten, und hinten am Zaun standen die Zwerge mit flackerndem Blick und ragten gerade über ihre Schuhe. Wir gingen an ihnen vorbei, erkannten ein paar Gesichter von Urra wieder. Sie versuchten, »hallo« und »Kumpel« zu sagen, aber das ging natürlich nicht. Schließlich waren wir auch in der ersten Klasse der Realschule allein klargekommen. Eben. Wir gingen direkt an ihnen vorbei. Aber so eine aufdringliche Klette mit Hochwasserhosen und Schweineborsten trottete hinter uns her.
»Wie is' es denn, getauft zu werden?« fragte er heiser.
Wir blieben stehen und sahen ihn ernst an.
»Haste 'n Altersbeweis?« fragte Seb.
»Häh?«
»Das is' kein Kinderfilm«, sagte Gunnar.
»Aber wie wird man denn nun getauft«, nervte er.
»Denk lieber nicht dran«, sagte ich ihm. »Sonst stehst du's nie durch.«
Er wurde weiß.

»Isses so schlimm?«
»Schlimmer«, sagte ich. »Entweder sie kriegen dich jetzt, verstopfen den Abfluß der Pißrinne mit Klopapier und legen dich hinein, bis du die Ohren voll Pisse hast. System Ernst heißt das. Oder sie warten bis zum Winter, stecken dich kopfüber in eine Schneewehe und drehen dich dann dort fest. Kannst es dir selbst aussuchen.«
Er schwankte zum Zaun zurück und setzte sich. Die übrigen Pygmäen wimmelten um ihn herum.
Die Mädchen waren gewachsen. Sie waren wie wahnsinnig gewachsen. Wir schlichen uns unauffällig weg.
Die Gans kam an, mit Bügelfalte in der Hose und einem Apfel unterm Arm.
»Hallo«, sagte er zögernd.
»Hallo Christian«, antworteten wir, und er grinste über alle vier Backen, und so blieb er stehen, bis es klingelte.
Die Tische waren zu klein geworden. Nach dem Sommer roch es muffig, so daß wir alle Fenster öffnen mußten. Der Schwamm lag trocken und hart auf dem Pult. Die Gans machte ihn naß. Die Mädchen spritzten mit Parfum nach ihm. O ja. Alles war wie vorher. Aber etwas fehlte. Ein Tisch fehlte.
Fred fehlte.
Die rote Kartoffel kam, setzte sich hinter sein Pult und fummelte an irgendwelchen Büchern herum.
»Setzt euch«, sagte er endlich.
Wir setzten uns.
Die rote Kartoffel fing an zu reden.
»Als erstes muß ich euch etwas Trauriges erzählen. Unser Klassenkamerad Fred, Fred Hansen, ist tot. Er ist im Sommer ertrunken.«
Ich glaube, so still war es noch nie gewesen. Und ich kann mich an nichts weiter erinnern, bis wir es nach der Stunde Seb und Ola erzählen konnten. Die Worte waren bleischwer. Seb glaubte mir nicht. Er packte mich bei den Schultern und schüttelte mich. Dann endlich mußte er es glauben.
Wir gingen nach Hause. Die Gedanken kreisten im Kopf herum. Gunnar war es schließlich, der aussprach, was wir alle dachten, aber nicht sagen konnten.
»Wieso hat Fred denn ertrinken können, er, der doch so phantastisch schwimmen konnte!«
Mehr sagten wir nicht. Ich dachte an seine alte Kleidung. Ich dachte an die Ratte und an die roten Hände seiner Mutter.
Fred war tot.

Wir gingen in das Fotogeschäft in der Bygdøy Allee, in dem Gunnar den Film von der Angeltour abgegeben hatte. Der Verkäufer suchte die Tüte heraus.

»Da muß Licht auf den Film gekommen sein«, sagte er und zog die Negative aus der Plastikhülle heraus.

Und alles, was vom Sommer geblieben war, war eine Reihe schwarzer Bilder.

REVOLVER

Herbst 66

In diesem Herbst passierte viel Verrücktes. In diesemHerbst spielten wir *Revolver.* Es war der Herbst, in dem wir konfirmiert wurden.
Einmal die Woche, jeden Mittwoch, waren wir beim Pfarrer in der Frogner Kirche. In dem engen Steinraum roch es nach Schimmel und nassen Socken. Wir waren mindestens zwanzig Leute, jeder hatte seine Bibel und sein Gesangsbuch. Der Pfarrer war so ein Skityp, mit 'nem Tropfen unter der Nase und senkrechten Falten auf der Stirn. Seine Stimme war enorm. Er predigte über all das, was wir gelobt hatten, seit wir getauft worden waren.
Und natürlich war die Gans auch da. Nach der Stunde hängte er sich an uns, als wir uns eine Zigarette in der Bygdøy Allee ansteckten.
»Was hältst du vom Pfarrer?« fragten wir ihn.
»Todlangweilig«, sagte die Gans.
»Ziemlich viel Aufwand für die Geschenke«, meinte ich.
»Ich wünsch' mir 'ne Hammondorgel«, sagte die Gans.
»Wow. Kannste etwa spielen?« fragte Gunnar.
»Klavier.« Er zögerte. »Will in 'ner Band anfangen.«
»'ne Band! Welche denn?«
Wir vergaßen fast zu atmen.
»Mal sehn«, sagte er nur und starrte den Hügel hinauf.
Ein Regenwurm kroch über den Bürgersteig. Er trat drauf.
»Warum haste das gemacht?«
Gunnar zeigte auf den Matsch und verzog das Gesicht. Die Gans grinste merkwürdig.
»Hatte eben Lust.«
Er zuckte mit den Schultern und ging die Straße hinunter.
Wir latschten hoch zum Springbrunnen. Der war schon für den Winter abgedeckt, obwohl es erst September war. Mitten auf der Straße kam ein Typ auf einem Pferd angeritten, o Mann, das sah phantastisch aus, ein glänzendes, braunes Pferd im Regen.
»Wie lange wird dein Vater zu Hause bleiben?« fragte ich.

»Drei Monate«, antwortete Seb und pulte eine Teddy hervor. Er sah sauer aus.
»Ist das nicht in Ordnung?« Gunnar steckte ein Streichholz an und schützte es mit seinen riesigen Fäusten.
»Doch. Aber Mutter und er streiten sich die ganze Zeit. Und dann nervt er mich damit, daß ich mir die Haare schneiden soll.«
»Mein V-v-vater nörgelt deshalb auch«, murmelte Ola und zog an seinen Zotteln.
Wir holten unsere Kämme hervor und richteten den Scheitel. In diesem Herbst redeten wir nicht so viel miteinander, aber irgendwas mußte man ja sagen, so redeten wir über Frigg, die auf dem vierten Platz lagen und eine Chance hatten, Meister zu werden, über die neue Stones-LP, *Aftermath*, über das Training, das wir schwänzten. Aber das, über das wir alle reden wollten, schluckten wir runter, über Fred.
Wir gingen nach Hause, still und befangen in unseren gelben Regenjacken.
»Ich weiß nicht, ob ich's schaffe, beim Pfarrer weiter mitzumachen«, sagte Seb plötzlich.
Wir hielten abrupt an.
»Mach keinen Scheiß«, sagte ich. »Zur Konfirmation wollen wir doch die Instrumente kriegen, die wir für The Snafus brauchen!«
Die anderen nickten zustimmend.
»Ja, klar. Aber wie können wir da hingehen, wenn wir nicht im geringsten dran glauben?«
»Hab' ich doch gesagt, du Kohlkopf: Geschenke!«
Wir fuhren zu Gunnar und hörten *Revolver*. One, two, three, four! Seb lag lang hingestreckt da, sobald er die ersten Griffe von *Taxman* hörte. Und *Eleanor Rigby* war wieder da, wir preßten uns an den Lautsprecher, als ob wir frören und der Plattenspieler ein Feuer wäre. Ich war etwas sauer, daß Paul auf jeder LP so einen Ohrwurm dabei haben mußte. *Here, there and everywhere*, aber *For no one* traf wie ein Pfeil ins Herz, wir dachten an all die Mädchen, Unni und Klara, Nina und Guri. Im gleichen Rutsch spielten wir *Girl*, saßen mit geballten Fäusten da und pfiffen auf alle Mädchen der Welt. Georges Sitar ging uns durch Mark und Bein, wie beim Zahnarzt. Und *Tomorrow never knows* war genau passend spröde. Es hörte sich an, als sänge John mit dem Kopf in einem Blumentopf, während im Hintergrund ein ganzes Orchester auf Kinokarten blasen würde.
»John Lennon wird langsam fett«, bemerkte Seb, als sein Puls endlich wieder unter 100 kam.
Gunnar wurde blaß und griff sich an den Bauch, um die Rettungsringe zu testen.
»Quatsch. Das sieht nur so aus. Das Hemd ist so groß!«

»Jedenfalls will ich unbedingt nächsten Sommer eine solche Sonnenbrille haben«, sagte Ola und deutete auf Ringo.
Draußen regnete es ununterbrochen.
September '66.
»Ja«, stimmten wir zu. »Nächsten Sommer.«
Und wieder verbissen wir uns das, was uns allen auf der Zunge lag, und schlichen mit einem Stein in der Brust nach Hause.
Mutter wartete mit dem Abendessen. Vater las in einem dicken Buch mit englischem Titel. Nach Weihnachten sollte er Filialleiter werden.
»Nun sollst du bald mit ins Theater«, sagte Mutter.
Das klang wie eine Kriegserklärung. Ich wollte nicht ins Theater.
»Freust du dich nicht?«
»Doch«, sagte ich, denn Mutter strahlte so sehr.
Die Nacht kam mit Jensenius. Er lief jetzt nicht mehr so viel hin und her, saß nur im Sessel und sang. An manchen Abenden sang er zwei Stunden lang, mit einer Viertelstunde Pause. Dann erträumte er sich sicher Applaus und Begeisterungsrufe und ließ sich zu einer Zugabe bitten.
Jensenius sang, bis der Winter kam und seine Stimmbänder mit Schnee bedeckte.
Ich konnte nicht schlafen. Unter der Tür drang Licht herein. Mutter und Vater saßen im Wohnzimmer und flüsterten ziemlich laut. Ich hielt die Luft an und lauschte.
»Er ist ein Idiot!« hörte ich Vater sagen.
Mutter war still.
»Seine Stellung aufzugeben!«
»Unbezahlter Urlaub«, warf Mutter ein.
»Und nach Paris! Zu diesem ... diesem Mädchen!«
Ich kroch wieder unter die Decke und lachte im Dunkeln. Hurra, Hubert! Dann mußte ich mich festhalten, bevor ein Traum kam und mich mit sich fortriß, das war der Traum, den ich im Herbst '66 träumte. Ich träumte vom Krampenkrieg, 1962, während der Kubakrise, als ich das erste Mal sah, daß Vater Angst hatte, und als mir das klar wurde, stieg die Angst nochmal so stark auch in mir hoch. Vater kaufte 30 Kilo Konserven und versteckte sie im Keller auf Nesodden, für den Fall der Fälle. Niemand durfte sie antasten, aber nach einer Weile beruhigte er sich, vergaß die Dosen und löste statt dessen Kreuzworträtsel. Von diesen Konservendosen lebe ich jetzt, Vater sei Dank, du warst damals so weitsichtig, denn immer ist irgendwo Krieg. Also, Krampenkrieg, Dreitagekrieg, 1962, als Skarpsno und Vika aufeinandertrafen, und wir von Skillebekk dazwischen standen, mit unseren niedlichen Gummibandschleudern, die sich überhaupt nicht mit den Kanonen der Fein-

de vergleichen ließen. Aber einen Vorteil hatten wir: Wir kannten das Schlachtfeld wie unsere Westentasche, uns waren heimliche Türen, Löcher in den Zäunen und unterirdische Gänge vertraut. An einem Donnerstag begann es. Am Samstagnachmittag war mit einem Mal Schluß. Da hörten wir Jakken schreien. Jakken war ein Typ, der irgend so eine Krankheit hatte, er konnte nicht richtig gehen, ist schon vor langer Zeit von hier weggezogen. Jakken schrie, er stand mitten auf der Straße, mit einer Eisenkrampe mitten im Auge. Das Blut spritzte heraus. Jakken schrie und schrie. Der Krieg war vorbei. Wir kamen aus unseren Schützengräben, aus den Bunkern hervor. Er verlor seine Sehkraft auf beiden Augen. Er stand in einer Blutlache da und schrie. Der Krieg war aus. Mutter bekam ihre Haarspangen zurück. Die Konserven blieben im Keller auf Nesodden.

So verbrachte ich die Nächte. Träumte von Krampen und vom Krieg.

An einem ganz gewöhnlichen Herbsttag mit leise glucksendem Himmel, Regen und Wind nahmen wir unseren ganzen Mut zusammen und kauften vier Rosen, die waren in all dem Grau um so roter, blendend rot, und damit fuhren wir zum Nordre Gravlund hinauf, zu Freds Grab. Wir fürchteten uns wie die Hunde und gingen ohne miteinander zu sprechen den langen Weg zum Friedhof hoch, der eingeklemmt zwischen dem Ullevål-Krankenhaus und den Schulgärten liegt.

Die Gräber lagen aufgereiht da, riesige Steine, Holzkreuze, Kränze. Auf der anderen Seite der Hecke heulte ein Krankenwagen vorbei. Unsere blankgeputzten Schuhe waren grau vom Matsch.

Ein schwarzgekleideter Alter kam den Kiesweg herunter und betrachtete uns neugierig.

»Wo wollt ihr denn hin?« brummte er.

»Wir ... wir suchen das Grab von Fred Hansen«, sagte Gunnar.

Der Mann schüttelte sich und zog den schwarzen Mantel noch enger um sich. Dann gab er uns ein Zeichen, daß wir ihm auf einem Pfad zwischen den Grabsteinen folgen sollten. Es roch nach feuchter Erde.

Er zeigte auf eine Ecke des Friedhofs, unter den gelben Birken.

»Da unten, wo die Dame steht. Das ist seine Mutter. Sie ist jeden Tag hier.«

Jetzt konnten wir nicht mehr umkehren. Langsam gingen wir auf sie zu. Seb hatte die Blumen in der Hand. Der Regen fiel in kalten Schauern.

Erst als wir fast bei ihr angekommen waren, bemerkte sie uns, erkannte uns nicht sofort wieder, aber dann erschien ein verzerrtes Lächeln auf ihrem Gesicht.

»Ihr seid das«, flüsterte sie.

Ich trat näher, trocknete meine Hände an der Hose ab und versuchte, die

Worte zu finden, die die rote Kartoffel uns beigebracht hatte, als die Klasse ihr Karte und Blumen geschickt hatte.
»Mein Beileid«, sagte einer nach dem anderen, streckte die Hand aus, und der Kloß im Hals wurde zu einer Granate, nur gut, daß es regnete.
»Wir haben ein paar Blumen mitgebracht«, sagte Seb und riß das nasse Papier runter.
Wir guckten den Stein an, die unerbittlichen Zahlen, die in ihn gemeißelt waren: 14.8.1951 — 25.6.1966.
»Ihr müßt mit mir nach Hause kommen«, sagte die Mutter mit einem Mal. »Bitte!«
Wir bedankten uns murmelnd und folgten ihr dann durch die ganze Stadt in die Schweigaardsgate und zur Transsibirischen Eisenbahn.
Wir setzten uns in die Stube, und sie kochte Tee. Immer noch roch es nach alten Kleidern. Die Tür zu Freds Zimmer stand offen. Nichts war dort verändert worden.
»Fred war alles, was ich hatte«, sagte sie ruhig.
»Wir vermissen F-f-fred auch«, brachte Ola heraus. Wir sahen ihn dankbar von der Seite an. Ola sagte die richtigen Dinge, wenn es darauf ankam.
»Er hatte nicht viele Freunde«, fuhr seine Mutter fort. »Ihr wißt gar nicht, was das für mich bedeutet, daß ihr gekommen seid und ich mit euch reden kann ...«
Und dann fing sie an, davon zu erzählen, was aus Fred alles hatte werden sollen, was er alles hatte machen sollen, und sie erweckte ihn fast wieder zum Leben, und mir kam der Gedanke, daß er sie jetzt jedenfalls nicht mehr enttäuschen konnte.
»Nehmt euch noch Tee«, sagte sie schließlich. »Ich hole eine Kleinigkeit zu essen.«
Sie kam mit einer Schale Kekse zurück.
»Buchstabenkekse«, lächelte sie.
Wir aßen die trockenen Kekse, tranken den süßen Tee, der nur noch lauwarm war. Und mir schien, als gäbe es in der Schale nur die Buchstaben F, R, E und D. Und ich hatte das Gefühl, daß es das wohl sein müßte, was der Priester Abendmahl genannt hatte, jedenfalls empfand ich es so, der Körper, das Blut, und die ganze Zeit schauten wir durch die offene Tür in das Zimmer, in dem das Mathebuch bei den Logarithmen aufgeschlagen dalag.
Auf dem Heimweg wurden die Steine in der Brust zu schwer. Der Regen strömte herab, und wir waren kurz davor zu versinken.
»Fred starb am 25. Juni«, sagte ich.
Die anderen sagten nichts, zogen an ihren nassen Kippen.
»An dem Tag haben wir das Mädchen bei Katnosa getroffen«, fuhr ich fort.

»Ja, und!«
Gunnar forderte mich heraus.
Ich schluckte den Stein.
»Vielleicht war das die Frau, von der uns der Zwerg erzählt hat. Iris.«
Gunnar biß mit einem Wahnsinnsgrinsen die Zähne zusammen.
»Halt's Maul!« Er war ganz nah an meinem Gesicht. »Halt's Maul!«
»Der Pfarrer hat erzählt, daß Gott alles im voraus bestimmt hat«, flüsterte Ola und strich sich nervös mit der Hand durchs Haar.
»Wie kann Gott das zulassen, he? Fred ertrinken lassen!«
Gunnar versuchte, sich eine Zigarette zu drehen, schaffte es nicht, schmiß die Streichhölzer an die Wand.
»Das werde ich den Pfarrer nächstes Mal fragen«, knurrte Seb und spuckte.
»Fred ist ertrunken«, sagte Gunnar, leise und so ruhig er konnte. »Fred ist ertrunken. Das hat ja wohl niemand vorherbestimmt. Jeden Sommer ertrinken Menschen. Fred war einer von ihnen. Dafür kann niemand was!«
»Nein«, stimmten wir zu.
Fred ist tot.
Wir gingen nach Hause. Es tat gut, es endlich ausgesprochen zu haben. Trotzdem. Es war gut, daß wir dagewesen waren. Wir fühlten uns irgendwie erleichtert, als könnten wir jetzt im Regen davonschwimmen.

Mutter und ich standen im Flur vor dem Spiegel, und es war fast wie in dem Sommer auf Nesodden, als wir uns verkleidet hatten. Sie trug ein langes Kleid und glitzerte vom Kopf bis zu den Zehen, und ich biß die Zähne zusammen, im Blazer mit blanken Knöpfen, kurzem Meckihaarschnitt und frischgewienert.
»Zur Konfirmation sollst du einen Anzug bekommen«, sagte Mutter, dann hupte es draußen, denn sie hatte zu allem Überfluß auch noch ein Taxi bestellt. Und das war gut so, so konnte ich mich aus der Tür schleichen und auf den Rücksitz werfen, da saß ich mit gebeugtem Kopf, ich hätte mich in dieser Verkleidung am liebsten versteckt.
Im Taxi flüsterte Mutter mir in den Nacken:
»Freust du dich nicht? *Brand* mit *Toralv Maurstad!*«
Ich hatte eine Todesangst.
Wir gaben unsere Mäntel ab, und Mutter mußte sich schon wieder vor einen Spiegel stellen. Ich wünschte mich weit weg, so weit es ginge, aber es nützte nichts. Mutter hakte mich unter und hielt mich fest, zeigte mir, wie schön alles war, erzählte von Hauk, Alfred und Peer. Ich versuchte, die Pumpe zu beruhigen, hier drinnen würde ich jedenfalls keinen Bekannten treffen, das war sicher.

Dann klingelte eine Glocke, und die Leute strömten zu den Eingängen. Wir schlängelten uns durch die Reihe und fanden unsere Plätze. Es roch nach Motten; nach Motten, Parfum und Rasierwasser, schlimmer als in der Kirche und in der Turnhalle zusammen. Der Schlips drückte auf meinen Adamsapfel, dieser Strick war kurz davor, mich zu erwürgen. Der Vorhang ging auf, jemand begann, mit einer Wahnsinnsstimme zu reden, und ich fiel in Ohnmacht.

Ich wurde von einem grellen Licht und lautem Klatschen geweckt.

»Ist es vorbei?« fragte ich.

»Es ist Pause«, lachte Mutter.

Wir eilten in den ersten Stock, denn Mutter wollte einen Martini haben. Ich bekam eine Limo. Es gab keine Sitzplätze, wir mußten an der Wand stehen. Mutter lehnte ihren Kopf zurück und sog zufrieden an ihrem Glas.

»Es ist gewaltig«, sagte sie.

»O ja«, murmelte ich.

»Ihr werdet sicher *Brand* im Gymnasium lesen. Oder *Peer Gynt.*«

Dann bekam ich die Limo in den falschen Hals: Uns direkt gegenüber standen Ninas Eltern. Kein Zweifel. Der Schweiß lief mir aus dem Hosenbein.

»Ich muß aufs Klo«, sagte ich.

Mutter sah auf die Uhr.

»Beeil dich. Es ist unten im Parterre.«

Ich schlich mich raus und kam ungesehen an den Glastüren vorbei. Ich bahnte mir den Weg die Treppe hinunter und fand gleich »Herren«. Mein Herz raste wie beim Sprint. Ich lehnte mich gegen die Tür. Niemand da. Erleichtert atmete ich auf. Das reinste Theater. Dann stellte ich mich an die Rinne und ließ in Ruhe mein Wasser laufen. Doch da wurde die Tür aufgestoßen, und ein zu kurzgewachsener Bartschönling stellte sich neben mich. Mein Strahl versiegte. Es war Ninas Vater. Er fummelte herum und kam dann in Gang, sah verstohlen zu mir herüber, und gerade, als ich eingepackt und zugeknöpft hatte, erkannte er mich.

»Das ist doch Kim«, sagte er und ließ ein Loch im Bart sehen.

Ich nickte und wußte nicht so recht, was ich sagen sollte.

»Du bist also im Theater«, fuhr er freundlich fort, schüttelte und zielte und machte weiter.

Das konnte ich schlecht verneinen.

»Ist es nicht fürchterlich«, seufzte er und machte sich fertig.

»Ich habe schon drei Aspirin geschluckt!«

Wir gingen zu den Waschbecken.

»Und, wie war das Fußballspiel?«

»Haben 1:0 gewonnen.«

»Das ist ja prima! Aber komm doch mit raus und begrüße auch Ninas Mutter. Wir sind zu Besuch hier, aber Nina ist nicht mit.«
Er zog mich mit sich, und die Mutter erkannte mich sofort wieder, nahm meine Hand, und das war etwas peinlich, denn ich hatte sie mir nicht abgetrocknet. So wurde ihre Hand tropfnaß, und sie mußte ein Taschentuch herausholen.
»Das letzte Mal, als wir dich sahen, bist du so schnell verschwunden«, lächelte sie.
Ich starrte auf den roten Fußboden, stellte fest, daß meine Schnürsenkel verkehrt in den Löchern saßen.
»Nina tat es so leid«, fuhr ihre Mutter fort. »Im Sommer kommt sie nach Hause.«
Und dann klingelte es wieder, zweimal, die Pause war vorbei.
Ich irrte ziemlich lange umher und fand nicht die Tür zur Treppe, die ganzen Kleider und Smokings strömten mir entgegen und wollten mich in die andere Richung mitziehen. Wie ein Lachs am Wehr kam ich mir vor und war kurz davor, Panik zu bekommen, als ich doch schließlich ins Restaurant kam, in dem Mutter wütend auf mich wartete.
Wir nahmen unsere Plätze ein, als das Licht erlosch. Der Vorhang war zur Seite gerollt, und es ist merkwürdig, aber wahr: Als ich die Kulissen sah und die hohen Stimmen hörte, die die Kronleuchter über uns zum Klirren brachten, war ich nicht dabei, genau wie bei *Sound of Music*. Und ich konnte nicht begreifen, wie jemand denen auf den Leim gehen konnte. Ich schloß die Augen, drehte den Ton leiser und dachte an Nina. Eine Kneifzange biß sich im Magen fest. Jetzt war sie in Kopenhagen allein. Allein mit Jesper. Ich hätte schreien können, nahm mich aber zusammen. Wollte mich doch nicht zum Narren halten lassen.
Als wir nach Hause kamen, ging ich sofort ins Bett, bekam warme Milch mit Honig und ging eine Woche lang nicht zur Schule. Ich war erschöpft, die Träume spielten Fangen mit mir, und ich kam nicht von ihnen los. Bilder und Geräusche mischten sich zu einem roten Albtraum: Jensenius' Gesang, der Krieg im Fernsehen, ein Fliegeralarm, ein Telefon, das niemand abnahm. Und an den Wänden, die mich umschlossen: Bilder von den Beatles. Ich erkannte sie nicht wieder. Sie sahen nicht mehr so aus wie vorher. Wir ähnelten uns selbst nicht mehr.
Und wenn ich jetzt nach einer unruhigen, aber traumlosen Nacht genauso fremd aufstehe, spüre ich dasselbe Fieber unter dem Schädel, die Kneifzange im Zwerchfell. Der Magen kann das Brunnenwasser nicht vertragen, es kommt ganz braun aus dem Hahn. Ich muß hinaus und Schnee schmelzen und ihn kochen. Ich mummel mich in alte Kleider ein und schlurfe durch

den Raum. Auf dem Tisch liegen weiße Bogen Papier, wie Fenster in der Dunkelheit. Ich gehe auf die Küchentreppe hinaus und werde geblendet, muß meine Augen mit der Hand abschirmen, es pocht in mir. Und ich friere, ich friere am Kopf, das ist am schlimmsten, denn meine Haare wollen nicht wachsen.

Da sehe ich es: Fußspuren im Schnee. Ich gehe ihnen nach. Sie kommen vom Tor her. Jemand ist hiergewesen. Sie führen ums Haus herum, bleiben vor dem Fenster stehen, von dem die Läden fortgenommen wurden.

Jemand hat zu mir hereingeschaut.

Wir machten weiter beim Pfarrer, saßen jeden Mittwoch in dem muffigen Keller und wünschten uns weit weg. Wir fanden keine Gelegenheit zu fragen, warum Fred ertrunken war, ob Gott das so gewollt hatte. Aber eines Abends hatten wir Blut geleckt. John hatte gesagt, daß die Beatles größer seien als Jesus. O Gott, was für ein Aufstand! Das war schlimmer als Luther. Seb wollte es dem Pfarrer direkt ins Gesicht schleudern. Aber Father McKenzie kam ihm zuvor und fragte statt dessen, ob Seb das Inhaltsverzeichnis des Neuen Testaments auswendig könne. Und das konnte Seb nicht. Er schaffte es bis zur Apostelgeschichte, aber dann war es zappenduster. Die Falten des Pfarrers wurden scharf. Die Mädchen in der ersten Bank kicherten. Ich holte heimlich meine Bibel hervor und warf einen Blick nach unten, jetzt kamen die ganzen Korrespondenzen des Paulus', der Brief an die Römer, der Brief an die Korinther und an die Galater. Seb wurde umgehend auf seinen Hocker zurückgeschickt. Dann zeigte der Pfarrer auf mich.

»Weiter«, sagte er.

Ich erhob mich.

»Brief des Paulus an die Römer. Brief des Paulus an die Korinther.«

»Der erste!«

»Häh?«

»*Der erste* Brief an die Korinther.«

Ich holte tief Luft.

»Der Brief des Paulus an die Galater.«

»Der zweite Brief!«

»Häh?«

»*Der zweite* Brief an die Korinther. Gnade sei mit euch und Friede von Gott, unserem Vater, und dem Herrn Jesus Christus!«

»Häh?«

»Weiter!«

»Der Brief des Paulus an ... an die Galater. Der Brief des Paulus an die Ephe ..., Epheser.«

Weiter kam ich nicht. Es war fast die Hälfte. Im Keller war es still. Ich linste zu Gunnar hinunter. Er schüttelte ergeben mit dem Kopf. Seb zog ein Gesicht und kümmerte sich um nichts. Ola sah aus, als bekäme er im nächsten Augenblick einen Lachkrampf. Wehe, wenn.
»Hast du auch die Aufgaben heute nicht gemacht?«
»Doch. Aber ich hab'n Blackout.«
Dann versuchte der Pfarrer, es aus mir hervorzubeschwören. Aber so weit reichten seine Fähigkeiten nicht. Er mußte Hilfe bei einem Rattenschwanz in der ersten Bank suchen, sie stand in ihrem Plisseerock stramm da und ratterte die Philipper, die Kolosser, die Thessaloniker, Timotheus, Titus und Philemon herunter.
Als die Stunde vorbei war, hielt uns der Pfarrer auf dem Weg nach draußen zurück und hieß uns dazubleiben. Seb und ich sollten nachsitzen. Und wir durften nicht gehen, ehe wir nicht die Liste auswendig konnten. Wir kämpften uns durch die fremden Namen, am Anfang ging es ganz gut, Matthäus, Markus, Lukas, Johannes. Aber die Epheser und die Thessaloniker brachen uns das Genick. Nach 20 Minuten meinte der Pfarrer, ich solle es mal probieren. Nach drei Versuchen bekam ich die Reihe hin, verwechselte nur die Kolosser mit Timotheus. Aber bei Seb wurde es nur wieder ein heilloses Durcheinander. Seine Nackenhaare standen ihm zu Berge. Nach den Korinthern streikte seine Zunge endgültig.
»Du kannst gehen«, sagte der Pfarrer zu mir.
»Ich warte auf Sebastian«, erwiderte ich.
Der Priester sah ihn an.
»*Willst* du es nicht lernen?« fragte er ihn.
»Nein!« schoß es zurück.
Seb stand auf und schmiß dem Pfarrer die Bibel hin.
»Ich schaffe es nicht, mich konfirmieren zu lassen! Meinen Sie, irgendeiner glaubt an das, was Sie erzählen? Das machen die doch nur wegen der Geschenke.«
Damit brachte er den Pfarrer aus der Ruhe. Der traute seinen Ohren nicht. Seb schritt hinaus zur Garderobe, ich lief hinter ihm her. Dann kam der Pfarrer, wedelte mit den Armen.
»Kommst du nicht wieder?«
»Nein!« sagte Seb und warf die schwere Tür hinter uns zu.
Draußen auf der Straße bekam er das große Zittern, wurstelte eine Zigarette hervor, und dann bekam er einen Lachkrampf. O Mann, das war das Stärkste seit der Auferstehung. John Lennon war dagegen nur Kinderkram.
Gunnar und Ola warteten bei Gimle.
»Seb hat den Popen ausgezählt!« rief ich.

Sie rannten uns entgegen.
Ich erzählte alles. Sie hörten mit offenem Mund und riesigen Augen zu. Ich erzählte es noch einmal. Sie starrten Seb mit Ehrfurcht und Bewunderung an.
»Aber was wird denn jetzt m-m-mit d-d-den Instrumenten!«
Seb schnipste die Kippe in den Rinnstein.
»Die krieg ich sowieso. Hat meine Mutter gesagt.«
Wie er das geschafft hatte! Nicht dran zu denken, daß meine Eltern sich auf so was einlassen würden. Da bräuchte ich gar nicht erst zu fragen.
»Dann wünschst du dir 'ne elektrische Gitarre!« sagte Gunnar.
»Genau. Kawai. Mit 'nem Mikrophon und Vibrator. Kann das Radio als Verstärker benutzen. 300 Sachen.«
Wir schlenderten Richtung Urra, jetzt konnten wir noch nicht nach Hause gehen.
Seb wurde plötzlich ernst.
»Ich finde«, fing er an, »ich finde es nicht richtig, daß man auf den Knien liegt und sich segnen läßt, wenn man nicht im geringsten dran glaubt. Oder?«
Gunnar blieb stehen.
»Auf den Knien? Wo denn?«
»Na, vorm Altar, bei der Konfirmation. Du wirst gesegnet und mußt sagen, daß du glaubst.«
Gunnar wurde bleich. Er biß die Zähne zusammen.
»*Muß* man das?«
»Na, das ist ja gerade die Konfirmation. 'ne Wiederholung der Taufe. Nur das Wasser fehlt.«
Gunnars Stimme war unsicher.
»Ich krieg aber keine Geschenke, wenn ich mich nicht konfirmieren laß.«
Seb holte vier Craven heraus und reichte sie herum. Wir trotteten weiter. Der »Mann auf der Treppe« war dabei zu schließen. Aber weiter unten in der Straße war noch eine Bude, die bis halb neun geöffnet hatte. Wir bogen in den Briskebyvei, dort sah es immer wie in einer Westernstadt aus, besonders abends, die niedrigen Holzhäuser, in denen es knackte, das gelbe Licht hinter den Gardinen. Nur Pferdegewieher und ein blutiger Zweikampf fehlten.
Plötzlich stand jemand vor uns, im Dunkel zwischen zwei Laternen.
Wir stoppten.
Die Gans.
»Hallo Christian«, sagten wir. »Was machst du denn hier? Ist ja schon fast mitten in der Nacht.«
Er kam näher, sah aus, als wäre er durch eine Autowaschanlage gegangen. Seine Haare klebten am Schädel, die ganze Zeit leckte er sich die Lippen.
»Habt ihr beim Pfarrer nachgesessen?« fragte er.

»Genau«, sagte ich.
»Was hat er gemacht?«
Seb kicherte.
»Gar nichts hat er gemacht! Wir haben was gemacht. Sind abgehauen. Für immer.«
Die Gans stand mit offenem Mund da.
»Ach du heiliger Strohsack«, sagte er.
Wir sahen uns verstohlen an. Die Gans fluchte.
»Da wird der Arsch noch lange dran denken!« fuhr die Gans fort.
Ola war der erste.
»F-f-fehlt dir irgendwas, Christian?«
Der hörte nicht.
»Ich könnte mir vorstellen, im Geschäft da ein Comic-Heft zu klauen«, sagte er mit einem Mal.
Stille. Keiner von uns sagte etwas.
»Ich könnte ja da drüben in der Bude 'n Comic-Heft klauen«, wiederholte er laut.
»Das trauste dich doch nicht«, sagte ich.
Die Gans kam einen Schritt näher.
»Trau ich mich nicht?« flüsterte er.
»Nee«, sagte ich.
»Glaubste nich', daß ich mich trau, 'n Comic-Heft zu klauen!« rief er.
»Da mußt du dich aber beeilen. Die Bude macht um halb neun zu.«
Die Gans sah uns an. Dann drehte er sich auf den Hacken um und ging über die Straße zu dem erleuchteten Laden an der Ecke. Wir hörten die Türglocke, als er hineinging.

Wir sahen die Silhouetten durch das Fenster. Hinterm Tresen stand nur ein alter Kerl, und dann war da noch ein Kunde. Die Gans stand am Ständer mit den Heften. Er zog den Reißverschluß seiner Peau-de-Pêche-Jacke runter. Wir hielten den Atem an. Hoffentlich war er nicht so blöd, einfach hinauszurennen. Zumindest mußte er erst noch ein paar Bonbons kaufen. O Mann. Die Gans stand mit dem Rücken zum Tresen da und zirkelte ein kleines Heft in die Jacke. Ja, es klappte. Jetzt nur noch zuschnüren.
Da blieb die Welt stehen. Ein riesiger Kerl mit Schirmmütze kam am Fenster vorbei. Er starrte auf die Gans, der an seinem Reißverschluß fummelte.
Gunnar seufzte tief erschrocken.
»Zum Teufel, das ist der Besitzer. Das ist der Besitzer der Bude!«
Der riß die Tür auf, wir konnten sehen, wie die Gans sich jäh umdrehte, dann verschwand er in den Armen des Hünen und wurde hochgerissen. Wir

sahen, daß er schrie, die Gans schrie wie in einem Stummfilm, und dann kam das Heft zum Vorschein, ein David-Crocket-Heft für 50 Öre.
Langsam bewegten wir uns Richtung Holtegate, ganz ruhig, nur keine Panik, dann rannten wir um die Ecke, verschnauften dort und warteten auf die Gans.
»Was für ein Abend«, sagte Seb.
»Halt's Maul!« knurrte Gunnar.
Wir horchten, ob wir Sirenen hören konnten. In der ganzen Stadt war es totenstill.
»Was wollte er denn mit 'nem David-Crocket-Heft?« murmelte Ola.
Dann kam er. Er stolperte hinaus und landete auf allen vieren auf dem Bürgersteig. Drinnen fluchte eine Stimme. Die Gans raffte sich auf und schlich an der Hauswand wie ein geprügelter Hund entlang. Wir brachten ihn hinter der Ecke in Sicherheit.
»Wie war's?« fragten wir ihn.
Er schüttelte nur den Kopf. Verdammt, wie er aussah. Die Wangen brannten von den Ohrfeigen, in der Lippe war ein Riß, über sein Kinn lief das Blut. Seine Peau-de-Pêche-Jacke war verdreht.
»Verflucht, wie war's!«
Er heulte ohne Tränen, schluckte nur in einem fort.
»Er hat gesagt, er wird es meinen Eltern sagen und auch in der Schule, er hat meinen Namen rausgekriegt.«
»Hast du den gesagt!«
Er versteckte seinen Kopf in den Händen.
»Der Arsch«, knurrte Seb. »Verdammter Kleinkrämer!«
»Das hat er doch nur gesagt, um dir Angst zu machen«, versuchte ich.
»Vielleicht werde ich ja rausgeschmissen«, schluchzte die Gans.
»Doch nicht für ein David-Crocket-Heft! Red keinen Scheiß!«
Er fing wieder an zu schluchzen. Es klang schlimm, als harke er Stacheldraht zusammen.
»Das wird schon nicht so schlimm werden«, versuchte ich wieder ihn zu trösten und klopfte ihm auf die Schulter.
Sein Blick traf meinen. Er sah mich fast haßerfüllt an. Dann ertranken seine Augen erneut in Tränen, die ihm über die Wangen liefen.
Von irgendwoher roch es sauer. Wir sahen nach unten. Die Bügelfalte war eh nicht mehr in seiner Hose. Am Bein war ein großer feuchter Fleck.
Er ging. Die Gans watschelte o-beinig die Straße entlang. Wir hörten seine Schluchzer wie Explosionen. Und einmal blieb er direkt unter einer Laterne stehen, stand nur da und jaulte, während das Licht auf ihn wie ein gelber, blendender Kreis fiel.

Am nächsten Tag fingen wir die Gans auf dem Weg zur Schule ab. Er kam den Frognervei hinauf, beim Bäcker warteten wir.
Er ging schnurstracks an uns vorbei.
Wir liefen hinterher und stellten uns um ihn herum.
»Wie isses gelaufen?« fragte ich.
Er sah uns mit leerem Blick an. Sein Mund war zusammengekniffen und ganz weiß. Er schluckte. Sein spitzer Adamsapfel hüpfte hoch und runter.
»Er hat nicht angerufen.«
»Gefahr vorbei!« rief Gunnar und faßte ihn am Arm.
»Vielleicht ruft er ja in der Schule an«, murmelte die Gans.
»Nicht, wenn er nicht bei dir zu Hause angerufen hat«, sagte ich. »Auf keinen Fall!«
»Er sagte, er werde es melden«, murmelte die Gans. »Er hat gesagt, daß er es melden wird.«
Die Gans wurde an diesem Tag in Physik abgehört. Er konnte nichts. Die ganze Klasse traute ihren eigenen Ohren nicht, ausgenommen Gunnar und ich. Die Gans sank hinterm Tisch zusammen.
»Bist du krank?« fragte der Lehrer freundlich.
Die Gans antwortete nicht.
Dann wurde das Großmaul abgefragt, und das dauerte wie üblich den Rest der Stunde. Ich beobachtete die Gans. Er war total außer sich. Warf die ganze Zeit ängstliche Blicke zur Tür, als erwarte er, daß die Bullen mit Handschellen und Fußfesseln hereinstürmen würden.
In der großen Pause nahmen wir ihn uns vor.
»Kein Grund, so nervös zu sein«, sagte ich. »Wenn er bis jetzt nichts gesagt hat, wird er es auch nicht mehr tun!«
»Er hat gesagt *vielleicht*«, flüsterte die Gans.
»Ja. Und?«
»Vielleicht ruft er morgen an.«
»So lange wird er sicher nicht w-w-warten!«
»Der hat bestimmt schon alles vergessen«, meinte Seb.
Aber es nützte nichts. Die Angst strahlte in seinen Augen. In der nächsten Stunde hatten wir Norwegisch. Die rote Kartoffel nutzte wie gewöhnlich die Gelegenheit und erzählte uns von Petter Dass und las aus »Nordlands Trompet« vor. Mit einem Mal stand das Sandpapier in der Tür. Wir fuhren hoch, streckten die Brust raus und legten die Hände an die Hosennaht, alle — außer der Gans. Er kam nicht hoch. Er lag überm Tisch und japste wie ein Bartenwal. Der Rektor kam ins Klassenzimmer, deutete auf die Gans und rollte: »Junge, was ist denn mit dir los!«
Weinte er? Merkwürdige Laute kamen von dort, und er war im Nacken ganz

naß. Die rote Kartoffel ging zu ihm und zog ihn hoch.
»Christian! Was ist los mit dir!«
Es rann über die Wangen der Gans hinunter.
»Ich hab's nicht so gemeint«, schluchzte er.
»Was sagst du?«
»Ich hab's nicht so gemeint!«
Das Sandpapier legte ihm die Hand auf die Stirn.
»Junge, du hast ja Fieber! Wir müssen dich gleich nach Hause schicken.«
Die rote Kartoffel packte ihm seine Tasche und schob ihn aus dem Klassenzimmer. Wir standen immer noch stramm, niemand kapierte etwas, außer Gunnar und ich. Wir wollten uns gerade entspannen, als das Sandpapier sich auf der Schwelle umdrehte und unter seinem Eisenbart hervorschnarrte:
»Was ich eigentlich sagen wollte: Es ist verboten, das Gelände der Schule in den Pausen zu verlassen, ausgenommen die große. Verstanden? Verboten!«
Die Tür fiel hinter ihm zu. Wir hörten die Gans auf dem Flur schluchzen. Die rote Kartoffel fragte die ganze Zeit, was er denn nicht so gemeint hatte, aber die Gans sagte nichts.

In dieser Woche kam er nicht mehr in die Schule. Und den Mittwoch drauf war er immer noch nicht aufgetaucht. Am Abend saßen wir beim Pfarrer und verschimmelten. Natürlich machte ich weiter, während Seb aufgehört hatte, er bekam ja so oder so seine Geschenke. Gunnar deutete an, daß er auch aufzuhören gedachte, aber wir konnten ihn überzeugen, daß schließlich die Zukunft von The Snafus auf dem Spiel stand. Wir saßen also beim Pfarrer, der dabei war, uns die Wunder zu erklären, als die Gans kam. Er war kaum wiederzuerkennen, war auf die Hälfte eingeschrumpft, richtiggehend zu einem Apfelgehäuse geworden, abgekaut und ausgespuckt. Er setzte sich dicht an die Tür und sah niemanden an. Die ganze Zeit bewegte sich sein Mund, ohne daß ein Laut herauskam.
»Er redet mit sich selbst«, flüsterte ich Gunnar zu.
So saß er da, bis die Stunde vorbei war, murmelte stumm, leckte sich die Lippen und murmelte weiter. Er war als erster aus der Tür. Wir schnappten uns unsere Sachen und rannten hinter ihm her. Bei Norum holten wir ihn ein.
»Haste was gehört?« fragte ich.
Er schüttelte den Kopf.
»Dann bist du auf jeden Fall gerettet«, grinste Gunnar und bot Teddys an. Die Gans wollte keine.
»Da haste aber Schwein gehabt!« sagte ich.
Er sah mich an. Ich erkannte ihn kaum wieder.
»Vielleicht ruft er ja nächste Woche an«, sagte er.

»Nun hör aber auf!« Langsam wurde Gunnar unsicher. »Wenn er bis jetzt nicht angerufen hat, ruft er gar nicht mehr an. Warum sollte er denn so lange damit warten?«
Die Gans leckte sich die Lippen.
»Um ... um mich zu bestrafen.«

Mit der Gans ging es unaufhörlich bergab. Er kam wieder in die Schule, saß hinter seinem Pult und murmelte lautlos vor sich hin. Sein Mund bewegte sich wie ein Kolben. Wir zerbrachen uns den Kopf darüber, was er wohl sagte. Und an einem Sonnabend saßen wir nach der Schule bei Gunnar und unterhielten uns über ihn, es war November geworden, und es schien, als wäre die Gans für alle Zeit verloren.
»Ich glaube, er ist total verrückt geworden«, meinte Seb.
»Hat den Schock nicht verkraftet.«
Mir lief es eiskalt den Rücken runter.
Gunnar hämmerte mit den Fäusten auf den Boden.
»Er muß doch begreifen, daß dieser Arsch nicht mehr anruft! Jetzt, nach fast einem Monat!«
Wir saßen eine Weile da, ohne etwas zu sagen, ich dachte an David Crocket, hatte auch mal so eine Mütze, mit einem langen, buschigen Schwanz.
»Ich laß mich nicht konfirmieren«, sagte Gunnar plötzlich.
»Was!« Wir schrien wie aus einem Munde. »Was soll das heißen!«
»Ich pack's nicht«, sagte er nur.
»Du packst es nicht!« rief ich. »Wieso denn nicht?«
»Ich schaff's nicht, weil ich einen Scheißdreck dran glaube.«
»Bekommst du auch so die G-g-geschenke?« bohrte Ola nach.
Gunnar schüttelte den Kopf.
Ich packte ihn am Kragen.
»Aber es war doch abgemacht, Mann! Wir lassen uns nicht konfirmieren, weil wir dran glauben, sondern weil wir die Instrumente für The Snafus haben wollen!«
»Woher willst du denn 'ne elektrische G-g-gitarre kriegen?«
»Werd' bei meinem Vater arbeiten.«
»Da brauchste ja mindestens zehn Jahre!« rief ich aus.
»Ich kann nichts dafür«, murmelte Gunnar.
»'türlich. Warum kannst du dich nicht wie alle anderen konfirmieren lassen. Denkste denn, irgend jemand sonst glaubt daran!«
»Ich pack's nicht, kann da nicht auf'm Boden liegen. Ich pack's nicht.«
»Du hast dich also entschieden?«
»Ja. Vater hat schon dem Pfarrer geschrieben.«

Das war's. Die Zukunft der Snafus kam ins Wanken.
»Dann müssen wir uns wohl einen anderen Gitarristen suchen«, sagte ich.
Totenstille. Gunnar pulte an seinen Fingernägeln. Ola kratzte sich am Kopf, Seb starrte aus dem Fenster.
»Das müßt ihr wohl«, sagte Gunnar, seine Stimme klang kalt und gleichgültig.
Da hörten wir einen Mordsradau aus dem Wohnzimmer. Die Tür wurde zugeschmissen, Schritte trampelten, eine Lampe fiel um, es klang wie ein Erdbeben.
»Du läßt dir die Haare schneiden!« schrie der Kolonialwarenhändler.
Keine Antwort.
»Hast du gehört, was ich gesagt habe! Du läßt dir die Haare schneiden! Und zwar heute noch!«
Keine Antwort.
Die Stimme des Vaters kreischte in fürchterlichen Fisteltönen.
»Willst du deine Mutter umbringen?«
»Nun mach mal halblang«, sagte Stig. »Jesus hatte auch langes Haar.«
Wow! Das wollte ich mir merken. Das war besser als Rudolf Nurejew.
Der Vater wollte noch was erwidern, er brachte aber nur unverständliche Töne hervor. Eine Tür knallte, daß das ganze Zimmer bebte. Kurz darauf kam Stig zu uns herein.
»Keine Panik, Jungs. Der Häuptling ist nur etwas aus dem Rahmen gefallen.«
Seine Haare wuchsen weit über die Ohren, und der Pony war zur Seite gekämmt, so daß er bis zum Kinn reichte. Er trug eine Lederjacke und Wildlederboots, dazu gestreifte Hosen mit Schlag. So stand er da, grinste und war Herr der Lage.
»Prima, wie du den Popen ausgezählt hast«, sagte er und nickte Seb zu.
Seb errötete vor Stolz.
»Die amerikanischen Priesterärsche segnen die Soldaten«, fuhr er fort. »Das hätte Jesus jedenfalls nie gemacht.«
Wir nickten zustimmend, natürlich nicht.
Stig sah uns einen nach dem anderen an.
»Ihr wollt doch hier nicht eure gesamte Zeit vertrödeln!«
Wir zuckten mit den Schultern.
»Beim Elektrizitätswerk geht 'ne Vietnamdemo los!«

Wir trotteten hinter Stig her zum Solli. Gunnar ging etwas abseits und sah sauer aus, er sagte kein Wort. Ich spürte eine Art Sog im Magen, einen Strudel, es entstand da drinnen ein Vakuum, das wehtat. Ich hätte ihm gern gesagt, daß mir das mit dem neuen Gitarristen leid tat, schaffte es aber nicht.

Ich brachte es einfach nicht fertig.
»Verdammt viele Leute da!« rief Stig.
Die Sommerrogate war brechend voll. Einige Hundert waren es mindestens, vielleicht sogar tausend. Es gab kaum genug Platz für alle. Einige trugen große Plakate: VIETNAM DEN VIETNAMESEN. STOPPT DEN BOMBENTERROR. FRIEDEN IN VIETNAM JETZT. Die Fackeln schaukelten in der Dunkelheit hin und her und beleuchteten die Gesichter.
»Ich muß abhauen«, sagte Stig, »soll 'n Transparent tragen.«
Als er gerade gehen wollte, fiel ihm noch etwas ein.
»Habt ihr gehört, daß die Beatles sich vielleicht auflösen wollen?«
Uns stockte der Atem.
»Ein Kumpel in meiner Klasse hat's gesagt. Er hat's in 'ner englischen Zeitung gelesen.«
»Auflösen — die Beatles!«
»Haben sich gestritten. Muß jetzt gehn. Bis bald!«
Er winkte mit seinen langen Armen und bahnte sich einen Weg durch die Menschen. Wir standen am äußersten Rand, bei den Straßenbahnschienen, und brachten kein Wort heraus, sahen nur aneinander vorbei. Die Rufe aus der Menge betäubten uns. Auf der anderen Straßenseite stand eine Gruppe und pfiff und lachte, ich erkannte sie wieder, die Seidengang von Vestheim, Ky und Anders Lange. Die Beatles? Auflösen? Irgend jemand fing an, ins Mikrophon zu sprechen, wir hörten nicht, was er sagte. Plötzlich gingen alle Menschen in Reih und Glied zum Drammensvei, wobei sie rhythmisch im Takt riefen. Wir vier blieben stehen und glotzten dem Zug hinterher, der sich davonschlängelte, die Flaggen wehten im Wind, die Transparente und Plakate mit ihren großen, schwarzen Buchstaben und die Fackeln. Wir hörten Glasklirren, eine Flasche ging kaputt, jemand schrie und prügelte sich hinten beim Geschäftshochhaus. Dicker Rauch stieg vom Hügel auf und brannte in der Nase.
Wir standen glotzend auf dem leeren Platz.
Die Beatles.
Vorbei?
Dezember ohne Schnee, nur klare, silbrige Kälte. Und der Sog war die ganze Zeit in mir, wie auf Nesodden, wenn die Fähre nach Dänemark vorbeifuhr und hinter sich einen Schwall mit Dreck, verrottetem Tang, Flaschen, Papier und Präsern hereinschwemmte. So ging es mir. Der Strudel zerrte in mir. Von den Wänden starrten mich die Gesichter an, ich konnte ihnen nicht entgehen. Zum Schluß hielt ich es nicht mehr aus, riß alle Bilder ab und legte sie in eine Schublade. Die nackten Tapeten grinsten mich an. Auflösen? Mit einem Mal stand meine Mutter in der Tür, klatschte wie wild und rief nach

Vater. Er kam auf der Stelle und war stumm vor Freude, betrachtete die Wände, als sei er in der Nationalgalerie.
»Das hast du gut gemacht, Kim«, sagte Mutter. »Das mußte ja sowieso vor der Konfirmation runter.«
In der gleichen Nacht noch hängte ich sie wieder auf und lag wach zwischen all den fremden Blicken. Mit einem Mal dachte ich an Nina. Die Fähre nach Dänemark fuhr vorbei und zog mein Herz ins All hinaus. Eines war jedenfalls sicher. Nie wieder wollte ich in ihre Richtung sehen, und wenn sie weinend auf den Knien läge und mich anflehte, niemals, das war aus und vorbei. Ich hörte, wie Jensenius seine Nachtrunde drehte, seine Schritte schlurften direkt über meiner Stirn. Das konnte nicht wahr sein. Daß die Beatles auseinandergehen wollten. Seit dem Tag hatte ich nicht mehr mit Gunnar gesprochen. Seb war so gut wie nie zu sehen und Ola auch nicht, er büffelte Deutsch und Mathe. Und die Gans? Mit dem wurde es immer schlimmer. Er redete wie ein Wasserfall – mit sich selbst, paßte in den Stunden nicht auf. Konnte die Hausaufgaben nicht. Er ging umher wie ein Gespenst. Die Mädchen hatten fast Angst vor ihm. Genau wie vor dem Drachen. Der Sog. Wäre Hubert zu Hause gewesen, hätte ich ihn vielleicht fragen können. Denn er mußte doch so etwas kennen. Aber Hubert war in Paris, bei Henny in Paris.
Dann schlief ich.

Eines Tages kamen wir dahinter, was die Gans immer murmelte. In der großen Pause kam Ola über den Schulhof gerannt. Wir standen frierend und zitternd im Schuppen und wußten uns nichts zu erzählen. Gunnar paukte die Physikaufgaben. Seb stand da und träumte.
»L-l-leute!« rief Ola. »L-l-leute.«
Wir sahen auf. Gunnar klappte sein Buch zu.
»L-l-leute! Ich war auf'm Klo!«
»Was du nicht sagst«, kommentierte Seb. »War's schön?« Seb war blendender Laune.
Ola fand seine Stimme wieder.
»Ich war auf'm Klo. Und da hab' ich Geräusche aus einer Kabine gehört.«
»Ja?«
»Ja. Das war die Gans! Er stand da drinnen und brabbelte. Und wißt ihr, was er gesagt hat! Er hat gebetet!«
»Was!«
»Die Gans hat gebetet!«
»Zu Gott?«
»Ja! Das ganze Vaterunser! Und noch viel mehr! Er stand am Klobecken und hat gebetet!«

Es klingelte.
Der Sog.
Die Gans ist verrückt geworden.

Vater und Mutter ließen nicht locker. Sie wollten die Bilder runter haben. Ich weigerte mich. Sie wollten, daß ich mir die Haare schneiden ließ. Ich weigerte mich. Ich hatte mir einmal vor dem Theater die Haare schneiden lassen, das reichte. Mutter fing an zu nörgeln. Vater schmiß die Türen, genau wie Gunnars Vater. Es war Krieg. Es war *Revolver*. Fast wurde mir das Mittagessen verweigert. Aber ich dachte immer nur an die Gans, daß ich mit ihm reden mußte, und an einem eiskalten Freitag erwischte ich ihn in der Gyldenløvesgate auf dem Weg nach Hause.
»Hallo Christian«, sagte ich und nahm sein Tempo auf.
Er nickte kurz. Sein Ranzen schien mir riesig, wie ein Buckel.
»Du hast ja Riesenschwein gehabt!« sagte ich schnell.
»Schwein?«
»Ja, daß der Kerl dich nicht verpetzt hat!«
Die Gans starrte mich mit dem gelben Blick an, den ich nicht ertragen konnte.
»Was meinst du damit?« fragte er.
Ich wurde eifrig.
»Na, daß er nicht angerufen hat!«
Ich sah ihn schnell an.
»Oder *hat* er angerufen?«
Die Gans schüttelte sich.
»Noch nicht«, sagte er.

An dem Abend konnte ich nicht stillsitzen. Ich überlegte, ob ich zu Gunnar fahren sollte, schaute aber statt dessen bei Seb rein. Er öffnete voller Schwung die Tür und sah ziemlich enttäuscht aus, als er mich dort stehen sah.
»Wartest du auf den Weihnachtsmann, oder was?«
Er zog mich in sein Zimmer. Vom Wohnzimmer waren leise, aber heftige Stimmen zu hören. Dann schlug eine Tür, und jemand rannte davon.
»Momentan knallen sie alle mit den Türen«, sagte ich.
Seb nickte. Er sah ziemlich traurig aus.
»Gunnars Vater«, fuhr ich fort. »Mein Vater. Alle knallen sie mit den Türen. Möchte wissen, wie's bei Ola ist.«
»Da knallen sie auch«, sagte Seb. »Ola hat einen Brief nach Hause bekommen. Er bleibt sitzen, wenn er in Deutsch und Mathe nicht besser wird.«
»So ein Scheiß. Alles der reinste Misthaufen!«

Der Plattenspieler stand stumm da. Im Wohnzimmer war es still geworden. Es hätte ruhig anfangen können zu schneien. Nur noch zwei Wochen bis zur Konfirmation.
»Glaubst du, daß die Beatles sich auflösen?« flüsterte ich.
»Weiß nicht. Kann sein. Aber ich glaub's nicht.«
Seb wirkte reichlich nervös.
»Und was wird nun aus The Snafus, he? Wenn Gunnar keine Gitarre kriegt?«
»Wir müssen trotzdem sehen, was wir als erstes spielen wollen«, meinte Seb.
»Eigene Stücke schreiben und so.«
Ich schluckte und fragte:
»Glaubste, daß die Gans verrückt geworden ist?«
Seb grinste kurz.
»Sieht ganz so aus.«
Der Sog.
»Meinste, es hätte was gebracht, wenn der Kerl aus dem Laden angerufen hätte?«
Seb dachte nach.
»Vielleicht. Er wartet ja nur darauf. Wenn der jetzt anruft, gibt's zwar 'ne Menge Krach, aber dann ist es vorbei. Dann braucht er sich jedenfalls vor nichts mehr zu fürchten.«
Das Gleiche hatte ich auch gedacht.
Es klingelte. Seb fiel zusammen wie ein Pyjama. Seine Mutter öffnete, und wir hörten Stimmen. Seb zog sich ins Sofa hoch. Dann stand sie in der Tür. Guri.
Ich stand auf, guckte zu Seb und grinste. Dafür hatte er also seine Mittwochnachmittage genutzt, wenn wir beim Pfarrer saßen und das Moos wachsen ließen. Seb grinste zurück.
Und Guri stand nur da und sah endlich wieder glücklich aus.
»Ich muß gehen«, sagte ich schnell. »Hab' Mathe noch nicht gemacht.«
»Ich will Nina 'nen Brief schreiben«, sagte Guri. »Soll ich von dir grüßen?«
Und da sagte ich ja.
»Ja«, sagte ich. »'türlich. Grüß sie.«
»Du bist doch nicht sauer auf sie?«
Und da sagte ich nein.
»Nee«, kicherte ich. »Warum sollte ich?«
Ich stürmte zum Solli hinauf. Die Telefonzelle war frei. Ich warf eine Münze ein und wählte die Nummer der Gans. Im Krimi reden sie immer durch ein Taschentuch. Ich hatte kein Taschentuch dabei, räusperte mich hart und versuchte, meine Stimme tiefer klingen zu lassen. Aber die kannten ja meine Stimme sicher sowieso nicht, abgesehen von der Gans. Das Freizeichen kni-

sterte über Frogner. Dann war eine Frauenstimme an meinem Ohr.
»Ellingsen«, sagte sie.
»Ist Herr Ellingsen da?« fragte ich.
Der Hörer lag wie ein Schwamm in meiner Hand.
Kurze Pause.
»Er ist nicht zu Hause. Mit wem spreche ich denn?«
Ich legte los.
»Es geht um Ihren Sohn«, sagte ich. »Ich bin der Besitzer eines Tabakladens in der Nähe der Uranienborg-Schule. Und vor einer Weile habe ich ihn dabei erwischt, wie er ein Heft stehlen wollte.«
Am anderen Ende war es still.
Ich fuhr fort.
»Ich war vielleicht etwas grob zu ihm, aber Sie wissen ja, wie das ist. Es ist nicht das erste Mal, daß in meinem Laden gestohlen wurde.«
»Ein Heft?«
»Ein ... ein David-Crocket-Heft. Ich glaube nicht, daß er allein war.«
»Allein?«
»Vor dem Laden stand eine Gruppe und wartete.«
»Ich verstehe«, sagte sie.
Das bezweifelte ich. Ich mußte das Ohr wechseln. Das erste war kurz davor zu schmelzen.
»Ich dachte, es würde Sie interessieren, davon zu erfahren, auch wenn es schon eine Weile her ist. Ich selbst betrachte die Sache als ungeschehen.«
»Danke«, sagte sie. »Vielen Dank.«
Sie legte auf. Ich hängte ein. Jetzt ging sie sicher zu der Gans hinein und machte ihn fertig. Ich schwankte hinaus, blieb auf dem Bürgersteig stehen, die Straßenbahn kam über den Kreisel, und mit einem Mal schien sie einem Schiff zu ähneln, das mit Stimmen und Musik vorbeiglitt. Ich spürte den Sog im ganzen Körper, diesen kräftigen Strudel, ich wurde in die blaue Dunkelheit des Sternenhimmels geworfen und schlug Aldrins Rekord vom Vortag, als er für zwei Stunden, neun Minuten und 25 Sekunden außerhalb der Gemini 12 hing.

Dann war ich wieder auf der Erde.
Wir sahen aus wie Albino-Fledermäuse, wie wir in zwei Reihen den Mittelgang entlang dastanden, in weißen, langen Capes, mit bleichen Gesichtern und riesigen Adamsäpfeln. Die Orgel dröhnte über uns. Ola hatte die Augen gen Himmel erhoben und sah aus, als würde er sich jeden Augenblick erbrechen. Die Gans stand hab acht, murmelte nur ab und zu, seine Augen waren nicht mehr so voller Angst. Die Orgel schmeichelte sich fort. Die Geräusche

von den Bankreihen kamen zum Vorschein, Husten und Räuspern, eine Pastille fiel zu Boden, ein Kind schrie, es war schlimmer als im Kino. Meine Eltern saßen mit einer meiner Paten an der Tür, eine alte Freundin meiner Mutter aus der Zeit, als diese Schauspielerin werden wollte. Sie war mit einem athletischen Affen verheiratet, der 1947 wohl norwegischer Meister im Zehnkampf gewesen war. Der andere Pate war nicht da – Hubert war in Paris. Dann kam der Pfarrer vom Altar herunter und ging mit knarrenden Schuhen zwischen uns hindurch. Ganz hinten blieb er stehen, dort stand ein Zugereister von Hoff, sein Cape wehte um ihn, er war kurz vorm Raketenstart. Im ganzen Gebäude wurde es still.

»Wie heißt die Stadt, in der Jesus geboren wurde?« fragte der Pfarrer.

Das durchschnitt alles. Den eisernen Vorhang. Stahlgardine. Die Stille im Saal näherte sich dem Siedepunkt. Der Pfarrer wiederholte seine Frage, der rothaarige Zugezogene zitterte in seinem Cape, ein Mann im Saal war kurz davor, sich zu erheben und irgendwas zu rufen, wahrscheinlich um Hilfe. Der Typ knickte in den Knien ein, man sah nur noch einen brennenden Kopf in den Gewändern versinken.

Der Pfarrer ging rasch weiter, und die Antworten kamen Schlag auf Schlag. Die Stimmung stieg, es war kurz vorm Applaus. Die Gans antwortete, daß die heilige Dreifaltigkeit aus Gott Vater, dem Sohn und dem Heiligen Geist bestehe. Ola antwortete, daß es Barabas war, der freigelassen wurde, als Jesus ans Kreuz genagelt werden sollte. Und ich, ich antwortete, daß der, der seinen Herrn verraten hatte, Judas hieß.

Danach gab es wieder Orgelmusik, und dann mußten wir hinauf zum Altar und uns in einem Halbkreis hinknien. Der Pfarrer ging innerhalb des niedrigen Geländers herum und legte seine Hand auf unsere Köpfe. Das war wahrscheinlich jetzt die Konfirmation. Ich begriff gar nichts, ließ nur alles geschehen, es war nicht schlimm, und ich schrie auch nicht, wie meine Mutter von meiner Taufe erzählt hatte. Das einzige, was ich dachte, war, daß das Geländer, an das wir uns lehnten, ranzig roch, der Stoff, mit dem es bezogen war, roch wie die schwarzen Ledereinbände der Bibeln und die alten Kleider auf Nesodden.

Dann war's vorbei, und wir trollten uns in den Keller hinunter, um uns umzuziehen, genau wie nach einem Fußballspiel. Ola saß neben mir und atmete erleichtert auf.

»Haste gesehn, was ich für'n Zucken im Bein hatte?« keuchte er. »Dachte, das Cape würde runterrutschen. Die Sicherheitsnadel unterm Arm hat sich gelöst!«

Wir kicherten leise. Die Gans stand in der Ecke und wollte das Cape nicht ausziehen, es sah aus, als ob er sich darin wohl fühlte.

»Hat der Arsch nun doch noch angerufen?« fragte Ola.
Ich nickte.
»Sollte 'ne Fangprämie geben!«
Dann war der Pfarrer wieder dran. Er sprach sanft mit uns, sagte, daß er stolz auf uns sei. Er gab uns Pfötchen, und jeder bekam sein Taschentestament, ein kleines rotes Buch, nicht größer als ein Taschenkalender. Da hinein hatte er einen kleinen Gruß an uns geschrieben und eine Schriftstelle, die wir mit auf unseren Weg nehmen sollten. *Kim Karlsen. Konfirmiert am 1. Dezember 1966. Jak. 2.14. Was hilft's, liebe Brüder, so jemand sagt, er habe den Glauben, und hat doch die Werke nicht? Kann auch der Glaube ihn seligmachen?*
Auf dem Weg nach draußen stand plötzlich die Gans neben mir. Er hielt sein Buch mit beiden Händen fest.
»Gratuliere«, sagte ich.
Er starrte vor sich hin.
»Mutter ist hingegangen und hat mit dem Ladenbesitzer geredet«, sagte er.
Mein Herz stockte. Ich war kurz davor zusammenzusacken. Ola war direkt hinter mir, er steckte den Kopf nach vorn.
»Gab's Krach?«
»Er sagte, er hätte gar nicht angerufen«, berichtete die Gans und guckte verwirrt aus der Wäsche.
Ola drängte sich zwischen uns.
»Was, er hat gesagt, daß er gar nicht angerufen hat?«
»Ja. Aber Mutter hat ja mit ihm geredet. Da konnte er es nicht gut abstreiten.«
Die Gans klang fast glücklich, brachte sogar ein Grinsen in dem zerzausten Gesicht zustande.
»Ich bin froh, daß alles so gekommen ist«, sagte er plötzlich.
Wir sahen ihn an. Er sah uns an.
»An dem Abend bin ich erlöst worden.«
Ich spürte, wie mir ein Stein vom Herzen fiel, schwerer als je zuvor. Aus der Furcht erlöst, dachte ich. Das dachte ich tatsächlich. Aus der Furcht erlöst.
Dann öffnete die Gans die schwerfällige Tür, und wir gingen aus dem Dunkel und Schimmelgestank hinaus in den Winter, der uns mit all seinem Licht blendete.
Und bald stand ich da, in meinem ersten Anzug, dunkelblau, tailliert, doppelreihig, mir fehlte nur noch der Säbel, und ich hätte Akershus erobern können. Ich stand nur da, und alle betrachteten mich von oben bis unten, während ich den Gabentisch neben mir betrachtete und nichts entdeckte, was einem Verstärker oder einem Mikrophonstativ ähneln könnte.
Dann fing ich an auszupacken. Ein Ballograph-Füller von meiner Patentante und ihrem Mann, eine Lederbrieftasche mit 100 Kronen von meiner Groß-

mutter, ein Kompaß vom Großvater, und sogar Jensenius hatte an mich gedacht: Für Kim von Jensenius, herzlichen Glückwunsch zu dem großen Tag. Eine Schallplatte: Robertino. *O Sole mio.* Und dann gab's da noch ein kleines Päckchen von den Eltern, ich riß das Papier runter und stand mit einem elektrischen Rasierapparat da. Vater grinste und strich sich übers Kinn, ich machte es ihm nach und spürte nicht das geringste, ich war gar nicht anwesend. Und zum Schluß war da noch ein flaches Ding, ein Sparbuch, auf dem waren 500 Kronen. 500! Ich war gerettet!
»Das sollst du sparen, bis du volljährig bist und studierst«, erklärte Mutter. Das war's. Bis dahin war's noch eine Ewigkeit. Ich machte die Runde und bedankte mich. Der Zehnkämpfer betrachtete mich abschätzend und redete irgendwas von Stabhochsprung, die Patentante wimmelte mit ihrem dicken Lippenstift um mich rum. Und Großmutter konnte die Tränen nicht zurückhalten.
»Du bist ja ein richtiger Mann geworden«, schluchzte sie. »Jetzt darfst du nicht vergessen, dich jeden Morgen zu rasieren!«
Großvater war nicht so ganz bei der Sache, er sah woanders hin, aber in seinem alten Anzug sah er prima aus.
»Vielen Dank für den Kompaß!« schrie ich ihm ins Ohr.
Er drehte sich langsam zu mir. In letzter Zeit war es mit ihm ziemlich bergab gegangen. Er beschwerte sich über den Lärm, den die Züge machten, die Tag und Nacht an seinem Zimmer vorbeirasten. Darauf hatte die Krankenschwester ihm eine Schachtel Schlaftabletten gegeben. Großvater aß sie alle und mußte danach drei Tage lang ein Klistier bekommen.
»Ihr müßt die Weichen umstellen«, sagte er. »Sonst gibt's 'nen Zusammenstoß. So war's auf Dovre, '47.«
Mutter kam mit einem Tablett voll Sherrygläser, ich mußte auch ein Glas nehmen. Mir fiel ein, wie einmal in einem Krimi ein Typ einen Drink in einen Blumentopf kippte, um nicht vergiftet zu werden. Aber das konnte ich schlecht mitten im Wohnzimmer machen. Ich konnte mich zum Telefon hinausstehlen, sagte, ich müsse Ola anrufen und fragen, wie es ihm ginge. Das Glas leerte ich in einen Kaktus am Eingang. Die Stacheln schrumpften ein. Kurz danach bekam ich Ola ans Telefon.
»Wie läuft's?« fragte ich.
»Anstrengend«, flüstere ich. »Der Anzug kneift.«
»Was haste gekriegt?«
»Füller und Rasierapparat.«
»Wie hier.«
»Seb hat auch 'n Füller gekriegt. Und 'ne Mundharmonika.«
Eine Weile waren wir still.

»Wird wohl nichts mit The Snafus«, sagte ich schleppend.
»Sieht nicht so aus.«
Wir legten auf. Dieses schmerzende Vakuum in meinem Bauch wuchs in einer Tour. Und trotzdem hatte ich keinen Hunger. Es sah finster aus.
Zum Essen bekam ich Rotwein. Die ganze Zeit stießen alle mit mir an, und meine Patentante war wohl der Meinung, sie hätte ihren Job hiermit erledigt und darauf geachtet, daß ich eine christliche Erziehung bekäme, sie schenkte mir mein Glas wieder voll, während ich es nicht schaffte, meine Augen von ihren Brüsten zu lösen, die aus ihrem Dekolleté quollen und jedes Mal, wenn sie den Mund aufmachte, hochsprangen. Ich trank Wein, und mit einem Mal hörte ich ein Klicken, genau, als hätte jemand einen Schalter an- oder ausgeknipst. Es machte Klick, und mir wurde ziemlich mulmig, denn plötzlich konnte ich nicht mehr richtig gucken. Alles rutschte irgendwie weg, Mutter war zu zwei Stücken geworden, die übereinander saßen, die Pate lehnte sich über den Tisch mit gespaltenem Gesicht und vier Brüsten.
»Ich *wußte*, daß aus dir mal ein toller Hecht wird«, hörte ich sie sagen. »Das habe ich schon gesehen, als du noch nackt auf Nesodden gespielt hast!«
»Du solltest *Tennisspieler* werden«, unterbrach der Hüne. »Ich weiß noch den Sommer, als wir Federball gespielt haben, wann war das gleich? Ja, vor sieben Jahren, '59, da warst du ja noch ein Knirps, aber dein *Schlag*, Kim, du hattest den richtigen Schwung! Spielst du Tennis, Kim?«
Ich schüttelte den Kopf. Das hätte ich lieber nicht tun sollen. Alles stürzte zusammen. In mir startete eine Waschmaschine, aber das Programm kannte ich nicht.
»Ich spiele Fußball«, sagte ich leise.
»Fußball!« prustete er los. »*Mannschafts*spiel! Der einzelne kommt dabei nicht zu seinem Recht, Kim. Tennis ist prima. Laufen, Boxen.«
Irgend jemand versuchte, ein Glas zu zerbrechen. Das war Vater. Er stand mit jemand anderem zusammen auf. Ich strengte meine Augenmuskeln an und kriegte ihn an die richtige Stelle. Vater stand mit einem kleinen Zettel in der Hand hinter seinem Stuhl. Alle wurden still, nur mein Herz saß mir im Hals und hackte wie ein verrücktes Huhn in ein weichgekochtes Ei.
»Lieber Kim«, fing Vater an.
So feierlich hatte ich ihn noch nie gehört. Mutter weinte ein wenig.
»Lieber Kim«, wiederholte er.
Und dann hielt er eine dreiviertel Stunde lang eine Rede, das konnte er unmöglich alles auf seinem kleinen Zettel stehen haben. Sonst müßte es mindestens Weltrekord sein, denn es gab zwar einen, der hatte es geschafft, das Vaterunser zwanzigmal hinten auf eine Briefmarke zu schreiben, die er nach China geschickt hatte, aber den schlug Vater um Längen. Und mir fielen all

die Reden ein, die ich gehört hatte, vom Lehrer Mütze, vom Rektor, vom Pfarrer, es war nicht gerade wenig, was sie von uns erwarteten, wir waren ihr ewiges Leben, warum sollten wir nicht Präsident von Amerika werden? Man konnte sie ziemlich schnell enttäuschen, wo doch ihre Erwartungen so riesig waren, die Loipe, die sie gespurt hatten, war so glatt und gerade, daß schon der geringste Seitensprung gleichbedeutend mit einer Katastrophe, mit Sabotage, Zähneknirschen und Herzinfarkt war. Das dachte ich damals nicht. Nicht zu dem Zeitpunkt, denn mein Kopf war zur Schleuder geworden, voll schmutziger Wäsche, loser Knöpfe, Kämme, Kaugummi, Straßenbahnfahrkarten und toter Frösche. Jetzt kommen mir diese Gedanken, jetzt, wo ich sie bereits enttäuscht habe. Mutter saß mit einer Serviette im Augenwinkel da, und als Vater so lange geredet hatte, daß wir auf der Wildsoße hätten Schlittschuh laufen können, erhob sich Großvater und rief mit der mächtigen Stimme des Schienenlegers:

»Der Zug kommt! Der Zug kommt!«

Vater und der Freistilringer mußten ihn ins Schlafzimmer schaffen, wo er in Mutters Bett einschlief. Wortlos aßen wir zu Ende. Und danach konnte ich nicht mehr aufstehen. Ich versuchte es, aber ich saß fest. Die anderen sahen mich etwas seltsam an. Mutter kam zu mir und umarmte mich. Großmutter war mit ihren dünnen, spitzen Armen über mir. Alle redeten durcheinander. Ich saß fest.

»Der Junge will mehr zu essen haben!« lachte der Boxer.

»Nun komm schon«, sagte Mutter.

Ich versuchte es immer wieder, kam aber nicht von der Stelle.

»Vielen Dank für die Geschenke«, sagte ich und kratzte meinen Teller sauber. Langsam bekamen die Gesichter einen besorgten Ausdruck. Vater faßte mich bei den Schultern.

»Jetzt wollen wir uns ins Wohnzimmer setzen und Kaffee und Kuchen zu uns nehmen«, versuchte er mich zu locken.

Ich holte tief Luft und riß mich los. Es klappte. Ich fuhr hoch und fiel nach hinten gegen die Wand, warf den Stuhl um und blieb schwankend dort stehen.

»Mir ist nur ein bißchen schwindlig«, sagte ich.

Während wir Kaffee tranken, klingelte das Telefon. Es war Onkel Hubert aus Paris, der mir gratulieren wollte.

»Hallo!« rief ich.

»Du hattest doch keine Angst, daß ich dich vergesse!«

»Natürlich nicht.«

»Ich bring dir was Schönes mit, wenn ich zu Weihnachten komme«, rief Hubert.

Er hörte sich glücklich an. Es gab keine Knoten in der Leitung.
»Wie isses denn in Paris?« fragte ich.
»Du solltest hier sein! Unbeschreiblich!«
Im Hintergrund gab es Geräusche, Huberts Stimme verschwand, und eine andere Stimme war da, Henny, Hennys Stimme.
»Hallo Kim.«
»Hallo«, flüsterte ich.
»Meinen Glückwunsch! Und Prost!«
Ich hörte, daß in Paris ein Glas klirrte.
»Danke«, murmelte ich.
»Ich seh dich sicher, wenn ich zurückkomme«, sagte sie.
»Ja«, schluckte ich.
Dann war Hubert wieder dran.
»Wir müssen jetzt auflegen, sonst gehen wir pleite. Mach's gut, Kim!«
»Mach's gut, Hubert!«
Wir atmeten noch ein wenig über Europa hinweg, dann legten wir auf.
Die Schleuder startete wieder.
Im Wohnzimmer saßen Vater und Mutter mit grimmigem Gesicht. Ich fand einen Stuhl. Alle sahen mich an.
»Ich soll von Hubert grüßen«, sagte ich so deutlich ich konnte.
»Was treibt dein Bruder eigentlich in Paris?« fragte meine Patentante und sah Vater an.
»Er arbeitet an einem Reklameprojekt seiner Firma«, sagte Vater mit großen Augen.
Ich schaute Mutter an. Sie schenkte Kaffee ein.
»Und außerdem malt er und hat dort eine Freundin, die auch malt«, sagte ich unnötig laut, als spräche ich ganz nach Frankreich.
Vater bombardierte mich mit Blicken. Dann fing er an, wie ein Wasserfall von irgendwas anderem zu reden, ich weiß nicht mehr was, denn ich erinnere mich sowieso nicht mehr an so furchtbar viel, weiß nur noch, daß Flaschen auf den Tisch kamen, daß Großvater in den VW-Bus des Altersheims verfrachtet wurde und daß der Turner wollte, daß ich auf den Händen stehe — unter großem Jubel machte ich es, und das hätte ich natürlich nicht machen sollen, denn danach war ich fix und fertig. Hennys Stimme summte mir im Ohr, ich dachte an The Snafus, aus denen vielleicht nie was werden würde, an die Beatles, die vielleicht auseinandergehen wollten, an Gunnar, mit dem ich in den letzten Wochen so gut wie gar nicht geredet hatte, an Fred, der nicht mehr da war, und an die Gans, die erlöst war. Und an Nina, die im Sommer käme. Das war zuviel. Ich schlich mich in die Küche, nahm eine Flasche und trank. Einweichen und Spülen. Ich rannte aufs Klo, besetzt, fand

den Weg ins Wohnzimmer und setzte mich zu Großmutter, die von Großvater erzählte, der starb, als ich vier war, er arbeitete für eine Spargesellschaft und ging zu den Leuten, um einmal im Monat ihre Sparuhren zu leeren. Das klang etwas unglaubwürdig, Uhren für Geld zu leeren. Und der Tennisspieler bestand darauf, daß ich mich mit ihm im Handstemmen maß.
Dann waren alle gegangen. Mutter und Vater atmeten erleichtert in ihren Sesseln auf. Die Schleuder war nicht mehr im Kopf, sondern im Magen. Es wurde Zeit, sie auszuleeren.
»Das war ein schöner Abend, nicht wahr?« fragte Mutter und lehnte sich zurück.
Ich nickte vorsichtig.
Sie tranken ihre Gläser aus.
»Na, wie fühlt man sich, wenn man erwachsen ist?« lächelte Vater.
Ich fuhr hoch, rannte ins Bad, schaffte es gerade noch, die Tür zu verschließen und erbrach mich über dem Becken. Mutter und Vater stürzten hinter mir her. Es floß aus meinem Kopf, es floß einfach und brannte im ganzen Körper. Der ganze Dreck, der sich im Laufe des Herbstes, in diesem verrotteten Herbst 1966 angesammelt hatte, kam raus. Ich blieb auf den Knien liegen, erschöpft wie der Mann mit der Sense, aber aus irgendeinem Grund fast glücklich; glücklich, erleichtert, leer, während Vater und Mutter an die Tür hämmerten und nach mir riefen.

STRAWBERRY FIELDS FOREVER

Frühling 67

Vater brüllte. Er brüllte, wie ich ihn noch niemals zuvor gehört hatte. Er winkte mit den Fausthandschuhen und trampelte mit seinen Winterstiefeln. Ich grölte auch, hämmerte aufs Geländer und schrie. Svanen war auf der letzten Innenbahn, seine Schlittschuhe glänzten wie Messer auf dem Eis, aber es war zu spät. Verkerk war schon auf der Zielgeraden. Maier bekam keinen Stich. Aber wir schrien trotzdem, hämmerten und trampelten, schon um uns warmzuhalten, der Frosthauch stand wie eine Nebelwand um unsere Köpfe.
»7.30,3!« rief der Sprecher.
Verkerk und Svanen glitten auf der inneren Bahn dahin, lehnten sich gegen ihre Schenkel, schafften es noch nicht, den Rücken zu strecken. Die Scheinwerfer ließen das Eis unter ihnen leuchten und warfen die gekrümmten Schatten in alle Richtungen.
Vater hob seine Fäustlinge wieder in die Luft und schrie wie besessen. Der Würstchenverkäufer kam watschelnd mit seinem dampfenden Kasten heran. Anschließend gingen wir durch die weißen Straßen, durch den Urrapark und den Bondebakken hinunter. Vater trug den Rucksack, der mit all den Zeitungen vollgestopft war, auf denen wir gestanden hatten.
»Verkerk wird gewinnen«, sagte er.
»Sieht ganz so aus«, sagte ich. »Wenn er bloß nicht die 1.500 gewinnt, denn dann hat er drei Distanzen.«
»Meinst du, daß er die 10.000 auch gewinnt?«
»Hängt von Svanen und Betong ab.«
»Und Schenk«, fügte er hinzu.
So redete Vater. Seit Weihnachten, seit er Filialchef in der Bank geworden war, war er wie ausgewechselt. Ich begriff es nicht ganz, hatte gedacht, er würde jetzt ganz den König spielen, aber nein, er meckerte fast gar nicht mehr, schmiß nicht mit den Türen, lächelte. Merkwürdig.
»Weißt du, Kim, wieviel Geld wir gestern im Kasten hatten?«
»Nee, wieviel denn?«
»350.000!«

»Stell dir vor, wenn's dann 'nen Überfall gibt!«
Vater lachte und schlug mir auf die Schulter.
»Das gibt's doch nur im Kino. Und in den Krimis!«
Zu Hause wartete Mutter mit Kakao und Brötchen auf uns, aber wir waren pappsatt, Vater und ich hatten zusammen mindestens unsere zwanzig Würstchen gegessen. In den Nachrichten gab es Bilder von der Weltmeisterschaft, und als Verkerk auf den 5.000 in die letzte äußere Bahn kam, einen Arm auf dem Rücken und mit steifem Nacken, da konnten wir Vater und mich im Hintergrund erkennen, wie wir johlend dastanden und auf das Geländer hämmerten, es ging ziemlich schnell vorbei, aber wir waren im Fernsehen gewesen. Ich hätte gern gewußt, wie viele uns wohl gesehen hatten, so wenige konnten es nicht gewesen sein.
Das Telefon klingelte. Mutter nahm ab. Sie kam lächelnd zurück.
»Ringo Starr will mit Paul McCartney sprechen«, sagte sie.
Mir wurde ganz flau, und ich rannte zum Telefon.
Ola hörte sich ziemlich hektisch an.
»Versammlung bei S-s-seb!« stöhnte er.
»Was liegt an?«
»Sein Vater hat die neue Beatles-Platte aus E-e-england geschickt.«
»Ich komme!« schrie ich, sprang in die Kleider und stürzte hinaus, schneller als Suzuki auf der letzten Außenbahn, nicht mal eine Fußspur blieb von mir im Schnee.
Bei Seb war die Stimmung auf dem Siedepunkt, schlimmer als im Eisstadion. Er hatte das Paket noch nicht geöffnet. Da lag es auf dem Tisch, flach, viereckig, magisch. Jetzt warteten wir nur noch auf Gunnar, konnte er sich nicht ein bißchen beeilen!
»Vater war in Liverpool«, erzählte Seb stolz.
Endlich kam Gunnar hereingestürzt, mindestens genauso aufgeregt wie wir anderen. Er stürmte ins Zimmer, mit rotem Kopf und weißem Scheitel.
»Leute!« keuchte er. »Wißt ihr was!«
Er ließ sich aufs Sofa fallen.
»Ja«, sagten wir. »Wir wissen was.«
Wir deuteten auf den Tisch, auf dem die Platte lag.
Gunnar fand seine Stimmlage wieder und erhob sich. Ein schmaler Schneestreifen lief über seinen Rücken. Auch er mußte ziemlich gerannt sein.
»Mein Bruder hat erzählt, daß sein Kumpel, der englische Zeitungen liest, gesagt hat, daß die Beatles sich doch nicht auflösen!«
»Stimmt das!« schrien wir im Chor.
Gunnar holte tief Luft. Seine Augen rollten.
»Sie haben für *neun Jahre* 'nen Plattenvertrag unterschrieben!«

Wir tanzten und grölten, bis die Mutter an die Wand klopfte. Dann sahen wir uns ernst an, standen in einem engen Kreis mitten im Zimmer und blickten einander in die Augen.
»'türlich werden die Beatles nicht auseinandergehen«, sagte Ola.
»Logisch«, sagten wir.
»Die Beatles werden sich nie auflösen«, sagte ich.
»Niemals«, bekräftigten die anderen.
»Neun Jahre und für ewig«, sagte Seb.
»Für ewig«, stimmten wir zu.
»Keiner ist besser. Keiner kommt an sie ran«, sagte Gunnar.
»Keiner!«
Dann legten wir unsere Hände in einem riesigen Knoten übereinander und blieben so stehen, in einem engen Kreis, die Hände in einem Klumpen zwischen uns.
Das hielt eine Weile so an und tat gut.
Danach stellte Seb den Gerard auf den Fußboden, schloß die Tür ab und zog das Rollo runter. Dann öffnete er vorsichtig das Paket, und mit pochenden Herzen, Stielaugen und ausgefahrenen Ohren rissen wir das Papier ab.
»*Penny Lane*«, wisperte ich. »*Penny Lane.*«
»*Strawberry Fields Forever*«, flüsterte Gunnar.
Wir saßen fast eine Stunde da und studierten das Cover.
Seb sagte als erster etwas.
»Die haben 'n Bart«, sagte er.
Sie hatten einen Bart. Wir zupften uns an der Oberlippe. Da gab's nicht viel zu zupfen. Da war nichts.
Wir saßen eine Weile da und wischten uns unter der Nase längs. Dann legte Seb die Platte auf den Stift und drückte »On«. Der Arm glitt über die Rillen und sank hinab, wir hielten den Atem an, die ganze Welt blieb stehen, die Geräusche von der Straße gingen uns nichts mehr an, sie kamen von einem fremden Planeten.
Unsere Ohren waren riesige Regenschirme.
Danach lagen wir lang, die Ohren zusammengefaltet mit sich langsam beruhigendem Puls. So fühlten wir. So war es. Als hätten wir gehört, wie Gott am ersten Tag sagt: »Es werde Licht«. Und es ward Licht.
Ola sagte: »Genau wie bei *Eleanor Rigby* und *Yellow S-s-submarine*. Zwei S-s-seiten der gleichen S-s-sache.«
Ola konnte es auf den Punkt bringen.
Wir lagen eine Weile grübelnd da.
»Vater hat im Brief geschrieben, daß Penny Lane eine Straße in Liverpool ist«, sagte Seb.

»Wie die Karl Johangate«, schlug Gunnar vor.
»Jedenfalls sind die Trompeten besser als das müde Geblase am 17. Mai«, sagte ich.
»Wir k-k-können uns ja 'nen Ferienjob beschaffen«, schlug Ola plötzlich vor. »Und dann kaufen wir die Instrumente v-v-von dem Geld, was wir verdienen!«

Genau! Wir redeten alle durcheinander, rechneten aus, wieviel wir hatten und wieviel wir noch brauchten. O Mann, das waren Pläne. Wir redeten uns in Fahrt. *The Snafus!* Es gab keine Grenzen, wir kamen in Gang.
»Vielleicht sollten wir die Gans an der Orgel dabeihaben«, überlegte ich.
Gunnar, Seb und Ola betrachteten mich von oben bis unten.
»Was haste gesagt?«
»Das wär doch prima mit 'ner Orgel! Die Animals haben auch eine!«
»Aber die Gans spielt doch nur Psalmen!« erwiderte Seb.
Sie redeten weiter über Gitarren, Schlagzeug, Mikrophone und Verstärker, aber ich bekam die Gans nicht aus dem Kopf. Vorher war sein Blick gelb vor Angst gewesen, jetzt war er matt und verschlossen, als hätte er die Augen verdreht und sähe jetzt nur noch nach innen. Bei der Weihnachtsfeier hatte er Orgel gespielt, daß es nur so pfiff und brauste, er selbst hatte dabei wie eine Statue inmitten der bebenden Töne gesessen, eingesperrt, von seinen eigenen Akkorden gefangen.
»Wir können im Keller bei mir üben«, sagte Gunnar.
»Vielleicht können w-w-wir ja im Herbst schon auftreten!«
Und dann hörten wir nochmal die Platte. *Strawberry Fields Forever.* Gunnar summte wie eine Wespe um den Lautsprecher herum.
»Was passiert eigentlich da ganz am Ende, häh?«
»Sie spielen rückwärts«, schlug ich vor. »Genau wie bei *Rain.*«
»Verdammt starker Text«, sagte Seb, schlug die Ohren auf und lauschte mit verhangenem Blick.
»Was heißt *strawberry?*« flüsterte Ola.
»Erdbeeren«, antwortete ich. »Erdbeerfelder für immer!«
Let me take you down, 'cause I'm going to.
»Saustarker Text«, keuchte Seb.
Livin' is easy with eyes closed.
»Die Monkees können dagegen einpacken«, meinte Ola. »Monkees sind 'n Scheißdreck dagegen!«
»Und erst die Herman's Hermits!«
Dann studierten wir erneut die Fotos. George hatte auch einen Bart. Seb kratzte sich am Kinn.

»Mein Vater hat gesagt, daß der Bart wächst, wenn man sich jeden Tag rasiert«, erklärte er.
»Auch wenn man gar keinen Bart hat?«
»Genau.«
Wir dachten eine Weile darüber nach. Dann mußten wir gehen. Ola schlüpfte um die Ecke, Gunnar und ich gingen gemeinsam die Bygdøy Allee hinauf.
»Verkerk hat Maier und Betong fertiggemacht«, sagte ich.
»Hab dich in den Nachrichten gesehen in der Südkurve«, sagte er. »Wußte gar nicht, daß dein Vater verrückt auf Eisschnellauf ist.«
»Ich auch nicht.«
Es fing langsam an zu schneien. Das sah nicht gut aus fürs Eis.
»Du weißt doch, der Ladenbesitzer, der die Gans erwischt hat«, begann Gunnar.
»Natürlich«, das wußte ich.
Gunnar kicherte.
»Der hat seinen Laden jetzt dichtgemacht.«
»Und warum?«
»Mein Vater hat's mir erzählt. Der ist total verrückt geworden, nachdem die Mutter der Gans da war und behauptet hat, er hätte angerufen. Da ist er durchgedreht.«
An der Apotheke trennten wir uns. Ich sah Gunnar hinterher, wie er Richtung Gimle hochwatschelte, die Hände in den Taschen, Schultern hochgezogen, krumm und breit. Er drehte sich noch mal um, winkte und rief mir etwas zu, was ich nicht verstand. Ich schrie irgendwas zurück, was er sicher auch nicht hören konnte.
Zuerst die Gans, jetzt der Ladenbesitzer.
Ich ging zu Seb zurück.
Im Wohnzimmer saß seine Mutter mit einem Mann. Auf dem Tisch standen Flaschen, und der Raum war ziemlich verqualmt. Seb zog mich in sein Zimmer und schmiß die Tür zu.
»Dieser Arsch kommt jeden Sonnabend«, knurrte er. »Säuft sich voll, grölt und kotzt. Fettes Schwein!«
Er ballte die Fäuste und fiel aufs Sofa. Dann wurde ihm langsam klar, daß ich zurückgekommen war.
»Haste was vergessen?«
Ich setzte mich auch aufs Sofa.
»Der Kerl, der die Gans erwischt hat, der hat dessen Mutter nicht angerufen. Das war ich.«
»Das war mir klar«, sagte Seb und lachte leise.
»Und nun ist der auch verrückt geworden und hat seinen Laden dichtgemacht.«

»Das geht vorbei«, sagte Seb. »Ist nur etwas durcheinander, das ist ja auch nicht so verwunderlich. Der wird bald die ganze Sache vergessen haben.«
»Meinste?«
»Ganz bestimmt.«
»Und die Gans?«
»Die Gans ist schon immer so gewesen.«
»Wie meinste das?«
»Das hat nur das Faß zum Überlaufen gebracht, was an dem Abend passiert ist. Der Gans geht's jetzt prima. Absolut top.«
Mein Herz schlug wieder gleichmäßiger, der Magen beruhigte sich. Ich schaute Seb dankbar an. Er lachte, ohne den Mund zu öffnen.
»Du wirst doch wohl nicht auch noch durchdrehen, oder!« kicherte er.
Aus dem Wohnzimmer kam ein rauhes Lachen, und irgendwas fiel zu Boden.
Seb bewegte sich, ging hinüber zum Fenster.
»Wie läuft's mit Guri?« fragte ich.
Er stand mit dem Rücken zu mir da.
»Alles paletti«, sagte er. »Hab' sie übrigens seit 'ner Weile nicht mehr gesehen.«
Ich fragte nicht weiter. Eigentlich wollte ich fragen, ob sie noch was von Nina erzählt hatte, ließ es aber lieber bleiben.
Seb drehte sich zu mir um.
»Ich trau mich einfach nicht, sie anzufassen«, sagte er plötzlich. »Nach dem, was mit ihr passiert ist, die Abtreibung und so. Ich schaff's nicht, hab Angst ... Angst, ihr weh zu tun.«
Ich dachte nach, überlegte, was ich sagen sollte.
»Das ist doch nicht so merkwürdig«, sagte ich schließlich. »Nach dem, was sie durchgemacht hat.«
Seb sah mich nur an.
»Na, vielleicht hat sie ja auch Angst. Und dann könntest du ihr doch sagen, daß du Angst hast«, fügte ich hinzu.
Seb lächelte, öffnete eine Schublade und fischte seine Mundharmonika heraus. Er verbarg sie in den Händen, befeuchtete sich die Lippen und schloß die Augen. Dann spielte er, blies und sog, es klang wie ein Hund, der des Nachts draußen den Mond anbellt, oder wie jemand, der mit lautem Schluchzen heult.
Seb hörte auf.
»Das einzige, was ich bis jetzt kann«, sagte er.
»Verdammt gut!« kommentierte ich. »Verflucht nochmal. Echt gut!«
Dann ging ich nach Hause und rasierte mich.

Onkel Hubert sah prima aus, als er aus Paris zurückkam, mit schwarzer Baskenmütze, geknotetem Halstuch und einem langen Mantel, der über den Boden schleifte. Vater war drauf und dran, sich auf der Schwelle umzudrehen, als Hubert auftauchte. Hubert hatte mir ein Radio mitgebracht, »Kurier«, das spielte mit Batterie, und wenn ich abends den Senderknopf drehte, bekam ich ganz Europa rein, alle möglichen Stimmen, Sprachen und Geräusche füllten mein Zimmer. Manchmal bekam ich auch Kopenhagen rein. Dann machte ich lieber aus.

Eines Abends war ich mit einer Fuhre Weihnachtskuchen bei Hubert in Marienlyst, denn Mutter hatte jedesmal acht verschiedene Sorten bis in den Februar hinein übrig. Es war dort genauso unordentlich wie vorher, als ich kam, saß Hubert mitten in einem Haufen Papier, und kurz darauf aßen wir fast alle Kuchen auf.

»Ich kann doch im März keine Weihnachtskuchen mehr haben«, lachte Hubert zwischen den Krümeln.

Dann holte er für mich eine Cola und für sich ein Bier.

»Ist dein Vater mit seinem neuen Job zufrieden?« fragte er, während er trank.

»Und wie! Letzte Woche hatten sie 350.000 Kronen im Kasten!«

Hubert schnipste mit den Fingern.

»Wow! Das hätten wir haben sollen, Kim!«

Darüber waren wir uns einig.

Hubert holte mehr Bier.

»350.000«, sagte er, als er mit dem vollen Glas zurückkam.

»Das ist viel Geld«, sagte ich.

Er lehnte sich zurück und leerte sein Glas.

»Das ist fast *zuviel* Geld«, sagte Hubert.

Er rülpste und lächelte wehmütig.

»Ja, ja«, murmelte er. »Jetzt muß ich wieder arbeiten, Geld verdienen.«

»Verdienst du mit deinen Bildern kein Geld?«

Er lachte hohl.

»O nein. Schloßherren, Oberärzte, Rennfahrer, das ist jetzt gefragt. Schöne Frauen, die an leeren Stränden an Land gespült werden. Es ist zum Kotzen, Kim.«

Er zeigte mir die abstoßende Zeichnung eines Mannes in weißem Kittel, mit Stethoskop um den Hals. Hinter ihm standen zwei Frauen, eine dunkel, eine blond.

Mit Hubert ging es nicht mehr so gut. Seine Finger liefen auf den Armlehnen entlang, seine Augen schlossen sich mit einem wilden Blick, die Knie zuckten auf und ab.

»Das ist doch alles nur Lüge und Bluff, Kim!« rief er halblaut. »Und meine

Zeichnungen sind auch Lügen! Die Menschen sind nicht so! Das Leben ist nicht so, Kim!«
Die Knoten kamen. Er verfing sich in einem Riesenwirrwarr. Ich sah es kommen, er sah, daß ich es sah. Ich begriff langsam etwas mehr von Hubert.
»Wann kommt Henny nach Hause?« fragte ich schnell.
Daraufhin schmolz er wie Butter und versank tief im Sessel.
»Im Sommer«, seufzte er.
»Nina auch.«

Auf dem Nachhauseweg ging ich durch den Frognerpark. Es gab dort Massen von Skispuren, aber ich hörte niemanden. Ich spazierte um die Hundejord, auch dort war es leer, nicht mal ein Hund zu sehen. Der Monolith stand wie immer da, und die Statuen saßen in der Dunkelheit auf dem Sprung. Ich dachte an Nina und an Henny und, daß der Schnee eines Tages schmelzen würde und die Abende heller und wärmer werden würden und es dann kaum auszuhalten sein würde. Da erwachten plötzlich fünf Statuen und kamen von allen Seiten auf mich zu. Ihre Schritte waren lautlos, aber ich hörte den Atem und sah die Bewegungen. Ich hielt an und spürte einen sauren, brennenden Geschmack im Mund. Eine Taschenlampe wurde angeknipst und leuchtete mir direkt ins Gesicht. Ich sah nichts mehr. Die sahen mich.
»Draußen zum Pilzesammeln, oder was?« fragte eine Stimme.
Es brannte mir in Mund und Nase. Die Frognerbande.
Sie kamen näher. Sie blendeten mich mit dem Licht. Eine geballte Faust stieß leicht an meinen Kopf. Ich fühlte die Schmerzen schon im voraus.
»Du bist doch so ein verdammter Kommunistenfreund!« sagte eine Stimme.
Ich versuchte, meine Augen abzuschirmen. Sie wischten meine Hand weg.
»Antworte, verdammt noch mal! Bist du nicht so eine beschissene Kommunistenratte! Die für die Gelben auf die Straßen geht?«
Sie leuchteten noch näher.
»Hab' ich doch gesagt! Er hat Schlitzaugen!«
Ich rannte so schnell ich konnte, fand eine Lücke und stürzte weiter. Sie stürmten hinter mir her, der Lichtkegel tanzte im Dunkel. Ich stolperte, lag auf allen vieren, meine Hand fühlte etwas, einen Stein, ein Stein mitten im Winter! Ich hob ihn auf, stand langsam auf und drehte mich jäh um, den Arm zum Wurf erhoben. Sie hielten auch an, leuchteten auf meinen Arm, der den Stein hielt. Dann kamen sie wieder näher. Ich warf. Ich warf so fest ich konnte und hörte einen Schrei, sah, wie ein Schatten sich an den Kopf faßte und zusammensank. Dann waren sie über mir. Zwei hielten mich fest, einer leuchtete und einer schlug zu. Der fünfte lag auf dem Boden und wimmerte. Ich spuckte, der Kerl vor mir wurde noch rasender und trat mir mit dem Knie

in die Eier. Dann ließen sie mich los, und ich fiel in den Schnee, preßte die Hand auf den Schritt und heulte.
Der letzte erwachte und kam auf mich zu. Sie blendeten mich immer noch, es brannte mir in den Augen. Ich wurde wieder hochgezogen, sie hielten mich von hinten fest, und der, den ich mit dem Stein getroffen hatte, stand schwer atmend vor mir. Dann nahm er meine rechte Hand, ich hatte keine Kraft mehr zum Widerstand, gab ihm Pfötchen wie ein feiger Hund. Langsam bog er meinen Zeigefinger nach hinten, und als es nicht weiter ging, machte er mit aller Kraft weiter. Ich hörte ein ekliges Geräusch, und dann schob sich jäh eine schwarze Platte in meinen Kopf.
Als ich erwachte, lag ich im Schnee und spuckte Blut. Ich weiß nicht mehr, wie ich nach Hause gekommen bin, erinnere mich nur noch, daß ich meine Schlüssel verloren hatte, und daß Mutter schrie, als sie mir die Tür öffnete. Es dauerte ziemlich lange, bis ich ihr erklärt hatte, daß ich hingefallen sei, direkt aufs Gesicht, und mich an einem Eisklumpen unter dem Schnee aufgeschrammt hätte, mit der Nase direkt drauf. Sie wusch mich mit Jod, wickelte Pflaster und Mullbinden kreuz und quer. Das einzige, was wirklich weh tat, war der Finger. Aber davon sagte ich nichts. Ich lag die ganze Nacht wach und spürte den schmerzenden Finger, konnte meine Gedanken nicht von ihm lösen; eigentlich war das auch ganz schön, denn ansonsten gab es soviel Scheiße, an die ich denken mußte, aber jetzt war ich nur ein riesiger Finger, in dem es verflucht weh tat.

Mutter entdeckte ihn am nächsten Morgen beim Frühstück. Es war nicht möglich, ihn zu verstecken. Die Wunden im Gesicht verschorften, aber der Finger war da. Ich versuchte, ihn in den Henkel der Teetasse zu bugsieren, aber das ging nicht.
»Was hast du denn mit deinem Finger gemacht!« rief Mutter und beugte sich über den Tisch.
»Hab' ihn mir verstaucht, als ich gestern hingefallen bin«, sagte ich.
Vater guckte von seiner Zeitung hoch.
»Damit hättest du zum Notarzt gehen sollen«, sagte er.
»Notarzt! Tut doch überhaupt nicht weh!«
Aber in der ersten Woche glühte der Finger vor Eiter, ich hätte ihn abends als Leselampe benutzen können. Jede Nacht lag ich wach und spürte ihn, ich spürte ihn einfach, und dadurch lernte ich viel über Schmerzen. Dann ließ das Pochen langsam nach, und das war fast, als schliefe ich oder als erwache ich, und zum Schluß stand der Finger wie ein Fragezeichen da, ein Flüchtling an meiner Hand.
Auch den anderen erzählte ich nichts vom Frognerpark. Ich weiß selbst nicht

genau, warum. Vielleicht hatte das was mit dem Stein zu tun, den ich geworfen hatte. Oder es gefiel mir einfach, ein Geheimnis zu haben. Ich sagte jedenfalls nichts. Aber an dem Finger kam ich nicht vorbei. Selbst wenn ich ihn in der Tasche hatte, entdeckten ihn manche.

»Was haste denn mit deinem Finger gemacht?« fragte Gunnar eines Tages, als wir in der großen Pause beim Bäcker standen.

»Mir in der Nase gepult«, antwortete ich.

»Red' keinen Quatsch! Sieht ja wie 'ne kaputte Büroklammer aus!«

»Hab' mit meinem Onkel Fingerhakeln probiert«, sagte ich.

Zum Glück klingelte es, und wir mußten den Skovvei hinaufrennen. Dann war die rote Kartoffel an der Reihe. Er weigerte sich, meinen Hausaufsatz zu korrigieren. »Was bedeutet, mutig zu sein« hieß das Thema, und ich war ganz zufrieden, hatte fünf Seiten darüber geschrieben, daß man nicht mutig sein kann, ohne vorher Angst gehabt zu haben.

»Schweinerei!« brüllte die rote Kartoffel und klatschte das Aufsatzheft auf das Pult. »Glaubst du vielleicht, ich bin gelernter Paläograph. Die Schriftrollen aus dem Toten Meer sind ja leichter zu entziffern als dieses Geschmiere!«

»Was ist ein Paläograph?« fragte ich.

»Jetzt reißt mir aber gleich der Geduldsfaden, Kim«, rief er. »Jetzt treibst du es zu weit!«

Ich zeigte ihm meinen Finger. Er starrte ihn verblüfft an, hielt ihn gegen das Licht. Die ganze Klasse kam hoch und glotzte auf meinen Finger.

Die rote Kartoffel wurde butterweich.

»Warum hast du das denn nicht gleich gesagt, Kim!«

Ich nahm meinen Finger zurück und steckte ihn in die Tasche. Später zeigte ich ihn Schinken und wurde vom Sport befreit. Ich entschloß mich, so lange Schmerzen im Finger zu haben, bis wir draußen Sport hatten.

Der Finger war ganz in Ordnung.

Aber eines Tages kam Ola mit etwas in die Schule, das den Finger bei weitem übertraf. Er trug eine Mütze, die er weit über die Ohren gezogen hatte, so daß seine Augen gerade noch zu sehen waren.

Er versuchte, ungesehen an uns vorbeizukommen.

»Hallo, Ola«, riefen wir. »Haste 'ne Mütze auf?«

Er blieb mit dem Rücken zu uns stehen.

»Scheint ja wohl so, oder?«

Wir bildeten um ihn herum einen Kreis. Es war eine schicke Mütze, mit einer großen Quaste und einer roten Kante mit Skiläufern, die um den ganzen Kopf lief.

»Haste die selbst gestrickt?« fragte Seb und versuchte, sie herunterzuziehen.

Ola kämpfte sich mit Gebrüll frei.
»Ola, frierste?« fragte Gunnar.
Er versuchte abzuhauen. Wir liefen hinter ihm her und schafften ihn in den Schuppen.
»Ist es nicht zu warm, um 'ne Mütze zu tragen?« überlegte ich.
Ola deutete in die Gegend.
»Da liegt noch Sch-sch-schnee«, sagte er.
»Schneematsch«, korrigierten wir. »Niemand trägt jetzt 'ne Mütze.«
»*Ich aber!*« schrie Ola.
»Aber nicht mehr lange«, sagten wir.
Es war nicht einfach, die Mütze herunterzubekommen. Er zog sie mit beiden Händen ins Gesicht, während wir an der Quaste zerrten und zupften. Er trat wild um sich und schrie wie wahnsinnig, aber schließlich mußte er doch aufgeben.
Wir standen mit seiner Mütze in den Händen da.
Wir starrten Ola an, die Furcht pochte mit schweren Schlägen in uns.
Wir traten näher.
»Was hast du denn gemacht!« fragten wir.
»Ich!« Ola schrie. »Ich hab' ja wohl nicht den kleinen Finger gerührt. Das war mein Vater!«
Wir gaben ihm die Mütze zurück.
»Wie denn das?«
»Nachts«, murmelte Ola. »Bin morgens aufgew-w-wacht, und da war's passiert. Er hat mir die Haare abgeschnitten, während ich schlief.«
Und das kreuz und quer. Das war schlimmer als Pottschnitt und Kahlschlag zusammen. An den Ohren und im Nacken war er total kahl, und der Pony war vollständig verschwunden.
Wir ballten die Fäuste, standen lange stumm da, das war das Schlimmste, was an der Heimatfront passiert war, seit der Drachen Chinaböller gegessen hatte.
Es klingelte. Wir pfiffen drauf.
Ola stülpte sich die Mütze über.
»Die nehm' ich in der St-st-stunde nicht ab! Best-st-stimmt nicht. Werd' sagen, daß ich 'n Ekzem hab'!«
»Mach das«, sagten wir.
»Glaubt ja nicht, daß ich heute nach Hause geh'. Best-st-stimmt nicht!«
Ola zog die Mütze noch tiefer.

Nach der Schule fuhren wir zu mir. Ola schwitzte im Nacken, aber er behielt die Mütze auf, bis wir drinnen in Sicherheit waren. Da riß er sie ab und atmete erleichtert auf.

Mutter guckte zu uns herein, erblickte Ola und lächelte.
»Einen schönen Haarschnitt hast du«, sagte sie.
Sie guckte zu mir rüber.
»Da siehst du es, Kim. So kannst du dir doch auch die Haare schneiden lassen.«
Unser eiskalter Blick ließ sie verschwinden.
»Eltern«, sagte Seb. »Eltern sind doch Arschlöcher.«
»Vater hat Stig das Taschengeld gesperrt, solange er sich nicht die Haare schneiden läßt«, erzählte Gunnar.
»Das müßte verboten sein«, sagte ich.
»Die sind nur sauer, weil sie selbst nicht solche Haare haben«, meinte Gunnar.
»Ich werde nie wieder nach Hause gehen«, sagte Ola.
Mutter kam mit Tee und den allerletzten Weihnachtskuchen, vier Pfefferkuchenmänner. Wir wußten nicht so recht, ob wir das Versöhnungsangebot annehmen sollten, aber zum Schluß gaben wir nach.
»Ich geh' nie wieder nach Hause«, wiederholte Ola.
Das war ihm Ernst.
Ola blieb sitzen.
Gunnar und Seb sahen auf die Uhr. Auch sie blieben sitzen.
Vater kam von der Bank nach Hause, ich hörte ihn im Flur pfeifen.
Mutter steckte ihren Kopf herein.
»Kommst du nicht zum Mittagessen?« fragte sie.
»Bin satt«, sagte ich.
Ola blieb sitzen.
Es wurde Abend.
Dann klingelte das Telefon.
»Wenn's für mich ist, ich bin nicht da«, preßte Ola hervor.
Mutter war wieder in der Tür.
»Gunnar, deine Eltern sind am Telefon.«
Gunnar stand langsam auf, Mutter blieb stehen.
»Ist irgendwas los?« fragte sie.
Wir gaben keine Antwort. Gunnar sah uns ratlos an. Dann ging er mit meiner Mutter hinaus.
»H-h-hoffentlich s-s-sagt er nichts«, murmelte Ola.
Nach einer Weile kam Gunnar zurück.
»Ich muß nach Haus«, sagte er. »Muß meinem Vater helfen, Kartoffelsäcke zu tragen. Stig streikt, weil er kein Taschengeld kriegt.«
»Du hast doch nichts ges-s-sagt?« fragte Ola.
»Was soll ich gesagt haben?«

»Na, daß ich h-h-hier bin!«
»Doch. Warum denn nicht.«
»Das solltest du doch nicht sagen!« meinte ich.
»Aber das war doch bloß meine Mutter!«
»Ja. Und was denkste, warum sie gefragt hat?«
Gunnar begriff, daß er Mist gebaut hatte. Er sank mit hochrotem Kopf aufs Sofa.
Kurz darauf klingelte es. Wir saßen da und warteten. Wenn es Olas Vater wäre, würden wir die Tür verbarrikadieren. Wir lauschten. Eine Mädchenstimme. Einen Augenblick lang schnürte sich mein Magen zusammen, und das gesamte Blut schoß in meinen Finger. Dann war's vorbei. Es war Åse, Olas Schwester.
O Mann. Die war vielleicht gewachsen. Ich hätte sie fast nicht wiedererkannt. Wir saßen da und hielten Maulaffen feil. Ola starrte aus dem Fenster, seine Ohren glühten.
»Kommste nich' nach Hause?« fragte Åse.
»N-n-nein!« sagte Ola.
»Es gibt Koteletts zu Mittag. Wir warten auf dich.«
Ola drehte sich langsam um.
»Koteletts?«
»Ja. Kommst du oder nicht.«
Ola antwortete nicht.
Seb und Gunnar zogen sich langsam an. Åse stand auf der Türschwelle und lächelte ihren Bruder an.
»Es ist heute ein Brief aus Trondheim gekommen«, sagte sie.
Olas Ohren glühten, seine Hände wurden unruhig.
»Trondheim«, wiederholte er wie ein Echo.
Gunnar, Seb und ich sahen uns an. Trondheim?
»Kommst du jetzt, oder was?«
Ola nahm seinen Ranzen und zog sich die Mütze über den Schädel.
»Unter einer B-b-bedingung«, sagte er. »Daß ich nicht mit Vater an einem Tisch sitzen muß!«
So marschierten wir hinaus. Die ganze Gang war reichlich hungrig. Ola wiederholte mit lauter Stimme seine Bedingung.
»Daß das klar ist: Ich s-s-sitze nicht an einem Tisch mit Vater!«
Das war ein Kampf bis aufs Messer, entweder oder. Entweder Ola oder der Friseurdesperado von Solli.

In diesem Jahr lief Ola lange mit der Mütze herum. Wir gingen sowieso viel herum, Rastlosigkeit jagte uns abends hinaus, trotz Sauwetter oder neuer Batterien im Plattenspieler. Da draußen lagen die Straßen, und auf denen gingen wir entlang.

Eines Abends sagte Gunnar: »Langsam hab' ich's satt.«

»Was denn?«

»Herumzulaufen.«

Aber wir machten weiter. Besonders an den Samstagabenden, da gingen wir auf und ab, hörten, wenn es irgendwo ein Fest gab, aus den offenen Fenstern Musik. Dann hielten wir an, sahen hinauf und schlenderten weiter. Von diesen Festen gab es unerfreuliche Geschichten, daß Türwächter mit einem Kuhfuß niedergeschlagen worden waren, Fernsehapparate aus dem Fenster geworfen, Wände schwarz angemalt und Bücher in der Badewanne verbrannt worden waren. Uns überlief ein Schauer. Aus den offenen Fenstern hörten wir Musik, die Rolling Stones, Who, Animals, Beatles, Beatles, Lachsalven, Gejohle, manchmal Weinen, wir schlichen nach Hause.

Aber bald waren wir wieder auf unserer Wanderung. Es war nur ein müder Mittwochabend, auf die Straßen drang keine Musik, und der Schnee lag naß und schmutzig im Rinnstein. Seb war wie üblich mit Guri zusammen, wir hatten ihn in letzter Zeit selten gesehen. Wir gingen an der Bude vorbei, in der sie Gans erwischt hatten. *Aus Krankheitsgründen geschlossen.* Von innen war eine Holzplatte gegen die Tür genagelt. Ich spürte einen leichten Sog und sah für einen Augenblick die Gans dort im Schein der Straßenlaterne stehen, unbeweglich im Lichtkegel, und drum herum war all das Dunkel, durch das er früher oder später hindurch mußte.

»Da ist S-s-seb!« rief Ola.

Es waren Seb, Guri und noch ein Mädchen. Sie waren auf dem Weg in den Urrapark. Wir riefen, worauf sie anhielten.

Zwei Mädchen. Seb sah aus wie auf frischer Tat ertappt. Er hatte Guri an der Hand, während das andere Mädchen sich ans Geländer lehnte. Sie hatte lange dunkle Haare, ein braungebranntes Gesicht, sah fast wie eine Indianerin aus.

»Hallo«, sagte sie. »Ich heiße Sidsel. Geh' mit Guri in eine Klasse in Fagerborg.«

Wir murmelten unsere Namen, das Gespräch erstarb.

Guri kicherte. Seb pfiff. Wir standen da, scharrten mit den Füßen.

»Ich friere«, sagte Sidsel.

Darauf gingen wir alle zusammen weiter.

»Du frierst anscheinend auch«, sagte Sidsel und sah Ola an.

Er zupfte an seiner Mütze.

»N-n-nein. Ich hab'n E-e-ekzem.«

Sidsel wechselte zur anderen Seite, neben Gunnar. Ola fluchte und knirschte mit den Zähnen.

Seb verteilte Zigaretten. Ich angelte ein Streichholz hervor und gab Guri Feuer. Sie sah meinen Finger im Lichtschein.
»Was haste denn mit deinem Finger gemacht?« fragte sie.
»Saß im Bleistiftanspitzer fest«, sagte ich.
»Red keinen Quatsch!«
»Sportstunde.«
Gunnar sah mich an, sagte nichts.
Wir überquerten den Vestkanttorg. Hinter den Fenstern beim Naranja schrien die Affen und Papageien. Gunnar schnitt Grimassen und brachte die Affen dazu, auf dem Kopf zu stehen. Sidsel mußte so lachen, daß sie sich an ihm festhalten mußte.
Ich wußte gar nicht, daß Gunnar so witzig sein konnte.
Wir gingen weiter zur Majorstua, umrundeten den Valkyrie-Platz, guckten beim Plattengeschäft in der Jacob Aallsgate ins Fenster. Auch da waren die Monkees im Fenster. Gunnar und Sidsel blieben etwas zurück. Ola sah sauer aus.
»Wißt ihr, was der Drachen gemacht hat?« fragte Guri plötzlich.
»Er ist zur See gefahren!«
»Woher weißte das denn?«
»Einer in unserer Klasse kennt seinen Bruder.«
»Das will ich auch«, sagte Seb.
»Was?«
»Zur See fahren.«
»Das wirst du nicht machen«, sagte Guri.
»Doch. Im Sommer.«
Sie zog ihre Hand zurück. Seb brauchte eine ganze Weile, bis er sie wiederfand. Und vorher mußte er hoch und heilig versprechen, daß er nicht zur See führe.
»Ehrenwort«, sagte Seb, er hatte die Beine gekreuzt.
»Ich m-m-muß gehn«, sagte Ola und ging einfach los, verschwand um die Ecke.
»Wart' doch mal!« rief ich, aber er hörte es nicht mehr.
Plötzlich fiel Guri etwas ein, sie wühlte in ihren Taschen. Und da fand sie einen kleinen rosa Umschlag.
»Nina hat mich gebeten, ihn dir zu geben«, sagte sie.
Ich steckte ihn ganz ruhig in die Hosentasche, ganz cool.
Gunnar und Sidsel kamen endlich heran, sie hatten die Finger ineinander verhakt. Besonders gesprächig waren sie nicht, starrten in die Landschaft und sich gegenseitig an.
Ich fühlte mich etwas überflüssig.

Und in meiner Hosentasche brannte es.
Seb brachte Guri nach Hause. Sidsel wohnte in der Professor Dahlsgate. Sie ging mit uns, oder besser: Ich ging mit ihnen. Den ganzen Weg sagten sie kein einziges Wort, eng aneinander geschmiegt, die Hände ineinander verschränkt. Ich ging unauffällig zum Springbrunnen, während sie sich voneinander verabschiedeten. Da saß ich und wartete und überlegte, daß es wohl nicht mehr lange dauern konnte, bis die Abdeckung entfernt und das Wasser zum Himmel sprühen würde.
Als Gunnar kam, war er ganz blaß um die Nase.
Er ging ganz bis zum Drammensvei mit mir, brauchte wohl frische Luft.
»Das ging ja schnell«, sagte ich.
»Sidsel«, sagte er. »Sie heißt Sidsel. Mit *d*.«
»Verknallt?«
Mit einem Mal fing er an zu laufen, sprang über einen Zaun und wieder zurück.
»Glaub' schon«, sagte er. »Ich glaub, ich bin's.«
Weiter kam er nicht. Hängeschloß vorm Mund.
»Das sieht man«, sagte ich und boxte ihm in den Bauch.

Ich werde nicht erzählen, was in dem Brief stand. Nur, daß sie im Sommer kommen wolle. Draußen hörte ich die Züge durch die Nacht donnern. Ich schaltete das Radio an und suchte quer durch Europa, bekam Kopenhagen rein und nahm es mit unter die Bettdecke.

Gunnar trieb sich jeden Abend in der Professor Dahlsgate herum. Olas Haare wuchsen wieder. Seb war fast nie zu sehen. Mein Finger tat nicht mehr weh, aber er stand wie ein verknitterter Zweig von der Hand ab und ähnelte keinem anderen Finger. Ich kaufte neue Batterien für den Kurier und lauschte abends.
Dann kam die Botschaft. Sie wurde von Seb überbracht, an einem gewöhnlichen Dienstag in der großen Pause im Schuppen geflüstert: Fest.
»Am Wochenende ist Sidsel allein zu Hause«, wisperte Seb.
Gunnars Augen wurden pflaumengroß.
»Aus eurer Klasse kommen auch welche«, fuhr Seb fort.
Er schaute sich nervös um; keine Spione zu sehen.
»Sagt niemandem etwas davon!«
Langsam ging jeder seinen Weg, ließ die Signale wirken. Es erschien fast etwas unwirklich, daß wir da sein sollten, wo die Musik spielte, und die anderen würden auf der Straße herumlaufen und uns hören, uns von draußen hören.

Am Samstag trafen wir uns vorm Abmarsch bei Gunnar. Seb schmuggelte im Ärmel einer riesigen Tweedjacke, die er seinem Vater geklaut haben mußte, eine halbe Flasche Bordeaux Blanc ein.
»Das Bier steht unter der Treppe«, flüsterte er.
»Wie soll'n wir denn den Wein aufkriegen?« flüsterte Gunnar nervös.
»Hol 'nen Korkenzieher, Dummkopf«, erwiderte Seb.
»Mutter und Vater werden's spitzkriegen!«
Ola zerrte an seinem Rollkragen und atmete schwer, der war ganz neu, Burgunder-Wolle, kratzte wie Juckpulver, er schwitzte jetzt schon am Kinn.
»Du wirst ja wohl 'ne Flasche aufkriegen, wo du sonst so klug bist«, kicherte er hinter Gunnars Rücken.
»Was?«
»Du bist doch so oft in der Professor Dahlsgate gew-w-wesen!«
Darüber amüsierten wir uns eine ganze Weile. Gunnar setzte zum Gegenangriff an.
»Und was ist mit dem Brief, mit dem deine Schwester dich nach Hause gelockt hat, he?«
Ola zog den Rollkragenpullover ganz aus und schöpfte Luft.
»'ne Brieffreundin von Åse«, murmelte er.
»Dann liest du also die Briefe, die sie kriegt?«
Gunnar hatte wieder Oberhand. Ola war auf dem Weg in den Rollkragen. Ein paar blaue Augen kamen zum Vorschein. Er redete durch die Wolle.
»Verd-d-dammt prima Mädchen! Zwei J-j-jahre älter als Åse!«
»Haste sie gesehen, oder was?«
»Nur auf'm B-b-bild. Echt prima! Heißt Kirsten.«
Seb wurde langsam ungeduldig. Er fand einen Bleistift und drückte den Korken nach innen. Der Wein spritzte ihm direkt ins Gesicht. Gunnar war an der Tür, um zu hören, ob die Saurier unterwegs waren. Aber die saßen im Wohnzimmer und guckten Fernsehen.
»Prost«, sagte Seb, nahm einen Schluck und gab die Flasche weiter.
Als ich trinken wollte, kam nichts heraus, der Korken versperrte den Weg. Ich gab den Wein weiter.
Gunnar legte *Strawberry Fields* auf, und damit war der Samstag eingeläutet. Wir öffneten das Fenster, damit die Vagabunden uns schon mal hören konnten. Die Flasche machte die Runde, aber ich bekam nur Korken ab. Wir rauchten auf dem Fensterbrett, redeten nicht viel, spürten nur die Atmosphäre und wußten nicht so recht, ob wir uns freuen oder fürchten sollten. Die Flasche ging immer noch rum. Als sie bei Ola ankam, klopfte es an der Tür. Gunnar bekam Panik und stopfte den Wein in Olas Rollkragenpullover. Aber es war nur Stig.

»Keine Panik, Jungs. Der CIA sitzt im Wohnzimmer und kaut Erdnüsse. 'n schönen Pullover hast du, Ola, mit eingenähter Brusttasche, oder wie?«
Ola, dem der Schweiß nur so herunterlief, zog die Flasche hervor. Gunnar nahm sie an sich und versteckte sie hinter einem Kissen.
»Wie ich sehe, ist das Vorspiel voll in Gang«, sagte Stig.
Wir nickten. Vorspiel. Das war's.
»Es gibt Gerüchte, daß die Frognergang eine Wohnung in der Colbjørnsengate auseinandergenommen hat«, sagte er.
Zum Teufel. Gunnars Zähne knirschten. Olas Ohren begannen zu zucken. Seb wurde weiß um die Nase.
»Haben sich an drei Türwächtern vorbeigestohlen. Dann haben sie 'n Klavier die Treppen runtergeworfen, 'nen Perserteppich in Streifen geschnitten und Ketchup in die Betten der Eltern geschüttet.«
Verflucht. Wir brachten kein Wort heraus, die Angst nagte an den Adamsäpfeln.
»Ihr wißt, daß ein amerikanisches Kriegsschiff Nord-Vietnam angegriffen hat, oder? Und es ist total sicher, daß sie Atomwaffen an Bord haben. Ihr wißt doch, was das heißt. Das heißt Nummer drei, Jungs. Der große Knall. Deshalb ist der Krieg der Vietnamesen gegen die Imperialisten auch unser Krieg, nicht wahr. Kapiert ihr das? Und hol mich der Teufel, es ist höchste Zeit, daß jemand auch in Vestheim ein Solidaritätskomitee gründet, damit die jungen Rechten ihren Scheiß hier nicht verbreiten können. Hört ihr?«
Er stand eine Weile da und starrte auf uns herab. Er reichte fast bis zum Türpfosten und hatte sich die Haare hinter die Ohren gestrichen, so daß sie auf den Stehkragen stießen.
»Wo hast du dieses Exemplar denn ergattert?« kicherte er, während er auf meinen Finger zeigte.
»Im Kaufhaus«, sagte ich.
Er grinste.
»Ich muß abhauen. Will in den Club 7. Heute abend spielen die Public Enemies. Da wird's in der Frognerquelle Hochwasser geben.«
Auf dem Weg nach draußen drehte er sich noch mal um.
»Jungs, denkt an meine Worte. Nach uns kommen die Bakterien.«
Er schmiß die Tür zu und trampelte durch die Wohnung. Im Wohnzimmer gab es eine kurze, aber knallharte Auseinandersetzung, bevor er weitermarschierte.
Die Flasche war leer. Seb schnipste und zog aus dem anderen Ärmel eine neue hervor. Und langsam kamen wir wieder ins Fahrwasser, vergaßen die Frognerbande, das Blut floß zurück zum Herzen, und die Erwartungen stiegen auf wie kochende Milch.

Die Mädchen saßen auf dem Sofa und tranken Cola. Wir suchten uns jeder einen Stuhl, und Seb holte die Bierflaschen hervor. Die Mädchen guckten verstohlen herüber. Es waren vier. Guri und Sidsel und noch zwei, Eva und Randi. Randi war eine dickere Ausgabe mit ziemlich kurzem Rock. Eva war dünn, und ihr Rock war etwas länger. Seb spielte den Boß, wühlte in den Platten und legte eine Hollies-LP auf, *For certain because.*
»Kommt Jørgen nicht bald«, meinten Eva und Randi, das erste, was sie überhaupt sagten.
Ola schielte zu mir rüber und murmelte vor sich hin, »Jørgen? Wer ist denn Jørgen?«
»Keine Ahnung«, flüsterte ich zurück.
»Er wird sicher bald kommen«, meinte Sidsel und saugte an ihrem Strohhalm.
»Jørgen geht in unsere Klasse«, erklärte Guri.
Es klingelte an der Tür, Eva und Randi sprangen vom Sofa, atmeten ganz hektisch, holten nervös ihren Taschenspiegel und die Wimperntusche hervor und waren voll in Fahrt. Sidsel öffnete und kam mit einem frischgewaschenen Gnom zurück, der Garfunkel ähnelte. Er nickte den Mädchen kurz zu, und dann, du hältst es nicht aus, gab er uns die Hand, nannte seinen Namen und alles.
»Jørgen Rist«, sagte er, nahm meine Hand lasch in seine und verbeugte sich. O Mann.
»Kim«, sagte ich. »Mit einem *M.*«
Er lachte nicht. Seine Wimpern waren in einem weiten Bogen nach oben geschwungen, als hätte er sie so gekämmt. Die Wangenknochen standen wie Wünschelruten in dem glatten Gesicht hervor, und das Haar war nach hinten gekämmt und wirkte elektrisch aufgeladen, aber das lag sicher nur an meinem Acrylpullover.
Auch Jørgen war nicht einer der Geschwätzigsten. Randi und Eva saßen einfach da und starrten ihm Löcher in den Bauch, sie bemerkten nicht einmal meinen Finger. Jørgen sah ganz woanders hin und schien sich um nichts zu kümmern.
Seb holte noch Bier. Aus der Küche roch es nach überbackenem Käse, die Mädchen auf dem Sofa tuschelten leise miteinander. Jørgen saß da und starrte vor sich hin, Ola spähte aus seinem Rollkragen hervor, und mit einem Mal waren Seb und Gunnar wie vom Erdboden verschwunden. Eva legte eine Monkeesplatte auf. *A little bit me, a little bit you.* Meine Ohren schrumpften wie Rosinen zusammen, und Ola tauchte im Rollkragen unter.
Die Konfrontation war nicht mehr zu vermeiden.
»Wißt ihr eigentlich, daß da Affen singen«, fragte ich und wollte witzig sein. Warum lachte nur keiner?

»Jedenfalls besser als die Beatles«, sagte Randi.
Ola kam aus seiner Wolle hervor. Wir sahen uns um. Seb und Gunnar waren und blieben verschwunden.
»Du willst doch wohl nicht die Beatles und die Monkees vergleichen!« rief ich.
»*Strawberry Fields* ist bescheuert!«
Endlich kamen Seb und Gunnar zurück, ziemlich schräg. Aus der Küche roch es gefährlich angebrannt. Die Mädchen rauschten hinaus, und Jørgen trottete hinter ihnen her. Dadurch konnte Seb uns zusammentrommeln und flüsterte mit schwerer Zunge:
»Im Keller steht ein *Glasballon!* Gunnar und ich haben einen *Ballon* gefunden!«
»B-b-ballon?«
»*Wein*ballon, Mensch. Voll mit Wein!«
Sie zeigten uns den Weg. Wir schlichen hinter ihnen her, durch ein anderes Zimmer mit vielen Büchern, Malereien, und so kamen wir auf einen Gang, von dem eine steile Treppe in den Keller hinabführte.
Da stand Sidsel plötzlich in einer Tür.
»Wo wollt ihr denn hin?« fragte sie.
»Wir wollen Tischtennis spielen«, sagte Seb heiser.
»Das Essen ist gleich fertig.«
»Dauert nicht lange«, murmelte Gunnar und glühte wie ein Nordlicht übers ganze Gesicht.
Wir krochen die Treppe hinunter. Im ersten Kellerraum stand wirklich eine Tischtennisplatte. Dahinter gab es zwei Verschläge. In dem einen stand Marmelade, in dem anderen der Wein. An dem Hals des Glasballons war ein Gummischlauch befestigt. Seb kicherte, ging in die Knie und saugte. Es gluckerte und pfiff. Dann war Ola dran. Er bekam den Strahl genau in den falschen Hals und schrie fürchterlich. Ich bekam gar nichts heraus, atmete sicher falsch, es kam nur saure Luft.

Gunnar entriß mir den Schlauch.
»Nun trink mal nicht alles«, kicherte er und steckte ihn sich in den Hals.
Anschließend torkelten wir die Treppe hoch und fanden die Mädchen und Jørgen in der Küche.
Die Toasts waren riesig, glühendheiß, mit Massen von Käse und Schinken drauf. Wir trugen sie ins Wohnzimmer. Seb öffnete die letzten Bierflaschen.
Eva legte Herman's Hermits auf.
»Babypop«, meinte Seb und trank einen Schluck.
»Randi und ich waren beim Konzert im Edderkoppen«, sagte Eva stolz.

»Sogar die Vanguards haben sie ausgezählt«, sagte ich.
Eva wurde sauer.
»Die Herman's Hermits sind viel besser als die Beatles!«
Seb stellte die Flasche hin.
»Du willst doch wohl die Beatles nicht mit den Herman's Hermits vergleichen!«
»Warum das denn nicht?«
»Darum«, sagte Seb und kratzte sich am Kopf. »Darum.«
»Weil du Apollo 12 nicht mit der Frogner-Straßenbahn vergleichen kannst.«
Ola hatte es voll drauf. Wenn es drauf ankam, traf er ins Schwarze.
Wir öffneten das Fenster, um zu lüften, und schafften es, eine Beatles-Platte auf den Teller zu schmuggeln, *I don't want to spoil the party*, und schickten die Musik in den Abend und auf die Straßen. So war es also, drinnen zu sein, während die anderen draußen waren und sich straßauf, straßab die Hacken abliefen. Auf ein Mal kam Sidsel angestürmt und schmiß das Fenster zu, sie wollte niemanden anlocken. Uns wurde etwas flau, natürlich war es dumm gewesen, das Fenster zu öffnen, und dann redeten wir von der Frognerbande, und dabei rückten wir unwillkürlich näher zusammen, durch einen gemeinsamen Feind nähergebracht und durch gemeinsame Angst erhitzt. Irgendwo auf Bygdøy hatten sie einen Fahnenmast abgesägt, waren im Wohnzimmer Motorroller gefahren und hatten mit Pfeilen auf Gemälde geworfen.
»Jeder einzeln ist sicher ganz nett«, meinte Sidsel. »Aber wenn sie alle zusammen kommen, sind sie unausstehlich.«
»Ich glaube nicht, daß die in irgendeiner Weise nett sind«, schnaufte ich. »Im Gegenteil, ich halte sie alle für ausgemachte Scheißkerle.«
Die Mädchen und Jørgen trugen die Teller hinaus, und wir schlichen uns wieder in den Keller. Ola und ich spielten Tischtennis, während Gunnar und Seb tranken. Dann tauschten wir. Ich kam mit dem Schlauch einfach nicht zurecht, bekam nichts raus. Dann trampelten wir die Treppe hoch, grölten *Penny Lane* und verliefen uns in all den Räumen, bis wir schließlich in der Küche landeten. Eva, Randi und Jørgen wuschen ab. Wir schwankten ins Wohnzimmer, Seb und Gunnar waren ziemlich aufgekratzt, sie stellten den Plattenspieler auf voll Lautstärke, löschten einige Lampen und wollten tanzen, sie waren stark in Form. Kurz darauf kamen Eva und Randi und auch Jørgen, aber Jørgen machte nicht den Eindruck, als wolle er tanzen, selbst als Eva und Randi ihn voller Inbrunst anstarrten, Ola und ich waren Luft für sie.
Die Tanzlöwen ließen sich auf die Stühle fallen und schüttelten ihre Mähnen. Draußen vorm Zaun gingen welche vorbei, sie schrien und sangen, eine Flasche zerbrach. Gunnar machte die Musik aus, und wir saßen totenstill da, bis sie verschwunden waren. Sidsel war ganz bleich um den Mund.

»Eigentlich ziemlich bescheuert«, sagte Seb, »daß wir vor dieser Scheißfrognerbande mehr Angst haben als vor dem Krieg in Vietnam.«
Die Mädchen sahen ihn an.
Seb beugte sich über den Tisch.
»Wißt ihr etwa nicht, daß die Amerikaner ihre ganze Flotte vor Nord-Vietnam liegen haben! Mit Hunderten von Atombomben an Bord!«
Die Mädchen schüttelten den Kopf, nein, das wußten sie nicht. Es war still im Zimmer.
Da sagte Ola: »Nach uns kommen die Bakterien.«
Es blieb noch eine Weile still. Dann drehte Gunnar gewaltig auf. *And I love her.* Und auf der Tanzfläche standen zwei Paare wie zusammengewachsene Schatten.
Wir versuchten, über den Tisch hinweg ein Gespräch in Gang zu bringen.
»Was wollt ihr denn nach dem Gymnasium machen?« fragte ich und fühlte mich alt wie Methusalem.
Eva und Randi langweilten sich.
»Stewardeß«, seufzte Randi und sah Jørgen an.
»Ich will erstmal das Gymnasium schaffen«, sagte Eva.
»Ich will Schauspieler werden«, sagte Jørgen ernst.
»Was?« stieß Ola hervor.
»Will mich bei der Schauspielschule bewerben«, erklärte er.
»Ich werde Seemann!« rief Seb, aber daraufhin trat Guri in Aktion, und er mußte erneut schwören, daß er nie, niemals zur See fahren werde.
Und Seb schwor es hoch und heilig.
»Ich hab' mal den Frosch Frans in der Volksschule gespielt«, erzählte ich. »Bin in 'nem grünen Trikot und mit grünen Schwimmflossen herumgehüpft. Ola war Daumesdick.«
Ola schaute mich sauer aus dem Rollkragenpullover heraus an.
»Ich habe Jesus und den Seeheld Tordenskiold gespielt«, erklärte Jørgen.
Wir sprachen nicht weiter davon. Eva und Randi nörgelten, daß sie noch mal Herman's Hermits hören wollten, Sidsel holte Cola, und wir schlichen uns hinaus und in den Keller. Es blubberte im Ballon, langsam ging der Wein zur Neige. Seb trank, Gunnar trank, Ola trank. Da hörten wir hinter uns Stimmen. Sie kamen ohne Vorwarnung aus dem Dunkel. Sidsel und Guri. Ola wedelte mit dem Schlauch.
»Hier spielt ihr also Tischtennis«, sagte Sidsel kühl.
Da gab's nichts mehr zu sagen.
»Das habt ihr ja fein hingekriegt«, sagte Guri.
Auf frischer Tat ertappt. Da half kein Wort mehr. Seb und Gunnar schritten direkt zur Aktion, schnitten die Proteste ab, und jeder verschwand mit sei-

nem glühenden Schatten in der Dunkelheit, aus der die Stille ihre deutliche Sprache sprach.

Ich sah Ola an.

»Hier gibt's nichts mehr zu holen«, sagte ich.

Wir verdrückten uns nach oben. Eva und Randi saßen im Wohnzimmer, wo der Milchmann vom Plattenspieler quäkte. Jørgen war verschwunden. Ola warf sich in einen Sessel und sah leicht zerzaust aus. Ich mußte pinkeln und kletterte in den ersten Stock hinauf. Da gab's eine ganze Menge Türen, zwischen denen ich aussuchen konnte, aber schließlich fand ich das Bad. Die Tür war angelehnt. Ich linste hinein, erstarrte. Da drinnen stand Jørgen. Er stand vor dem Spiegel, mit Lippenstift und Eyeliner, unter die Augen hatte er sich schwarze Tropfen gemalt, genau wie die Mädchen im Gymnasium. Absoluter Wahnsinn, ich hielt den Atem an und stahl mich davon. So was hatte ich noch nie gesehen. Ich schlich den Flur entlang und kam zu einem anderen Zimmer, dessen Tür offen stand, das mußte Sidsels Zimmer sein, es ähnelte Ninas, vielleicht waren ja alle Mädchenzimmer gleich. Es roch auch genauso. Sauber. Wie Wäsche, die in den Wind gehängt wird. Apfelsinen. Und gleichzeitig irgendwie schwer, nach Körper, Achselhöhlen, Kopfhaut. O Mann, ich war zu Tode erschrocken, mußte zusehen, daß ich nach unten kam, und das schnell. Zu spät. Die Tür vom Badezimmer ging auf, und Jørgen kam auf mich zu, ich stand mit dem Rücken zu ihm und drehte mich nicht um. Dicht hinter mir blieb er stehen.

»Alle Mädchenzimmer sind gleich«, sagte er.

»Das habe ich auch gerade gedacht«, erwiderte ich.

»Kim ist auch ein Mädchenname«, sagte er leise.

Ich drehte mich langsam um, traute meinen eigenen Ohren nicht, starrte ihn nur an. Er hatte sich den Eyeliner abgewischt.

»Wer hat dich denn auf die Wange geküßt?« kicherte ich.

»Niemand«, sagte er nur.

»Du hast im ganzen Gesicht Lippenstift«, sagte ich.

Er wischte ihn mit dem Handrücken weg und lächelte. Merkwürdiger Kauz.

»Ich langweile mich«, sagte er nur. »Langweilst du dich oft? Ich tu's fast immer. Deshalb will ich Schauspieler werden. Dann kann ich wer auch immer sein. Und dann muß ich mich nicht mehr langweilen.«

Wahnsinn, er hatte es durchschaut.

»Ich will Sänger werden«, platzte es aus mir heraus, im selben Augenblick wurde ich rot, ich wußte nicht, warum ich das gesagt hatte.

Ich ging zur Treppe, er kam mir nach.

»Wirklich«, sagte er sanft und sah mich mit blanken Augen an, die hinter einer weichen Hecke gebogener Wimpern verborgen lagen. »Prima.«

Die Stille wurde durch einen Schrei zerrissen. Ich nahm die Treppe in zwei Sätzen und stürmte ins Wohnzimmer. Volle Panik. Schlimmer als auf der »Titanic«. Sidsel war hysterisch, und den anderen ging es auch nicht gerade ausgezeichnet.
Ein Eisberg backbords.
Die Frognerbande.
Sie standen in der Einfahrt, grölten und warfen Korken gegen das Fenster. Es waren fünf Stück, genausoviele wie im Frognerpark. Einer von ihnen hatte einen dicken Verband um den Kopf.
»Die werden alles kaputtmachen!« heulte Sidsel.
Gunnar war bleich und gefaßt.
»Wir lassen sie nicht rein«, sagte er nur.
»Ja, glaubste, die *fragen*, ob sie rein dürfen! Die verschaffen sich Eintritt!«
Ein Mülltonnendeckel wurde über den Weg getreten, eine Planke aus dem Zaun gerissen. Jørgen kam auch und begriff, was los war. Sein Gesicht wurde ganz häßlich vor Schreck.
»Wir rufen die Polizei!« sagte Guri und fing an zu schluchzen.
Eine Flasche wurde gegen die Tür geworfen und zerbrach.
Seb und Ola waren auf dem Sprung, aber es gab nichts, wo sie hätten hinlaufen können.
Da spürte ich einen starken Sog in mir, die Wassergrenze in meiner Seele wurde hinausgeschoben, mein Kopf war ganz nackt und leer, es sauste in einem riesigen Meereshorn.
Ich hatte keine Angst. Sie konnten mir nichts mehr tun.
»Ich werd's ihnen zeigen«, sagte ich und ging zum Eingang.
Gunnar kam hinter mir her.
»Biste verrückt geworden! Die bringen dich doch um!«
Ich riß mich los.
»Ich werde sie wegfegen!« sagte ich laut.
Alle zusammen versuchten, mich zurückzuhalten. Die Mädchen weinten. Gunnar fluchte. Ich machte mich los.
»Du bist wahnsinnig!« schrie Gunnar. »Die machen dich fertig!«
Ich ging hinaus.
Eine Minute später kam ich wieder rein.
»Das war's«, sagte ich.
Keiner glaubte mir.
»Die haben den Schwanz eingezogen«, erklärte ich und setzte mich in einen Sessel. »Die Gefahr ist vorbei.«
Die Mädchen gingen zum Fenster und guckten hinaus. Gunnar kam ganz nah an mein Gesicht heran.

»Was ... was hast du gemacht?«
»Hab' sie gebeten zu verschwinden«, antwortete ich.
Danach nahm das Fest eine andere Wendung. Eva und Randi schauten nicht mehr ausschließlich Jørgen an, sie blinzelten auch zu mir herüber. Seb fand Gin im Schrank, das Licht wurde gelöscht, die Musik lauter gestellt, und ich erinnere mich, daß ich zum Schluß mit Randi tanzte, ich tanzte eine ganze Weile mit der Dicken, wir standen im Dunkeln da, und ihre Schenkel waren weich und warm, wir waren ganz allein im Zimmer. Wir setzten uns auf den Boden, und meine Hände fanden ihre Brüste, und sie fanden noch mehr, aber da wollte sie plötzlich nicht mehr, setzte sich mit einem Ruck auf, schob die Unterlippe vor und stieß empört die Luft aus.
»Bist du nicht mit Nina zusammen?« fragte sie.
Mir gefiel ihre Stimme nicht. »Nina? Welche Nina?«
Sie lachte verächtlich und ging. Ich blieb im Dunkeln sitzen. Eine Tür knallte. Jemand ging. Dann hörte ich in der oberen Etage Geräusche. Jemand war dort in den Zimmern. Also hatten Seb und Guri wohl keine Angst mehr.
Ich fand Ola im Keller. Er schlief auf der Tischtennisplatte.
»Die Party ist vorbei«, sagte ich. »Laß uns nach Hause gehen.«
»Wo sind Seb und Gunnar?« nuschelte er.
Ich deutete zur Decke. Er verstand.

Wir schlurften langsam nach Hause. An dem Springbrunnen machten wir eine kurze Pause. Es war kein Mensch auf der Straße. Wir waren die einzigen Überlebenden in der ganzen Stadt.
»Tolle Party«, murmelte Ola.
Ich nickte.
»Aber Jørgen, das ist ein B-b-bleichgesicht.«
Wir steckten uns eine an.
»K-k-kommt Nina im Sommer?« fragte Ola.
»Ja«, sagte ich. »Im Sommer.«
»K-k-kirsten auch. Aus Trondheim.«
Er zog ein Foto aus der Hosentasche und zeigte es mir. Es war so ein Automatenfoto, ein Mädchen mit großen Zähnen, Mittelscheitel und runden Wangen, das lachte.
»K-k-kirsten«, sagte Ola.
Da hörten wir es. Wir hörten eine Orgel. Ein schwermütiger Psalm dröhnte durch die Nacht. Aus einem Fenster in der Schivesgate drang Licht, es war das einzige erleuchtete Fenster in der ganzen Stadt, und von dort kamen die Töne.
»Da wohnt die Gans«, sagte Ola leise.

»Die Gans spielt Hammondorgel«, sagte ich und zitterte.
Die schweren, langsamen Akkorde wälzten sich durch die Dunkelheit. Bald wurden andere Fenster hell, Leute steckten ihre Köpfe raus, riefen und forderten Ruhe, klopften mit dem Stock, warfen Zweiörestücke, riefen Lockrufe, und die Hunde heulten um die Wette.
Dann verschwanden die Orgeltöne, und die Gans löschte das Licht. Kurz danach war alles wie zuvor, nur noch stiller.
Wir traten unsere Kippen aus, trollten uns weiter, langsam wurde es kalt.
»Was haste eigentlich der Frognerbande ges-s-sagt?«
»Hab' gesagt, daß du da bist«, antwortete ich.
Ola kicherte, er war immer noch etwas wacklig auf den Beinen.
»H-h-hoffe nur, daß Vater nicht wartet.«
»Ich auch.«
»Prima Party«, sagte Ola.
»Oberspitze«, sagte ich.

Am Sonntagabend stürzte Seb in mein Zimmer, stand mitten im Raum und lachte, dann tauchte er im Sofa unter und lachte dort weiter.
»Zum Teufel, was warst du gestern für ein Scheißer«, sagte er.
»Ich?«
»Total verrückt!«
Er hörte auf zu lachen.
»Was haste nun mit der Frognerbande gemacht?«
Ich nahm die Hand aus der Tasche.
»Hab' ihnen meinen Finger gezeigt«, sagte ich.
»Was hast du denn eigentlich mit deinem Finger gemacht, hä?«
Ich erzählte ihm alles, was im Frognerpark passiert war. Seb hörte mit großen Augen zu. Ich nahm mir Zeit, vergaß nichts, erzählte von dem, dem ich so ins Gesicht schlug, daß mein Finger knackte, und daß sie so eine Angst bekamen, daß sie wegliefen. Seb hatte den Kerl mit dem dicken Verband um den Kopf gesehen, das war nämlich der, den ich zu Boden gestoßen hatte. Seb schnappte nach Luft.
Und dann erzählte er, was ihm alles passiert war, was im Zimmer mit Guri geschehen war, von dem Phantastischsten, als die Party vorbei war, und wie und überhaupt. Und ich weiß nicht, wer von uns am meisten log, aber Hauptsache, daß wir uns gegenseitig glaubten.

Frühling, kein Zweifel. Die Orchester trampelten durch die Straßen und übten lahme Märsche, die Läufer trainierten für den Holmenkollen-Staffellauf, aber das sicherste Frühlingszeichen war Jensenius. Der Wal erwachte und

sang im grünen Meer. Und eines Tages steckten wir zur gleichen Zeit unsere Köpfe raus und sahen uns an.
»Mehr Bier!« schrie er.
Dann warf er ein schweres Portemonnaie und ein Netz herunter.
»Export!« schrie er.
Als ich mit dem Bier angeschleppt kam, wartete er schon in der Tür auf mich und winkte mich hinein. Ich folgte ihm ins Wohnzimmer, wo er sofort in dem gleichen verschlissenen Sessel niedersank und das Bier wie in ein Abflußrohr in sich schüttete.
»Setz dich«, sagte er.
Ich setzte mich. Staub wirbelte auf, es roch nach altem Brot.
»Du spielst die Robertino-Platte gar nicht«, sagte er.
Es war mir etwas peinlich.
»Doch. Ich finde sie gut.«
Jensenius schaute verträumt hinter dem Schaum hervor.
»Ein italienischer Jüngling, mit einer Kehle aus purem Gold.«
Er seufzte schwer.
»Aber jetzt hat das Schicksal ihm die Stimme genommen, Kim, das Leben kann grausam sein.«
»Ist er krank?« fragte ich.
»Stimmbruch«, sagte Jensenius. »Der Teufel hat seine Kehle mit grobem Sandpapier geschmirgelt. Robertino ist nicht mehr Robertino.«
Er trank mehr Bier. Sein Bauch quoll über der schmutzigen Hose hervor. Das Hemd war falsch zugeknöpft.
»Das Gleiche, was mir passiert ist«, sagte er trübsinnig. »Des Schicksals launische und grausame Partitur. Nur in umgekehrter Reihenfolge.«
Er schwieg eine Weile, starrte mit einem Blick vor sich hin, der nur nach innen gerichtet war.
»Robertino hat seinen Sopran verloren und bekam die Tonlage eines Bergarbeiters. Ich verlor meinen Bariton und bekam die Stimmenpracht eines Eunuchen.«
Er nahm einen tiefen Schluck.
»Was ist ein Eunuch?« fragte ich vorsichtig.
»Des Lebens Sklave«, antwortete er. »Seiner Manneskraft beraubt, aber immer noch voller Begierde. O Kim, manchmal ist es nicht zum Aushalten.«
Ich schaute zu Boden, der Teppich war von seinen nächtlichen Wanderungen abgenutzt.
»Was ist passiert?« fragte ich.
Jensenius öffnete drei Flaschen. Unter seinem Sessel lag ein Berg von Korken.
»Das will ich dir erzählen, Kim. Ich sollte 1954 in der *Aula* singen, an einem

berauschenden Frühlingstag, fast wie heute.« – Er zeigte auf die verdreckten Fenster. »Ich sollte Grieg singen, und König Haakon wollte kommen, Kronprinz Olav, das ganze Königshaus! Ich nahm zwei Stunden früher als nötig von hier aus ein Taxi, um auch genügend Zeit zu haben. Aber, Kim, ich kam niemals an. König Haakon sollte niemals hören, wie Jensenius Grieg singt.« Er trank, die Hand, die die Flasche hielt, zitterte.
»Was ist passiert?« flüsterte ich.
»Es geschah ein Unglück, Kim. Da, wo der Parkvei den Drammensvei kreuzt. Ein Lkw von links. Der Taxifahrer wurde getötet. Ich bekam den Vordersitz in den Schoß. Ich wurde vernichtet, Kim.«
Den Rest der Flaschen leerte er, ohne noch ein Wort zu sagen. Das war also Jensenius' Geschichte. Und die war sicher so wahr wie all das, was mir einfiel. Und auf dem Kamin lagen Bonbons, grau vor Staub und grün vor Schimmel. Schnell drehte er sich zu mir um.
»Aber aus *dir* soll mal was werden!« sagte er.
Ich bekam es mit der Angst zu tun.
»Ich?«
»Ja, Kim. Du wirst der Größte von uns allen!«
»Und wie?«
»Der Gesang, Kim. Der Gesang. Ich habe dich nachts gehört. Ich höre dich fast jede Nacht, Kim!«
Ich rannte nach unten, stürzte in mein Zimmer. Draußen explodierten die Bäume in grünem Applaus, und das Orchester kam mit seinen Zugaben zu keinem Ende.
»Das Radio«, dachte ich. »Das ist nur das Radio, was er gehört hat.«

Am ersten Samstag im Mai gab es ein gewaltiges Gehupe draußen in der Svoldergate, das mußte wohl Jensenius sein, der versuchte, die Kreuzung zu überwinden. Ich flog zum Fenster. Vater! Es war Vater in seinem neuen Auto, ein knallroter Saab, der die Svoldergate entlangstrich wie ein Riesenmarienkäfer. Ich raste hinunter, Vater kroch heraus, lehnte sich gegen das warme Autodach, er hatte seine Jacke abgeworfen und die Ärmel hochgekrempelt, o Mann, was für ein Frühling. Dann kam Mutter angeflogen, sie fiel ihm um den Hals, und so möchte ich die beiden am liebsten in meiner Erinnerung behalten, neben dem neuen Auto, dem ersten Auto, einem knallroten Saab V4, Arm in Arm, an einem Maitag 1967.
Zuerst holten wir Hubert in Marienlyst ab. Er kriegte sich nicht wieder, mußte alle Knöpfe ausprobieren, die Scheibenwischer und das Blinklicht einschalten, so daß Vater schon leicht nervös wurde. Wir brachten Hubert auf dem Rücksitz zur Ruhe.

»Das muß man sagen«, meinte er und schlug Vater auf die Schulter. »Du hast dich sicher nicht gegen die Hölle vergangen.«
Wir lachten und drehten die Fenster runter. Dann fuhren wir durch die kochende Stadt, auf dem Mossevei hinaus, wir wollten nach Nesodden. Vater kam in Fahrt, der Motor summte wie eine zufriedene Hummel, nicht eine einzige Karre überholte uns, aber Vater mußte bei Hvervenbukta einen Lastwagen überholen, ziemlich kurz vor einer Kurve, das gab ein Geschrei und Gejohle auf dem Rücksitz, aber es klappte, es klappte, Vater klammerte sich ans Lenkrad, während der Schweiß ihm über ein Riesengrinsen rann, das er sicher nicht mehr gezeigt hatte, seit er ein Junge gewesen war und an den Weihnachtsmann geglaubt hatte.
Und der Bundfjord war hellblau, hinter uns lag die Stadt in dunkelgrüne Wiesen verpackt da, mit einem gelben Sonnenband drumherum.
Nach Tangen hinaus wurde der Weg schlechter, es rumpelte und schaukelte, und kleine Steine sausten ums Blech herum. Vater lag übers Lenkrad gebeugt, schaffte aber auch das, und bald rollten wir zur Brücke hinunter und parkten bei Signal. Vater kroch um den Wagen herum, um Kratzer im Lack zu entdecken, als er aber ein Taschentuch herauszog und die Karre putzen wollte, griff Mutter ein und schaffte ihn mit uns zum Haus hinauf.
Es roch wie immer, wenn wir am ersten Frühlingstag auf Nesodden sind, ranzig und säuerlich von den verrotteten Blättern auf dem Hügel. Mir schien das Haus jedesmal etwas unheimlich, wenn alle Läden vor den Fenstern waren, wie ein toter Mensch sah es aus, fand ich, oder vielleicht wie ein Mensch vor seiner Geburt, denn wenn wir die Läden abnahmen, strömte das Licht durch das Haus, als seien die Wände durchsichtig, und alles dort drinnen begann zu leben. Die Fliegen im Fensterrahmen stießen gegen die Scheiben, es raschelte und piepste überall, und der Staub stand wie die Milchstraße im Sonnenprojektor.
Ich lief zu der Stelle hinauf, an der die Walderdbeeren wuchsen, hinterm Brunnen, in einer grünen, feuchten Kuhle. Ich zählte die Blüten. Das würde ein Sommer voller Walderdbeeren werden.
Mutter kochte Kaffee, und wir setzten uns auf die Veranda. Die Sonne stand über Kolsås, ein blitzendes Flugzeug flog vor der Scheibe vorbei und umrundete uns.
»Wie läuft's im neuen Job?« fragte Hubert, während sein Blick dem Flugzeug folgte, das nach Süden raste und verschwand.
»Großartig«, sagte Vater.
Hubert guckte über den Tassenrand.
»Kim hat mir erzählt, daß ihr einmal 350.000 Kronen im Kasten hattet«, sagte er beeindruckt.

»Das passiert ab und zu. Vor allem freitags, wenn viel ausgezahlt wird. Oft müssen Sonderzuteilungen von der Hauptgeschäftsstelle geschickt werden.«
Hubert trank noch mehr Kaffee.
»Das ist viel Geld«, sagte er leise. »Habt ihr keine Angst, so viel Geld in der Kasse zu haben?«
Vater lachte.
»Kim und du, ihr habt zu viele Krimis gesehen, das steht fest!«
Und dann fuhren wir zurück in die Stadt. In der Hvervenbucht saß eine langhaarige Gruppe und spielte Gitarre. Auf den Felsen brannte ein Feuer. Der Mossevei dampfte nach einem schweren Tag. Die Kräne auf Vippetangen standen wie große, tote Tiere unbeweglich da, und über dem Holmenkollen leuchtete der Himmel blutrot. Vater gab Gas, und wir rasten direkt in den Sonnenuntergang, mit offenen Fenstern, so daß uns der Wind durch die Haare pfiff und die Augen mit Tränen füllte, während die Insekten auf der Windschutzscheibe explodierten und nach allen Seiten spritzten.

Zuerst dachte ich, ich hätte mich bei der Autofahrt erkältet, denn nachts wachte ich mit dickem Hals, Fieber im Rücken und geschwollenen Augen auf. Aber als ich mich am nächsten Morgen im Spiegel betrachtete, bekam ich einen ziemlichen Schreck. Ich ähnelte einem verwirrten Pelikan, das Kinn hing wie ein Beutel unter dem Gesicht, so daß ich kaum sprechen konnte. Das Fieber setzte sich im Hinterkopf fest, ich torkelte in mein Zimmer zurück, und als Mutter mich zu sehen bekam, schrie sie.
Die Tage liefen auf einem weißen Karussell. Ich lag im Delirium, kalte Lappen auf der Stirn, Saft in großen Gläsern und das Radio an. Auch in meinen Hoden begann es weh zu tun, als hätte ich Zahnschmerzen in den Klötzen. Daraufhin wurde Mutter absolut hysterisch und ließ einen Arzt kommen. Er kam mit einem Stethoskop und ähnelte überhaupt nicht den Ärzten, die Hubert für die Zeitschriften gezeichnet hatte. Er fingerte und fummelte von Kopf bis Fuß an mir herum. Danach sprachen Mutter und er miteinander, leise und heimlich, aber ich konnte einzelne Worte verstehen, ich hörte Mumps, Mumps und Kind, Mutter redete die ganze Zeit etwas von Kind.
Nach einer Weile erholte ich mich wieder, das Karussell wurde langsamer, das Fieber lief aus dem Bett hinaus, die Beutel schrumpften ein. Und eigentlich war es auch ganz schön, so dazuliegen, faul und willenlos, alte Platten anzuhören, Cliff, Paul Anka, Pat Boone, damit war ich ein für allemal fertig mit den alten Scheiben. Ich spielte auch Robertino, und da trampelte Jensenius zufrieden auf den Boden. Gunnar, Seb und Ola kamen eines Tages zu Besuch, kein Problem für sie, sie hatten Mumps schon lange hinter sich. Sie stellten sich um mein Bett herum und kicherten ziemlich, erzählten, daß jemand

Schinkens Schuhe mit Wasser gefüllt habe und daß die rote Kartoffel für alle in der Klasse Pflanzkartoffeln mitgebracht habe. Aber dann wurden sie ernst und trugen ihr Problem vor.

»Was wird denn diese Jahr mit Frigg, he?« fragte Gunnar.

Wir hatten den ganzen Herbst über das Training geschwänzt, es würde ziemlich schwierig werden, sich wieder in die Mannschaft zu kämpfen.

»Weiß nicht«, sagte ich. »Ich finde, wir sollten aufhören.«

Die anderen nickten.

»Bleibt eh keine Zeit für Fußball, wenn wir aufs Gymnasium gehen«, meinte Gunnar.

»Nee«, stimmten wir zu.

»Aber wir können ja mal reinschauen und Kåre grüßen«, sagte Seb. »Es ihm sagen.«

»Logisch«, sagten wir.

Als sie gegangen waren, kam das Fieber zurück und wrang mich wie einen Schwamm aus. Mutter schaffte mich ins Wohnzimmer, wo ich halbtot dasaß und wartete, daß sie das Bettzeug wechselte und lüftete. Danach war es ein Gefühl, als legte ich mich in einen Wind, einen Wind voller Sonne, frischgemähten Grases und saftiger Äpfel. Ich schlief, wachte einmal von irgendwelchen Geräuschen auf, ein Zug, der stampfte, eine Straßenbahn, die quietschte, Bomben, die fielen. Dann wurde es wieder totenstill, und als ich das nächste Mal erwachte, war ich frisch wie ein Fisch und um fünf Kilo leichter.

Das war meine letzte Kinderkrankheit.

A DAY IN THE LIFE

Sommer 67

Wir fuhren zu Kåre in die Theresesgate. Er wollte gleich unsere Mitgliedskarten hervorholen, aber Gunnar unterbrach ihn.
»Dieses Jahr wird es bei uns nichts mit Fußball«, erklärte er. »Wir haben keine Zeit zum Training, wenn wir mit dem Gymnasium anfangen.«
Kåre lehnte sich über den Tresen und betrachtete uns.
»Ihr seid ganz schön groß geworden«, meinte er.
Wir pfiffen nervös vor uns hin.
»Das wollten wir nur sagen«, fuhr Gunnar fort. »Es hat Spaß gemacht, bei Frigg Fußball zu spielen.«
Kåre lächelte traurig.
»Es sind einfach zu viele, die wie ihr aufhören«, sagte er. »Wie sollen wir denn Frigg in der ersten Liga halten, wenn die Spieler einfach verschwinden.«
Wir scharrten mit den Schuhen.
»Hätte nicht gedacht, daß wir in die Kernmannschaft kommen würden«, lachte Ola unsicher.
Zwei Winzlinge kamen herein, um ihren Beitrag zu bezahlen, in kurzen Hosen, mit Pflaster auf den Knien und einem Schlüssel um den Hals, sie konnten gerade über den Tresen gucken.
Als sie gingen, sagte Kåre: »Wer weiß, es könnte ja ein Pettersen oder ein Solvang in den dünnen Beinen stecken.«
Nein, man konnte nie wissen, aber für uns war die Saison vorbei.
Wir gaben ihm die Hand.
Kåre lächelte sein schiefes Lächeln und atmete schwer durch die flache Nase.
»Viel Glück, Jungs«, sagte er. »Macht's gut!«
Wir kauften uns zehn Craven und bummelten zum Eisstadion hinunter. Wir dachten an die Trikots, frischgewaschen, steif, blauweiß. Åge, der die Mannschaft aufstellte. Die Umkleideräume, das Eigentor in Slemmestad, die rote Karte in Kopenhagen. Alle Spielfelder: Voldslakka, Ekeberg, Dælenenga, Marienlyst, Grefsen. Gras, Schotter, und vor allem Fußball im Regen, schweres, zähes Spiel, wie in Zeitlupe, während der Regen niederprasselte, daran dachte

ich vor allem, an dem glühendheißen Tag, als wir uns von Kåre das letzte Mal die Theresesgate hinunterschlichen: an Fußball in strömendem Regen.
Die Schule war voll in Gang. Die rote Kartoffel las Petter Dass, Hammer war proppenvoll mit deutschen Verben, und Schinken war wie ein Pulverfaß in der Sonne. Der einzige kühle Platz war beim Werken. Da saß ich und feilte einen Teak-Ring, den ich der einen oder anderen geben wollte, aber eines Tages fiel er mir zu Boden und zerbrach. Es hatte keinen Zweck, ihn wieder zu kleben. So was konnte ich nicht verschenken. Eine Zeitlang überlegte ich, ob ich ein Vogelhäuschen bauen sollte, aber das war schon zu spät, es wäre vor dem Sommer nicht fertig geworden. Das war übrigens an dem Tag, als der Werklehrer eine Schlangenhaut aus Afrika mitgebracht hatte, so groß wie ein Teppich. Sein Bruder hatte die Schlange geschossen, während sie unter einem Orangenbaum lag und ein Schaf verdaute. Wir konnten auch das Einschußloch sehen. Der Bruder des Werklehrers war Missionar in Afrika. Nach der Stunde blieb die Gans noch da. Er hatte beim Werken ein Kreuz hergestellt, und jetzt wollte er mehr über den Missionar in Afrika erfahren. Kurz bevor es zur nächsten Stunde klingelte, kam er zu uns an den Trinkbrunnen und erzählte, daß Schlangen einen ganzen Monat lang schlafen, wenn sie so ein Schaf gefressen haben. Und daß die Schlange das Tier des Teufels sei. Deshalb hatte der Bruder unseres Werklehrers sie erschossen. Wir konnten uns doch noch daran erinnern, was mit dem Lehrer Holst passiert war?
»O ja«, sagte Gunnar und sah in eine andere Richtung.
Im Herbst sollte die Gans auf dem konfessionellen Gymnasium anfangen. Seine Augen glänzten. Gunnar blätterte im Englischbuch. Ich trank Wasser.
»Gott sei mit euch«, sagte die Gans, er sagte das wirklich und ging.

Und er war mit uns, jedenfalls für eine Weile. Mit Norwegisch ging es prima, ich schrieb über Raumfähren und fand, daß ich es gut hingekriegt hatte. Ich schrieb über die Menschen, die so klein sind, und den Weltraum, der so riesig ist, ich bekam etwas von einer Tür hin, die geöffnet werden müßte, hin zum blauen All, ich war in Topform. Denn wenn es auf der Erde nicht mehr genügend Platz gäbe, könnten wir uns auf anderen Planeten ansiedeln. Damit war ich mit der Kladde fertig und aß mein Brot, fette Salami und feuchten Ziegenkäse und dachte an die Gans, er saß hinter mir und kratzte sich wie verrückt, ich dachte daran, daß es vielleicht da draußen im All einen alten Gott gibt, mit weißem Gewand und Mittelscheitel, vielleicht sah er ein bißchen so aus wie John Lennon, der alles, was wir schrieben, mitlas und genau wußte, was wir schreiben und welche Zensuren wir bekommen. Aber es hatte sicher keinen Sinn, so was zu schreiben. Ich ließ es lieber bleiben.
Auch Englisch überlebte ich. Und Deutsch. Dann kam die Mauer: Mathe.

Den Abend vorher saß ich da und paukte Gleichungen und Geometrie, daß mir der Schweiß aus den Poren trat, während draußen der Sommer säuselte und die Möwen mit heiseren Schreien und brennenden Schnäbeln vom Fjord heraufflogen und gegen mein Fenster schissen. Ich zeichnete Koordinatensysteme, drehte den Zirkel, zeichnete Dreiecke, Winkel und Strecken, und draußen schrien die Möwen. Ich dachte an die Schlangenhaut und daß die Zukunft wie eine Schlange sei, eine Boa Constrictor, die von den Bäumen herabglitt, und daß sie uns bereits geschluckt hatte, wir hatten nicht die geringste Chance herauszukommen, lagen schon im warmen Bauch der Zukunft und wurden verdaut. Es war unmöglich, sich bei dem Möwengeschrei direkt vorm Fenster zu konzentrieren. Es klingelte. Gunnar, Seb und Ola konnten es nicht sein, denn die saßen auch zu Hause und paukten und waren mindestens ebenso verzweifelt wie ich. Ich hörte, daß Mutter öffnete, dann hörte ich nichts mehr, denn die Möwen schrien so laut, sicher war es nur so ein schwitzender Spendeneintreiber. Aber dann klopfte es an meiner Tür, sie ging auf, und ich vergaß alles, was ich gelernt hatte, alles, was gewesen war, und alles, was war.

Nina.

Sie stand in der Tür und sah mich an.

Mutter stand im Hintergrund und schlich sich unauffällig davon.

Fast hätte ich Nina nicht wiedererkannt, die Haare bis auf die Schultern, eine Blume hinterm Ohr, in einem langen, knallbunten Rock, schmal in der Taille, fast wie mein Arm, ich schluckte mehrere Male und hielt mich an meiner Maske fest.

Ich wünschte mir nur, es hätte jemand bei mir gesessen, wie damals in Dänemark jemand bei ihr gewesen war. Ich saß nur mit Mathebuch und Zirkel da. Sollte mit einem Mal alles vergessen sein, als hätte ich das ganze Jahr nur dagesessen und auf sie gewartet? Ich wurde sauer, hätte nicht ebenso gut jemand bei mir sein können, was dachte sie sich nur, einfach hier hereinzuspazieren, ohne mit der Wimper zu zucken, auf meiner Türschwelle zu stehen und mich mit denselben Augen anzusehen, dem gleichen Lächeln, das mir trotzdem so fremd erschien, denn sie hatte sich verändert, und war doch die gleiche geblieben, war Nina.

Ich war wütend. Ich war durcheinander.

»Hallo«, sagte ich.

Sie kam herein.

Sie kam sofort zur Sache.

»Hast du meinen Brief gekriegt?« fragte sie.

»Ja.«

Sie schloß die Tür.

»Lernst du für die Prüfung?«
»Mathe.«
»Biste sauer?« fragte sie.
»Sauer? Warum denn?«
»Ich kann hier ganz still sitzen, dann kannst du lernen.«
Sie hatte ein Paket dabei. Flach, viereckig. Ich wollte nicht fragen, konnte es aber nicht lassen.
»Was ist das denn?« Ich zeigte drauf.
»Für dich«, lächelte sie und legte das Paket auf das Mathebuch.
Ich spürte ihr Haar in meinem Gesicht. Nachts würde es ein Gewitter geben.
»Für mich?«
»Ja.«
Ich packte es aus, meine Hände waren vor Schweiß ganz glitschig.
Sergeant. Sergeant Pepper. Sergeant Pepper's Lonely Hearts Club Band.
»Die neue Beatles-LP«, flüsterte sie direkt hinter mir.
Gefangen. An Händen und Füßen gefesselt. Die neue Beatles-LP. Warum waren die anderen nicht da, Gunnar, Seb und Ola. Alles war falsch. Und trotzdem war alles, wie es sein sollte.
Ich starrte nur drauf. Die Gesichter starrten zurück, eine ganze Versammlung von Köpfen, und ganz vorn, in Uniform, zwischen seltsamen Pflanzen, standen sie und erwarteten etwas von mir, daß ich etwas tun sollte, genau jetzt. Diese vier Gesichter, nahe, aufdringlich, als ich das Cover auspackte, zwangen mich, etwas zu tun. Von der Rückseite, der Text in Rot, starrten John, George und Ringo mich an, während Paul mir den Rücken zuwandte, ich saß mit dem Rücken zu Nina, spürte sie hinter mir und drehte mich schnell um.
»Danke«, murmelte ich, fummelte die Platte heraus und legte sie auf den Plattenspieler. »Danke«, murmelte ich noch einmal, blies den Staub vom Saphir und flehte zum Gott der Gans, daß die Batterien ausreichen würden.
Ich glaube, in dem Augenblick veränderte sich etwas in meinem Zimmer, am Abend vor der Matheprüfung, während der Sommer wie ein grüner, pochender Puls vor dem Fenster stand. Nina an meiner Seite und die Musik, die zuerst auch fremd war, genau wie Nina, als sie plötzlich in der Tür stand. Und dann lernte ich beide kennen, Nina und die Musik. Und damit mußte auch ich mich verändern, ließ die Musik in mich hineinfließen wie Wasser, öffnete mich ganz und gar, wie eine Tür, die lange Zeit verklemmt gewesen war, ich finde kein anderes Bild. Als hebe man sich selbst hoch, oder trage einander. Unsere Hände krochen über den Boden und tasteten sich vor. *A day in the life.* So ein Tag, den es nur ein einziges Mal gibt, und ich kann schwören, daß ihr Mund immer noch nach Äpfeln schmeckte.

Ich brachte sie nach Hause. Sie sollte bis zum Herbst in Norwegen bleiben. Alles war anders, die Straßen, die Bäume, die Fenster, und die Menschen, die wir trafen, lächelten alle. Und Nina ging barfuß auf dem Asphalt, der zur Nacht hin kühl wurde. Wir setzten uns an den Springbrunnen und spürten das Wasser im Nacken.

»Jesper ist nichts«, sagte Nina.

Ich antwortete nicht.

»Denk nicht mehr dran«, sagte sie.

Als wenn ich daran gedacht hätte.

Ich lachte laut.

»Du hast doch sicher auch andere Mädchen getroffen«, sagte sie, ohne mich anzusehen.

»Kann sein«, sagte ich und steckte mir eine an.

Dann sagten wir eine ganze Weile nichts mehr. Die Apfelbäume im Garten an der Ecke leuchteten weiß, und alle Hunde der Stadt versammelten sich in der Gyldenløvesgate, hechelten und winselten, kamen heran und stupsten uns an, knurrten freundlich, irgendwas war wohl los.

Hinter uns stieg die Wassersäule senkrecht in den Himmel.

Die Klasse guckte mit großen Augen hinter mir her, als ich der schielenden Aufsicht das Arbeitsblatt auf das Pult warf, und es war gerade erst Viertel vor zwölf. Ich rannte aus der luftleeren Folterkammer hinaus, nahm die Treppe mit drei Schritten und lief direkt in Ninas Arme, die auf dem Schulhof wartete.

»Bist du schon fertig!« lachte sie.

»Jawohl. Hab's direkt runtergeschrieben, von Gunnars Kladde abgeschrieben. Die Aufsicht kann nicht weiter als einen Meter gucken.«

Wir fuhren zu mir nach Hause und holten das Badezeug und Sergeant Pepper. Den Plattenspieler nahm Nina unter den Arm, und so radelten wir zum Huk hinaus, Nina auf dem Gepäckträger, und die Sonne stach uns ins Gesicht. Den ganzen Tag lagen wir da, bis die letzten Badegäste nach Hause gefahren und wir allein waren. Wir aßen Erdbeeren aus einem grünen Korb, hatten die Ohren im Lautsprecher und die Gesichter dicht beieinander. Auf Bauch und Schultern brannte es. Sie schmierte mich mit Nivea ein. Ich schmierte sie ein. Sie hatte zwei Sonnenbrillen dabei, eine runde und eine viereckige mit blauen und grünen Gläsern. Wir lagen auf dem Rücken und starrten mit offenen Augen in die untergehende Sonne.

Dann waren wir ganz allein.

Die Segelboote lehnten sich gegen das Wasser.

Am Ufer lag noch eine Sandale.

»Warte hier«, sagte ich zu Nina und lief zum Felsen hinüber, holte tief Luft und sprang ins Meer. Das Wasser war schwarz vor meinen Augen, mich durchfuhr ein kalter Strom. Für einen Augenblick bekam ich Panik, sah tauchende Gestalten mit wehendem Haar, Körper mit langsamen, müden, fast schönen Bewegungen, wie Astronauten. Ich war kurz davor aufzugeben, mir platzte der Kopf, aber ich kämpfte mich noch tiefer und stieß auf den Grund. Ich wühlte im Sand herum, und zwischen den Steinen und dem Seetang bekam ich etwas Rundes und Welliges zwischen die Finger, ich stieß mich ab und steuerte dem grünen Himmel entgegen.
Nina saß am Plattenspieler. Ich hielt die Hände auf dem Rücken und beugte mich tropfend über sie.
»Welche Hand willst du haben?«
Sie dachte nach und wählte die richtige.
Ich gab ihr den verrosteten Mercedesstern. Sie lachte und fragte, was das sei.
»Ein Stern, der vom Himmel gefallen ist«, erklärte ich ihr.
Sie legte ihn ins Gras und zog mich zu sich hinab. Ich stellte den Plattenspieler an. *India*. Das war magisch. Es war nicht zu glauben. Ich wurde mitgezogen, kicherte über Pauls *When I'm sixty-four*, hörte intensiv dem Stöhnen bei *Lovely Rita* zu und wurde von den Hähnen, die bei *Good Morning, Good Morning* krähten, geweckt.
»Die Batterien sind leer«, sagte Nina.
Sie hatte recht. Die Musik kam und ging in Wellen, wurde immer tiefer, es klang ziemlich schrecklich.
»Kein Problem«, sagte ich, half mit meinem Finger nach und bekam so wieder den richtigen Rhythmus, 33 1/3 Umdrehungen in der Minute.
»Was hast du denn mit deinem Finger gemacht?« fragte Nina.
Ich legte mich neben sie, die Musik fraß sich wieder fest, kam nur noch ruckartig.
»Hab' ihn mir in der Drehbank eingeklemmt«, sagte ich.
»In der Drehbank!« lachte sie.
»Genau. Ich wollte nämlich 'nen Ring machen.«
Sie beugte sich über mich.
»Für wen denn?«
Ich zog sie herab, flüsterte ihr ins Ohr.
»Aber es geht jetzt prima so, mit dem Finger, mein ich.«
»Beweis es«, flüsterte Nina.
Und dann warf ich die Musik wieder mit meinem Finger an, bis der Rhythmus in uns hämmerte, wie die Boote, die über den Fjord tuckerten, immer härter und lauter, mein Finger machte alle Umdrehungen mit, bis zum letzten Schrei, der fast nicht mehr zu hören war, ich drückte ihren Kopf nach

hinten, und *A Day in the Life* hielt jäh inne und glitt in die ruhigen Rillen. Danach saßen wir Rücken an Rücken da und lauschten der Stille, einige Vögel, ein paar Wellen, der Wind, die Motorboote waren verschwunden.
»Wir müssen jetzt bald fahren«, sagte ich. »Sie warten bei Seb.«
»Wer?«
Nina lehnte an meiner Schulter und brachte mich mit ihrem Lächeln ganz durcheinander.
»Na, die anderen! Gunnar und Sidsel! Seb und Guri! Ola und Kirsten!«
Als wir nach Hause radelten, gab es einen warmen Regenschauer, für den wir aber nicht mal die Sonnenbrillen abnahmen. Nina saß auf dem Gepäckträger und erzählte von jemandem, den sie in Kopenhagen kannte und der in San Francisco gewesen war und jetzt nach Indien wollte. Ich verstand nicht alles. Ich dachte nur, daß alles so lange gedauert hatte und trotzdem so verdammt schnell gegangen war.

2. TEIL

HELLO GOODBYE

Herbst 67

Es war in meinem siebzehnten Lebensjahr: Ich kämpfte mich durch einen herbstlichen Wald hindurch, stolperte über Äste — Zweige schlugen mir ins Gesicht, die Kompaßnadel zitterte in Nord-Richtung, aber Schinkens handgezeichnete Karte stimmte mit dem Gebiet nicht überein. Ich war drauf und dran, mich zu verirren, und jetzt, jetzt, wo die Schritte mich einkreisen, die Fußspuren in dem pappigen Schnee vom Januar und dem neuen Jahr rund ums Haus verlaufen, jetzt, wo jemand hier war, versucht hat, hineinzuschauen, jetzt, wo ich denke, daß ich aus dem Chaos herauskommen muß, jetzt schaukelt der Kompaß von meiner Konfirmation sinnlos hin und her: Unsichtbar schreien die Vögel über mir, ich bahne mir den Weg, langsam wird die Zeit knapp, ich bekomme fast Panik, die Zeit rast mir davon, ich bin der letzte, der noch draußen ist, ich schiebe die Zweige zur Seite, und endlich sehe ich dort Cecilie, sie sitzt vor dem Ullevålseter auf einem Stein und füttert eine Ziege.
»Wie viele Markierungen haste gefunden?« fragte ich.
»Keine«, antwortete sie.
»Ich hab' nur die dritte unten am Sognsee gefunden. Dann hab' ich die Spur verloren.«
»Orientierungslauf ist das Idiotischste, was ich kenne«, sagte Cecilie und fütterte die Ziege weiter mit Brotscheiben.
Ich setzte mich eine Armlänge von ihr entfernt auf einen Stein und versuchte, mir auszudenken, was ich ihr Nettes sagen könnte.
»Ich dachte schon, ich hätte mich verlaufen«, sagte ich. »Das ist ja der reinste Dschungel hier unten.«
»Ich bin direkt hierher gegangen«, sagte sie nur.
»Vor ein paar Jahren war ich hier mal auf Angeltour. Mit Seb. Und Gunnar und Ola. Die gehn in die B-Klasse, naturkundlicher Zweig.«
Cecilie wirkte nicht sonderlich interessiert. Cecilie wirkte eigentlich überhaupt nicht interessiert. Die Ziege saugte an ihren Fingern, und sie sah überall hin, nur nicht zu mir, genau wie im Klassenzimmer. Cecilie saß neben mir

in der zweitletzten Reihe, und an ihrem Profil vor dem Fenster, da kam ich nicht vorbei, es war klar und weich zugleich, und ihre Augen, braun waren sie, glaub' ich, braun, aber sie sahen nie zu mir herüber, sie sahen zur Decke, aus dem Fenster, auf den Tisch oder über den dunkelgrünen Wald hinweg, wo der Herbsthimmel ein kaltes und durchscheinendes Licht auf die Erde schickte.

»Wollen wir in der Hütte ein Bier trinken?« fragte ich schnell und pustete eine nervende Ameise von meinem Handrücken.

Cecilie stand einfach auf und ging, ich folgte ihr, hinauf in die Wirtsstube, wo wir einen Fenstertisch fanden. Ich bestellte mir Bier, Cecilie wollte unbedingt einen Johannisbeergrog.

»Ich fürchte, wir sind ein wenig auf Abwegen«, sagte ich.

»Wieso denn?«

»Oder hast du vielleicht irgend jemanden aus der Schule hier gesehen?«

Sie schüttelte den Kopf. Und dabei wurden ihre Haare ein bißchen unordentlich. Es gefiel mir gut, daß der Knoten im Nacken sich etwas löste und die Strähnen zu allen Seiten abstanden, wow, da wurde mir ganz flau im Magen. Ich trank Bier.

Und überlegte, was ich jetzt wohl sagen könnte.

Ich drehte mir eine Zigarette. Cecilie rauchte nicht.

»Wie findste denn die Klasse?« fragte ich betäubt.

Sie lachte kurz, ich begriff nicht so recht, worüber, sah aus dem Fenster; ein alter Kerl kam mit Rucksack und Stock anmarschiert. Die Ziege stand im Gras auf dem Kopf.

»Ich weiß nicht so recht«, sagte Cecilie.

»Die Sphinx ist lahmarschig«, sagte ich. »Könnte im Frognerpark stehen. Seit wir ihn haben, hat er nicht mal mit der Wimper gezuckt. Schon merkwürdig, daß seine Augen nicht austrocknen.«

»Ich mag am liebsten Französisch«, sagte Cecilie.

»Ich kenn' ein Mädchen in Paris«, prahlte ich.

»Was du nicht sagst«, sagte sie nur und wärmte die Hände an der Tasse.

»Na, nicht ganz.« Ich kam ins Schwimmen. »Eine Dame, die Kollegin meines Onkels. Sie malt Bilder.«

Es sah so aus, als langweile Cecilie sich zu Tode. Ich wurde leicht hektisch, trank mein Bier und bekam es in die Nase, so daß ich husten und mich winden mußte, bis der Schaum mir aus den Nasenlöchern herauskam.

Und genau in dem Augenblick sah Cecilie mich an, sie sah mir direkt ins Gesicht und lachte.

»Hab's in den falschen Hals gekriegt«, erklärte ich.

»Nächsten Samstag ist Klassenfest bei mir«, sagte sie.

Ich bekam das Bier aus den Nebenhöhlen heraus und schluckte.
»Wow! Absolute Spitze!«
Cecilie sah wieder genauso schlechtgelaunt aus wie zuvor.
»Meine Eltern haben das entschieden«, sagte sie.
Cecilie wohnte auf Bygdøy, und ihr Vater machte wohl irgendwas mit Uhren, Ferngläsern und Schmuck. O Mann, ich freute mich schon drauf, aber Cecilie sah nicht so aus.
Sie gähnte.
»Die meinen, ein Klassenfest sei *Pflicht*, damit alle einander besser kennenlernen«, erklärte sie.
»Werden sie denn zu Hause sein?« fragte ich vorsichtig und fühlte eine nicht gerade geringe Trübung der Vorfreude.
»Nein. Sie gehen weg.«
»Nächsten Samstag?«
Cecilie nickte, und ihr fielen ein paar Strähnen ins Gesicht. Da passierte irgendwas in meinem Bauch, meine Fingerspitzen wurden völlig gefühllos, und es lief mir eiskalt den Rücken runter. Cecilies dunkler Blick streifte wie ein Radiosender an mir vorbei, als hätte sie die Signale empfangen und gleichzeitig auf eine andere Frequenz gewechselt.
»Ich hab' Angst vor der Mathearbeit«, sagte sie nur und langweilte sich wieder, und die Zeit verging.
Da gab es hinter mir einen Riesenkrach, und Seb stand da, bis zu den Knien klitschnaß, die Haare standen in einer Riesenbürste und die Anorakkapuze war voller Tannennadeln und Zweige.
»Hier sitzt ihr also«, keuchte er. »Die halbe Schule ist unterwegs und sucht das Gelände nach euch ab.«
Wir sahen auf die Uhr. Fast fünf. Wir hätten spätestens um drei am Ziel sein sollen.
Seb setzte sich zu uns.
»Die Sphinx hat den Schleier gelüftet. Kein gutes Zeichen.«
»Wir haben uns verlaufen«, sagte ich. »Da können wir doch nichts dafür, wenn wir uns verlaufen.«
»Ich werde sagen, daß ich euch in einem Sumpf gefunden habe«, sagte Seb, und damit trabten wir davon.
»Schinken läuft oben bei Skjennungen mit 'nem Walkie-Talkie herum«, fuhr Seb fort. »Die Sphinx wartet im Hauptquartier.«
»Wer hat gewonnen?« fragte Cecilie.
»Das weiß ich auch nicht ... Wir haben uns bis Bånntjern durchgewühlt, und dann ist Ola ins Wasser gefallen.«
»Wie hat er das denn geschafft?« kicherte ich.

»Er ist nicht richtig gefallen. Hat die letzte Bierflasche verloren und ist hinterhergesprungen. Kam dann mit 'nem Knochen wieder hoch.«
»Ein Knochen!«
»Früher haben sie doch Kinder ins Bånntjern geworfen, weißt du. Ola bekam das große Schlottern. Wir haben ihn zum Treffpunkt gebracht, und Hammer hat ihn nach Hause gefahren. Gunnar sucht bei Gaustad.«
Als wir zum Hauptstützpunkt bei Svartkulp kamen, war die Sphinx nicht gerade freundlich, aber er mußte doch eigentlich froh sein, daß wir zumindest noch lebten. Es war nicht so einfach zu wissen, woran man beim Klassenlehrer Sphinx war, er hatte große Hände, einen großen Kopf, und er bewegte sich jedes Jahrhundert nur einmal. Und jetzt bewegte er sich. Zweimal. Ich bekam ein reichliches Donnerwetter, versuchte, dem Kompaß die Schuld zu geben, aber das half nichts. Cecilie wurde überhaupt nicht gescholten, und Seb bekam eine Medaille, weil er uns gefunden hatte.
Dann nahmen wir die Straßenbahn bis zur Majorstua, aber die Sphinx mußte nochmal raus und Schinken suchen, denn Schinken war der einzige, der einen Walkie-Talkie hatte, und soviel er auch dran drehte und schrie, es nützte ihm nichts. Vielleicht bekam er ja einen Amateursender aus Japan rein, fast tat er mir ein wenig leid.
Wir setzten uns ins Raucherabteil, steckten die Selbstgedrehten an und kicherten. So nah war ich Cecilie noch nie gewesen. Ich spürte ihre Schenkel an meinen. Sie hörte dem, was Seb und ich redeten, nicht zu.
»Ich hatte schon gedacht, Ola würde nie wieder hochkommen«, sagte Seb.
»Hat er denn seine Stiefel nicht ausgezogen?«
»Doch. Aber das war auch alles. Gunnar war auch schon kurz davor hineinzuspringen. Aber dann kam Ola wie ein Sputnik wieder nach oben, den Knochen in der Hand. O Mann, das war das schärfste Emporschnellen seit dem Hecht in Skillingen.«
Zu dumm, daß Gunnar und Ola in der Naturkunde-Klasse angefangen haben, dachte ich, jetzt kommen sie nicht zu dem Fest bei Cecilie.
»Cecilie gibt nächsten Samstag ein Klassenfest«, sagte ich.
Seb schnipste dreimal und beugte sich zu mir herüber.
»Echt stark!« sagte er und schlug ihr auf die Schulter. »Wann sollen wir kommen?«
»Um sieben«, sagte Cecilie, während sie stocksteif neben mir saß und vor sich hinstarrte, und ich schwor mir, daß, auch wenn Cecilie eine harte Nuß war, ich sie trotzdem knacken würde, o ja, nur hätte ich das Bier auf Ullevålseter wahrscheinlich nicht trinken sollen.

Onkel Hubert zeichnete Schloßherren und Chefärzte für die Zeitschriften.

In diesem Herbst sah ich ihn nicht so oft. Henny war in Paris. Jensenius sang immer seltener, er spürte wohl schon den Winter in sich. Wenn ich für ihn Bier kaufte, streckte er nur eine schlaffe Hand durch die Tür und verschwand. Manchmal ging er auch selbst hinaus, dann knackte es eklig in den Treppenstufen, er ging wohl weit in die Stadt, denn jedesmal kam er mit einem Taxi nach Hause, und einmal versuchte er, in der »Aula« einzubrechen. Irgendwas war los mit Jensenius. Alle sagten, daß Großvater sicher bald sterben werde, aber er starb nicht, er starb nie, lebte immer so weiter, saß in seinem Sessel am Fenster, lachte über irgendwas, was niemand begriff, und trampelte mit den Füßen. Großmutters Wellensittich verschwand eines Tages, er flog aus dem Fenster, und Großmutter hängte in alle Bäume in Oslo-West Suchanzeigen, sie setzte auch eine Anzeige in »Aftenposten«, aber der Vogel war fortgeflogen. Und Vater und Mutter wurden wegen der alten Jacke, die ich von Nesodden mit nach Hause genommen hatte, leicht hysterisch, die grauweiße, schlappe Leinenjacke von Urgroßvater, doppelreihig und genau richtig abgewetzt. Jeden Morgen dasselbe Genörgel, ob ich denn nicht lieber die Tweedjacke anziehen könne, die Mutter mir zum Geburtstag gekauft hatte. Mutter hatte sicher den Karneval, den wir in dem Sommer vor langer Zeit veranstaltet hatten, vergessen. Aber ansonsten gingen sie auf Zehenspitzen und fanden es großartig, daß ihr Sohn auf das Gymnasium ging. Wenn man aber erst mal dort war, war es eigentlich nicht mehr so etwas Besonderes. Wir hatten nur das Gebäude gewechselt, einige Lehrer ausgetauscht und waren in eine neue Klasse gekommen. Das war wie mit dem Impfen, hinterher fühlten wir uns an der Nase herumgeführt, und so war es immer. Die Wartezeit ist am schönsten, oder am schlimmsten, je nachdem; wenn der Anfang gemacht war und man da war, dann war es irgendwie schon alles vorbei, und etwas anderes, Größeres und Besseres oder Schlimmeres und Ekligeres, winkte in der Ferne. Und dann mußte man nur wieder anfangen, zu warten, sich zu freuen oder sich zu fürchten.

Es war eine ewige Hetzerei.

Aber jetzt wußte ich nicht, worauf ich warten sollte.

Doch.

Das Fest bei Cecilie.

Und ich hatte den Laden vor das letzte Fenster gesetzt.

Es begann artig mit Tweed, Minirock und einem Fingerhut Sherry für jeden. Wir standen im größten Wohnzimmer, das ich je gesehen hatte, ein Hangar mit Uhren rundherum, sieben Stück, sie gingen alle gleich, und Cecilies Vater hielt uns eine verdammt lange Rede, wünschte uns Glück und so, ich wußte

nicht so recht, wozu eigentlich. Die Mutter stand im langen Kleid mit Perlenkette drei Schritte hinter ihm, und Cecilie wartete mit gesenktem Kopf. Seb und ich mußten dringend aufs Klo, denn um richtig starten zu können, hatten wir schon vorher einige Bier getrunken, und die konnten wir gebrauchen, denn wir waren 16 Jungen und sechs Mädchen, das würde ein Kampf bis aufs Messer werden. Ich war mißtrauisch, weil Schleim-Leif wie ein Geist um Cecilie herumschwirrte, aber ihn sah ich nicht als meinen Gegner an, kurzsichtig und mit Doppelkinn. Schlimmer war Peder, ein 400-Meter-Läufer, Segler und der Sieger im Orientierungslauf, immer noch braungebrannt vom letzten Sommer. Ihm konnte ich nicht trauen. Er hatte sich bereits in gefährlicher Nähe zu Cecilie einen Platz gesichert, während ich mit gekreuzten Beinen dastand und voll Verzweiflung darauf wartete, daß der Uhrmacher endlich zum Schluß kommen würde.
Und schließlich kam er ins Stocken, ritt mit der Diva vom Hof, und in die ganze Rinderherde kam Bewegung. Seb und ich rasten zum Klo, im ersten Stock konnte man zwischen dreien auswählen, mit Marmor, Goldhähnen, griechischen Statuen in den Nischen und eingebauten Uhren, o Gott, wir trauten uns kaum zu pissen. Seb holte das letzte Bier aus dem Ärmel seiner Jacke, er war Spezialist dafür, ich habe nie so recht begriffen, wie er das immer geschafft hat. Wir tranken in einem Zug.
»Wir sind falsch hier«, sagte Seb. »Das ist Drammensvei 1.«
Wir lärmten wieder zu den anderen runter, um die Startphase nicht zu verpassen. Ein paar verstreute Flaschen standen auf den Tischen, Zigarettenrauch stieg in der Halle wie blaue Schönwetterwolken auf, und einige balancierten Teller mit dampfendem Fleischfraß. Wir fühlten uns gegenseitig auf den Zahn, hetzten über die Lehrer, zählten die Mädchen, alle waren da, entdeckten eine Bande, die mit einem Flachmann im Eingang stand. Leif, Krykka und Ulf. Wir erkämpften uns einen Schluck, und Leif blinzelte mir durch seine meterdicke Brille zu, als wolle er von mir gern wissen, wo Cecilie sei, und Peder gleich dazu, als ob ich das wüßte! Wir schlenderten wieder in den Hangar und spähten über die Landschaft, fünf Mädchen auf dem Sofa mit elf Ochsen im Rücken, ich trottete in die Küche hinaus, und da waren sie natürlich. Peder half Cecilie mit den Töpfen.
Ich bekam einen glühendheißen Teller in die Hand gedrückt.
»Und du warst im Orientierungslauf ohne Wertung«, sagte Peder und grinste übers ganze Gesicht.
»Genau«, erwiderte ich. »Bin am Ullevålseter gestolpert.«
»Man muß seine Navigation schon drauf haben, weißt du, und die Geschwindigkeit.«
Ich konnte dem Segler nicht länger zuhören, schlurfte wieder hinaus, und in-

zwischen war mehr Leben in die Bude gekommen. Die Musikanlage lief mit voller Lautstärke, irgend so ein pflaumenweiches Jazzstück, drei Paare glitten übers Parkett, und einige andere waren noch in Verhandlung. Seb lag auf dem Boden und wühlte in der Plattensammlung, schüttelte enttäuscht den Kopf. Mir gingen Peder und Cecilie nicht aus dem Sinn, und fluchend griff ich in die Luft und erwischte Vera in voller Fahrt. Sie war so erschrocken, daß sie sich an mich klammerte, ihr Atem war heiß, und ihre Augen waren von schwarzen Strichen umrahmt. Aus den Lautsprechern jammerte so ein verdammter Tango, und ich hielt sie nur noch fester, bog sie nach hinten und so, und das Volk jubelte. Da kamen Peder und Cecilie mit weiteren Sachen zu essen, Cecilie blieb stehen, und unsere Blicke trafen sich, es dauerte nicht lange, aber es war das erste Mal, das allererste Mal, daß wir uns gegenseitig ansahen. Ich ließ Vera los, setzte mich in einen Sessel und steckte mir eine Zigarette an. Vera blieb auf dem Tanzboden stehen, allein, wie ein kleines Kind, in einer großen Menge ganz verlassen. Peder brachte mir noch etwas zu essen.

»Mund auf und Augen zu«, sagte er.

»Hab' keinen Hunger«, sagte ich und blies den Rauch direkt an seinem Scheitel vorbei.

Er setzte sich auf die Tischkante.

»'ne schöne Jacke hast du heute an«, sagte er und rieb an meinem Tweed. »Ganz neu, was?«

Im ganzen Raum spitzten sie die Ohren.

»Hab' ich vom Onkel von Jesus geerbt«, entgegnete ich.

Peder strich weiter über das Revers. Sein Blazer blendete mich.

»Hab' ich mir gedacht«, sagte er. »Du kaufst deine Sachen ja immer bei der Heilsarmee, oder?«

Es war lange her, seit ich an Fred gedacht hatte. Jetzt stand er klar und deutlich vor mir, in seinen weiten Hosen, und die Ratte, ich sah die Ratte im Schein der Taschenlampe liegen. Es ging alles ganz schnell. Ich traf Peder überm Nasenbein, er fiel nach hinten, das Blut lief ihm über Mund und Kinn.

Die Mädchen schrien. Cecilie kam angerannt, Schleim-Leif und Krykka hielten mich von hinten fest, und Cecilie brachte Peder ins Bad hinauf, ich sei ihm zu eklig, als daß er sich mit mir schlagen wolle.

Es gab ein ziemliches Durcheinander, das Land teilte sich in zwei Parteien, für und gegen mich. Die Mädchen waren auf Peders Seite. Schleim-Leif versuchte zu vermitteln, abzuwiegeln, Krykka kicherte, daß es schäumte. Vera sah mich höhnisch an.

Seb zog mich zur Seite.

»Was ist passiert?« fragte er.
»Der Arsch hat Fred mit Dreck beschmissen«, erklärte ich.
»Fred?«
»Hat über die Heilsarmee gehetzt.«
Seb nickte mehrere Male.
»Hat bekommen, was er verdient hat«, sagte er.
Peder und Cecilie brauchten eine Ewigkeit im Bad, mußte sie ihm die Nase wieder zusammennähen, oder was? Es zwickte im Magen, ich rauchte, bis mein Gaumen sich wie ein Nagelbrett anfühlte.
Die Paare begannen sich abzusondern, Vera lag mit Morten tief in einem Sessel, Astrid war mit Torgeir auf dem Parkett im Clinch, Trude stand an die Wand gelehnt da, mit Atle wie eine Banane über sich. Um die letzten Röcke gab es hektische Aktivität, und *Sound of Music* dröhnte wie ein gedopter Bienenschwarm in der Luft. Da kam Peder übers Parkett, einen Wattebausch im Nasenloch. In der Türöffnung stand Cecilie und schaute zu. Es wurde still im Zimmer. Fünf Zentimeter vor mir hielt er an. Ich reichte ihm gerade bis zum Schlipsknoten.
Peder streckte die Hand aus.
»Tut mir leid«, sagte er.
Ich traute meinen eigenen Ohren nicht.
Er wiederholte es.
»Tut mir leid. Wird sich schon klären.«
Ich nahm seine Hand, schüttelte sie kurz.
»Tut mir auch leid«, sagte ich zahm.
Die Stimmung explodierte regelrecht. Peder drehte sich schnell um und ging zu Cecilie zurück, ich blieb unschlüssig stehen, genau wie Vera vorhin. Und ich begriff, daß ich verloren hatte, Peder war der, der gewonnen hatte, ich war deutlich ausgezählt worden, bis neun.
Die nächsten Stunden habe ich nicht mehr so ganz drauf. Ich saß rauchend da und spähte nach Cecilie aus. Die Paare standen mittlerweile fest, in letzter Sekunde wurde noch einmal ausgetauscht. Vera konnte mich nicht höhnisch genug ansehen. Cecilie war weg. Peder auch. Seb kam vorbei.
»Lahmes Volk«, sagte er. »Wir versuchen, in 'n Club 7 reinzukommen.«
Ich schüttelte den Kopf.
»Is' doch gleich auf der anderen Seite der Bucht. Kann man hinschwimmen.«
»Nichts da«, antwortete ich. »Ich bleibe hier.«
»Ich hab' den Plattenschrank durchgesehen. Frank Sinatra, Mozart und Floyd Cramer.«
»Ich bleibe«, sagte ich.
»Hab's verstanden«, resignierte Seb und watschelte auf seinen langen, dünnen

Beinen zur anderen Seite hinüber. Ich machte eine Schloßbegehung. Überall gab es Flure und Zimmer, Treppen nach oben und unten, hätte einen Kompaß mitnehmen sollen, ich kicherte, versuchte es jedenfalls, hatte aber Zement am Gaumen. Das war ein Haus, in dem man sich einsam fühlen konnte. Ich begann, Cecilie ein wenig zu begreifen. Und fing an, Peder zu hassen. Ich ging einen langen Korridor entlang, mit Türen auf beiden Seiten und Familienporträts an den Wänden. Unter mir hörte ich Musik, Stimmen, Gelächter. Dann hörte ich ein anderes Geräusch, hinter einer Tür, die angelehnt war. Ich schlich mich dorthin, mein Herz pochte laut, und spähte vorsichtig hinein — als ich die Tür ganz öffnete, sank mein Herz wie ein Fahrstuhl. Cecilie lag auf dem Bett, einen Augenblick lang dachte ich, sie läge dort mit jemandem, mit Peder. Das Blut sackte mir in die Kniekehlen. Dann entdeckte ich, daß sie allein war. Sie drehte sich langsam zu mir um, ihr Gesicht war aufgedunsen und rot und ähnelte gar nicht der Cecilie, die ich bisher gekannt hatte.

»Ist irgendwas nicht in Ordnung?« stammelte ich.

Sie setzte sich hin, wischte sich die Augen, es dauerte eine Sekunde, dann war sie wieder die alte. Cecilie in der Rüstung.

»Nein. Warum denn? Bin nur etwas müde.«

Dem konnte ich nichts entgegensetzen. Ich ging mit ihr nach unten. Peder stand mit Schleim-Leif und Krykka zusammen und diskutierte über irgend etwas. Seb saß im Sessel und langweilte sich zu Tode. Cecilie ging zu Vera und Atle hinüber, drehte mir einfach den Rücken zu und verschwand. Ich war gerade noch einen Rücken wert.

Ich schnorrte mir bei Seb eine Zigarette.

»Leerlauf«, sagte er. »Is' bald Abgang.«

»Glaubste, daß wir in den Club 7 reinkommen?«

»Vielleicht. Gunnar und Ola wollten es versuchen. Aber die sind mit Stig hingegangen.«

Schleim-Leif winkte uns. Wir trotteten in die Ecke hinüber. Ich hatte da nicht viel verloren. Peder rauchte. Eine Seltenheit. 400-Meter. Argwöhnisch blickte er mit dem Pflaster auf der Nase auf mich herab.

»Der Barschrank«, flüsterte Leif und zwinkerte mit den Augen.

»Wir müssen den Barschrank finden, Boys!«

Das war keine schlechte Idee. Wir machten aus, daß wir uns nach einer Viertelstunde wieder in derselben Ecke treffen wollten, und trabten jeder in eine andere Richtung los. Die Expedition kam mit leeren Händen zurück.

Dann war Seb gegangen. Er wollte sicher versuchen, Guri zu finden.

»Der muß den Sprit im Safe haben«, sagte Peder.

»Bin kein Safeknacker«, sagte Krykka.

»Der Kühlschrank«, schlug Leif vor.
Wir spazierten in die Küche. Auch da war nichts. Nur Milch. Unmengen von Milch. Wir setzten uns um den Tisch. Es sah finster aus. Mit der Zeit kamen noch mehr, alle, die sich überflüssig fühlten. Zum Schluß waren wir eine ganz hübsche Bande, die da draußen saß und sich den Kopf zerbrach.
Plötzlich kam Schleim-Leif eine Idee. Er schnipste mit den dicken Fingern und kicherte.
»Den Splitter im Auge deines Nächsten siehst du wohl, nicht aber den Balken in deinem eigenen!« deklamierte er.
Wir beugten uns über den Tisch.
»Was?«
»Seid ihr nicht konfirmiert worden? Der Vater ist Arzt! Es wird 'ne halbe Stunde dauern.«
Er ging, wir warteten eine Dreiviertelstunde. Dann schlich Schleim-Leif sich mit einer ausgebeulten Jacke herein und stellte zwei Reagenzgläser mit klarer Flüssigkeit drin auf den Tisch.
»96«, sagte er. »Medizinischer Alkohol. Prima Ware.«
Wir öffneten die Gläser, und die Stimmung wurde sehr lebhaft.
»Womit sollen wir es denn mischen?« überlegte einer der Säufer.
»Ich trink's pur«, meinte Krykka und steckte seine Zunge ins Gefäß.
An dem Abend sagte Krykka nichts mehr, er lag nur noch in einer Ecke und keuchte.
»Milch«, sagte Leif.
Die Milchflaschen kamen auf den Tisch, und wir mischten ein paar ordentliche Hämmer.
»Das glaubt uns keiner!« kicherte Pål und hob sein Glas.
Wir tranken. Sahen uns an. Tranken erneut.
»Ich schmecke nichts«, sagte Ulf.
Wir schmatzten, rochen, tranken noch einmal.
»Davon werde ich nicht blau«, stellte Tormod fest.
Wir schenkten eine neue Runde ein. Tranken und horchten in uns hinein.
»Schmeckt nach Milch«, meinte Peder.
Wir waren seiner Meinung. Es schmeckte nur nach Milch.
»Biste sicher, daß das 96%iger ist?« zweifelte Ulf.
Schleim-Leif deutete auf Krykka, der unter dem Wasserhahn lag. O doch, das mußte 96%iger sein, kein Zweifel.
Die Tür ging auf, und Cecilie schaute herein.
»Trinkt ihr Milch«, sagte sie nur.
»Genau«, sagte Leif. »Milch bringt's.«
Cecilie lachte und ging wieder.

»Ich jedenfalls werde davon nicht blau«, sagte Peder.
Leif schenkte eine neue Runde aus.
Wir tranken und schmatzten, rauchten und tranken.
Und dann wollte Ulf, normalerweise ein standfester Typ, plattfüßig und ordnungsliebend, aufstehen. Er drehte sich dreimal um sich selbst und knallte mit der Stirn an die Wand. So blieb er stehen.
Wir sahen uns an. Dann standen wir langsam auf, und eigentlich begann da erst das Fest, oder war vorbei. Wir stolperten herum, krochen auf allen vieren, stießen zusammen, fielen auf die Nase. Pål schwor, daß er an der Decke gehe, Tormod versuchte, in den Kühlschrank zu kommen. Verzweifelt suchten wir nach der Küchentür, Kåre verschwand in der Speisekammer, Otto riß einen Schrank auf, daß der Dreck sich in der Küche verteilte, endlich fand jemand den Türgriff, und wir stürmten wie eine sturzbesoffene Kälberherde im Veitstanz in die Hallen. Im Wohnzimmer gab es einen ziemlichen Aufstand, ich erinnere mich, daß ich Cecilies Gesicht wie ein weißes, durchscheinendes Oval voller Todesangst sah, und dann erinnere ich mich an nichts mehr, bis ich auf dem Dach stand. Ich stand auf dem Dach von Cecilies Haus, es war sternenklar, und ein lauer Wind wehte. Unten im Garten rannten Leute umher und schrien. Es war ziemlich weit zu ihnen hinunter, weit, tief und dunkel. Ich balancierte auf den schrägen Dachziegeln, irgend jemand da unten im dunkelgrünen Garten weinte. Ich tanzte übers Dach von Cecilies Haus. Dann hörte ich direkt hinter mir etwas. Ich drehte mich schnell um, war kurz davor hinunterzufallen, rutschte mit einem Fuß ab und fiel nach vorn. Ein Heulen durchschnitt wie ein wilder Vogel die Nacht. Ich kam wieder auf die Füße und stand still. Die Stimme war dicht hinter mir.
»Kim, zum Teufel!«
Ein Licht wurde angezündet, und ich sah Peders Gesicht aus der Dachluke ragen.
»Du wirst dich umbringen!« rief er.
Keinen Scheiß jetzt, nicht noch einmal, diesen Sieg sollte er nicht an Land ziehen. Ich kletterte ganz nach oben auf den First, setzte mich rittlings drauf und schaute zur Frognerbucht, nach Nesodden hinüber, auf die Lichter des Fjords, all die leuchtenden, zitternden Punkte der Nacht, als spiegele sich der Sternenhimmel auf der Erde. Dann stellte ich mich hin, stand aufrecht auf der spitzen Kante und hatte mich noch nie so standfest gefühlt. Peder war aus der Dachluke verschwunden, im Garten war es totenstill. Die Dunkelheit verschluckte alle Geräusche, nur mein Herz schlug wie rasende Handflächen gegen die Pauke der Nacht.
Dann schlängelte ich mich zur Dachluke hin und auf den Dachboden.
Ich erinnere mich nur noch daran, daß das Fest in Auflösung begriffen war,

die Mädchen weinten, die Jungen kotzten. Cecilie stand an eine blaue Wand geklebt, die Hände hingen ihr zur Seite.
»Soll ich dir beim Aufräumen helfen«, nuschelte ich.
»Verschwinde«, sagte sie, ihr Blick ließ mich zu Eis erstarren.
Ich verschwand.
Ich hatte keine Ahnung, in welche Richtung ich ging, wußte nur, daß ich 17 Jahre alt war und mich durch den Königswald kämpfte, vom Schloß verstoßen, hohe, sich wiegende Bäume standen bedrohlich auf allen Seiten, und ich kam an ein Meer, legte mich unter einen Busch und schlief wie ein sich um sich selbst drehender Stein in der Paradiesbucht.
Ich wachte vor Kälte auf, fror wie ein geprügelter, felloser Hund, und meine Zähne klapperten. Es war Morgengrauen, graues Licht, die Wellen schlugen hart gegen das Land. Meine Schuhe waren klitschnaß, die Jacke voller Kotze, der Kopf hing auf Halbmast, ich war der einzige Mensch auf der Welt und konnte mir selbst nicht trauen.
Dann machte ich das Dümmste, was ich nur tun konnte.
Die Idee setzte sich in meinem wäßrigen, verdrehten Kopf fest. Ich fand den Weg zurück zu Cecilies Haus.
Das lag wie ein Koloß da, im anbrechenden Tag. In Cecilies Zimmer waren die Gardinen zugezogen. Ich huschte über den Rasen. Die Haustür war nicht verschlossen. Ich schlich mich hinein und stand im riesigen Wohnzimmer, in der das Fest seine deutlichen Spuren hinterlassen hatte. Vorsichtig stieg ich die Treppe hinauf. Der Flur wirkte mit allen seinen Türen endlos. Ich stolperte und krabbelte auf allen vieren auf dem weichen Teppich zu Cecilies Tür hin. Ich lauschte. Hörte sie schlafen, jawohl. Ich hörte ihren Atem und ihre Träume, und daß sie sich im Bett herumdrehte. Ich wollte mich gerade am Türgriff hochziehen, als ich eine Faust im Nacken spürte, die mich noch höher zog. Eine kalte Stimme schlug mir entgegen.
»Was zum Teufel glaubst du ...!«
Cecilies Vater drehte mich um, und im selben Augenblick gingen zwei Türen auf. Cecilies Mutter stand im Morgenmantel mit offenem Mund da. Cecilie sah mich an, ich bildete mir ein, daß sie unglücklich war. Dann wurde ich wie der Hund, der ich ja war, in den Garten hinausbefördert und vor die Tür gesetzt. Ich bekam nicht alles mit, was er sagte.
Also blieb mir nichts anderes übrig, als nach Hause zu schwanken, wo ein anderer Vater wartete. Er saß mit übernächtigtem Gesicht und weißen Knöcheln auf einem Schemel im Eingang.
»Wo bist du gewesen?« schrie er.
Dazu hatte ich nichts zu sagen.
Ich torkelte an ihm vorbei.

»Wo bist du gewesen!« wiederholte er und ruderte mit den Armen.
»Auf 'nem Fest«, flüsterte ich.
Er schlug zu. Er schlug mit der flachen Hand zu und war darüber genauso erschrocken wie ich, zog den Arm zurück, als hätte er sich verbrannt.
Und dann war Mutter auch da.
Wir waren drei zuviel.
»Jetzt mußt du dir aber die Haare schneiden lassen, Kim!« war das einzige, was sie sagte.
Wir standen etwas unschlüssig da und sahen uns an. Vater versteckte seine Hand hinter seinem Rücken und versuchte krampfhaft zu lächeln.
»Ich bin müde«, sagte ich, ging in mein Zimmer und schloß die Tür.
Da erst kam die Angst, im nachhinein, zu spät, die Kniekehlen wurden mir weich, und ich kotzte in den Papierkorb. Im gleichen Moment schien die Sonne durch das Fenster, das würde ein schöner Sonntag werden, der allerletzte im Jahr mit einem Rest von Sommer, indian summer.
Ich lag im Bett und fürchtete mich mit einem Mal vor der Angst, vor dieser Angst, die zu spät kam.
War das alles. Ja. Ich bin ein Elefant und vergesse nie.
Und während ich krank und schlaflos dalag, fuhren meine Eltern nach Nesodden, um die Äpfel zu holen.

Nach diesem Fest waren viele stark beeindruckt. »Karlsen vom Dach« nannten sie mich. Aber sie hatten ja nicht den Abschluß mitgekriegt. Und das hatte Cecilie. Und jetzt schaute sie mich nicht nur nicht an und sprach auch nicht mit mir, das Schlimmste war, daß sie den Platz wechselte, sie setzte sich weiter nach vorn, ich konnte nur noch ihren Nacken sehen, und der war starr wie zwei Stahltrosse. Es hatte gar keinen Zweck, in ihre Nähe zu kommen, denn dann verschwand sie, schlich sich fort, und ich fühlte mich wie ein verrotteter Apfel, während die anderen mich großartig fanden und überlegten, ob ich einen Propeller auf dem Rücken hätte; und den Rest des Jahres wurde von nichts anderem als dem Fest geredet.
Ich machte mir die ganze Zeit Gedanken, wie ich mich bei Cecilie wieder einschmeicheln könnte, aber das schien gänzlich unmöglich, jedesmal, wenn ich einen Schritt in ihre Richtung tat, klingelte eine Glocke, ich war aussätzig und verrückt. Der einzige Trost war, daß Peder auch vom Hof gejagt worden war, so schien es jedenfalls. Aber Schleim-Leif hatte gute Karten und kam ins Revier hinein, obwohl er es doch gewesen war, der dieses verdammte Feuerwasser hervorgezaubert hatte, es gab keine Gerechtigkeit mehr auf dieser Erde.
Abends saßen wir bei mir, denn bei Seb, Gunnar und Ola gab es nur Krach

und Generve. In der Bygdøy Allee, gleich neben Gimle, waren sie dabei, ein riesiges Gebäude zu bauen, in das ein Supermarkt mit Selbstbedienung und allem kommen sollte. Gunnars Vater bekam deshalb über Nacht graue Haare und einen gebeugten Rücken, er dachte an seinen kleinen Kolonialwarenladen und, was aus dem werden sollte. Stig hatte sich seit Neujahr nicht die Haare schneiden lassen, er hatte jetzt die längsten auf Frogner, und der Rektor von Katta drohte ihm, ihn von der Schule zu verweisen, wenn er nicht seine Frisur verändere. Aber Stig ließ die Haare weiter wachsen, es gab einen Wahnsinnsradau. Olas Vater hatte in seinem Kundenkreis nur noch glatzköpfige Rentner und war überzeugt davon, daß er Pleite machen werde, wenn die jungen Leute sich nicht bald wieder die Haare schneiden lassen würden. Er lief zu Hause im Wohnzimmer herum, machte Trockentraining mit der Schere; das einzige, was ihn jetzt noch retten konnte, war ein guter Platz in der norwegischen Meisterschaft der Friseure in Hønefoss. Und Sebs Vater hatte drei Monate Landurlaub und stritt sich mit Sebs Mutter, er hatte wohl eines Abends sogar mal eine Teekanne an die Wand geworfen, also war auch dort keine Ruhe zu finden. Deshalb waren wir bei mir, Mutter und Vater hatten sich nach meiner Heimkehr an dem bewußten Morgen so ziemlich beruhigt, wir saßen in meinem Zimmer, rauchten, tranken Tee und zupften uns am Bart.

Damals redeten wir nicht mehr so viel von The Snafus, irgendwie ging es nach *Sergeant Pepper* nicht mehr, nach *Lucy in the Sky* und *A day in the Life*. Wir kicherten über *Love me do* und hatten schon vor langer Zeit die Bilder von der Wand genommen. Wir saßen spätabends da und redeten über die Texte, sie waren das Größte, was seit der Bibel und den Sagas geschrieben worden war.

Wir vertieften uns ziemlich in sie.

»Lucy in the sky with Diamonds«, sagte Seb, »bedeutet LSD.«

Und der BBC weigerte sich, *A day in the Life* zu spielen.

Das war der Zeitpunkt, an dem es anfing.

Und so gingen die Abende dahin. Mit Tee, Zigaretten und Musik. Ola erzählte von Kirsten. Im nächsten Sommer wollte Ola nach Trondheim, das war bombensicher. Die Platte von Seb und Guri hatte leichte Kratzer, Guri hatte so einen Slalomkriecher aus Ris getroffen, und Seb fürchtete sich davor, daß der Schnee kam. Gunnar und Sidsel waren unzertrennlich, von Gunnars Rücken konnte sich aber auch niemand losmachen. Und ich bekam von Nina einen Brief, in dem sie schrieb, daß das der schönste Sommer gewesen sei, den sie je erlebt hätte. Sie schrieb, daß sie Haschisch geraucht und ganz merkwürdig von mir geträumt habe. Aber ich hatte den Sommer schon fast vergessen und antwortete nicht.

Und dann tauchte Gunnar eines Abends mit einer LP auf, die er von Stig geliehen hatte, und Stig hatte gesagt, daß diese LP eine scharfe Bombe sei, man bräuchte Sicherheitsgurt und Fallschirm, um die Rillen durchzustehen. Neugierig guckten wir auf das Cover. *Doors*. Von denen hatten wir noch nie etwas gehört. Wir legten die Scheibe auf den Teller und drehten voll auf. Da geschah etwas. Anschließend lagen wir blutend da, jeder in seiner Ecke, und schnappten nach Luft. Das war das Schlimmste. Wir sammelten die Reste zusammen und legten uns wieder um den Lautsprecher herum. Wir waren wie Fische an Land, mit hämmernden Kiemen. Diese Orgel gab es in keiner Kirche. Das war was anderes als die zaghaften Akkorde der Gans. Und diese Stimme kam aus einer anderen Welt.
Jim Morrison.
»Saustark«, sagte Seb. Das war alles, was er sagen konnte. Er lag schweißgebadet auf der Erde.
The End.
Da spürte ich den Sog. Meine Lungen wurden zu riesigen Ballons aufgeblasen. Ich wartete auf den Schrei, dachte an die Korridore in Cecilies Haus, an die vielen Türen, an die Bilder. *Father, I want to kill you.*
Später, als Seb, Gunnar und Ola gegangen waren und meine Eltern sich ins Bett gelegt hatten, öffnete ich das Fenster und sang in die Herbstnacht hinaus. Ich sang so laut ich konnte, wie damals am Strand, aber niemand hörte mich, weder Jensenius noch meine Eltern, nicht einmal Cecilie, obwohl der Wind Richtung Bygdøy wehte und die Nacht still wie eine eingeäscherte Auster war.

An dem Tag, als der Barbier von Solli in Hønefoss war und bei der norwegischen Meisterschaft frisierte, saßen wir bei Ola, der Winter und die Prüfungen rückten näher, und die neue Beatles-Scheibe war gekommen. Wir waren nicht sonderlich begeistert, versuchten, uns gegenseitig anzufeuern, aber *Sergeant Pepper* lag wie ein Schatten auf den Rillen. Damit konnte sie sich nicht messen. *Hello Goodbye*. Es war nicht so einfach, nach *Sergeant Pepper* weiterzumachen. Die Rückseite war das Idiotischste seit *Tomorrow never knows*. Gunnar gab auf. Er hielt sich die Ohren zu. *I am the Walrus*.
»Klingt bescheuert«, murmelte er.
Ola war seiner Meinung.
»Hör dir doch den *Text* an!« versuchte Seb es und war bereits dabei, ihn ins Norwegische zu übersetzen. »*Hör* ihn dir an, eyh! Das ist doch, was wir träumen, nicht!« sagte er bedeutungsvoll.
»Ich muß gehen«, sagte Gunnar. »Hab 'ne Gleichung zu lösen, die festgefahren ist.«

Ola blätterte im Mathebuch.

Wir spielten die erste Seite noch einmal. Ich dachte dabei an Nina, und mir wurde für einen Augenblick schwindlig, dann dachte ich an Cecilie, ich bekam die Sache nicht in den Griff, bekam sie ja nicht einmal geklärt, totales Durcheinander. Sie hatte immer noch nicht mit mir geredet. Dann dachte ich wieder an Nina und bekam Angst, denn mit einem Mal hatte ich sie vergessen, hatte vergessen, wie sie aussah, ganz gleich, wie sehr ich es versuchte, mir fiel ihr Gesicht nicht mehr ein. Das war seltsam. Das war unheimlich. Dann dachte ich an die Abendveranstaltung. Nach Weihnachten sollte es in der Schule eine Soirée geben, auf der die Public Enemies spielen würden.

Da würde ich die Schallmauer durchstoßen.

Goodbye.

Hello.

REVOLUTION

68

Das Herz schlug mir bis zum Hals, aber das war auch alles, ansonsten war ich nüchtern wie eine Mumie, das sollte Cecilie jedenfalls nicht von mir sagen können, daß ich mich zweimal nacheinander besaufe. Ich stand allein in der Turnhalle, die anderen waren oben in der Raucherecke von der 1d. Der Schülerrat hatte einen Militärbullen als Türwächter herbeigeholt. Der Krieg war voll in Gang. Cecilie konnte ich nicht entdecken.

Dann kam die Band, Public Enemies, sie kamen direkt aus den Steinhöhlen und besetzten das Podium in der Ecke, o Jesus, das war von einem anderen Schlag als die Snowflakes, sie standen da oben in den zerfetztesten Klamotten, die ich je gesehen hatte, meine alte Jacke von Nesodden war dagegen der reinste Blazer. Sie musterten den Raum, als begriffen sie nicht ganz, wo sie eigentlich waren, der Organist schob eine Flasche über die Tasten, der Bassist rülpste ins Mikrophon. Dann legten sie mit einem Mal alle zusammen los, so daß uns der Schweiß den Rücken runterlief und die Muskeln schmerzten, das fetzte wirklich. Seb war bereits verloren, er bahnte sich den Weg zum Podium, und dort blieb er stehen und starrte auf den Mundharmonikaspieler. Guri drehte sich sauer weg und setzte sich in eine Ecke, Gunnar und Sidsel tanzten, Ola nahm es ganz easy, schließlich hatte er ein Mädchen in Trondheim, also gab's keinen Streß für ihn.

Und durch dieses Chaos von tanzenden, glücklichen und kämpfenden Menschen, durch die knallharten Labyrinthe der Musik bahnte ich mir meinen Weg, als ginge es durch einen Wald, *Norwegian Wood*, denn ich mußte Cecilie finden. Aber egal, wo ich suchte, Cecilie war nicht da. Ich kaufte mir eine Cola, stand tot und hilflos da und trank. Das konnte doch nicht wahr sein, daß sie nicht gekommen war, daß ich einen ganzen Winter lang gewartet hatte, daß ein neues Jahr angebrochen war, 1968, daß die Amerikaner 15.000 weitere Soldaten nach Vietnam gesandt hatten, daß Che Guevara schon lange tot war, daß die Doors mit einer neuen LP herausgekommen waren, daß die Forsytesaga im Fernsehen bald zu Ende sein würde, daß der erste Mensch auf der Erde ein neues Herz bekommen hatte und schon wieder tot war, daß Nord-

Vietnam die Tet-Offensive eingeleitet hatte, und sie kam einfach nicht.
Schleim-Leif pochte mir auf den Schädel.
»Karlsen vom Dach«, sagte er. »Suchst du jemanden?«
»Meine Mutter holt mich um zehn ab«, erwiderte ich.
»Vernünftig«, meinte Schleim-Leif. »Denn die Tiere auf dem Podium sind nicht angekettet.«
Ich ging. Er folgte mir.
»Das Komitee trifft sich in zehn Minuten auf'm Klo«, sagte Schleim-Leif. »Wir haben einstimmig beschlossen, daß die Cola zu schlapp ist.«
Er zwinkerte drei Mal mit dem rechten Auge und verschwand.
Die Musik wand sich wie rostiger Stacheldraht durch die Gehörgänge. *Little Red Rooster.* Seb stand am Podium und starrte sich die Augen aus dem Kopf. Cecilie war nirgends zu sehen. Ich mußte aufs Klo, wollte aber nicht ausgerechnet jetzt dorthin gehen. Plötzlich war Guri neben mir und wollte tanzen. Wir tanzten. Es war schön, sich an ihr festzuhalten.
»Es macht richtig Spaß, mit Seb auszugehen«, sagte sie.
»Seb muß heute abend etwas lernen«, erklärte ich.
»Das mußt du auch«, erwiderte sie.
»Ich? Wieso das denn?«
»Warum schreibst du Nina nicht?«
Mein Blick schwirrte wie der eines reichlich nervösen Falken umher, dessen Flügel in einer Schlinge hingen. Wir tanzten eine Weile, ohne etwas zu sagen, so war es am besten, es tat fast weh, die ganze Zeit dem anderen was zuzuschreien.
»Warum hast du nicht auf ihre Briefe geantwortet?« wiederholte Guri.
»Ich werd's machen«, sagte ich feige, und in dem Augenblick kam Cecilie. Sie kam nicht allein. Sie kam zusammen mit Kåre, dem Redakteur der Schulzeitung, 2. Klasse Gymnasium. Ich ließ Guri los, schleppte mich zur Theke und bestellte eine Cola mit Strohhalm. Ich konnte genauso gut die Segel streichen. Ich war fertig, aus und vorbei mit Kim Karlsen, rausgeschmissen und nach Hause geschickt. Ich würde Nina trotzdem schreiben, vielleicht sollte ich es heute abend noch tun, na klar, einen langen, unwiderstehlichen Brief an Nina.
Die Public Enemies machten eine Pause und schlichen sich vom Podium, im Saal verbreitete sich eine ohrenbetäubende Stille. Ich floh, bevor die Bar von Tanzlöwen, aufgeblasenen Hähnen und Duckmäusern eingenommen wurde. Seb wollte nach Hause und seine Mundharmonika holen, aber Guri hielt ihn zurück.
»Man muß Zunge, Lippen und Hände benutzen!« keuchte er. »Haste *Little Red Rooster* gehört! Die reinste Stahlwolle, was!«

Ich war etwas unkonzentriert, denn ich sah Cecilie, die mitten in der Redaktion saß und mit Gelächter und Komplimenten bombardiert wurde. Der Redakteur stand auf einem Stuhl und hielt eine Rede, und Cecilie lachte, wie ich sie noch nie zuvor hatte lachen hören. Blutende Bauchwunde. Mein Herz fiel aus dem rechten Arm, mein neues Herz, mein Körper stieß es ab, ich hielt den blutigen, pochenden Klumpen, der nichts wert war, in der Hand.
»Biste anwesend?«
Seb schnipste vor meiner Nase.
»Sowohl als auch«, antwortete ich. »Meine Seele hat den Körper verlassen.«
»Prima«, sagte er. »Der Tod des Materialismus.«
Sidsel kam aufgeregt und ängstlich angelaufen.
»Gunnar macht Ärger«, keuchte sie.
Sie zeigte zur Tür. Da stand Gunnar, eine ganze Horde dicht um sich, und die Stimmung war gereizt.
Wir bahnten uns den Weg.
»Verfluchter Kommunist!« war das erste, was wir hörten. Ein langer Lulatsch sagte das und spuckte danach trocken auf den Boden. »Verfluchter Kommunist!«
Gunnar war voll dabei.
»Was zum Teufel haben die Vietnamesen dir getan, hä? Haben sie dir irgendetwas getan? Haben sie irgendeinen Scheiß in Amerika gemacht? Na? Ist ein einziger Vietnamese oder Chinese in Amerika gewesen und hat da Ärger gemacht?«
Der Lulatsch beugte sich über Gunnar und wedelte mit seinem Schlips.
»Du Arsch, das ist ein Kampf zwischen Freiheit und Unterdrückung! Geh' doch nach Rußland, wenn es dir hier nicht paßt!«
Gunnar lachte laut.
»Rußland! Habt ihr das gehört? *Rußland!*«
Gunnar lachte den Lulatsch aus.
Ich weiß nicht, warum, aber ich wurde auf die ganze Gang verdammt sauer, diese Lackaffen mit ihren Blazern, den glatten Visagen, die alle gleich aussahen, bis auf den I-Punkt, wie ein vielköpfiges Ungeheuer.
Ich dachte an den Mann, der mit einer Axt auf das Bild losgegangen war. Ein Bild!
Ich dachte an Napalm, das unter Wasser brennt.
Ich dachte an die Fotografie mit dem weinenden Mädchen und dem zerstörten Dorf.
Ich dachte an Cecilie.
»Du findest es also in Ordnung, wenn Dörfer bombardiert werden«, sagte ich.
Das hatte ich anscheinend außergewöhnlich laut gesagt, denn alle drehten sich

auf der Stelle mir zu. »Was? Dörfer, in denen Kinder, Alte und Frauen leben, das verteidigst du also?«
»Es herrscht Krieg«, sagte der Lulatsch.
Mich fröstelte.
»Krieg? Zwischen wem denn?«
»Zwischen der freien Welt und dem Kommunismus.«
»Und die freie Welt läßt Napalm auf Kinder fallen?«
»Es ist Krieg«, wiederholte er. »Wir verteidigen uns!«
»Wir! Wir! Verteidigen! *Uns!*«
Ich glaube, ich schrie.
»Nach uns kommen die Bakterien«, sagte Ola direkt hinter mir, und dann fingen die Public Enemies wieder an, der Boden bebte, und der zoologische Garten war eröffnet.
Cecilie tanzte mit dem Redakteur. Cecilie tanzte mit dem Vorsitzenden des Schülerrats. Ich war fertig. Mir blieb nur noch übrig, den Propeller anzuwerfen und aus dem Raum zu schweben. Aber ich träumte nicht mehr vom Fliegen. Nicht seit dem Fest bei Cecilie.
Gunnar kam auf mich zu.
»Das haben wir prima hingekriegt«, grinste er.
»Was?«
»Was! Red' keinen Scheiß, Mann! Wir haben sie ja ausgezählt!«
»Na logo«, sagte ich, und Cecilie tanzte an mir vorbei, ohne auch nur einen Augen- oder Mundwinkel zu verziehen.
Gunnar verschwand mit Sidsel.
Ola unterhielt sich mit Guri.
Seb saß am Podest und war weit weg.
Ich kaufte mir eine Cola und ging zum Klo, auf dem Weg traf ich Schleim-Leif und Peder.
»Bist du immer noch auf dem Boden?« kicherte Peder, und sein Atem umgab mich wie Senfgas.
»Hab' meinen Propeller verloren«, sagte ich, um den Ton zu wahren.
»Wir haben hier einen Ersatz-Propeller«, flüsterte Schleim-Leif und klopfte sich auf die Jackentasche.
»Nichts da«, sagte ich und ging aufs Klo.
In der Tür rauchte ich eine. Der Himmel war schwarz. In der Dunkelheit waren Stimmen zu hören. Es roch nach Nacht.
Ich schlurfte wieder in die Garderobe hinunter, stellte die Colaflasche weg, wühlte in meinem Dufflecoat und fand eine Packung Teddy.
»Hast du draußen mit den Lumpen gespielt«, kicherte Peder und zupfte an meiner Jacke. Schleim-Leif lachte leise und fummelte an seiner Krawatte.

Ich hatte keine Lust, darauf einzugehen, nahm meine Cola, und in dem Moment war Cecilie da, sie sah mich an, das war das erste Mal seit dem Fest, ich war so verblüfft, daß ich die Flasche ansetzte und sie auf einen Schlag austrank. Cecilie sah ganz erschrocken aus, dann wurde sie vom Schulzeitungsredakteur wieder in den Käfig gezogen. Hinter mir lachten Peder und Schleim-Leif. Die Musik aus der Turnhalle machte mich mürbe. Ich fiel nach vornüber, und in dem Augenblick war es mir klar: wieder reingelegt, die Flammen leckten an meinem Hals, und das Karussell begann sich zu drehen.
Ich wankte in den Saal, um mich herum drehte sich alles, ich mußte mich festhalten. Ich ging so vorsichtig ich nur konnte, wie eine Katze, aber wie eine kranke Katze, die Glassplitter in den Pfoten hat. So erreichte ich die Theke und bekam eine Limo, schlich mich wieder zurück, an Schinken vorbei und an die frische Luft. Ich löschte das Feuer und sog die Nacht ein, das Karussell hielt an. Für einen kurzen Augenblick dachte ich glasklar, durchsichtig, wütend und logisch. Dann trat der Mond in eine neue Phase, und ich wußte nicht mehr, wo ich war, meine Hände taten Dinge, um die ich sie nie gebeten hatte, und mein Kopf war ein Diorama, genau so eines, von dem der Naturkundelehrer erzählt hatte, und die Schatten tanzten ihren Hexentanz an den Wänden meines Schädels, und ich war nicht in der Lage, die Warnungen zu entschlüsseln. Ich stieg die Stockwerke hinauf, ging durch die leeren Korridore mit den Haken an den Wänden, wie in einer geschlossenen Schlachterei. Die Schritte hallten in den Steinräumen wider. Weit unter mir hörte ich die Musik, die wie ein Froschherz hämmerte, und ich tanzte meinen einsamen Tanz. Ich kam auf den Boden, an eine Tür, verschlossen, eine andere Tür, die ging auf, und ein ekliger Geruch schlug mir entgegen. Trotzdem ging ich hinein, fummelte am Türrahmen entlang und fand den Lichtschalter. Ich war kurz davor, zu Boden zu gehen, so mußte ich lachen. An der Wand hing ein Skelett, der Schädel grinste mich an. Auf den Regalen standen Reagenzgläser mit Fröschen, Schlangen und Schweineföten in Spiritus, so ein Glas mußte ich ausgetrunken haben. Ich ging an den Regalen entlang, mir wurde übel und gleichzeitig wurde ich ganz ruhig. Eklig, widerlich, so widerlich kann das Leben sein, präpariert, ewiges Leben, nach dem die Gans sich doch so sehnte, Föten in Spiritus, Briefmarken, gepreßte Blumen, lateinische Namen, Insekten auf dem Fensterbrett, Relikte eines heißen, etwas langweiligen Sommers.
Ich hörte die Musik durch die Stockwerke hindurch, durch den Boden, durch das Zwerchfell.
Tanz.
Hier sollte niemand Mauerblümchen bleiben! Ich nahm das Skelett vom Haken und klemmte es mir unter den Arm. Die Knochen klapperten, es ließ

den Kopf hängen. Ich trug das Skelett die Treppen hinunter bis zur Garderobe, jemand schrie, die Mädchen klammerten sich an die Jungen, die Jungen lachten, Schleim-Leif und Peder klatschten. Ich stahl mich an den Militärbullen vorbei. Da kam Leben in die Bude. Ich tanzte. Mit dem Skelett in den Armen. *I wanna be your man.* Dann war's vorbei und über mir. Sie kamen von allen Seiten. Schinken. Die rote Kartoffel. Die Sphinx. Die Wächter, die MPs. Cecilie sah ich nicht. Es ging alles ganz schnell.

Ich erinnere mich, daß sie eine ganze Menge redeten, dann bekam ich meinen Dufflecoat und wurde in die Nacht hinausgeschickt. Die war dunkel und still. Schnee. Neuschnee. Das war unheimlich. Darin konnte man sich anschleichen, ohne gehört zu werden, aber man hinterließ Spuren. Spuren.

Die Musik verschwand hinter mir.

Ich kotzte unter einen Laternenpfahl.

Ich torkelte weiter. Dann hörte ich doch etwas. Ich hatte Ohren wie eine Fledermaus.

»Kim«, sagte eine Stimme.

Ich hielt an.

Jemand kam näher.

»Ja«, sagte ich.

»Ich hab' gesehen, was passiert ist«, sagte die Stimme.

Es war Cecilie.

Sie trug Fausthandschuhe.

»Das war gemein«, sagte sie.

»Ich weiß«, sagte ich, »das war nicht nett dem Skelett gegenüber.«

Cecilie kam näher.

Sie hatte sich einen blauen Schal dreimal um den Hals gewickelt.

»Das hab' ich nicht gemeint«, erwiderte sie ruhig. »Daß sie den Sprit in deine Colaflasche gekippt haben. Ich hab's gesehen.«

Ich sagte nichts.

Sie war mir gefolgt. Sie war aus der Vorstellung rausgegangen.

»Ich hab' versucht, es dir zu sagen, aber Kåre hat's verhindert.«

»Der Redakteur«, bemerkte ich.

»Er ist eingebildet«, sagte Cecilie. »Die sind alle reichlich eingebildet.«

»Ich werde von der Schule geschmissen«, sagte ich, als ob das jetzt wichtig wäre. Ich war kurz davor hinzufallen, traf eine Wand.

»Ich werde dich nach Hause bringen«, sagte Cecilie.

Sie brachte mich nach Hause.

Und in der Svoldergate küßte sie mich, sie küßte mich, obwohl mein Mund doch nach saurem Magen und Verwesung stinken mußte.

Ich glaube, der Mond schien.

Dann ging sie allein weiter.

Und so blieben Cecilie und ich zusammen.

Am Montag stand ich bei dem Rektor auf der Matte. Es roch bei ihm nach Tabak, leicht säuerlicher Pfeifengeruch. An der Wand hingen Bilder aller Rektoren vor Sandpapier, sie sahen sich alle ähnlich. Ich konnte meinen Blick nicht von dem Bart unter Sandpapiers Nase abwenden, der sah aus wie ein Igelrücken. Sandpapier saß hinter seinem großen Tisch, auf dem Papier, Bleistifte und Hefter in Reih und Glied lagen. Er sah mich lange an, allzu lange, dann kam die trockene, gequetschte Stimme unter dem Bart hervor.

»Das ist ernst«, sagte er.

Ich hörte zu.

Er stand auf, ging um mich herum, blieb genau hinter mir stehen und blieb dort. Ich starrte auf seinen leeren Stuhl. Ich überlegte, was er wohl sagen würde, wenn ich mich dort hinsetzte.

Sandpapier sagte: »Kim Karlsen. Du warst betrunken. Du bist in das Naturkundemagazin eingedrungen.«

Ich lauschte.

Atem in meinem Nacken. Der leere Stuhl. Die Angst würde wieder zu spät kommen.

»Hast du etwas zu deiner Verteidigung zu sagen?«

»Nein«, antwortete ich.

Hinter mir wurde es still, dann kam er wieder auf seinem Platz zum Vorschein, sah mich mit grauem Blick an, und ich fühlte mich mit einem Mal nicht völlig verurteilt, in der Art, wie er seine Hand hob, lag etwas Versöhnliches.

»Gut«, sagte er und legte sich ein Blatt Papier zurecht. »Jedenfalls suchst du keine Ausreden.«

Er blätterte in einigen Papieren herum und nahm sich viel Zeit. Draußen hörte ich eine Schreibmaschine klappern. Auf dem Schulhof liefen die Leute frierend umher.

Sandpapier sah auf.

»Ich könnte dich für 14 Tage von der Schule verweisen«, sagte er. »Aber das will ich nicht.«

Doch ein Herz aus Gold. Ein guter Kern. Der Bart trog.

»Du darfst 14 Tage lang keine Olympiade sehen«, sagte das Sandpapier.

Ich grinste. Fing fast an, ihn gernzuhaben. Ich glaube, ich mochte ihn ein bißchen.

»Ich interessiere mich nicht für Sport«, sagte ich.

»Aber ich habe deinen Eltern einen Brief geschrieben«, fuhr er fort.

Jetzt mochte ich ihn wieder nicht mehr.
Das Sandpapier deutete zur Tür. Ich ging dorthin.
»Ich will keinen Ärger mehr mit dir haben«, sagte er von seinem Platz aus. »Verstanden?«
»Ja«, sagte ich.
»Ist dir der Ernst der Lage klar?«
»Ja«, bestätigte ich.
Ich drückte die Klinke hinunter. Meine Hand war naß vor Schweiß.
»Ist das deine einzige Jacke?« fragte er plötzlich.
Jetzt mochte ich ihn überhaupt nicht mehr. Oder er tat mir ein wenig leid. In seinem grauen Anzug, mit dem grauen Schlips, dem grauen Bart. Er war einfach lächerlich.
»Nein«, sagte ich. »Aber die mag ich am liebsten. Habe sie von meinem Urgroßvater geerbt.«
Ich überlegte, ob ich von dem Stein erzählen sollte, ließ es aber lieber.
Das Sandpapier begann einen Satz, beendete ihn aber nicht.
»Wir wollen unsere Schule gern ...«
Er unterbrach sich selbst mit einer scharfen Handbewegung.
»Du kannst gehen«, schnarrte er.
Und ich ging.
In der Pause kamen Peder und Schleim-Leif lauernd zu mir, grün im Gesicht und mit geschwollenen Augen.
»Na, hat das Sandpapier 'ne Pressemeldung rausgeschickt?« fragte Schleim-Leif und klammerte sich an seinen üblichen Humor.
»Hat 'nen Leserbrief an meine Eltern geschickt«, parierte ich schnell.
Peder strich sich mit den Fingern durch die dichte Mähne.
»Du hast ... du hast doch nichts vom Sprit gesagt, oder?«
Ich wurde nicht sauer, aber das hatte ich doch nicht gedacht, daß sie so etwas von mir denken konnten.
»Arschlöcher«, sagte ich, und da klingelte es.

Ich war nicht länger Karlsen vom Dach. Jetzt war ich das »Skelett der Soirée«. Die ganze Schule wußte es bereits. Die Zwerge aus der Mittelschule umkreisten mich. Der Redakteur der Schulzeitung wollte ein Interview mit mir machen, die Lehrer prüften mich in jeder verfluchten Stunde, und drei Tage später kam der Brief; ich wurde ins Wohnzimmer zitiert, Mutter saß in Tränen aufgelöst auf dem Sofa und Vater stand mit dem Papier in der Hand da und zitterte am ganzen Körper.
Und die Angst war immer noch nicht da.
Vater hatte seine Stimme nicht unter Kontrolle.

»Was soll das bedeuten! Was hast du gemacht! Wieso konntest du uns so etwas antun!«
Ihnen?
»Das hat ja wohl nichts mit euch zu tun«, sagte ich.
Vater schrie noch lauter.
»Willst du auch noch frech werden!«
Seine Hände glühten, Mutters Weinen stieg wie flutendes Wasser empor, Vater ließ den Arm fallen.
Mir wurde klar, daß ich lügen mußte, damit sie es begreifen könnten.
»Es war eine Wette«, sagte ich. »Ich hab' gewonnen.«
»Du warst blau!«
»Alle waren blau«, erklärte ich. »Das soll nicht wieder vorkommen.«
Das, fand ich, klang doch überzeugend.
»Nein, garantiert nicht!« schrie Vater.
Mutter schniefte im Sofa, trocknete sich die Augen mit dem Handrücken und sah mich an.
»Eine Wette«, sagte sie. »Hast du gewonnen?«
»Ja.«
»Was denn?«
»Ein Mädchen.«

Es ging über Stock und Stein. Meine Eltern waren der Stock. Nach dem Brief von Sandpapier waren sie etwas in Rage. Da hieß es, sich für eine Weile in den vier Wänden leise zu verhalten. Einen ganzen Monat lang lief ich in der Tweedjacke und mit Flanellhosen herum, und als ich mit einer Zwei plus in Englisch nach Hause kam, stieg die Stimmung wieder etwas. Ich war nämlich Spezialist bei der Magna Charta, jedenfalls solange die Sphinx nicht die Schummelzettel unter der Cervelatwurst erschnüffelte. Und der Stein war Cecilie. In der Schule war sie unverändert, saß mit steifem Nacken drei Reihen vor mir und sprach auf dem Schulhof kein Wort mit mir. Aber sie hatte meinen verrotteten, stinkenden Mund ohne zu zögern geküßt, und manchmal trafen wir uns nach der Schule, gingen ein Stück zusammen, länger und länger, und manchmal brachte ich sie ganz bis zum Olav Kyrres Platz, aber da verlief für einen Heiden wie mich die Grenze.
Ola paukte Mathe, krümmte sich über Logarithmen und Wurzelfüllungen wie ein vertrockneter Missionarskopf im tiefsten Dschungel. Besser war er im Briefeschreiben, der Postbote in Trondheim hatte in diesem Winter viel zu tun. Gunnar und Sidsel waren unzertrennlich, wenn sie nicht gerade Hausaufgaben machten, echt prima. Sidsel ging zwar auf den naturkundlichen Zweig in Fagerborg, konnte aber trotzdem nicht begreifen, daß ich das Skelett

hatte anfassen mögen. Plastik, sagte ich. O ja. Schwere Zeiten. Der Arzt Evang kam ins Gymnasium und zeigte uns, wie Haschisch roch. Großer Krach. Nur Seb konnte nicht recht Fuß fassen. Er war musikalisch verwirrt wie ein Neger in der Telemark. Saß in seinem Zimmer, pustete in seine Mundharmonika und wußte nicht so recht, ob er sich für Mayall oder die Doors entscheiden sollte. Mit den Beatles war nichts anzufangen, nicht für einen Mann mit einer Mundharmonika, und The Snafus waren aus und vorbei. Daneben klammerte er sich noch an die Mothers of Invention und an Vanilla Fudge, hatte Beine und den Kopf gekreuzt, war total durcheinander und versuchte zu meditieren, aber das war bei all dem Krach im Wohnzimmer unmöglich, sein Vater hatte nämlich frei, und der Streit klang wie Kastagnetten.

»Ich zieh' aus«, seufzte Seb. »So geht das die ganze Zeit.«

Das hörte sich nicht gut an.

»Mutter freut sich wie verrückt, daß er nach Hause kommt. Und wenn er dann da ist, gibt es nur Zank und Streit. In so 'nem Haus kann ich nicht leben.«

»Spiel mal die Doors«, sagte ich.

Seb spielte Doors.

Strange Days.

Das stimmte.

Er beruhigte sich ein wenig.

»Das stärkste seit Pepper«, meinte er. »*When the Music's over.* Hör dir diese Nervengitarre und diese Seelenorgel an. Und die Bauchstimme!«

Wir lauschten mit gesenktem Blick. Die Stille erschien uns wie ein Getöse, selbst im Wohnzimmer gab es eine Pause.

Seb richtete sich auf.

»Ich hab' gestern in der Französisch-Stunde ein Gedicht geschrieben«, sagte er und faltete einen Zettel auseinander. »Willste hören? Is' von *Walrus* inspiriert.«

»Schieß los«, sagte ich.

Seb las, und der Schweiß begann zu rinnen:

Bist du schon mal aufs Rathaus geklettert, während du wie eine giftspeiende Kobra denkst und dich totlachst?

Sitzt auf dem Ende der Fahnenstange, glaubst, dein Kopf ist im Himmel festgeschraubt.

Du stirbst die ganze Zeit, versuchst, die Vokabeln zu finden, aber du hast vergessen zu lernen, schaffst es nicht, durch die Wand vor deinem Kopf zu sehen.

Wir werden alle sterben, eines Tages werden wir alle sterben!

Du starrst in die Schaufenster, in denen Traubenzucker über Plastikseelen fließt.
Ratten und Fledermäuse fliegen aus deinen Augen, und Säure rinnt aus deinen toten Ohren.
Wir lächeln nur, eines Tages werden wir alle lächeln!
Das Röntgenbild läuft hinter dir her, der Schatten dreht sich vorm Spiegel um, plötzlich liegst du in einem Haufen Tiere, kannst aber deine Freunde nicht sehen, du rufst, aber die Stimme ist fremdländisch.
Sie sind gegangen, eines Tages werden wir alle gehen!
Du triffst unterirdische Wesen, begräbst dich selbst in einem Fels, die Plastikherzen schlagen 380 Schläge in der Minute, die Patienten sterben wie muntere Schmeißfliegen, während die Slalomskier wie gehobelte Elche durch den Wald rasen.
Du bist allein, eines Tages werden wir alle allein sein!
Künstliche Reklame zerstört deine Gedanken, die Blutspender stehen an der Straßenbahnhaltestelle Schlange, du hörst die Schreie, wenn die Gedankenpolizei kommt und die Unschuldigen festnimmt.
Wir sind alle im Gefängnis, eines Tages kommen wir alle ins Gefängnis!

Ich dachte nach. Die Zankhähne im Wohnzimmer fingen wieder an zu lärmen. Seb faltete den Zettel zusammen.
»Eigentlich handelt es von Guri«, sagte er.
»Das hab' ich mitgekriegt«, bestätigte ich.
»Wenn ich den Rhythmus etwas abschleife, es ins Englische übersetze und dufte Reime reinpacke, könnten wir 'n Blues draus machen. Du singst, ich mit Mundharmonika und dem Fuß!«
Er blies auf seiner Mundorgel einen Mollton.
»Seb and Kim Bluesbeaters«, sagte ich.
»O ja, Mann!«
»Blues kann man doch auch ganz gut auf Norwegisch singen«, sagte ich.
»Na klar. Das geht.«
Natürlich ging es. Seb, der musikalisch völlig durcheinander war, landete zum Schluß sowieso beim Blues. Es war noch Winter, und Guri hatte für Kleiva eine Monatskarte, dieser Slalomidiot fing an, ernsthaft in Sebs Revier zu wildern. Seb war ein bißchen traurig.
»Und wie läuft es mit Cecilie?« fragte er.
Ich sah schnell hoch. Seb wußte das meiste.
»Weiß' nicht so recht«, zögerte ich.
»Sie ist dufte.«
»Ja«, sagte ich.

»Geduld«, sagte er, wie einer der drei Weisen aus der Sternwarte, tätschelte mir den Kopf und legte Mayalls *Broken Wings* auf den Plattenteller.

O ja, ich war geduldig. Cecilie und ich trafen uns weiterhin, als gäbe es zwischen uns ein Geheimnis, etwas Verbotenes und Gefährliches. Und irgendwie zog mich das an. Das Geschehen im Dunkeln, menschenleere Straßen, Toreinfahrten, die Strandpromenade an einem öden Nachmittag, oder mitten auf einer Brücke. Und eines Tages hatten wir uns zum Bislett geschlichen, ich trug Cecilies Schultasche, wir wollten Richtung Süden und gingen durch die engen Straßen, in denen es ganz still und einsam war, als wir die Gans trafen. Er kam uns entgegen, zuerst wußte ich gar nicht, wer das war, wußte nur, daß ich ihn irgendwoher kannte, mir wurde ganz flau im Magen, als würde ich auf frischer Tat ertappt. Dann erkannte ich, daß es die Gans war, in einem blauen Popelinemantel, den er bis oben hin zugeknöpft hatte, und mit einer Ledermütze, deren Seehundohren unter dem Kinn zusammengebunden waren.
Er blieb stehen. Sein Blick kam ruhig und blau unter der Mützenkante hervor.
»Guten Tag, Christian«, sagte ich.
Er sah mir direkt in die Augen. Es brannte.
»Lange nicht gesehen«, sagte er, als seien wir Rentner.
»Die Zeit vergeht«, sagte ich weise. »Wie isses denn auf dem christlichen Gym?«
»Prima«, sagte er. »Ich habe meinen Weg gefunden.«
Es entstand eine Pause. Cecilie sah uns neugierig an.
»Das hört sich ja gut an«, sagte ich.
»Und das habe ich dir zu verdanken«, erklärte er.
»Was hast du gesagt?« fragte ich erschrocken.
»Du hast mir den richtigen Weg gezeigt«, sagte er. »Du warst Gottes Werkzeug.«
Damit konnte ich nichts anfangen. Aber sein Blick war jetzt ruhig, auch wenn er etwas brannte, wie ein fischloses Wasser. Kein Leben, kein Wind.
»Ich muß gehen«, sagte er freundlich und ging.
»Wer war das denn?« fragte Cecilie nach einer Weile.
»Ein Kumpel aus der Volks- und Realschule.«
»Was hast du mit ihm angestellt?« fuhr sie ernst wie nur irgendwas fort. Ich versuchte zu lachen.
»Ich habe auf die Leute einen guten Einfluß«, sagte ich. »Hast du nicht gehört: Ich bin Gottes Werkzeug.«
Ich nahm Cecilies Hand. Ich dachte an die Schriftstelle im Neuen Testament,

ich konnte sie auswendig, ja, ich konnte sie auswendig: Was hilft's, liebe Brüder, so jemand sagt, er habe Glauben, und hat doch keine Werke? Kann auch der Glaube ihn selig machen?
Ich spürte, daß ein riesiger Sog kommen würde, ein Dampfer würde durch meinen Kopf gleiten, und der Mond würde das Meer wie ein Adler, der ein Ei leert, aussaugen.
Cecilie sagte: »Kim, du lügst zuviel.«

In diesem Winter blieb der Schnee lange liegen. Seb war unglücklich, er spielte ganz allein den Blues. Nachdem Møen in Grenoble Gold gerochen hatte, gab es nichts mehr, was Guri und den Slalomheini von den Slalomtoren wegbrachte. Sonntags machten Cecilie und ich Skitouren in der Nordmarka, ich jagte hinter ihr die Spur entlang, sie fuhr, als wolle sie sich selbst quälen, oder mich; als wir zum Kikut kamen, konnte ich gerade noch eine Apfelsine schälen.
Es roch nach Brühe und Skiwachs.
Wir saßen in der Sonne und wurden langsam warm.
Vom Dach tropfte es.
Wir mußten unsere Anoraks und Pullover ausziehen.
Ich fragte so ganz nebenbei: »Gehn wir eigentlich miteinander, oder?«
Ich fühlte mich wie ein rechter Tolpatsch, wie der Fischer mitten im Bjørnsjø, der dastand und nichts rausholte.
Cecilie lachte, was man selten von ihr hörte.
»Natürlich.«
Und dann lehnte sie ihren Kopf an meine Schulter und legte einen Arm um mich, und so ein Augenblick war eine ganze Menge Schnitzer, Skandale, Drohbriefe und verrückte Eltern wert.
Ich wurde immer mutiger. Cecilie taute richtiggehend auf, ganz langsam, als wäre sie lange tiefgefroren gewesen. Jeden Tag stieg die Sonne am Himmel höher, das Licht wurde stärker. Um uns herum rieselte und floß es. Aber auf das Schloß auf Bygdøy wagte ich mich nicht, darüber sprachen wir gar nicht erst, denn Alexander der Große würde mich wie einen Mülleimer auskippen. Doch ins Kino gingen wir, saßen mit warmen, feuchten Händen in den blauen Sälen. Wir sahen *Bonnie and Clyde*, Cecilie zerquetschte mir fast die Hand, aber ich schaffte es mit dem Film nicht so ganz, saß nur da und begriff nicht, warum die Leute schrien, johlten und auf die Sitze sprangen, es war doch alles nur ein Spiel. Nach Sound of Music konnte mich keiner mehr hereinlegen. Als wir anschließend nach Hause gingen, redete sie in einer Tour über Filme, ich versuchte mitzuhalten und antwortete ja und nein, aber irgendwie erschien mir das Ganze so unwirklich, als sprächen wir über Schatten, über un-

sere Schatten, genau wie der Mann, der mit einer Axt auf das Bild losgegangen war – ein Bild! Es war nicht zu fassen. Es war nicht zu begreifen.

Eines Abends schlug ich nach der Sieben-Uhr-Vorstellung im Colosseum einen Abstecher in die Valkyre vor, ich hatte mir ein paar Zehner verdient und konnte alles mögliche ausgeben. Wir fanden eine freie Ecke, die Stimmung war auf ihrem Höhepunkt, dichter Rauch und Gelächter füllten die dunkle Kneipe. Ich entdeckte ein paar Gesichter, die ich vom Bildschirm kannte, stieß Cecilie in die Seite und nickte diskret in die Richtung, da saßen die Komiker Heide Steen und Wesenlund, wir konnten gar nicht aufhören zu kichern, es war schon toll, mit Wesensteen im gleichen Lokal zu sitzen, fast, als wäre man in seinem Programm dabei. Cecilie wollte eine Cola, ich bestellte mir ein Bier. Cecilie sah mich etwas sauer an.

»Ich geh' nicht mehr mit dir, wenn du trinkst«, sagte sie.

Zweimal hatte ich getrunken.

»Schnaps ist was anderes«, erklärte ich.

Die Sachen kamen auf den Tisch. Mir gefiel Cecilies Mund, wenn sie aus dem Glas trank.

Ich drehte mir eine Zigarette.

»Ich werde Leifs Medizin nicht mehr anrühren«, beruhigte ich sie.

Cecilie fing an, über den Film zu plaudern, und das langweilte mich. Was da auf der Leinwand vor sich ging, hatte keinerlei Bedeutung. Ich wollte von Cecilie sprechen, über uns. Aber sie wollte vom Film reden.

Ich unterbrach sie.

»Ist dein Vater eigentlich immer noch sauer?« fragte ich.

Im ersten Augenblick sah sie ganz verwirrt aus, dann verhärtete ihr Gesicht sich, bekam wieder die verschlossenen Züge, die mich ängstigten.

»Weiß nicht«, sagte sie uninteressiert.

»Meinste, er schmeißt mich raus, wenn ich komme?«

Sie zuckte nur mit den Schultern, als ob es völlig egal wäre, ob ich an den Haaren rausgeworfen werde oder nicht.

Ich trank mein Bier. Mein Herz krampfte sich zusammen. An einem anderen Tisch lachte irgend jemand hysterisch.

»Ich hasse meine Eltern«, sagte sie plötzlich.

Und genau in diesem Augenblick kam Onkel Hubert herein, er stand mitten in der Kneipe, spähte in alle Richtungen und nickte, es war ganz eindeutig, daß er schon vorher hiergewesen war.

»Hassen?« konnte ich noch sagen, ehe Hubert bei uns war, mit einem vom Bier weichen Blick, der große Mantel hing wie eine Plane um ihn herum.

»Kim«, sagte er. »Was für eine Überraschung.«

Er sah Cecilie an. Er sah mich an. Ich wurde reichlich nervös.

»Das ist mein Onkel Hubert«, stellte ich vor, und schwitzte unterm Pony. »Und das ist Cecilie.«
Ich zeigte hin und her.
»Ich setze mich zu euch«, sagte Hubert und setzte sich. Es entstand eine kleine Pause. Cecilies Worte brannten in meinem Gehirn. Hassen?
»Wir waren im Kino«, erzählte ich. »War ganz in Ordnung.«
Cecilie lächelte.
»Ihm gefiel es überhaupt nicht. Kim haßt es, ins Kino zu gehen.«
Sie hatte es also mitgekriegt. Ich versuchte zu lachen.
Hubert gurgelte leise.
»Sag deine Meinung, Kim, nur keine Angst.«
»Es war ein Scheißfilm«, sagte ich. »Alle Filme sind gleich.«
Neue Pause. Die Gläser waren leer. Hubert gab einen aus. Ich mußte aufs Klo, es kniff reichlich, war nicht zu umgehen, aber ich zögerte, Cecilie mit Hubert allein zu lassen, wenn er nun einen kleinen Anfall bekäme und sein Bier über sie kippte? Aber ich mußte aufs Klo, zwängte mich raus, und während ich dastand und pißte, kam mir ein anderer Gedanke: Und wenn er anfinge, von Nina zu plappern? Ich bekam Panik und beeilte mich, der Rückstoß schoß mich in den Raum, ich kämpfte mich in die Nebelwelt, und da saß Cecilie mit weichem Nacken und lachte ungehemmt, so daß ich gerne gewußt hätte, was Hubert erzählt oder getan hatte, daß er sie derart zum Lachen gebracht hatte.
Ich ließ mich nieder.
»Ich habe erzählt, wie Großvater die Schlaftabletten aufgegessen hat«, kicherte Hubert.
Ich trank und lachte. Alles in Ordnung.
Aber das mit Nina fuchste mich doch, daß sie mir plötzlich wieder einfiel, ich hatte ein schlechtes Gewissen. War sie denn nicht mit diesem Jesper-Schlachter herumgelaufen? Außerdem hatte ich sie schon vergessen.
Dann erzählte Hubert von Paris, von den Restaurants und Bars, von heißen Nächten, Farben, Früchten, Bäumen, die sich über einen Fluß lehnen, grünen Bücherkisten und einer Frau namens Henny. Es zuckte leicht in seinen Schultern, aber das legte sich, die Erinnerungen waren so intensiv und deutlich, daß sein Kopf dort war und er fast glücklich schien.
»Wann kommt Henny denn zurück?« wagte ich zu fragen.
Hubert antwortete nicht. Hubert sagte: »Wenn ich genug Geld habe, werde ich hinfahren und dort wohnen.«
Hubert träumte.
»Wo willst du denn das Geld herkriegen?« wollte ich wissen.
Er wurde ein wenig verlegen.

»Ich spiele Lotto. Ich kaufe Lose. Jeden Monat. Morgen ist Ziehung.«
Ich trank darauf, daß Hubert gewinnen würde.
Cecilie sah auf die Uhr und mußte gehen.
Hubert blieb mit seinem Starkbier, dem riesigen Mantel und einem roten Halstuch sitzen, und mit einem fernen Blick, der durch die Wände und ganz über Majorstua und Europa blickte.
»War *das* dein Onkel!« sagte Cecilie, während wir auf den Bus warteten.
Ich nickte.
»Ich mochte ihn«, sagte sie weich.
»Es ist ein prima Onkel«, bestätigte ich.
»Ist dein Vater ihm ähnlich?«
»Nee, die sind nicht gerade eineiige Zwillinge«, sagte ich.
Mir fiel wieder ein, was sie gesagt hatte.
»Haßt du deine Eltern?« fragte ich leise.
Cecilie sah auf die Uhr.
»Jetzt sitzt er da und stoppt die Zeit«, sagte sie nur.
Ich bekam es mit der Angst zu tun.
»Weiß er, daß du mit mir zusammen bist?«
Cecilie sah mich direkt an.
»Ich hab' gesagt, daß ich mit Kåre gehe«, sagte sie einfach.
Ich war platt.
»Kåre? Der Redakteur!«
Sie nickte.
Der Bus kam heran.
»Ach übrigens, er will dich für die Schulzeitung interviewen«, sagte sie schnell, sprang auf das Trittbrett, und der Bus rauschte Richtung Bygdøy davon, während ich wie ein platter Reifen zurückblieb, der in den Graben geschmissen worden war.
Aber auf dem Weg nach Hause holte ich das Flickzeug hervor. Eigentlich war ja Kåre der Angeschmierte. Kåre mit dem Millimeterhaarschnitt und runder Brille, 2. Klasse Gymnasium und Schultern wie ein Kleiderschrank, intellektuelle Seide von Ullern, ein Möchtegern mit Pickeln. Er saß in der Ecke, er war das Alibi für unsere heimlichen Verabredungen.
Ich fühlte mich ziemlich obenauf.

Das Schlimmste war, daß aus dem Interview tatsächlich etwas wurde. Am darauffolgenden Freitag kam Redakteur Kåre in der letzten Pause zu mir herübergeschlurft und fragte, ob ich bereit sei, von mir ein Schülerporträt für die Schulzeitung machen zu lassen. Natürlich war ich das. Nach dem Unterricht fand ich mich im obersten Stockwerk im Redaktionszimmer ein, eng, mit

Dachschrägen, leeren Flaschen, Schreibmaschine und überall verstreutem Papier. Der lange Lulatsch Gunnar, der auf der Soirée Streit gesucht hatte, saß auf einer Kiste und blinzelte, er war der Layoutchef, fummelte mit Letraset herum, und der Fotograf war ein Typ aus der dritten, er grinste und zog in regelmäßigen Abständen einen rosaroten Kaugummi aus der Visage. Der Redakteur saß an dem einzigen Tisch, Bleistift hinterm Ohr und einen Mützenschirm um den Schädel. Alle hatten ihre Hemdsärmel hochgekrempelt. Das war die Redaktion des »Wilden Westens«.

Ich bekam eine Cola, sie gaben mir einen Stuhl, steckten mir eine an, große Sache, Auflage 600.

»Wir fangen gleich an«, sagte Kåre und wetzte die Feder.

»Schieß los«, sagte ich.

»Geboren wann und wo.«

»'51. Josefinesgate.«

Er betrachtete mich eindringlich.

»Besonderes Kennzeichen? Klumpfuß oder Buckel?«

»Hinke mit dem einen Arm«, erwiderte ich genauso schnell.

Kåre schrieb.

»Hobbys?«

»Sammle Elefanten.«

»Welches Fach magst du am liebsten?«

»Handarbeiten.«

Der Fotograf kicherte.

»Der Mann ist witzig.«

»In welche Tanzschule bist du gegangen?« fuhr Kåre fort.

Ich roch den Braten.

»Kein Kommentar«, antwortete ich diplomatisch.

»Sollen wir einen Anwalt holen?«, kicherte der Lulatsch.

Der Fotograf knipste ein bißchen.

»Dein Lieblingsschriftsteller.«

»John Lennon, Jim Morrison und Snorri Sturluson.«

»Was würdest du tun, wenn du Rektor wärst?«

»Alle Lehrer von der Schule verweisen.«

»Deine Traumfrau?«

Kåre nahm seine Brille ab und kratzte sich an der Nase.

»Ist nicht in Erfüllung gegangen«, sagte ich.

»Oha«, kam es vom Fotografen. »Der Mann ist auf Zack.«

Kåre setzte sich die Brille wieder auf.

»Unterstützt du die USA in Vietnam?«

»Nein.«

»Erklär das.«
»Imperialismus«, sagte ich. »Ein Volk muß über sich selbst entscheiden können, ohne Einmischung von außen.«
Riesig.
Der Lulatsch stand auf, stieß fast mit dem Kopf an die Decke.
»Sollen wir den Blödsinn drucken, Boß?«
Kåre sah hoch.
»Dieses ist eine demokratische Zeitung in einem demokratischen Land. Alle müssen ihre Meinung sagen können.«
Die anderen nickten. Der Fotograf peilte mich an.
»Unterstützt du die NATO?«
»Nicht, solange die NATO die USA in Vietnam unterstützt.«
Wow. Logik.
»Lieblingsband?«
»Beatles.«
»Es halten sich hartnäckige Gerüchte darüber, daß du auf das Dach eines Hauses auf Bygdøy geklettert seist. Ein Kommentar?«
»Kein Kommentar.«
»Der Anwalt ist unterwegs«, kicherte der Lulatsch und köpfte eine Cola.
»Findest du langes Haar schön?«
»Besonders unter den Armen.«
»Warum trägst du die häßlichste Jacke der Schule?«
»Frage wird nicht anerkannt.«
»Wahnsinn«, sagte der Fotograf. »Profi-Porträt.«
Das war alles, ach nein, sie mußten noch ein paar Bilder knipsen, und der Fotograf konnte mich dazu überreden, mich mit nacktem Oberkörper hinzustellen, alle würden so fotografiert werden, wenn sie im Wilden Westen interviewt worden waren, die Damen natürlich ausgenommen, wieherndes Gelächter. Ich lehnte mich gegen die Wand, spannte meine Muskeln an, und der Blitz fegte von vorn und hinten über mich hinweg.
»Ich würd' das Interview gern lesen«, sagte ich zu Kåre.
»Unmöglich«, antwortete er. »Geht heute abend noch in Druck. Kannst uns vertrauen.«
Er starrte mich an, und auch wenn er ganz freundlich war und Witze riß, so glaube ich doch, daß er mich fast haßte, und ich denke, das hätte ich auch getan, wenn ich er gewesen wäre. Ich hatte das unangenehme Gefühl, daß er sich irgendwelche kleinen Gemeinheiten ausdenken würde, konnte mir aber nicht vorstellen, was. Und außerdem war ich absolut gut drauf, ein Interview mit Foto und so, ich polterte die Treppen hinunter und fand Cecilie bei Dagmar, es reichte gerade für einen Napoleonskuchen, und ich erzählte ihr, was

ich gesagt hatte, dann mußte sie nach Hause, Alexander der Große wartete, verdammt noch mal, ich glaube, es wird Frühling, sagte ich zu Cecilie.

Das wurde es aber nicht. Das war mir klar. Redakteur Kåre führte Böses im Schilde, und er bekam es auch hin, aber einen Tick mehr, als er sich selbst gedacht hatte. Ich war natürlich der Letzte, der die Schulzeitung zu sehen bekam, kam müde und verschwitzt von der Sportstunde, und bereits auf der Türschwelle zum Klassenzimmer merkte ich, daß etwas im Gang war, etwas Großes. Alle standen sie über den Wilden Westen gebeugt da, und ich erhielt bei meiner Ankunft Applaus. Ich schnappte mir ein Heft und blätterte. Redakteur Kåre hatte ganze Arbeit geleistet. Es gab von mir Bilder von vorn und hinten, und auf den Rücken hatte der Lulatsch, der Layoutchef, den Propeller eines Modellflugzeuges montiert. Ganz schön pfiffig. Und das war noch nicht alles. Sie hatten auch noch ein Skelett untergebracht und darunter geschrieben: *Kim Karlsens Freundin in Kopenhagen.* Was zum Teufel! Cecilie kam mir ins Blickfeld, sie stand an der Tafel, eine weiße, eiskalte Silhouette. Ich las. Das Interview war ganz in Ordnung. Aber zu Beginn hatte Kåre aus Ullern sich von meinen aufwieglerischen Standpunkten distanziert, ich sei eher verwirrt als korrupt, schrieb er, mein verdrehter Kopf sei vermutlich eine Folge davon, daß ich schon längere Zeit mit einem Mädchen aus Kopenhagen zusammen wäre, und Kopenhagen sei ja bekanntlich das Zentrum alles Bösen und Unmoralischen auf dieser Welt, jedenfalls in Skandinavien. Ich sah zu Cecilie hinüber. Schwarze Tafel. Weißes Gesicht. Die Sphinx hatte etwas angeschrieben, was nicht weggewischt worden war: *Ich denke, also bin ich.* Ich flog zur Tür und fand Ola, der mit dem Mathebuch umherwanderte. Ich drehte ihn zu mir.
»Ola«, sagte ich ganz ruhig. »Was in drei Teufels Namen hast du diesem Kåre-Arsch erzählt?«
Er war in eine Gleichung vertieft.
»W-w-wem was gesagt?«
»Haste die Schulzeitung gesehen?«
Er schüttelte den Kopf.
Ich schlug sie für ihn auf. Langsam begriff er.
»Er wollte doch nur ein paar p-p-persönliche Informationen«, stotterte Ola.
»Ja, genau. Und darum hast du ihm von Nina erzählt?«
»W-w-war das denn so daneben, he?«
Es klingelte. Das war ein schwerer Weg, den ich gehen mußte. Seb fing mich vor der Tür ab.
»Ich rate vom Gerichtsweg ab«, flüsterte er. »Laß die Redaktion in ihrem eigenen Scheiß ersaufen!«

Cecilies Gesicht war aus Granit, ihre Augen zermalmten mich zu Sand, so daß ein unscheinbares Schnauben mich auf die Felder und für immer davonpusten konnte.
Schleim-Leif und Peder gratulierten mir herzlichst, Peder mit einem schadenfrohen Zug um den Mund.
Und ich mußte zu allem Überfluß auch noch mein Hemd hochheben, um zu zeigen, daß ich keinen Propeller hatte.
Cecilie drehte sich voller Abscheu weg.
Dann war Französisch mit Madame Mysen, einer dünnen Baguette mit blauen Nägeln und Adlernase. Sie übersetzte die Worte der Sphinx: *Je pense, donc je suis.*
Nach genau zehn Minuten wurde ich zum Rektor zitiert. Kåre stand auch da. Seine Brille war beschlagen. Er sah mich nicht an.
Das Sandpapier saß hinter seinem Tisch und blätterte energisch im Wilden Westen. Ich überlegte, ob er sich wohl den Bart gekämmt hatte oder ob der so wuchs. Ich tastete mit dem Finger unter meiner Nase entlang. Weicher Flaum. Federn.
Das Sandpapier sah auf.
»Als Redakteur der Schulzeitung solltest du wissen, was Presseethos ist«, schnarrte er, daß der Raum erzitterte.
Kåre lief der Schweiß herunter.
»Und du, Kim Karlsen, du solltest ja wohl lieber von der Skelettgeschichte schweigen! Ich hatte gedacht, du hättest mich verstanden!«
Kåre ergriff das Wort.
»Herr Rektor, das ist meine Schuld. Karlsen wußte nichts davon.«
Geradeheraus. Kåre war ein Idealist. Er sandte einen schrägen Blick zu mir herüber.
Das Sandpapier blätterte und schüttelte den Kopf. Kåre hatte zu hoch gepokert. Es endete damit, daß er als Redakteur in Ungnade fiel und gehen mußte und der Schülerrat neu wählte. Ich fiel bei Cecilie in Ungnade und verlor sie, aber für mich wählte keiner jemand neuen.

Ich hatte nicht für fünf Öre die Chance, in ihre Nähe zu kommen, sie glitt davon, übersah mich, obwohl sie mich doch sah. Ich könnte es mit meiner Liebsten in Kopenhagen so gut haben. Ich versuchte, Seb als Mittler zu benutzen, aber auch er kannte die Parole nicht. Gunnar fand, daß Kåre der gemeinste Schwanz war, den er je in zwei Schuhen hatte laufen sehen, und ob wir nicht Anti-Kåre-Flugblätter drucken sollten und ihn ein für allemal auszählen wollten. Ola war unglücklich und versicherte, daß er nie wieder etwas der Presse erzählen wolle, das stand jedenfalls fest. Peder und Schleim-Leif gingen

wieder in die Offensive, aber Cecilie wirkte für alle uneinnehmbar, wie ein Bunker.
Seb und ich hingen zusammen, beide unglücklich, erzählten wir uns immer wieder gegenseitig, wie unglücklich wir waren, und fühlten uns um so mehr verletzt. Wir saßen bei mir und spielten die Doors. Wir waren bei Seb und spielten Bob Dylan und Mothers of Invention. *Freak out*. Seb holte neue Seiten mit Texten hervor. Er fand, er sei richtig in Fahrt mit dem knallharten Blues, denn das sei die Zeit für Blues.
Er las die erste und bis jetzt einzige Strophe, während er zwischendurch immer mal wieder in seine Mundharmonika hustete.

»Geboren wurde ich unten in Vika,
das ist alles, was ich weiß.
Mutter schrubbte die Treppen,
und Vater schuftete
vierzig Jahre in der Fabrik,
dann legte er sich hin.
Der Direktor gab ihm eine Urkunde,
und der Pfarrer verkündete Frieden,
die haben keine Ahnung,
nein, nein, nein, die haben keine Ahnung.
Die haben keine Ahnung,
und das ist nicht mein Ding.«

»Aber deine Mutter schrubbt ja wohl keine Treppen«, sagte ich. »Und dein Vater fährt zur See!«
Seb sah mich lange an, schüttelte den Kopf.
»Wenn du schreibst, mußt du auch schummeln«, erklärte er. »Genau wie damals die Gans, als sie über den Selbstmord auf Bygdøy schrieb.«
»Ja«, sagte ich. »Logo, es kommt nur darauf an, gut genug zu schummeln.«
»Das mußt du ja wissen«, kicherte Seb. »Wo du doch von uns allen am allerbesten schummeln kannst.«
Dann hörten wir *Sergeant Pepper*, und da geriet ich etwas außer mir, denn zwischen den Rillen war Nina, und Cecilie war auch da, wie eine Negation, ein Mangel, und wir verstiegen uns jeder in unsere Depression und sagten mehrere Stunden lang nichts mehr.
Dann sagte Seb: »Ich hab' mich für Guri mal geprügelt. Erinnerst du dich?«
»Natürlich. Wie geht es eigentlich deiner Großmutter?«
»Ganz gut. Sie taucht immer dann auf, wenn Vater nicht da ist.«
Wir spielten noch einmal *A Day in the Life*.

»Gibt's Fortschritte mit Cecilie?« fragte Seb.
»Wie ein verdorbenes Würstchen auf ihrem Teller fühle ich mich«, sagte ich.
»O Mann«, sagte Seb. »Das werd' ich verwenden.«
Er schrieb in ein kleines Buch, daß es nur so spritzte. Dann nahm er seine Mundharmonika, warf das Haar aus der Stirn und lärmte los.

Wie ein verdorbenes Würstchen auf ihrem Teller fühle ich mich.
Wie ein verdorbenes Würstchen auf ihrem Teller fühle ich mich.

Er hielt jäh inne.
»Was reimt sich denn darauf?«
»Milch«, sagte ich.
»Wow, Spitze.«
Er blies eine Septime.

Und bin nur die Haut auf ihrer Milch.

Wir spielten es noch mal, und ich sang. Ich strengte mich ziemlich an, grölte aus vollem Hals. Seb war knallrot im Gesicht und klopfte mit der Schuhkante. Seb and Kim Bluesbrüller.
»Wir brauchen noch mehr Verse«, sagte er hinterher.
»Über den feinen Slalompinkel«, sagte ich.
»Und schmierige Schulzeitungsredakteure und bescheuerte Mädchen.«
Jetzt wollten wir es ihnen heimzahlen. Jetzt war keiner mehr sicher.
»Köpfe sollen rollen«, sagte Seb prophetisch.
Das war genau der Tag, an dem ich sah, wie Kåre sich bei Cecilie einschmeichelte und ein Gespräch anfing, das die ganze Pause andauerte, so daß ich mich entschloß, Nina einen Brief zu schreiben. Vier hatte ich bekommen und keinen einzigen geschickt. Ich saß den ganzen Abend in meinem Zimmer und schrieb, während ich an Cecilie und Kåre dachte; Sandkastenfreundschaft, alte Liebe, das waren sie wohl, und sie wußte, daß ich es sah. Ich schrieb Nina einen Brief. Über die Schule, die todlangweilig war, ob sie die Doors gehört habe, ob es viele Hippies in Kopenhagen gebe. Ich schrieb, daß es nur so rauschte, erwähnte aber mit keinem Wort, warum ich bis jetzt nicht geantwortet hatte.
Dann faltete ich den Brief zusammen und steckte ihn in einen Umschlag. Da stand Mutter in der Tür.
»Machst du Schularbeiten?« fragte sie.
»Ja«, antwortete ich.
Ich war ziemlich einsilbig.

Mutter kam herein und setzte sich hinter mich.
»Du ärgerst dich doch hoffentlich nicht immer noch über den Brief des Rektors, Kim?« fragte sie, und ich konnte sie verdammt gut leiden, es ihr aber nicht zeigen, das schaffte ich einfach nicht.
»Nein«, sagte ich.
»Wir haben ihn inzwischen vergessen«, erklärte sie.
Gut zu hören.
Ich schob den Brief unter ein Buch.
»Dieses Mädchen ... dieses Mädchen, von ... von dem du geredet hast, wer ist das denn?«
Ich hätte es ihr gern erzählt, mein Herz ausgeschüttet, aber mein Mund war verschlossen, mein Kehlkopf zugeschnürt. Ich räusperte und wand mich. Schließlich konnte ich ihr ja nicht die ganze Geschichte mit der Schulzeitung erzählen, ganz im Gegenteil, ich hoffte verzweifelt, daß meine Eltern nie die letzte Nummer des Wilden Westens in die Finger bekämen, ich glaube, sonst würde mein Vater augenblicklich zurücktreten. So war es also, ein Gespräch kam nicht zustande, als wenn wir uns nicht mehr miteinander verständigen konnten, und die einzigen für menschliche Ohren verständlichen Laute kamen von Vater, der im Wohnzimmer saß und schrie: »Jetzt läßt er sich aber endlich die Haare schneiden! Jetzt *muß* er sich aber die Haare schneiden lassen!«
»Jesus hatte auch lange Haare«, sagte ich.
Am nächsten Tag schickte ich Nina den Brief.

Der April kam mit einer neuen Beatles-Single. Ich trottete zur Bygdøyallee und kaufte sie bei »Radionette«. Das neue Gebäude unterhalb Gimle, in das der Supermarkt kommen sollte, war schon ziemlich weit gediehen. Ich ging nach Hause und hörte mir die Platte in aller Ruhe an. Meine Begeisterung hielt sich in Grenzen. *Lady Madonna*. Naja. Das ging. Ich schaltete den heißen Draht zu Seb und spielte ihm die Platte über die Leitung vor. Er war auch ganz zufrieden damit, hing nicht an der Decke, aber die Melodie war in Ordnung, professionelle Arbeit, sie hatten sich bei der Platte ausgeruht, das mußte ja auch mal erlaubt sein. Das Klavier hatte den richtigen Swing. Wir diskutierten ein bißchen über dies und das, ob Paul oder Ringo wohl singe. Es war Paul, vielleicht war er erkältet. In England war im Winter ja schlechtes Klima. Oder? Seb war dabei, neue Texte zu schreiben. Er hatte Jan Erik Vold aus der Bibliothek ausgeliehen.
»Der Schnee schmilzt«, bemerkte ich. »In Kleiva kann man nicht mehr Slalom fahren.«
Seb stöhnte in den Hörer.

»Bist du Meteorologe geworden, oder wie? Haste schon mal was von Wasserski gehört? Dieser Kriecher hat auf Hankø einen Landsitz mit 50 Pferden. Nobody loves you when you're down and out.«
Eine Zeitlang schwieg er.
»Was reimt sich auf Boot?« fragte er schließlich.
»Tod«, antwortete ich.
»Ich werde langsam wahnsinnig«, sagte er.
»Brot«, schlug ich vor.
»Das hört sich schon besser an.«

Wir legten auf. Ich hörte mir die Platte noch ein paarmal an. Die Rückseite. *The inner Light*. Langsam wurde ich trübsinnig, so ein Dienstag, der zu nichts zu gebrauchen war, kleinkariert, langweilig, einer dieser Tage, die man gut überspringen könnte, ihn sein lassen, ein graues Loch in der Zeit. Ein Dienstag im April 1968. Mit Resten zum Mittag und einigen Sticheleien bei Tisch übers Haar und die Kleidung, und die waren auch ziemlich schlapp. Hausaufgaben. Englisch, Französisch. Passé simple. Kipling. If. Norwegisch. Sagas. Schmutzige Fenster, muffiger Geruch von der Frognerbucht, wunde Klötze, unmöglich, sich auf irgend etwas zu konzentrieren. Auf dem Sofa liegen, an die Decke starren. Da gibt's auch nicht viel zu sehen. Merkwürdig, wie still Jensenius ist. Irgendwo knallt eine Tür. Ein Auto bremst. Aber das geht mich alles nichts an, an diesem sterbenslangweiligen Dienstag im April 1968.
Da klingelte es an der Tür, aber ich schaffte es nicht, meinen Körper dorthin zu manövrieren, sicher war es nur ein Händler, der Mutter noch mehr Tupperware aufschwatzen wollte. Ich hörte, wie jemand hereinkam, und gleich danach knackte es in der Zellentür. Ich hüpfte hoch. Da stand Cecilie. Cecilie. Das war unglaublich. Daß so ein Dienstag Cecilie hervorbringen könnte. Mutter stand in den Kulissen und blinzelte, Vater steckte seinen Kopf auch heraus, und ich schloß blitzschnell die Tür und wußte nicht, was ich sagen sollte.
»Cecilie«, sagte ich.
Sie sah sich um, als sei sie gekommen, um das Zimmer zu mieten. Sah die Platten an, die Bücher. Klamotten auf dem Boden. Die Hausschuhe, meine idiotischen Hausschuhe, sie ähnelten zwei Entenjungen mit einem roten Punkt auf dem Schnabel.
Ich tappte barfuß umher, hatte ein Loch im Strumpf. Mußte mir bald mal die Nägel schneiden. Peinliche Situation.
Sag doch was.
»Haste Hunger?«
Sie lachte ganz leise und setzte sich.

»Er hat mir alles erklärt«, sagte sie und sah zu mir auf.
»Was erklärt?«
»Von dir, dem Mädchen in Kopenhagen, und daß damit schon lange Schluß ist.«
»Wer denn?«
»Was?«
»Wer hat dir was erklärt?«
»Na, Ola natürlich!«
»Ola?«
Ich setzte mich neben sie aufs Sofa.
»Irgendwie war er ja schuld«, sagte sie. »Aber jetzt hat er alles erklärt.«
Sie sah mich an. Sanft.
»Ola«, sagte ich nur.
Sie lachte erneut.
»Es hat ziemlich lange gedauert, aber es hat geklappt!«
Ola, mein Ola! Weich wie ein Lammfell und tapfer wie ein Löwe! Wir fummelten ein bißchen aneinander herum, es endete in einem phantastischen Kuß. Mit einem Mal ließ sie mich jäh los, lehnte sich zurück und brachte ihr Gesicht in Ordnung.
»Das war eine ziemliche Sauerei von Kåre,« sagte sie.
Ich hatte das Gefühl, daß die Zeit gekommen war, dem Feind gegenüber ehrlich und anständig zu sein, jetzt konnte ich es mir leisten.
»Zumindest hat er die Schuld auf sich genommen«, sagte ich. »Das mit dem Skelett.«
Sie nickte.
»Und ich dachte, du hättest mich angelogen«, sagte sie geradeheraus.
»Natürlich nicht«, stammelte ich und schob eine Hand zu ihr.
»Das ist also schon lange vorbei«, fragte sie, ohne mich anzusehen.
»Ja«, sagte ich, und plötzlich fiel mir der Brief ein, den ich geschrieben hatte, und es kribbelte im Magen.
»Ja«, wiederholte ich, als könnten die Worte irgendwas verändern.
Cecilie sah mich an.
»Lügen und Unehrlichkeit ist das Schlimmste, was ich mir denken kann«, sagte sie ernst.
»Aber du belügst doch deine Eltern«, deutete ich vorsichtig an.
Sie lachte kurz.
»Das ist nicht dasselbe. Das habe ich immer getan. Das ist für sie das beste.«
Immer getan. Neuer Anschwung für mein Magenrad. Sie hatte wohl vor mir schon für andere gelogen, für einen ganzen Haufen, ich geh' zu Kåre, ich bin bei Kåre, und ist dann woanders hingegangen, zu heimlichen Verabredungen,

in der letzten Reihe im Kino, in einem verborgenen Park auf der anderen Seite der Stadt. Ich faßte sie an, meine Hände waren nicht zu bändigen, sie befreite sich mit einem Lachen.

»Ja«, sagte ich und hatte keine Ahnung, wozu ich ja sagte.

»Sind wir wieder Freunde?« fragte sie, als wenn nichts wäre.

Freunde.

»Ja«, sagte ich noch einmal und beugte mich über sie.

Danach spielte ich ihr die neue Beatles- Platte vor. Sie hörte etwas desinteressiert zu, erzählte von einem Sänger, der fast noch besser als Simon and Garfunkel sei, Leonard Cohen heiße er. Hatte noch nie von ihm gehört. Sie konnte ein paar Griffe auf der Gitarre.

Ich spielte die Platte noch einmal. Der Brief, den ich geschickt hatte, war ein ganz gewöhnlicher Brief gewesen, er konnte wirklich nicht gefährlich sein, wie eine Postkarte, die man zehn Freunden und an die Familie aus den Ferien schreibt, ein Lebenszeichen, ein Wetterbericht, das konnte wohl nichts schaden.

Ich beruhigte mich.

»Lady Madonna«, sagte ich.

»Was?«

Ich lag in ihrem Schoß.

»Lady Madonna«, sagte ich. »Du bist meine Lady Madonna.«

Ich fand, das hörte sich toll an, wußte aber nicht so genau, ob sie es auch mochte.

Für eine Weile war sie still und schaute auf mein Gesicht herunter.

Strich mir über die Augenbrauen.

»Du bist süß«, sagte sie.

Ich wußte nicht so recht, ob mir das gefallen sollte.

»Lady Madonna«, wiederholte ich.

Dann kam ihr Mund herab, und ihre Haare fielen wie eine dünne, frischgewaschene Gardine auf mich nieder.

Der Frühling brach herein wie nie zuvor. Ich kaufte für Jensenius 20 Export, und er veranstaltete bis tief in die Nacht hinein ein Wahnsinnskonzert, so daß die Bullen kommen und ihm Einhalt gebieten mußten. Danach wurde Jensenius still. Aber die Sonne machte weiter, packte den Winter bei den Wurzeln, und Fahrräder und Orchester quollen auf die Straßen wie die Tiere aus ihrem Winterlager. Und auch Cecilie und ich machten weiter, mit unseren heimlichen, verbotenen Treffen an schummrigen, dunstigen Frühlingsabenden, die doch nicht so warm waren, wie man dachte, und Nähe und Initiative verlangten. Es geschah, daß sie manchmal ganz plötzlich zu mir kam, ohne Vorwarnung, und eines Abends war ich draußen bei ihr auf Bygdøy. Alexander der Große und Gemahlin waren bei der Eröffnung einer Ausstellung in den Messehallen, und das Schloß war leer. Wir saßen im Garten in der Hollywoodschaukel, schaukelten und tranken Orangensaft. Ich lugte zum Dach, und mir wurde ganz weich in den Knien, es war steiler als die Landebahn am Holmenkollen. Ansonst war der Garten nicht so schlecht, das Gras war mit der Nagelschere geschnitten, und der Rasen hatte die Ausmaße eines Golfplatzes. Die Apfelbäume standen wie weiße Gespenster am Horizont, und ein neuer Krampf kam in mir auf. Äpfel. Ich hatte von Nina nichts gehört, seit ich ihr den Brief geschickt hatte, das war ja auch nicht so merkwürdig, denn es war doch ein ziemlich idiotischer Brief gewesen. Cecilie erzählte von dem Gärtner, der Carlsberg hieß. Er habe *grüne Finger*, sagte Cecilie. »Carlsberg« sei ein dänisches Bier, sagte ich. Das hätte ich natürlich nicht sagen sollen. Cecilie machte dicht und stand auf der Stelle von der Hollywoodschaukel auf. Also mußte ich mit den Wiederbelebungsversuchen beginnen, und normalerweise war nach einer halben Stunde alles wieder in Ordnung. Es war schon merkwürdig, denn eigentlich wollte sie etwas über diese Nina erfahren, wie sie sagte, aber sie konnte mich nicht bitten, von ihr zu erzählen, war neugierig und ängstlich zugleich, also erzählte ich, durfte jedoch nicht zuviel erzählen, kam in Fahrt, schwerer Job, Balance auf Messers Schneide, schlimmer, als auf ihrem Dach zu spazieren. Aber an diesem Abend wollte sie nichts von Nina hören. Erst mal sollten wir unsere Hausaufgaben gemeinsam machen, und danach könnten wir Schallplatten hören. Sicherer Abend. Wir legten uns mit unseren Englisch- und Französischbüchern ins Gras und hörten uns gegenseitig Vokabeln ab.

»Wie findest du *Victoria?*« fragte sie nach einer Weile.

»Stinklangweilig«, meinte ich.

Sie guckte enttäuscht.

»Ich finde es wundervoll«, sagte sie zum Himmel.

»Hätte nicht gedacht, daß die Sphinx so'nen Schinken aussucht«, fügte ich hartnäckig hinzu.

»Ich hätte gern den Müllerssohn gekannt«, seufzte Cecilie.

»Die machen es sich doch schwerer, als es sein müßte, oder?« sagte ich und schloß es damit ab, wobei ich mir ziemlich dumm vorkam. »Außerdem ist es ja nur ein Buch«, ergänzte ich.

Cecilie lag träumend da, die Frühlingsdämmerung setzte ein, eine helle Wolke glitt schnell über den Himmel.

»Ich hol' den Plattenspieler«, sagte sie und lief hinein.

Sie brachte auch ihre Gitarre mit. Und Leonard Cohen. Von Leonard Cohen konnte sie nicht genug kriegen. Und die ganze Zeit starrte sie auf das Bild

mit diesem dunklen, tragischen Typen, der genau den Seelenton traf, für den die Mädchen Schlange standen.
Ich wurde sauer.
»Magst du Leonard auch nicht?« fragte Cecilie leicht resigniert.
Mit Vornamen.
»Pflaume«, sagte ich. »Die ganze Zeit das gleiche Gesäusel.«
Sie drehte mir den Rücken zu und spielte die andere Seite. Ich hörte keinen Unterschied.
»Du magst ja nur die Beatles«, stellte sie fest.
»Stimmt«, sagte ich.
Ich war in die Ecke getrieben worden.
Mehr sagten wir nicht. Als die Platte zu Ende war, legte sie sich die Gitarre in den Schoß und zupfte ein wenig an den Saiten. So gefiel sie mir besser, ja, so gefiel sie mir am besten, wenn sie versuchte, Gitarre zu spielen, denn sie konnte nicht Gitarre spielen, und das war ganz schön, bei etwas zuzusehen, was sie nicht vor- und rückwärts konnte.
Sie schlug die Seiten mit den Nägeln, brachte die linke Hand in die abenteuerlichsten Stellungen, die Finger spreizten sich in alle Richtungen und drückten die Saiten runter. Aber wenn es um Finger ging, konnte ich nicht mitreden, mein Zeigefinger stach wie ein mißgebildetes Fragezeichen in die Luft, und ich konnte froh sein, daß Cecilie nicht danach fragte.
Dann fing sie an, englisch zu singen.
Es klang etwas hilflos.
So liebte ich sie.
Als sie fertig war, starrte sie in die Luft, als lausche sie einem Echo nach.
Ich nahm sie in den Arm.
»Das war schön«, sagte ich.
»Du lügst«, entgegnete sie.
»Nein, ich meine es ernst! Es war schön!«
»Du lügst«, sagte sie und sang und spielte weiter, *Suzanne,* und mir gefiel die Melodie wirklich, wie Cecilie sie sang, »rags and feathers from salvation army«, da regte sich etwas in meinem Herzen.
Hinter uns lag das riesige Schloß, der Garten dehnte sich in alle Richtungen aus, der Himmel über uns bewegte sich langsam, und es roch nach frischgemähtem Gras. Cecilie saß mit ihrer Levin-Gitarre da und spielte Lieder, und das war schon etwas merkwürdig, daß diese kompromißlose Cecilie diese Lieder so gern mochte. Nicht Bob Dylan, sondern Donovan, nicht Barry McGuire, sondern Cohen, nicht John Mayall, sondern Simon and Garfunkel. Sie spielte ihr ganzes Repertoire, fünf Lieder. *Donna Donna, Catch the Wind, Suzanne, April* und *Yesterday.* Als sie fertig war und es eigentlich etwas kühl

wurde, schmiegte ich mich an sie und übernahm den Platz der Gitarre. Aber da quietschte die Pforte, und Schritte knirschten auf dem Kiesweg. Cecilie kniff mich durchs Hemd, solche Angst bekam sie, wir saßen mucksmäuschenstill da, es war sowieso zu spät, um wegzulaufen. Aber es waren nicht ihre Eltern, es war ein alter Typ mit Strohhut und weiten Hosen, die in dem sanften Wind flatterten.
Cecilie atmete erleichtert auf.
»Das ist nur Carlsberg«, flüsterte sie.
Er sah uns und kam mit vorsichtigen Schritten über den Rasen heran, als würde es dem Gras wehtun.
»Hallo«, sagte Cecilie.
Er blieb stehen, nahm den gelben Strohhut ab und verbeugte sich tief.
»Guten Abend, Fräulein Almer«, sagte er leise und ergeben.
Mir nickte er kurz zu, ich schaute mir seine Finger an, sie waren nicht grün, sondern braun, dünn und elegant, fast Negerhände.
»Ich muß meine Pfeife in der Küche vergessen haben«, erklärte er leicht geniert.
Cecilie ging mit ihm hinein. Sie kamen gleich wieder heraus, Carlsberg verschwand mit einer tiefen Verbeugung und schlich sich fast lautlos davon.
»Da hab' ich einen ziemlichen Schreck gekriegt«, sagte Cecilie und setzte sich zu mir.
Ich blieb stumm.
»Er wird nichts sagen«, fuhr sie fort. »Carlsberg ist loyal.«
Sie lachte kurz. Ich fand nicht, daß das in irgendeiner Art komisch war.
Schnell küßte sie mich.
»Du mußt jetzt gehen«, sagte sie.
Ich ging die Frognerbucht entlang, hörte Jazz aus dem Club 7, um die Boote herum gluckste es, ein Motorrad heulte auf. Carlsberg ging mir nicht aus dem Kopf, demütig, gebeugt, auf einem Meter Abstand: Fräulein Almer! Es war fast unangenehm. Ich versuchte, mich statt dessen an die Griffe zu erinnern, vor allem an die unbeholfenen Finger, die die ganze Zeit falsch griffen und schief anschlugen. So wollte ich sie in Erinnerung behalten.

Stig wurde Abiturient und bekam die rote Mütze auf seine Mähne gedrückt, er schrieb »Mao« auf den Mützenschirm und auf seiner Abiturientenkarte stand: »Norwegen raus aus Vietnam«. Das begriffen nicht alle, wir verstanden es mit der Zeit und lachten leise darüber. Es war klar, daß Stig sich nicht die Abiturientenquaste ansteckte, Abiturfeiern war bürgerliches Abwaschwasser, für Åsens Töchter und Söhne. Stig machte mit, um zu unterwandern. Und am 17. Mai wurden er und drei andere langhaarige Banditen von Katta schnurstracks aus dem Abiturientenblock hinausgeschmissen, als sie vor der amerikanischen Botschaft ein riesiges Transparent entrollten: USA = MÖRDERSTAAT. Es regnete Bierflaschen, rasende Väter mit Studentenmütze auf der Glatze und der Abiturientenquaste auf den wattierten Schultern ballten ihre Fäuste, schrien und spuckten, aber Stig wurde dadurch nur um so zufriedener, eine gelungene Aktion. Der Überraschungseffekt war perfekt, der Schock saß wie ein ätzendes Negativ in dem geschrumpften Hirn der Bourgeoisie. Wir gingen zur Audienz in sein Zimmer, Bob Dylan krächzte im Hintergrund, und Stig saß im Lotussitz auf seiner Liege, während wir auf dem Boden herumlagen. Die Dinge sind am Gären, erklärte Stig. Bald geht's los, sagte Stig. Noch ehe der Sommer kommt, ist die Welt nicht mehr die gleiche. Paris, sagte Stig. Da wurde vor den Botschaften nicht nur Müll ausgekippt, da gab's Barrikaden, Waffen, Strategie und Spontaneität! Da hatten sie nicht nur einen Finn Gustavsen, sondern Sartre und Cohn-Bendit. Die Arbeiter und Studenten standen Seite an Seite, de Gaulle konnte sich wie ein verrotteter Maulwurf begraben lassen, mehr stellte er nicht dar. Wir saßen andächtig da und hörten zu. Das klang riesig. Das weitet sich aus, sagte Stig. Heute Paris. Morgen Oslo. Oder übermorgen. Er sah etwas müde aus. Aber er war froh, daß er diese Zeit miterleben durfte. Nicht wahr, Genossen? Aus dem Wohnzimmer erklang die Nachrichten-Fanfare, und wir polterten hinein, konnten gerade noch sehen, wie sich der schiefe Globus drehte. Der Vater saß gekrümmt im Sofa mit dunklen Rändern unter den Augen, grau, verwelktes Haar. Er machte große Pläne, sein Geschäft zu vergrößern, sich dem Kampf zu stellen, den Keller auszubauen, im Hof einen Markt einzurichten, aufzustocken, seine Pläne waren riesig. Aber kein Bankier wollte ihm Geld leihen, wenn er hörte, daß der Laden genau neben dem Grundstück lag, auf dem Bonus baute. Gunnar hatte es eines Abends erzählt. Und ich dachte an meinen Vater, daß der ihm doch das Geld leihen könnte, und eines Abends fragte ich ihn danach. Da erzählte Vater mir eine ganze Geschichte von Rentabilität und Sicherheit, daß man den Realitäten ins Augen sehen müsse und nicht über seine Verhältnisse leben dürfe. Ich verstand nicht gerade viel, begriff aber, daß irgendwas nicht stimmte, etwas war faul. Aber jetzt standen wir mit weitaufgerissenen Augen vor dem Fernseher. Das Drama, was sich auf dem Bildschirm abspielte, schien den Kolonialhändler Holt nichts anzugehen. Aber wir beugten uns vor und starrten: *Paris*. Unruhige, verwackelte Bilder, als liefe der Kameramann, als werde er gejagt. Das ganze passierte auf einem großen Platz, ab und zu konnten wir im Hintergrund einen Springbrunnen erkennen, ein paar Tiere, die Wasser spien. Die Leute rannten in alle Richtungen, irgendwo mußte es brennen, denn es gab viel Rauch, und die meisten versteckten ihre Gesichter in Taschentüchern. Die Stimme des Kommentators berichtete ruhig über Zusammenstöße zwischen Studenten und der Polizei. Und Arbeiter! rief Stig. Eine neue Ladung Bullen wurde aus einem Wagen entladen, sie hatten Visiere an den Helmen, große Schilder und lange Knüppel. Sie schlugen wild um sich, gingen auf alles los, was in ihre Nähe kam, als sei das Ganze ein wahnsinniges Spiel, aber das war kein Spiel, das war die widerliche Realität, die sich in den Tausenden von Punkten auf dem Bildschirm materialisierte: Blut, das von den Köpfen floß, Leute, die ohnmächtig wurden, Menschen, die in blinder Furcht schrien, Blut, das über Gesichter strömte, und die Knüppel schlugen in einem fort, und da sah ich es: Sie schlugen auf Hennys Kopf.

Das war so ein Augenblick, in dem man unversehens und unbarmherzig Teilnehmer wird, nicht länger Beobachter, der rote Faden des Zufalls webt dich in eine neue Wirklichkeit, als mache man einen Schritt zur Seite, als verlasse man einen Traum, als sehe man sich im Spiegel, ohne das Bild wiederzuerkennen. Ich sah, wie Henny von den Knüppeln malträtiert wurde, sie hatte zum Schutz die Arme hochgerissen, aber das nützte nichts, die schlugen los, und zum Schluß hielt sie sich nur noch die Ohren zu und schrie, als könne sie ihren eigenen, zerreißenden Schrei nicht aushalten. Dann war sie plötzlich vom Schirm verschwunden, aber die Bilder liefen in mir weiter.

So schnell ich konnte lief ich nach Marienlyst. Es hatte angefangen zu regnen, ein senkrecht fallender, leiser Regen, der den warmen Asphalt zum Dampfen und Duften brachte, und der Flieder schimmerte wie glänzende Kugeln. Ich stürmte durch den friedlichen Regen, durch die verträumten Straßen und fand Hubert in einer jämmerlichen Verfassung. Er hatte es auch gesehen, kein Zweifel, es war Henny, die sie mißhandelt hatten.

»Ich muß hinfahren!« rief Hubert. »Ich muß hin!«

Er lief hin und her, trampelte auf den Rahmen herum, stieß Papierbogen, Leinwand und Zeitschriften zur Seite. Sein Gesicht war aschgrau, die Augen voller Angst, Sehnsucht und Schmerz.

Ich versuchte, ihn zu beruhigen, und fühlte mich dabei mit einem Mal so verdammt erwachsen, wie ich dasaß und meinen Onkel beruhigte.

»Du kannst doch versuchen anzurufen«, schlug ich vor.

»Ich *habe* angerufen!« schrie er. »Komm' nicht durch. Es ist unmöglich, in Paris anzurufen. Ich habe die Botschaft angerufen, Ich muß hin!«

Erschöpft fiel er auf einen Stuhl.

»Du hast es *gesehen*«, stöhnte er.

»Ja.«

Er verbarg sein Gesicht zwischen den Händen.

»Sie haben sie *zerquetscht!* Ihren Kopf. Ihre Nase, den Mund.«

Er stand auf, setzte sich, stand wieder auf.

»Hubert«, sagte ich. »Sie hat in Paris sicher viele Freunde. Sie wird Hilfe kriegen. Sie werden sie ins Krankenhaus bringen.«
Er setzte sich.
»Sie wird wieder ganz in Ordnung kommen«, fuhr ich fort. »Es sah sicher schlimmer aus, als es war«, sagte ich und glaubte es selbst nicht.
Hubert starrte mich nur an.
»Und wenn es ihr wieder etwas besser geht, wird sie dich anrufen. Es hat keinen Sinn, daß du hinfährst.«
»Nein«, sagte er. »Doch«, sagte er.
Ich holte zwei Bockbier aus der Küche.
Wir tranken jeder eine Flasche.
»Danke«, sagte Hubert. »Danke, daß du gekommen bist, Kim.«
Wir saßen eine Weile da und spürten, wie der süße, schwere Biergeschmack durch den Körper rann.
»Es wird schon in Ordnung kommen«, sagte ich.
»Das war das Schlimmste, was ich je gesehen habe«, meinte er.
»Ich auch.«
Ich holte noch zwei Bock. Die Angst kam in scharfen Stichen, als hätte jemand Pfeile geworfen, und ich war die Zielscheibe.
»Wie läuft's mit Cecilie?« fragte Hubert.
»Gut«, sagte ich, und wußte nicht so recht, ob ich selbst glaubte, was ich sagte.

Die Prüfungen rückten näher, und die Welt sah sich wieder ähnlicher. Stig war erschöpft von der Unterwanderung, es war ihm schwergefallen, und jetzt lag er mit geschwollenen Augenlidern da und wartete auf die Militärpolizei. Natürlich hatte er verweigert. De Gaulle hatte Paris überlistet, und Cecilie und ich paukten zusammen. Wir waren bei mir oder auf einer Bank im Frognerpark, wenn das Wetter sich hielt. Sie hatte kein rechtes Interesse für das, was in Paris geschehen war, aber sie war gut in Französisch und brachte mir manche Tricks bei. Ich erzählte ihr nicht von Henny. Hubert hatte immer noch nichts von ihr gehört. Cecilie hatte nur noch Interesse für ihre Gitarre, erzählte von den neuen Griffen, die sie sich beigebracht hatte, von Oktaven und Septimen, sie machte den Gitarrenkurs in der Zeitschrift »Det Nye« mit. Und sie hatte sich die LP von Young Norwegians gekauft. Wir redeten eine Weile über die Band, die wir irgendwann einmal gründen wollten. The Snafus. Und in der Schule war es immer noch dasselbe, dort war Cecilie weit entfernt und mir gegenüber völlig gleichgültig, so daß Peder und Schleim-Leif spionierten und überlegten, was für ein Spiel eigentlich gespielt würde, aber keiner versuchte, Karlsen vom Dach oder das Skelett der Soirée wieder zum Leben zu erwecken. Ich stand wieder fest auf meinen Beinen.

Eines Abends saßen wir in meinem Zimmer und paukten Deutsch, kauten Stullen und spuckten Konjunktiv, Dativ und Wahnsinnsregeln aus. Cecilie hörte mir die Präpositionen ab und ließ nicht locker, ehe sie nicht saßen. Das dauerte eine ganze Weile, und es gab so viele andere Dinge, die ich lieber getan hätte. Draußen fiel sanft der Regen, fast kochend, um nackt darin herumzulaufen, dachte ich, und meine Augen glitten über Cecilie, so daß ich die Konzentration verlor, die Geschlechter reichlich durcheinanderbrachte und nichts mehr auf die Reihe kriegte. Cecilie gab auf, guckte meinen Plattenstapel durch, fand aber nichts, was sie sonderlich interessierte. Die frühen Beatles gefielen ihr, vor allem Pauls Balladen, wie sie sie nannte. Sie hatte ja auch *Yesterday* in ihrem Repertoire. Aber *I'm the Walrus* und *Lucy in the Sky* mochte sie nicht, egal, wie oft ich es versuchte. Also gab ich mich mit ihren Liedern zufrieden, und an diesem Abend sang sie ohne Gitarre für mich. Sie saß auf meiner Liege, in einer roten Bluse, mit konzentriertem Gesicht, und sang für mich, während sie den Takt auf dem Französischbuch klopfte. *Sound of Silence.* Ich sagte ihr, daß ich das schön fand, aber das konnte sie überhaupt nicht glauben, und sang es noch einmal für mich. Das machte mich ruhig und froh. So sollte es sein.
Danach geschah es. Full House. Ich wollte sie bis zur Strandpromenade begleiten, der Regen war genau richtig, um ein Mädchen nach Hause zu bringen. Ich trottete die Treppen vor ihr hinunter und öffnete die schwere Tür, und genau in dem Augenblick, als Cecilie immer noch im Dunkel des Flures stand und ich meinen Fuß auf den Bürgersteig setzte und die ersten Tropfen im Haar spürte, da kam Nina. Nina kam auf mich zugestürmt, in einem langen Kleid, das an dem mageren Körper klebte, die Haare im Gesicht, mit einem strahlenden Lächeln. Sie hatte die Arme ausgebreitet und umarmte mich.
»Vielen Dank für den Brief!« sang sie mir ins Ohr, und ihre Stimme klang leicht dänisch.
Da kam Cecilie aus der Tür. Nina hing an mir, dann entdeckte sie Cecilie, und ihre Arme ließen mich langsam frei. Beide sahen sich an, schätzten sich gegenseitig ein, wortlos, aber trotzdem war es nicht mißzuverstehen. Ich kam nicht mal dazu, mir auszudenken, was ich hätte sagen können, ich konnte nicht mal den kleinen Finger heben, ehe jede ihres Weges ging, und sie mich in dem kalten, reißenden Regen stehen ließen, bis ich klatschnaß war, erkältet und todkrank. Verlassen, dachte ich, das Wort schmeckte verdorben und übel. Ich versuchte, mir eine zu drehen, aber Tabak und Papier flogen mir davon. Es regnete in einem fort, ich stand da, und mein Herz stülpte sich wie ein alter, schwarzer Regenschirm um.

Um mich herum wurde es still, als lebte ich in einem schalldichten Raum, mit einer brennenden Sonne an der Decke. Es hatte aufgehört zu regnen. Alles hatte aufgehört. Cecilie zog ihre Rüstung wieder an, und ich war nur Luft für sie, eine lächerliche Motte. Ihr Rücken war steil wie eine Lofotenklippe und genauso kalt. Ich mußte allein für die Prüfung lernen, das ging schief, und ich pfiff drauf. Schleim-Leif und Peder stießen ins Horn, während ich mir jedesmal, wenn ich versuchte, näherzukommen, den Kopf an der Glaswand stieß. Aber ich beobachtete jede Bewegung, und an dem Tag, als Schleim-Leif und Peder in der großen Pause lange Diskussionen mit Cecilie führten und ich an dem Trinkbrunnen stand und mitbekam, daß gewisse Verabredungen getroffen wurden und die Lachsalven herübertönten, da konnte ich nicht mehr. Da bekam die Schüssel einen Knacks, und nach dem Unterricht folgte ich ihnen. Ich ging ihnen wirklich nach, mit 100 Meter Abstand, ich schlüpfte von Hauseingang zu Hauseingang, versteckte mich hinter Autos, Laternenmasten und alten Damen wie in einem schlechten Krimi, denn ich war krank und wußte kaum, was ich tat. Sie gingen ziemlich lange, durch den Frognerpark, Peder und Cecilie eng nebeneinander, Schleim-Leif trippelte wie ein hechelnder Schoßhund um sie herum. Ich sprang von Busch zu Busch. Oben bei Heggeli kamen sie schließlich dort an, wo Peder wohnte, gingen durch ein weißes Tor und verschwanden. Ich setzte mich hin und wartete. Ich wartete eine Stunde. Mein Magen tat mir weh. Dann kamen sie heraus. Peder trug einen Beutel mit Tennisschlägern. Alle lachten. Ich kroch in mich zusammen. Ich folgte ihnen. Zu den Tennisplätzen in Madserud. Dort verschwanden sie im Klubhaus, und nach einer Viertelstunde kamen Peder und Leif in weißen kurzen Hosen heraus, die Taschen beulten sich von den Tennisbällen. Sie scherzten und lachten, während sie auf Cecilie warteten. Die kam zehn Minuten später, in einem weißen, engen Pullover und einem weißen Rock, nicht größer als eine Briefmarke. Schleim-Leif und Peder glotzten aus ihren dummen Visagen. Ich sank hinter einem Rosenbusch zusammen. Sie marschierten auf ein freies Feld, Peder achtete darauf, daß seine braunen Schenkel sich so spannten, daß die Muskeln in der Sonne glänzten, während der schlaffe Leif versuchte, seinen Schmerbauch zu verbergen, und mit hängender Zunge hinterhertrottete.
Peder spannte das Netz nach. Peder schlug einige Pässe. Roter Sand wirbelte in dem goldenen, gleißenden Licht auf. Sie fingen an zu spielen. Schleim-Leif war der Balljunge. Der Ball ging in schlappen Bogen hin und her. Ich hörte Cecilie schwer atmen. Ich aß eine Hagebutte. Peder orientierte sich mit der Rückhand. Ein Schlag ließ Cecilie leise aufschreien. Peder lachte, Cecilie hatte Aufschlag. Sie warf den Ball in die Luft und streckte sich ihm nach, streckte sich in die Luft, als wolle sie einen Planeten treffen, der kurze Rock rutschte

hoch, und ihre Hose kam zum Vorschein, die schmalen Hüften, es dauerte fast eine Stunde, sie dehnte sich, sie dehnte die Zeit, Schleim- Leif mußte seine Brille putzen, Peders Tennisschläger stand abwartend in der Luft, er zitterte, dann schlug Cecilie zu, und das wurde ein Aufschlagas.
Ich aß noch eine Hagebutte. Dann war Leif an der Reihe. Peder saß auf der Bank und wischte sich den Schweiß vom Gesicht. Mein Rückgrat wurde langsam steif, mußte die Stellung wechseln. Und da blickte Cecilie mich direkt an, durch das dünne Blattwerk des Busches, durch die orangenen Hagebutten, und in ihrem Blick war keine Spur von Verblüffung, sie hatte die ganze Zeit gewußt, daß ich auf der Lauer lag. Sie hielt meine Augen fest, während sie Leifs Ball zurückschlug, dann ließ sie mich los, als wenn man einen Fisch vom Haken nimmt, warf mich wieder rein. Ich packte meine Sachen und schlich mich davon, weg von dem roten Staub, den Schlägen und Cecilies weißem Rock. Die Demütigung war perfekt.
In der Nacht träumte ich von Geräuschen. Die Stille in meiner Schallisolation war durchbrochen, und ich sehnte mich zu ihr zurück. Ich träumte von Geräuschen, sie waren ganz nahe, direkt in meinem Ohr, und ich erwachte mit einem Schrei, ein Schrei, den selbst Cecilie gehört haben mußte, jedenfalls saß Mutter da, als ich die Augen aufschlug, und sie hatte mir einen kalten Waschlappen auf die Stirn gelegt. Ich träumte vom Tennisspiel, von dem Geräusch eines Tennisballes, der auf den Schläger trifft, dem dumpfen, trockenen Geräusch, wenn der Ball flach gegen die strammen Saiten geschlagen wird, wie ein Herzschlag. Gleich danach träumte ich von Paris, von dem Platz, auf dem alle Menschen durcheinanderliefen, auf dem die Polizei zuschlug, als hätte sie mehr Angst als die, auf die sie eindrosch. Ich träumte von Geräuschen, dem Geräusch, wenn ein Knüppel einen Schädel trifft, etwas zerbricht, und darauf die lautlose Explosion des Blutes, das die Welt verdunkelt. Ich träumte von Knüppeln und Tennisschlägen.

Die Prüfung lief wie geschmiert. Ola hatte das größte Frühstückspaket der Schule mit, er hatte die Formeln in den Ziegenkäse geritzt. Es lief, und an einem aufregenden Tag standen wir da, etwas schwindlig im Kopf, und hatten das erste Jahr im Gymnasium hinter uns.
»Was machen wir jetzt?« fragte Gunnar.
»Jedenfalls geh'n wir nicht zum *Studenten!*« sagte Seb.
Wir feuerten die Kladden in den nächsten Mülleimer und zogen mit den Federtaschen nach Hause. Mutter gab mir 50 Kronen als Belohnung und rief Vater an, um ihm zu erzählen, daß sein Sohn den ersten Schritt in den Himmel getan hatte. Die anderen strichen auch eine hübsche Summe ein, und so zogen wir den Drammensvei hinunter und enterten bei Pernille einen Tisch.

Wir bestellten eine Runde Bier und legten die Teddys mitten auf den Tisch. Gunnar drehte den Sonnenschirm. Die Dame mit den Gläsern kam. Wir tranken aus und bestellten sofort nochmal. Wir hatten Durst.
»Endlich«, sagte Seb.
Dem konnten wir nur zustimmen.
»Nur noch zwei Jahre«, sagte Gunnar.
»Halt die Klappe«, sagten wir.
Das Bier kam.
»Ich h-h-hab' Hunger«, sagte Ola.
Wir bestellten vier Krabbenbrote.
Es wimmelte von Leuten. Zwischen den Tischen war Stop and Go. Auf der Karl Johangate saßen die Alten und schwitzten unter den Bäumen. Das Bier legte sich wie eine blaue Grotte in den Hinterkopf.
Die Krabben kamen.
Wir bestellten frisches Bier.
Wir aßen die Krabben, und die Kellnerin in ihrer weißen Schürze kam mit dem Tablett voll Bier.
Wir steckten uns eine an und bliesen vier Ringe, die sich wie ein geheimnisvolles Zeichen über den Tisch legten.
»Edelkneipe«, sagte Seb. »Nur Blazer und reaktionäres Volk.«
Er zeigte diskret mit dem Daumen nach hinten.
»Ich höre Kåres schmutziges Lachen bis hier«, fuhr er fort. »Und Schleim-Leifs schlechte Kondition.«
Ich reckte den Hals. Sie saßen hinten in der Ecke, 25 Stück um einen Tisch. Kåre, Peder, Schleim-Leif, der Lulatsch. Eine ganze Gang mit weißen Hemden, Buttons mit General Ky drauf, die lachte, wie aufgezogen. Und Cecilie.
»Wie läuft's eigentlich mit Cecilie?« fragte Gunnar.
»Was denkst du denn? Ausgezeichnet! Wir haben abgemacht, daß jeder an seinem Tisch sitzt und wir uns nur abends treffen.«
»Laß sie fallen, Mann.«
»Es geht den Bach runter«, sagte ich. »Geht absolut den Bach runter.«
Ich erzählte, daß Nina gekommen war.
»Das ist Blues«, sagte Seb. »Das ist der reine Blues, Mann. I got two women, nobody loves me anymore.«
Er zog seine Mundharmonika hervor und quetschte ein Heulen heraus.
An den anderen Tischen lauschten sie. Sogar die arrogante Rullern-Gang in der Ecke hielt die Klappe. Seb steckte die Tröte wieder in die Tasche und trank sein Bier.
»Mit Guri und mir ist es auch aus. Gegen Wasserski komme ich nicht an. Abschied auf grauem Papier.«

Wir bestellten erneut Bier und überschlugen unsere Finanzen. Es war noch eine Runde drin.
Das Bier kam.
»Aber ihr seid glücklich und neuverliebt«, kicherte Seb und sah Gunnar und Ola an.
»Im Juli fahr' ich nach Trondheim.«
»In zwei Stunden bin ich mit Sidsel verabredet«, sagte Gunnar.
Wir tranken unser Bier und betrachteten die Menschen, die wie ein Strom an uns vorbeizogen, mit all ihren Moden, ihren Farben, ihren Gerüchen. Braune Mädchenbeine, zerknautschte Anzugjacken, schreiende Kinder mit Softeis im ganzen Gesicht, Bierbäuche, Parfum, Schweißgeruch. Wir tranken im Schatten des Sonnenschirms und hatten das erste Jahr im Gymnasium beendet.
Als wir ausgetrunken hatten, sagte Ola: »Ich m-m-muß pissen.«
Wir spürten alle unsere Blase.
Seb beugte sich über den Tisch und flüsterte: »Jungs, wir gehen in den *Park!*«
Wir pinkelten hinter einen Busch und schlichen uns die Treppe hinauf auf den Berg. Es wimmelte dort von Leuten, die in Gruppen auf dem gelben, niedergetrampelten Gras saßen. Einige wanderten blinzelnd umher, andere standen einfach da und starrten mit kleinen Augen vor sich hin, als warteten sie auf etwas Großartiges. Sie hatten lange, fettige Haare, länger als Stig, Hosen mit Schlag und Fransen, lange Kleider und Stirnbänder und eine bleiche Haut. Es war, als käme man auf eine Party, auf der man keine Menschenseele kennt. Wir fühlten uns wie vier Gesandte der Jugendabteilung der Heilsarmee, ließen uns bei einem Stamm ohne Rinde nieder und zupften am Gras.
»Und w-w-was machen wir nun?« flüsterte Ola.
»Keine Hektik«, meinte Seb. »Abwarten.«
Hundert Meter unter uns saß Cecilie mit den Pokerfaces und Seglerschönlingen. Hier saßen wir mit gekreuzten Beinen bei denen, die all dem den Rücken gekehrt, im Springbrunnen gebadet, ans Schloß gepinkelt und auf die Bullen geschissen hatten.
Uns sauste von all dem Bier der Kopf.
Jetzt waren wir angekommen.
Ein spindeldürrer Typ kam auf uns zu und beugte sich herab. Seine Augen standen eng beieinander, fast als hätte er nur ein Auge, lang, schmal und gelb. Er fummelte an dem Lederbeutel, der an seinem Gürtel hing.
»Friede mit euch, folks,« predigte er mit einer merkwürdigen Stimme.
Wir saßen mucksmäuschenstill da, als hätte der Wirt sich endlich unser angenommen und uns erlaubt zu bleiben.
Der Zyklop redete leise.

»Vibrationen des Frühlings«, sagte er. »Ich spüre es unter den Füßen, daß es wächst. Es kitzelt, Leute.«
Er war barfuß. Er fing an, leise zu kichern.
Wir kicherten auch.
Er kam noch näher. Sein Gesicht roch süßlich.
»*Das* ist der Traum, wißt ihr. Es gibt keine Wirklichkeit. Aber wir träumen auch nicht. Wir *sind* im Traum. Kapiert ihr? Kapiert ihr das? Andere träumen *uns*. Klar?«
»Kapiert«, sagte Seb.
Der Typ kniete sich hin.
»Das ist super«, flüsterte er. »Ich hab' hier zwei fertige Tüten, marokkanisch, garantiert gut. Von David-Andersen gestempelt.«
Er bekam einen Hustenanfall und kullerte dreimal durch das Gras.
Dann kam er wieder hoch, steckte die Finger in den Lederbeutel und fischte zwei dünne Stäbchen heraus.
»'nen Fünfziger«, flüsterte er.
Wir sahen uns an. Seb zog ein paar Zehner heraus und gab sie ihm.
Er legte die Zigaretten in Sebs Hand, kam langsam hoch und entfernte sich, wobei das Geld im Hosenbund verschwand.
Und während Seb eine Zigarette ansteckte, hörten wir den Typ rufen: Siri! Und ein ebenso dürres Mädchen mit dünnem, fettigem Haar stand aus einer Horde auf und ging zu ihm. Sie pfiff, und ein Hund kam angefegt, ein Gerippe von einem Elchhund, verlaust, hellrot, fast ohne Fell, und die Rippen stachen wie bei einer wahnsinnigen Harfe hervor.
Der Verkäufer zeigte auf uns, und das Mädchen drehte sich um.
Seb nahm den ersten Zug und hielt den Rauch in den Lungen.
Er gab den Joint an mich weiter.
Die drei Skelette wanderten zum Schloß hoch.
Siri. Der Hund.
Ich sagte nichts. Ich dachte an den Zwerg bei Daltjuven: Wer würde diesesmal sterben.
Dann sog ich so stark ich nur konnte, schluckte den beißenden Rauch, während es mir aus den Augen lief.
Gunnar paffte ein bißchen und ließ den Rauch durch die Nase hinaus. Ola zog und schrie.
Danach saßen wir aufrecht da, ohne ein Wort zu sagen und warteten. Direkt hinter uns wurde ein Tonband angestellt. Jefferson Airplane.
Seb steckte den nächsten Joint an. Er machte die Runde. Die Musik hinter uns wurde immer lauter, als käme sie von allen Seiten und wären die Bäume voller Lautsprecher.

»Ich m-m-merke nichts«, stellte Ola fest.
Wir blieben noch eine Weile sitzen. Ich konnte die Musik kaum noch aushalten. Es dröhnte in meinem Kopf, als hätte jemand die größten Kopfhörer der Welt auf meine Ohren geklebt.
»Ich halt' die Musik nicht mehr aus!« rief ich so laut ich konnte, um den Lärm zu übertönen. »Ich frag' sie, ob sie's leiser stellen können!«
»Was?« fragte Ola.
»Die Musik, zum Teufel! Ich hör' ja kaum, was du sagst!«
Seb klopfte mir auf die Schulter.
»Die haben die Musik schon lange abgestellt«, sagte er. »Die sind weg.«
Ich drehte mich um. Da saß niemand mehr.
Kurz darauf standen Gunnar und Ola gleichzeitig auf, stolperten zu einem Baum und kotzten etwas Grünes. Schwankend kamen sie zurück, der Schweiß stand ihnen wie ein schmutziges Band um die Stirn.
»Ich hau ab«, nuschelte Gunnar und versuchte, seine Uhr zu finden. Er stand da und zog an seinem Hosenbein.
Ola ging mit ihm.
Ich hatte auch Lust zu gehen, blieb aber sitzen. Ein wahnsinniger Gedanke hatte sich in meinen Gehirnwindungen festgesetzt. Daß es Cecilies Schuld war, daß ich jetzt hier saß, schlapp und kaputt, daß ich es eigentlich nur ihretwegen getan hatte. Und sie konnte es sich gutgehen lassen mit Seglersöhnen, vergammelten Rentnern und Rückhänden.
Mein Wille lief wie Wasser aus einem offenen Hahn aus meinem Rückenmark heraus.
Seb zündete die Kippe wieder an.
»Wie geht's dir?« fragte er.
»Weiß nicht. Schwer. Schlapp.«
Seb legte sich ins Gras.
»Nirwana«, sagte er. »Wir sind auf dem Weg ins Nirwana.«
Ich zog an der Glut, bis sie brannte und spuckte den Rest aus. Es pochte in meiner Lunge in einem unregelmäßigen Rhythmus. Ich legte die Hand auf mein Herz, fand es aber nicht.
Da kam eine psychodelische Gang und setzte sich zu uns. Sie ließen ein bißchen Tabak auf Silberpapier glimmen, stopften ihn dann in ein Chillum und pafften los wie die Pyromanen. Seb bekam die Pfeife, er krümmte die Hände wie sie um das Mundstück und zog. Der Schweiß legte sich wie eine Eisscholle über sein Gesicht. Ich versuchte es auch, es brannte in meiner Brust, ich schnappte nach Luft. Jemand kicherte und klopfte mir auf den Rücken. Ich knöpfte mein Hemd auf, um zu sehen, ob ich Brandflecken auf der Haut hätte. Jemand legte mir seine Hand auf den Bauch, und der Geruch von Rauch

kitzelte mir wie Stroh in der Nase. Ich fing an zu lachen. Und konnte nicht mehr aufhören. Ich lachte, wie ich noch nie in meinem Leben gelacht hatte. Und die anderen lachten mit, ich saß in einem Lachkonzert, einem Bauchorchester, einer Mundsymphonie, lachte immer lauter, und während ich lachte, hörte ich das Gelächter überall explodieren, wie ausgelegte Minen, ich kugelte mich im Gras, und da merkte ich, daß alle mit geschlossenem Mund dasaßen und mich ansahen, ich war der einzige, der lachte. Ich hörte auf zu lachen. Das Mädchen mit der Zigarette beugte sich über mich.

»Du hast mich in der Nase gekitzelt«, sagte ich.

Ihre Hand lag wie eine kalte Muschel auf meinem Bauch.

»Dein Hemd ist häßlich«, sagte sie.

Ich riß mir das Hemd vom Leib und warf es in einen Baum.

»Deine Hosen sind auch häßlich«, sagte sie.

Ich zog mir die Hosen aus und schmiß sie weg.

Eine neue Pfeife kam zu mir, und danach weiß ich nichts mehr, bis ich aufwachte, es war stockfinster, und ich fror. Ein Stück von mir entfernt brannten vier Kerzen. Der Rauch hing wieder in der Luft. Jemand spielte Gitarre. Ich hörte, daß Seb Mundharmonika spielte.

Ich begriff nicht, warum ich nur die Unterhose anhatte. Und Wildlederschuhe. Mein Kopf arbeitete wie verrückt. Nacken und Brust taten mir weh. Dann wurde es mir langsam und erbarmungslos klar. Nina. Natürlich mußte ich zu Nina fahren. Ich konnte nicht bis zum Sonnenaufgang warten. Ich stürzte über die Wiese, an der Schloßwache vorbei, vorbei an dumm glotzenden Abendspaziergängern mit Pudeln und Giraffen an der Leine. Hatten die noch nie einen Menschen in Unterhose gesehen? Ich stahl mich weiter. Die Enten standen wie ovale Statuen im Gras, ich jagte nach Briskeby, Urra, zu meiner alten Schule, an dem Laden vorbei, der einen neuen Besitzer hatte, am »Mann auf der Treppe« vorbei, den Bondebakken hinunter, um die Ecke, wo die Apfelbäume elektrisch leuchteten, an einem Springbrunnen vorbei, der in der Nacht wie ein sanfter Blutsturz fiel.

Ich fand die Tidemandsgate, das Haus, lief hinauf und klingelte.

Es dauerte eine Ewigkeit. Ich klingelte nochmal. Endlich hörte ich Schritte, die Tür wurde aufgerissen, und ein Smoking mit glänzender Brust starrte mich an.

»Nina«, sagte ich nur. »Nina.«

Es kamen noch mehr zum Vorschein. Ihre Augen sahen merkwürdig aus, wie ungeschliffene Edelsteine.

Ich streckte mich auf die Zehenspitzen.

»Nina!« rief ich. »Ich muß mit Nina reden!«

»Hier wohnt niemand, den Sie kennen! Verschwinden Sie!«

Ich bekam einen Fuß in die Tür.
»Nina«, sagte ich.
»Verschwinden Sie!« schrie der Mann, der ganz vorn stand.
Ich wurde böse.
»Ihr versucht, sie zu verstecken!« schrie ich. »Ich weiß, daß sie da ist! Nina! Nina!«
Ich wurde gepackt und auf die Straße geschmissen. Ich spürte ein Knie in den Nieren, und sie drehten mir den Arm auf den Rücken. Ich glaube, irgend jemand lachte.
»Nina«, sagte ich kraftlos, als ich auf der dunklen Straße stand, während die Smokings fluchend ins Haus gingen.
Ich lief wieder. Mir wurde schlecht, und ich erbrach mich in der Pferdeallee in der Gyldenløvesgate. Es lief aus mir heraus wie aus einem Nilpferd. Nina, heulte ich. Cecilie. Da hörte ich, daß es ein Stück entfernt regnete. Ich hatte einen Riesendurst und lief zum Regen hin. Es war der Springbrunnen, der gute alte Springbrunnen, der dastand und in die Dunkelheit sprühte. Ich hätte vor Freude heulen können. Wenn ich zu Cecilie wollte, mußte ich vorher ein Bad nehmen. Das war einleuchtend. Ich sprang über den Rand und landete mit einem Platsch in dem warmen Wasser, das mir bis zu den Schenkeln reichte. Ich begann zu schwimmen, schwamm direkt unter die Fontäne, wie eine einsame Forelle. Dort stand ich auf, schaute zum schwarzen Himmel und ließ mich vom Wasserfall besprühen.
Mit einem Mal waren Massen von Menschen um mich herum. Sie standen am Rand und schauten mir zu. Kurz darauf kam ein Auto mit blauem Licht auf dem Dach. Zwei Wachtmeister konferierten mit der Menge, dann wandten sie sich mir zu.
»Komm her«, sagte der eine.
Ich wollte nicht dorthin.
»Das Spiel ist vorbei«, sagte der andere.
»Du weckst alle, die schlafen«, sagte der erste.
»Jetzt komm aber«, sagte der andere.
Ich kam nicht.
Die Wachtmeister gingen am Rand entlang. Aber ich stand in der Mitte des Springbrunnens, und sie konnten mich nicht erreichen. Mittlerweile waren alle Fenster erleuchtet. Ich bildete mir ein, die Orgel aus dem Zimmer der Gans zu hören. Überall waren Menschen. Ich stand mitten in der Fontäne, und die Wachtmeister krebsten um mich herum.
Dann war ihre Geduld zuende. Der größte von ihnen zog sich die Uniform aus und sprang hinein. Es gab einiges Geplätscher und Spektakel, bevor er mich packen und an Land ziehen konnte. Schnurstracks wurde ich ins Auto

befördert und auf dem Rücksitz deponiert.
»Nun ist der Spaß vorbei«, sagte der Angezogene.
»Wo wohnst du?« fragte mein Lebensretter.
Ich dachte nach.
»Bygdøy«, antwortete ich.
Und dann gab ich ihm Cecilies Adresse.
Als sie hörten, wo ich wohnte, wurden sie etwas freundlicher.
»Bist du etwa Abiturient?« fragte der Fahrer.
»Ja«, sagte ich. »Hab' heute meine Zensuren gekriegt. Zwei Einsen und zwei Zweien.«
»So'n Sch... ,« sagte der andere, der sich inzwischen angezogen hatte.
»Hab' den Alkohol nicht vertragen«, sagte ich. »Aber jetzt geht's mir gut. Vielen Dank für die Hilfe.«
»So was bringt nichts, weißt du.«
»Natürlich nicht.«
»Was hast du mit deinen Kleidern gemacht?« fragte der Fahrer.
»Hab' sie bei 'nem Mädchen vergessen«, erwiderte ich.
Sie schmunzelten sich gegenseitig zu, und dann ging's mit 100 Sachen nach Bygdøy hinaus. In den Erdgeschoßfenstern des Schlosses war noch Licht. Ein Rasensprenger rauschte in regelmäßigen Abständen.
Ich ging den langen Weg mit einem Wachtmeister auf jeder Seite. Sie klingelten. Ich war ruhig wie ein totes Stück Fleisch. Die Tür wurde geöffnet. Die Wachtmeister tippten sich an die Mütze.
»Ihr Sohn ist bei der Störung der öffentlichen Ordnung erwischt worden, deshalb haben wir ihn nach Hause gebracht.«
Cecilies Vater stand auf der Türschwelle und glotzte.
»Ein Klassenbester muß ja ein wenig feiern, aber alles hat seine Grenzen«, sagte der andere.
Sie tippten sich erneut an die Mütze, nickten und verschwanden über den Kies.
Erst da bekam ich Angst.
Cecilies Vater stand glotzend da.
Das Polizeiauto startete mit quietschenden Reifen.
»Bist du wahnsinnig«, sagte ihr Vater nur.
Ich stand in der Unterhose da und fror.
»Das ganze ist ein Mißverständnis«, versuchte ich es.
»Ich geb' dir fünf Sekunden!«
»Ich bin in ein Wasserbecken gefallen. Ich will mit Cecilie reden.«
Keine Chance.
Cecilies Vater zählte. Er kam bis drei.

Bei vier drehte ich mich um und lief.

Am nächsten Tag kam Henny aus Paris nach Hause.

Ich weiß nicht, ob ich auf Regen gehofft hatte. Die Wolken hingen wie dunkle Platten über Nesodden, und die Möwen schrieben mit weißer Schrift in die Luft. Aber es fing nicht an zu regnen. Ich schwamm langsam an Land, mit schweren Zügen, tauchte den Kopf in die Wellen und sah mit triefenden Augen Henny auf einem Fels sitzen, in grüner Militärjacke und mit einem großen Verband um den Kopf. Ihr Gesicht war blaß und hart.
Ich hinkte über die Landzunge und setzte mich neben sie.
»Zieh dir was an, sonst erkältest du dich«, sagte sie.
»Eilt nicht.«
Sie trocknete mir den Rücken mit einem Handtuch ab und legte es mir über die Schultern.
»Schön, daß du hergekommen bist«, sagte ich. »Wird auf die Dauer etwas langweilig.«
Sie beugte sich nach vorn, das Kinn zwischen die Knie, und sah auf das dunkle Wasser.
»Denkst du, daß es regnen wird?« fragte sie.
»Weiß' nicht. Vielleicht.«
Ich zog mir das Hemd an, zog zwei Zigaretten heraus.
»Hab' 'nen ziemlichen Schock gekriegt, als ich dich im Fernsehen gesehen habe«, sagte ich. »Sah ziemlich schlimm aus.«
Henny lächelte zögernd.
»In Wirklichkeit war's noch schlimmer.«
»Ist das jetzt vorbei? Ich meine, in Paris gibt's jetzt keine Krawalle mehr?«
Henny sah mich an.
»Es hat gerade erst angefangen, Kim. Das war nur ein Versuch. Um unsere Stärke zu zeigen. Das gleiche passiert überall in Europa. Und in den Staaten.«
Sie sah wieder auf das Wasser hinaus, schob ihren Verband zurecht. Ich zeigte nach Bygdøy hinüber.
»Da kenn' ich ein Mädchen«, sagte ich. »Aber ihre Eltern können mich nicht ausstehen. Jedesmal wenn ich komme, schmeißt ihr Vater mich raus.«
Henny lachte.
»Magst *du* sie denn?«
»Bin mir nicht so sicher.«
»Ich glaub', deine Eltern mögen mich auch nicht so recht«, sagte sie plötzlich.
Ich fummelte an meiner Kippe herum, verbrannte mir die Finger.
»Willst du wieder zurück nach Paris?« fragte ich schnell.

»Ja. Nach den Ferien. Ich werde mit einem Mädchen ein Atelier auf dem Montparnasse teilen.«
Wow, das hörte sich super an.
»Und kommt Hubert mit?«
Sie schüttelte vorsichtig den Kopf.
»Glaub' ich nicht. Nur wenn er im Lotto gewinnt,« lachte sie.
Die Wolken beugten sich zu uns herab. Die Möwen schrien aus gelben, leuchtenden Schnäbeln. Mitten im Fjord schwamm ein Makrelenschwarm.
»Was ist eigentlich mit Hubert los?« fragte ich. »Wenn er so komische Sachen macht.«
Henny war lange still.
»Er wird nervös«, sagte sie schließlich. »Er paßt nicht hierher. Genau wie ich. Das Bürgerliche macht ihn fertig. Wenn er in Paris ist, geht es ihm prima. Es ist eine Schande, daß Hubert hier herumläuft und diesen Blödsinn für die Illustrierten zeichnet!«
Darüber dachte ich eine Weile nach.
»Wenn er im Lotto gewinnt, wollt ihr dann heiraten?« fragte ich und fühlte mich mit einem Mal reichlich lächerlich.
Henny lachte.
»Nein. Wir sind nur Freunde. Gute Freunde.«
Sie benutzte das Wort so merkwürdig. Freunde. Nicht so, wie Seb, Gunnar, Ola und ich Freunde waren. Irgendwie ein Zwischending. Nicht Geliebte. Nicht Kameraden. Etwas dazwischen. Weder noch.
Mir fiel ein, daß Cecilie das Wort auch benutzt hatte.
»Freunde«, wiederholte ich.
»Ich friere«, sagte Henny und stand langsam auf.
Wir gingen an dem alten Schuppen vorbei, und ich wußte nicht so recht, ob ich mir wünschen sollte, daß es regnete. Aber es fing nicht an zu regnen. Wir gingen am Schuppen vorbei, an diesem baufälligen, stinkenden Schuppen, in dem Namen und Herzen in die Farbe geritzt waren und Worte geschrieben, die eine deutlichere Sprache als die japanische Schrift der Möwen am Himmel sprachen.
Und so verabschiedete ich mich von dem Sommer, wieder ein Sommer in meinem Leben. Jetzt ist die Hitze fort, und aus den Bildern, die ich male, steigt Kälte auf. Das Diorama ist zu einem Spiegelsaal geworden, zu einem Schreckenskabinett. Ich sehe keine toten, trockenen Insekten mehr, sondern verstümmelte, erniedrigte, sterbende Menschen. Es ist kein Chaplin-Film mehr, der rückwärts in meinem Kopf abläuft, es sind kalte, deutliche Bilder, auf die Wände um mich herum projiziert. Das Mädchen aus Vietnam, sie schreit lautlos. Der kleine Junge, sein Herz in einem Dreieck herausgeschnit-

ten. My Lai. Ein Säugling von Biafra, den Bauch wie eine Trommel gespannt, mit dem Gesicht eines Greises und den Augen voller Fliegen. Neugeboren, totgeboren. Ein Arm, dicht mit Nadelstichen bedeckt und eine Ader, die unter der Haut anschwillt. Ich schreibe, und die Stiche, die leuchtend über meine Hand laufen, schmerzen, es schmerzt in meinem kahlgeschorenen Kopf, auf dem die Haare nicht wachsen wollen: Bilder. Sie gehen mich nichts an. Die Worte strotzen vor Lügen, wie meine Hand. So viel kann ich gar nicht lügen. Die Bilder werden auf den Wänden um mich herum immer größer. Und wie damals, als ich im Fernsehen sah, wie Henny mißhandelt wurde, werde ich gezwungen, Anteil an den Bildern zu nehmen. Die Bilder stürzen auf mich ein wie auf einen Fotografen in einem Kriegsgebiet, der gezwungen ist, Stellung zu seinem Motiv zu beziehen. Es sind keine Beatles-Bilder mehr an der Wand. Meine Hand kann kaum noch die Schrift steuern.

Heute habe ich das erste Mal, seit ich hierher kam, das Radio eingeschaltet. Sie erzählten von einem Vulkan auf Island und einer Stadt, die zu Asche geworden ist. Sie redeten von 500 Seevögeln, die in einem Ölfleck umgekommen sind. Sie sagten, daß die Kommunistische Arbeiterpartei in Oslo gegründet worden ist. Ich machte aus. Die Stimmen zu hören bereitete mir Angst. Danach stand ich am Fenster und spähte durch die Spalten zwischen den Läden hinaus. Der Winter schnitt mir in den Augen. Der Schnee lag glatt da, keine Spur von Menschen.
Das mußte meine Mutter gewesen sein, die hier gewesen war. Mutter.
Ich ging zum Tisch und zu den Bogen zurück, immer noch geblendet.
Hier drinnen ist es unruhig, die Bilder bewegen sich.
In drei Monaten ist es Frühling.
Ich habe nur noch wenig Zeit.

Der Zaun mußte schließlich reißen. Die Menschenmassen ergossen sich in einer wilden Woge, ein Polizeipferd drehte durch, schlug mit den Hufen gegen das Brückengeländer und bäumte sich mit einem geifernden Wiehern über die verschreckten Menschen auf, die versuchten wegzukommen. Gleichzeitig fuhr ein Volkswagen Amok, er hüpfte mitten in der Menge hin und her, hinterm Steuer saß ein schwitzender Gabardinemantel, die Faust auf der Hupe. Die Panik war perfekt.
Und in dem zugewachsenen Garten lag dunkel und verschlossen die russische Botschaft.
An der Ecke drückten wir uns an die Hauswand, das war die größte Schlacht seit dem Krampenkrieg, 1962. Aber bald danach beruhigten die Gemüter sich wieder. Die am Zaun entlang lagen, kamen wieder auf die Beine, der VW ma-

növrierte sich auf den Drammensvei, und das Polizeipferd stand äpfelnd in der Fredrik Stangsgate.
»Seht mal, wer da kommt«, flüsterte Seb.
Peder und Schleim-Leif kamen mit Kåre und der Redaktion im Schlepptau. Sie grinsten breit über ihren Schlipsen.
»Hallihallo«, kicherte Schleim-Leif. »Hier habt ihr Schwätzer euch also verkrochen!«
Wir hielten den Mund, fühlten uns in die Defensive gedrängt. Die Mauer in unserem Rücken war kalt und rauh.
Peder zog einen Kaugummi lang und ließ ihn am Zeigefinger hängen.
»Und ihr wart in den Ferien in der Sowjetunion? Seht etwas blaß aus.«
Brüllendes Gelächter wogte durch die Reihen. Peder hatte es heute leicht. Konnte anbieten, was er wollte, die Leute nahmen ihm alles ab.
Schleim-Leif übernahm.
»Ihr seid doch für Hanoi, die Vietkong und Sozialismus, dann würdet ihr doch jetzt sicher gern in der Tschechoslowakei wohnen, was?«
Gunnar machte einen Schritt nach vorn.
»Du bringst da was durcheinander. Das hast du schon immer getan, du und deine blöden Hunde. Wir verurteilen die Invasion in die CSSR genauso wie ihr und alle anderen. Kapier das. Klar? Wir sind nicht für die Sowjets. Das ist kein Sozialismus, was sie in der UdSSR jetzt haben. Wir unterstützen die Revolution von 1917, wir sind für Lenins Lehre, aber nach Stalin sind die Sowjets eine sozialimperialistische Supermacht geworden!«
Wahnsinn. Wir waren genauso erschlagen wie Schleim-Leif. Peder steckte sich den Zeigefinger ins Maul.
»Hast gut reden gelernt«, brachte er zwischen den Zähnen hervor, und dann zogen sie sich mit halbwegs geretteter Ehre und dem Grinsen auf Halbmast zurück.
»*Warste* im Sommer in der UdSSR, oder?« kicherte Ola.
»Habt ihr das gesehen«, fauchte Gunnar. »Diese Köter sind total zufrieden. Die sind *froh*, daß die Sowjets in die CSSR einmarschiert sind. Genau, was sie brauchten. Das ist ein Freudentag für sie.«
Gunnar übertraf sich selbst. Wir mußten passen, holten jeder was zu rauchen heraus, und während wir zu Ende pafften, zerstreute die Menge sich, die Straßenbahnschienen kamen auf dem Drammensvei zum Vorschein, und in einem der Fenster der russischen Botschaft wurde vorsichtig eine Gardine zur Seite gezogen, und ein verschlafenes Gesicht spähte nach draußen.
»Sicher nur ein Double«, sagte Ola. »Wie bei den Rolling Stones im Viking.«
Wir gingen zu Gunnar nach Hause. Im Wohnzimmer wanderte sein Vater herum und dachte sich neue Aktionen gegen den Supermarkt aus, der in drei

Monaten in der Bygdøy Allee eröffnen sollte. Sein ganzes Geschäft war mit Sonderangeboten überklebt. Die Mohrrüben kosteten diese Woche 10 Öre bei ihm. Kartoffeln verschenkte er.
»Denen hast du ein für allemal die Zähne gezogen«, sagte Seb.
»Hab' im Sommer einiges gelesen«, murmelte Gunnar.
»Die Frösche sind auf der Stelle wieder zu Kaulquappen geworden«, schnalzte Ola und zündete sich im Fensterrahmen eine an.
Es klopfte, und Stig beugte sich hinein. Er hatte sich im Laufe des Sommers gründlich verändert. Die Haare geschnitten, sich einen Bart wachsen lassen. Und an der Cordjacke trug er einen ganzen Haufen Buttons. Wir warfen einen Blick drauf, und Stig streckte seine Brust raus. FNL. Mao. Lenin.
»Das Pack amüsiert sich«, sagte er. »Das beste, was ihnen passieren konnte. Aber laßt euch nicht irritieren. Wir kämpfen gegen beide Supermächte. Vergeßt die Dialektik nicht.«
Er warf eine Single ins Zimmer.
»Mit den Beatles ist es aus und vorbei«, sagte er. »Schlammige Vorderseite. Revisionistische Rückseite.«
Dann knallte die Tür hinter ihm ins Schloß.
»Stig war auf Tromøya«, sagte Gunnar und schielte verlegen zu uns. »Sommerlager der jungen Sozialisten.«
Und mitten auf dem Boden lag die neue Beatles-Platte. Wir versammelten uns um den Plattenspieler. Gunnar legte die Platte auf den Teller. Ich mußte sie mir genauer ansehen. *Apple.* Auf der Platte war ein Apfel. Ich mußte zum Fenster, um Luft zu schnappen. In meinem Magen zuckte es. Würde ich hiernach nie wieder eine Beatles-Platte spielen können, ohne daß mir ein Apfel ins Gesicht sprang.
Von Nina hatte ich nichts mehr gehört.
Das war die längste Single, die wir je erlebt hatten. Sie dauerte mindestens eine Viertelstunde. *Hey Jude.* Das saß, das baute sich zu einem Wahnsinnsschrei auf, erzeugte ein Riesengeschrei, das bis zur letzten Rille wartete, und dann war Schluß. Es gefiel mir. Es war mit das Beste.
Keiner sagte etwas. Gunnar drehte die Platte herum. *Revolution.* John sang. Acht ausgefahrene Ohren flatterten durch den Raum. Vier klopfende Herzen. Der Stift drehte seine Runden. John Lennon sang ganz ruhig von der Revolution. Gunnars Stirn wurde niedrig und kraus wie eine zusammengequetschte Ziehharmonika. Ola klopfte mit einer Teddy den Takt.
Danach war es still, wir hörten nur die Schritte des Vaters im Wohnzimmer.
»Revisionistisch«, flüsterte Gunnar. »Schlimmer als Gustavsen.«
Wir waren eine Zeitlang still. Es hatte angefangen zu regnen.
Ich räusperte mich.

»Paris war nur der Anfang«, sagte ich. »Jetzt geht es erst richtig los.«
Die anderen nickten etwas unsicher. Wir spielten beide Seiten noch einmal. Ich dachte an Äpfel.
»Ich mag Yoko Ono nicht«, sagte Ola. »Ich glaub', mit ihr gibt's noch Ärger.«
»Ich bin nicht mehr mit Sidsel zusammen«, sagte Gunnar plötzlich und starrte aus dem Fenster. »Ist im Sommer auseinandergegangen. Wir waren nie einer Meinung. Brachte nichts mehr.«
»Mit Guri ist es auch so gut wie aus«, murmelte Seb. »Der Slalomheini hat ihr total den Kopf verdreht.«
Das war doch alles etwas viel auf einmal. Die Sowjets und die CSSR. Gunnar und Sidsel. Seb und Guri. John Lennon und Yoko Ono. Beatles und die Revolution. Ich dachte an Cecilie, für die ich wieder Luft war, und Nina, die an dem vertrackten Abend im Juni sich für mich die Hacken abgerannt hatte.
»Wie läuft's denn mit Kirsten?« fragte ich. »War's schön in Trondheim?«
Ola war das reinste Lächeln.
»Es hat total gefunkt«, kicherte er und vollführte mit den Resten der Teddys ein Trommelsolo.
Erst da, nicht eher, bemerkten wir, daß sich etwas definitiv verändert hatte, etwas war anders geworden, so wie nie zuvor.
Wir starrten Ola an.
»Ola«, sagte Gunnar und lehnte sich an ihn. »Du stotterst gar nicht!«
»Nein«, sagte er. »Ich stotter' nicht.«
»Aber wie ist das denn passiert!« riefen wir.
Ola holte tief Luft.
»Also, ich war in Trondheim im Sommer«, sagte er. »Bei Kirsten. Und da bin ich eines Morgens aufgewacht und hab' nicht mehr gestottert.«
»Du bist einfach aufgewacht?«
»Ja. Genau. Eigentlich hat Kirsten es gemerkt. Sie lag neben mir und ...«
»Wir verstehen!« johlten wir. »Wir haben's begriffen!«
Und dann umarmten wir Ola und waren ein Herz und eine Seele, fast wie in den alten Zeiten, vor der Revolution.

Harald bekam Sonja. Bob Beamon hüpfte in der dünnen Luft von Mexiko wie eine Giraffe, und Black Power ballten ihre rabenschwarzen Fäuste in den hellblauen Himmel. Frigg stieg in die 2. Liga ab, und Onkel Hubert wurde für die Herbstausstellung abgelehnt, danach verdoppelte er seinen Einsatz beim Lotto. In der Manglerud-Schule gärte es, fast wurden die Lehrer rausgeschmissen und die FNL-Flagge überm Schulhof hochgezogen. Stig schlich mit Flugblättern unterm Arm und einem geheimnisvollen Blick umher, in diesem Herbst hatte er seine Finger sicher überall mit drin. Und wir fuhren

zur chinesischen Botschaft und bekamen von einem kugelrunden Chinesen im blauen Anzug jeder unsere Mao-Plakette. Wir konnten keine Rücksicht drauf nehmen, daß John Lennon den Vorsitzenden Mao nicht auf seinem Revers befestigt hatte. Das kleine rote Buch bekamen wir auch, ein handliches kleines Buch, nicht viel größer als das Neue Testament, das wir von Father McKenzie zur Konfirmation bekommen hatten. Ganz vorne war ein Bild von Mao selbst unter hauchdünnem Seidenpapier. Er hatte eine Warze auf dem Kinn, die mich reichlich irritierte. Und die Schriftstelle war diesmal leichter zu behalten: »Arbeiter aller Länder, vereinigt euch!« In der Schule gab es viele Buhrufe und Proteste, aber Cecilie kümmerte das nicht. Peder und Schleim-Leif tauften mich »Kim Il Sung«, das kam gut an. Aber Cecilie war für alles, was mich betraf, taub und blind. Sie begann, im »Dolphin« zu verkehren, und ein paar Liedersänger waren aufgetaucht, die über 40 Griffe konnten, einen Bart und Zimmer hatten und sie jeden Freitag von der Schule abholten.
Das war der Herbst, eine Invasion, eine Olympiade, eine Revolution, ein langer Regen, der zu Schnee gefror und den November in ein weißes Kleid verpackte, wie die neue Beatles-LP, ein Doppelalbum, *The Beatles*, weiß, nackt, mit vier Bildern von John, George, Ringo und Paul auf der Innenseite. Wir saßen bei Seb und hörten uns ruhig die vier Seiten an. Sein Vater war wieder zur See gefahren, und im Wohnzimmer war es ziemlich still. Wir kauten auf den Peterson-Pfeifen und lauschten, sahen einander an, breiteten die Texte aus und nickten langsam. *Yer blues* klang genau richtig traurig, paßte zur Stimmung. *Don't pass me by* brachte Ola zum Erröten, das übergingen wir ohne Kommentar. *Obladi Oblada* fand ich entsetzlich, war dagegen von *Black Bird* begeistert und dachte dabei an die schwarzen Fäuste, die sich in Mexiko in die Luft gereckt hatten. Gunnar fand den Text von *Back in the USSR* hart an der Grenze, mit dem Sozialimperialismus machte man keine Scherze.
Wir kratzten unsere Pfeifen aus, öffneten das Fenster, der Schnee segelte in großen Flocken herab, dieses Jahr kam der Winter früh.
Eine Weile saßen wir ohne ein Wort zu sagen in der Kälte.
Dann stopften wir unsere Pfeifen erneut.
Seb sagte: »Irgendwie sind das nicht die Beatles. *Klingen* nicht wie die Beatles. Ich meine, irgendwie hat jeder nur seine eigene Melodie gemacht.«
Daran hatten wir zu kauen. Seb hatte recht. Sie klangen nicht wie die Beatles. Die Fotografien auf der Innenseite. Eine von jedem. Retuschiert. Sie sahen alt und müde aus.
Ola mußte gehen, er hatte Nachhilfeunterricht in Mathe, das hing am seidenen Faden. Gunnar ging kurz darauf, er mußte seinem Vater helfen, den Laden zu renovieren. Der glaubte immer noch, er könnte sich mit dem Supermarkt messen.

Seb und ich blieben noch sitzen, hörten noch mal in einige Rillen hinein. *Happiness is a Warm Gun*, das mußten wir zugeben, starke Aussage. Und das Gitarrensolo bei *While My Guitar Gently Weeps*, das brachte es. Das waren die Lichtblicke. Sonst sah es ziemlich finster aus.
Jemand kam und redete im Wohnzimmer. Sebs Blick verdüsterte sich, er ballte die Faust.
Dann schlug die Tür auf, und eine fette Visage schaute herein und grinste mit Gold im Gebiß.
»Hallo Sebastian. Möchte dich nur bitten, die Musik leiser zu stellen.«
Seb hob den Kopf und schaute ihn haßerfüllt an.
»Lern erst mal, vorher anzuklopfen«, sagte er nur.
Das Grinsen erstarb.
»Hast du verstanden. Vorher *anklopfen*!«
Die Tür ging zu. Seb schlug sich mit der Faust auf die Schenkel.
»Der Teufel soll ihn holen«, knurrte er. »Kommt hierher und spielt den Boß.«
»Ist er oft da?« fragte ich vorsichtig.
»Wenn Vater weg ist.« Er schwieg, biß die Zähne aufeinander. »Sie werden sich scheiden lassen«, sagte er schließlich. »Mutter und Vater. Sie lassen sich scheiden.«
Das klang unglaublich, ich dachte an meine Eltern zu Hause.
Scheidung. Das Wort gab es nicht.
»Jedenfalls werde ich nicht hier wohnen bleiben, wenn dieses Arschloch hier einzieht«, sagte Seb.
Wir zündeten unsere Pfeifen an, und Seb holte eine Platte hervor, die ich noch nie gesehen hatte, mit einem riesigen Bild eines reichlich erschöpften Negers, sah fast wie ein Kuhfladen aus, und zwischen den Augen hatte er eine große Narbe.
»Little Walter«, flüsterte Seb. »Hat Vater aus den Staaten geschickt. *Confersin' the Blues*. Spielt Mundharmonika wie ein Guru. Er kann mit der *Nase* spielen!«
Seb legte die Scheibe auf den Teller und stellte die Lautstärke auf »Max«. Zuerst kratzte es häßlich. Dann kamen ein paar knallharte Trommelwirbel, ein Baß toste los, und eine Mundharmonika verdrehte den Raum und blies uns das Hirn aus dem Kopf. *It ain't right*. O Mann, wie das swingte und losging. Seb war mit seiner Mundorgel dabei und machte ein paar Töne, ich warf mich mit einigen heiseren Jammertönen ins Spiel, und wir spielten nicht mehr einen trüben Marsch, wir waren in einem langen, traurigen Blues.
Danach schaffte ich es nicht einmal mehr, an der Pfeife zu ziehen.
»Der Typ heißt eigentlich Walter Jacobs«, stöhnte Seb. »Ist vor einem Jahr gestorben.«

In meinem Kopf setzte sich eine Idee fest. Eine prima Idee. Ich wollte mir Cecilie zurücksingen. Und Seb sollte spielen.
Ich setzte mich auf.
»Du weißt doch«, begann ich. »Du weißt doch, daß Cecilie mit diesen Liederbubis herumzieht, nicht. Können wir uns nicht mit einem knarrenden Blues ins Dolphin stellen und die Young Norwegians in Grund und Boden spielen?«
Seb blickte mich lange an, krümmte sich mit einem kurzen Kichern und sog einen Heulton aus seinen Händen.
»Abgemacht. Davon handelt der Blues ja. Weiber. Weiber und Kohle.«

Eine Woche lang übten wir eifrig, und eines Tages schlugen wir zu. *Walter und Jacobsen*. Die Texte konnte ich auswendig, und meine Kehle war rauh wie eine Säge nach all dem Geschrei. Ich hatte rausgekriegt, daß Cecilie an dem Abend im Dolphin war, mein Rückgrat war in Hochspannung. Aber auf dem Drammensvei bekam Seb das große Nervenflattern. Seine Zähne klapperten, und er könne nicht Mundharmonika spielen, wenn sie klapperten, sagte er. Er hatte einen Fünfziger bei sich, also kauerten wir uns bei der U-Bahn zu einer psychedelischen Leiche, die fertige Joints im Sonderangebot hatte. Seb meinte, er könne nicht in der Kälte stehend rauchen, dann würden die Gefühle in seinen Fingern und Lippen ganz absterben. Wir kehrten also in der Kaffistova in der Rosenkrantzgate ein, kauften ein Glas Milch und ein Labskaus zum Teilen, und da saßen wir. Seb steckte den Joint an, zog mit geschlossenen Augen dran, ich bekam einen Zug, schluckte, gab das Stäbchen zurück. Wir blieben sitzen, bis die Kaffistova nicht mehr die Kaffistova war, sondern eine stinkende Kneipe in Chicago oder New Orleans. Seb breitete all seine Träume aus. Wir blieben sitzen, bis aus den Lautsprechern in der Decke nicht mehr Ole Ellefsæter, sondern ein hämmernder Blues dröhnte, der das Zwerchfell in Fetzen zerriß, und bis die aschfahlen Alten mit ihren raschelnden Zeitungen verschwitzte Neger geworden waren, die nach einem Tag in den Schlachtereien oder auf den Baumwollfeldern in Bier und Whisky badeten. Dann gingen wir, Walter und Jacobsen, ins Dolphin.
Ich entdeckte Cecilie sofort. Sie saß in einer Ecke, die Kerzen auf dem Tisch ließen ihr Gesicht golden glänzen. Ein bärtiger Schönling hing mit seinem halben Körper über ihr. Ein Mädchen mit langem, fettigem Haar und Sandalen sang ein Lied. Ansonsten war es totenstill und stockfinster. Es roch nach Möhrensaft und feuchten Kleidern.
Wir zwängten uns gleich bei der Tür auf zwei leere Stühle. Das Lied, das das Mädchen sang, hatte viele Strophen. Seb wurde langsam wieder nervös, vergaß, daß er ein Schwarzer war, die Farbe floß wie Schuhcreme von ihm. Ich

war glasklar im Kopf und sicher. Das Mädchen beendete ihren Gesang, bekam einen enormen Applaus, ging mit rotem Kopf zu ihrem Tisch und setzte sich. Dann erhob sich der Chefsängerknabe und sagte, daß es jetzt eine Pause gäbe, bis Hege Tunaal singen würde, wenn aber jemand etwas auf dem Herzen hätte, sollte er damit nur nach vorn kommen.
Wir hatten etwas auf dem Herzen.
Ich schleppte Seb mit auf die Rodung, auf der das Mädchen gestanden hatte. Ich konnte sehen, daß Cecilie uns sah. Sie sperrte vor Verblüffung die Augen auf und sah etwas dumm aus.
Innerlich lachte ich schallend.
Die Gespräche im Lokal verebbten, und bald war es mucksmäuschenstill. Vereinzelte Klatscher spritzten wie Vögel aus dem Schnee auf.
Seb holte die Mundharmonika heraus, versteckte sie in den Händen und holte mehrere Male tief Luft. Ich begann, den Takt mit dem Stiefel zu klopfen. Seb blies mit zitternden Fingern einen Heulton, und ich fing an zu schreien.

Ich hatte ein Mädchen. Sie hatte Ski.
Ich hatte ein Mädchen. Sie hatte Ski.
Ich trat auf der Stelle. Sie fuhr davon.

Der Slalomheini stand wartend am Lift.
Der Slalomheini stand wartend am Lift.
Er räumte den Safe auf und kämmte sich die Tolle.

Ich hatte ein Mädchen. Im Boot gab sie sich mir hin.
Ich hatte ein Mädchen. Im Boot gab sie sich mir hin.
Sie gefiel mir gut. Doch nicht die Art und Weise.

Danach war es lange still. Dann begannen die Schildkröten zu klatschen. Aber da waren wir bereits bei der nächsten Nummer. Seb war nur noch eine große Mundharmonika, und ich war ein Stiefel und ein Schrei.

Ich bin ein altes Würstchen auf ihrem Teller.
Ich bin ein altes Würstchen auf ihrem Teller.
Und wenn sie Kakao trinkt, bin ich nur die Haut.

Ich wohne im Zelt, sie wohnt in der Villa.
Ich wohne im Zelt, sie wohnt in der Villa.
Sie trägt Diamanten, ich trag' das Delirium.

Keiner versteht was, nur ich begreif alles.
Keiner versteht was, nur ich begreif alles.
Sie meint, ich bin Zucker, dabei bin ich nur Salz.

Ich sah Cecilie an. Sie starrte auf das Wachs, das auf die Decke lief und in roten Mustern hart wurde. Ich hörte nicht, daß jemand klatschte, sah nur Hände, die gegeneinander schlugen. Seb war schon auf dem Weg nach draußen. Ich lief hinter ihm her, einige wollten uns aufhalten, aber wir waren mit unserer Sache fertig. Wir stürzten die breite Treppe hinunter in den kalten, beißenden Winter, der uns zu Eis erstarren ließ.
Da sah ich's. Direkt vor uns gab es Massen von Grabsteinen.
»Is' hier 'n Friedhof, oder was!« kicherte ich und bekam einen Lachkrampf.
Seb hatte immer noch keine Luft bekommen.
»Steinmetz, du Hohlkopf«, keuchte er.
Und dann kotzten wir, Labskaus und Milch, kotzten auf all die Steine, in die noch keine Namen gemeißelt waren, die dastanden und auf einen Menschen und ein Grab warteten.
Das war der erste und letzte Auftritt von Walter und Jacobsen.

Am nächsten Tag sprach Cecilie mit mir. In der großen Pause kam sie in den Schuppen, in dem ich stand und Französisch paukte, bleich und schlapp, in meiner Lotsenjacke fror ich wie ein Schneider.
»Wie is' die Englischprüfung gelaufen?« fing sie an.
Ich hatte fast schon vergessen, wie ihre Stimme klang.
»Drei«, stotterte ich. »Hatte den Schummelzettel vergessen.«
Sie betrachtete mich eingehend, lächelte vorsichtig, hätte mich fast angefaßt.
»Bist du krank?« fragte sie nur.
Ich antwortete nicht. Mir war nicht ganz klar, wo das hinführen sollte. Am besten, ich blieb cool.
»Seb hat prima Mundharmonika gespielt«, fuhr sie fort.
Sie hielt mich mit ihrem Blick fest und lachte.
»Aber du hast fürchterlich gesungen!«
Die Übelkeit stieg aus dem Magen hoch und stach wie eine Harpune gegen den Gaumen.
»So?«, sagte ich und schluckte den ganzen Scheiß, ohne mit der Wimper zu zucken.
Sie nickte. Meine Ohren waren eiskalt. Sie trug eine Mütze. Ein Pygmäe wurde von Schinken beim Schneeballwerfen erwischt.
»Entsetzlich«, sagte Cecilie und schmiegte sich plötzlich wortlos an mich, so blieben wir stehen, bis es klingelte.

Nach der letzten Stunde ging ich schnurstracks nach Hause. Ich wollte Jensenius bitten, mir die richtigen Tricks beizubringen, er sollte doch bitte aus dem Brüllaffen eine Silberlerche machen. Ich glaube, ich hatte Fieber. Ich spürte Cecilies Abdruck auf meinem Körper. Ich lief die Gabelsgate hinunter. Ich fror und hatte Fieber. Aber in der Svoldergate war großer Auflauf und Blaulicht vor dem Hauseingang. Leute standen herum und streckten die Hälse, spähten und flüsterten. Ich ging hin, Angst stieg in mir auf. Da hörte ich es, kein Kreischen, kein Schrei, sondern ein langgezogenes Heulen, als riefe ein Wal im Atlantik und stieße eine Luft- und Wassersäule gen Himmel. Es kam von der Treppe. Dann wurde es still, es waren nur noch Schritte zu hören, die sich langsam die Stufen hinunter bewegten.
Sie brachten ihn, auf eine Bahre geschnallt, herunter. Er lag mit weitaufgerissenen Augen da, sein Blick streifte mich, zog mich wie einen Magneten an. Es waren fünf Mann notwendig, ihn zu tragen.
Dann schoben sie Jensenius ins Auto und fuhren los.
Ich lief nach oben. Mutter stand am Fenster.
»Was ist passiert!« rief ich. »Was haben sie mit Jensenius gemacht!«
»Er konnte nicht mehr allein leben, Kim. Sie haben ihn ins Heim gebracht. Da hat er es gut, Kim.«
Jensenius war weg.
Cecilie wieder da.

Am Abend davor saß Vater im Wohnzimmer, als würde nichts geschehen. Er saß da mit seinen Kreuzworträtseln und einem nachdenklichen, sanften Gesichtsausdruck. Mutter strickte. Auf dem Titelbild der Zeitschrift »Nå« war ein Foto von John Lennon und Yoko Ono, splitternackt, von hinten.
Vater merkte, daß ich ihn ansah, er hob den Blick. Die Stricknadeln ruhten.
»Ein anderes Wort für Veränderung«, wollte er wissen.
»Revolution«, sagte ich.
»Revolution«, wiederholte er, zählte an den Fingern, beugte sich wieder über die Kästchen, und Mutter strickte weiter, als würde nichts geschehen.

Am Tag danach wurde »Bonus« in der Bygdøy Allee eröffnet, Nixon zum Präsidenten gewählt, und Vater kam mit einem Polizeiwagen von der Bank nach Hause. Drei Mann begleiteten ihn, zwei in Uniform, der dritte in einem langen, grauen Cape, mit stechenden Augen und Doppelkinn. Vater sah Mutter und mich an, und sagte mit einer Stimme, die ich nicht erkannte, und auf die er sich nicht verlassen konnte: »Überfall. Die Bank ist heute überfallen worden.«
Der Kommissar versuchte, ihn aufzumuntern.

»Beim Homansbyen Postamt haben wir die Räuber binnen 24 Stunden geschnappt. Die Stadt ist vollkommen abgeriegelt. Die entwischen uns nicht, da können Sie sicher sein.«
»Es war anscheinend nur einer«, sagte Vater mit der gleichen Stimme.
»Ja, in der Bank. Höchstwahrscheinlich hatte er draußen Helfer.«
Der Kommissar setzte sich Vater genau gegenüber, guckte ihm ins Gesicht, während er in einem abgegriffenen Block blätterte.
»Versuchen Sie sich zu erinnern. Details, etwas, das Ihnen unwichtig erscheint. Alles ist von Bedeutung.«
Vater verbarg seinen Kopf zwischen den Händen, sprach durch die Finger.
»Ich hab' alles erzählt. Er kam in mein Büro. Drohte, zu schießen, wenn ich ihm nicht das Geld gäbe.«
»Sie *sahen* die Waffe nicht?«
»Nein.« Vater nahm die Hände vom Gesicht. »Ich hatte doch keine Wahl!« rief er. »Ich hatte keine andere Wahl!«
Eine Weile war es still. Vaters Ruf dröhnte mir in den Ohren. Mutter weinte.
»300.000«, murmelte der Kommissar. »Ungewöhnlich viel.«
»Heute ist Zahltag«, sagte Vater müde. »Freitag. Da ist es normal, daß wir so viel dahaben.«
»Sie haben die Waffe nicht *gesehen*«, fuhr der Kommissar fort. »Aber Sie fühlten sich *bedroht?*«
Es schien, als hätte Vater die gleichen Fragen schon oft gehört.
»Ja. Es war ihm ernst. Er meinte, was er sagte. Er würde schießen.« — Vater hob die Stimme. »Es ist meine Pflicht, an die Angestellten zu denken. Zuallererst an die Angestellten!«
Der Kommissar nickte. Sein Kinn zitterte.
»Das ist ganz richtig, Herr Karlsen. Ganz richtig.«
»Es schien,« fing Vater an, während er auf den Fußboden starrte, »es schien, als täte es ihm leid.«
»Ja?«
»Er schien« — Vater guckte weg —, »er schien leicht verrückt.«
»Verrückt?«
»Ja. Ich meine, unnormal. Es ist ja eine ungewöhnliche ... Situation, aber er wirkte ... verrückt.«
Der Kommissar wurde eifrig, schlug eine neue Seite auf seinem Block auf.
»Könnte es sein, daß er unter Drogeneinfluß stand?«
Vater schüttelte den Kopf.
»Ich weiß nicht. Möglich.«
Das Telefon klingelte. Mutter wollte abnehmen, aber der Wachtmeister kam ihr zuvor, als ob er hier wohne.

Er lauschte und legte wieder auf.
»Sie sind soweit, Chef. Das Fotoarchiv.«
Der Kommissar erhob sich. Vater blieb sitzen.
»Sie müssen noch einmal mit nach Victoria kommen und sehen, ob Sie vielleicht ein Gesicht wiedererkennen.«
»Ich habe doch gesagt, daß ich sein Gesicht nicht gesehen habe! Es war von einem Schal verdeckt. Und die Mütze war in die Stirn gezogen.«
»Aber man weiß immer mehr, als man glaubt«, erwiderte der Kommissar.
Vater sah ihn erschreckt an, seine Hände sanken wie zwei Bleigewichte nach unten.
»Was?«
»Wir müssen jetzt gehen«, sagte der Kommissar ungeduldig, und Vater folgte ihm wie ein Schlafwandler.
In den Nachrichten gab es einen Bericht. Einer der Kassierer wurde interviewt. Ihm war der Bankräuber aufgefallen, sobald er in die Tür gekommen war, er hatte nämlich einen Tick, der Kassierer triumphierte: Er zuckte die ganze Zeit mit dem Kopf. Eindeutig nervös. Auf so etwas achten wir Bankleute, sagte er. Außerdem war es nicht so kalt, daß man unbedingt den Schal ums ganze Gesicht wickeln mußte. Blitzlichter zuckten um den Kassierer herum auf. Danach ging Vater vor der Kamera vorbei. Er sah in eine andere Richtung. Neben ihm ging der Kommissar. Als Vater und ich zusammen in den Nachrichten gewesen waren, im Eisstadion, war es besser gewesen. Das erschien unendlich lange her.
Vater kam nicht vor Mitternacht nach Hause. Er redete nicht mit uns. Er ging direkt ins Schlafzimmer und legte sich ins Bett. Am nächsten Tag stand er nicht auf und wollte keine Zeitungen sehen. Mutter rief den Arzt an. Der kam mit Stethoskop und Pillenröhre, war lange bei Vater drinnen und redete hinterher leise mit Mutter. Einer der Bankdirektoren kam auch, er tröstete Mutter und sagte, daß Vater das einzig Richtige getan hatte: Die Ruhe bewahrt. Hubert rief an. Aber Vater stand nicht auf. Vater blieb liegen.

CARRY THAT WEIGHT

69

Bei der ersten Ziehung im Januar gewann Onkel Hubert das große Los und reiste nach Paris. Vater war immer noch nicht wieder aufgestanden. Die Bankräuber waren nicht gefaßt worden, und die Zeitungen schrieben nicht mehr darüber. An dem Tag, als Hubert anrief und mitteilte, daß er gewonnen habe und auf dem Weg nach Frankreich sei, erzählte Mutter das Vater. Eine Stunde später stand er im Wohnzimmer, im Pyjama, dünn, grau, mit schwarzen Bartstoppeln wie ein Schatten auf dem verlebten Gesicht. Seine Augen sahen krank und feucht aus, sie starrten uns an, er sagte nichts. Das war das erste Mal, daß ich ihn seit dem historischen Tag, als Bonus eröffnet und Nixon Präsident wurde, wiedersah. Ich erkannte ihn fast nicht wieder, und es schien, als wüßte er auch nicht so recht, wer wir waren. Ich war zu Tode erschrocken. Er sah Mutter und mich mit seinen kranken Augen an, als seien wir fremde Menschen in irgendeiner gottverlassenen Pension. Er sank auf seinen Sessel, nahm die Illustrierte, die auf dem kleinen Tisch daneben lag, sie hatte seit dem bewußten Tag da gelegen, mit dem Foto von John Lennon und Yoko Ono vorn drauf. Er schlug die Kreuzworträtsel auf, machte da weiter, wo er aufgehört hatte, hielt den Kugelschreiber, auf dem der Name seiner Bank stand, als sei es ein Anker, an den er sich klammern könne.

Aber Vater war für uns nicht ganz verloren. Er zog sich an, sein Anzug schlackerte an ihm, so dünn war er geworden. Er rasierte sich, bekam den Schatten, der sich auf ihn gelegt hatte, jedoch nicht fort. Er ging wieder zur Arbeit, an einem kalten Morgen ging er in die Bank und kam mit Blumen von den Angestellten nach Hause. Mutter stellte den Strauß in eine Vase, und dort blieb er drei Wochen lang stehen. Vater löste neue Kreuzworträtsel, der Arzt war eines Tages da, und sie redeten freundlich miteinander. Vater war auf dem Weg der Besserung, langsam kam er aus dem schlechten Traum heraus, den er seit letztem Jahr träumte. Aber den Schatten konnte er nicht wegrasieren. Der war festgewachsen, und er schaffte es nicht, seinen Anzug jemals wieder ganz auszufüllen.

Langsam wurde er sich selbst wieder ähnlicher, aber etwas war merkwürdig.

Er kümmerte sich um nichts mehr. Er äußerte sich nicht zu meinen Haaren, sagte nichts, wenn ich zu spät nach Hause kam, fragte nicht, wie es in der Schule lief. Er erwähnte nicht einmal Hubert, der nach Paris gefahren war und dort bleiben wollte.
Aber während es mit Vater langsam bergauf ging, ging es um so schneller mit Gunnars Vater bergab. Bonus strahlte in der Bygdøy Allee wie ein Jahrmarkt, mit acht Kassen, Selbstbedienung und Sonderangeboten für alle Waren das ganze Jahr über. Der Kolonialhändler Holt war kurz davor, den Kampf aufzugeben. Die Kunden verschwanden einer nach dem anderen, nur die ältesten, die am wenigsten kauften und am meisten Zeit hatten, blieben. Das war genau wie bei Olas Vater, zu dem nur noch die Glatzköpfe kamen, um sich die Haare schneiden zu lassen.
Eines Abends, als wir bei Gunnar waren und seinen Vater im Wohnzimmer auf- und abgehen hörten, kam Stig herein und setzte sich zu uns. Er studierte weiterhin Philosophie in Blindern und redete über unsere Köpfe hinweg.
»Vater ist bürgerlich, okay, aber er ist ein Kleinbürger, und er beutet niemanden aus, oder«, sagte Stig und sah uns nacheinander an.
Wir hörten ihm zu.
»Man muß zwischen Kleinbürgern und dem Monopolkapital unterscheiden, nicht wahr. Bonus vernichtet die Kleinbürger. Bonus ist das Monopolkapital. Vater ist nicht der einzige, der drunter leidet. Die kleinen Geschäfte gehen auf der ganzen Linie zugrunde. Bald gibt es nur noch den Supermarkt. Und was passiert dann? Dann werden sie die Preise wie wahnsinnig erhöhen! Und glaubt ihr etwa, das geschieht zufällig? Irma. Bonus. Domus. Die locken mit niedrigen Preisen. Machen die kleinen Klitschen kaputt. Und dann geht es den Kunden an den Kragen. Klaro?«
Wir lauschten.
»Das zeigt, wo der Kampf zu führen ist, Jungs! Gegen das Monopolkapital! Wir spüren es doch am eigenen Leib, oder?«
Stig erhob sich zu seiner vollen Länge, kratzte sich am Bart und spähte auf uns hinab.
»Vater ist nicht der Feind. Vater ist eines der Opfer. Die Arbeiterklasse und die Kleinbürger müssen drunter leiden!«
Er verschwand durch die Tür.
»Er hat recht«, sagte Gunnar.
Daran hatten wir eine ganze Weile zu kauen. Es schien, als ob er recht hatte. Doch das Bier war bei Bonus billiger.

Aber mit Cecilie und mir war alles noch beim alten. Ich fand das in Ordnung. Cecilie war den Winter über mein Ruhepunkt, und es machte mir einen Riesenspaß, daß Schleim-Leif, Peder, Kåre und der Rest der Gang sich mit schlappen Laugen und medizinischem Alkohol begnügen mußten. Wir trafen uns abends an verschiedenen Orten, denn ich wollte sie nicht mit zu mir nach Hause bringen, nicht solange Vater in dieser Verfassung war. Und bei ihr war es ausgeschlossen, ich war in Acht und Bann geworfen und konnte den Olav Kyrres Platz nie wieder überqueren. Wir liefen durch die Straßen voller Schnee, gingen ins Kino, wo ich mich zu Tode langweilte, aber ich konnte ihre Hand halten, und das reichte mir. Dort hatten wir unsere Ruhe, und ich war's zufrieden. Aber manchmal bekam ich Angst. Sie hatte das Dolphin fallenlassen, sprach nicht mehr von Gitarrengriffen und erwähnte den Radau, den Seb und ich in dem Sängerknabenclub gemacht hatten, mit keinem Wort. Als hätte sie ein Spiel, das ihr langweilig geworden war, weggeworfen, wie ein verwöhntes Kind, das alles bekommt, was es haben will. So dachte ich in meinen schlechtesten Minuten. Das war nicht so oft. Aber wenn es anstand, dachte ich, daß ich auch so ein Spielzeug war, das sie wann auch immer wegschmeißen konnte. Aber trotzdem war ich glücklich, wir waren abends zusammen, saßen auf Bänken, liefen Ski, sahen, wie der Schnee schmolz und die Sonne stärker wurde, hörten es tropfen und rinnen. Mit Cecilie und mir ging es so weiter, bis die Dachse kamen.

Es begann mit den Mülleimern. Jeden Morgen waren sie umgeworfen, und der Abfall lag verstreut herum. Die ersten, die von den rasenden Hausmeistern verdächtigt wurden, waren die Pygmäen. Aber die schworen, daß sie den Müll nicht berührt hätten, wozu um alles in der Welt hätten sie es auch tun sollen, die Zeit war vorbei, daß man in den Eimern Schmuck und Briefmarken finden konnte, und niemand sammelte zu der Zeit noch Bierkorken. Doch die Kanister wurden weiterhin jede Nacht durchwühlt, und nach einer Weile wurden Wachen in den Hinterhöfen aufgestellt. Die Meldung kam wie ein Schock. Fast wäre Skillebekk evakuiert worden. Das Untier war entdeckt worden. Die Gerüchte wuchsen in der Schneeschmelze. Von der Ratte bis zum Bär konnte es alles sein. Es wurde über nichts anderes mehr gesprochen, in den Geschäften, an den Straßenbahnhaltestellen, die Leute hielten sich gegenseitig auf der Straße an, Menschen, die nie zuvor miteinander geredet hatten, Theorien wurden aufgestellt, alle überlegten, was für ein Wesen wohl Skillebekk heimgesucht hatte. Selbst Vater spitzte die Ohren. Der Gerüchtestrom floß weiter, Dinosaurier und Krokodile, nichts, was nicht genannt wurde, bis ein wachsamer Jäger in der Gabelsgate die Fakten auf den Tisch legen konnte: ein Dachs. Ein Dachs war angesagt.

Das war der Frühlingsanfang, oder das Ende des Winters. Der Schnee lief in schmutzigen Bächen die Straßen hinunter, die Skier wurden in den Keller gestellt, die Fahrradketten geschmiert, die Winterstiefel eingepackt und neue Schuhe ins Haus geholt. Die Jagd auf den Dachs ging los. Im Müll wühlte er nicht mehr, er war so verschreckt worden, daß er sich verbarg, aber er mußte gefunden werden. Es war nicht in Ordnung, daß es in Skillebekk einen Dachs gab.

Eines Abends kam Cecilie zu mir, es war in diesem Jahr der bisher wärmste Tag gewesen, ein Traum von einem Tag, die Straßen waren voller Jäger. Ich wollte auch auf die Jagd.

»Laß uns rausgehen und den Dachs suchen«, sagte ich.

Cecilie sah mich komisch an.

»Dachs?«

»Ja, genau!«

Sie folgte mir. Wir gingen die Gabelsgate hinauf. Die Leute standen spähend in den Eingängen, krochen die Hecken entlang, kletterten in die Bäume. Cecilie war neben mir.

»Ein Dachs?« wiederholte sie.

»Ja, eben!«

»Wie ist denn ein Dachs hierher gekommen? Mitten in die Stadt!«

Das war eine Frage, die sich viele stellten. Manche meinten, er sei den Oslofjord hochgeschwommen. Die Dümmsten waren überzeugt, daß er durch die Kanalisation gekommen sei. Der Jäger aus der Gabelsgate sagte, er sei im Herbst aus der Nordmarka gekommen, habe sich irgendwo ein Winterlager gesucht und den ganzen Winter über geschlafen.

»Egal, wie er hergekommen ist«, sagte ich. »Tatsache, daß er da ist. Wir müssen ihn finden.«

Wir stapften über den Drammensvei, ich wußte genau, wo wir suchen mußten. Nämlich im Robsahmgarten, zwischen der Gabelsgate und der Niels Juelsgate, wo das alte Holzhaus mit Scheune und Stall stand. Wenn es einen Dachs gab, dann war er dort.

Wir trafen den Jäger. Er kam aus einem Eingang heraus und sah ganz wild aus, als hätte er Blei zwischen den Zehen, und so war es auch fast.

»Haben Sie was gefunden?« fragte ich.

»Wir sind ihm auf der Spur«, antwortete er. »Der Kot ist entdeckt. Die Hunde haben die Witterung aufgenommen.«

Er zog eine Meute Hunde hinter sich her, und damit war er nicht der einzige, überall wimmelte es von Hunden, die ihre Zunge den Berg entlang schleppten und mit steifen Schwänzen wedelten.

Er sah auf meine Füße.

»Auf Dachsjagd geht man nicht in Sonntagsschuhen«, bemerkte er höhnisch.

Ich trug meine neuen Boots, Wildleder, spitz, genau richtige Hackenhöhe, Ei-

senbeschlag, ohne die machte ich keinen Schritt.
Er zeigte auf seine Füße.
»Hier! Gummistiefel! Mit Koks drin! Wenn der Dachs zubeißt, kaut er, bis es in den Kiefern knackt, mein Junge! Darum der Koks. Der läßt los, sobald er das Geräusch vom Koks hört!«
Er warf einen verächtlichen Blick auf meine Boots und watschelte die Straße hinunter, die Meute hechelnd hinter sich.
Ich kannte den Weg zum Robsahmgarten und würde den Dachs als erster finden.
Wir schlichen uns durch einige Gärten, kletterten über einen Zaun, und dann standen wir da, in dem dreckigen, schmelzenden Schnee, mitten im Reservat, mitten in Oslo, ein kleiner Hügelkamm, große Bäume, das riesige Holzhaus, der Stall und der Vorratsschuppen.
»Wo sind wir?« flüsterte Cecilie, als sei sie an einem heiligen Ort.
»Hier muß der Dachs sein«, murmelte ich ihr ins Ohr, das roch gut, ich mußte ihr ein bißchen näher kommen, sie wand sich heraus und lächelte.
»Was willst du machen, wenn du ihn findest?«
Darüber hatte ich nicht nachgedacht.
»Komm«, sagte ich.
Wir schlichen hin und her, niemand konnte uns vom Haus aus sehen, wir sahen auch nichts. Die Dunkelheit breitete sich langsam aus, wir wurden auch füreinander unsichtbar, und ich knipste die Taschenlampe an.
Cecilie stand im Licht.
»Ist er gefährlich?« fragte sie.
Ich wußte nicht viel von Dachsen.
»Gefährlich! Ein Dachs! Der ist doch nicht größer als ein Frosch!«
Ich leuchtete umher. Schnee, braunes Gras, Bäume, Äste. Wir standen ganz still und lauschten. Nur die Straßenbahn vom Drammensvei war zu hören. Dann schien der Lichtstrahl auf eine Gittertür, die aufgerissen war, und eine Treppe führte direkt hinunter in die Erde.
Cecilie faßte meinen Arm und deutete dorthin.
»Da ist er bestimmt«, sagte sie.
Ich leuchtete woanders hin, traf einen Zaun.
Sie dirigierte meine Hand wieder auf die Tür.
»Da muß er sein«, wiederholte sie und zog mich mit sich.
Wir blieben vor dem alten Luftschutzkeller stehen.
»Du mußt da runtergehen«, sagte sie.
»Dachse leben nicht in Häusern«, versuchte ich. »Die bauen sich Höhlen.«
Cecilie sah mich an.
»Du gehst vor«, sagte sie.

Ich versuchte, die Taschenlampe stillzuhalten, brauchte beide Hände dafür. Ich leuchtete die Treppe hinab. Sie war steil. Unten war eine halbgeöffnete Tür.
»Beeil dich!« rief Cecilie ungeduldig.
Wußte sie denn nicht, daß es im ganzen Frogner-Viertel niemanden gab, der sich dort hinunter gewagt hätte. Einige waren bis zur Tür gekommen. Sie waren nie wieder wie vorher gewesen. Selbst während des Krampenkrieges, von allen Seiten umzingelt, hatte sich keiner getraut, sich hier zu verstecken. Es wurde gesagt, daß da unten ein Deutscher liege, ein Deutscher, der sich dort verborgen habe, als der Krieg vorbei war.
Ich leuchtete die Stufen hinunter.
Cecilie schubste mich.
Langsam ging ich los. Die Stufen hüpften vor mir im Lichtkegel. Cecilie folgte dicht hinter mir. Ich blieb an der halboffenen Eisentür stehen.
»Geh weiter«, sagte Cecilie.
Ich öffnete die Tür. Es knirschte fürchterlich. Ich leuchtete hinein. Das Licht stieß auf eine Wand mit einem Loch drin, ein Kugelloch, auf einen Bretterstapel, eine Kiste, eine zweite Tür.
Ich hielt die Luft an, hielt die Luft an, und mein Herz hämmerte wie wahnsinnig. Der Puls pochte an meiner Hand, es klopfte mir in der Halsgrube. Die Angst durchflutete mich rot und beißend.
Cecilie stand direkt hinter mir.
Ich leuchtete in den nächsten Raum.
Ich ging hinein.
Cecilie blieb stehen.
Ich roch es augenblicklich. Ein scharfer Gestank, der in der Nase biß. Meine Hände gehorchten mir nicht mehr, und als ich endlich die Taschenlampe wieder unter Kontrolle hatte, sah ich einem wütenden Dachs direkt in die Augen. Er lag auf den Boden ausgestreckt, und reckte mir seine spitze Schnauze entgegen, knurrte leise, wie ein kranker Hund. Ich stand wie angewurzelt, der widerliche Gestank schlug mir entgegen, dann versuchte ich, mich langsam zurückzuziehen, ganz langsam, aber ich fand die Tür nicht, ich stieß rückwärtsgehend direkt an die Wand und blieb wie an die klamme Mauer angeleimt stehen.
Ich leuchtete auf den Dachs.
Der glitt auf mich zu, als hätte er keine Beine. Er entblößte die Zähne, rot und weiß, ich rutschte an der Wand entlang, stolperte über irgendwas, schrie, bekam aber keinen Laut heraus. Der Dachs kroch näher, der Gestank wurde immer schärfer. Ich war in die Ecke getrieben. Mein Rückgrat löste sich auf. Die Furcht kam wie ein Abgrund von unten. Ich war in die Ecke getrieben.

Der Dachs kam näher, schwarz, weiß, mit Borsten, die wie Antennen von den Wangen abstanden. Ich leuchtete ihn an, ich konnte nicht anders, traute mich nicht, ihn im Dunkel zu lassen, mich im Dunkel zu lassen. Wir starrten uns an. Dann stürzte er sich auf mich, es scharrte über den Boden, ich preßte mich in die Ecke, spürte den rauhen und klammen Winkel des Raumes gegen Schultern und Hinterkopf. Er kroch auf meine Beine zu, der Gestank biß in den Augen, dann blieb er plötzlich stehen. Er stand da, drehte das Maul zurecht und strich mit der Schnauze über meine Füße. Ich stand in eine Ecke gepreßt mit einem Dachs vor mir, der mich beschnupperte. Er schnupperte und roch eine Ewigkeit, ich hatte den Eindruck, daß dieses spitze, eklige Gesicht lächelte, es grinste, und dann drehte der Dachs mir sein Hinterteil zu und setzte sich direkt auf meine Boots, rieb lange und ausdauernd darauf herum und kam zu keinem Ende. Ich zitterte, leuchtete auf das verrückte Tier, das sich auf meinen geliebten Boots sauber scheuerte. Dann kroch er zufrieden in eine andere Ecke, wo er piepste und säberte. Ich leuchtete ihm hinterher, auf dem Boden, auf ein paar Zweigen und Blättern lagen vier fellose Körper mit hellroten Köpfen und verklebten Augen. Ich blieb stehen. Der Geruch stieg mir beißend in die Nase. Dann hörte ich Cecilies Stimme, sie rief irgendwo aus dem Dunkel nach mir. Ich leuchtete und ging dem Geräusch nach.

Wir stapften die Treppen hoch.

»Du hast ihn gefunden«, sagte Cecilie.

Ich kletterte über den Zaun, hörte Cecilie hinter mir. Ich lief auf die Gabelsgate. Cecilie holte mich ein.

»Du hast ihn gefunden«, lachte sie.

Ich leuchtete sie direkt an.

Ich kriegte fast keine Luft mehr.

»Du bist ein Arschloch«, sagte ich.

Ihre Augen sahen im Lichtkegel ganz merkwürdig aus.

»Du bist ein Arschloch!« rief ich.

Sie sah mich an, begriff nicht, was ich sagte.

Ich hatte Blut im Mund, es kam mir hoch, sauer und häßlich. Ich redete sicher nicht ins Reine.

»Ich bin kein Spielzeug«, schrie ich. »Du kannst mit mir nicht machen, was du willst! Kapierst du das!«

Ich ging die Gabelsgate hinunter. Sie kam mir nach. Es pochte in meinen Ohren, als wäre die Stirn zu klein, zu eng geworden. Ich blieb wieder stehen und leuchtete sie an.

»Ich bin nicht dein Diener!« heulte ich.

Cecilie stand still da. Die Taschenlampe zitterte. Mir tat es ganz vorn in der

Hand weh, in der Spitze des mißhandelten Fingers.
»Was hast du mit ihm gemacht?« fragte sie nur und faßte mich an.
Und bevor ich antworten konnte, war ich von rasenden Hunden umzingelt. Sie kamen aus allen Ecken, mit leuchtenden, bösen Augen, der Speichel lief ihnen aus dem Maul, sie knurrten und stöhnten, fletschten die Zähne und sträubten das Fell. Als es zu viele wurden, begann ich zu laufen, aber sie verfolgten mich, ein Heer von Hunden, und zum Schluß waren sie über mir. Sie kläfften um meine Füße, bissen mir in die Schenkel, zupften und zerrten an mir, schließlich schaffte ich es, mir einen meiner Boots auszuziehen und warf ihn über einen Zaun. Die Hunde waren mit Gebrüll hinter ihm her.
Auf der Straße stand Cecilie.
Ich hinkte nach Hause.
Am nächsten Tag bekam ich den Stiefel wieder. Cecilie brachte ihn mit in die Schule. Sie hatte ihn wieder zusammengeflickt und imprägniert.
»Fast so gut wie vorher«, lächelte sie.
Das stimmte ja nun nicht. Er ähnelte einem durchgekauten und wieder ausgespuckten Keks.
Sie gab mir den Boot, und ich stand auf dem Schulhof und fühlte mich wie ein geisteskranker Schuster.
Cecilie lachte nur.
»Ich bin nicht sauer auf dich«, sagte sie.
Ich sah sie verblüfft an. *Sie* sauer? Auf *mich?* Das kapierte ich nicht.
Sie zupfte ein paar Tabakkrümel von meiner Jacke. Peder und Schleim-Leif standen am Trinkbrunnen und begriffen gar nichts.
»Ich hab's schon vergessen«, sagte sie. »Ich bin nicht sauer.«
Mir gingen eine ganze Menge Gedanken durch den Kopf, aber als erstes und deutlichstes war Carlsberg da: der Abstand, die Untertänigkeit, die Loyalität, die rasierte Grasfläche, die langen, schwarzen Finger.
Sie hatte mir den Mund gestopft.
»Willst du ihn nicht anprobieren!« drängte sie.
Ich zog meinen Mokassin aus und steckte den Fuß in den Boot. Er paßte überhaupt nicht.
Sie lachte resigniert.
»Das ist ja das falsche Bein!«
Ich zwängte die Zehen hinein, es knackte im großen Zeh.
»Genau«, sagte ich. »Genau.«

Nach dem Dachs konnte natürlich nichts mehr so sein wie vorher. Die Boots standen ganz hinten im Schrank, zerbissen und entstellt, unbenutzbar, wie eine verborgene Schande standen sie im Dunkeln, ich mußte den Rest des

Frühlings in den Mokassins herumlaufen und fühlte mich reichlich plattfüßig. Cecilie kam dagegen mit ihren dünnen Beinen in roten, hochhackigen Schuhen, als wolle sie mich noch mehr erniedrigen, sie stakste wie ein Storch im Froschteich herum, allen Fröschen lief der Speichel in die Binsen, und ich, ich platschte in Schwimmflossen, Schnorchel und einem viel zu engen Tauchanzug hinter ihr her, der Sauerstoff wurde knapp, aber ich ging ihr nach, es schien sie zu amüsieren, ich begriff nicht alles, was in diesem Frühling vor sich ging. Mutter wollte zu gern wissen, was mit meinen Stiefeln passiert war, ich sagte, ich sei in einen Stacheldrahtzaun gefallen, als ich auf der Jagd war, ich konnte ja unmöglich mit der ganzen Geschichte anfangen, von dem Deutschen, der sich in dem Luftschutzkeller 1945 versteckt hatte, sie würde mir nie glauben. Als ich aber eines Nachmittags bei Großvater im Altersheim allein mit einer Tüte Apfelsinen war, holte ich die ganze Geschichte hervor. Er wieherte hartnäckig eine Dreiviertelstunde lang und erzählte, daß die Dachsborsten früher für Rasierpinsel verwendet wurden. Er strich sich über das rauhe Kinn und nickte lange. Solche Rasierpinsel gab es nicht mehr. Dachs war am besten. Ich dagegen hatte einen elektrischen Rasierapparat und keinen Bart.

Eines Tages wollte Cecilie, daß ich sie nach der Schule in die Stadt begleite, sie wollte sich Kleider kaufen. Es war April, der Schnee war weg, es roch leicht nach Frühling, nach Grün.

Cecilie hatte sich bei mir untergehakt.

»Was ist aus den Dachsen geworden?« fragte sie, als sei nichts geschehen.

»Sie sind irgendwo in Sørland in einen Zoo gekommen«, antwortete ich sauer.

Wir gingen an der amerikanischen Botschaft vorbei. Ich spuckte dreimal auf den Bürgersteig.

»Sau«, sagte Cecilie.

Auf dem Universitätsplatz blieben wir stehen. Ein großes Zelt war dort aufgestellt worden, und nicht von den Pfadfindern. Wir gingen näher. Es war voll mit Leuten. Ein ekliges Geräusch setzte sich im Ohr fest, wie ein aufgespießtes Herz, es hämmerte und schlug in einem fort. Das war ein Zählapparat am Eingang. Bei jedem Schlag zählte er eine Zahl weiter. In leuchtenden Buchstaben stand da: »Die Weltbevölkerung ist seit heute morgen 9.00 Uhr um 100.054 Menschen gewachsen.« Während wir das lasen, waren es 43 mehr geworden. Wir sahen uns an. Wahnsinn. Wir gingen ins Zelt.

An allen Wänden hingen riesige Fotografien, über Verschmutzung, Bevölkerungsexplosion, Autos, Autobahnen, Fabriken und Kaffeeplantagen. Wir gingen still umher und guckten, das war nicht sehr aufmunternd. Wir lebten auf einer Zeitbombe. Wir lebten in einer Kloake. Wir schissen uns ins eigene Essen. Wir gruben uns unser eigenes Grab. Die Erde, die wir geerbt hatten und

für die wir verdammt noch mal dankbar sein sollten, war nur ein dreckiger Tennisball, im ersten Satz ins Aus geschlagen. Das waren neue Bilder für meine Dunkelkammer, für mein Schreckenskabinett. Die Fotografien brannten einen Pessimismus in meine Augen, den die optimistischen Texte nicht wieder ausgleichen konnten. Da stand, daß wir in dieser Situation mit der Krise etwas tun könnten. Das ganze sei eine politische Frage, eine Frage der Ökonomie, von Verteilung, Macht, Profit, von Solidarität. Die ganze Zeit hörten wir das Ticken des Zählautomaten, jede Sekunde ein neuer Herzschlag, viele Male in einer Sekunde, der dem schreienden Chor der Welt hinzugefügt wurde. Cecilie winkte mich zu einer anderen Wand hinüber. Da gab es eine Übersicht über Verhütungsmittel. Es sah wie ein Besteck für ein riesiges Mittagessen aus. Kondome, Spiralen, Diaphragmen, Anti-Baby-Pillen. Ich faßte diskret an meine Gesäßtasche, in der Brieftasche hatte ich meine »Rubin Extra«, rosa, irgendwann Anfang des Steinzeitalters gekauft, von Nordahl Rolfsen bestellt und nie bezahlt. Das Dutzend war noch nicht angebrochen worden. Während wir dagewesen waren, waren 48.246 Menschen geboren worden. Die Karl Johangate hinunter war Marschmusik zu hören, die die Herzschläge übertönte.
»Willst du mal Kinder haben?« fragte Cecilie.
»Nein«, sagte ich und hörte mein eigenes Herz im Ohr schlagen. »Nie.«

Es war ein merkwürdiger Frühling. Er kam ohne Jensenius. Dem Frühling fehlte etwas, als wenn er ohne Vögel wäre. Der 1. Mai stand vor der Tür, und Stig bearbeitete uns hart, vor dem Elektrizitätswerk war um 14.30 Uhr das Treffen des Rot-Front-Zuges, die Hauptparolen lauteten: »Nein zur Mehrwertsteuer«, »Kampf der Politik der LO-Führung zur Klassenzusammenarbeit«, »NATO raus aus Norwegen«, »Alle Unterstützung dem siegenden vietnamesischen Volk!« Gunnar wollte kommen, klar, Ola mußte Mathe lernen, Seb versprach auch zu kommen, aber man konnte nie sicher sein, was Seb sich ausdachte, Seb hatte sich in diesem Frühjahr, nachdem seine Eltern sich hatten scheiden lassen, verändert. Er legte die Mundharmonika aufs Regal, jetzt gab's nur noch die Doors, *Waiting for the Sun*, tat nichts anderes mehr, als Jim Morrison zu zitieren, kam zu spät zum Unterricht und schwänzte, was das Zeug hielt. Seb scherte sich in diesem Frühling um nichts. Aber er wollte versuchen zu kommen. Doch, doch. Wenn er reinkäme. Seb kicherte unter seinem hauchdünnen Bart. Stig nahm mich ins Verhör. Aber das war etwas schwierig, ich hatte nämlich eine Einladung bekommen und war reichlich verwirrt, eine Einladung von Cecilie, sollte bei ihr am 1. Mai Mittag essen. Ich sagte zu Stig, daß ich alles versuchen wolle, um zu kommen, aber

als der 1. Mai herangekommen war und die Internationale vom Solli Platz ertönte, da wanderte ich in frischgebügelten Cordhosen und Tweedjacke Richtung Bygdøy und überlegte, was das wohl zu bedeuten hatte.
Als ich ankam, stand Cecilie am Tor. Ihr Haar hing in einem losen Knoten im Nacken. Das war genug für mich. Ich vergaß auf der Stelle alle Parolen. Ich hätte Gras gefressen, hätte sie mich drum gebeten. Ich hinkte auf sie zu, während ich nach Alexander dem Großen Ausschau hielt.
»Hallo«, sagte Cecilie und nahm mich in den Arm.
»Sind wir allein?« fragte ich vorsichtig.
»Mutter und Vater warten drinnen.«
»Wie bitte? War das deine Idee?«
Sie zuckte nur mit den Schultern.
Wir spazierten über den Golfplatz, Cecilie hielt meine Hand. Das konnte ich gebrauchen. Die Mutter kam im ersten Stock auf den Balkon und winkte zu uns herunter. Der Vater tauchte plötzlich hinter einer Schiebetür auf.
Wir gingen zu ihm. Er hatte seine Hand schon bereit. Cecilie ließ mich los, und ich ergriff sie. Er drückte sie mir freundschaftlich.
»Schön, daß du kommen konntest, Kim Karlsen«, sagte er.
Ich murmelte und stotterte, und jetzt kam auch die Mutter, in Abendkleid und Schmuck auf allen nackten Hautflächen, es fehlte nur noch das Königsdiadem im Haar. Sie lächelte ein breites Lächeln und riß mich vom Vater los.
»Da bist du ja endlich«, sagte sie.
Ich begriff nichts. Ich bekam nasse Strümpfe.
»Ihr Jungen könnt noch ein wenig im Garten spazierengehen, während Vater sich umzieht«, sagte sie und schob uns auf das grüne Feld.
Wir zogen zu den Apfelbäumen hinüber. Ich steckte mir eine an.
»Was zum Teufel hat das zu bedeuten?« flüsterte ich.
Cecilie ging ein paar Schritte vor mir. Sie antwortete nicht.
Ich hielt sie an.
»Hab'n die sich um 180 Grad gedreht? Wissen sie nicht mehr, wer ich bin?«
Sie schüttelte nur mit dem Kopf, als verstünde sie es genausowenig wie ich, und der Knoten im Nacken löste sich und fiel wie ein Fluß über den Rücken. Genau in dem Augenblick hätte ich schwören können, daß ich Schritte hörte, die auf der Brücke über den Drammensvei trampelten, und Parolen, die gen Himmel geschrien wurden, denn es war halb vier, und das hieß Abmarsch von Solli Platz.
Vom Schloß ertönte eine Glocke. Das Essen war fertig.
Im gewaltigen Wohnzimmer war gedeckt. Ich war von all den Gläsern, Messern und Gabeln reichlich verwirrt, warf heimlich ein Auge zu Cecilie hinüber, um zu sehen, wo sie anfing. Der Vater hatte sich eine Seglerjacke mit

Seidenhalstuch angezogen. Er klatschte in die Hände, die Doppeltür ganz hinten im Zimmer ging auf, und zwei schwarzgekleidete Kellnerinnen kamen mit dampfenden Töpfen und grünen Weißweinflaschen herein. Es gab Krabbencocktail und Forelle und Eisbombe. Sollten wir heiraten? Alexander der Große saß am Tischende und guckte zufrieden auf die Uhr, und als alle Uhren im Raum vier schlugen, hob er sein Glas und sagte mit einem breiten, herzlichen Lächeln: »Ja, und jetzt ist der Zug vorbei. Prost!«

Es war eindeutig: Er war verrückt geworden. Cecilies Vater war verrückt geworden.

Es kam ein zähes Gespräch zustande. Die Mutter wollte etwas von der Schule wissen, und ich antwortete aufs Geratewohl. Cecilie war keine große Hilfe. Meine Stimme klang in dem riesigen Raum hohl und dröhnend. Die Kellnerin stand mit einer neuen Flasche direkt hinter mir. Ich hatte eine Gräte zwischen den Zähnen, die in den Mundwinkel stach, bekam sie nicht raus, es kitzelte fürchterlich. Ich trank Weißwein und hustete in die Serviette. Worte wurden über den Tisch geworfen, der Vater stopfte die Forelle in sich hinein und schien an dem, was vor sich ging, ziemlich uninteressiert. Die Mutter sah etwas verlegen aus, und ich lobte das Essen und sagte, daß der Fisch noch besser schmecke als die Regenbogenforelle, die ich vor einem Lichtjahr selbst in Lille Åklungen gefangen hatte.

Der Vater steckte sich eine riesige Zigarre an und erwachte zum Leben.

»Fliege?« fragte er.

Ich starrte durch die Nebelbänke, die mir entgegenzogen.

»Was?«

»Fliege«, wiederholte er.

Ich mußte sehr vorsichtig sein, durfte nichts sagen, was ihn irritieren könnte. Ich dachte fieberhaft nach, der Schweiß lief mir auf die Stirn, der Kragen war feucht im Nacken.

»Mücken«, sagte ich. »Es gab unheimlich viele Mücken.«

Mit einem einzigen Prusten fegte er die Luft zwischen uns sauber.

»Fliege!« brüllte er vor Lachen. »Hast du sie mit einer Fliege gefangen!«

Die Röte stieg in mir auf. Cecilie kicherte, bekam von ihrer Mutter unterm Tisch einen Stoß, ich sah es und haßte sie alle.

»Blinker«, sagte ich.

Das Gespräch erstarb bei den Eisbomben. Die Kellnerinnen gingen wie aufgezogen und ferngesteuert umher. Ich bekam Angst. Ich sah Carlsberg durch die Doppeltür, seine langen, dunklen Finger. Ich war zu Tode erschrocken.

»Was willst du nach dem Abitur machen?« fragte die Mutter.

»Ich bin mir noch nicht sicher«, antwortete ich deutlich. »Vielleicht Sprachen studieren.«

»Das ist der Fehler der jungen Leute«, unterbrach der Vater und pustete mit einem Pruster alle Kerzen auf dem Tisch aus. »Sie blicken nicht in die *Zukunft*. Sie haben keine *Perspektive!* Ich habe mit leeren Händen angefangen!« Er zeigte sie. Sie waren schweißnaß in den Innenflächen, und die Lebenslinie lief weit bis auf den Zeigefinger. Ich wurde deprimiert.

»Hast du Hobbys?« fuhr er fort und schlug die Fäuste auf den Tisch.

Mein Kopf war ein Bienenschwarm. Die Antworten flogen in alle Richtungen. Ich fing die Erstbeste auf.

»Briefmarken«, sagte ich.

Er nickte anerkennend.

»Das ist gut. Das ist eine *Investition!*«

Dann war es plötzlich vorbei. Er erhob sich schnell. Kurz danach standen wir auf der Terrasse und merkten, wie der Abendwind kalt vom Fjord heraufzog. Das war der 1. Mai 1968. Cecilie und ihre Mutter mußten hineingehen und etwas überziehen. Ich blieb mit ihrem Vater allein. Er gab mir eine Zigarre und zündete sie an. Wir standen jeder in unserem Rauch, ohne etwas zu sagen. Draußen auf dem Gras war Carlsberg dabei, Bügel in die Erde zu stecken. Er sah sauer und beleidigt aus.

Und dann spielten wir Crocket. Ich verlor. Dafür sorgte Cecilies Vater. Er verfolgte meine Kugel und schlug sie, sobald er konnte, meilenweit weg. Die meiste Zeit stand ich allein in einer Ecke und schlug wie wild mit dem idiotischen Schläger auf die lächerliche gelbe Kugel.

»Die Bedingungen sind für alle gleich!« schrie der Vater mir aufmunternd zu. Mir war, als hörte ich die Rufe vom Stortorg.

Ich schlug die ganze Zeit und traf nie.

Als ich fünf Mal nacheinander vorbeigeschlagen hatte, gingen die Eltern hinein, und Cecilie und ich blieben in der grünen, feuchten Dunkelheit stehen. Als sie hinter Schloß und Riegel waren, steckte ich mir eine an.

»Hast du das vorgeschlagen?« fragte ich sie geradeheraus.

Cecilie wollte gehen.

»Es war Vaters Idee.«

»Aber was soll das Ganze? Ich schnall's nicht. Kapier kein bißchen.«

»Vielleicht um freundlich zu sein.«

Ich lief hinter ihr her.

»Du hast doch mal gesagt, daß du deine Eltern haßt. Hast du das gesagt oder nicht?«

Sie zuckte nur mit den Schultern. Ich war reichlich verwirrt.

»Und was meinte er damit, daß der Zug abgefahren sei? Ist er verrückt geworden, oder was?«

Cecilie antwortete nicht.

Da ging mir plötzlich ein Licht auf, der ganze Zusammenhang wurde mir klar, ich blieb stehen, mußte nach Luft schnappen. Er war nicht verrückt. Er war raffiniert. Er hatte mich nach Strich und Faden angeschmiert. Er hatte die Befürchtung gehabt, ich könnte Cecilie überreden, mit mir zur Mai-Demonstration zu gehen. Deshalb hatte er mich hier herausgelockt. Hier waren wir unter Kontrolle. O Jesus, wie konnte ich nur so blöd sein.
Ich ging zu Cecilie, die mir den Rücken zukehrte. Ich sagte nichts. Das sollte sie allein herausfinden. Ich flocht ihr Haar und wurde von einer Weichheit erfüllt, die ich bisher nur ein einziges Mal erlebt hatte, als Fred tot war. Ich war innerlich verletzt, eine lange, brennende Schürfwunde ging durch mich hindurch. Ich legte die Hände auf ihre Brüste. Sie schob mich sanft weg.
»Ich muß gehen«, sagte ich.
Sie blieb stehen.
Ich ging an Carlsberg vorbei, der die Bügel aus der Erde zog und das Gras mit seinen Negerhänden glättete.
Ich fuhr zu Gunnar. Da war Hochspannung. Stig saß mit geschwollenen Augen da und fluchte. Seb lag auf dem Sofa und schlief. Gunnar versuchte mir zu erklären, was passiert war. Es ging nur schubweise. So richtig klug wurde ich nicht daraus. Jedenfalls waren sie im Jugendklub *»Ein Ort, wo man sein konnte«* gewesen, und dann hatten sie anscheinend ein Haus besetzt. Die Bullen waren gekommen und Amok gelaufen. Gunnar piepste nur noch. Ich bekam ein Bier in die Kralle und zeigte auf Seb.
»Total weggetreten«, sagte Gunnar. »Sieht kein Land.«
Es klingelte, und Ola kam. Er hatte das Mathebuch unterm Arm und sah bleich und erschöpft aus. Stig legte eine Hand über sein Veilchen, während er wild mit dem anderen Auge auf uns starrte.
»Wo zum Teufel seid ihr gewesen, als wir uns mit den Klassenfeinden von Bullen geprügelt haben!« stöhnte er.
»Nachhilfeunterricht«, sagte Ola ergeben.
»Okay, okay. Aber wo warst *du!*«
Er zeigte auf mich.
»Bygdøy«, sagte ich.
»Am 1. Mai! Wer zum Teufel denkst du denn, der du bist!«
»Unterwanderung«, sagte ich und versuchte zu lachen.
Kurz darauf wachte Seb auf. Er steckte seinen zerzausten Kopf aus dem Schlaf, und dann fing er an zu weinen. Er weinte wie ein Kind und ließ es einfach geschehen.
»Zum Teufel!« sagte Gunnar und ging in die Küche.
Ich setzte mich auf die äußerste Sofakante, und Seb lehnte sich an meine Schulter und schluchzte.

»Das kommt schon wieder in Ordnung«, sagte ich und strich ihm durch das fettige Haar. »Das kommt in Ordnung.«
Ola ließ die Badewanne einlaufen, wir schafften Seb hinaus, zogen ihn aus und legten den Körper in das warme Wasser. Er weinte immer noch. Ich schlug Schaum. Seb wurde langsam klar und bat um ein Bier. Stig legte Dylan auf, und Gunnar las laut aus den Flugblättern vor, die er alle bekommen hatte.
Dann zogen wir Seb wieder an, und Ola und ich brachten ihn nach Hause. Dort wartete seine Großmutter, und wir wurden an ein anderes Mal erinnert, als Seb die Treppen hinauf manövriert werden mußte, den Kopf unterm Arm und das Herz in der Hose.
So kam der Frühling. Aber irgend etwas fehlte. Onkel Hubert. Jensenius. Vögel. Die Verheißungen des Sommers.

Vater lief in seiner Schattenwelt herum, still, verschlossen, in seinem Anzug eingekapselt. Aber manchmal ertappte ich ihn, wenn er glaubte, daß ihn niemand sehen würde, dann stand er mit geballten Fäusten da, und ein Schmerz durchzuckte sein Gesicht, der mich weggucken ließ. Er schnappte nach Luft und kroch in sich zusammen. Ich bekam eine Todesangst, zog mich lautlos in mein Zimmer zurück, denn das erinnerte mich an die Gans, als sich für die Gans alles verändert hatte. Mutter wurde immer müder, ich konnte sehen, daß die Hysterie in ihr wuchs, wenn sie ihn wie ein kleines Kind versorgte, sobald er aus der Bank nach Hause gekommen war, und morgens, wenn er stumm am Frühstückstisch saß und nicht einmal die Zeitung las. Mutter bekam um den Mund herum Falten, die sie zu verbergen versuchte. Mit einem Mal sah sie müde aus. Ich sehnte mich zurück in die Zeit, als Vater meckerte, die Türen zuschlug und nach dem Friseur rief oder mich damit nervte, was ich denn nach dem Abitur machen wolle und was ich an den Abenden mache. Aber Vater war mit sieben Siegeln verschlossen und hatte den Schatten einer Katastrophe über der Stirn.
Großvater lebte im Altersheim. Er hatte einen Bart bekommen.
Großmutter kaufte sich einen neuen Wellensittich. Sie bestickte für ihn eine neue Nachtdecke und legte die alte ganz nach unten in die Schublade.
Cecilie und ich lernten für die Prüfung und hörten uns gegenseitig Vokabeln ab. Sie hatte immer noch nicht begriffen, daß ihr Vater uns ausgetrickst hatte. Von Dachsen sprachen wir nicht mehr.
Wolken zogen auf. Sie kamen von allen Seiten, jagten über den Himmel, gaben ihn frei, wie sich eine Blende in einer Kamera für ein Motiv öffnet. So sieht das Bild des Frühlings 1969 aus: unscharf, zu wenig Licht, schlampige Entwicklung. Seb, Gunnar, Ola und ich sitzen auf der Strandpromenade, frö-

steln mit unserer Bierflasche. Die Prüfung ist vorbei. Ola ist durchgefallen. Wir anderen haben uns gerade so durchgeschummelt. Vestheim sollte geschlossen werden, und im Herbst würden wir in alle Winde verstreut werden. Ola schaffte es nicht, die Klasse zu wiederholen, er wollte sich lieber einen Job suchen. Seb war in das letzte Jahr des Versuchsgymnasiums gekommen. Gunnar hatte sich in Katta beworben, und ich sollte auf Frogner anfangen. Wir machten noch ein Bier auf und konnten uns kaum die Zigaretten anzünden. Ein Riesenmaul blies uns in den Rücken.

Der Zug fuhr vorbei.

Wir unterhielten uns ein wenig über die letzte Beatles-Platte. *Get Back* und *The Ballad of John and Yoko.*

Die Fähre nach Nesodden dampfte in die Ferne.

Ich sah einen Sommer mit Grippe und nicht enden wollenden Tagen vor mir.

Eine Sightseeing-Gruppe sammelte sich Richtung Bygdøy.

»Ich will seh'n, daß ich zum Herbst 'n Zimmer find«, flüsterte Seb. »Mit diesem fetten Faschisten kann ich auf Deubel komm raus nicht unter einem Dach leben.«

Als ob sich etwas auflöste, als würde eine Unterlage weggezogen, als triebe jemand mit uns seine Scherze, ein kaltblütiger Teufel.

»Das ganze kapitalistische System ist verrottet«, sagte Gunnar laut.

Dem konnten wir nur zustimmen. Wir zogen ein weiteres Bier hervor und froren noch mehr.

»Laßt uns versuchen, in'n Club 7 zu kommen«, schlug Seb vor.

Vorher mußten wir nur unser Bier austrinken und pissen.

Da merkten wir es. Es war kaum zu glauben. Es begann zu schneien. Es schneite. Im Juni. Schwere Flocken fielen herab und schlugen auf den Asphalt. Wir standen auf und starrten ziellos in den Himmel. Es schneite.

»Es hagelt«, flüsterte Gunnar.

»Es schneit!« rief Seb. »Das ist ja wohl so'n Scheißschnee!«

Wir tobten umeinander. Die Autos auf dem Sjølystvei rutschten in einem Riesen-Auffahrunfall ineinander. Der Zug nach Drammen entgleiste. Das Königsschiff lief auf Grund, und die Flugzeuge stürzten über Nesodden ab.

Dann schoß ein Sonnenspeer durch das Bild, und die Luft schmolz.

Wir bedeckten die Augen.

Der Sturm zog für dieses Mal an uns vorbei.

Aber wie eine Kälte, vor der wir nicht weglaufen konnten, lag es in der Luft: Chaos, Scheidungen, Hysterie.

Wir kamen nicht einmal in den Club 7 hinein.

An dem Sonntag, als die »Eagle« im Meer der Stille landete, fuhren Mutter und Vater zu einem Bankfest in die Stadt, und sie wollten erst am nächsten

Tag wiederkommen. Vater hatte sich aufgerafft, und die Sonne hatte einen goldenen Schimmer auf sein Gesicht gelegt, aber die Augen waren unverändert, sie starrten an allem vorbei, er blieb für sich allein, und seine Rede war ja und nein. Mutter war etwas aufgedreht; als sie weggefahren waren, fand ich eine halbleere Rotweinflasche im Schrank, ich trank den Rest und schlenderte hinunter zum Anleger, setzte mich auf einen Pfahl und steckte mir eine an. Die Geräusche des Sommers klangen gedämpft um mich herum: Ein kleines Motorboot mitten auf dem Fjord, ein Knirps, der Weißlinge fischte, das Singen einer Schnur. Jemand, der ins Wasser sprang, Gelächter. Eine Möwe, die hoch im Blauen flog und einen Fischschwarm ins Visier nahm. So saß ich da und fühlte, wie die Einsamkeit wie zäher Tang den Körper entlangkroch. Da entschloß ich mich, und das überrascht mich jedesmal, daß es so schnell geht, sich zu entscheiden, daß es so einfach ist, wie eine Lawine geht es durch den Kopf, als ob die Zeit nicht länger zähle. Ich hatte mich also entschieden und ging zu Fritjof aufs »Signal«, fand ihn im Schuppen, wo er einen nagelneuen Blinker fertigklopfte.

»Dich sieht man ja selten«, lächelte er.

Das mußte ich zugeben. Fritjof hatte mir beigebracht, die Rute auszuwerfen, sie über dem Kopf zu schwingen, den Daumen an der Schnur wie am Abzug eines Revolvers. Keiner übertraf Fritjof, man konnte sich mit offener Spule, Glasfiberrute und Møresild-Blinker hinstellen, das nützte nichts, wenn Fritjof mit seiner Holzangel und seinen Blinkern kam. Er warf am weitesten. Er holte am meisten raus.

Er zeigte mir das Wunder, ein gedrehtes Eisenstück, silbern angemalt, mit einem roten Strich in Fahrtrichtung.

Fritjof war zufrieden.

»Haste deine Blinker verloren?«, kicherte er.

»Nichts da«, ich bohrte ein bißchen im Kies. »Kann ich mal dein Telefon benutzen?«

Er ging mit mir in das Wohnzimmer, stand da, putzte und feilte, während ich wählte.

Cecilie war zu Hause.

Anschließend starrte Fritjof mich an, in seinem dunkelbraunen Gesicht war ein schiefes Grinsen.

»Deine Eltern sind mit der Sechs-Uhr-Fähre gefahren«, sagte er. »Was meinste, bleiben sie lange weg?«

»Bis morgen abend.«

Er stieß mir seine Faust in den Rücken.

»Na dann viel Glück, mein Junge! Ich weiß von nichts. Habe nichts gehört und gesehen!«

Wir gingen auf die Treppe hinaus.
»Ich schulde dir 'ne Krone«, sagte ich.
»Vergiß es«, meinte Fritjof.
Ich schlenderte zurück zum Anleger, an den Drahtzäunen und Hecken vorbei und dachte an all die Abende, an denen ich hier Verstecken gespielt hatte, dachte an Cecilie, an die unterirdischen Gänge, was noch vom Signal-Hotel übrig war, dachte an Cecilie.
Ich hörte Fritjof feilen und singen.
Ich drehte mich um und winkte.

Cecilie kam nach einer Dreiviertelstunde. Sie kam in einem Hundert-Pferdestärken-Rennboot angerast und brauste in einer Kurve an den Anleger.
»Wo kann ich anlegen?« rief sie zu mir hinauf.
Ich dirigierte sie zu dem Felsen, an dem die Treppe hinunterführte. Sie sprang an Land und machte das Schiff fest. Wir küßten uns und fielen dabei fast ins Wasser. Cecilie war gut gelaunt, o Mann, ihre Haare rochen nach Salzwasser, und sie hatte rote Fingernägel.
»Hätte nicht gedacht, daß du zu Hause bist«, flüsterte ich.
»Mutter und Vater sind in Italien. Sie kommen übermorgen wieder.«
Mein Herz pochte unter dem T-Shirt. Wir hatten einen ganzen Tag für uns. Und Eagle war auf dem Weg in das Meer der Stille.
Hand in Hand gingen wir zum Haus hoch. Der Sommer war wie ein Sprungbrett in alle Richtungen. Die Luft war voller Vögel, die Hummeln brummten in der Rosenhecke, und die Eichhörnchen schmatzten in den Bäumen.
Cecilie wollte alles sehen, ich ging mit ihr durch jedes Zimmer, wir gingen durch den Obstgarten, probierten die unreifen Äpfel und den sauren Rhabarber, pflückten am Brunnen eine Handvoll Walderdbeeren und fütterten einander. Und der Sommer schloß uns freundschaftlich ein, eine durchsichtige, lebende Finsternis. Vorm Bug eines Schiffes schäumte es.
Ich schnitt Brotscheiben ab und bestrich sie mit Orangenmarmelade. Wir setzten uns mit lauwarmer Milch auf die Terrasse und stellten den Kurier zwischen uns auf den Tisch.
»Hast du deine Gitarre nicht mitgebracht?« fragte ich.
»Pst!« flüsterte Cecilie.
Die Stimmen im Radio redeten schnell und begeistert. Es war fast neun Uhr. Jeden Augenblick konnte die Eagle landen.
Das Seil schlug gegen die Fahnenstange. Der riesige Stein lag da, in der Mitte geteilt, schwarz und rissig.
»Hoffentlich steht das Empfangskomitee bereit«, meinte ich.
Cecilie beugte sich über das Radio.

»Daß die sich trauen«, murmelte sie und drehte die Lautstärke voll auf.

Ich ging in den Keller und holte mehr Milch. Als ich wieder hoch kam, war die Eagle gelandet. Cecilie klatschte. Ich steckte mir eine an und sah gen Himmel, konnte aber den Mond nicht sehen.

»Sie haben's geschafft!« rief Cecilie und fiel mir um den Hals.

Das war eine merkwürdige Zeit. Menschen auf dem Mond. Cecilie hier. Ich hielt sie fest, das Herz schlug mir bis zum Hals, ich konnte nicht schlucken. Langsam wurde es kühl. Ich holte Wolldecken, in die wir uns wickeln konnten. Die Stunden glitten ins Dunkle dahin. Wir sagten nichts. Das Radio redete. Es konnte nicht mehr lange dauern, bis Armstrong den Adler verlassen sollte. Selbst die Vögel saßen still da. Wir wärmten uns gegenseitig mit nervösen Händen.

Um zwölf Uhr ging ich ins Haus, um nach weiterem Rotwein zu suchen. Ich fand nichts, Mutter mußte die Flaschen gut versteckt haben. Auch die Pariser fand ich nicht, obwohl ich sicher war, daß sie in der Brieftasche lagen, natürlich mußten sie da liegen, aber die Brieftasche war leer.

Als ich wieder auf die Terrasse kam, war der Mond zu sehen. Er hing bleich am Himmel, als wäre er mit einer Stecknadel befestigt.

Das Radio schnatterte aufgeregt.

»Wir werden uns doch sehen, auch wenn du in Ullern anfängst«, sagte ich. Cecilie antwortete nicht.

Ich ging noch einmal rein und suchte nach den Rubin-Extra. Sie lagen nicht in der Brieftasche. Ich suchte in den Taschen, fand sie aber nicht.

Cecilie saß über das Radio gebeugt da. Es konnte nicht mehr lange dauern. In der Dunkelheit erschien mir ihr Haar heller, ich fand, daß es ihr Gesicht wie zwei Kronblätter einrahmte. Ich strich mit einem Finger hindurch, der Mond leuchtete aus ihren Augen. In der Dunkelheit atmete ein Tier.

»Ich mag dich«, flüsterte ich, wußte nicht so recht, ob ich das vorher schon mal gesagt hatte und ob ich es meinte.

Es handelte sich nur noch um Minuten. Sekunden. Es war halb vier, eine Sommernacht 1969. Es wurde langsam hell.

»Ich mag dich auch«, sagte Cecilie, das Ohr am Radio und die Hand an der Antenne.

Ich ging noch einmal hinein, rannte in mein Zimmer und suchte fieberhaft zwischen Büchern, Platten und Kleidern. Sie waren weg.

Da rief Cecilie, und ich beeilte mich, zu ihr hinauszukommen. Die Tür des Eagle war offen und Armstrong auf dem Weg, die Treppe hinunter. Wir saßen da, die Ohren am Radio, in einem feuchten, intensiven Kuß. Es war unglaublich. Dann knackte es fürchterlich im Lautsprecher, und eine nuschelnde amerikanische Stimme krächzte über uns. Ich bekam nicht mit, was sie sagte.

Irgendwelche Leute klatschten, und Cecilies Zunge leckte mir um den Mund. »Komm«, sagte sie.

Ich ging mit ihr. Sie schwebte mit großem, langsamem Schritt durch das nasse Gras, als ginge sie in einer luftleeren Landschaft, mit schwankenden, zähen, spielerischen Bewegungen. Es schien, als trotze ihr Haar der Schwerkraft, wogte in langsamen, knisternden Bogen auf und ab. Ich lief ihr nach, konnte sie aber nicht berühren. Das war seltsam, wo sie sich doch so langsam, tänzerisch bewegte, ich konnte sie nicht erreichen.

Cecilie streckte die Arme in die Luft und lachte.

Von den Birken kam ein Geruch voll Lebenskraft.

Atemlos hielt ich an. Ich dachte, ohne daß es mir eigentlich klar war: Jetzt geht's mit uns nicht mehr weiter, mit Cecilie und mir. Jetzt geht's nicht mehr voran.

Aber jedenfalls wollte ich sie wieder anfassen. Sie ging da oben wie in Zeitlupe. Die Vögel waren in allen Bäumen und sangen, es war schon Morgen, und eine junge Katze sprang über den Kies.

Ich wollte sie wieder berühren.

Da rief Mutter. Langsam, unglaublich langsam drehte ich mich um, sah Mutter und Vater den Gartenweg hochkommen. Ich schloß die Augen und öffnete sie wieder.

Mutter stand direkt vor mir.

»Hast du gar nicht geschlafen?« fragte sie.

»Hab Radio gehört«, flüsterte ich. »Ich dachte, ihr wolltet nicht vor morgen kommen.«

»Vater wollte nach Hause«, seufzte Mutter. »Wir sind mit dem Saab hier rausgefahren.«

Dann entdeckte sie Cecilie. Cecilie stand unter einem Pflaumenbaum.

Ich fing an zu erklären, doch bevor ich fertig war, war Cecilie zu uns herunter gekommen.

Vater merkte nichts. Er huschte ums Haus herum und verschwand.

Mutter sah uns beide an. Ich fand es merkwürdig, daß auf dem Mond alles klappte, während auf der Erde schon die geringste Kleinigkeit zusammenbricht.

»Du kannst auf dem Sofa im Wohnzimmer schlafen«, sagte Mutter zu Cecilie und ging hinein, um Bettzeug zu holen.

»Verfluchte Scheiße«, sagte ich.

Cecilie nahm meinen Kopf in ihre Hände.

»Verdammter, verfluchter Piß- und Scheißkram«, sagte ich.

Sie lachte und stopfte mir meinen Mund mit ihrem.

Ich lag wach da, während es im Zimmer hell wurde und vor dem Fenster ein paar Elstern schnatterten. Ich hörte Mutters Stimme, sie flüsterte hysterisch, aber Vater schlief wohl, denn er antwortete nicht. Schließlich wurde auch Mutter still. Darauf schlich ich mich die Treppe hinunter ins Wohnzimmer. Dort lag niemand. Cecilie war nicht da. Ich geriet in Panik, suchte meine Jeans und die Turnschuhe und stürzte hinaus. Sie war auch nicht im Obstgarten. Ich lief zum Anleger hinunter. Das Motorboot war weg. Fritjof guckte verstohlen zu mir herüber, er stand am Ufer und warf die Angel in großen Bogen über den Schädel, ließ los, und der Blinker zog auf den Fjord hinaus. Ich schlenderte zu ihm.

»Is' vor 'ner halben Stunde abgefahren«, sagte er. »Hätte mir fast die Sehne gekappt.«

Ich setzte mich neben ihn und schnorrte eine Selbstgedrehte.

»Morgens ist es am besten«, sagte Fritjof. »Da kommt nichts mit. Vor sechs. Um sechs fängt der Lärm an.«

»War heute nacht 'ne prima Landung«, sagte ich.

Er sah zu mir runter, zog den Blinker ein.

»Was für eine?«

»Auf dem Mond.«

»Ach, die.« Er warf aus. »Das interessiert mich nicht. Damit hab' ich nichts zu schaffen.«

Dann wurde Fritjof still, ließ den Blinker sinken, zog ihn ruckweise ein, hielt inne, zog, hielt den Arm ganz still, zog mit einem Ruck, und da saß er fest. Fritjof grinste zufrieden, ließ seine braune Hand auf der strammen Schnur liegen.

»Jetzt kommt das Schwierigste, weißt du,« erzählte er. »Bei allen kann einer anbeißen, aber nicht alle bekommen ihn raus.«

Er zog vorsichtig, gab wieder Schnur nach.

»Zunächst mußt du ihn kennenlernen, seine Stärke einschätzen, seine Tricks durchschauen.«

Er gab dem Fisch nach, der schwamm nicht hinaus, sondern zur Seite.

»Keiner ist wie der andere, verstehst du. Die haben alle ihre Methoden, alle. Einige schwimmen direkt auf den Grund, andere kommen nach oben, einige folgen, bis man glaubt, sie sitzen fest, um sich in letzter Minute loszureißen. Aber eine Sache ist immer gleich. Es ist immer ein Kampf. Nicht wahr? Immer Kampf.«

Fritjof hielt die Spule mit der rechten Hand fest und fing an langsam einzuholen, fühlte mit winzigem Ruck nach, lauschte an der Schnur, ließ sie zwischen Daumen und Zeigefinger hindurchgleiten.

»Der hat schon aufgegeben«, sagte er und sah fast traurig aus.

Er kurbelte die Schnur mit großen, bedächtigen Bewegungen auf.
Dann kam sie aus dem Wasser, eine blanke, schimmernde Makrele, fast wie ein Schwertfisch. Fritjof zog sie vorsichtig über den Stegrand, und als er ihr das Genick brach und das dunkelrote, dicke Blut über seine Hände floß, trat die Sonne über den Hügel hinter uns und schien in die toten, leeren Augen des Fischs.

Der erste Tag in der Schule, und ich schaffte es, zu spät zu kommen, dachte, ich hätte reichlich Zeit, und schlich mich zur Fontäne, saß dort auf dem Rand, rauchte eine und ließ Erinnerungen ganz verschiedenen Kalibers vor meinem inneren Auge Revue passieren, überlegte, ob es bald Zeit für einen Brief wäre, einen Brief an Nina.
Mir gefiel das Geräusch des beständig fallenden Wassers hinter mir. Ich könnte einen Brief schreiben, er müßte ja nicht so lang sein. Ich könnte über Fontänen schreiben. Ein Spatz tanzte mir um die Beine, er hatte überhaupt keine Angst. Aber ich war ja auch nicht gefährlich. Ich überlegte, ob Vater irgendwann wieder wie früher werden würde. Ich stellte mir vor, wie es wohl auf dem Versuchsgymnasium oder in Katta oder Ullern sei oder bei Olas Job, er hatte als Pikkolo im Hotel Norum angefangen, malte mir aus, wie dieser Herbst wohl werden würde. Da läutete es unten in der Gyldenløvesgate, und das klang reichlich sauer. Ich raste die Allee hinunter, und der Hausmeister mußte mir den Weg ins Klassenzimmer zeigen. Ich war der letzte, alle starrten mich neugierig an, und die Klassenlehrerin, ein Heuhaufen mit amerikanischer Brille, gab mir trocken die Hand und zeigte auf mein Pult. Mein Puls lag glatt über 150, und alle starrten gehässig auf den fremden Eindringling. Ich sank auf den viel zu großen Stuhl nieder, und da entdeckte ich Jørgen, er saß in der Fensterreihe, badete in der Sonne, die Haare wie ein Glorienschein über dem Kopf, er schien fern und durchsichtig. Mein Platz war direkt vor ihm, ich drehte mich schnell um, froh, ein bekanntes Gesicht zu entdecken.
»War damals 'ne prima Party bei Sidsel«, flüsterte ich.
Die Dame schlug mit dem Zeigestock auf ihr Pult, und die Tagung begann.
In der kleinen Pause kam Jørgen zu mir, nahm meine Hand, nach allen Regeln des Anstandes.
»Hab' dich nicht gleich wiedererkannt«, sagte er.
»Die Klasse ist ganz in Ordnung, oder?«
Er zuckte mit den Schultern.
»Wie läuft's mit dem Singen?« fragte er.
»Schlecht«, kicherte ich. »Die Stimme packt's nicht.«
»Hast du Lust, bei der Theatergruppe mitzumachen?«

Das hatte ich nun absolut nicht.
»Was wollt ihr denn spielen?« fragte ich.
»*Krieg und Frieden* von Tolstoi«, antwortete Jørgen.
Es klingelte, und wir trollten uns zum Klassenzimmer. Jørgen ging zum Waschbecken und wusch sich die Hände. Eine Gruppe von Mädchen, die ich nie zuvor gesehen hatte, betrachtete mich abschätzend von oben bis unten.
»Bist du der, der die Frognerbande zusammengeschlagen hat?« fragte die eine.
Ich traute meinen eigenen Ohren nicht.
»Und der auf der Soirée mit dem Skelett getanzt hat!«
Bevor ich auch nur einen Pieps sagen konnte, waren sie durch die Tür gehuscht, und ein neuer verrückter Lehrer mit Siebenmeilenstiefeln und Stoppuhr kam herein.
Jørgen nahm mich am Arm und schob mich ins Klassenzimmer. Den Rest der Stunde spürte ich, wie alle Blicke an meinem Körper festgenagelt waren.
Jørgen warf mir einen Zettel zu. Ich hörte, wie ein paar Mädchen kicherten.
»Denk an die Theatergruppe«, stand auf dem Zettel.
Ich hatte bereits eine sehr genaue Vorstellung davon, wie der Herbst werden würde.

Am Abend rief Cecilie an und sagte, sie habe zwei Karten für die Premiere von *Himmel und Hölle*. Und so saßen wir also in dem blauen Dunkel des Klingenberg-Kinos, während Lillebjørn Nilsen sich über die Leinwand schleppte. Cecilie mußte mir jedesmal in den Arm kneifen, wenn eine Visage auftauchte, die sie kannte, und das war ziemlich häufig, denn halb Oslo-West war Statist gewesen. Als das Spektakel vorbei war und wir dastanden und auf den Bygdøy-Bus warteten, war mein Arm ganz taub.
»Lillebjørn ist phantastisch«, sagte Cecilie.
Ich steckte mir eine Kippe an.
»Die schlimmste Schmiere, die ich je gesehen habe«, erwiderte ich. »Schaffen wir noch ein Bier bei *Pernille?*«
»Ich muß nach Hause.«
»Wie isses denn im Ullern?«
»In Ordnung«, sagte sie und sah an mir vorbei. »Und im Frogner?«
»Okay«, sagte ich und schnipste die Kippe auf die Schienen.
»Gehst du ins Pernille?« fragte Cecilie, für ein paar Sekunden hingen ihre Augen an mir fest. Dann glitten sie davon.
»Geh auf'n Sprung zu Seb«, sagte ich.
Wir gaben uns einen hilflosen Kuß, und sie sprang auf das Trittbrett, zögerte etwas, drehte sich aber nicht um.
Ich blieb stehen, sah dem Bus nach. Der spuckte schwarze Abgase aus, die

sich in der weichen, sanften Spätsommerluft auflösten. Es sollte ziemlich lange dauern, bis ich Cecilie wiedersehen würde, fast zwei Jahre, und irgendwo im Körper wußte ich das auch, da war mir klar, daß es aus und vorbei war. Seb war zu Hause ausgezogen, als das fette Schwein sich in der Observatoriegate breitgemacht hatte. Seine Großmutter hatte für eine Wohnung gesorgt, in der Munchsgate, gleich beim Versuchsgym, seine Großmutter schaffte alles, eine Großmutter wie diese gab's nicht noch einmal.
Im Eingang hingen über 100 Briefkästen, und auf einem stand Seb, nur Seb. Alle Briefkästen waren grün, bis auf Sebs, der war schwarz und rot. Und nicht nur das. Es gab nur Mädchennamen dort. Seb war der einzige Hahn im Stall. Ich fuhr mit dem Fahrstuhl in den achten Stock hoch und wurde von einem dicken Mädchen begleitet, das über beide Backen grinste und mich ungeniert anstarrte.
»Willst du zu dem Neuen, der grad eingezogen ist?« fragte sie.
»Ich will zu Seb«, antwortete ich.
Sie lächelte ununterbrochen weiter und stieg im vierten Stock aus.
»Tschüs«, sagte sie.
»Tschüs«, sagte ich, die Gittertür schob sich wieder zu, der Fahrstuhl fuhr weiter, langsam beneidete ich Seb ernsthaft.
Der Flur war schmutziggelb, die Wohnungstüren reihten sich aneinander. Es roch nach einer seltsamen Mischung von Essen, als hätte man an einem sonnigen Tag seinen Kopf in einen Tornister voll alter Freßpakete gesteckt. Sebs Zimmer zu finden war nicht schwer, er hatte die Tür mit psychedelischen Farben bemalt, außerdem brauchte man nur dem Lärm nachzugehen. Er spielte volle Pulle *Soft Parade*. Die Tür war nicht verschlossen, und es hatte gar keinen Sinn anzuklopfen. Also platzte ich direkt hinein, und da saß eine reichlich diffuse Gang im Lotussitz und qualmte, mit Bechern voll Pfefferminztee und Kuchen, und Jim Morrisons Stimme durchschnitt wie ein Stahlkamm den Nebel.
Ich ließ mich neben Seb nieder. Er gab mir die Pfeife.
»Ich war in *Himmel und Hölle*«, kicherte ich.
»Bürgerliches Gewäsch«, sagte er. »Alkohol ist gefährlicher. Hast du schon mal gesehen, daß jemand von Shit aggressiv geworden ist?«
Ein Typ mit Mittelscheitel namens Pelle beugte sich vor und nuschelte: »Eine halbe Million Menschen, und nicht mal eine einzige Prügelei. Nicht mal eine kleine Prügelei!«
»Wo, hast du gesagt?« rief ich.
»Woodstock, du Hinterwäldler. Ich kenn einen Wandervogel, der hat 'nen Cousin, der war da. O Mann, das war Peace and Love! Eine halbe Million!« Er trank Tee, während er mich über die Tasse hinweg anstarrte.

Ich drehte mich zu Seb um.
»Mit Cecilie ist es Schluß«, sagte ich.
»Hab' heute nacht von Guri geträumt«, wisperte er. »Von der Abtreibung. Daß sie mich abgetrieben hat.«
Er nahm ein Chillum in Empfang und faltete die Hände darüber.
»Haste ganz mit der Mundharmonika aufgehört?« fragte ich.
Er sog und schloß die Augen.
»Hör dir den an. *Hör* ihn an, Mann! *Sharman's blues.*«
Er verfiel in ein Kichern und blieb so sitzen, bis die Nadel auslief.
Pelle und der Rest der Horde standen wie unsichere Kälber auf.
»Wir machen 'ne Tour in den Park«, sagte Pelle. »Kommste mit?«
»Mach' mal halblang«, sagte Seb.
Sie rannten raus, und Seb drehte die Platte um, ließ sich nach hinten auf die Matratze kippen. Ich öffnete das Fenster, die Stadt schlug mir direkt in die Fresse, ich konnte über alle Dächer sehen und überlegte, wie viele einsame Menschen es dort wohl gab, wie viele verrückte, schräge, dumme, verwirrte, verfluchte Menschen in dieser kochenden Stadt lebten. Die Musik klopfte mich von hinten weich, ich stand mitten in der Schußlinie, erinnerte mich, wie wir durch die Straßen gegangen waren und uns gesehnt hatten hineinzukommen, das setzte sich wie eine deprimierte Taube auf meinen Kopf.
»Is' eigentlich schnell gegangen«, sagte ich.
»Was?«
»Die Zeit.«
Seb erhob sich und zupfte an den Haaren.
»Die Zeit vergeht nicht«, erklärte er. »Die Zeit *ist* einfach da. Uhren sind für Materialisten und Streber.«
Er zeigte mir sein dünnes, nacktes Handgelenk.
»Es kommt darauf an, *jetzt* zu leben« sagte er. »Es hat keinen Sinn zu jammern. Es hat keinen Sinn, Pläne zu schmieden. Das *Heute* ist entscheidend.«
Es klopfte an der Tür, und Gunnar kam herein. Er trug einen Stapel Flugblätter unterm Arm und polterte zum Fenster, um frische Luft zu schnappen.
»Was pafft ihr bloß für eine Scheiße«, meinte er sauer.
»Der Sauerstoff, den du da einatmest, ist voll Blei und radioaktivem Mist«, erwiderte Seb und deutete auf den Himmel. »Du wirst an Krebs sterben, wenn du so weitermachst.«
»Das ist mir schon klar«, antwortete Gunnar ruhig. »Aber ich hab' ja keine andere Wahl, nicht? Atmen muß ich ja wohl. Aber den Scheiß sucht man sich selbst aus.«
Seb stöhnte und ließ sich auf einem Hocker nieder.
»Das reicht, Gunnar. Ich bin ausgezogen, um meine Ruhe zu haben.«

Wir setzten Wasser auf, und die Dunkelheit zog über die Stadt herein, wie der Tee, der in unseren Bechern zog.
»Dein Briefkasten gefällt mir nicht«, sagte Gunnar.
»Kein Sozialismus ohne Freiheit. Keine Freiheit ohne Sozialismus«, deklamierte Seb.
Gunnar zog eine frische Matrize hervor.
»Der Kampf geht jetzt gegen die Rationalisierung. Die Schulbürokraten wollen die Fünf-Tage-Woche einführen. Und wer zum Teufel wird daran verdienen? Der Staat und das Monopolkapital. Die Schüler werden verlieren. Die Schüler und die Lehrer.«
Seb hatte keinen Zucker. Der Tee lag bitter im Mund. Er knipste eine rote Lampe an.
»Hat schon mal jemand mit Ola gesprochen?« fragte ich.
»Gestern hat er alle Koffer einer amerikanischen Reisegesellschaft vertauscht«, kicherte Gunnar. »Prima revolutionäre Tat!«
»Absichtlich, oder?« gluckste Seb.
»Das ist doch egal. Tat ist Tat!«
Und kurz darauf kam er selbst an, ganz erschöpft, den Arm voller Bierflaschen. Wir köpften sie und tranken auf den Sommer, der vorbei war, und den Herbst, der jetzt da war.
»Haste dich mit 'nem Zimmermädchen geprügelt?« fragte ich und zeigte auf eine Schürfwunde an seiner Stirn.
»Verdammte Scheiße«, keuchte Ola. »Heute war der Fahrstuhl kaputt, so mußte ich alles treppauf, treppab schleppen. So eine steile Wendeltreppe mit Eisenstufen. Da war so'n Arschloch aus Kuwait mit fünf Koffern. Sie sind zwei Etagen runtergepurzelt. Der Scheich war total außer sich, drohte damit, die Ölhähne zuzudrehen. Ein Koffer war nämlich voll mit Pornoblättern, und die lagen überall verstreut. Verflucht, das ist gerade noch mal gutgegangen.«
Wir köpften die letzten Biere, und Seb legte *Waiting for the Sun* auf.
Und ich weiß nicht, ob uns klar war, daß wir dasaßen und auf etwas anstießen, das im Begriff war, zu Ende zu gehen, etwas, das irgendwann einmal angefangen hatte und bereits zu Beginn am Ende seines Weges war. Daß die Beatles sich auflösen würden, daß Jim Morrison sterben würde, daß wir einmal einander in ganz Europa suchen würden.
Wir prosteten uns mit dem lauwarmen Bier zu, während durch das offene Fenster Mitteilungen aus Oslo hereindrangen, und von einer wilderen Welt, die im blauen, erregenden Licht der Erdkugel auf dem Sprung war.

Ich schrieb einen Brief an Nina. Dieser Herbst erinnerte mich an *Revolver*.

Es zog sich zum Sturm zusammen. Ich dachte an Fred und an die Transsibirische Eisenbahn. Der Tod kam diesen Herbst wieder, zuerst zu Großmutter. Sie schlief im September in ihrem Bett ein. Ich war nie zuvor auf einer Beerdigung gewesen. Als die Kiste in die Erde sank, fiel mir etwas ein, was ich vor 1000 Jahren bei den »Illustrierten Klassikern« gelesen hatte, daß Seeleute, wenn sie auf dem Schiff sterben, im Meer beigesetzt werden. Ich weiß auch nicht, warum mir gerade das einfiel. Ich dachte an Fred. Und an den Drachen. Jetzt war Großmutter weg. Draußen wehte ein frischer Wind, raschelte in den schweren Nadelbäumen, fegte langsam über den Hügel und wirbelte gelbe, leuchtende Blätter auf, ließ sie wieder fallen. Ein Sturm zog sich zusammen. Mutter weinte nicht, sie ging in einer zerbrechlichen Stille umher, die wann auch immer zerplatzen konnte, eine Wasserspiegelung, eine Eierschale. Vater lebte in seiner Welt, in ein unlösbares Kreuzworträtsel verstrickt. Wir übernahmen Großmutters Wellensittich. Er wurde in meinem Zimmer plaziert, aber ich konnte dieses grüne Vieh nachts nicht um mich haben. Es sang und flatterte in seinem Käfig herum, hackte nach der Schaukel, und ich konnte sein kleines Herz unter den Federn schlagen sehen. Ich träumte nicht mehr vom Fliegen. Eines Abends trug ich ihn zu Vater, und einen Augenblick lang schien es, als erwache er, ich war es, sein Sohn, der mit einem Vogel zu ihm kam. Er lächelte, nahm den Käfig entgegen, steckte einen Finger, in den Pym sofort ein Loch hackte, durch die Streben. Von dem Tag an war Vater verloren. Er vergaß die Kreuzworträtsel, er vergaß uns, er vergaß, was er alles vergessen hatte. Ab jetzt gab es nur noch Pym und ihn. Er experimentierte mit Samenmischungen, kaufte einen neuen Bauer, bastelte Schaukeln und Häuser, putzte den Schnabel, servierte Keks, er tanzte Tag und Nacht nach der Pfeife des Wellensittichs. Und Mutter ging in ihrer zerbrechlichen Stille herum und sah sich das Ganze an, als wären wir Naturkatastrophen, gegen die sie nichts tun könne.
Dann zerbrach es eines Tages, und der Herbststurm verdichtete sich. Ich wurde in das Wohnzimmer zitiert, in der die Eltern dasaßen, Vater mit der Nase in den Käfigstäben und Mutter mit der Nase im Taschentuch.
»Nimmst du Rauschgift?« schluchzte sie.
»Rauschgift? Natürlich nicht. Wieso das denn?«
»Rauchst du Haschisch?« fuhr sie fort, während sie sich die nassen Wangen abtrocknete.
»Bist du jetzt total durchgedreht, oder was?« rief ich.
Mutter sah Vater an, aber Vater hatte nichts mitbekommen, und dann kam heraus, daß sie in der Zeitschrift »Nå« einen wahnsinnigen Artikel über Rauschgift gelesen hatte, in dem eine Liste aller Symptome für Rauschgiftsucht stand, da waren ganz verrückte Sachen drunter, aber nach dem Film

Himmel und Hölle waren die Leute völlig ausgeflippt. Ich mußte ziemlich lange und eindringlich predigen, bis ich Mutter wieder ins rechte Lot gerückt hatte, und da wurde mir bewußt, daß es das erste Mal seit vielen Jahren war, daß wir wieder miteinander redeten. Der Wellensittich machte Vater die Fingernägel sauber, das war sein neuester Trick, während ich versuchte, Mutter davon zu überzeugen, daß sie keinen Grund hatte, vor irgend etwas Angst zu haben.

»Ich muß ja nicht gleich süchtig sein, wenn ich mir ab und zu in der Nase bohre«, erklärte ich ruhig.

Mutter sah mich nur an. In dem Moment juckte es in beiden Nasenlöchern, aber ich traute mich nicht, den Finger reinzustecken, sie hätte sofort das Schlimmste angenommen.

»Hier steht es«, sagte sie und tippte auf die Zeitschrift. »Süchtige schneuzen sich oft und haben kaputte Nasen.«

»Alle pulen mal in der Nase, oder?«

Sie beugte sich näher zu mir und schob mein Augenlid hoch.

»Ich glaube, deine Augen sind rot«, stellte sie erschrocken fest.

»Bin nur 'n bißchen müde«, erwiderte ich.

Mutter wurde hysterisch.

»Das steht hier auch! Müdigkeit. Mangelndes Interesse. Kim, was geht in Sebastians Wohnung vor?«

»Nichts«, sagte ich. »Wir hören Platten, trinken Tee und klönen.«

»Gibt es auf dem Versuchsgymnasium nicht viele Süchtige?«

Darauf konnte ich nicht mehr antworten. Das hatten wir schon mal gehabt. Mutter erschien das Versuchsgymnasium wie eine indische Opiumhöhle. Vater macht Pyms Kehllaute nach. Mutter holte tief Luft.

»Du riechst so merkwürdig«, stellte sie fest.

»Wenn es hier komisch riecht, dann von diesem Tierpark!« schrie ich und stand schnell auf.

Vater drehte sich um.

»Red nicht so laut. Pym kriegt Angst.«

Ich glaube, Mutter hätte ihm eine langen können. Sie hielt sich am Sofa fest.

»Du gehst so oft aufs Klo«, sagte sie plötzlich.

Ich fing an zu lachen, konnte nicht anders. Das Lachen kam wie eine Lokomotive.

»Ich muß doch nicht süchtig sein, nur weil ich scheiße, oder?«

»Kim!«

Mutter war auch aufgestanden.

Ich ging in den Flur und wickelte mich in die Militärjacke, die ich auf Urras Flohmarkt gekauft hatte.

»Wo willst du hin?« fragte Mutter.
»Raus.«
Sie kam auf mich zu, und da sah ich erst, daß sie Angst hatte, verdammte Angst, ihre Hände zitterten, und ihr Puls schlug ihr wie ein durchgedrehtes Metronom im Hals.
»Du kannst dich auf mich verlassen«, sagte ich sicher.
Ich ging, hörte hinter mir Weinen und Vogelgezwitscher. Draußen legte der Wind sich um meine Glieder und wurde immer stärker, Sturm.
Ich ging zum Norum hoch und besuchte Ola. Seine Pikkolouniform stand ihm besser als die des Spielmannszugs, in Burgunderfarbe mit Goldspangen und flacher Mütze. In seinen Schuhen konnte er sich spiegeln. Er schmuggelte mich in die Küche, wo ein Mädchen uns Kaffee und Kekse servierte. Ola schmatzte zufrieden und lehnte sich mit Krümeln im Gesicht über den Tisch.
»Am Samstag geh' ich mit ihr ins Kino«, flüsterte er. »Sie heißt Vigdis.«
»Wahnsinn. Die Welt ist klein. Sie wohnt ein Stockwerk unter Seb.«
In Olas Augen zuckte es, und die Falte über seiner Nase bekam die Ausmaße eines städtischen Abwassergrabens.
»So?« war alles, was er sagte.
»Und wie läuft's mit Kirsten?«
Ola warf nach allen Seiten Blicke.
»Halt die Klappe, du Arsch!«
Vigdis kam mit der Kaffeekanne, pflückte von Olas Schulter Flusen. Er sank unter ihrem Gewicht zusammen, ich befürchtete ernsthaft, er könnte wieder anfangen zu stottern. Vigdis sah mich an, lächelte, erkannte mich nicht wieder.
»Was Neues auf 23?« fragte sie mit einem Lachen zwischen den Worten.
Ola schüttelte den Kopf und kicherte auch.
Dann ging Vigdis zu den Töpfen hinüber. Ein Haufen Stubenmädchen strömte herein. Wir trollten uns zur Rezeption.
»Was ist 23?« fragte ich.
»Ein Zimmer«, kicherte Ola. »Ein Paar aus Fredrikstad. Hochzeitsreise. Die waren seit vier Tagen nicht vor der Tür.«
Eine Glocke klingelte, und Ola mußte antreten, ein Taxi, vollgestopft mit fetten Deutschen.
»Kommst du heute abend zu Seb?« fragte ich.
»Keine Zeit«, keuchte Ola, vier Lederkoffer in den Händen und einen Kleiderbeutel über der Schulter.
»Grüß Vigdis«, sagte ich und trottete in die Stadt.
Seb war nicht zu Hause. Ich fuhr zur Schule und fand ihn beim Werken. Er

ähnelte einem Vollblutindianer, hatte sich das Gesicht bemalt und die Haare zu Zöpfen gebunden.
»Sei gegrüßt, roter Fuchs«, verkündete er und schwang den Pinsel durch die Luft.
Zwei Mädchen waren an der Drehbank, Ton und Wasser spritzten herum, ein alter Gnom saß da und hämmerte auf einem Holzklotz.
»Die Rauchsignale sind verstanden worden, gelbe Gefahr«, sagte ich.
»Stark!« blökte Seb. »Saustark!«
Wir wühlten uns zum Aufenthaltsraum durch, in dem die Bridge-Gang am Wirbeln war. Seb goß kalten Tee in zwei schmutzige Becher.
»Es gibt kein Zurück mehr«, kicherte er. »Stand im *Rolling Stone*. Die Beatles haben sich aufgelöst.«
Der Tee lag sauer unter der Zunge.
»In 'n paar Wochen kommt doch 'ne neue LP raus«, erwiderte ich.
»Ja, und. Ist alles vom Band. Aber danach gibt's nichts mehr.« Er kippte das Spülwasser runter. »Und das ist gut so. Man muß auf dem Gipfel aufhören. Sie hätten sich nach *Sergeant Pepper* verabschieden sollen. Wäre 'n Edelbegräbnis gewesen. Nicht wahr, grüner Adler?«
»Hast du mal was von Gunnar gehört?« fragte ich.
»Schwieriger Mann. Ist Häuptling von Katta geworden.«
Ich stopfte eine MacBarens.
»Bonze!«, sagte ich. »Das gefällt Gunnar.«
»Stig war gestern hier und hielt einen Vortrag über Anarchismus. Große Worte.«
»Was! Hat er die Richtung geändert?«
»Fährt jetzt quer zur Linie. Macht sich über seinen kleinen Bruder Sorgen. Stalin hat Blut am Bart.«
Seb blies vier Ringe in die Luft.
»Gunnar weiß schon, was er tut«, sagte ich.
»Und Gott wird ihm nicht verzeihen«, kicherte Seb und drückte die Kippe aus.
Pelle kam herein, er war absolut nicht gut drauf. Ich mochte Pelle nicht, er hatte etwas im Blick, aus dem man nicht ganz schlau wurde. Er hatte schwarze Fingernägel und unreine Haut. Und er redete an mir vorbei.
»Treffen im Park«, flüsterte er Seb zu.
Ich wanderte mit ihnen zum Schloß. Dabei dachte ich an Mutter, und meine Stirn wurde ganz kalt. Unter den Bäumen standen einzelne Grüppchen, schwarze, dünne Schatten. Der Wind pfiff durch die kahle Landschaft. Ein Streichholz erleuchtete eine gelbe Visage. Pelle ging zu einem Typen, der allein an einem Busch stand.

»Der Bonbonladen ist heute abend geöffnet«, wisperte Seb, die Bemalung in seinem Gesicht brannte.
»Shit?«
Seb wieherte zufrieden.
»Erdnüsse«, sagte er. »Erdnüsse. Du fährst doch nicht nach Bogstad, wenn du 'nen Gratistrip nach Katmandu kriegst.«
Pelle kam mit geschlossener Hand zurück. Er nickte Seb zu, und darauf gingen sie die Treppen hinunter. Ich blieb stehen. Seb drehte sich um.
»Kommste, oder was?« rief er.
Ich dachte nach. Der Wind fegte durch die Bäume und machte ein ekliges, trockenes Geräusch.
»Muß abhauen«, antwortete ich.
Seb und Pelle verschwanden. Ich blieb in dem verwitterten Park stehen. Der Hügel war uneben und hart. Der Wind zerrte in den Haaren. Ich sah unten in der Karl Johan die Lichter, Neonreklamen, Freia, Idun, Odd Fellow. Hinter mir leuchteten die Streichhölzer wie winzige Lagerfeuer auf. Ich wußte schon zu dem Zeitpunkt, daß der Herbst schief begonnen hatte, wir waren auf dem falschen Bein aufgestanden, es war mir klar, aber was hätte ich verdammt noch mal dagegen tun können.
Ich fuhr nach Hause und schrieb noch einen Brief an Nina.

Alle Mütter liebten Jørgen, ausgenommen seine eigene. Bei ihm zu Hause war dicke Luft, in dieser dunklen Wohnung in der Jacob Aallsgate, eine schwere, düstere Schwingung, als brüte das ganze Haus über einem Geheimnis, das niemals ausschlüpfen dürfe. Es roch nach Motten und Unterschlagung, die Türen quietschten, und die Gardinen waren immer vorgezogen. Mitten in dieser Hoffnungslosigkeit ging Jørgens Mutter hin und her, mit stechenden Augen, weißen, geballten Fäusten und Filzpantoffeln. Der Vater war Reisender in Toilettenartikeln, er war fast nie zu Hause. Das erste Mal war ich an dem Samstag da, an dem das Klassenfest bei Beate stattfand, aber ich hatte ein für allemal beschlossen, daß ich mich dieses Jahr aus allem raushalten wollte, keine neue Fassadenkletterei, keinen Totentanz riskieren, also ging ich nicht zu dem Treffen, und Jørgen auch nicht, statt dessen saßen wir bei ihm und knallten uns mit Erdbeerlikör voll, wurden davon reichlich beschwipst und spielten Mothers of Invention. Als ich kam, sah seine Mutter mich haßerfüllt an, gab mir nicht einmal die Hand, betrachtete mich abschätzend von oben bis unten, als käme ich direkt aus dem Labor und wäre radioaktiv. Dann schlurfte sie vor der Tür herum und stieß aus ihrem zusammengekniffenen Mund kurze Wimmertöne und Seufzer hervor, o Mann, bei mir zu Hause waren es schon harte Zeiten, Mutter in Hochspannung und Vater, der völlig verblüht

war, aber das hier war noch schlimmer, Jørgen mußte die Kurve kratzen, bevor er noch einen Milieuschaden bekäme. Und das sagte ich ihm auch.
»Das geht vorbei«, lächelte Jørgen.
»Da sei dir man nicht so sicher«, entgegnete ich. »Da hilft nur, sich rechtzeitig aus dem Staube machen.«
»Das hört sich ja an, als ob du selbst überlegst abzuhauen«, meinte Jørgen munter.
»Nach dem Abitur. Ich bleibe keine Sekunde länger.«
Jørgen lachte und lehnte sich zurück, dann kniff er den Mund zusammen, saß da und sah an die Decke.
»Eines Tages werden sie es einsehen«, flüsterte er. »Eines Tages werden sie es begreifen.«
»Was begreifen?« fragte ich und schenkte nach.
Jørgen antwortete nicht. Er schloß die Augen und holte tief Luft. Hinter ihm hing ein Plakat von Rudolf Nurejew. Der hatte gar nicht so lange Haare. Er schwang sich auf die Spitze, und die Klötze wölbten sich wie Kohlköpfe unter seinem Trikot. Jørgen saß im blauen Licht der Schreibtischlampe da, und zum ersten Mal sah ich, wie schön er war, die Linien seines Gesichts waren klar und grafisch, die Wangenknochen ähnelten einer Wünschelrute, die schmalen Wangen lagen im Schatten, als hätte er sich geschminkt, ich konnte meine Augen nicht von ihm wenden und begriff, warum die Mädchen so sauer geworden waren, als sie hörten, daß Jørgen nicht zum Klassenfest kommen wollte.
Jørgen merkte auch, daß ich ihn ansah. Ich verschüttete Wein auf meine Hose. Mit seinem Taschentuch wischte er ihn ab. Und draußen schlich seine Mutter durch die dunklen Flure.
»Warum bist du nicht zur Party gegangen?« fragte Jørgen.
Ich steckte mir eine an. Es war ein merkwürdiger Abend. Wenn er so fragte, war mir klar, daß ich alle Karten auf den Tisch legen würde, es schien so einfach, Jørgen gegenüber ehrlich zu sein, in dem Haus mit den dunklen und grauenvollen Geheimnissen war Ehrlichkeit keine Frage.
»Wenn ich besoffen bin, mach' ich allen möglichen Scheiß«, erklärte ich. »Es macht einfach Klick, und dann verliere ich vollkommen den Überblick. Als ob ich nicht mehr ich selbst bin. Ich hab' dann keine Kontrolle mehr. Das ist ziemlich nervig.«
»Passiert das nur, wenn du blau bist?«
»Dann ist es jedenfalls am schlimmsten. Im nüchternen Zustand bekomm' ich auch mal kleine Anfälle, vor allem nachts. Früher hab' ich dann geschrien. Ich hab' so geschrien, daß ich am nächsten Tag nicht mehr reden konnte.«

»Ich krieg' manchmal Angst«, erzählte Jørgen ruhig. »Ganz plötzlich. Eine Scheißangst. Und dabei weiß ich, daß es keinen Grund für die Angst gibt. Ich weiß es, fürchte mich aber trotzdem zu Tode. Das dauert ein paar Stunden, dann ist es vorbei.«
»Das klingt furchtbar«, sagte ich.
»Auf dieser Party bei Sidsel damals,« fuhr er fort. »Als du die Frogner-Gang gejagt hast. Da war ich sicher, wärest du mein Kumpel, würde ich nie wieder Angst haben.«
Ich hob die Hand, der Zeigefinger war eine Mißgeburt, ein verschwitzter Haken mit Nagel dran.
»Der hat das geklärt«, lachte ich. » Die hatten ihn ein paar Wochen vorher gebrochen, und ich hatte einem von ihnen einen Stein an den Kopf geschmissen.«
Jørgen sah mich etwas verwirrt an, dann lachte er und füllte die Gläser rot. »Jedenfalls bin ich jetzt sicher, Kim. Seit du in der Klasse bist, habe ich keine Angst mehr.«
»Und warum bist *du* nicht zur Party gegangen?« fragte ich.
»Ich langweile mich. Solche Feste langweilen mich.«
Ich mußte pissen und schlich mich ins Schreckenskabinett hinaus. Augenblicklich war die Mutter da, mein Lächeln schmolz zusammen, sie stand einfach da und hielt mich mit ihrem wimmernden Mißtrauen und ihrer unheilschwangeren Geheimnistuerei in Schach.
»Das Klo?« näselte ich, und sie zeigte auf die Tür neben mir. Sie war ohne Sprache und Stimme, ihre Augen waren tot, irgendwas hatte sie gesehen, was ihren Blick hatte erlöschen lassen.
Ich ging aufs Klo und erleichterte meine Blase. Danach sah ich mein Gesicht im Spiegel. Es sah bleich und ungesund aus. Das Haar war frisch gewaschen und stand wie schwarze elektrische Drähte vom Kopf ab. Ich kämmte mich und hörte, daß es im Kamm knisterte, als wären die Ahnungen auf dem Weg durch die Zweige hinaus.
Jørgen saß auf dem Fensterbrett und blätterte in einem Rollenbuch.
»Hast du noch mal über die Theatergruppe nachgedacht?« fragte er.
»Nein.«
Er warf mir die Blätter zu. *Krieg und Frieden*.
»Wir haben eine Rolle für dich«, erzählte er eifrig.
»Für mich? Nichts da. Ich hasse Theater. Ich war einmal mit meiner Mutter in *Brand* und war kurz vorm Blutsturz.«
Jørgen lachte.
»Das Theater ist die Wahrheit«, sagte er plötzlich, ganz ernst. »Nicht wahr, wir spielen uns doch die ganze Zeit was vor, tun als ob, lügen, halten einander

zum Narren und tun als wenn nichts wäre. Aber auf der Bühne, da sind sich alle über ihre Rollen im klaren, nur auf der Bühne sind wir wirklich *ehrlich.*«
»Letzthin hast du gesagt, du willst Schauspieler werden, weil du dich langweilst.«
»Es langweilt mich zu lügen«, erwiderte Jørgen. »Es langweilt mich, an anderen vorbeizureden.« Er sah mich kurz an. »Und du willst Sänger werden!«
»Weil ich dies ganze Pißgeschwätz übertönen will«, lachte ich.
Jørgen setzte sich neben mich.
»Wir brauchen noch jemanden für eine Rolle«, sagte er und blätterte im Manuskript. »Den Überbringer der Botschaft. Wir brauchen eine kräftige Stimme!«
»Wieviel Text?« fragte ich.
»Ein Satz«, sagte Jørgen.
»Ich werd's mir überlegen«, sagte ich.
Als ich an diesem Abend nach Hause latschte, der Wind über den Vestkant Markt hinwegfegte und der Mond wie ein Fußball den Himmel entlangzog, da dachte ich, daß Jørgen mein Haltepunkt in der kommenden Zeit sein werde. Jørgen war der Anker. Jørgen war das Zentrum des Sturms: der Ruhepol in all dem Chaos.

Gunnar kam eines Abends hoch, wie üblich mit einem Packen Flugblätter. Er schmuggelte sie in mein Zimmer und fing an zu sortieren. »Nein zur Rationalisierung« sollte ich am nächsten Tag verteilen. Mit den Schwarten vom Solidaritätskomitee über die Lügen vom Rückzug der amerikanischen Soldaten eilte es nicht so, es reichte, wenn ich sie am Samstag in der großen Pause unter die Leute brachte.
Gunnar redete schnell und abgerissen, er hatte nicht mal für eine Tasse Tee Zeit, war auf dem Weg zum Treffen der Schülervertretung.
Ich fing an, in den Kniekehlen zu schwitzen.
»Können das nicht andere verteilen?« fragte ich vorsichtig.
Gunnars Blick durchbohrte mich wie eine Harpune.
»Was meinste damit?«
»Ich bin mit dem Inhalt einverstanden, keine Frage, aber ich pack' es nicht, auf dem Markt zu stehen und Reden zu schwingen.«
Gunnar stieß die Matrizenstapel auf.
»Ich glaub nicht, daß es das ist, wovor du am meisten Angst hast«, sagte er nur.
»Wieso?«
»Denke, du hast dich ziemlich oft als Marktschreier betätigt«, fuhr er fort. »Auf der Soirée, im Dolphin.«
»Genau. Und gerade deshalb will ich mich dieses Jahr etwas zurückhalten. Fahre nur mit halber Kraft.«

Gunnars Blick wich nicht von mir.
»Deine Haltung finde ich ziemlich merkwürdig. Ist ja in Ordnung, daß du dem Affen keinen Zucker mehr geben willst, aber politische Arbeit ist verdammt noch mal ja wohl was anderes.«
»Das hab' ich ja auch nicht gesagt, aber du stellst dich doch mitten ins Rampenlicht, oder etwa nicht.«
»Rampenlicht, ja. Willst du nicht in der Theatergruppe mitmachen?«
Er hatte mich.
»Doch. Einen Satz.«
»Und trotzdem willst du keine Flugblätter verteilen?«
»Hab' ja nicht gesagt, daß ich es nicht will.«
»Was redest du denn da? Glaubst du etwa, die revolutionäre Bewegung kann auf solche Kleinigkeiten Rücksicht nehmen, oder was? Das Monopolkapital verdient an der Hetzerei. Verteilst du sie nun oder nicht?«
»Schmeiß sie rüber, Mann.«
Er blätterte 100 von jedem hin und grinste.
»Prima, Kamerad Kim. Nächsten Monat bekommst du Nachschub.«
Ich legte die Flugblätter in die Schublade, in der ich früher Pornoblätter versteckt hatte, Gunnar war schon auf dem Weg nach draußen. Da kam aus dem Wohnzimmer ein Wahnsinnslaut. Er blieb stehen und sah mich an.
»Das ist nur Pym«, sagte ich.
»Pym?«
»Vaters Wellensittich.«
Er hatte ihn nämlich dazu gebracht, auf Kommando zu pfeifen. Die Pfiffe beschwor er aus dem grünen Vieh hervor, indem er selbst zwitscherte. Manchmal überlegte ich, wer eigentlich das Zepter führte, ob es vielleicht Pym war, der Vater zum Singen brachte. Langsam ging es einem auf die Nerven.
Wir standen eine Weile lauschend da, Gunnar und ich. Jetzt pfiff Vater.
»Unsere Eltern haben es augenblicklich nicht leicht«, flüsterte Gunnar.
Ich schüttelte mit dem Kopf.
»Vater ist kurz davor, seine Bude dichtzumachen. Und meine Mutter hat sich in einem christlichen Nähkränzchen angemeldet.«
Da entdeckte ich, daß Gunnar versuchte, sich einen Bart wachsen zu lassen.
»Ich kann dir gern meinen Rasenmäher leihen«, kicherte ich und strich ihm übers Kinn.
Er errötete und kam wieder in Gang. Im Eingang stand Mutter und starrte auf die Abzeichen an seiner Jacke. Die ganze Galerie war vertreten, Marx, Engels, Lenin, Mao, Ho Chi Minh, FNL. Gunnar streckte die Brust vor und stapfte hinaus.
Mutter hielt mich zurück.

»Ist Gunnar bei der Sozialistischen Jugend?« fragte sie.
Das klang reichlich komisch, sie sprach »Sozialistische Jugend« aus, als sei es eine Geschlechtskrankheit, schlimmer als Syphilis, unheilbar und ansteckend für kommende Generationen. Ich glaube, sie hätte nicht übel Lust gehabt, ihren Mund mit Terpentin zu spülen, nachdem sie das gesagt hatte. *Sozialistische Jugend.* Ihre Lippen waren kurz vorm Platzen.
»Worüber lachst du?« rief sie.
»Nichts.«
»Du hast nicht geantwortet! Ist Gunnar bei der ... Sozialistischen Jugend?«
Sie strich sich mit dem Handrücken über den Mund.
»Weiß nicht«, erwiderte ich.
»Und du?«
Pym und Vater sangen im Chor.
»*Bist* du?« wiederholte Mutter und klang etwas verrückt.
»Nein«, sagte ich.
»Die machen Waffenübungen, nicht wahr! In der Nordmarka! Die haben Waffenlager!«
»Das weiß ich nun wirklich nicht.«
»Das haben sie im Fernsehen gesagt!«
»Wenn du alles glauben willst, was sie in dem Kasten sagen, hast du viel zu tun.«
Ich nahm den kürzesten Weg in mein Zimmer.
Mutter setzte mir nach.
»Sag mal, Kim, bist du nervös?«
»Nervös? Wieso das denn?«
»Du gehst so schnell, mir ist das schon lange aufgefallen. Du gehst, als wäre jemand hinter dir her!«
»Nun mach mal halblang, Mutter. Hinter mir ist ja wohl niemand her!«
»Bist du sicher, daß du kein Rauschgift nimmst?«
»Hast du das auch schon wieder irgendwo gelesen? Daß Süchtige schnell gehen, he?«
»Antworte mir ehrlich, Kim!«
»Es stimmt, ich bin in den Obersten Sowjet gewählt worden und hänge seit neun Jahren an der Spritze.«
Ich schmiß die Tür hinter mir zu. Mutter riß sie wieder auf.
»So kannst du nicht mit mir reden, Kim! So nicht!«
»Und du läßt meine Brieftasche in Ruhe! Ab jetzt faßt du meine Präservative nicht mehr an!«
Ihr Gesicht fiel zusammen, als verlöre sie alle Kraft, sie zog langsam die Tür zu.

Dann lief sie ins Wohnzimmer, und ich hörte ein einziges Gewirr von Weinen, Vater und Pym.
Das waren Zeiten.

Nach dem Klassenfest, auf dem ich nicht war, gab es viele, die mich schief anguckten, die Art und Weise machte mich übernervös, ich konnte keinen Schritt in Ruhe machen, spürte die Blicke wie Saugnäpfe am ganzen Körper. In einer großen Pause kam Beate zu mir herübergeschlendert, blieb mit ihrem säuerlichen Lächeln stehen und beäugte mich verächtlich.
»Schade, daß du nicht zum Klassenfest kommen konntest«, sagte sie.
»Ja«, sagte ich und starrte über sie hinweg. Hinten an den Ascheimern stand ein Grüppchen, kicherte und tuschelte.
»Du bist auf Festen doch immer so witzig, oder?« fuhr Beate fort.
Ich ahnte Schlimmes und fing an, mich nach einem Fluchtweg umzusehen.
»Falsche Gerüchte«, sagte ich.
»Es stand doch in der Zeitung«, gurrte sie.
»Der Redakteur ist daraufhin gefeuert worden«, parierte ich.
»Aber Jørgen und du, ihr hattet es sicher gemütlich zusammen?«
Meine Stimme saß im Abfluß fest. Beate warf ihr Haar nach hinten.
»Da kommt er übrigens. Ich will nicht weiter stören.«
Sie wackelte zu ihrer Runde zurück, die standen da und starrten Jørgen und mich an.
»Was zum Teufel meinte die Alte damit!« fragte ich.
»Da mußt du dich gar nicht drum kümmern«, murmelte Jørgen. »Kannst du deinen Text?«
»Napoleon kommt! Ich glaub', Beate ist sauer auf mich. Aber warum ist sie so verflucht sauer auf mich?«
»Du mußt mehr Gefühl in die Worte legen, Kim. Du mußt das Publikum zum Zittern bringen!«
Es klingelte, und wir trollten uns in die Klasse. Als wir ankamen, wurde es verdächtig still, ein Atmen wogte durch die Reihen. Jørgen ging an seinen Platz, fern, nachsichtig, überlegen. Ich hielt an, starrte auf die Tafel. Da stand Dick, ein Hüne aus Smestad, mit eng zusammenstehenden Augen, er hatte ein solides Herz gezeichnet und zwei Namen hineingeschrieben. »Jørgen + Kim«. Etwas Warmes und Schmerzhaftes fiel in meinen Magen, unterm Schädel zitterte es. Das Lachen explodierte, und Dick stand da, kicherte stolz, das Lachen schwappte zäh und sauer über mich hinweg, wie verschimmelter Sirup, feuchter Zucker, ich mußte mich aus dieser Lachlava freikämpfen, die aus den roten, aufgerissenen, sabbernden Mäulern hervorquoll.
»Wisch das weg«, sagte ich.

Augenblicklich wurde es still in der Klasse.
Dick schrieb noch etwas an die Tafel: »Bitte stehenlassen!«
Das Gelächter brach von neuem los, ich war kurz davor, in dem Gelächter zu ertrinken, schnappte nach Luft und spürte, daß ich dabei war, die Kontrolle zu verlieren.
Dick war auf dem Weg zu seinem Pult. Ich hielt ihn auf. Er guckte schief auf mich herab. Dann spuckte ich ihm direkt in die Visage, einen grünen, zähen Prachtrotz.
Es wurde wieder still. Von Dick kam ein verwunderter Laut, er hob die Hände.
Da schlug ich zu. Ich schlug mit einer Kraft, von der ich keine Ahnung hatte, woher sie kam. Mein Arm war eine Bombe, eine Kanone, meine Faust eine Eisenkugel, und Dick knickte wie Weißbrot in der Mitte zusammen. Ich bekam ihn an der Nackenhaut zu fassen, schleifte ihn zur Tafel und wischte sie mit seinem Gesicht und seinen Haaren ab.
Im Klassenraum war es still.
Mich durchschoß Blut und Sturm.
Ich ließ Dick los und setzte mich. Jørgen war weiß und unbeweglich. Niemand sah mich an.
Der Klassenlehrer stürmte herein, während Dick über den Fußboden krabbelte. Ich mußte mich am Stuhl festhalten. Der Sog war kurz davor, mich aus dem Fenster zu ziehen.
»Was geht denn hier vor?« pfiff Klausen.
Keiner antwortete. Die Stille war total. Dick zog sich auf seinen Stuhl hoch. Klausen klopfte mit dem Zeigestock und fing dann an, über Deklinationsfamilien zu sprechen.

Danach war ich nicht mehr einer unter vielen, ich war weithin sichtbar wie ein mit Rosen bemalter Monolith. Aber merkwürdigerweise wurde ich nicht mehr genervt, sie verteilten ihre Saugnäpfe jetzt in andere Richtungen, Jørgen und ich wurden in Ruhe gelassen. Ich wurde wie ein Aussätziger in Ruhe gelassen: Alle meiden ihn. Alle wissen, wo er ist. Allein Jørgen wollte etwas von mir wissen. Er erwähnte die Zeichnung an der Tafel mit keinem Wort.
So lief es, bis ich den Mut verlor. Genau das, ich verlor den Mut und schaffte es nicht mehr, am Tor zu stehen und Flugblätter zu verteilen, es war, als stünde man in der Schußlinie, ich packte es nicht mehr. Ich log Gunnar direkt ins Gesicht und nahm weiterhin Flugblätter gegen Rationalisierung in der Schule, Mehrwertsteuer, Zusammenarbeit der Klassen, Vietnam entgegen. Der Stapel in der Schublade wuchs, das schlechte Gewissen nagte im Magen, ich hatte das gleiche Gefühl wie damals, als ich Mutters Schulbrote nicht ge-

gessen hatte, sie verrotteten im Ranzen, grün und stinkend. Ich schaffte es auch nicht, die Flugblätter wegzuwerfen. Ich verschob es von einem Tag auf den anderen. Bald würde ich in Flugblättern ersticken, und von Nina hatte ich noch keine Antwort bekommen, der einzige Brief, den ich erhalten hatte, war vom Militär, ich wurde zur Musterung im April nächsten Jahres bestellt. Mutter war Feuer und Flamme, als sie hörte, daß ich bei der Theatergruppe mitmachen sollte. Sie veränderte sich augenblicklich, als würde sie nur Schnips sagen und sich damit entscheiden, mir in Zukunft zu vertrauen, sie erwähnte weder die Sozialistische Jugend noch Rauschgift mit einer Silbe, redete nur vom Theater und sagte ähnliche Dinge wie Jørgen, daß das Theater die Wahrheit sei. Ich begriff das Ganze zwar nicht so recht, war aber erleichtert darüber, daß Mutter sich beruhigt hatte und nicht mehr jedesmal einen Nervenzusammenbruch bekam, wenn ich mir in der Nase bohrte oder aufs Klo ging. Aber diese Wahrheit, über die sie sprachen, die bekam ich nicht zu Gesicht. Manches Mal lag ich nachts da und überlegte, was Wahrheit eigentlich sei, und dabei versuchte ich, ein paar Beispiele aufzuzählen. Dick ist ein Arschloch. Aber das findet Beate sicher nicht. Sie meint sicher, ich sei ein Arschloch. Die Beatles sind die beste Band der Welt. Aber damit wären zumindest meine Eltern nicht einverstanden. Meine Gedanken verknoteten sich: Ich bin ich. Mein Schädel rauchte. Wer zum Teufel war ich denn? Wer war ich in den Augen der anderen? In Jørgens? In Gunnars? War ich so viele verschiedene Personen, wie es Augen gab? In Ninas?
In solchen Nächten konnte ich nicht schlafen.
Und es gab viele solcher Nächte.
Auch in der Theatergruppe fand ich die Wahrheit nicht, das war jedenfalls klar. Wir übten jeden Donnerstag in der Turnhalle. Die Leiterin war eine üppige Frau mit einem Brustkasten, der wie die Alpen in die Landschaft ragte, sie hieß Minni. Inständig erklärte sie uns, daß *Krieg und Frieden* die Menschen von heute anginge, auch wenn es im letzten Jahrhundert geschrieben worden war. Tolstoi sei seiner Zeit voraus gewesen, wie alle großen Künstler. Als Hintergrundmusik hatte sie Jan Johanssons *Jazz auf russisch* ausgewählt, sie war nahe davor, vor ihrer eigenen Idee vor Bewunderung in die Knie zu gehen: Das würde dem Publikum zeigen, daß das Stück auch von unserer heutigen Zeit handle, nicht wahr? Ich schlug vor, daß wir doch auf einer großen Leinwand im Hintergrund Bilder aus »The Day after« zeigen könnten, aber das kam nicht an, ganz im Gegenteil, das war eine blöde Idee. Man durfte das Publikum nicht verschrecken, es nicht vor den Kopf stoßen, das war ein Balanceakt, ein Balanceakt zwischen Krieg und Frieden, zwischen den Ausführenden und dem Publikum, wie Minni sich ausdrückte. Das klang flott. Und ich suchte nach der Wahrheit, fand sie aber nicht. Tolstois Mammutroman

war zu einem Einakter zusammengestrichen worden. Jørgen spielte einen Kerl namens Pierre. Seine Gegenspielerin war ein Mädchen aus der 2. Gymnasiumsklasse, Astrid, sie sollte die Natascha zu Leben erwecken. Dann gab es noch neun andere, und mich, den Überbringer der Botschaft, mit einer schicksalsträchtigen Replik. In Tolstois Roman gab es gut und gerne 500 Personen.

Aber wir freuten uns darauf, die Kostüme vom Nationaltheater zu bekommen. Bei Seb war Hochbetrieb, und ich hatte keine besondere Lust mitzumischen. Eine reichlich schwüle Gang saß Shit rauchend und Tee trinkend da, es blubberte in Wasserpfeifen, pfiff in den Chillums, und der Rauch zog wie die Schwaden aus dem Schornstein einer Parfumfabrik durch den Raum. Mehrere Abende schaute ich vorbei, verabschiedete mich aber ziemlich schnell, ich weiß gar nicht genau, warum, ich langweilte mich dort, jeder saß in seinem Rausch da und schaute nicht zum anderen, pulte sich nur die Flusen aus dem eigenen Bauchnabel, kicherte mysteriös und rollte mit den Augen. In den Köpfen liefen Solorennen ab, der Egotrip auf Wanderschaft. Aber eines Abends hatte Seb den Schloßpark vom Teppich gekehrt, das war der große Abend, das sollte der größte Abend für viele Jahre werden. Gunnar war auch da, und zwar ohne Flugblätter, Ola war da und wurde nicht mal sauer, als wir ihn »Pikkola« nannten. Und Seb war nüchtern und frischgeschrubbt. Wir waren alle Mann da, und auf dem Teller lag die neue Beatles-LP, *Abbey Road*. Wir reichten die Hülle herum, studierten sie gründlich, strichen mit den Fingerspitzen über sie. Die Ruhe war voller Erwartung, es galt jetzt oder nie. Dann holten wir unsere Ohren hervor, Seb setzte die Maschine in Gang, und 46 Minuten und 20 Sekunden lang sagten wir kein Wort. Danach lagen wir verbrannt auf dem Boden und starrten mit geschlossenen Augen zum Himmel, jeder für sich, jeder dachte unabhängig vom anderen daran, wie viele Jahre lang, bei wie vielen LPs wir so dagelegen hatten, ein ganzes Jahrhundert raste durch unsere Köpfe, ein Haufen Kalender flatterte in unseren Herzen. Wir waren erschöpft, aber glücklich, dann zündeten wir die Pfeifen an, Capstan nebelte das Zimmer ein, und wir redeten alle gleichzeitig. Sebs zwei Melodien waren das Beste, was er je fertiggebracht hatte, er hatte sich selbst übertroffen, hatte zwei Perlen aus den Muscheln herausgehustet, die Melodien saßen wie Silberspiralen im Gehörgang. Gunnar swingte wahnsinnig zu *I want you* und war genau richtig scharf auf *Come together*. Sogar Ola hatte einen Teil zurechtgezimmert, der Spitze war, *Octopus' Garden*, er lag mit einem stolzen Lächeln auf dem ganzen Gesicht auf dem Rücken da.

»Ich will trotzdem zur Marine!« rief er. »Ich geh' zur Marine!«

Und mir gefiel der Gesang bei *Oh darling!*, die Stimme war kurz vorm Umkippen, aber sie kippte nicht, sie hielt und vibrierte dicht an der Grenze. Und bei *Because* waren alle Stimmen miteinander verflochten, dieser Chor war das größte, was wir jemals gehört hatten, die Beach Boys und Silberjungs konnten ihre Kehlköpfe zusammenklappen und statt dessen anfangen zu steppen. Wir legten die Platte zu einem neuen Durchgang auf und sagten wieder 46 Minuten und 20 Sekunden lang kein Wort. Dann spielten wir die zweite Seite noch mal — es gab keinen Zweifel. Es war das Beste. Das waren die Beatles. Alle Gedanken über Auflösen, Krach usw. schoben wir beiseite und holten den absoluten Optimismus aus dem Keller: Das war erst der Anfang. Eine neue Zeitrechnung begann: Ab 28. Oktober 1969, einem kalten dunklen Abend, zwischen Herbst und Winter. Wir redeten wieder von The Snafus, vielleicht war es doch noch nicht zu spät, natürlich war es noch nicht zu spät. Wenn wir das Abitur hinter uns hatten, konnten wir uns Jobs suchen und die Grundlage für Instrumente und Verstärker schaffen. Ola war ja schon auf dem Weg. Saustark. Seb hatte einen Stapel Texte. Saustark. So redeten wir, hoben uns gegenseitig empor und hielten uns dort oben, wir hatten unsere Wohnung im Himmel, es war spät am Abend, und die Sonne schien um uns herum, wir schwammen in Licht und Musik, und die Vibrationen waren weich wie die Pfoten von Katzenjungen.

Dann knarrte die Tür, und die Abwärtsfahrt begann. Pelle und seine Gang platzten mit blutigen Gesichtern und zerrissenen Jacken herein. Sie standen zitternd da und waren völlig außer sich.

»Die Bullenschweine räumen den Park auf. Verfluchte Scheiße. Die dreh'n total durch, müssen Fliegenpilze zum Mittag gehabt haben.«

Der Chef hatte gesprochen, und alles sank zu Boden. Aus ihren Haaren und Kleidern rieselte Erde.

»Die haben mindestens 20 mitgenommen«, wisperte ein kreidebleicher Hänfling.

»Hattet ihr irgendwas bei euch?« fragte Seb nervös.

Pelle kicherte kurz und zog eine Packung Spalttabletten heraus.

»Die Götter waren mir gnädig. Ich suchte bei Camilla Collett Schutz, sagte, ich sei ihr Enkel.«

Er legte die Dose auf den Tisch, und die Leute scharten sich um den Tisch, lagen auf den Knien, als sei es ein verfluchter Altar, Ola versuchte, die Platte wieder aufzulegen.

Pelle deutete mit einem dreckigen Finger auf das Cover.

»Quatsch«, prustete er. »*Abbey Road* ist echter Scheiß.«

Er fummelte an der Dose herum und bekam sie auf.

Damit war Pelle Pott zu weit gegangen.

»Was meinst du damit?« wollte ich wissen, und zwar ziemlich schnell.

Er musterte mich und schnitt Grimassen wie ein Wischtuch.

»Paul McCartney is' doch tot«, sagte er. »Er ist auf der Platte gar nicht dabei.« Ich traute meinen eigenen Ohren nicht. Sie gefroren zu Eis. Sie fielen ab. Ola und Gunnar krochen näher.
»Tot? Wann denn?«
»Vor vier Jahren. Autounfall.«
»Vier Jahre! Dann wäre er ja bei *Sergeant Pepper* auch nicht dabeigewesen. Oder bei *Revolver!* Komm wieder auf den Teppich, du fliegender Holländer!«
Pelle rollte die Pupillen und hielt eine Tablette in die Luft.
»Ich hab' 'nen Cousin in den Staaten, der einen Tramp im Mittleren Westen kennt.«
»Letztes Mal war es ein Tramp, der einen Cousin hatte!« schrie ich.
Pelle unterbrach mich.
»Kleiner, es stand sogar in der Zeitung. Er ist '65 bei einem Autounfall gestorben. Dann haben sie einen Kerl gefunden, der dem Alten ähnlich sieht und ihn an seine Stelle gesetzt.«
»Und der konnte auch noch genau wie Paul singen! Bist du ganz verrückt geworden?«
»Das machen die Jungs im Studio, das mußt du Kohlrabi doch wissen. Verzerrung und so'n Zeug.«
Pelles Ruhe ging mir auf die Nerven. Ich sah ihm an, daß er noch ein As im Arsch hatte.
Er legte das Cover vor sich auf den Boden.
»Hier, Mister, guck es dir an. McCartney ist Linkshänder, nicht wahr. Glaubste, Linkshänder halten die Zigarette in der rechten Hand? Und McCartney geht mit den anderen nicht im gleichen Takt. Häh? Oder etwa doch? Und, Bruder, nun paß mal auf. Er ist *barfuß*. Das ist ein altes Zeichen dafür, daß man tot ist. Schon aus der Wikingerzeit, Mann.«
Pelle sah sich triumphierend um. Meine Augen brannten wie Trockeneis. Ich brachte kein Wort heraus.
Pelle schnipste mit dem Finger.
»Und nun guck dir die Kleidung an. John ist weiß gekleidet, wie ein Priester. Ringo trägt schwarz, Trauerkleidung. Und George läuft in Arbeitskleidern herum, er ist der Totengräber.«
Pelle drehte eine Tablette in der Hand hin und her.
»Siehst du den VW da. Guck dir das Nummernschild an, Mann. *28 IF.* Schwarz auf gelb. Paul wäre 28, wenn er noch lebte, oder?«
Ich mußte zum Gegenangriff übergehen.
»Und warum zeigen sie das gerade jetzt, hä?« stammelte ich. »Wo es vier Jahre her ist!«
»Weil es mit den Beatles sowieso aus und vorbei ist. Die Beatles haben sich

aufgelöst, Mann. Hast du das noch nicht in deinen Kopf reingekriegt?«
Ich hätte Pelle auf der Stelle erwürgen können, ihm den breiten Ledergürtel, mit dem er herumprotzte, herunterreißen und ihn damit an die Deckenlampe hängen.
»Außerdem«, fuhr er fort. »Außerdem ist es nicht das erste Mal, daß sie es zeigen.«
Er zog *Sergeant Pepper* aus Sebs Plattenstapel hervor, klappte sie auf und zeigte drauf.
»Siehst du auf Pauls Schulter das Zeichen. *OPD.* Kannst du englisch? Denn das heißt Officially Pronounced Dead.«
Ich sank zusammen. Die Stummelpfeife war kalt, mein Kopf eine windgepeitschte Weide. Das Blut kroch wie Regenwürmer durch mich hindurch. Pelle kicherte.
»Folks, ich glaube, wir brauchen ein bißchen Gehirnnahrung.«
»Was für welche sind'n das?« murmelte Seb.
»Amphetamine«, flüsterte Pelle. »Machen dich für den ganzen Tag klar und gutgelaunt.«
Er selbst schluckte eine, die anderen Indianer kauten einer nach dem anderen. Seb versuchte eine, Ola wollte keine, Gunnar guckte Pelle nur wild an und drehte sich weg, ich nahm eine Kapsel und spülte sie schnell mit schalem Bier hinunter.
Danach war es lange Zeit still im Zimmer.
Auf dem Boden lagen die Todesanzeigen.
Nach einer Weile ging Gunnar. Ola folgte ihm. Ich erhob mich, es war, als würde mein Kopf unten liegen bleiben, ich mußte ihn extra hochheben, bekam ihn aber nicht an seinen Platz.
Ich lief Gunnar und Ola nach. Sie warteten im Fahrstuhl. An der einen Wand hing ein Spiegel. Ich sah mich selbst in den Eisenraum treten. Gunnar drückte auf »Erdgeschoß«, und während wir sanken, floß ich durch die Wände, lief über alle Kanten hinweg, entfernte mich von der matten Oberfläche des Spiegels.
Die Angst schlug wie eine stumpfe Axt in mir zu.
»Bin ich hier?« fragte ich.
Gunnar und Ola starrten mich nur an.
»Bin ich hier?« schrie ich.
Gunnar zog mich auf die Straße. Der kalte Wind knetete mein Gesicht und gab der Angst neues Futter. Ich fing an zu laufen. Sie kamen hinter mir her und hielten mich erneut fest.
»Was bist du nur für ein Idiot!« keuchte Gunnar an meinem Ohr. »Warum mußtest du diese verfluchte Pille fressen!«

Ola sah nervös aus, jedenfalls stand er nicht still, lief um mich herum.
»Spuck sie aus«, sagte Gunnar. »Verfluchte Scheiße, spuck sie aus.«
Ich steckte den Finger in den Hals und kotzte Bier und Tee. Ich versuchte es noch einmal, bis die Magensäure mir am Gaumen brannte.
Gunnar klopfte mir auf den Rücken. Ich rutschte an einem Laternenpfahl herunter. Sie zogen mich wieder hoch.
Zwischen ihnen ging ich nach Hause.
»Mit diesem Gewimmel bei Seb muß Schluß sein«, sagte Gunnar die ganze Zeit. »Pelle ist ein reaktionäres Arschloch!«
Die Stadt und der Wind fegten an meiner Haut entlang, alles um mich herum erschien mir so nah, so deutlich. Es war wie ein Erwachen, wir näherten uns Skillebekk, und die Erdkugel kam mir mit neuer Erkenntnis näher, als könnte ich jetzt alles durchschauen. Es half sicher, zu kotzen, dachte ich. Als würde der Kopf gewaschen, die Augen gescheuert. Ich wurde fast religiös. Alles war so stark zu spüren, als wäre das Weltvolumen vergrößert worden und hätte jemand das Bild schärfer gestellt. Wahnsinn.
Bei Solli hielten wir an.
»Wie fühlst du Schwein dich?« fragte Gunnar.
»Prima. Bin in Ordnung.«
Ich umarmte sie mit festem Griff.
Dann wanderte ich allein nach Hause. Vater saß mit Pym im Wohnzimmer. Er wollte Pym das Sprechen beibringen.
»Wie lief es heute in der Theatergruppe?« fragte Mutter.
»Super«, sagte ich.
Ich mochte kein Abendessen und legte mich ins Bett. Überall tickten die Uhren, sogar Vaters und Mutters Armbanduhr hörte ich. Sie hackten die Zeit in Stücke, ich mußte mir die Ohren zuhalten, vergrub mich im Kissen und schnallte mir die Decke um den Schädel.
Aber die Geräusche wurden immer lauter.
Und ich wurde immer wacher.

Ich fühlte mich wie eine alte, schlaflose Matratze, aus der eine Feder nach der anderen herausspringt, und sang mit einem rauhen, schneidenden Ton. Ich lief um mich selbst herum, um eine große, unbegreifliche Leere: Schlaflosigkeit. In den Sportstunden flog ich über den Bock, aber mitten im Schweben vergaß ich, wobei ich eigentlich war und donnerte rittlings aufs Leder. Dann kletterte ich wie ein verängstigter Affe die Taue hoch, aber wenn ich mit dem Kopf ans Dach stieß, vergaß ich, wo ich war, rutschte runter und verbrannte mir die Haut an den Händen. Ich konnte nicht schlafen und war in permanenter Aktivität. Ich machte Hausaufgaben wie nie zuvor, aber wenn ich mich durch eine halbe Seite Geschichte gekämpft hatte, wußte ich plötzlich gar nichts mehr, war absolut leer, und dann fing ich mit einem neuen Buch an, und so ging es immer weiter. Die Federn sprangen überall, von den Augen, Ohren, der Nase, dem Mund, verrostet, schneidende Musik hielt mich wach, Nacht für Nacht hellwach. Ich schlief nicht einmal in den Schulstunden. Das Leben raste auf 78 Umdrehungen dahin, und als ich eines Nachts mit dem Gewicht der ganzen Welt auf meinem stinkenden, verschwitzten, widerlichen Körper dalag, da fiel mir ein Traum ein, den ich im Sommer '65 gehabt hatte, als Mutter Fasching gespielt hatte und sie nackt und ängstlich auf dem kalten Fußboden dastand. Ich träumte, daß ich tot war. Daß ich in einer Kiste lag und spürte, wie ich sank. Ich schob die Weltkugel beiseite und wälzte mich aus dem Bett, tropfnaß, verrostet, die Angst saß wie ein Spinnennetz im Herzen. Ich begann, nach weiteren Zeichen zu suchen und sank immer tiefer in die Unwirklichkeit, die mich wie ein schmutziges Laken einhüllte.

Ich spielte alle Beatles-Platten, die ich besaß, und das waren alle. Ich ging sie genauestens von vorn bis hinten durch, schrieb die Texte ab und durchstöberte sie, studierte die Cover mit der Briefmarkenlupe, klebte ein ganzes Album mit Bildern von Paul vor und nach '65 voll. Ich suchte und ich fand. Ich stand mit dem Sieb in einem rasenden Fluß und fand den fehlenden Nagel zur Kiste. Bei *Sergeant Pepper* stand Paul mit dem Rücken nach vorn. Und ein linkshändiger Baßgitarrist war auf ein Grab gelegt worden. Ein Autowrack stürzte brennend ab. Ein Priester hielt segnend seine Hand über ihn. Bei *Magical mystery tour* trugen George, John und Ringo rote Nelken an der Jacke, Paul dagegen eine schwarze. Bei *Revolver* war Paul der einzige, der nur im Profil fotografiert worden war. *One and one and one is three*, sang John bei *Come together*. Einer war weg. Es fehlte einer. Ich stand stundenlang vor dem Spiegel und überprüfte mein Gesicht. Überall hatte ich Bilder von Paul McCartney. So ging der Herbst dahin. Der Frost strich durch die Straßen, und vom Fenster her zog es. Der Schweiß auf meiner Haut gefror zu Eisschollen, langsam durchzog mich die Kälte vollständig und ließ mich erstarren.

Gunnar kam auf Blitzvisiten und lieferte weitere Flugblätter ab. Die Stapel in der Schublade wuchsen, bald würde ich keinen Platz mehr für weitere haben. Eines Abends, als er schon wieder wie ein angespanntes Gummiband auf dem Weg nach draußen zu irgendeinem Treffen war, hielt ich ihn auf.

»Wie läuft's mit Seb?« fragte ich. Ich konnte kaum sprechen, klapperte mit den Zähnen wie ein Pinguin.

»Das wird schon laufen. Bist du erkältet, oder was?«

»Nimmt er noch diese Pillen?«

»Woher zum Teufel soll ich wissen, was er macht. Jedenfalls muß er bald die

Bremse ziehen, ziemlich bald. Pelle ist ein Schwein.«
Gunnar war wieder auf dem Weg nach draußen, ich knarrte hinter ihm her.
»Meinste, daß die Tabletten gefährlich sind?«
Er hielt meinen Blick fest.
»Es sind nicht gerade Lakritzpastillen!«
Wir lächelten uns kurz an.
»Sammelst du immer noch Autogramme?« fragte ich.
»Ich geb nicht auf, bevor ich nicht das von Mao hab«, antwortete Gunnar.
Wir standen eine Weile da und scharrten mit den Beinen, dachten an die IFA-Pastillen und an Pornohefte.
»Kannst das Autogramm von Lin Piao kriegen«, kicherte ich.
»Hab ich schon, du Arsch«, johlte Gunnar. »Noch mal schmierst du mich nicht an!«
Er legte mir die Hand auf die Schulter, zog sie schnell wieder zurück, als fröre er.
»Du verträgst ja nicht mal mehr Sprit, Kim. Hör mit dem Dreck auf. Versprichst du das?«
Ich sah Gunnar an.
»Ja«, sagte ich.
»Teil die Flugblätter vor Samstag aus!« rief er und war verschwunden.

Ich kam nicht zur Ruhe, hatte es genauso schwer wie Gunnar, aber Gunnar brachte Sachen zustande, er nudelte Matrizen ab und hatte ein Ziel, ich drehte mich nur im Kreis, wie ein Karussell um den Spiegel, die Schlaflosigkeit, den Plattenspieler und die Angst herum. In den Pausen konnte ich nicht still stehen, zog die Gyldenløvesgate hinauf, versuchte, am Brunnen Ruhe zu finden, an dem zugenagelten, gefrorenen Brunnen. Eines Tages, als ich dort saß, kam Jørgen an.
»Du schwänzt die Theaterproben«, sagte er ruhig.
»Keine Zeit«, entgegnete ich.
Er fuhr mir durchs Haar und kicherte.
»Nächstes Mal mußt du kommen«, sagte er, wieder ernst. »Da wollen wir das ganze Stück durchgehen.«
Ich steckte mir eine an und fing an zu erzählen.
»Ich habe einen Brief an ein Mädchen geschrieben«, sagte ich. »Sie heißt Nina. Ich war mit ihr vor ein paar Jahren zusammen. Aber sie hat nicht geantwortet. Meinst du, daß das ihre Rache ist?«
Jørgen bekam einen besorgten Gesichtsausdruck, ein Schatten, der sich langsam wieder auflöste.
»In den Weihnachtsferien soll ich nach England fahren«, sagte er.

»Toll«, fand ich. »Liverpool?«
»London.«
Er faltete die Hände und lehnte sich an mich.
»Mir graut's etwas davor«, meinte er.
»Sie könnte ruhig mal antworten. Schließlich habe ich *ihr* vier Briefe geschrieben!«
»Das gibt es wohl, daß man traurig und fröhlich zugleich ist«, sinnierte Jørgen.
»Ja«, stimmte ich zu. »Klaro. So läuft doch das ganze.«
»Liebst du Nina?«
»Ja.«
»Sie schreibt dir bestimmt. Wenn du sie liebst.«
»Fährst du nach England?« fragte ich.
»Ja«, bestätigte Jørgen, es klang fast traurig.
»Napoleon kommt!« schrie ich.
Es klingelte zur Stunde, und wir liefen zu Kreide und nassem Schwamm zurück.
An einem Freitag schwänzte ich die letzten beiden Stunden und raste zum Versuchsgymnasium. Ich hatte die Texte vom *White Album* genau gelesen, und die Zeile in *Green Onion* ging mir nicht aus dem Kopf: *The Walrus was Paul*. Ich hatte alle Lexika in der Deichman-Bibliothek durchforstet und herausgefunden, daß das Walroß ein altes Todessymbol war. Ich war erfroren. Ich war voller Fossilien und erstarrter Energie. Das einzige, was noch in mir lebte, war die Angst. Ich spurtete zur Akersgate hinunter und fand Seb im Aufenthaltsraum. Ein Mädchen stand schreiend vor ihm.
»Du bist ein Arschloch! Ein verdammtes Arschloch!«
Seb versuchte, sie zu beruhigen. Das Mächen schlug mit seinen Fäusten aufs Klavier und warf sich einen Schal um den Hals.
»*Du* bist es, der alles kaputt macht!« raste sie. »Du machst damit die ganze Schule kaputt.«
»Ich mach, was ich will«, erwiderte Seb.
»Aber nicht hier! Hier bist du ein Teil einer Gemeinschaft. Und wenn du dir den Stoff reinziehst, dann machst du es für uns alle kaputt. Kapierst du das nicht! Gerade hinter solchen wie dir sind doch das Unterrichtsministerium und dieser Arsch von Bondevik hinterher.«
Das Mädchen drehte sich um und rauschte aus dem Raum. Seb blieb am Klavier stehen, das immer noch von dem wütenden, bitteren Akkord summte. Er sah mich und schleppte sich über den Fußboden.
»Riesenzoff«, schnarrte er. »Wollen wir 'ne Runde flippern?«
Ich zog ihn an einen verdreckten Tisch. Ein Stockwerk höher dröhnte Led

Zeppelin von einem Plattenspieler. Seb drehte eine schlaffe Zigarette.
»Voll gestreßt?« fragte er und gab Feuer. Der Tabak zischte Richtung Lippen.
»Wer war denn das Mädchen?«
»Der Chefsalamander«, kicherte Seb.
Mit einem Mal stand sie wieder da, deutete mit geballter Faust auf Seb. Aber ihre Stimme war ruhig und gefaßt.
»Wir haben auf der Vollversammlung beschlossen, daß unsere Schule drogenfrei sein soll, Seb. Das weißt du genau. Wenn du in den Park gehst, dich kaputtdopst und deine Gehirnzellen umbringst, ist das deine Sache, auch wenn es verdammt bescheuert von dir ist. Aber was du *hier* tust, geht uns alle an. Hast du das begriffen, Seb?«
Seb errötete leicht hinter seinem Bartschatten, auf der blassen Haut entstand ein leichter Schimmer, er zwang seinen Blick hoch zu ihr.
»Du hast recht, Unni. Verflucht, du hast immer recht.«
Sie lächelte, ihre Faust schmolz dahin, und sie fuhr Seb durch die Haare, nahm ihn in den Arm und schlüpfte davon.
»Die redet nicht um den heißen Brei herum«, sagte ich.
»Unni ist der Chef hier«, erklärte Seb und beugte sich über den Tisch. »Is' was los? Lampenfieber? Du sitzt ja wie ein Jojo auf deinem Stuhl.«
Ich fing an zu erzählen.
»Was dieser Kerl von Pelle an dem Abend gesagt hat, daß Paul tot ist, vor vier Jahren gestorben, war das nur 'n Bluff, oder was zum Teufel war das?«
Seb breitete ein King-size-Grinsen aus, das Lachen gluckerte ihm zwischen den Zähnen hervor.
»Nun komm nicht an und erzähl mir, daß du diesem Quatsch auf den Leim gegangen bist, alter Kim!«
Ich holte auch ein Grinsen hervor und krümmte meine Finger wie Butterbrotpapier zusammen.
»Natürlich nicht, fand nur, daß es reichlich verrückt klang.«
»Und danach hast du zu Hause gesessen und Pauls Todesanzeige auf jeder idiotischen Platte seit *Help* gefunden, stimmt's?«
Ich zuckte mit den Schultern.
»Nicht ganz. Hab 'n bißchen gestöbert. Ganz komische Sachen.«
»Hier gibt's extra 'ne Gruppe, die die ganze Sammlung durchgegangen ist. Jetzt haben sie herausgefunden, daß George auch tot sein muß. Mit John fangen sie nächste Woche an. Die Eisernsten behaupten, daß Ringo der einzige ist, der überhaupt geboren wurde.«
»Du glaubst das also nicht?«
»Nun mach mal halblang, Kim. Glaubste, die können 'nen Kerl ausspucken, seine Visage liften und seine Stimme verdrehen? Mann, das ist doch alles nur

Reklame. Geld im Beutel. Du hast das doch wohl nicht *geglaubt*!«
Ich lachte laut.
»Biste bescheuert!«
Ein Zuckergesicht schob sich durch die Tür und sah Seb höhnisch an.
»Kommste zur Norwegischstunde?«
»War vorige Woche da.«
»Vielleicht beruhigt dich ja Bjørneboe, du Angeber!«
Seb kam hoch und war schon auf dem Weg nach draußen.
»Kommste mit?« rief er mir zu.
Ich flog hinterher. Auf den Fluren waren die Wände mit psychedelischen Figuren bemalt, das war was anderes als die Schlachtereigänge in Vestheim oder Frogner.
»Keine Zeit«, sagte ich.
Seb blieb stehen.
»Guckst du mal abends vorbei?«
»Diese Tablette«, fing ich an, »diese Tablette, die Pelle dabeihatte. Bist du danach wieder runtergekommen?«
Seb starrte mich an, nahm mich näher in Augenschein, schob mein Augenlid hoch und begutachtete meine Pupillen.
»Runtergekommen?« fragte er nur.
»Die letzte Woche ging's mir verdammt schlecht«, murmelte ich.
Er betrachtete mich lange.
»Redest du von Pelles Pillen?«
»Genau. Ich war ununterbrochen auf dem Trip.«
Er schluckte das Lachen runter.
»O Mann, das war doch nur Chinin, Pelle hat doch nur geblufft. Das kriegt man in der Apotheke — ohne Rezept!«
Seb sprintete den Flur entlang, eine Tür fiel ins Schloß. Bei mir ging's ziemlich rund. Vier Mädchen, die Hände voller Ton, kamen kichernd auf mich zu. Sie hätten mich zu was auch immer kneten können, hätten Teetassen, Krug und Kerzenständer aus mir machen können, mich in den Ofen stecken und für alle Ewigkeit brennen können. Ich konnte in ihren Augen sehen, daß sie Lust dazu hatten. Sie kamen mit triefenden Fingern auf mich zu, klar zum Angriff.
»Napoleon kommt!« schrie ich und lief nach Hause, wütend und ängstlich — verdammt wütend und ängstlich.
Mutter stand in der Tür, als ich hineinstürmte.
»Jørgen hat angerufen«, sagte sie, bevor ich meine Tarnkleidung noch runter hatte. »Er hat gesagt, daß du die Theaterprobe morgen nicht vergessen sollst.«
»Ich weiß«, sagte ich. »Ich weiß es!«

»Bist du wegen der Premiere nervös?«
»Die Premiere ist doch erst nach Weihnachten!«
»Wenn du auf der Bühne stehst, Kim, mußt du deutlicher sprechen.«
»Ich steh' nicht auf der Bühne. Die Vettel hat die Idee gehabt, daß ich unten im Saal stehen soll, wenn ich den Text rufe.«
Ich steuerte mein Zimmer an. Mutter war hinter mir her.
»Da ist ein Brief für dich gekommen«, sagte sie.
Das Blut tropfte von des Schädels grauem Himmel. Das wurde langsam zu viel für einen Tag. Ich war kurz davor, auf die Knie zu sinken.
»Brief«, flüsterte ich heiser.
»Er liegt auf deinem Tisch.«
Ich schleppte mich hinein. Er lag neben meinen Büchern, ein großer, dicker Umschlag mit dänischen Briefmarken drauf. Mein Name war mit Maschine geschrieben. Ich wußte gleich, daß irgendwas nicht stimmte. Mein Blut gerann und verschorfte im Mund.
Ich bekam den Umschlag auf.
Heraus fielen alle meine Briefe. Es waren viele. Sie waren nicht geöffnet. Zum Schluß fand ich einen maschinengeschriebenen Bogen. Oben in der Ecke stand gedruckt: *Die Königliche Dänische Botschaft. Kopenhagen.* Ganz unten stand der Name ihres Vaters. Ich las langsam. Der Brief war nicht lang. Er schrieb, daß Nina früh im Sommer ins Ausland gereist war, nach Paris, zusammen mit ein paar Freunden. Sie war bis jetzt noch nicht wieder nach Hause gekommen. Sie hatten einen Brief aus der Türkei bekommen, in dem sie schrieb, daß sie überlegte, nach Osten weiterzufahren, vielleicht nach Afghanistan. Das war vor zwei Monaten gewesen. Seitdem hatten sie nichts wieder von ihr gehört; wenn sie nach Hause komme oder wenn sie wüßten, wo sie war, wollten sie sie bitten, mir zu schreiben.
Ich saß auf dem Fußboden. Der verwelkte wilde Wein kratzte an der Fensterscheibe. Wenn ich die Augen schloß, sah ich sie vor mir, dünn, lächelnd, die Zähne, die hinter den großen roten Lippen hervorblitzten. Ich sah Nina vor mir, und dabei war sie jetzt an irgendeinem Ort auf der Welt, und niemand wußte, wo sie war.
Ich schloß noch einmal die Augen, der Wind rüttelte am Fenster, ich hatte bereits vergessen, wie er aussah, Paul McCartney, ich wußte, die Zeit war vorbei, die Beatles hatten sich getrennt, die Sache war klar, ich würde nie wieder vorm Spiegel stehen, mit hängenden Augenlidern, zusammengezogenen Augenbrauen und so tun, als sei ich Linkshänder. Das war vorbei. Das war endgültig vorbei.
Ich öffnete die Augen und merkte, daß ich todmüde war, als hätte ich in meinem ganzen Leben noch nie geschlafen, müde bis ins Mark.

Mutter weckte mich. Sie hockte mit erschrockenen Augen neben mir und rüttelte mich wach.
»Schläfst du auf dem Fußboden! Kim, bist du krank?«
Ich riß die Briefe auf. Ich sammelte sie zusammen und zog eine Schublade auf. Die war proppevoll mit Flugblättern. Ich stopfte sie in eine andere. Pym und Vater unterhielten sich im Wohnzimmer. Mutter saß neben mir.
»Du mußt dich beeilen«, sagte sie. »Die Proben fangen um sieben an!«
Draußen war merkwürdiges Wetter, der Himmel schien mit einem fremden Licht eingefärbt, die Luft wirkte explosiv, in dem blauen, intensiven Licht von oben vibrierte es. Ab und zu fegte ein Windstoß mit Getöse durch die Straßen, wie ein Düsenflugzeug. Dann war es wieder still, es war, als kröche man durch eine Kanone, während die Lunte brennt.
Ich war der letzte in der Turnhalle, und die Minni mit ihren Titten fing in dem Moment, wo ich meine Nase durch die Tür steckte, an zu meckern.
»Findest du es in Ordnung, daß das ganze Ensemble auf dich warten muß!« schrie sie.
»Nein«, sagte ich, und an diesem Tag wuchs ich wirklich über mich hinaus.
»Darf ich fragen, ob du erwägst, zur Premiere zu kommen?«
»Werd's versuchen«, entgegnete ich.
Sie streckte die Hände aus und lächelte spöttisch.
»Na, da bin ich ja wirklich erleichtert, Kim Karlsen.«
Und dann ging's los. Sie unterbrach ungefähr bei jedem zweiten Satz, markierte die Schritte auf dem Boden, dirigierte, artikulierte, stöhnte, strich, fügte hinzu, rief, schimpfte, weinte. Ein paar Mädchen brachen zusammen und liefen heulend in die Garderobe, wobei ich glaube, daß sie so was im Kino gesehen hatten. Sie wurden mit Schmeicheleien und Cola wieder hereingelockt, und dann ging's von vorne los. Jedenfalls schrie ich meinen Einsatz an der richtigen Stelle, aber die Vettel war mit dem Tonfall nicht zufrieden, ich sollte mich in die Geschichte des ganzen russischen Volkes hineindenken, in die Schrecken des Krieges, Sibiriens Kälte und die Angst der Mütter, das Leiden von Jahrhunderten sollte in meinen zwei Worten zusammengefaßt sein. Als ich *Napoleon kommt!* 23mal gebrüllt hatte, war es mir egal, ich nahm meine Jacke und machte mich aus dem Staub. Die rechneten sicher damit, daß ich zurückkommen würde, deshalb nahm das Ensemble es nicht so ernst. Aber ich kam nicht zurück. Ich ging durch die Straßen, und inzwischen hatte der Wind Ernst gemacht, er polterte durch die Stadt, ich wurde regelrecht wieder in die Tür zurückgeworfen, krabbelte auf allen vieren hinaus und kam mühsam auf die Beine. Es brannte in den Augen, heulte in den Ohren, ich machte meine Bauchmuskeln hart, schirmte mein Gesicht ab und stürzte mich in den Wind.

Ich brauchte mindestens eine halbe Stunde bis zum Springbrunnen. Dort legte ich mich in den Windschatten der Mauer und schaffte es nach 16 Streichhölzern, eine Zigarette anzustecken. Es war kein Mensch zu sehen, nur ein Pudel wehte an mir vorbei, wie ein schwarzes Knäuel. Die Bäume der Allee wurden gegen den Hügel gedrückt, die Straßenlaternen schaukelten in alle Richtungen, warfen ihr Licht wild um sich, wie ein abgeschlaffter Kerl mit einer Taschenlampe. Irgendwo klirrte eine Fensterscheibe. Die Luft bestand nur aus dem Heulen des Windes.

Ich zog mich hoch und stapfte weiter, stolperte und wurde auf einen Rasen geworfen, klammerte mich am Gras fest, kroch ein Stück vorwärts, fand Halt und konnte mich aufrichten. Eine Zeitung flog wie ein prähistorischer Vogel zwischen den Bäumen hindurch. Ich schleppte mich zur Allee hin und kämpfte mich von Stamm zu Stamm. Es war halb zehn, als ich in der Tidemandsgate stand. Ich rief ihren Namen, aber der Wind schluckte jeden Laut. Ich schrie noch einmal, aber niemand konnte es hören, ich selbst hörte es nicht, merkte nur, daß der Hals aufgerissen wurde und es dumpf im Trommelfell klopfte.

Ich sank auf dem Bürgersteig zusammen, eine Windböe drehte sich um mich herum. Ich konnte kaum Luft holen, lag mit offenem Mund da und japste. Ein Baum fiel quer über die Straße, zerschlug einen Lattenzaun. Etwas segelte an mir vorbei und knallte gegen eine Wand. Dachziegel. Dachziegel kullerten von den Häusern. Ein Splitter traf mich an der Stirn, und ich merkte, daß etwas Nasses über meinen Nasenrücken lief. Ich zwang mich aufzustehen, versuchte mein Gesicht mit den Armen zu schützen, wollte gegen den Wind angehen, da sah ich ihn kommen, Jørgen kam durch den Sturm heran, die Hände in den Taschen, pfeifend, als wenn nichts passiert wäre, nichts geschähe. Er ging ohne Probleme schräg zum Wind, sprang über den Baum und lief das letzte Stück auf mich zu.

»Dachte mir, daß ich dich hier irgendwo finden würde«, sagte er nur.

Ein Dachziegel fuhr haarscharf an ihm vorbei.

»Vorsicht!« schrie ich und zog ihn zur Seite.

»Hier hat Nina gewohnt, nicht wahr?« fragte er und schaute auf die große Holzvilla, die dunkel in dem zugewachsenen Garten lag.

»Das ist das schlimmste Wetter, das ich je erlebt habe!« rief ich. »Hab' das Gefühl, der Strudel hat die ganze Stadt erfaßt!«

Jørgen sah mich an.

»Du kommst wieder, nicht? Zur Theatergruppe.«

Ich nickte und meinte, der Wind würde mir gleich die Augen ausreißen.

Er legte eine Hand auf meine Schulter, sprach in dem Sturm, als würde er ihn gar nicht merken.

»Du kommst immer wieder, nicht wahr Kim?«
Unter den Augenlidern brannte es, ich konnte nicht mehr klar sehen. Mein Kopf fiel nach vorne, ich lehnte meine Stirn an Jørgens Brust. Er legte mir eine Hand um den Hals und hielt mich fest. Dann spürte ich seine Wange an meiner, seinen Mund, ich schlang meine Arme um ihn, wir standen mitten im Sturm, und ich weinte an Jørgens Brust.

LET IT BE

Frühling / Sommer 70

Die russische Uniform aus Lodenstoff juckte am ganzen Körper, schlimmer als in Hagebutten zu baden. Der Schweiß rann mir den Rücken runter, das Herz pochte, und die Nerven begannen durchzudrehen. Ich saß mutterseelenallein in der Garderobe und wartete auf das Stichwort, denn Minni mit den Titten war natürlich auf die Idee gekommen, daß ich *hinter* dem Publikum hereinkommen, den Mittelgang hinauflaufen, meine schicksalsträchtige Botschaft herausbrüllen und hinter der Bühne wieder verschwinden sollte. Ich hörte Jørgen drinnen im Saal reden, seine Stimme klang klar und deutlich, das Publikum war mucksmäuschenstill. Dann antwortete Natascha, die überhebliche Besserwisserin, ich hörte Seide rascheln. Ich guckte durchs Schlüsselloch, sah all die steifen Hinterköpfe, in Reih und Glied dasitzend. Auf der Bühne wurde es dunkel, irgend jemand stolperte, dann ging der Scheinwerfer wieder an, und da stand Napoleon im Lichtkegel, ein aufgedunsener Kerl mit bleichem Blick, er hatte die Rolle bekommen, weil er der Kleinste in der Schule war, 1,59. Er stand da, die Hand an der Brust, mit diesem wahnsinnigen Hut, der wie ein Schiff auf dem Schädel saß, und im Hintergrund spielte Jan Johansson das Lied der Wolgaschiffer. Ich setzte mich wieder auf die Bank. Meine Nerven gingen mit mir durch. Zum Glück hatte ich mir ein paar Arbeitsbier mitgenommen. Ich machte ein Export auf und trank. Es half nichts. Ich leerte noch eines. Es war noch eine Ewigkeit, bis ich hinaus sollte. Ich öffnete das dritte und kam langsam wieder ins Lot. Meine Nerven beruhigten sich. Nur der Loden juckte. Dann mußte ich pissen. Das Bier hatte nur ein bißchen im Kopf herumgeblubbert, der Rest war direkt in die Blase gelaufen. Ich hatte noch reichlich Zeit und schlenderte zum Klo. Da hatte ich ziemlich damit zu tun, den russischen Hosenlatz aufzuknöpfen, mindestens 20 Metallknöpfe mußten herausgefummelt werden, und noch schlimmer war es, sie wieder hineinzubugsieren. Die Panik packte mich. Ich knöpfte und zerrte, es juckte unter der Haut, im Schritt, die schweren Lederstiefel waren wie aus Blei. Endlich kriegte ich den Latz wieder an Ort und Stelle und raste in die Garderobe zurück, blieb stehen, hörte nichts,

niemand da drinnen sagte etwas, nur ein leises Raunen, ein Murmeln ging durch die Sitzreihen. Ich guckte durchs Schlüsselloch. Die ganze Truppe stand da und wartete, schielte nervös von einem zum anderen, wartete auf mich, mein Herz sprang in der Kehle wie ein Lachs hoch, dann holte ich tief Luft, griff nach meinem Säbel und riß die Tür auf.
Danach weiß ich nicht mehr so furchtbar viel, aber ich muß einen ziemlichen Eindruck gemacht haben, denn der ganze Saal schrie wie aus einem Mund, und in den hintersten Reihen gab es Anzeichen von Panik. Ich grölte meine grausame Botschaft und konnte hinter der Bühne in Deckung gehen. Terje, der Beleuchter, fütterte mich mit Bier, meinte hartnäckig, daß meine Replik einen Ausschlag auf dem Seismographen in Bergen verursacht haben müßte, und daß ich mir bereits einen Oscar für die beste männliche Nebenrolle gesichert hätte.
»Das ist doch für Film, du Holzkopf«, erklärte ich ruhig.
»Is' doch egal, Igor. Die Eli-Statue kriegste auf jeden Fall.«
Dann spielte Jan Johansson *Abende in Moskaus Vororten*, in der Turnhalle wurde es dunkel, und die Bühnensklaven sollten das rosa Sofa herausschleppen, sie stolperten über eine Leitung, rappelten sich auf und schlurften zurück. Es wurde wieder hell, Pierre redete von seiner großen Liebe, und Natascha heulte, und auch die Leute im Saal fingen an zu schluchzen, besonders eine Person, das mußte meine Mutter sein, da war ich ganz sicher, ich krümmte mich über dem Bier zusammen. Und dann war das Ganze vorbei, das Licht verlosch über Pierres Körper, einige Sekunden lang blieb es still, dann brach ein ohrenbetäubender Applaus los, und wir fielen uns gegenseitig um den Hals, die Leiche konnte sich vom Diwan rollen, bevor das Licht wieder anging, und hinterher standen wir auf der Bühne, alle in einer Reihe, Hand in Hand, während das Klatschen und Trampeln zu uns hinaufdröhnte und die Blitze der Weltpresse aufflammten. Ich bekam Mutter zu Gesicht, in der ersten Reihe, sie strahlte — so hatte ich sie seit *Brand* nicht mehr gesehen. Und ganz hinten saßen Seb, Gunnar und Ola, kicherten und pfiffen. Wir mußten fünfmal raus, bevor die Kosaken sich zufriedengaben.
Und danach war die Premierenfeier bei Minni, in einer riesigen Bude in der Bygdøyallee. Ich versuchte nicht aufzufallen, lief vorsichtig mit den Bleigewichten und Bierflaschen herum und konzentrierte mich, als würde ich nur in einer neuen Rolle weitermachen, ich achtete darauf, was ich sagte, achtete auf meine Gedanken, dachte über meine Gedanken nach, das war schon merkwürdig, aber ich hatte eine Heidenangst davor, Purzelbaum zu schlagen und in Panik zu geraten. Der Abend verlief ruhig, jemand schlief in einer Ecke, Natascha flüsterte mir was ins Ohr, was ich nicht verstand, aber sie kicherte fürchterlich und verschwand in ihrem riesigen, knisternden Kleid in

einem anderen Zimmer, als ginge sie in ein Gemälde aus dem vorigen Jahrhundert. Ich sah, wie Minni Pierre an die Wand preßte, dann drehte sie sich schnell um und verschwand. Ich setzte mich in einen Sessel und fand ein halbvolles Bier, steckte mir eine Kippe an und starrte Pierre an, der immer noch an der Wand klebte. Dann lächelte er und kam zu mir.
Ich hatte seit dem Abend mit dem Sturm so gut wie gar nicht mehr mit Jørgen geredet, und irgendwie hatte Jørgen sich seit den Weihnachtsferien, als er in England gewesen war, verändert. Jetzt setzte er sich auf die Lehne und legte eine Hand auf meine Schulter. Ich wollte auch gern mit ihm quatschen.
»Gut gelaufen«, sagte ich.
Er nickte. Irgend jemand klimperte auf einem Klavier.
»Du wirst noch 'n Profi«, erklärte ich.
Er antwortete nicht, rieb mit seiner Hand auf meiner Schulter.
»Wie war es eigentlich in London?« fragte ich.
Er sah sich schnell um, als hätte er Angst, daß jemand lauschen würde.
»Prima«, sagte er schnell, »Spitze.«
So blieb er eine Weile da sitzen und sah auf mich hinab.
»Ich hab' dort meine Liebe gefunden«, flüsterte er.
Ich knuffte ihm in die Rippen.
»Stark!« sagte ich. »Wie sieht sie denn aus?«
Seine Augen glitten wehmütig über mich hinweg, dann stand er auf und ging in ein anderes Zimmer. Ich blieb mit der leeren Flasche sitzen und fühlte mich mit einem Mal schlecht.
Irgend jemand wollte, daß ich singe. Ich lehnte ab. Die Mädchen flehten mich auf Knien an. Ich verneinte standhaft. Napoleon wollte mich dazu bringen, aufs Dach zu klettern, man brauche nur die Dachrinne direkt vom Balkon aus zu erklimmen. Sie brachten mich zum Zittern. Sie wollten, daß ich etwas mache. Ich schmiß eine Lampe um und ging aufs Klo, schloß die Tür und lehnte meine Stirn gegen die kühlen Wandkacheln. Da hörte ich hinter mir ein Geräusch von Wellen und Sommer. Langsam drehte ich mich um. Die Badewanne war voll mit Wasser und Schaum. Dann entdeckte ich sie: Minni, sie lag da mit einem breiten Lächeln und geschlossenen Augen, ihre Brüste schwammen wie Wasserbälle umher. Sie war nicht ertrunken. Sie redete mit mir.
»Du bist doch ein guter Freund von Jørgen, Kim, oder?«
Ich fummelte am Verschluß, er hatte sich verhakt. Der Loden juckte und kratzte.
»Doch«, antwortete ich. »Wir sind Kumpel.«
Es platschte, sie hob einen Arm aus dem Schaum.
»Komm mal her«, sagte sie.

Ich kam nicht.
Sie öffnete die Augen und hakte sie in mir fest.
»Komm«, sagte sie.
Ich tat, was der Regisseur sagte. Sie nahm meine Hand und hielt sie fest. Dann zog sie sie zu sich hinunter, und sie war stark, ich spürte das lauwarme Wasser an meinen Fingern, fühlte die weiche Haut, sie zog mich weiter, preßte meine Hand zwischen ihre Schenkel.
Dann ließ sie los.
Langsam hob ich meinen Arm hoch. Die Uniform war naß und schwer geworden.
Sie lächelte.
»Du hättest eine größere Rolle haben sollen, Kim. Heute abend habe ich es festgestellt. Du hättest ... eine größere Rolle haben sollen.«
Ich schälte mich so schnell wie möglich raus, hatte eine Todesangst. Ich pinkelte in der Küche ins Waschbecken und bog ab in die Zimmer. Auf dem Teller drehte sich langsam eine Jazzmelodie, auf dem Sofa saßen dunkle Paare. Es raschelte in den Kleidern. Ich trank aus einer Flasche, es brannte, Wodka, und gerade, als ich mich entschlossen hatte zu gehen, stand Natascha hinter mir.
»Suchst du Pierre?« flüsterte sie.
»Ich denke, ich gehe«, erwiderte ich.
»Er ist schon vor einer ganzen Weile gegangen«, murmelte sie dicht an meinem Ohr.
Ich fand ein Sofa. Sie kam hinter mir her, sank neben mir nieder.
»Dein Arm ist ganz naß«, bemerkte sie.
»Hab meine Zigarette in einer Bierflasche verloren«, sagte ich.
Sie kicherte und rückte näher.
»Du bist gar nicht so verrückt, wie alle sagen«, stellte sie fest.
Ich riß mich los und taumelte auf den Boden.
»Wer sagt das?« keuchte ich.
Sie sah etwas unglücklich drein.
»Niemand«, stammelte sie. »Niemand.«
Ich ging. In der Bygdøy Allee waren die Fenster bei Bonus grell erleuchtet wie in einem Puff. Ich wollte nicht nach Hause. Ich bahnte mir meinen Weg zum Norum-Hotel und klingelte an der Nachtglocke. Ola hatte dreimal die Woche Nachtwache. Er öffnete und starrte mich aus verquollenen Augen an. Dann erkannte er den Überbringer der Botschaft wieder und winkte mich hinein.
»Es ist drei Uhr«, gähnte er.
»Haste 'n Bier?«

Ola trollte sich in den Keller und holte zwei Pils. Hinter dem Tresen hatte er ein Feldbett aufgeschlagen. Wir setzten uns in den Salon. Er fummelte eine Camel aus dem Automaten.
»Das Schlimmste, was ich je gesehen habe«, sagte er.
»Was?«
»Das Stück, du Affe! Das einzige Mal, daß ich aufgewacht bin, war, als du hereingestürmt bist.«
Ich wieherte in den Loden, zündete ein neues Tier an.
»Wie läuft's mit Vigdis?« fragte ich.
Ola sah sich um, hatte Angst, auf frischer Tat ertappt zu werden, mitten in der Nacht, in einem schlafenden Hotel und mit Kirsten in Trondheim.
»Sauber«, wisperte er. »Echt sauber. Aber Kirsten ist meine Alte. Da gibt's klare Linien.«
»Toll«, sagte ich. »Klare Linien. Das sagt Gunnar auch.«
Wir saßen eine Weile stumm da. Ich merkte, daß ich blau war. Nichts stand mehr still. Die Angst zog sich über mir zusammen, ohne daß es einen Grund dafür gab, die Angst kam jetzt schon im voraus, und ich wußte nicht, womit ich eines Tages bezahlen müßte.
Ich drückte die Kippe im Aschenbecher aus.
»Ich muß mich unten hinlegen«, sagte Ola. »Vorgestern hab' ich vergessen, einen Inder zu wecken, der das Flugzeug nach Madrid nehmen wollte. Er versuchte mich lebendig zu verbrennen.«
»Was glaubste ... was glaubste eigentlich, was aus uns wird?« fragte ich vorsichtig.
Ola sah mich verblüfft an, schloß das eine Auge und lächelte mit dem anderen Mundwinkel.
»Was meinste denn damit?«
»Wie wird das mit uns weiterlaufen?«
Er lächelte auch mit der anderen Seite.
»Prima«, sagte Ola. »Wie denn sonst?«
Es summte von der Telefonanlage, eine Lampe blinkte rot. Ola ging zum Tresen und nahm den Hörer ab. Ein amerikanischer Agent wollte Cola.
Und ich wühlte mich wieder draußen durch den Schnee. In der Stadt war es totenstill. Ich stand mitten auf der Bygdøy Allee in russischer Uniform und hohen, schwarzen Stiefeln, zog den Säbel, grölte, lief zu Bonus und flog mit der Fresse voll in eine Schneewehe.

Gunnar kam mit neuen Flugblättern rauf, schmuggelte sie mit den witzigsten Methoden herein, in Zeitungen, Zeitschriften, in Plastiktüten von Bonus, in Plattenhüllen, überhaupt war Gunnar ganz komisch geworden, seltsam begeistert und mißtrauisch. Er schaute sich die ganze Zeit über die Schulter um, telefonierte fast nie. Aber gleichzeitig wirkte er zufrieden, in all dem politischen Haß, der von ihm ausströmte, fand sich ein reines und klares Glück, die Politik war Gunnars Sauna, ich glaube, Gunnar war glücklich. Er verbrachte seine Abende auf den Treffen des Äußeren Westen, ging zu den Studienkreisen der Sozialistischen Jugend, stand an den FNL-Ständen und war im Schülerrat. Zu mir kam er nur, um Flugblätter abzuliefern, dieses Mal drehte es sich um die Pläne der Amerikaner in Laos. Ich hatte bald keinen Platz mehr für weitere Flugblätter. Die Schublade war voll. Es bereitete mir schlaflose Nächte, wenn ich an all die Flugblätter dachte, die ich nicht verteilt hatte.

Er schob sich in mein Zimmer, vergewisserte sich, daß die Tür geschlossen war, zog die Gardinen vor und holte einen Stapel, in Butterbrotpapier eingewickelt, hervor.

»Am liebsten morgen«, flüsterte er, als läge ein Spitzel mit Fernglas und Tonband unterm Bett.

»In Ordnung«, sagte ich und fühlte mich beschissen, mit Worten zu lügen war eine Sache, aber mit Taten zu lügen, das war schlimmer, selbst mir war das klar.

Gunnar blieb eine Viertelstunde, dann mußte er weiter, er sollte einen Artikel über Fünf-Tage-Woche und Steuererklärung für die Schulzeitung schreiben.

»Wie geht's Stig?« fragte ich.

Darüber wollte er nicht reden.

»Erinnerst du dich an Cecilie von Vestheim?« fragte er statt dessen und stand auf.

Ich sah ihn dumm an. Ob ich mich an Cecilie erinnere?

»Denk schon«, sagte ich.

»Ist im gleichen Studienkreis wie ich. Ist in Ullern Redakteurin der Schulzeitung geworden.«

»Cecilie?«

Er zog ein Käseblatt heraus und zeigte es mir. »Ulke Hulke«. Redakteur: Cecilie Ahlsen.

»Macht sie jetzt auch beim Studienkreis mit?«

Gunnar nickte und schlug die Zeitung auf.

»Da steht 'n Superartikel über die Sozialistische Jugend und Mao drin. Und den Schülerverband. Ist echt die beste Schulzeitung der Stadt.«

Dann mußte er gehen. Und Gunnar ging nicht auf dem üblichen Weg. Er nahm die Küchentreppe und kletterte den Zaun in den Hinterhof hinunter. Er schwang sich auf den Wäschepfosten und war weg.

In der Nacht hatte ich Fieber. Cecilie. Cecilie war Redakteur. Cecilie im Studienkreis. Alles drehte sich um mich. Und in der Schublade brannten die Flugblätter.

Drei Tag später kam Gunnar zurück. Er hatte die Augen zusammengekniffen und 10 Exemplare der Zeitung »Klassekampen« dabei, in eine »Aftenposten« eingerollt.

»Kannst du dir vorstellen, den Klassekampen in Frogner zu verkaufen?« fragte er.

Ich antwortete sehr, sehr zögernd, ich hatte keinen Platz mehr, es schien, als hätte sich der Kreis geschlossen, es wuchs mir über den Kopf.

Plötzlich griff er mich beim Hemd und zog mich an sich.

»Du hast nicht ein einziges verdammtes Flugblatt verteilt«, keuchte er. »Oder? Gib's zu!«

Er ließ mich los, und ich fiel auf der Couch zusammen, getroffen. Ich wollte reden, aber Gunnar ließ mich nicht zu Wort kommen.

»Wo hast du sie?«

Ich zog die dritte Schublade auf. Sie klemmte fast. Gunnar wischte die Flugblätter in seine Tasche hinein. Vietnam. Der Kiruna-Streik. Fünf-Tage-Woche. Rationalisierung. Unterrichtsministerium. Laos.

»Du dachtest wohl, du könntest uns verarschen!«

»Ich wollte euch nicht verarschen«, versuchte ich.

»O nein. Und wie nennst du das hier? Archivarbeit?«

»Ich bin einverstanden mit dem, was drinsteht, pack es nur nicht, sie zu verteilen.«

Das klang ziemlich flau. Ich war fix und fertig.

»Das ist aber nun mal der Witz mit Flugblättern, weißt du. Wenn du sie nur *lesen* wolltest, hättest du keine 50 Stück von jedem gebraucht!«

Dagegen war nichts mehr zu erwidern. Ich war ein Idiot. Ich nahm die Strafpredigt an.

Gunnar leerte meine Schublade.

»Bist du jetzt sauer auf mich?« fragte ich demütig.

»Das *Volk* ist sauer auf dich«, erwiderte Gunnar. »Das *Volk* ist *enttäuscht* von dir.«

Und als er ging, sagte ich etwas, das mich vollständig zum Lakaien und für alle Zeit zum Gespött der Leute machte.

»Erzähl Cecilie nichts davon«, sagte ich.

Mit einem Mal wurde uns klar, daß das Abitur näher rückte. Aber in diesem Frühling schaffte ich es nicht, mich wirklich zu konzentrieren, mit den Gedanken an Nina, von der niemand wußte, wo sie war, den Gedanken an Cecilie, voller Angst. Cecilie im Studienkreis, mein Kopf war für solche Gedanken zu klein, ich hatte keinen Platz für sie; wenn sie sich mit dem Kåre-Arsch verheiratet hätte oder mit Peder im Gemischten Doppel für die Norwegische Meisterschaft aufgestellt worden wäre, es hätte mich nicht verwundert. Aber das. Mein Kopf hatte nicht genügend Kapazität. Cecilie und Nina. Manchmal träumte ich, daß Nina durch eine Wüste laufe. Es war ein lautloser Traum, an ihrem Gesicht konnte ich sehen, daß sie fast verdurstet war. Es konnte passieren, daß ich in solchen Nächten selbst aufstehen und etwas trinken mußte. Und Jørgen entglitt mir irgendwie, ich sah ihn kaum. Dann der Schnitzer mit Gunnar. Es brannte mir in den Augen, wenn ich daran dachte. Ich war gedemütigt und pulverisiert. Ich sehnte mich nach der Großen Revolutionären Tat, etwas, was mich wieder aufrichten könnte, erheben, reinwaschen. Das Große Opfer. Ich träumte von Wahnsinnssachen, nicht so ein Kleinkram, wie Torhüter in der Nationalmannschaft zu sein, wenn Norwegen im Ullevål-Stadion 1:0 gegen Schweden führt, die Schweden einen Elfmeter bekommen und ich wie eine verdrehte Banane in der Ecke hänge und den Ball mit dem Zeigefinger herausfische. Nichts da. Ich träumte, daß ich in Vietnam an Land gespült würde, Soldat bei der FNL wäre und den letzten und entscheidenden Schlag gegen die Amerikaner anführte. So etwas träumte ich. Oder daß ich Nixon kidnappte und ihn dazu brachte, zuzugeben, daß er eine imperialistische und faschistische Ratte sei, wonach er bedingungslos die Kapitulation unterschriebe. Das träumte ich. Aber die Chance würde niemals kommen, auch wenn ich bei der Musterung mein Bestes gäbe, aber damit rechnete irgendwie auch niemand, denn Gunnar wollte ja gar nicht verweigern.

Am Abend davor saß ich bei Seb im Zimmer, wir waren allein, nur Jim Morrison flüsterte im Hintergrund, auf dem Tisch lagen 160 Teddys, drei zu Hause abgefüllte Flaschen Weißwein standen auf dem Boden, und in der Tasche hatte Seb einen saftigen Joint.

»Aber verflucht noch mal«, grölte ich. »Wollte Gunnar nicht auch verweigern!«

Seb schüttelte den Kopf.

»Neue Strategie. Der Junge will ins Feld. Drinnen aufrollen.«

Ich steckte mir eine Teddy an. Meine Finger waren bereits dunkelgelb, der häßliche Zeigefinger war bräunlich und roch sauer.

»Langsam tut mir der Hals weh«, stöhnte ich.

Seb schenkte den Wein ein, der war ziemlich trübe und schmeckte nach Sand.

»Es hat keinen Sinn, wenn man nur so *tut*, als wenn die Hände zittern«, sagte er. »Die sind ja nicht ganz doof, auch wenn sie Generale sind.«

Ich schaute meine Hand an. Sie vibrierte leicht. Das reichte nicht. So waren wir nun seit zehn Tagen jeden Abend zugange. Unterm Schädel war mir schwindlig. Seb sah aus, als hätte er die Gelbsucht, Migräne und doppelseitige Lungenentzündung.

»Ist sicher einfacher, sich Damenunterwäsche anzuziehen«, schniefte ich. »Da biste in ein paar Sekunden gefeuert.«

»Red kein' Scheiß. Nicht so'n Mist. Da sag ich lieber, daß ich Bettnässer bin.« Seb zwang den Wein mit einem Schluck hinunter, seine Augen wurden riesengroß.

»Es nützt nichts«, keuchte er. »Die nehmen dich mit in die Kaserne, um zu sehen, ob es stimmt. Begleiten dich bis in den Zug. Um zu sehen, ob du pinkelst.«

Wir saßen eine Weile stumm da. Seb spielte *Unknown Soldier.* Ich dachte an Gunnar, der trotzdem hinwollte. Ich trank Wein, mir war übel und ich fühlte mich leer.

»Gunnar hat sich verändert«, sagte ich.

»Findest du? Ich nicht. Er ist doch so wie immer.«

Er wechselte zu *Morrison Hotel.* Ich pißte ins Waschbecken. Seb machte die Wasserpfeife klar.

»Letzte Woche habe ich Guri getroffen«, sagte er.

»Und, wie war's?«

»So lala. Wir glotzten uns nur an und hatten uns nichts zu sagen. Reichlich verrückt, nicht?«

»Ist sie immer noch mit diesem Slalomheini zusammen?«

»Was weiß ich. Hab' sie nicht gefragt. Ist mir auch egal. Aber es ist doch merkwürdig, daß man mit einigen Leuten nicht reden kann, nicht?«

»Ja.«

»Und wenn die Leute reden, dann labern sie nur oberflächlichen Pißkram. Übers Wetter, die Milchpreise und 's Fernsehen. Meine Mutter zum Beispiel. Nachdem dieser Whiskyvogel im Käfig aufgetaucht ist, ist alles nur noch Plastik und Fernsehen. Die sitzen mit ihren Drinks und Erdnüssen da und werden langsam angeheitert, widerlich.«

»Haste mal was von deinem Vater gehört?«

»Haste *Easy Rider* gesehen? Ein Superfilm. Wenn ich mit der Gesellenprüfung fertig bin, werde ich mir so ein flaches Motorrad anschaffen und gen Süden düsen. Haste ihn nicht gesehen?«

»Nichts da. Ich kann kein Kino ab. Ist das schlimmste, was ich mir denken kann. Als ich mit Cecilie zusammen war, bin ich überfüttert worden.«

Seb zündete die Wasserpfeife an, sog dran, und es blubberte fast so, als wenn man mit Langschäftern in ein Moor tritt. Er gab mir die Orgel, und so saßen wir eine Weile da und horchten in uns hinein.

»Cecilie ist sicher MLer geworden«, sagte ich.
Seb kicherte, zog sich mit einem gelben Finger durch den hellen Bart, der dünn von den Mundwinkeln herabhing.
»Dann kann sie auf Bygdøy ja ein Sommerlager einrichten«, hustete er.
So saßen wir gurgelnd da, während Morrison *I'm a Spy in the House of Love* sang. Hinterher spülten wir mit Weißwein nach. Der Magen fühlte sich wie eine Trockenschleuder an, eine verrostete Trockenschleuder in einer geschlossenen Wäscherei in einem feuchten, muffigen Keller. So fühlte ich mich. An dem Abend vor der Musterung.
»Meinste, wir schaffen es?«
»Na klar«, sagte Seb, erhob sich, schwankte, schraubte sich wieder nach unten.
»Sicher?«
»Nun fang nicht an zu unken, Mann. Nimm kein Handtuch mit, und auch nicht die Einberufung. Antworte auf alle Fragen verkehrt. Bitte sofort, zum Psychologen zu kommen. Dann läuft es wie geschmiert, Kim.«
»Meinste, daß sie uns glauben?«
Seb riß die Augen auf.
»*Glauben?* Es geht darum, daß sie uns nicht *haben* wollen!«
»Wenn du lügst, ist es sinnvoll, bei der Wahrheit zu bleiben«, sagte ich plötzlich.
Seb sagte die folgende Stunde nichts mehr. Wir zündeten die Pfeife wieder an und tranken den Wein aus.
Dann sagte er: »Damit hast du verdammt recht.«

Gegen zwei Uhr torkelte ich nach Hause. Die Stadt war kühl und grau. Die Straßen erstreckten sich weit hin, bekamen einen anderen Glanz, wenn es keine Menschen auf ihnen gab, fast als zwänge der Himmel sich gegen den Asphalt. Ich war allein auf den Straßen, und mich plagte der Gedanke, daß ich die ganze Stadt mit einem Schrei wecken könnte, aus voller Kehle, und dann würde ich in einem Fenster nach dem anderen das Licht angehen sehen, die Rollos hochschnellen hören, Türen knallen, Männer schimpfen, Wasser rauschen. Das hätte ich tun können. Ich hätte die ganze Stadt zu Tode erschrecken können. Aber ich tat es nicht. Statt dessen fand ich die Svoldergate, schlich mich hinein, Mutter und Vater waren schon lange ins Bett gegangen, aber Mutter schlief nicht, ich hörte, wie sie sich da drinnen wälzte, ich hörte, wie ihre Augen in die Dunkelheit starrten.
Ich ging nicht zu Bett. Ich öffnete das Fenster und rauchte die letzten Teddys. Ich schaute meine Hände an. Sie waren gelbbraun, schmutzig, sie zitterten. Hätte ich einen Pfeifenreiniger von einem Ohr zum anderen durchziehen

können, dann hätte man feststellen können, daß meine Seele schwarz und schmutzig war. Das Haar hing mir fettig ins Gesicht. Um vier Uhr kotzte ich auf den Bürgersteig. Um fünf Uhr kam das Licht auf der anderen Seite der Stadt herauf, ein gelber oder weißer Bluff zog hinter Ekeberg herauf und lehnte sich gegen den Himmel. Ich stand in meinem Fenster und schaute, und mir wurde klar, daß ich noch nie etwas Ähnliches gesehen hatte. Der Tag kam wie ein durchsichtiger, leuchtender Fächer und blies vorsichtig die Nacht fort. Mein weichgeklopfter Kopf war völlig überwältigt. Aber so war es wohl jeden Morgen.

Ich stieg auf den Dachboden und holte Vaters Volksgasmaske herunter. Dann ging ich nach draußen. Es waren noch drei Stunden, bis ich im Akershus sein sollte.

Ich setzte mich an die Strandpromenade und setzte mir die Maske auf. Es war schwierig, in ihr zu atmen. Ich spiegelte mich im Wasser. Ich ähnelte einem mißgebildeten Ameisenbär. So saß ich da und wartete auf die Angst. Aber ich war leer. Ich dachte daran, wie ich bei Cecilie auf dem Dach gestanden hatte, wie ich mit dem Skelett getanzt hatte, mit dem Dachs gekämpft. Die Angst kam nicht. Erst da begann ich mich zu fürchten. Ich erbrach das Letzte, was ich noch im Magen hatte, es war grau.

Hinter mir begann der Verkehr zu erwachen.

Die Kräne drehten sich vor dem Himmel.

Ich kam eine Viertelstunde zu spät. Ein grüngekleideter Clown riß mir die Maske ab und schob mich in einen Raum, in dem ein Film gezeigt wurde, und neben der Leinwand stand ein Bürstenhaarschnitt mit Zeigestock und predigte über die Ausbildungsmöglichkeiten in der Verteidigung, während die Bilder eine schmierige Gang zeigten, die im Büro saß, am Radar drehte oder an einem Düsenflugzeug herumfummelte. Das Licht ging an, und ich sah Seb. Er ähnelte einem bösen Gespenst. Hinter ihm saßen Gunnar und Ola. Sie schüttelten nur den Kopf.

Dann wurde ein Stapel Fragebogen verteilt. Die waren reichlich bescheuert. Auto A fährt um vier Uhr in Drammen los und Auto B um fünf Uhr in Oslo. Auto A fährt 50 Kilometer in der Stunde. Auto B fährt 60. Wann treffen sie sich. Sie stoßen in Sandvika zusammen, schrieb ich an die Seite. Und dann gab es Figuren, die zusammenpassen sollten, Assoziationstests und andere phantastische Sachen. *Inspektion.* Was verbindest du damit? Untersuchung? Verhör? Folter? Ich tippte auf Auswärtssieg. Ich tippte die ganze Reihe runter auf auswärts, das sah sauber und schön aus. Kannst du schwimmen? Nein. Hobbys? Werde ich damit niemals fertig werden? Nein. Ich legte den Bogen zur Seite und steckte mir eine an. Ein verschwitzter Gorilla war über mir und riß mir die Zigarette aus dem Mund. Es gab noch einiges an Radau, dann jag-

ten sie uns auf den Flur. Ein General fragte mich, wo mein Handtuch und meine Einberufung seien. Ich zeigte ihm die Volksgasmaske. Er knirschte mit den Zähnen. Die Funken schlugen mir entgegen. Gunnar und Ola verschwanden ganz hinten auf dem Flur. Sebs Schatten war aus einem Zimmer zu sehen. Ich wurde durch eine andere Tür geschoben. Da standen mindestens 20 der schlaffen Gestalten von vorhin. Ich schnappte mir einen, der angezogen war, mein Atem ließ ihn zurückweichen.
»Ich muß zum Psychologen!« flüsterte ich. »Ich muß zum Psychologen!«
Er beruhigte mich und gab mir einen freundschaftlichen Klaps, von dem ich ganz weich wurde, auch hier gab es noch Menschen. Er betrachtete mich von oben bis unten und sah wirklich besorgt aus. Dann wurde ich wieder nach draußen geleitet und erhielt Bescheid zu warten. Ich rauchte vier Selbstgedrehte nacheinander. Der Qualm brannte mir in den Augen. Die Tränen liefen. Der Kumpel kam zurück, er war bestimmt nicht mehr als ein Fähnrich, vielleicht nur Gemeiner, vielleicht war er ja der Hausmeister, aber er war nett.
»Weinst du?« fragte er.
»Ja«, sagte ich.
»Komm«, sagte er und nahm mich freundlich in den Arm.
Ich wurde in ein riesiges Büro gebracht, in dem ein hochdekorierter Hüne hinter dem Schreibtisch saß. Ich ließ mich auf einen Stuhl fallen und starrte auf den Boden.
»Was ist denn mit dir los?« fragte der Riese, seine Stimme war verblüffend weich, ich hatte eine elektrische Bohrmaschine erwartet, aber das hier war ja die reinste Kinderstunde.
Ich konnte nicht antworten.
Der General beugte sich über den blankgeputzten Tisch.
»Du rauchst zuviel«, stellte er fest.
Dem folgte eine lange Stille. Ich fing an, mich am Kopf zu kratzen. Ich kratzte und grapschte wie ein Adler. Er sah mich nur an.
»Das wird schon gutgehen«, sagte er. »Ist nur eine Formalität.«
Die Tür ging auf, und mein Fähnrich zeigte mir den Weg zum Wartezimmer des Arztes. Da standen schon drei von vornhin, jeder in einer Ecke. Ich setzte mich mitten auf den Fußboden.
Nach einer Viertelstunde wurde ich hereingeholt. Der Arzt musterte mich mit kaltem Blick.
»Nimmst du Hasch?« fragte er.
Ich antwortete nicht.
Er zählte meinen Puls, drückte mir in die Nieren. Dann schrieb er einen Zettel aus und gab ihn mir.

»Gib das dem Psychologen«, sagte er und rief den nächsten Namen in die Gegensprechanlage.
Der Fähnrich begleitete mich weiter. Ich las den Zettel:
»Rauschgiftprobleme« stand da. »Starker neurotischer Zug«. Wow. Langsam wurde ich ernsthaft nervös. Genau da, in diesem muffigen Flur, den freundlichen Fähnrich neben mir, da merkte ich, daß es nicht mehr nur so als ob war, jetzt war es bitterer Ernst geworden, ich hatte eine Schwelle übertreten, von meinem Zimmer in ihre Räume, und da wollte ich raus, so schnell wie möglich.
»Es wird schon gutgehen«, sagte der Fähnrich.
Der Psychologe war ziemlich jung und pflichtbewußt. Er las den Zettel und starrte mich an. Ich sah an ihm vorbei. Ein Vogel flog gegen das Fenster. Er nahm sich viel Zeit, ging im Zimmer umher, schnürte seine Schuhbänder neu zu, rückte ein Bild zurecht, stellte sich hinter mich, setzte sich schließlich.
»Wann bist du geboren?« fragte er.
Ich fing an zu sprechen, es tat mir im Hals weh.
»Herbstanfang '51. Genau zwischen Jungfrau und Waage. In einigen Horoskopen steht, daß ich Jungfrau bin, in anderen bin ich Waage. Wissen Sie, ich bin Herbstanfang geboren, das ist ziemlich bescheuert.«
Die Stille hing wie ein Echo im Raum. Dann fing der Dreikäsehoch an, mit den Fingernägeln zu schnipsen.
»Erzähl mehr von dir«, sagte er.
Und meine Stimme fuhr fort, als wäre es eine Lawine, ein Erdrutsch, mein Körper redete an meiner statt. Ich erzählte von dem Dach bei Cecilie, dem Skelett, dem Dachs, daß ich früher ein Vogel gewesen war, daß ich nachts fliegen konnte, ich erzählte von der Angst, die sich in mir wie ein Klappmesser öffnete, ich erzählte, daß ich wie wahnsinnig geblutet hatte, als die Bullen die Demonstranten in Paris zusammenschlugen, daß ich jede Nacht schrie, daß ich schuld an einem Bankraub war.
Der Psychologe saß mit einem Kugelschreiber zwischen den Fingern da. Er schrieb etwas auf einen Zettel. Es knisterte. Plötzlich hielt er inne, blies über die Schrift, kratzte sich in der Armbeuge.
»Willst du mich etwas fragen?« wollte er wissen.
»Warum schnipsen Sie mit den Fingernägeln?« fragte ich.
Sein Blick hackte blitzschnell in meine Stirn, augenblicklich bereute ich die Frage. Dann schrieb er weiter, pustete wieder, faltete das Blatt zusammen und steckte es in einen Umschlag, den er mit einer grauen Zunge anleckte. Schließlich holte er ein Lächeln hervor.
»Weil ich vom Hier-Sitzen verrückt geworden bin«, sagte er.
Er brachte mich zur Tür und gab mir den Brief. Ich verneigte mich und scharrte mit den Füßen.

»Gib das dem Arzt, bei dem du warst«, sagte er und schob mich hinaus. Der Fähnrich war zur Stelle und ging wieder mit mir nach unten. Langsam wurde ich müde. Ich stellte fest, daß auf dem Treppengeländer Kugeln waren, genau wie in der Schule. So konnten die Generäle nicht runterrutschen. Ich überlegte, ob ich das dem Fähnrich erzählen sollte, ließ es aber lieber, ich glaube, das war besser so.
Ein Stockwerk tiefer war es voll mit Menschen. Ich hielt nach Seb, Ola und Gunnar Ausschau, sie waren nicht da. Aber ganz hinten stand Jørgen. Ein grüngekleideter Teufel nahm ihn mit sich.
Dann war ich wieder beim Arzt. Es nahm kein Ende. Er stand mit dem Rücken zu mir und las den Brief des Psychologen. Danach drehte er sich schnell um, rollte den Bogen wie einen Geldschein über den Zeigefinger.
»Hast du einen empfindlichen Magen?« fragte er.
»Ja«, antwortete ich.
Er nickte mehrere Male, schielte verstohlen zu mir herüber, ich hielt die Hände vor den Magen. Dann nahm er das Wehrbuch und schrieb, ich konnte es über Kopf sehen: UT. UTZV. Ich fragte, was das bedeute. Untauglich, bedeutete es. Untauglich auch für die Zivilverteidigung. Untauglich war ab jetzt mein Zwischenname. Und ich war noch nicht fertig. Ich bekam meinen Wehrpaß, und der Diener führte mich nochmals zum General. Ich gab ihm das Buch, er blätterte es langsam durch, erhob sich, seine Augen waren sehr, sehr traurig, und er kam um den Tisch herum.
»Ja, ja«, sagte er. Das war alles — ja, ja.
Daraufhin durchfuhr mich die Angst wie eine Brandung und klatschte gegen die rote Klippe des Herzens. Fast wäre ich zu Boden gegangen. Er hielt mich mit einer Eisenfaust oben.
»Das mit den Nerven ist das Schlimmste«, sagte er besorgt. »Von den Nerven wissen wir irgendwie alle zuwenig.«
Er trug mich fast zur Tür und öffnete sie.
»Viel Glück«, hörte ich in meinem Nacken. »Viel Glück, Kim Karlsen!«
Ich blieb auf dem Flur stehen. Es roch nach Chlor. Der Fähnrich kam mit der Volksgasmaske auf mich zu, stopfte sie mir in die Hand.
»Du kannst jetzt gehen«, sagte er und ging.
Es roch nach Chlor. Dann torkelte ich nach draußen. Und mitten im Sonnenschein, mitten in der Erleichterung, durchfuhr mich ein rasender Gedanke: der Brief. Der Brief, den der Psychologe geschrieben hatte — was stand da drin? Was stand da drin, daß ich auf der Stelle fallengelassen worden war? Ich hatte doch nur die Wahrheit erzählt. Was stand in dem Brief?
Ich ging durch die verrottete Stadt nach Hause. Noch bevor ich den Schlüssel hervorziehen konnte, war Mutter da. Die Fragen überschlugen sich. Sie strich

mit einer Hand über mein dreckiges Haar und sah ängstlich aus.
»Wo bist du gewesen?« stammelte sie.
»Musterung.«
»Heute nacht! Heute morgen!«
Ihre Hände zitterten.
»Bei Seb«, antwortete ich. »Bin heute morgen gegangen, bevor ihr aufgestanden seid.«
Sie kam mir nach. Pym sang im Wohnzimmer.
»Wann wirst du eingezogen?« fragte sie.
»Die wollen mich nicht haben.«
Ich zeigte ihr meinen Finger.
»Meinst du, man kann mit so einem Haken schießen?«
Ich stürzte in mein Zimmer und schlief wie ein Bär.
Ich wurde von Seb geweckt. Plötzlich stand er mit dem breitesten Grinsen des Jahres da. Mutter wachte im Hintergrund. Ich bekam die Tür ins Schloß – Seb war total aus dem Häuschen.
»Wie ist es gelaufen!« drängelte er. »Wie war's!«
»Zum Schluß ging's«, sagte ich. »Aber es dauerte verdammt lange.«
Er ließ sich auf der Couch nieder und boxte in die Matratze.
»Gunnar ist tauglich. Und Ola kommt zur Marine!«
Wir kicherten lang und ausgiebig. Seb streckte sich aus und zirkelte einen halben Liter Wein aus dem Ärmel. Er könnte damit zum Zirkus gehen. Wir tranken jeder unseren Schluck.
»Und wie hast *du* es hingekriegt?« fragte ich.
Er lachte und pochte mir mit einem dunkelgelben Finger auf die Stirn.
»Bin nur deinem Rat gefolgt«, sagte er. »Von wegen lügen und sich an die Wahrheit halten. Hab gesagt, daß ich topfrisch bin und mich wie ein Adler drauf freue, zum Militär zu kommen. Das haben sie mir verdammt noch mal nicht geglaubt. Wurde nach knappen fünf Minuten rausgeworfen. Die haben mir verflucht noch mal nicht geglaubt!«

Die Große Revolutionäre Aufgabe ließ auf sich warten. Ich war eine überflüssige Speiche im Rad der Geschichte. Es gab keinen Gebrauch für mich. Es schien fast, als hätte Gunnar die Flugblätter in meiner Schublade vergessen, denn das Rad drehte sich ja trotzdem weiter. Es rollte durch Norwegen im Frühling '70 und pflügte überall seine Furche. Die Arbeiter streikten. Die Straßenbahnen standen. Die Arbeiter bei Norgas streikten. Die Bullen prügelten die Streikposten. Die Arbeiter streikten weiter. Gunnar ging rasselnd mit der Sammelbüchse herum. Ich legte zwei Zehner hinein. Das würde noch fehlen, sagte Gunnar. Am 22. April, an Lenins hundertstem Geburtstag, wur-

de der Kampf mit einem Sieg gekrönt. Das Rad der Geschichte rollte zur Ziellinie, und ich war nur eine rostige, überflüssige Speiche.
Aber am 1. Mai wollte ich nicht mit der Mütze im Händchen am Rand dastehen. Ich marschierte zehn Minuten vor dem Abmarsch zum Grønlands Torg hoch und fand Gunnar mit einem riesigen Plakat, das im Wind flatterte. NEIN ZUR FÜNF-TAGE-WOCHE! Er grinste, als er mich sah, bat mich, die Parole mal zu halten, und verschwand in der Menge. Es mußten mehrere Tausend sein. Ich stand mitten auf dem Grønlands Torg, in einem Hexenkessel, und schaukelte mit dem Plakat, an dem der Wind zupfte und zerrte. Jemand fing an, die Internationale zu singen, an einer anderen Ecke rief ein Chor: USA RAUS AUS VIETNAM! Hinter mir rasselte es in Büchsen. Vor mir stand ein Mädchen mit einem schreienden Kind auf dem Arm. Ein Megaphon surrte durch den Äther. Es kam Bewegung in die Massen. Ich hielt krampfhaft das Plakat fest und sah mich nach Gunnar um. Er war verschwunden. Ich stand mitten in einem Strom von Menschen, die sich langsam und zielbewußt bewegten und ihre Plätze fanden. Gunnar war weg. Seb sah ich auch nicht. Der Wind war kurz davor, mich zu Boden zu werfen. Ein Typ mit einer roten Armbinde sagte mir, ich müsse mich zur Schulabteilung davonmachen. Er zeigte zum Zugende. Ich schaukelte folgsam in die Richtung. Ich hörte Musik, jemand klatschte in die Hände. Ein Schwergewicht mit Hängebart hielt ein riesiges Bild von Stalin in die Luft. Ich schlich weiter. Die ersten gingen bereits los. Ich ging falsch. Dann wurde ich in die Reihen hineingezogen und bekam einen Platz neben einem Typen, der ein Porträt von Mao am Strand trug.
Da war Gunnar auch nicht. Ein Mädchen bat mich stehenzubleiben. Und dann wanderten wir. Die Rufe der verschiedenen Abteilungen vermischten sich, wurden zu einer höheren Einheit, einem Ruf, der alle Parolen und Gedanken unter sich versammelte, das Esperanto der Revolution, wie bei den Orchestern am 17. Mai. Das hier klang noch besser. Ich rief mit, hörte meine eigene Stimme nicht, ich schrie mit den anderen so laut ich konnte und hörte meine eigene Stimme nicht.
Da passierte etwas. Genau, als wir den Marktplatz verlassen wollten. Die Bullen standen Spalier und drängten eine abdriftende Horde auf den Fußweg. Die grölten und schrien und winkten mit roten und schwarzen Fahnen. Einer von ihnen kam durch, lief mit einem großen Plakat über dem Kopf über die Straße: STALIN=MÖRDER. Es war Stig. Die Gemüter kochten. Die Rotfront-Ordner mußten mit den Bullen in Reih und Glied stehen, um die Anarchisten draußen zu halten. Ich konnte auch Seb sehen. Dann waren wir vorbei. Ich kapierte gar nichts, stopfte die Plakatstange in die Hände eines Typen hinter mir, sprang aus den Reihen und lief im Zug nach vorn. Ich mußte

Gunnar finden. Ich glaubte Cecilie zu sehen, war mir aber nicht sicher, lief weiter, war fast ganz vorne bei den Fahnenträgern. Auf den Bürgersteigen standen dichtgedrängt Menschen. Die Rufe hallten durch die Storgate, wurden zwischen den Häuserwänden hin und hergeworfen. Ich fand Gunnar in der Anti-Imperialisten-Sektion.

»Wo zum Teufel bist du geblieben?« keuchte ich.

»Mußte hier einspringen. Was hast du mit dem Plakat gemacht?«

»Hab es einem Kumpel gegeben. Haste gesehen, was passiert ist?«

»Passiert, was?«

»Die Anarchisten sind verjagt worden. Die Bullen haben sie rausgezerrt. Zusammen mit den Ordnern. Bullen und die Ordner!«

»Dieser Zug ist nicht für Anarchisten.«

»Stig war auch dabei! Und Seb! Seb und dein Bruder!«

Gunnar sah nach vorn. Ich war der siebte Mann in der Reihe und brachte sie aus dem Rhythmus.

»Die Revolution ist kein Kaffeekränzchen«, sagte Gunnar.

Ich blieb einfach stehen. Der Zug strömte über mich hinweg. Dann schob mich jemand hinaus. Ich ging wieder nach hinten, trippelte zurück, bog auf den Marktplatz ein. Die letzten Reihen gingen an mir vorbei, der Marktplatz war leer. Eine rote Fahne lehnte an einen Laternenpfahl, vergessen. Der Sand knirschte unter den Füßen. Auf dem Platz war kein einziger Mensch. Flugblätter und Würstchenpapier tanzten im Wind. Ich stand mitten auf dem Grønlands Torg und sah in alle Richtungen.

Vier Studenten waren bei der Kent University niedergemäht worden. Ich erinnere mich an das Bild des Mädchens, das neben einer blutigen Leiche weinend niedersinkt. Das ist eine Narbe in meinem Auge. Ich erinnere mich an Gunnars Vater, den Läufer, der mit einem Mal in der Gemüseabteilung von Bonus stand, in blauem Kittel, mit Namensschild auf der Brust. Er mußte seinen Kolonialwarenladen dichtmachen. Ich erinnere mich, daß er an dem Tag dastand, als ich Bier auf Vorrat kaufen wollte, weil das Abitur vorbei war. Ich schaffte es nicht, ihm in die Augen zu sehen, drehte mich schnell um und sah im Spiegel über der Fleischtheke einen krummgebeugten, gebrochenen Mann, der Zitronen, Kartoffeln und Tomaten abwog. Ich beeilte mich, mit der Bierkiste rauszukommen und die Zeche zu beginnen, auf die ich zwölf Jahre lang gewartet hatte, denn das Abitur war vorbei, und die Schleusen waren geöffnet. Ja, an das Abitur erinnere ich mich auch noch, eine verschwitzte Angelegenheit, ein klammes Begräbnis in der Turnhalle, wo wir über den frischgebohnerten Boden verteilt saßen. Die Lehrer stahlen sich in schwarzen Anzügen und gebügelten Krawatten vorbei, und die Rentneraufsicht, die uns bis zum Hosenschlitz verfolgte, saß mit ihren knarrenden Schuhen und einzeln in Butterbrotpapier eingewickelten Süßigkeiten da, an all das erinnere ich mich gut. Und dann konnte ich wieder über Nansen schreiben, und dieses Mal verwechselte ich nicht Nansen mit Schweitzer, ich schrieb über das, was Nansen darüber geschrieben hatte, in einer Stadt zu wohnen, und das war ganz verrückt. *Menschen in Kisten* hieß die Aufgabe, und Nansen verglich die Menschen mit Tieren, die in Kisten leben, in Kisten schlafen, in Kisten essen, ich weiß nicht, ob ich den Knackpunkt ganz begriffen habe. Und dann schrieb er über solche Veranstaltungen, bei denen Menschen nur in großen gemeinsamen Kisten sitzen und sich sinnlos besaufen. »Das wird sicher Fest genannt«, schrieb Nansen, und ich fügte hinzu, daß wir, wenn wir sterben, in einer weiteren Kiste enden, zweifelte aber ehrlich gesagt daran, ob es am Nordpol so viel besser sei, das schrieb ich auf Neunorwegisch und war ziemlich zufrieden. Und in der Hauptsprache Bokmål schrieb ich über ein Gedicht von André Bjerke, *Das Fest der Erwachsenen*, dabei dachte ich an die Opern im Radio, die ich vor vielen Jahren immer gehört hatte, als es nur Opern im Radio gab, als ich im Bett lag, die Tür angelehnt, mit gespitzten Ohren, und es gab eine Welt da draußen, die zu leben begann, wenn ich zu Bett gegangen war, etwas Mystisches, etwas, was vor mir verborgen gehalten wurde. Inzwischen wußte ich, daß es ein Bluff war. Und das schrieb ich auch. Und im Englischen hatte ich richtig getippt. Ich hatte die Magna Charta en miniature unter meinem Schokoladenpapier, und ich bekam die Magna Charta. Ich kam in Geschichte ins Mündliche und wurde über die Napoleonskriege geprüft. Ich schloß mit meiner Replik, *Napoleon kommt!*, und bekam eine sichere Zwei. Und dann raste ich zu Bonus und traf Gunnars Vater, tat, als hätte ich ihn gar nicht gesehen, schlich mich mit der Bierkiste hinaus und fühlte mich ähnlich schwer wie Armstrong, als er auf dem grünen Käse gelandet war.

Gunnar sah ich nicht so oft, ich traf ihn am 17. Mai auf dem Drammensvei, wo er Flugblätter gegen die Abitursfeiern verteilte, er fragte mich nicht, ob ich ihm helfen wollte. Ola arbeitete in doppelten Schichten, um Geld für die Marine zurückzulegen, eines Nachts war ich bei ihm im Hotel, um das erste oder letzte Bier des Tages mit ihm zu trinken, da entdeckte ich plötzlich einen sorgenvollen Zug in seinem runden Gesicht.

»Will versuchen, nächstes Jahr das Abitur zu machen«, flüsterte er und sah weg.

»Wie läuft's mit Vigdis?« wollte ich Idiot wissen.

Er legte sich die Hand auf den Mund.

»Nichts mit Vigdis. *Kirsten.*«

Ich nickte lange und bedächtig.

»Weißt du, daß Vigdis im gleichen Treppenaufgang wie Seb wohnt?«
Er bekam ein häßliches Zucken auf der Stirn.
»Auch wenn ich damals mit dem Arsch Kåre über Nina geplappert habe, mußt du jetzt ja wohl nicht mit so'nem Scheiß anfangen!«
»Nun mach mal halblang«, beruhigte ich ihn. »Ich weiß doch gar nicht, wer Vigdis ist, hab' nie von ihr gehört.«
Ola zwirbelte ein Lächeln aus seinem Mund hervor und sank auf das Campingbett hinter dem Tresen. Ich lehnte mich drüber.
»Ist sie in Ordnung?« flüsterte ich.
Ola kicherte schief, wir stießen mit den Flaschen an und tranken.
»Wie isses denn so als Abiturient?« murmelte er.
»Weiß nich'«, antwortete ich. »Hab' noch nicht so viel davon mitgekriegt.«
Dann schlief Ola auf seinem Posten. Ich ging in die Mainacht hinaus und dachte an alles, was jetzt vorbei war.
Seb kam im Versuchsgymnasium in allen Fächern ins Mündliche, und er durchflog es auf Buddhas Rücken, die Zeit der Wunder war noch nicht vorbei. Ich lag in seinem Zimmer und schwitzte mich durch die warmen Tage, trank Bier und Tee und hatte keine Pläne. Am meisten dachte ich an Nina, und wenn ich von ihr träumte, dann träumte ich immer, daß in der Welt, in der sie sich jetzt befand, Winter war und Nacht, wenn hier Tag war, hier in Oslo, im Juni 1970.
Eines Morgens fragte ich Seb:
»Weißt du genau, daß du zur See willst?«
Er versuchte, die Sonne, die durchs Fenster schien und auf seinem Bauchnabel gelandet war, wegzukratzen.
»Klar. Warte nur noch auf 'nen Brief von Vater, wo ich ihn treffen soll.«
»Kann ich dann deine Bude haben, so lange du weg bist?«
»Na logo, Mann. Geht klar.«
Er streckte seine Hand aus und fand eine halbvolle Flasche Export.
»Hab' so ein Gefühl«, murmelte er, »so ein Gefühl, daß irgendwas passiert.«
Und wir teilten die Wiege, und ein neuer Tag brach an.

Einige Tage bevor wir die Zensuren bekamen, steckte ich meinen Kopf zu Hause rein, um Fleisch auf die Rippen zu bekommen und eine Generalbeichte abzulegen. Mutter saß wie auf Kohlen, hatte sich Gedanken gemacht, wo ich wohl die ganze Zeit gewesen sei, und Vater saß mit Pym auf der Schulter im Wohnzimmer. Ich schlief ein wenig in meinem Zimmer, wurde vom Telefon geweckt. Es war Jørgen, der anrief. Wir verabredeten uns auf ein Bier in der Herregårdskroa. Also ging's wieder nach draußen. Mutter lief mit einem frischgebügelten Hemd und Hosen mit Bügelfalte hinter mir her, aber diese

Zeiten waren vorbei. Ich ging, wie ich war, das hatte ich die letzten drei Wochen auch getan.

Jørgen saß an dem Tisch, auf den am längsten die Sonne schien. Er saß an die gelbe Mauer gelehnt da, ein gelbes, schäumendes Glas vor sich, es war eine Welt in Apfelsinenlicht. Aber bald würde die Sonne hinter dem Hügel versinken und sich in eine rote Blutorange verwandeln. Jørgen winkte mir zu. Ich besorgte mir auch ein Bier, wir stießen an, schielten zu den Blazern, die verstreut dasaßen, den Gänsen, die übers Gras watschelten, hörten durch das Stimmengewirr das monotone Rauschen des Wasserfalls und wußten nicht so recht, was wir sagen sollten, es war lange her, seit Jørgen und ich miteinander geredet hatten, irgendwie war da eine Sperre.

»Wie ist die Form?« fragte ich.

»Oh, prima«.

»Warste in Dänemark?«

Er schüttelte den Kopf.

»Hab' eigentlich nichts Besonderes gemacht. Und du?«

»Alternatives Feiern«, kicherte ich. »Hab mich weit von den Kneipen entfernt gehalten.«

Wir bestellten noch eine Runde, die Sonne versteckte sich hinter einem Ast. Eine müde Abiturientengang in zerknitterten Anzügen und mit übernächtigten Gesichtern wankte durch die Landschaft. Wir bekamen unser Bier und tranken in aller Stille.

»Was willst du jetzt tun?« fragte Jørgen schließlich.

»Weiß nicht. Werd' versuchen, 'nen Ferienjob zu kriegen. Damit ich 'n bißchen Kohle habe. Und du? Militär?«

»Nee. Brauch' ich nicht.«

»Saustark! Ich auch nicht! Hab' gesagt, ich sei verrückt. Wie hast du das denn geschafft?«

»Ich hab' gesagt, wie es ist«, antwortete Jørgen.

Das Bier schmeckte schal am Gaumen. Sicher wurde ich langsam satt. Sicher wurde es mir langsam langweilig. Ich war hundemüde. Ich bestellte ein neues Bier.

»Ich fahr nach England, wenn die Zensuren raus sind«, erklärte Jørgen. »Wenn ich durchkomm.«

»Natürlich kommst du durch! Willst du den ganzen Sommer dableiben?«

»Ich werd' da wohnen. In London.«

Es gab etwas zwischen uns, eine Sperre. Wir tranken unser Bier aus. Die Leute gingen. Wir machten uns auch auf. Auf der Brücke blieben wir stehen und sahen ins Wasser. Es roch nach Abwasser. Wir gingen weiter. Ich hatte kein Ziel, konnte ebensogut Jørgen ein Stück begleiten.

»Hast du nach *Krieg und Frieden* Lust auf mehr Theater gekriegt?«
Ich lachte.
»Nichts da. Die Bühne ist kein Platz für mich.«
»Ich will mich in London bei einer Schauspielschule bewerben. Auf die geht auch meine Liebe.«
Der Monolith ragte in den Himmel, plötzlich erschien es mir, als würde er in der Dämmerung von allein leuchten. Auf den weißen Bänken saßen Paare und spielten miteinander, hinter den Büschen und Bäumen war es unruhig, der ganze Park dampfte, man bekam kaum Luft in ihm.
Wir gingen über die Hundejord und waren mit einem Mal allein. Ich mußte pinkeln und stellte mich an einen Laternenpfahl. Jørgen stand hinter mir und scharrte im Kies.
»Kommst du mich in London mal besuchen?«
»Na klar. Wenn ich in der Gegend bin.«
»Ich werd' dir meine Adresse schreiben.«
Wir latschten weiter. Und dann waren wir nicht mehr allein. Sie kamen von hinten, wir drehten uns blitzschnell um, sie bildeten einen Kreis um uns. Es waren sieben, acht Stück, einige Gesichter erkannte ich von einem anderen Mal, als ich in einem Winter über die Hundejord gegangen war, wieder. Ich zeigte ihnen meinen Finger, aber das nützte nichts.
»Widerlicher Schwanzlecker!« keuchte einer von ihnen und packte Jørgen. »Dreckiger Arschficker!«
Jørgen stand mit offenem Mund da, die Hände hingen ihm an den Seiten runter. Der Kerl gab ihm einen Klaps. Jørgen reagierte nicht, starrte mit leeren, verschreckten Augen vor sich hin. Ein anderer Vogel knuffte mich. Ihre Gesichter glänzten. Sie hatten Hundeaugen.
»Und du, Kleiner, machst in Nordischer Kombination mit, was. Was magst du denn am liebsten, Langlauf oder Springen?«
Ich langte ihm eine, obwohl ich wußte, daß es sinnlos war. Ich bekam ein Knie in den Rücken, und eine beringte Hand schrammte mir über die Nase. Jørgen versuchte wegzulaufen. Sie fingen ihn wie einen Hummer in der Reuse. Er schlug wild um sich, schlug blindlings in alle Richtungen, zielte nicht, traf nicht, er war wie eine Windmühle. Sie lachten und warfen ihn hin und her. Dann hörte ich ein ekliges Geräusch. Der Chef stand plötzlich mit einem Springmesser in der Hand da, die Klinge sprang heraus, lang, schmal, spitz. Die anderen zogen sich etwas zurück. Jørgen stand heulend da und hielt sich die Ohren. Ich konnte mich nicht bewegen, bevor es passiert war. Das Blut spritzte von Jørgens Gesicht, seine Wange öffnete sich wie nach einem Kaiserschnitt. Dann bekam ich eine Kopfnuß und küßte das Gras.

Irgendwas zerrte an mir. Etwas schnüffelte an mir und winselte. Ich bekam meine Augen auf und starrte direkt in ein schwarzes Pudelgesicht. Über mir stand ein alter Mann und schüttelte den Kopf. Dann stocherte er mit seinem Stock nach mir. Ich drehte mich um und entdeckte Jørgen. Er lag unbeweglich auf dem Bauch, die Arme im Gras ausgebreitet.
»Einen Notarzt«, schniefte ich. »Rufen Sie einen Krankenwagen!«
Auf allen vieren kroch ich zu Jørgen, drehte ihn vorsichtig um. Sein Gesicht war von der Schläfe bis zum Kinn zerrissen. Meine Hand wurde klitschnaß. Aus seinem Hosenschlitz quoll Blut.

In Sebs Zimmer roch es frischgewaschen und sauber. Seine Großmutter war dagewesen und hatte es auf Vordermann gebracht, alle muffigen Reste rausgeworfen und die Eimer geleert. Die Zensuren waren gefallen. Wir hatten bestanden. Ola hatte Lohn und Urlaubsgeld bekommen und stellte sich mit Upperten-Whisky und Bockbier ein. Die neue Beatles- Scheibe lag auf dem Fensterbrett. *Let it be*. Aber sie war nicht neu, war lange vor *Abbey Road* aufgenommen worden, sie war schon über ein Jahr alt.
Wir stießen an.
»Was macht deine Nase?« fragte Gunnar.
»Merke, daß sie da ist«, antwortete ich und fühlte vorsichtig mit der Hand nach, es schoß mir wie ein Krummsäbel durch den Schädel.
»Warum sind die denn mit einem Messer auf Jørgen losgegangen?« überlegte Seb.
»Was weiß ich«, entgegnete ich.
Ich war im Krankenhaus gewesen, um ihn zu besuchen, durfte aber nicht zu ihm rein. Jørgen ließ niemanden zu sich. Seine Mutter stand weinend draußen. 51 Stiche waren genäht worden. Ich mußte wieder gehen. Ich durfte nicht zu Jørgen rein.
Seb legte *Morrison Hotel* auf. Wir mischten lauwarmes Wasser mit Whisky. Wir redeten nicht viel. Es war, als wenn wir wüßten, daß es der letzte Abend für lange Zeit sein würde, an dem wir zusammen waren.
»Wann fährst du?« fragte ich Seb schließlich.
»Wenn ich Post von Vater kriege.«
»Was willst du machen, wenn wir uns alle aus dem Staub gemacht haben?« fragte Gunnar.
Ich dachte lange nach, ich hatte keine Ahnung.
»Fang' wohl an zu studieren, oder so.«
»Wollen wir nicht *Let it be* spielen?« schlug Ola vor.
Wir öffneten einige Biere, hatten keine Lust, zum Pinkeln auf den Flur zu gehen, pißten einer nach dem anderen ins Waschbecken.

»Was wird dein Bruder diesen Sommer tun?« fragte Seb.
»Geht nach Mardøla«, sagte Gunnar. »Würde selbst hinfahren, wenn ich könnte.«
»Er hat übrigens einen sauguten Vortrag über Anarchismus gehalten. Man muß ihm schon in vielem zustimmen, nicht?«
»Doch. In einigem. Aber die Hauptsache stimmt nicht. Ihr glaubt, die Monopolkapitalisten sind brave Buben, die ihre Produktionsmittel freiwillig abgeben.«
»Das stimmt doch nicht«, fiel Seb ein. »Wir meinen nur, daß der Sozialismus, für den ihr eintretet, einfach total autoritär ist. Oder was? Das Volk muß selbst bestimmen. Was hat Stalin denn gemacht, he? Allen, die nicht seiner Meinung waren, die Fresse eingeschlagen. Wieviel hat er denn unter die Erde gebracht, Gunnar? 10 Millionen oder 30 Millionen?«
»Stalin hatte seine guten und seine schlechten Seiten«, sagte Gunnar. »Und wie viele Russen sind im Kampf gegen die Nazis gefallen, häh? Wenn Stalin nicht gewesen wäre, wären wir alle im Ofen gelandet. Oder?«
Aber das war nicht der richtige Abend für Kontroversen. Wir tranken ruhig und blieben cool. Wir redeten nicht vom 1. Mai, an dem Stig und Seb aus dem Zug geschmissen worden waren. Wir murmelten vor uns hin, wurden leicht sentimental und kicherten in unsere Gläser.
»Leg die Beatles-Platte auf!« sagte Ola.
»Vigdis hat mal nach dir gefragt«, sagte Seb.
Ola zog sich in sich zusammen und ähnelte einem beschwipsten Ochsen.
»Sollen wir sie herholen?« schlug ich vor.
»Macht keinen Scheiß, Jungs!« rief Ola. »Eyh, keinen Scheiß hier! Ich kann doch nichts dafür, daß Kirsten ganz in Trondheim wohnt, oder. Werd' sie besuchen, wenn ich frei kriege.«
Wir schlugen ihm auf den Rücken und servierten Bockbier und Upperten. Er beruhigte sich wieder. Dann waren wir wieder ziemlich lange still, es war schon ein merkwürdiger Abend.
»Vater mußte seine Bude dichtmachen«, sagte Gunnar mit einem Mal. »Arbeitet jetzt bei Bonus.«
Mehr sagte er nicht. Ich erzählte nicht, daß ich ihn dort gesehen hatte. Gunnar mixte einen kräftigen Drink und trank ihn ex.
»Haste das Soloalbum von McCartney schon gehört?« fragte Seb.
Ich schüttelte den Kopf.
»Und du dachtest, er sei tot!«
»Das stimmt ja wohl nicht!«
Seb kicherte und lehnte sich an die Wand.
» 'türlich hast du es geglaubt. Warst ja völlig außer dir.«

Ola und Gunnar gackerten leise.
»Hast du's nun geglaubt oder nicht?«
»Bin doch nicht Klein Doofie. Natürlich hab' ich nich' geglaubt, daß Paul McCartney tot ist!«
Damit gaben sie sich zufrieden. Die Stunden verliefen im Sande. Es wurde dunkler, aber nie ganz dunkel. Seb schloß das Fenster.
»Vater nervt mich, daß ich das Abitur nachmachen soll«, sagte Ola. »Auf'm Einjährigen. Meint ihr, daß ich das packe?«
Natürlich meinten wir das. Nichts war unmöglich. Dann redeten wir über den ganzen Nervkram und was wir werden sollten, über all die Pläne, die für uns gemacht worden waren, wir sollten ja Bankdirektor, Geschäftsbesitzer, Hotelchef und Schiffsreeder werden, wenn die Träume unserer Eltern in Erfüllung gehen würden.
Wir kicherten leise und prosteten uns auf die Zukunft zu.
»Nun mach *Let it be* an, bevor wir einschlafen«, sagte Ola.
Aber dann schliefen wir doch alle vier ein, jeder in seiner Ecke, während der Raum blau und die Stadt unter uns still wurde, der Rausch im Hinterkopf sich beruhigte und Goldfische aus unseren roten Augen emporschnellten. So schliefen wir an dem letzten Abend, in unserer letzten Nacht für lange Zeit.

Wir wurden von einem Klopfen und Lärmen geweckt. Seb hatte die Post geholt, es war ein Brief von seinem Vater gekommen. Er stand zwischen all dem Flaschenfutter aufrecht da und las laut vor, während wir uns die Flusen aus den Haaren pulten, den schlechten Geschmack hinunterschluckten und nach Kippen und Resten Ausschau hielten. Seb sollte seinen Vater in Bordeaux treffen, dort lag die »Bolero« und löschte. Da war nur noch der Seesack zu packen. Sebs Gesicht glänzte vor Freude, als er aber den Brief umdrehte, bekam er mit einem Mal einen todernsten Gesichtsausdruck, setzte sich auf den Fußboden und starrte uns an.
»Hört mal her, Jungs. *Hört* mal zu! Vater schreibt vom *Drachen!*«
Wir wurden hellwach und beugten uns vor.
»Vater schreibt vom Drachen! Wahnsinn! Hört mal! Der Drachen war auf einem Frachter, der vor Südamerikas Küste runterfuhr. Verflucht. Auf dem Frachter war so ein Arsch von amerikanischem Steuermann, der sich die ganze Zeit über das Gesicht vom Drachen lustig machte. Und wißt ihr, was der Drachen gemacht hat! Er hat ihn mit einem Messer niedergestochen. Hat den Kriecher umgebracht. Und dann ist er einfach über Bord gesprungen! Der Drachen ist mitten in den Atlantik gesprungen und war verschwunden!«
»Dann muß er doch ertrunken sein?« wisperte Ola.
Seb war still.

»Er schreibt, daß es dort im Fahrwasser viele Haie gibt. Is' wohl von so 'nem Haiteufel gefressen worden.«
Wir dachten an den 17. Mai, als der Chinaböller in dem Mund vom Drachen losgegangen war. Lange Zeit sagten wir keinen Mucks. Dann sagte Gunnar: »Möchte wissen, ob das Autogramm von Mick Jagger echt war.«
Und dann ritten sie vom Hof, der Seemann und die Soldaten, während ich in der heißen, stinkenden Stadt zurückblieb, in der der Asphalt unter den Füßen schmolz, im Juni 1970, als die Kinosäle die einzigen kühlen Räume waren und das Bier nie kalt genug wurde.

Ich schaffte meine Sachen zu Seb, das heißt ein paar Platten, ein paar Bücher, ein Satz Unterwäsche. Mutter fragte, ob ich nach Nesodden käme, das nahm ich nicht an, und sie weinte ein bißchen, als das Taxi abfuhr, ich saß mit dem Schlafsack und Pappkartons auf dem Rücksitz, rollte aus der Svoldergate, leicht und frei. Ich kaufte mir für den Abend ein kaltes Hähnchen und Weißwein, feierte den Augenblick für mich allein, war kurz davor, zu Vigdis hinunterzugehen, aber entschloß mich doch dagegen, das war mein Abend. Ich hängte die Sachen in den Schrank, legte die Platten auf ihren Platz, stellte die Bücher an die Wand, *Maos Rotes Buch, Das Anarchistische Lesebuch, Das Neue Testament, die Gedichtsammlung Kykelipi* und *Victoria*, ich wußte auch nicht so recht, warum ich ausgerechnet das mitgenommen hatte, das mußte ein Fehlgriff gewesen sein. Ich hatte es zu Weihnachten '65 von meiner Großmutter bekommen, eine alte Ausgabe, wenn ich dran schnupperte, roch es etwas wie eine Bibel. *Eine Liebesgeschichte* stand draußen drauf, und auf dem Vorsatzpapier war eine angerostete Zeichnung eines Typen, der mit gebeugtem Nacken dasaß und weinte, während es Blumen und Blutstropfen um ihn herum regnete, reichlich kitschig, ich hatte es nicht mal gelesen. Dann klappte das Buch plötzlich an einer bestimmten Stelle auf, und eine Blume fiel heraus, eine flachgepreßte rote Mohnblüte, ich war ganz sicher, daß ich sie weggeworfen hatte, sie fiel auf den Boden und zerbrach, sie zerfiel zu Staub, so trocken war sie. Ich sammelte die Reste so gut ich konnte auf und legte sie in eine Tasse, und ich war mir ganz sicher: Hätte ich jetzt in dieser Tasse Tee gekocht, dann wäre in dem Zimmer ein Geist erschienen, und hätte ich den Tee getrunken, wäre ich dorthin gekommen, wo Nina war.
Als ich am nächsten Morgen aufwachte, war ich etwas durcheinander, ich wachte allein auf, vor Hitze und weil ich so schwitzte, in meiner eigenen Wohnung, das erste Mal. Ich riß das Fenster auf und hörte die Rathausuhr elf schlagen. Das war eine Freude und ein Jubel. Ich war frei. Ich stieß einen Riesenschrei aus, schickte ihn über die Stadt, ein Schrei voll Inbrunst und Wahnsinn. Da sprang unter mir ein Fenster auf und ein Mädchen guckte hin-

aus. Das war Vigdis aus dem Fahrstuhl.
»Hallo«, sagte sie.
»Das nehme ich gern entgegen«, sagte ich.
Sie lachte und sah zu mir herauf.
»Wohnst du jetzt da?«
»Genau. Der alte Seb ist zur See gefahren.«
»Ist Ola beim Bund?«
»In Madla. Yellow Submarine.«
Dann zogen wir uns wieder jeder in seinen Bereich zurück, und ein Problem zeigte sich in unerwarteter Stärke: Geld. Ich hatte kein Geld fürs Frühstück. Über einem Kaffee grübelte ich lange hin und her. Als ich mit dem Grübeln fertig war, ging ich hinaus, fand eine Telefonzelle und rief das Gartenbauamt an. Ich konnte am nächsten Tag anfangen.

So wurde ich Gärtner. Ich pflanzte auf dem St. Hanshaug Tulpen und trank im Gartencafé warmes Bier. Ich begoß das Gras im Frognerpark und spielte mit einer schlappen Gang, die ihr Dasein mit Topf und grünem Afghan fristete, Frisbee. Die Tage reihten sich wie Perlen auf eine Schnur. Ich kannte alle Penner und Freaks in ganz Oslo. Aber eines Morgens wurde ich mit Hacke und Forke zum Schloßpark geschickt, um dort die Erde umzudrehen. Die Sonne hing wie eine kaputte Pflaume an dem hellblauen, blinden Himmel, es war windstill, und das Leben verlief in Zeitlupe. Ich grub und wendete eine halbe Stunde lang, dann fand ich, daß es genug war, wickelte mir das Hemd um den Kopf und setzte mich hinter einen Baum. Ich muß eingeschlafen sein. Denn als ich aufwachte, stand Pelle grinsend vor mir, ein paar kleine Bubis hinter sich. Der Park war zu Leben erwacht, kreuz und quer lagen Leute in dem verbrannten Gras, ein Plattenspieler eierte Fleetwood Mac, eine zaghafte Gitarre konkurrierte mit ein paar schläfrigen Vögeln, die Friedenswolken stiegen zum Himmel.
»Horizontaler Gemeindearbeiter«, kicherte Pelle. »Haste Kleingeld übrig?«
An so einem Tag war es schwierig, nein zu sagen, selbst wenn Pelle ein Arschloch war. Ich schob ein paar Zehner rüber, und sie latschten zu einer anderen Gruppe. Dort blieben sie sitzen und bliesen den Rauch in die Luft. Ich schloß wieder die Augen, um Kraft für eine neue Runde mit der Mistgabel zu schöpfen. Aber Pelle war wieder da, ein qualmendes Stäbchen zwischen den Fingern.
»Hast du dein Pausenbrot vergessen?« krächzte er und streckte die Hand aus.
Ich nahm es entgegen, rauchte marokkanischen Grünen, in der Mittagspause im Schloßpark, Sommer '70.
Eigentlich war da bereits meine Karriere als Gärtner beendet. Ich arbeitete

mich langsam durch das Blumenbeet, döste wieder ein und träumte von Nina und Afghanistan, und dann wurde ich das dritte Mal geweckt, und das war zuviel. Alles war in heller Aufruhr. Die Bullen waren mit drei grünen Minnas gekommen und liefen mit Knüppeln und hechelnden Schäferhunden herum. Plötzlich starrte ich direkt in eine warme, rote Schnauze, und ich kam ganz schnell auf die Beine. Ein Polizistenschwein schlug mit seinem erigierten Schwanzersatz auf mich ein. Ich lief zum Blumenbeet und hob die Forke. Er kam mit seinem Köter hinter mir hergehüpft.

»Ich arbeite hier!« schrie ich.

Sie schoben Leute in die Minnas. Ich sah, wie Pelle einen Knüppel übers Ohr bekam, und registrierte gerade noch, daß ihm das Blut aus der Nase spritzte, bevor das Untier seine Zähne in mein Hosenbein versenkte und einen Fetzen herausriß.

Ich schwang die Forke über mir.

»Ich bin Gärtner!« heulte ich.

Mit einem Mal war ein ganzer Haufen um mich herum. Sie standen im Halbkreis und kamen langsam näher. Ich hielt die Forke vor mir in die Höhe und wich rückwärts zu einem Busch aus. Der Schäferhund lag flach auf dem Hügel, sein Geifer glänzte im Sonnenlicht. Dann waren sie über mir, und an mehr kann ich mich nicht erinnern, bis ich in der grünen Minna auf dem Bauch lag, die Arme auf dem Rücken gefesselt. Mein Kopf schlug gegen den Fahrzeugboden, wir fuhren.

»Er hat uns mit der Forke bedroht«, sagte eine Stimme.

»Er? Bist du sicher, daß es kein Mädchen ist?«

Ich wurde umgedreht, ein Stiefel trat mir zwischen die Beine. Ich schrie, doch der Schrei wurde von der Kotze, die mir hochkam, unterdrückt. Ich sah Blut. Ich sah nur noch Blut. Meine Augen waren rote Ballons.

»Ein Junge«, kicherte der Typ. »Eyh du, ich glaub, es ist ein Junge.«

»Er hat schließlich versucht, uns mit der Heugabel umzubringen, nicht?« sagte ein anderer. »Verdammt gefährlicher Kerl.«

Ich bekam eine Fußspitze in die Rippen, und dann stand jemand auf mir und drückte mein Gesicht gegen den Autoboden, der auf und ab hüpfte. Ich weiß nicht, wie lange es dauerte, bis die Kiste anhielt. Ich wurde hochgezogen, und ein rasender Kopf kam mir ganz nah, er spuckte, während er mich anschrie.

»Du kommst noch mal davon, du langhaariger Schwuler. Wir könnten dich auch wegen Widerstand gegen die Staatsgewalt anzeigen.«

»Ich bin Gärtner«, sagte ich matt. »Beim Amt für Park- und Gartenwesen.«

Auf dem Ohr hörte er schlecht.

»Und du hattest Haschisch bei dir!« rief er.

»Verdammt noch mal, nein!« sagte ich.

Er lächelte. Der Bulle lächelte, aber nicht sehr herzlich.
»Oh doch, mein Brausekopf. Wir haben das hier bei dir gefunden.«
Er zeigte eine dunkelbraune Platte hoch.
»Nicht wahr, Jungs, das haben wir doch bei unserem Fräulein gefunden?«
Die anderen waren alle seiner Meinung.
»Aber dieses Mal wollen wir es noch mal gut sein lassen. Wir werden dich nur etwas Lehrgeld bezahlen lassen.«
Um mich herum entstand ein Murmeln und Wispern. Dann wurde ich von hinten festgehalten, und das Bullenschwein zauberte eine Schere hervor. Seine gelben, stinkenden Zähne troffen vor Spucke. Vier schweißige Hände drehten meinen Kopf zurecht. Und dann schnitten sie mir den Schädel kreuz und quer kahl. Ich schrie, ich heulte, aber es half nichts, mein Haar fiel auf den Autoboden, und sie grinsten immer breiter.
»Jetzt sieht er hübsch aus«, jodelte der Oberarsch. »Wir hatten wirklich recht. Es war ganz sicher ein Junge.«
»Du Käseschwanz!« heulte ich und rotzte ihm einen dicken Kloß direkt ins Gesicht, er lief ihm gelb und zäh die Wange hinunter.
Da wurde es lebendig, von allen Seiten stürzten sie sich auf mich, zum Schluß spürte ich die Schläge und Tritte nicht mehr, ich war nicht mehr in meinem malträtierten Körper, und die Schmerzen waren nur ein Traum.
Die Tür wurde aufgerissen, und ich rollte hinaus, hörte einen Motor aufbrüllen und sah die grüne Minna einen Waldweg zwischen hohen Bäumen davonjagen. Ich lag auf einem Weg mitten in einem Wald und ahnte nicht, in welchem. War das der Königswald oder Norwegian Wood? Es war keiner von beiden. Ich blieb auf der Erde liegen, bis meine Seele ihren Platz im Körper wiedergefunden hatte. Die Schmerzen kamen über mich, und ich weinte brennende und bittere Tränen auf die trockene Erde.
Ich versuchte zu gehen, den Weg zu gehen, den die Bullenschweine gefahren waren. Die Beine verwelkten wie Gras unter mir. Ich mußte mich auf einem Stein ausruhen. Die Sonne sah wie ein Rührei aus. Der Wald wogte, daß mir schwindlig wurde. Ich schickte meine Beine weiter. Sie trugen mich ein Stück. Dann entdeckte ich einen Fluß, krabbelte zum Ufer hinunter und steckte meinen Kopf ins Wasser.
Als ich wieder hochkam, rief mich jemand.
»Heh, du Weihnachtsmann! Du erschreckst die Fische!«
Ich sah mich um. Mitten in der Stromschnelle stand in Gummistiefeln, die Mütze voller Haken, ein Angler, der mit Fliegen fischte.
»Wo bin ich?« rief ich zurück.
»Siehst du nicht, daß ich angle, du Troll! Verschwinde!«
»Wo bin ich?« wiederholte ich.

»Was bist du denn für ein Vollidiot! Du bist im Åborbach.«
Anscheinend hatte einer angebissen, er schlug mit seiner Riesenrute und der langen Schnur um sich, fluchte wild, und zum Schluß stand er an Händen und Füßen gefesselt in einem Wahnsinnsdurcheinander da, ein Büschel Äste am Haken.
»Das ist deine Schuld!« schrie er. »Bevor du gekommen bist, ging alles gut. Du Zwerg!«
»Wo geht es in die Stadt?« fragte ich vorsichtig.
Er konnte es mir nicht mehr zeigen, also mußte er nicken. Er nickte Richtung Osten, oder Süden, riß und zerrte an den Schnüren, während das Wasser ihm in die Stiefelschäfte lief. Ich manövrierte mich zum Waldweg hoch und ging weiter.
Ich ging mehrere Stunden lang, ohne einen Menschen zu sehen. Dann kam ich an ein großes Wasser, erst dachte ich, es sei das Meer, aber dann stellte ich fest, daß es Süßwasser war, ich war an einem Binnensee in Norwegen und ging an dessen Ufer entlang. Und während ich dort entlangging, zerschunden und erschöpft, blaugeschlagen und mißhandelt, begann ich, alle Parks in Oslo zu hassen, Parks brachten nur Katastrophen mit sich, die Parks verfolgten mich; bereits seit ich im Frognerpark zur Skischule gegangen war, waren die Parks hinter mir her gewesen. Ich würde nie wieder in einen Park gehen. Ich würde den Vorarbeiter darum bitten, statt dessen auf Friedhöfen arbeiten zu dürfen, das war besser, danach würde ich ihn fragen. Da bekam ich plötzlich eine steinharte Kugel direkt an die Stirn und war kurz davor, voll ausgezählt zu werden. Gleichzeitig hörte ich einen Schrei, der nicht von mir kam, und ein Stück entfernt, hinter einer Sandbank, stand ein merkwürdiger Kerl in karierten Hosen und raufte sich die Haare. Neben ihm stand ein Gnom mit einem Einkaufswagen voller Knüppel.
»Paß 'n bißchen besser auf, Knallkopf!« rief ich.
Er sank auf die Knie und begann, am Gras zu zupfen.
Da wußte ich natürlich, wo ich war.
»Ist das der Golfplatz von Bogstad!« fragte ich erleichtert.
Der Mann erhob sich, seine Knöchel, die den Schläger umfaßten, wurden weiß.
»Was denkst du eigentlich, wo du wunderbarer Clown bist? Im Zirkus? Auf dem Jahrmarkt? Meinst du, meinst du etwa, ich habe *versucht*, dich zu treffen? Glaubst du, ich habe gezielt? Bist du bescheuert? Sag mal, bist du bescheuert?«
»Sie müssen etwas vorsichtiger mit dem Ball sein«, sagte ich nur. Ich hätte den Angeber erwürgen können.
Er tauschte den Schläger aus und versuchte, mich zu schlagen. Ich mußte ren-

nen. Er kam hinter mir her, rief die ganze Zeit irgendwas vom 18. Loch. Ich riß beim Laufen ein paar Fahnen mit und entkam durch ein Tor auf einen edlen Villenweg. Dort setzte ich mich auf den Kantstein und tastete – eine neue Beule entwickelte sich auf meiner Stirn. Ich war ein verfolgter Mensch. Aber jetzt wußte ich jedenfalls ungefähr, wo ich war. Ich wuselte ein wenig hin und her, dann fand ich die Richtung, wanderte über Røa, an Njårdhallen vorbei, durch Majorstua, direkt in die Stadt, während die Sonne die Wälder im Westen anzündete und das Licht die Dunkelheit hereinließ. Und im Fahrstuhl traf ich wieder Vigdis, sie schrie erschreckt auf, als sie mich sah, ich packte es nicht, mich im Spiegel an der Wand anzugucken.

Wir fuhren zum vierten Stock hoch.

»Was ist denn mit dir passiert!« stieß sie hervor.

»Das ist eine lange Geschichte. Du wirst es nie glauben.«

Ich ging mit in ihre Wohnung. Es war ein solides Zimmer, mit Stickereien an der Wand, einem Foto ihrer Eltern auf dem Bücherregal und Apfelsinen in einem geflochtenen Korb auf dem Tisch, irgendwie gefiel es mir.

Sie flickte mich mit Pflaster und Mullbinden wieder zusammen. Vigdis' Hände waren kräftig und rot und leicht wie Federn.

»Dein Haar«, lachte sie. »Was hast du mit deinem schönen Haar gemacht!«

Ich guckte verstohlen in einen Spiegel. Da gab es nichts zu lachen. Ich sah schlimmer aus als Ola damals, als sein Vater mit der Schere Amok gelaufen war. Im Vergleich zu mir hatte Ola noch elegant ausgesehen. Ich war ein gezeichneter Mann.

»Kann ich 'ne Apfelsine haben?« fragte ich.

»Soviel du willst«, lächelte Vigdis und räumte den Operationstisch ab.

Da passierte etwas Merkwürdiges. Aber ich war gar nicht so überrascht davon, denn der ganze Tag war mir nicht wohlgesonnen gewesen. Ich schälte die Apfelsine, und es war nichts drinnen. Sie war leer. Ich schälte und schälte, und die Apfelsine war leer. Ich sagte nichts zu Vigdis, legte nur die Schale auf einen Teller und wischte mir den Mund ab.

Vigdis drehte sich um.

»Das ging aber schnell«, meinte sie.

»Apfelsinen sind meine Spezialität«, sagte ich.

»Kannst gerne noch eine nehmen.«

»Ich eß immer nur eine am Tag.«

Ich stand auf und ging zur Tür. Plötzlich hielt Vigdis eine ganze Flasche Gin in den Händen.

»Willst du einen Schluck?« lächelte sie verschmitzt.

Und ein einziges Mal war ich vernünftig, denn es stand nirgends geschrieben, daß dieser Tag nicht noch mehr Katastrophen bereit hatte.

Ich schluckte trocken und sprach gegen ganz Rom.
»Nein danke«, sagte ich. »Ein andermal. Ein andermal.«

Ich wurde gefeuert. Als ich am nächsten Tag erschien, bekam ich einen Riesenverweis, und sie wollten meine Geschichte gar nicht erst anhören. Ich hatte mein Werkzeug verlassen und war während der Arbeitszeit abgehauen, ich war Ausschuß, brauchte nur in den Spiegel zu sehen, da gab's nichts zu diskutieren. Ich bekam die Kündigung und meinen Lohn, drei Hunderter, die in meiner Tasche brannten, stand mitten in Oslo und überlegte, was ich jetzt verdammt noch mal tun sollte. Ich ging zu Pernille. Später rief ich Jørgen an. Seine Mutter war am Telefon und erzählte mit undeutlicher Stimme, daß Jørgen vor zwei Tagen nach London gefahren sei. Sie wußte nicht, wann er nach Hause kommen würde. Sie knallte den Hörer auf. Am nächsten Tag war ich wieder blank.
Ich lag mit dickem Kopf und Schlagseite auf der Matratze. Die Gehirnzellen klebten wie klumpiger Reis aneinander. Aber ein Korn war doch vitaler als die anderen und schickte eine geniale Botschaft: Geh zur Bank und plündere dein Sparbuch. Ich badete unter dem Wasserhahn und trottete zur St. Olavsgate, zu der Bank, in der Vater Filialleiter war, die Bank, die einmal von einem Bankräuber überfallen worden war, der nie gefunden wurde. Es war schon viele Jahre her, seit ich das letzte Mal dagewesen war, aber der Geruch war immer noch der gleiche, nach Münzen und frischgebohnertem Fußboden, und die Geräusche, das Knistern von Papier, als würde die ganze Zeit da drinnen ein kleines Lagerfeuer brennen. Und es war dunkel, ich war fast blind, als ich aus dem hellen Licht draußen hineintrat, in das knisternde, saubere Dunkel. Früher saß Vater am Schalter, ich erinnere mich, daß er darauf bedacht war, sich jeden Morgen die Fingernägel zu schneiden. Jetzt hatte er ganz hinten ein Büro. Eine Dame brachte mich hin. Vater war nicht überrascht, mich zu sehen. Er sah einfach freundlich und ein bißchen müde aus, dieses Desinteresse war am schlimmsten, er sah nicht, welche Kleidung ich trug, bemerkte mein Haar nicht, sah meine Wahnsinnsfrisur nicht einmal an.
»Du bist das«, sagte er nur.
»Wie läuft's auf Nesodden?« fragte ich.
»Gut. Dieses Jahr gibt's kaum Äpfel.«
»Und Johannisbeeren?«
»Ich glaube, da wird's viele geben. Und Stachelbeeren. Aber mit den Pflaumen sieht es nicht gut aus.«
Das Büro war klein und eng, die Wände dunkel, auf dem Schreibtisch lagen Mappen mit Papieren, ordentlich gestapelt. Vater sah zu mir auf, stützte sein Kinn auf seine Hände.

»Was machst du so?« fragte ich.
Vater lächelte.
»Nichts.«
Ich lachte kurz, es ging mir auf, daß er eigentlich diese Frage hätte stellen sollen, und ich hätte so geantwortet.
»Ich brauche Geld«, erklärte ich. »Dachte, ich könnte was von meinem Sparbuch abheben.«
Vater nickte und stand auf.
»Das wird schon gehen«, sagte er nur.
Und dann ging er und redete mit einem Kassierer, und eine Viertelstunde später stand ich mit 860 Kronen in der Hosentasche auf der Straße, und die Welt stand mir wie eine Schwingtür offen, jedenfalls Oslo. Ich hamsterte beim Weinmonopol Weißwein und trug den Stoff nach Hause in mein Zimmer. Aber da wartete eine neue Überraschung auf mich, eine saftige Rechnung für Seb lag im Briefkasten, er hatte die Wohnungsmiete seit 10 Monaten nicht bezahlt. Ich würde binnen drei Tagen rausgeschmissen werden, wenn das Geld nicht bis dahin bezahlt würde. Da hieß es nur, das Geld herausrücken, und als alles erledigt war, hatte ich gerade noch 78 Kronen. Ich überlegte, ob ich die nächste Fähre nach Nesodden nehmen sollte, widerstand aber heroisch. Und so verlief dieser Sommer, ich war pleite und lebte von Schalen und lauwarmem Wasser, aber eines Tages traf ich Vigdis wieder im Fahrstuhl, sie sah, was los war, und nahm sich meiner an, fütterte mich mit Gemüsesuppe, Kefir und Waffeln. Vigdis kümmerte sich den ganzen Rest des Sommers um mich, hielt mich aus irgendeinem Grunde am Leben, und ich fand heraus, daß die Große Revolutionäre Tat nicht für Leute wie mich gedacht war, ich war für solche Aufgaben nicht geschaffen. Das erkannte ich eines Abends, als ich mich aus dem Fenster lehnte, nachdem ich 30 von Vigdis' Waffeln gegessen hatte, der Drachen hatte es getan, der Drachen hatte die Große Revolutionäre Tat begangen, ich sah ihn vor mir in dem schäumenden Wasser schwimmen, das Messer zwischen den Zähnen und Haie auf allen Seiten. Der Drachen, dachte ich, du hast Fred gerächt, du hast Jørgen gerächt, der Drachen, der Rächer!

GOLDEN SLUMBERS

Herbst / Winter 70 - 71

Als ich mit der Immatrikulationsurkunde auf den Stufen der Aula stand, wurde mir klar, daß der Herbst schon begonnen hatte, auch wenn die Sonne über dem Nationaltheater hing und durch die Bäume herunterrasselte, es war sicher so ein indian summer, wie Vater mal gesagt hatte, als wir Äpfel holten. Es war September, und ich dachte daran, daß sie jetzt sicher bald den Springbrunnen wieder zunageln würden. Ich stand auf den Aulastufen, Leute rannten an mir vorbei, ich sah niemanden, den ich kannte. Manche trugen schwarze Mützen. Manche trugen Trachten oder einen Anzug. Manche kamen in Jeans, so wie ich. Ich hielt nach Bekannten Ausschau, sah aber niemanden. Ich überlegte, was ich jetzt tun sollte. Ich ging die Stufen hinunter und zur Bank, auf der Mutter und Vater saßen. Sie schüttelten mir stolz die Hand, abwechselnd mußten sie das steife Diplom mit dem roten Stempel anfassen. Mutter schielte auf meinen Aufzug, sagte aber nichts.
Sie sagte: »Willst du weiter in dieser Wohnung bleiben, Kim?«
»Dachte schon.«
»Aber kommt Seb denn nicht bald zurück.«
»Weiß nicht.«
»Und du kommst gut allein zurecht?«
»Na klar.«
Das Gespräch stockte, wir lächelten uns an, mit einem Mal wachte Vater auf, als hätte er in dem Anzug sein altes Ich wiedergefunden.
»Und du bist dir sicher, daß du das richtige Fach gewählt hast?« fragte er laut und deutlich.
»Glaub' schon. Aber ich muß ja sowieso 'ne allgemeine Einführung machen.«
»Philosophie«, sagte Mutter vorsichtig. »Was wird man denn damit?«
Wir scharrten ein bißchen mit den Füßen, dann zog Vater einen nagelneuen Hunderter hervor, frisch aus der Druckerpresse der Norwegischen Bank.
»Feier nicht zu doll«, sagte er und zuckte ein wenig mit den Schultern.
»Wow«, lächelte ich. »Wow.«
Ich stand mit dem glatten Schein da, während Mutter und Vater Arm in Arm

unter den Bäumen davongingen, wußte nicht so recht, was ich anfangen sollte, setzte mich auf eine Bank und steckte mir eine an. Ein Mädchen kam und verteilte Flugblätter gegen die EWG, kurz danach kam ein Typ des Aktionskomitees gegen die EWG und gab mir ein anderes Flugblatt. Ich stopfte beide in die Tasche, sah mich um, niemand, den ich kannte. Dann nahm ich die Bahn nach Blindern, bummelte ein bißchen im Buchladen herum, guckte mir ein paar Pflichtbücher an, fühlte mich ziemlich schlapp. Im Plattenladen war es schon besser, Selbstbedienung, ich konnte so viele Platten, wie ich wollte, hören. Ich ging ein paar Jazzstücke durch, Davis, Coltrane, Mingus, kam aber nicht so recht in Schwung. Dann trollte ich mich rüber zu Frederikke, kaufte mir einen giftigen Kaffee und setzte mich in der riesigen Scheune an einen freien Tisch. Niemand, den ich kannte. Ich rauchte zu viel, mußte zum Klo. Eine Etage tiefer gab es eine ganze Reihe von Ständen. Sie fielen über mich her, stopften mich mit Papier voll. Schließlich fand ich das Klo, dort stand ein Typ und fing sofort an zu predigen, fragte, ob ich Mitglied in dem Aktionskomitee Akmed oder in der Volksbewegung dagegen sei. Ich machte kehrt, lief an den Ständen vorbei und kam zwischen den roten Hochhäusern endlich raus. Auf dem Rasen lümmelten sich Leute, ich ging langsam an ihnen entlang, kannte aber keine Seele. Also steuerte ich wieder Richtung Stadt, über Tørtberg, ein paar Winzlinge spielten in blauweißen Trikots Fußball, ich blieb stehen und sah ihnen eine Weile zu, auf der Seitenlinie stand Åge, ja, es war Åge, er war etwas in die Breite gegangen, aber es war Åge, ich erkannte ihn an seinen Rufen. Die Lederkugel wirkte so merkwürdig riesig zwischen den dünnen Beinen. Ich latschte weiter, brummte vor mich hin, und dann war ich wieder auf der Karl Johan. Was mach ich jetzt?, dachte ich. Ich ging zu Pernille und bestellte das letzte Bier dieses Jahres. Da merkte ich es. Ich hatte meine Immatrikulationsurkunde verloren. Ich mußte sie im Plattenladen liegen gelassen haben, packte es aber nicht, wieder dorthin zu fahren. Ich blieb sitzen, bis mir der Rücken kalt wurde. An dem Tag war kein bekanntes Gesicht bei Pernille. Ich lief wieder ein wenig herum, zum Anleger hinunter und sah, wie die Nesoddenfähre rückwärts ablegte und drehte. Auf dem Rückweg blieb ich beim Klingenberg-Kino stehen; Riesenschlange und Topstimmung. *Woodstock*. Ich hatte ja nichts anderes zu tun, also stellte ich mich auch an, und dann saß ich im Saal, es wurde dunkel, und die Bilder und die Musik griffen meine Sinne an. Bald war der ganze Saal von Feuerzeugen erleuchtet, überall zwischen den Bankreihen flammte es auf, und der schwere, süße Duft zog durch die Luft. Mein Nachbar stieß mich an und reichte mir einen glühenden Stummel. Ich nahm ihn. Auf der Leinwand waren vier Bilder gleichzeitig. Ich bekam ein Chillum von hinten. Ein paar Wächter gingen an den Seiten auf und ab und kratzten sich am Kopf. Ein Mädchen gab mir

eine Pastille. Country Joe sang. Regen. Regen in Woodstock. Das werde ich nie vergessen. Dann war es vorbei, und wir trotteten auf die Straßen hinaus. Ich wühlte in meinen Taschen. Ich war pleite. Die Dunkelheit stieg vom Asphalt auf, und mir gefiel der Film nicht, der sich auf dem Himmel abspielte, mir gefielen die Bilder ganz und gar nicht. Ich lief nach Hause, in die Munchsgate. Der Fahrstuhl brachte mich nach oben. Ich stand mit dem Rücken zum Spiegel. Ich stieg im sechsten Stock aus und klingelte bei Vigdis. Sie war zu Hause und ließ mich rein. Als nächstes erinnere ich mich erst wieder daran, daß ich in ihrem winzigen Badezimmer aufwachte, in Unterhose, mein Kopf war ein Steinbruch. Ich stand mühsam auf, und als ich in den Spiegel schaute, schrie ich, denn quer über mein Gesicht lief ein blutiger Streifen, mein Gesicht war geteilt, aufgerissen, ich schrie, und dann stand Vigdis da, nackt und weich, mit schweren Brüsten, die mich am Rücken berührten.
»Du bist schon komisch«, sagte sie nur.
Ich tastete mein Gesicht ab, drehte den Hahn auf und beugte mich hinunter. Ich mußte ziemlich hart reiben, es ging nicht ganz weg, ein dunkler Schatten blieb auf meinen Gesicht zurück.
»Du schuldest mir drei Dinge«, sagte Vigdis.
Ich sah uns im Spiegel an.
»Und was?«
»Eine Flasche Gin.«
Vorsichtig nickte ich. Dagegen war nichts einzuwenden.
»Einen Lippenstift.«
Die leere Hülse lag auf dem Boden. Wir sahen uns im Spiegel an.
»Und das dritte?« fragte ich.
Vigdis strich mir mit dem Finger das Rückgrat entlang.
»Das sag ich nicht.«
Sie mußte zur Arbeit und ich nach Hause. Ich fuhr eine Etage höher, torkelte in mein Zimmer, kotzte in den Papierkorb und tauchte wie von einem Zehnmeterbrett auf die Matratze hinab, wie von einem Zehner in ein leeres Bassin — und schlief neun Monate.

3. TEIL

COME TOGETHER

Sommer 71

Es war überwältigend. Es waren Tausende, Zehntausende, ich hatte noch niemals vorher soviele Menschen auf einem Haufen gesehen. Wir standen auf dem Yongstorg, es war Anfang Juni, später Nachmittag, und Gunnar und Ola hatten ihren Wehrdienst hinter sich.
»Jetzt ziehen wir der Bourgeoisie den Boden unter den Füßen weg!« schrie Gunnar duch den Lärm trampelnder Füße, klatschender Hände, knisternder Mikrophone, rasselnder Büchsen, Parolen, Musik und Wind hindurch.
Ich lächelte ihn nur an. Von allen Seiten strömten Leute herbei, wir wurden immer enger zusammengequetscht, als wären wir auf einem riesigen Tanzboden, auf dem alle mit allen tanzten.
»Wo ist Seb?« schrie Ola mir ins Ohr.
Ich zuckte die Schultern. Ich hatte keine Ahnung, wo Seb sein konnte.
»Ist er noch nicht nach Hause gekommen?«
Gunnar sah erschrocken aus.
Ich schüttelte den Kopf, es war unmöglich, sich in diesem Chaos zu unterhalten. Riesige Plakate, Transparente und die norwegische Flagge wurden hochgehalten. DIESER ZUG FÜHRT NICHT NACH BRÜSSEL. EWG BEDEUTET STEIGENDE LEBENSHALTUNGSKOSTEN! NEIN ZUR EWG – JA ZUR DEZENTRALISIERUNG. Und dann fingen die ersten an, sich Richtung Karl Johan und Rathausplatz auf den Weg zu machen, und von dem Moment, als die ersten losgingen, bis zu dem Augenblick, als die letzten losmarschierten, dauerte es mindestens vier Stunden, man hätte denken können, daß einige im Kreis gegangen seien, aber dem war nicht so, das Volk hatte seine Häuser verlassen und die Straßen eingenommen, in Oslo, im Juni 1971.
Und die Stadt war grün und rot, roch nach Flieder und Abgasen, Sonne und geballten Fäusten.
Auf dem Rathausplatz wurde es noch enger. Auf einem Lkw war eine Rednertribüne aufgebaut worden, und die norwegischen Flaggen flatterten im Wind. Wir standen mitten in den Massen, von hinten wurde immer noch ge-

drängelt. Ola wurde immer blasser. Es schien, als sinke er in sich zusammen, er näherte sich verdächtig der Höhe des Kantsteins.
Ich zog ihn hoch.
»Ist dir nicht gut?«
Er verdrehte die Augen, der Schweiß lief ihm über die Stirn.
»Platzangst«, flüsterte er. »Ich krieg Platzangst.«
Er begann aufzustoßen — wir schafften es, ihn rauszuschleppen, und brachten uns beim Nationaltheater in Sicherheit.
»Wie hast du es denn im U-Boot ausgehalten, wenn du es nicht mal auf dem Rathausplatz aushältst?« kicherte ich.
Ola kam langsam wieder zu sich.
»Das hab' ich doch auch nicht gepackt«, stöhnte er. »Hätte fast ein ganzes NATO-Manöver ruiniert. Bin dann statt dessen Koch in Madla geworden.«
Wir kicherten ziemlich lange darüber und latschten dann zu Saras Zelt hinüber, bestellten eine Runde Bier und fühlten uns gegenseitig etwas auf den Zahn. Es war lange her, daß wir uns das letzte Mal gesehen hatten, wir suchten Veränderungen, wollten wissen, ob wir immer noch die gleichen waren.
»Hast du keinen Furz von Seb gehört?« fragte Gunnar.
»Nichts. Null.«
Von Nina hatte ich auch nichts gehört, nicht mal von Jørgen. Mutter sollte mir die Post nachschicken, wenn welche käme, aber der Briefkasten war jeden Morgen gähnend leer gewesen, ein schwarzer Brunnen, kein Lebenszeichen, nicht einmal eine schrille Postkarte.
»Komisch«, murmelte Gunnar und sah besorgt aus, er trank und drehte sich eine. »Hast du mit seiner Mutter gesprochen?«
»Nee.«
»Was hast du eigentlich das ganze Jahr gemacht?« wollte Ola wissen, ihm ging es wieder blendend.
Ich dachte lange darüber nach.
»Nichts Besonderes. Hab' geschlafen.«
»Hast du die Einführung nicht gemacht?«
»Keinen Bock.«
Eine neue Runde wurde an den Tisch gebracht. Wir stießen an und tranken.
»Merkwürdig, daß Seb nichts von sich hat hören lassen«, wiederholte Gunnar.
»Ihr habt ja auch nicht gerade unter Schreibwut gelitten«, warf ich ein. »Und hattet ihr eigentlich nie frei?«
Sie waren etwas peinlich berührt, und ich bereute meine Frage augenblicklich. Sobald er frei hatte, war Ola bei Kirsten gewesen, und Gunnar hatte in einer Arbeitsgruppe in Bodø gearbeitet.

Ich wischte es mit Lachen fort.
»Ist ohne euch ja 'n bißchen langweilig gewesen«, sagte ich und schwenkte mein Glas.
Gunnar sah mich direkt an, sein Blick wankte keinen Millimeter.
»Das war beschissen von uns, Kim. Echt Scheiße. Wir üben diesbezüglich Selbstkritik. Aber jetzt sind wir jedenfalls hier. Und das ist Seb nicht.«
Mehr konnte er nicht sagen, bevor Stig sich mit einem Haufen politischer Zeitungen unterm Arm an unserem Tisch niederließ.
»Seid gegrüßt, Bundesgenossen. Hier sitzt ihr und vergiftet euch freiwillig?«
Er schnipste gegen die Biergläser.
»Auch du, mein Bruder. Ich dachte, die MLer machen Front gegen den Alkohol?«
»Gegen Besäufnisse«, erklärte Gunnar. »Wir kämpfen gegen's Besaufen. Aber die Arbeiter dürfen sich ja wohl an einem warmen Sommerabend mal 'n Bier gönnen, oder?«
Stig bedeckte sich die Augen und schaute herum.
»Arbeiter? Wo denn?«
»Warst du mit im Zug?« fragte ich, um die Stimmung etwas zu entspannen.
»Na logo, Jungs.« Er schlug Gunnar auf den Rücken. »Schade, daß du nicht mitgehen konntest, Bruder!«
Gunnar drehte sich langsam zu ihm um.
»Verflucht, natürlich war ich dabei.«
»Was? Ich dachte, das Arbeitskomitee meint, Volksbewegungen seien bürgerlicher Scheiß. Ich dachte, es hat seine eigenen Parolen.«
Er stand auf, noch ehe Gunnar seinen Widerspruch loswerden konnte, breitete die Arme aus, als wäre er der Papst, der uns segnen wollte.
»Kommt mal in die Hjelmsgate, Jungs. Da gibt's 'ne Teestube und biodynamisches Essen. Wir seh'n uns!«
Er trottete zu einem anderen Tisch hinüber. Die nächste Dreiviertelstunde redete Gunnar kein Wort. Dann sagte er:
»Verdammt nochmal! Wir müssen rauskriegen, was mit Seb passiert ist!«
Später am Abend schlich ich mich allein nach Hause. Der Briefkasten war wieder leer. Ich nahm den Fahrstuhl bis zum Vierten und klingelte bei Vigdis. Ein fremdes Mädchen öffnete, und da entdeckte ich, daß an der Tür auch ein anderer Name stand. Vigdis war schon lange ausgezogen, vor mehreren Monaten, das Mädchen sah mich etwas merkwürdig an. Dann konnte ich Vigdis also nicht mehr zurückgeben, was ich ihr schuldete. Ich stieg die letzte Etage hoch und schloß auf. Es sah fürchterlich aus. Ich mußte aufräumen, es war höchste Zeit. Ich öffnete das Fenster. Ich leerte den stinkenden Papierkorb, fegte die Kleider in den Schrank, räumte die Bücher an ihren Platz, stellte die

Platten auf, blies den Staub von der Nadel, schüttete die saure Milch aus, schmiß steinharte, grüne Knüste weg, wusch ab, machte sauber. Wenn Seb zurückkam, sollte er alles schön vorfinden, und wenn er nicht kam, würden wir ihn suchen, das war sicher.

Am nächsten Tag schauten wir bei seiner Mutter rein, und sie bestätigte unsere Befürchtungen. Seb war nie in Bordeaux angekommen. Sein Vater hatte lange gewartet, zum Schluß mußte er ohne Seb abfahren. Etwas mußte Seb auf dem Weg dazwischengekommen sein. Eine einzige Postkarte hatte er kurz nach Neujahr geschickt, aus Amsterdam, und er schrieb, er wolle nach Paris und ihm gehe es gut. Seine Mutter sah unglücklich und ängstlich aus.
»Und wie geht es euch?« Sie versuchte zu lächeln und betrachtete uns einen nach dem anderen.
»Ja, ja, geht so«, scharrten wir ein wenig auf der Stelle und zogen uns zum Eingang zurück.
»Sagt Bescheid, wenn ihr etwas erfahrt!« bat sie und rieb ihre Hände.
Draußen regnete es, also hielten wir bei Krølle Kriegsrat. Die Situation war kritisch. Wir mußten nach Paris fahren und Seb suchen.
»Wir trampen runter«, schlug ich vor. »Das schaffen wir in ein paar Tagen, verdammt noch mal.«
»Ich bin pleite«, sagte Ola.
»Beim Militär war so ein Kerl, der hat jeden Sommer einen Ferienjob bei der Majorstua-Spedition gehabt«, berichtete Gunnar. »Die brauchen den ganzen Sommer reichlich Leute.«
»Und wenn wir in Paris sind, kann ich was von meinem Onkel leihen!«
Wir machten uns Gedanken, was Seb alles zugestoßen sein könnte, das war nicht gerade wenig, wir rückten dichter zusammen, flüsterten, froren, es war höchste Zeit, wir hatten keinen einzigen Tag zu verlieren.
Montag morgen fanden wir uns zusammen mit einer ganzen Horde anderer, die nach Schnaps stanken und sich mit zitternden, gelben Fingern eine drehten, im Aslakvei in Røa ein. Ein Typ mit einer Schirmmütze, Käppi, schrieb unsere Namen auf, und dann wurde aufgerufen, und die Helfer latschten hinter den Fahrern her, Gunnar bekam einen Job, Ola, und endlich wurde auch mein Name aufgerufen, und ich wurde ins Lager geschickt, sechs Gurte zu holen. Die trug ich hoch zu einem Bedford, an dem fünf Hünen mit behaarten Armen auf mich warteten. Ich bekam leichte Panik. Ich war einem Klaviertransporter zuteilt worden. Die mußten mich mit Gunnar verwechselt haben. Die Hünen musterten mich kalt grinsend und warfen sich ein paar Blicke zu. Meine Oberschenkel waren dünner als ein Oberarm des Fahrers. Ich konnte gerade die Gurte tragen.

»Spring hinten in den Transit rein«, brummte ein Typ, »und setz dich da hin.« Ich tat, was er sagte. Die anderen kicherten. Dann fuhren wir los. Es ratterte und holperte ziemlich, erinnerte mich mit einem Mal an die grüne Minna, mir brach der kalte Schweiß aus. Ich lugte durch das schmutzige Fenster hinten raus, direkt hinter uns fuhr der Bedford. Wir fuhren nach Majorstua, hielten auf dem Slemdalsvei vor Mayong. Die anderen kehrten zum Frühstücken ein. Sie hatten mich vergessen, ließen mich in dem engen, stinkenden Transit sitzen. Ich zog und zerrte an der Tür, bekam sie aber nicht auf. Ich war ein eingesperrter Hund und haßte sie. Dann kam endlich einer der Kerle und schloß auf. Ich stürzte hinaus und sog den Sauerstoff ein. Er schlug mir auf den Rücken und lachte dreckig.
»Sorry, Kumpel. Wir haben das Gepäck vergessen.«
Hinterm Fenster saß die Muskelbande und amüsierte sich bei ihren Koteletts. Ich wünschte mir, Seb wäre zu Hause. Ich fand einen Platz an ihrem Tisch und hatte nur für einen Kaffee Geld.
Fieberhaft drehte ich mir eine Zigarette.
»Du weißt, daß du eigentlich bei diesem Job ein Haarnetz tragen mußt«, sagte ein reichlich Tätowierter. »Damit du das Haar nicht in die Gurte kriegst. Is' schlimmer, als den Schwanz am Haken zu haben!«
Das Lachen brauste am ganzen Tisch los, und ich lachte mit, endlich hatte ich meine Zigarette fertiggefummelt.
»Sollen wir Klaviere tragen?« fragte ich, noch ehe das Gelächter sich gelegt hatte. Sofort waren sie still, sahen mich alle an. Sie schüttelten ihre breiten Köpfe.
»Nee. Nichts da Klaviere.«
Ich war ziemlich erleichtert und wurde fast übermütig.
»Konzertflügel«, sagte der Fahrer.
Der sollte in den großen Saal des Château Neuf hinauf, in den Betonklotz, der Tørtberg kaputtgemacht hatte. Die Beine waren abgeschraubt, er war gekippt, in eine Plane gepackt und auf einem Eisenrahmen mit sechs Löchern für die Gurte festgezurrt. Die ganze Sache wog wohl eine halbe Tonne. Wir waren sechs Mann. Oder fünf und ein viertel.
Ich bekam in meinen Gurt keinen Knoten und brauchte Hilfe, sie verdrehten die Augen, und ich fühlte mich ungefähr so wie damals, als Vater hinter mir stand und mir den Schlips band. Dann justierten wir die Höhe, steckten die Haken in die Löcher, und auf das Signal des Chefs hin erhoben wir uns. Es war, als würde einem das Rückgrat in das eine Bein hineingedrückt. Das Blut verabschiedete sich vom Kopf, und ich schwankte benommen durch die Tür, zur Treppe, die ganze Weltkugel am Haken. Dort hielten wir an und setzten ab. Der Gurt scheuerte im Nacken und an den Schultern, der Knoten drückte auf die Nieren.

»Du gehst voran«, sagte der Boß und zeigte auf mich. »Hältst mit Kalle die Balance.«
Kalle war der mit den Tätowierungen auf dem Oberarmen. Ich nahm den Gurt ab, löste den Knoten, nahm an seiner Länge Maß. Er stand nur da und starrte mich an.
»Was zum Teufel machst du denn!« schrie er.
»Nehme Maß«, sagte ich ergeben.
»Aber in drei Teufels Namen, zum Maßnehmen mußt du den Gurt doch nicht abnehmen!«
»Nein?«
»Sind wir gleich groß, oder was?«
»Du bist reichlich größer als ich«, antwortete ich.
»Genau, Süßer. Und deshalb muß dein Scheißgurt ja wohl kürzer als meiner sein, wenn wir gleichviel tragen sollen, oder?«
Die Röte schob sich wie ein enger, warmer Helm über mein Gesicht. Ich legte mir ganz schnell den Gurt um, und dann hoben und senkten wir, bis die Haken auf gleicher Höhe hingen. Ich hatte wieder Probleme mit dem Knoten, traute mich aber nicht, um Hilfe zu fragen, schaffte es schließlich, ihn zusammenzukriegen, und er erschien mir solide genug.
Dann faßten wir zu, hoben gleichzeitig an und begannen die Treppe hinaufzuklettern. Das war schwerer, als sich selbst hochzuheben. Es schien, als ob das Herz in den Magen gepreßt würde, das Gehirn ins Maul gesogen. Aber dann passierte etwas, mitten auf der Treppe zum ersten Absatz hin wurde es leichter, als ob ich mich an das Gewicht gewöhnt hätte und es mir nichts mehr ausmachte. Es war ein Wunder. Ich fühlte mich unglaublich leicht, bekam fast Lust zu pfeifen, einen Witz zu reißen, es war, als schwebe ich. Aber Kalle wurde immer roter im Gesicht, der Schweiß spritzte ihm von der Stirn, seine Augen wurden schmal und trübe, und der Mund verzerrte sich zu einer wahnsinnigen Flunsch.
»Absetzen!« heulte er, und wir bekamen den Flügel gerade noch auf den Treppenabsatz. Er lehnte sich gegen die Plane und rang nach Atem, keuchte wie eine Sackpfeife. Ich begriff nichts und lächelte die anderen an.
Dann erhob Kalle sich, klinkte den Haken aus, raste zu mir herum und verglich mit meinem Gurt. Der war mindestens zehn Zentimeter länger als seiner.
»Du wolltest wohl witzig sein!« zischte er. »Mir das ganze Gewicht aufzuladen, he!«
»Das wollte ich nicht«, stotterte ich.
Er sah den Knoten, dann mich an.
»Du kannst doch keinen Altweiberknoten machen, wenn du ’nen Flügel tragen sollst!«

Die anderen stöhnten empört auf und faßten sich an die Stirn.
»Der ganze Scheiß hätte kippen können, du Spaßvogel!«
Dann mußte er meinen Schlips neu binden, und wir trugen den Flügel das letzte Stück in den großen Saal hinauf, ich schleppte, bis ich heulte, als wir ihn endlich abstellten, fühlte ich mich wie ein Zwerg, hatte Muskelkater im Rücken und Wasser in den Knien, ich war total zerschunden, ausgewrungen und beschämt.
Anschließend kam Kalle zu mir, spendierte eine fertige Zigarette, klopfte mir auf die Schulter. Dann fuhren sie mich zur Zentrale zurück, und dort wurde ich zum Kartonstapeln im Lager eingeteilt.
Um halb vier kamen Gunnar und Ola auch zurück, wir gaben unsere Stundenzettel an der Kasse ab und bekamen den Lohn, nahmen die Bahn in die Stadt — es war schwierig, mit so schweren Taschen an Majorstua vorbeizukommen. Beim »Gamle Major« fanden wir einen Tisch.
»Diesen Scheißjob mach' ich nicht mehr mit«, sagte ich. »War auf 'nem Klaviertransporter und bin nach allen Regeln der Kunst ausgezählt worden.«
»Dann kriegste morgen 'nen besseren Job, das ist doch klar. Ola und ich hatten Erste-Sahne-Jobs.«
»Hätt' mir fast das Rückgrat unter diesem Scheißflügel gebrochen. Hätte man Knieschützer mitnehmen sollen. Ich werd' verdammt noch mal morgen nicht wieder hingehen.«
»Willst du nicht weitermachen, weil der Flügel zu schwer war oder weil die Jungs dich verarscht haben?« fragte Gunnar.
»Noch so ein Auftrag, und ich werde nicht mal nach Paris kriechen können.«
Die Stimmung war ziemlich gereizt, Gunnar regte sich auch auf, legte sich über den Tisch und schob die Biergläser zur Seite.
»Kim, die Sache mit dir ist nämlich, daß du feige bist. Immer hast du verrückte Dinge gemacht, aber wenn es ans Eingemachte geht, bist du feige und mimosenhaft. Du kannst aufs Dach klettern und mit 'nem Skelett tanzen, verträgst es aber nicht, wenn alte Arbeiter über dich lachen, weil du es nicht schaffst, eine Schlinge zu knoten!«
War es Gunnar, der das sagte? Ich erinnere mich nicht mehr so ganz daran, aber es ist ja auch egal. Jedenfalls stand ich am nächsten Tag wieder auf der Matte, na logo, ich wurde eingeteilt, eine niedliche kleine Villa auf Persbråten auszuräumen, und es gab Bier und Überstunden. Gunnar hatte vorgeschlagen, daß wir uns nur so viel Zaster holen sollten, wie wir zum Überleben brauchten, damit wir nicht unsere Reisekasse beim »Gamle Major« verpraßten. Gesagt, getan. Wir waren Aushilfen und durchkämmten die ganze Region Østland kreuz und quer, lernten jedes winzige Café und jeden Tante-Emma-Laden in Oslo und Umgebung kennen, genau wie wir früher jedes Ra-

senstück und jeden Fußballplatz gekannt hatten — und später jeden Park. Ola traf den Typen wieder, der ihn an dem schicksalsträchtigen Tag von Slemmestad mitgenommen hatte, es gab ein herzliches Wiedersehen, er blieb fest auf dessen Wagen. Gunnar übernahm meinen Platz auf der Klavierkarre, und ich flog hin und her und schleppte alles mögliche, packte muffelige Unterhosen und dreckiges Geschirr ein, schleppte Gefriertruhen, proppevoll mit Lebensmitteln, die tauten und in der Hitze stanken, stapelte Bücher, rollte Teppiche ein, öffnete Schränke und zog Schubladen heraus, ich schaute in halb Norwegen hinter die Fassaden, und was ich sah, gefiel mir nicht so recht, ich sah Dreck und Staub und einen Haufen unnützen Kram. Wir kamen zu Leuten, die auseinanderziehen wollten, sie stritten sich um jeden Scheißteller und Teelöffel, ich sah Haß, Liebe, ein Bild unter einem Kopfkissen, das jemand vergessen hatte, einen Zettel zwischen den Büchern, und wenn wir eine Wohnung leergeräumt hatten, wußte ich alles von den Leuten, die darin gewohnt hatten, es gab keine Geheimnisse mehr. Wir räumten das Lehrlingswohnheim im Bogstadvei, trugen stinkende Matratzen mit Wichsflecken aus dem dritten Stock hinunter und fuhren alles auf die Müllhalde bei Skui. Ich kann mich erinnern, wie ich dastand, es war ein heißer Tag, die Sonne briet mich, ich stand in Sandalen auf dem verrotteten Abfallplatz und lud den Dreck ab, während Riesenfliegen, so groß wie Hubschrauber, mir um den Schädel düsten, schneeweiße Möwen kreischend kreisten und glänzende Ratten hin und her liefen. An dem Tag mußte ich zum »Gamle Major«, da gab's keine Widerrede. Aber eines Tages bekam ich den Sahnejob, Supersahne, wir sollten das Puppenheim im Nationaltheater abbauen, die Vorstellung sollte auf Tournee gehen. Wir brummten hin, der Fahrer und zwei Träger, parkten bei Pernille und wanderten in das dunkle Gebäude, hinter die Bühne, wo Kulissen gestapelt waren, Taue und Drähte hingen und alles so was. Der Hausmeister zeigte uns, was mit sollte. Hier hieß es nur anfangen, und wir trugen hinaus — und da ging mir ein Licht auf, ein für allemal: ob Film oder Theater, Bücher oder Gedichte, es war alles nur Spaß. Allein Musik hielt einen nicht zum Narren, gab sich nicht als etwas anderes aus, als es war. Musik. Alles andere ist leer, verlogen. Wir zogen die Gurte um ein Klavier, hoben an, und es fuhr schnurstracks gen Himmel, es wog nur ein paar Kilo. Der Hausmeister grinste und öffnete den Deckel. Es war nichts drinnen. Die Innereien waren ausgenommen worden. Wenn Helmer auf der Bühne spielte, lief nur ein Tonband. Wir trugen es auf dem kleinen Finger hinaus, und die Leute bei Pernille erhoben sich von ihren Tischen und starrten uns mit großen runden Augen an. Wir kamen aus dem Hinterausgang des Nationaltheaters und bekamen stehende Ovationen: drei Umzugsleute, die Klaviere, Kachelöfen und Kisten auf dem ausgestreckten Arm trugen. Ich wünschte, Mutter hätte mich da gesehen.

So vergingen die Tage, sie liefen prima dahin, nachts schlief ich wie ein Stein, mit müden Gliedern, ich schlief phantastisch, schmierte mir Butterbrote und wurde jeden Morgen um sieben Uhr in der Pilestred abgeholt. Die Tage verliefen angenehm, und als ich eines Tages in den schmutzigen Arbeitsklamotten und mit Schwielen an den Händen nach Hause ging, traf ich auf Grensen Cecilie. Ich erkannte sie nicht sofort wieder, sie hatte kurze Haare und war schlank geworden, ich mußte erst in meinem Gedächtnis nachforschen, dann fiel es mir ein, natürlich, das war Cecilie.
»Hallo«, sagten wir.
Sie sah mich anerkennend an, ich fischte eine Minikippe aus der Tasche und steckte sie an.
»Arbeitest du?« fragte sie.
»Genau. Spedition. Und was treibst du so?«
Sie erzählte, daß sie zusätzlich noch ihr Abitur in Naturwissenschaften gemacht habe, und ab Herbst auf Island Medizin studieren wolle.
»Island?«
»In Reykjavik. Hier komm ich nicht rein.«
»Ganz schön weit weg«, sagte ich, um irgendwas zu sagen. »Und reichlich kalt, oder?«
Sie lachte.
»Kannst mich ja besuchen kommen«, sagte sie.
Und dann schrieb Cecilie ihre Adresse in ein Notizbuch und riß die Seite raus.
Und wir gingen jeder unseres Weges.

Das Geld klimperte in der Kasse. Eines Tages fragte Käppi, ob Gunnar 'nen Lappen hatte. Gunnar hatte einen, und für den Bedford brauchte er nicht Klasse 2. Und Ola und ich wurden Träger, wir sollten einem NATO-General beim Umzug von Kolsås nach Blommenholm helfen. Wir jubelten, saßen alle drei jauchzend und johlend da und brummten zum NATO-Hauptquartier. Der Vogel wohnte in einem Reihenhaus, es war ein ruhiger Rentnerjob, und dieses borstige Schwein servierte um 12 Uhr auf der Treppe zollfreies Tuborg, quatschte mit einem schiefen Akzent und war überfreundlich. Gunnar ging umher und hielt nach heimlichen Papieren oder Waffen Ausschau, aber das einzige, was wir fanden, war ein schöner Batzen Pornohefte und ein Arsenal versiegelter Whisky. Er winkte uns überfreundlich vom Hof, als wir Richtung Blommenholm abfuhren und war verdächtig treuherzig.
»Scheiß Imperialistenratte«, knurrte Gunnar, als wir nach Sandvika fuhren. »War bestimmt in Vietnam!«
»Der Alte war doch nett«, sagte Ola.

»Besticht uns schon vormittags mit Bier! Verflucht, daß man für so'n Schwein arbeiten muß!«
Gunnar trat das Gaspedal durch, und wir bogen Richtung Blommenholm ein. Dann näherten wir uns einer Eisenbahnunterführung. Gunnar fuhr langsamer.
»Passen wir da durch?« fragte er und hielt ganz an.
Es sah nicht so wahnsinnig hoch aus. Wir stiegen aus, guckten das Auto an, und kletterten wieder rein.
»Ich glaub', es paßt«, sagte ich.
»Glaub' ich nicht«, meinte Gunnar.
»Vielleicht«, überlegte Ola.
»Gibt's denn noch 'nen anderen Weg?« fragte Gunnar.
»Das geht doch prima hier«, versicherte ich.
»Ola, meinste, es klappt?«
»Doch, ja.«
»Geht wie geschmiert«, sagte ich.
Gunnar gab Gas, und wir rasten zur Unterführung. Dann hörten wir es häßlich gegen das Dach scheuern, wir wurden nach vorne geworfen, und des Generals Möbel knackten teuflisch hinter uns. Wir standen.
Gunnar sah uns bleich an.
»Es ging nicht«, sagte er nur.
Wir konnten uns hinausschlängeln und nahmen das Unglück in Augenschein. Der Bedford stand festverankert da, es war unmöglich, ihn zu bewegen. Wir hatten uns mit der NATO-Ladung total festgefahren.
Wir kratzten uns am Kopf.
»Und wenn wir die Ladung herausrupfen?« fragte Ola.
»Dann kommt die Karre doch noch höher, du Idiot!« schrie Gunnar.
»Es war ja nur ein Vorschlag«, versuchte ich zu vermitteln. »Außerdem: die NATO ist doch ein Scheißpakt!«
Wir standen eine Weile da und betrachteten unseren Schnitzer. Hinter uns bildete sich eine hübsche Schlange.
Da gab es nur eines zu tun. Wir fanden 100 Meter entfernt einen Lebensmittelladen und riefen die Zentrale an. Eine halbe Stunde später kamen sie mit Schmirgelpapier und einem Lotsen an. Wir mußten hinten auf den Laderaum raufklettern, um noch mehr Gewicht auf die Räder zu geben. Als der Bedford herausgezogen wurde, klang es nicht besonders gut. Und Käppi war nicht gerade freundlich. Aber das machte nicht so viel. Es war Ende Juli, wir hatten genug Zaster verdient, und der aggressive Imperialismus der NATO war um drei Stunden zurückgeworfen worden. In dieser Branche hatten wir genug gearbeitet.

Wir bekamen unseren Lohn und rasten zum »Gamle Major«. Wir hatten die Taschen voller Kohle. Beim ersten und letzten halben Liter sagte Gunnar: »Das war heute eine prima Aktion! Der Volkskrieg hat begonnen! Und morgen fahren wir los!«
Wir stießen an, tranken aus, gingen nach Hause und packten unsere Turnbeutel.

Ich war nicht das einzige Tier auf der Place St. Michel. Die Leute lagen verstreut da, als wäre der Schloßpark umgegraben und nach Paris verlegt worden. Ich fühlte mich gleich heimisch, saß müde und zufrieden am Rand des Springbrunnens und spähte durch Abgase, Tauben und Sonne, ich rechnete nicht damit, Gunnar und Ola in den nächsten Tagen schon zu sehen. Ich hatte Riesenschwein gehabt. Am Donnerstag morgen um sieben Uhr hatten wir uns am Mossevei hingestellt. Nach einer Dreiviertelstunde kam ein Opel mit einem fetten Ehepaar herangerutscht, sie wollten nach Kopenhagen, hatten aber nur für zwei Platz. Also nahmen Gunnar und Ola die Taxe.
»Wir treffen uns auf der Place St. Michel!« rief ich und winkte ihnen zum Abschied.
»Der letzte gibt 'nen Wein aus!« schrie Ola.
Sie verschwanden am Horizont, und ich wartete mehrere Stunden, aber die Autos fuhren in großem Bogen um mich herum, und langsam wurde mein Daumen müde. Vielleicht stimmte ja doch, was Gunnar gesagt hatte, daß ich mir die Haare hätte schneiden lassen sollen, weil niemand ein langhaariges Wrack aufliest, hatte er gekichert. Verflucht, soweit käme es noch, daß ein paar geschniegelte Autobesitzer meine Frisur bestimmen würden. Also stand ich am Mossevei, die Zeit verging, die Autos dröhnten vorbei, Gunnar und Ola waren sicher bald in Göteborg. Da kam es, wie ein goldenes Schiff direkt vom Himmel, der Pritschenwagen unserer Transportfirma, ich winkte und rief, der Zug bremste, und ich lief hinterher. Es war Robert, total in Ordnung, aber ein Streber. Ich hüpfte in die Kabine, denn er hatte augenscheinlich wenig Zeit, gab voll Stoff, und wir waren auf der Piste.
»Wo willste hin?« murmelte Robert, als wir die Abfahrt nach Drøbak passierten, er gehörte nicht zur geschwätzigen Sorte.
»Paris«, sagte ich.
»Da hast du Schwein.«
»Wo fährst du hin?«
»Paris«, sagte Robby.
Und als wir nach Svinesund kamen, drehte er sich mir zu und sprach einen langen Satz:
»Du hast hier eine Aufgabe, kapiert? Du mußt mich wachhalten. Klar? Ich

will den Rekord aufstellen nach Paris. Matisen hält ihn mit 34 Stunden.« Also versuchte ich, Robby den Rest des Weges wachzuhalten. Wir durchfuhren Schweden, auf der Fähre trank Robby 14 Kaffee und zwei Aquavit. Wir hakten Dänemark ab, als sich die Dunkelheit über die Äcker legte. Wir rasten nach Deutschland runter. Auf einem Rastplatz südlich von Hamburg schliefen wir zwei Stunden. Robby hatte drei Wecker mit, die einer nach dem anderen uns in den Ohren dröhnten. Und dann segelten wir weiter, auf der Autobahn, nachts, in der Kabine hoch über der Straße, in der Finsternis, alle Lichter weit unter uns. Jedesmal, wenn ich wegnickte, bekam ich Robbys Ellenbogen in die Seite und einen Anschnauzer. In Belgien stieg die Sonne über den Schlammhügeln auf, in Frankreich füllten wir den Tank. Ich hielt nach dem Eiffelturm Ausschau, aber das erste, was ich von Paris sah, waren riesige Häusergruppen mit Wellblechdach, Bruchbuden, Kartons, Abfall, Slum, in dem Menschen lebten, dann waren wir vorbei, und der Eiffelturm kam in dem blauen Dunst zum Vorschein, weit entfernt, wie eine verwitterte Fontäne. Der Schweiß lief mir runter. Ich war in Paris. Robby stand auf dem Pedal und grinste. Er hielt beim nächsten Postamt an und schickte ein Telegramm zur Spedition nach Hause. Glatte 30 Stunden. Beim Löschen brauchte er keine Hilfe, also fuhr er mich direkt zur Place St. Michel, die winzigen französischen Autos spritzten zur Seite, wenn wir in den engen, kurvigen Straßen herangebraust kamen, und um fünf Uhr, an einem Freitag, saß ich auf dem Brunnenrand, betrachtete die Menschen, und der irre Gedanke durchfuhr mich, daß Seb plötzlich auftauchen könnte. Seb, Henny und Hubert. Ich weiß nicht, wie lange ich so dasaß, es wurde jedenfalls dunkel, und ich bekam Heimweh. Die Lichter auf dem Hügel gingen an. Ich spürte direkt den Druck der großen Stadt auf meiner Brust, mein Körper war noch in Bewegung, die Lichter der Restaurants, Läden, Fenster und Autos rasten auf mich zu, liefen vorbei und verschwanden mit roten, triefenden Augen in wilder Fahrt hinter mir. Ich hatte einen Bärenhunger, wußte aber nicht, wo ich etwas zu essen herbekommen sollte. Ich konnte zu Hennys Adresse fahren, mußte aber auf Gunnar und Ola warten. Ich saß auf dem Brunnenrand, die geflügelten Löwen versprühten braunes Wasser. Irgendwo in der Nähe floß die Seine, ein paar Leute spielten Gitarre, Flöte, jemand sang. Der Platz war voller Menschen, große Weinflaschen wurden herumgereicht, ein Bullenauto rollte langsam vorbei, ich bekam leichtes Fieber, dachte an Henny damals. Bald würde es Nacht sein, ich war hungrig, allein in Paris. Da kam ein Mädchen und setzte sich neben mich, starrte mich mit braunen Glubschaugen an.
»Bist du neu hier?« fragte sie auf amerikanisch.
»Bin vor ein paar Stunden angekommen.«
Sie zog aus ihrer Schultertasche Wein, Baguettebrot und einen stinkenden

Käse hervor, kaute und trank, reichte alles mir rüber, und ich machte es ihr nach. Dann steckte sie eine Zigarette an, die wir teilten. Ich erzählte ihr, daß ich Norweger war. Es war das Wahnsinnigste, was ich je geraucht hatte. Sie lachte und massierte mir den Rücken. Ich verschüttete Wein. Danach vergingen die Stunden wie im Fluge. Ich war in Paris und hatte meinen Schlafsack vergessen. Joy, so nannte sie sich, rollte ihren aus und lud mich zu sich ein. Ich grub die beiden unscharfen Automatenbilder hervor und fragte sie, ob sie jemanden gesehen hätte, der so ähnlich aussah. Sie schüttelte den Kopf und schlief. Ich lag wach da, mitten in Paris, im Schlafsack eines amerikanischen Mädchens auf dem Trip, und starrte die Fotos von Seb und Nina an. Es war unendlich lange her, seit die gemacht worden waren, und ein Gedanke durchschoß mich wie ein rasender Hammer im Herzen: Wenn wir sie fänden, würden sie nicht mehr so aussehen, würden wir sie nicht wiedererkennen, würden wir einander nicht mehr erkennen.
Joy schlief, es war eng. Zu diesem Zeitpunkt war die Stadt mucksmäuschenstill, einige Sekunden später würden 10 Millionen anfangen sich zu bewegen. Ich schälte mich aus dem Schlafsack heraus, fror, zog mir einen Pullover über. In der Flasche war noch Wein, ich trank die Hälfte aus. In den Rinnsteinen lief Wasser. Blaugekleidete Neger und Araber fegten die Bürgersteige. Die Cafés öffneten, Tische und Stühle wurden herausgetragen, die Sonne schob sich über ein Haus und traf mich im Nacken. Ich zog meinen Pullover aus. Die Tiere der Place St. Michel erwachten. Ein Mädchen sang. *Blowing in the Wind.* Joy rollte das Bett zusammen.
»Tschau«, sagte sie nur.
»Wohin willst du?«
»Mittelmeer«, sagte sie und ging in diese Richtung los.
Um 10 Uhr kamen Gunnar und Ola. Als sie mich sahen, war ihre Verblüffung groß. Dann umarmten wir uns und tanzten im Kreis.
»Was zum Teufel machst *du* hier?« rief Gunnar. »Biste geflogen?«
»Robby von der Spedition hat mich aufgelesen«, erzählte ich. »Und wie ist's bei euch gelaufen?«
Die beiden stöhnten auf.
»Dieser Scheißkerl im Opel war ein ausgemachter Schwachkopf«, berichtete Ola. »Wir sollten nach Kopenhagen und sind in Stockholm gelandet. Hab's ihm die ganze Zeit gesagt. Mister, wir fahren falsch, aber auf dem Ohr war er taub. Und dann landeten wir in Stockholm, nur gut, daß er nicht direkt zur Fähre nach Finnland genagelt ist.«
»Und damit nicht genug«, fuhr Gunnar fort. »Dies fette Weib fand, daß Stockholm hübscher als Kopenhagen sei, also blieben sie da, und wir mußten weitertrampen und sind erst gestern in Kopenhagen angekommen.«

»Und von da haben wir den Zug genommen«, sagte Ola.
Ich boxte ihnen beiden in den Bauch.
»Nun setzt euch erst mal hin!« sagte ich. »Ihr schuldet mir 'ne Runde Wein!«
Gunnar wischte sich den Schweiß ab und schaute sich um.
»Hier können wir ja wohl nicht wohnen.«
»Haste 'nen besseren Vorschlag?«
»Es wird doch wohl in der Nähe ein Hotel geben?«
»Biste jetzt total übergeschnappt?«
»Haste nicht gesagt, du könntest Geld von deinem Onkel leihen?«
»Logo«, bestätigte ich. »Wir suchen ein Hotel!«
Wir fanden am Place Odéon eines. Das Zimmer kostete acht Franc pro Person und lag im sechsten Stock. Ola wurde hinausgejagt, um Wein zu besorgen, und kam mit dem Arm voll zurückgeprescht. Er schraubte eine Flasche auf, nahm einen stattlichen Schluck, zuckte mit dem Kopf, schrie und sprang zum Waschbecken. Wir rochen an dem Stoff, zogen die Augenbrauen hoch.
»Du Süßer hast Essig gekauft!« kicherte ich.
»Essig?«
Olas Gesichtshaut sah aus wie Pergament, er sank aufs Bett.
»*Vinaigre*«, las ich ihm vor. »*Vinaigre!*«
Weil ich auf dem sprachlichen Zweig gewesen war, mußte ich raus, das Futter umtauschen, und brachte einen Korb voll Vin de table mit nach Hause. Wir öffneten das Fenster, ließen die Flaschen über Paris kreisen, bekamen Notre Dame zu Gesicht und tranken mit gefräßigen Herzen.
Dann schliefen wir alle drei dicht an dicht in dem weichen Bett, erwachten, weil es auf den Fußboden regnete. Ich schloß das Fenster und öffnete eine neue Flasche Wein.
»Jetzt müssen wir aber Seb finden«, sagte ich.
Wir begannen mit ein paar Bier in einer Bar genau gegenüber vom Hotel. »Le Ronsard«. Es hatte aufgehört zu regnen, und ein wahrer Karneval von Gerüchen stieg aus den Marktbuden neben der Bar auf. Riesige Marktweiber überschrien sich gegenseitig und zeigten grinsend verrottete Zahnstummel, räudige Hunde streunten über den Bürgersteig, fette Spatzen flatterten wie aufgeblasene Tennisbälle umher, hinter uns dröhnte ein Flipperautomat, aber am deutlichsten kann ich mich an den Geruch nach Erdbeeren erinnern, große, glänzende, knallrote Erdbeeren, sie erinnerten mich verdammt an Nina, ich mußte hin und welche kaufen, konnte näselnd einen Korb ergattern, und wir teilten Erdbeeren, Wein, Bier miteinander.
Dann wanderten wir kreuz und quer durch Paris, schnüffelten im Quartier Latin herum, aßen tunesische Brötchen, die uns fast den Gaumen versengten, trödelten an der Seine entlang, unterhielten uns mit ein paar holländischen

Freaks, fanden keinen einzigen Norweger, sahen den alten Typen zu, die in dem braunen Fluß angelten, während große Schlepper und glitzernde Touristenboote vorbeizogen, wir waren beim Pont Neuf, aber auch dort war Seb nicht, nur eine schlaffe Gang saß dösend unter den Kastanienbäumen und Trauerweiden, wir hielten auf der Place St. Michel Wache, einmal war mir, als sähe ich Jørgen, aber da hatten meine Nerven wohl schon einen Sonnenstich.

Jeden Abend kamen wir todmüde ins Hotel zurück, oder besser gesagt, des Nachts, und beendeten den Tag mit einem dunklen Bier in Le Ronsard.

»Willst du nicht bald deinen Onkel besuchen?« wollte Gunnar wissen.

Mir graute davor, und ich schob es vor mir her. Verdammt noch mal, mir graute davor.

»Ja, doch«, sagte ich.

Ich ging zur Theke und holte eine neue Runde.

»Eigentlich 'n ziemlich verrückter Plan«, meinte Gunnar.

»Was denn?« murmelte Ola.

»Daß wir glauben, wir können Seb in diesem Ameisenhaufen finden. Wo wir noch nicht mal genau wissen, ob er überhaupt hier *ist*!«

Wir wurden trübsinnig und zogen rüber ins Hotel, schliefen augenblicklich ein, zusammen mit den knackenden Kakerlaken.

Aber am nächsten Tag waren wir wieder am Ball. Wir suchten im Jardin du Luxembourg, schwenkten nach rechts und wanderten auf der Champs Elysées, sahen dort nur Snobs und Läden, kletterten die Treppen zum Sacre Cœur hinauf, da waren nur Japaner, wir trieben uns bei Pigalle herum — Huren, Liveshows und schleimige Türsteher, wir fanden den Weg zurück zur Seine und schlichen an den grünen Buchkästen vorbei. Uns wurde immer deutlicher, daß wir verloren hatten, es hatte überhaupt keinen Zweck. Ola schlug vor, daß wir langsam anfangen sollten, mit der Metro zu fahren, er hatte Muskelkater in den Knien, aber Gunnar meinte, daß wir doch Seb nicht unter der Erde suchen konnten.

»Ich bin jedenfalls lädiert«, jammerte Ola.

In einer Seitenstraße fanden wir ein unappetitliches Restaurant und bestellten Croque Monsieur und Bier.

»Aber wovon zum Teufel *lebt* er denn!« überlegte Gunnar.

»Was weiß ich. Hat sicher inzwischen 'nen Job gefunden.«

Doch so richtig glaubte niemand von uns daran. Das Essen kam auf den Tisch, drei schlaffe Weißbrote mit Käse und Schinken. Es roch süßsauer, aber das kam sicher nur von dem verrotteten Wasser im Rinnstein. Der Kellner schnipste direkt über unsere Köpfe eine Kippe weg, und wir mampften los. Ehrlich gesagt — es schmeckte. Wir aßen noch den letzten Krümel auf und

überlegten, ob wir nicht noch eine Ladung bestellen sollten. Da merkte ich, wie etwas an meinem Bein scheuerte, ich hob die Tischdecke und starrte direkt in das Weiße der Augen des häßlichsten Tieres, das ich je gesehen hatte. Ich stürzte vom Stuhl, Gunnar und Ola fuhren hoch, und der Bastard kam heran, eine wahnsinnige, räudige Mischung, hinten Pudel und vorne Wolf. Er sprang auf mich zu und zog mir seine rauhe, stinkende Zunge quer durchs Gesicht, ich hörte jemanden vor Lachen brüllen, das konnten unmöglich Gunnar und Ola sein. Da sah ich seinen Pimmel, er stach zwischen den Hinterpfoten hervor, rot, dünn und steif, der Sabber lief auf mich runter, und er rammelte wie ein Wahnsinniger auf meiner Hose. Gunnar eilte mir zu Hilfe und konnte ihn wegziehen, ich kam hoch, aber der Bastard gab keine Ruhe, er hüpfte wieder auf mich zu und stellte seine Vorderpfoten auf mein Hemd. Ich trat wie wild um mich, etwas knackte gegen die Holzschuhe, das fellose Ungeheuer kullerte herum und krabbelte auf dem Bauch ins Restaurant. Aber da griff mich etwas anderes an, ich fühlte eine schweißige, behaarte Hand im Nacken, drehte mich um, es war der Kellner, er schimpfte mir den Buckel voll und spuckte dabei in alle Richtungen. Aber damit sollte es gut sein. Gunnar kam mit seinen Pranken an, hob den Gnom hoch und schickte ihn schnurstracks in die Bar hinein. Und dann liefen wir vor der Rechnung und den schreienden Farbigen davon. Wir hielten nicht an, bevor wir im Le Ronsard gelandet waren, sanken dort an unserem Stammtisch nieder und hatten uns unser Bier wie nie zuvor verdient.
»In Frankreich gibt es Tollwut«, sagte Gunnar.
Ich bekam das Bier in den falschen Hals.
»Was?«
»Das hab' ich beim Militär gehört. Wenn du 'ne offene Wunde oder eine Schramme hast und einem tollwütigen Hund zu nahe kommst, kannst du angesteckt werden.«
»Red' keinen Scheiß! Glaubste, der Köter hatte Tollwut?«
»Ich weiß nicht«, sagte Gunnar ernst.
Ich bekam Panik, fühlte mich dreckig und aussätzig, roch den säuerlichen Tiergestank, suchte fieberhaft nach Wunden und fand natürlich einen Kratzer auf der Hand, aber der war schon fast verheilt. Es fing an, überall zu jucken, ich kratzte, Läuse, Krätze, ich hatte alles auf einmal bekommen.
»Woran erkennt man denn Tollwut?« fragte Ola.
»Du kriegst Durst«, erklärte Gunnar. »Einen Saudurst, aber dann kannst du nicht trinken, weil du Angst hast, in dem, was du trinkst, zu ersaufen. Zum Schluß hast du Angst, in deiner eigenen Spucke zu ertrinken. Und dann stirbst du.«
Ich beugte mich über den Tisch und versuchte ruhig zu bleiben.

»Wenn man durstig ist und wie der Teufel trinkt, dann hat man also keine Tollwut?«
»Genau«, sagte Gunnar.
Ich ging zum Tresen und fing an zu trinken. Ich bekam's runter. Ich trank, bis die Hähne im Le Ronsard leer waren. Dann führten Gunnar und Ola mich hinüber, ich weiß noch, daß ich träumte, ich sei ein herrenloser Hund.

Am nächsten Morgen wachte ich mit einem Schädel, größer als die Sofienkirche, allein im Zimmer auf. Es war schon mitten am Tag, der Verkehrslärm vom Boulevard St. Germain stieg die sechs Etagen hoch und hämmerte gegen das Fenster und meine Augenlider. Ich hatte Durst. Ich war noch niemals zuvor so durstig gewesen, nicht nur im Maul, sondern im ganzen Körper, ein trockener, brennender Schlund von der Seele bis zu den Fußsohlen. Ich kroch zum Waschbecken hin, drehte den Hahn auf — und im selben Moment fiel mir die Warnung ein, in Paris kein Wasser zu trinken. Aber es gab im Zimmer nichts anderes zu trinken, ich war schon gar nicht mehr ganz bei mir, also steckte ich den Kopf drunter, schluckte, spuckte, die Angst kam mit ihren Saugnäpfen, die Kakerlaken kicherten, ein absurder Gedanke legte sich mir um den Hals und schnürte ihn zu: daß es niemand merken würde, wenn ich mich hier und jetzt in einen Hund verwandeln würde, keiner würde versuchen, mich aufzuhalten, wenn ich mit räudigem Pelz und geiferndem Maul die Treppen hinuntertrotten würde, sie würden mich nur kopfüber hinausbefördern, und ich wäre einer von den Pariser Hunden. Ich versuchte noch mal zu trinken, und nach einigen Rülpsern bekam ich etwas runter. Ich trank und trank das saure Kloakenwasser, fand mein Gleichgewicht wieder, mein Kopf begann Signale auszusenden, ich setzte mich auf den Fußboden und dachte, daß das noch mal gutgegangen sei, faßte mir vorsichtig auf den Bauch und betete, daß es gutgehen würde. Dann kotzte ich. In hohem Bogen kotzte ich ins Waschbecken, Wasser und weiche Pommes frites, ich war ein Springbrunnen. Hinterher fand ich einen Zettel von Gunnar und Ola: »Wir treffen uns um vier bei Ronsard.«
Als ich kam, klatschten die Kellner. Ich hatte mir vorgenommen, es langsam angehen zu lassen, mit Vichy-Wasser, aber sie servierten mir ein riesiges Bier, bevor ich auch nur einen Mucks von mir gegeben hatte, und wollten nichts von Bezahlung wissen, starrten mich nur andächtig an, fast hätten sie mich noch um ein Autogramm gebeten. Ich trank das Bier, und es haute hin.
»Wie ist die Kondition?« fragte Gunnar.
»Schlecht. Mir wächst der Pelz auf dem Rücken, und die Arme werden länger.«
Wir wieherten ein bißchen vor uns hin. Dann sagte Ola:

»Wir finden Seb hier nie. Selbst wenn er hier ist. Wenn wir an einer Stelle suchen, ist er an einer anderen. Sicher gehen wir die ganze Zeit aneinander vorbei.«
Wir dachten darüber nach. Ola hatte recht. Es war die hoffnungsloseste Suchaktion des Jahrhunderts. Ich hatte zwei Automatenfotos in der Hosentasche, und alles wirkte reichlich lächerlich. Selbst der Blick auf den Markt brachte mich nicht in Stimmung. In einer Erdbeerkiste sah ich einen riesigen Wurm.
»Langsam mußt du aber wirklich mal deinen Onkel ausspucken«, drängelte Gunnar. »Wir sind fast pleite.«
Das war mir klar.
»Laßt uns zu *Le Métro* wechseln«, schlug ich vor. »Ich werd' hier ganz nervös. Die Kellner starren einem ja Löcher in den Bauch.«
Wir trotteten zur nächsten Ecke, stellten uns dort an die Theke und bekamen drei Gläser, randvoll mit Weißwein, der Kellner grinste mit einer gelben Kippe zwischen den Vorderzähnen, goß noch einen Schluck dazu, so daß ein Berg entstand, wir mußten uns vorbeugen und wie die Katzen schlürfen.
»Französischer Humor«, sagte Gunnar.
Wir wurden langsam sauer. Am ersten Tag hätten wir gekichert, uns schiefgelacht und um volle Gläser gebeten. Es war höchste Zeit, nach Hause zu fahren. Ich mußte Hubert und Henny aufsuchen.
Da hörten wir es — durch den Krach und das Geschwätz in der Bar, durch die Mauer des Verkehrslärms, einen Blues, einen krächzenden Blues, eine heulende Mundharmonika, ein gequälter Wolf, es kam aus der Erde, aus der Metrostation direkt vor uns. Um uns herum wurde es leiser, der Verkehr verebbte, und wir hörten es immer deutlicher. Wir starrten uns gegenseitig an, sahen auf die Zinnteller, dann stürzten wir nach draußen, bahnten uns einen Weg und schossen die Treppe zur Metrostation hinunter. Abrupt blieben wir dort stehen. Wir trauten unseren eigenen Augen nicht. Seb stand gegen die schmutziggelben Kacheln gelehnt da, neben dem grünen Metroplan, im Luftzug der Gänge, in einer Wolke aus Pissegeruch, er war nicht wiederzuerkennen, wir konnten gerade noch den alten Seb irgendwo, weit entfernt erahnen. Und er traute seinen Augen auch nicht, wenn es denn noch seine waren, die Mundharmonika fiel ihm aus dem Mund, seine Lippen waren total kaputt.
»Ihr hier?« stotterte er.
»Fährt hier nicht die Frognerbahn?« fragte Ola, was hätten wir nur ohne ihn gemacht.
Wir holten ein Lächeln hervor. Und dann fing Seb an zu heulen, er drehte sich weg und schlug mit dem Schädel an die Wand, während seine wenigen Zuhörer ihm seine Münzen klauten und sich davonschlichen.
Wir brachten Seb ins Hotelzimmer und legten ihn ins Bett. Er bebte wie eine

Flamme, zum Schluß mußten wir ihn festhalten, Seb war total durcheinander, genau wie das lange fettige Haar und sein dünner dreckiger Bart.
»Wo haste denn deine Sachen?« fragte Gunnar sachlich.
Seb zeigte auf seine kleine grüne Schultertasche.
Dann sagte er, während er steif im Bett lag und auf den nächsten Krampf wartete:
»Jungs, ich muß es haben, ich weiß, wo man ... einen Schuß kriegt.«
Wir waren nicht so sonderlich überrascht, aber trotzdem war es widerlich, das zu hören. Gunnar wurde kreidebleich, warf sich auf Seb und schüttelte ihn wie ein Streichholz, das nicht verlöschen will.
»Du verdammtes Arschloch! Bitte uns nicht um so was! Hörst du? Hörst du?«
Dann schälte Gunnar ihn aus seinem Hemd, und auf den Armen sahen wir die Seemannstätowierungen, keinen Anker und kein Herz, sondern ein Muster brauner Nadeleinstiche.
Wir schütteten Branntwein in Seb, um ihn zur Ruhe zu bringen. Dreckiger Schweiß floß aus ihm heraus. Wir steckten ihm eine Zigarette zwischen die kaputten Lippen und zündeten sie an, zogen ihn etwas hoch und lehnten ihn gegen die Wand.
»Was ist passiert?« flüsterte ich.
Und dann erzählte Seb stockend seine Geschichte, wobei ein ganzer Calvados und zwei Packungen Gauloise draufgingen. Seb saß mit gesenktem Kopf da, zuckte in Krämpfen und erzählte.
Bereits auf der Fähre nach Dänemark hatte es sich entschieden. Dort hatte er eine gedopte Schnalle von Tåsen getroffen, die auf die Isle of Wight wollte. Dem konnte Seb nicht widerstehen, denn die Schnalle sagte, daß Jim Morrison persönlich die Horde segnen wollte. Seb schloß sich dem Mädchen an, sie trampten nach Calais, nahmen von dort die Fähre und fanden die verwünschte Insel, und dort waren schon ein paar Hunderttausend Indianer da, die stoned waren.
Seb machte eine Pause. Wir saßen mit aufgerissenen Pupillen und Ohren in voller Bereitschaft da.
»War ... war Jim Morrison denn da?« brachte ich heraus.
Seb nickte, Asche fiel aufs Bett.
»Er war da. Total breit, schlaksig mit Apostelbart und direktem Kontakt zu den Göttern. Wichste mit dem Mikrophon, daß es spritzte. Das stärkste, was ich je gehört habe, Jungs.«
Allein die Erinnerung erschöpfte ihn. Wir schenkten nach und zündeten den Proviant an.
»Erzähl weiter«, flüsterte Ola.
Als der Törn auf Isle of Wight vorbei war, war es noch eine Woche hin, bis

Seb seinen Vater in Bordeaux treffen sollte. Die Schnalle von Tåsen konnte ihn davon überzeugen, daß er noch eine Stippvisite nach Amsterdam schaffen würde, es war ja gleich auf der anderen Seite des Flusses, also schloß sich Seb einer multinationalen Gang ausgeflippter Typen an, die zur Tulpenstadt wollten, und dort entschied es sich ernsthaft. Die Tage gingen dahin, ohne daß Seb es merkte, und als er das erste Mal wieder klarer aus der Wäsche guckte, war es Herbst. Das Tier von Tåsen war über ihm, er befand sich zusammen mit mehr als 20 verwirrten Junkies in einer Bruchbude an einem stinkenden Kanal.

»Das war das Schlimmste, was ich je durchgemacht hab', Leute. Mein Kopf war total leer. Das Schiff war abgefahren. Ich war pleite und saß in Amsterdam fest. Was zum Teufel soll man da tun, he?«

»Zur Botschaft gehen«, meinte Gunnar sachlich.

»O ja, sich barfuß, mit Pupillen wie Wagenrädern und der Nadel ins Büro des Botschafters stellen, Superidee, nächste Station ist das Kittchen.«

»Aber was haste denn gemacht?« wisperte Ola.

Seb war nicht zur Botschaft gegangen. Er hatte eine Mundharmonika geklaut und in Amsterdams Straßen Blues gespielt. Münzen klimperten herein, aber Seb kam weder weiter noch nach Hause. Es war zu anstrengend, trocken zu bleiben. Seb war am Haken. Er blieb bis Neujahr in Amsterdam.

»Weißt du, über wen ich eines Tages gestolpert bin, Kim?« sagte er plötzlich.

»Nina.«

»Nina?«

Ich sackte zusammen, merkte mit einem Mal, daß der Schnaps nach Äpfeln schmeckte, nach dem Gehäuse, nach dem Blut des Apfels.

»Nina?«

»Ja, logo. Nina von Vestheim.«

Es war still im Zimmer. Das Fenster war dunkel. Die Tauben gurrten auf dem Sims.

»Wie ging es ihr denn?« fragte ich vorsichtig.

»Was denkst du? Sie war auf dem Trip, wie alle anderen auch.«

Seb starrte blicklos durch den Rauch.

»Ich dachte, sie wäre in Afghanistan«, sagte ich.

Seb lachte leise, ein heiseres, abgehacktes Lachen.

»Das sagen sie alle. Alle, die drauf sind, das sagen sie alle, die ausgelutschten, aufgefressenen Blutwichser.«

Ich verbarg mein Gesicht zwischen den Händen und zitterte. Ich war steif vor Schreck. Die Angst lähmte mich, wie ein giftiger Pfeil in meinem Rücken, ich konnte nicht mal heulen.

Seb sah hoch.

»Aber die kommen niemals dort an, verstehst du. Sie war in Paris gewesen. Kam nicht weiter, mußte zurück zu den Kanälen.«
Ich kotzte ins Waschbecken, das Apfelblut schoß heraus und spritzte mir ins Gesicht. Keiner sagte etwas. Ich traute mich nicht, noch weiter zu fragen.
»Ich verlor sie wieder aus den Augen«, fuhr Seb fort. »Und dann fuhr ich nach Paris. Nahm die Mundharmonika und kam nach Paris.«
»Wo bist du denn verdammt noch mal gewesen? Wir haben doch überall gesucht?«
Seb drückte die Kippe aus, verbrannte sich dabei den Finger, merkte es anscheinend gar nicht.
»Im Sommer war ich auf dem Friedhof«, sagte er. »Père Lachaise.«
»Häh? Auf einem Friedhof?«
»Bei Jims Grab.«
»Jim?«
»Jim Morrison.«
Dann erlosch Seb. Wir hielten bei ihm Wache. Er war dünn und rostig wie ein Nagel. Nicht einmal die Kakerlaken bemerkten ihn. Sie krabbelten an der Decke entlang. Und draußen ging die Sonne in der blauen Luft von Paris auf.

Während Gunnar und Ola auf Seb aufpaßten, fuhr ich zu Henny. Ich war zu müde und zu verkatert, um mich davor zu grauen. Ich gab einem Taxifahrer den Zettel mit der Adresse, und er fuhr mich zur Rue de la Grande Chaumière nach Montparnasse. Ich erinnerte mich, wie ich ein anderes Mal in einem Taxi gesessen hatte, auch in einer fremden Stadt, auf dem Weg zu einem Mädchen. Ich war absolut cool. Ich war dumm genug zu denken, daß es nach allem, was passiert war, nicht mehr schlimmer werden konnte.
Ich lief den kleinen Weg eine Weile hin und her, bis ich die Hausnummer gefunden hatte, eine große grüne Tür mit Gitter und Verglasung, daneben war eine Marmorplatte angebracht, auf der stand: »Ateliers«. Unter der Tür klemmten drei lange Brote. Aber die Tür war verschlossen, und es stand kein Name dran. Direkt daneben gab es einen kleinen Bücherladen mit Kunstbüchern und Reproduktionen im Fenster. Drinnen stand ein Klotz von Mann und beobachtete mich neugierig. Ich ging zu ihm hinein, schaffte es, auf Französisch etwas von einem norwegischen Mädchen hervorzustammeln, deutete auf den Zettel mit der Adresse, und er zeigte mir das strahlendste Lächeln, das ich je gesehen hatte, seine Hände tanzten über dem Kopf, er nickte in einer Tour und brabbelte eine Menge auf griechisch. Ich glaube, er fragte, ob ich auch Norweger sei, das bestätigte ich, woraufhin er sich noch wilder gebärdete. Er wühlte in einer proppevollen Schublade herum und zog eine Karte hervor, die er mir in die Hand drückte. Ich sah sie an, und ein stumpfes

Messer wurde dreimal in meinem Herzen umgedreht: Munch. *Das Mädchen und der Tod.* Dann ging er mit mir nach draußen, drückte auf den Knopf für den zweiten Stock, öffnete die Tür und winkte mir zum Abschied.
Ich schleppte mich die drei Treppen hoch und klingelte. Es dauerte eine ganze Weile, bis jemand kam, lange genug, daß ich dreimal hätte abhauen können. Aber als Henny halbverschlafen öffnete, stand ich immer noch da. Dann hing sie mir um den Hals und zog mich hinein, ging einen Schritt zurück und betrachtete mich gründlich. Sie war dicker geworden und dadurch weicher, wie ein Flaum, sie war noch schöner.
»Hoffentlich hab' ich dich nicht geweckt«, sagte ich.
»O doch«, lachte Henny.
Sie blieb einfach da stehen und schaute mich an, in dem großen Raum mit einem riesigen Fenster und vielen grünen Pflanzen, die an Wänden und Dach entlangrankten.
»Du hast dich verändert«, sagte sie.
Eine Tür ging auf, ich erwartete, Hubert würde kommen. Aber aus dem Schlafzimmer kam ein Mädchen, sie schwebte nackt über den Fußboden, umarmte Henny, und die beiden küßten sich heiß und innig, direkt vor mir. Ich drehte mich langsam und knallrot weg.
»Das ist Françoise«, sagte Henny endlich. »Und das ist Kim.«
Françoise küßte mich vierzehnmal auf die Wange und zog sich in eine Ecke zurück.
Ich mußte etwas sagen.
»Wo ist denn Hubert?« fragte ich.
Henny fand einen Stuhl und steckte sich eine an.
»Hubert wohnt auf der Ile de Ré«, antwortete sie. »Eine Insel an der Atlantikküste.«
Ich ließ mich auch auf einen Stuhl fallen. Die Holzfäller gingen ihrer Arbeit nach. Kahlschlag war angesagt. Sie waren dabei, zu entasten und zu schälen.
»Ich muß ihn treffen. Ist es weit dorthin?«
»Du mußt den Zug bis La Rochelle nehmen, und von dort eine Fähre«, erklärte Henny.
Ich erzählte von Seb. Ich erklärte, warum wir Geld für die Bahnfahrkarten nach Hause brauchten.
»Komm mit ins *Coupole!*« sagte Henny.
Françoise und Henny verschwanden im Schlafzimmer und blieben ziemlich lange dort, ich saß im Treibhaus und schwitzte, meine Gedanken überstürzten sich, dann kamen die beiden endlich wieder hervor, und wir gingen hinüber ins Coupole, eine Flugzeughalle von einem Restaurant, und kaum, daß wir uns hingesetzt hatten, wuselten um unseren Tisch kriecherische Typen

mit naßgekämmtem Haar, doppelreihigen, zerknitterten Anzügen und weißen Schuhen. Françoise und Henny bestellten Ei und Tee, ich nahm einen Demi, und alle Schleimer wollten mich begrüßen und mir was ins Ohr flüstern. Dann redete Henny eine Menge auf französisch, und die Schnecken legten jeder einen Lappen auf den Tisch, klopften mir auf die Schulter, und ich fand sie nicht mehr so lahm, eigentlich hatte ich noch nie Leute richtig einschätzen können, denn eigentlich waren sie ganz flott.
»Françoise und ich sind nämlich pleite«, sagte Henny und schob mir das Geld rüber.
Mir wurde etwas mulmig, und ich trank mein Bier aus.
»Wir können auch trampen«, meinte ich.
»Nimm das Geld«, drängte sie. »Und grüße Hubert.«
Sie schrieb mir seine Adresse auf und erklärte mir, wo der Bahnhof lag. Eine Dreiviertelstunde später saß ich im Zug Richtung Westen, in einem Abteil voll schlafender Franzosen. Ich wollte einfach nur still dasitzen und meine Gedanken zur Ruhe kommen lassen, aber mein Kopf war ein Abfalleimer, und ich schaffte es nicht, ihn auszuleeren. Statt dessen schlief ich auch, und das war vielleicht das beste, was mir passieren konnte. Um zwölf Uhr wurde ich von einem verdammten Krach geweckt, die anderen Fahrgäste im Abteil öffneten ihre Weinflaschen, mampften blutrote Tomaten, aßen Schinken und Hähnchen, hatten vergammelten Käse im Schoß liegen, ich floh auf den Gang, schob das Fenster herunter und ließ den Wind meinen Kopf zweimal destillieren. Dörfer. Äcker. Weinfelder. Über einem Fluß warf ich plötzlich die Fotos weg, die ich in meiner Hosentasche hatte.
Von La Rochelle kam ich mit Bus und Fähre weiter, und als es dunkel war, landete ich auf der Ile de Ré. Dort mußte ich wieder einen Bus nehmen und sprang eine halbe Stunde später in Le Flotte ab, einem winzigen Hafen, in den der Wind direkt vom Atlantik blies. Ich hörte, wie die Fischkutter in den Wellen schaukelten und sah die Lichter zweier Bars. In die eine ging ich hinein und zeigte die Adresse. Sie wußten genau, wo es war, zunächst bekam ich ein Bier umsonst, und dann führte mich ein Knirps das letzte Stück. Er blieb vor einem Tor stehen, deutete darauf und ging wieder. Eine alte Frau kam heraus und betrachtete mich. Ich zeigte ihr den Zettel und sagte: »Norvège«. Sie klatschte in die Hände und schob mich in einen Hofraum, darin stand ein niedriges Gebäude mit Balkonen rundherum.
»Ybär!« kreischte sie. »Mösjö Ybär!«
Er kam heraus, lehnte sich übers Geländer und guckte auf uns hinab. Ich lief die Treppe hinauf. Hubert stand im Schlafrock da und sah nicht besonders überrascht aus. Er trug einen Bart.
»Du hast dich ziemlich gut versteckt«, sagte ich.

Er legte mir seine Hände auf die Schultern.
»Komm rein«, sagte er leise.
Es war ein öder Raum. Mitten im Zimmer stand ein Tisch. In einer Ecke lag ein Haufen leerer Rahmen. Die Wände waren nackt.
In dem grellen Licht sah ich die Angst. Nach so langer Zeit war ich darauf nicht vorbereitet.
»Das fand ich nicht in Ordnung«, sagte ich.
»Hier kann man billig leben, Kim. Ich kann hier den Rest meines Lebens verbringen.« Er ging in die Küche und schüttete Miesmuscheln in eine Kasserolle. Er stand mit dem Rücken zu mir da. Ich hörte das Meer rauschen.
»Kommst du hier zum Malen?« fragte ich.
Hubert antwortete nicht. Er goß Weißwein über die Muscheln, hackte Zwiebeln und trank einen Schluck. Er stand mit dem Rücken zu mir. Ich entdeckte ein Bild, das einen Mann mit einem blutigen Verband um den ganzen Kopf darstellte. Ich roch den Dampf vom Wein und von den Muscheln.
»Ich fand das nicht in Ordnung«, wiederholte ich.
»Hat dein Vater mir verziehen?«
Seine Stimme klang wie von einer von Mutters alten Platten.
»Ja«, sagte ich.
Wir blieben die ganze Nacht sitzen, aßen Muscheln und tranken Weißwein. Hubert erzählte, daß »La Flotte« Meer bedeutet, und als er schon ein bißchen blau war, erklärte er, daß Miesmuschel, »moule«, Möse heißt. Ich mochte keine Miesmuscheln mehr.
»Ich soll von Henny grüßen«, sagte ich.
Hubert stand auf und holte eine neue Flasche.
»Wir passen nicht zusammen«, sagte er ruhig.
»Ich brauche Geld«, sagte ich. »Für vier Bahnfahrkarten nach Oslo.«
Dann tranken wir Prince Hubert de Polignac, und wieder ging die Sonne auf, als wäre nichts geschehen, wir gingen auf den Balkon hinaus und hörten die Kutter rausfahren, hörten das Meer, den Wind und Menschen.
»Letzte Woche hatten sie 'nen Hai«, sagte Hubert. »'nen Hai.«
Er brachte mich zur Bushaltestelle am Meer. Es war Markt und viel Leben. Wir waren einsam und erschöpft.
Der Bus kam. Eine Möwe schwebte kreischend über uns. Es roch nach Fisch, Salz und Tang.
»Hast du genug Geld?« fragte Hubert.
»Es reicht«, sagte ich.
»Du mußt grüßen.«
»Ich finde, du solltest bald nach Hause kommen«, sagte ich. »Du kannst jetzt beruhigt nach Hause kommen.«

Er nahm meine Hand und wollte sie nicht wieder loslassen. Er schüttelte mich, sein Bart zitterte. Er konnte nicht loslassen, seine Augen waren voller Salzwasser. Der Fahrer hupte. Er ließ nicht los. Alle Gesichter im Bus starrten uns an. Schließlich mußte ich mich losreißen.
Ich setzte mich ganz hinten hin und sah Onkel Hubert an der leeren Haltestelle stehen, und genauso schnell, wie meine Gedanken ein ganzes Leben durchzogen, verschwand er hinter Masten und Möwen.

Im Hôtel Odéon war die Panik ausgebrochen. Seb war abgehauen. Er war aufs Klo gegangen und nicht wieder zurückgekommen. Das war 24 Stunden her.
»Ihr hättet ja wohl mitgehen können!« schrie ich.
»Wir sind verflucht noch mal ja wohl keine Kindermädchen, du Holzkopf! Und wo zum Teufel bist *du* denn gewesen, häh?«
Ola ging dazwischen.
»Streitet jetzt nicht, Jungs. Ihr müßt jetzt nicht streiten.«
Und dann saßen wir wieder bei Le Ronsard und waren genauso weit wie vorher. Es ging auf den Abend zu, und Paris blinzelte und grölte uns an und pustete uns seinen schlechten Atem direkt ins Gesicht. Hätte ich angefangen, Menschen zu zählen, wäre ich verrückt geworden. Sie stapften einer nach dem anderen an uns vorbei, standen in dichten Trauben an allen Ecken, füllten die Läden, Autos, Häuser, Bars, sie waren überall, mir kam die Erinnerung an einen Tag, als ich auf Nesodden Verstecken gespielt hatte, ich hatte einen duften Platz gefunden, in einer kleinen Senke, hinter einem Busch. Dort lag ich auf dem Bauch, schloß die Augen und dachte, daß ich dadurch noch weniger zu sehen wäre. Dann merkte ich, daß etwas über meine Beine kroch, und ich entdeckte, daß ich mitten auf einer Ameisenstraße lag, sie wälzten sich über mich, ich traute mich nicht, einen Finger zu rühren, blieb still liegen, während die Ameisen mich zudeckten, und als ich so dalag, dachte ich an die Kreuzotter, die ich mal gesehen hatte, die tote Kreuzotter im Ameisenhügel am Zaun — während jemand weit entfernt bis 100 zählte.
Gunnar breitete den Stadtplan auf dem Tisch aus. Seb war am Haken. Seb war abgehauen, um sich einen Schuß zu besorgen. Ein Mädchen spielte *Light my fire* auf der Musikbox. Da wußte ich es.
»Der Friedhof«, sagte ich. »Das Grab von Morrison.«
Wir fanden den Père Lachaise auf dem Plan und erwischten eine Taxe.
»Wenn wir ihn finden, nehmen wir noch heute abend den Zug«, sagte ich.
Der Père Lachaise war eine richtige Stadt, eine verkommene Ruine, in der die wilden Katzen zwischen den Gräbern herumsprangen, und es gab nicht nur kleine Grabsteine, es gab Häuser, Statuen, Treppen, Tempel, Säulen, ich wur-

de richtig krank davon, das war die andere Seite von Paris, das Totenreich, nur eine Taxifahrt entfernt vom Menschenstrom.
Wir suchten kreuz und quer, sahen alte, schwarzgekleidete Frauen still zwischen den Bäumen stehen, hörten Katzen schreien, sahen verwelkte Blumen und zerbrochene Glasmalereien, rochen den Geruch von verwestem Laub und Kellergewölben, wir liefen uns die Beine ab, bekamen Angst, uns zu verlaufen, standen mitten in dem Wahnsinnslabyrinth. Ola war grau und stumm, Gunnar starrte leer vor sich hin, der Wind zerrte an uns, schwere Wolken bildeten sich am Himmel, und die ersten Tropfen fielen, als es donnerte. Da hörten wir noch etwas anderes, ein Stück entfernt zwischen den Gräbern, ein elektrisches Klavier, Baß, Trommeln, den Donner, Regen und Jims Stimme. *Riders on the Storm*. Wir liefen in die Richtung. »Morrison Hotel« stand an einer Wand, wir folgten dem Pfeil, hörten die Musik deutlicher, das Echo, den Regen, den Donner, kletterten an einigen schwarzen Grabmälern vorbei, und dort, um einen schäbigen Erdflecken herum, saß eine Bande Freaks versammelt, und einer von ihnen war Seb.
Wir wurden von der Feierlichkeit überwältigt und setzten uns still neben ihn. Ein dunkelhaariges, bleiches Mädchen klammerte sich an einen Cassettenrecorder und weinte lautlos. Auf einer Holzplatte stand »Douglas Morrison James«. In der Erde steckte eine Weinflasche mit einer Blume drin. Um das Grab lag eine Schnur mit Muschelschalen.
»Wir müssen abhauen«, flüsterte ich Seb zu. »Wir nehmen heute abend den Zug.«

Er erhob sich wortlos und ging mit uns, leistete keinen Widerstand, eine große, unwirkliche Ruhe lag über ihm, seine Augen glänzten unter dem fettigen Mittelscheitel. Wir fuhren zurück ins Hotel und holten unsere Sachen, nahmen die Metro zur Gare du Nord und kauften vier Fahrkarten nach Oslo über Kopenhagen. Der Zug fuhr fünf vor elf los, bis dahin waren es noch ein paar Stunden. Wir besorgten uns beim Buffet Bier und setzten uns hin.
Da fing Seb an zu reden. Er redete langsam und deutlich, als hätte er Angst, daß wir ihn nicht verstehen würden, als wäre er ein Priester, und die große Ankunftshalle wäre seine Kirche.
»Jim ist nicht tot«, sagte Seb. »Jim ist nicht tot.«
Wir beugten uns näher zu ihm.
»Jim ist nicht tot?«
»Er tut nur so, als sei er tot. Er hat sich davongemacht. Nach Afrika, um mit seiner neuen Seele zu leben. Seine alte Seele liegt auf dem Père Lachaise begraben.«
»Wovon redest du?« wollte Gunnar wissen.

»Niemand hat die Leiche gesehen«, fuhr Seb fort. »Pamela ist in alles eingeweiht.«

»Pamela?«

»Seine Schnalle. Sie traf ihn beim *Rock'n Roll Circus* und war mit Jim eine Woche lang zusammen. Er sagte, er würde bald reisen.«

Plötzlich wurde Seb nervös, warf Blicke nach allen Seiten und winkte uns näher zu sich heran.

»Jungs, das ist ein Geheimnis. Zu niemandem ein Wort, okay? Der FBI ist hinter ihm her!«

Wir tranken das Bier aus, und unser Zug kam auf die Anzeigetafel.

»Was hast du eigentlich in deiner Schultertasche?« fragte Gunnar.

Seb nahm sie an sich und antwortete nicht. Noch 20 Minuten bis zur Abfahrt. Gunnar ließ keine Ruhe. Er riß die Schultertasche los und öffnete sie. Drinnen lagen eine Spritze und eine Streichholzschachtel.

»Du hast also gedacht, diesen Scheiß mit nach Hause zu nehmen?«

»Mensch Leute, ich brauch' einen Schuß, bevor wir fahren!«

Gunnar hielt die Schultertasche fest und guckte ihn finster an.

»Nein«, sagte Gunnar. »Das schmeißen wir ins Klo!«

Er stand auf. Seb rannte hinterher. Er schrie.

»Gunnar! Mach' keinen Scheiß! Du bringst mich um!«

»Nicht ich, sondern das hier!« entgegnete Gunnar und deutete auf die grüne Tasche.

»Das sind keine Chinaböller oder Knallerbsen, mit denen du da dealst!« rief Seb, mit einem Mal absolut klar.

Aber Gunnar ging zu den Klos hinunter. Seb traute seinen eigenen Augen nicht.

»Er macht's«, sagte er nur, leise, in die Luft. »Er macht's.«

Ich kaufte auf der anderen Straßenseite drei Flaschen Schnaps, und wir schwangen uns in letzter Sekunde auf den Zug. Dann ratterten wir aus Paris hinaus, alle vier auf dem Weg nach Hause, quer durch das stinkende Europa, das sich wie grauer Staub auf die Haut legte.

SENTIMENTAL JOURNEY

Herbst 71

Der Herbst wurde eingeläutet. Gunnar fing in Blindern an und fand eine Bude in Sogn. Seb ließ sich bei Milch und Honig bei seiner Großmutter nieder. Ich wurde 20, bekam ein Stipendium, kaufte die Bücher für die Einführung und wohnte weiterhin in der Munchsgate. Ola blieb bei seinen Eltern in Solli wohnen und kam in die Bjørknes-Schule. Alles schien glatt zu laufen, bis ein Telegramm aus Trondheim kam. Das machte mit Olas Zukunftsplänen kurzen Prozeß. Kirsten war im vierten Monat, und ein Ehrenmann lief nicht vor seiner Verantwortung davon. Ola kaufte Ringe und eine Bahnfahrkarte, und am Abend seiner Abreise lud ich zu einem nicht gerade kleinen Gelage in die Suite in der Munchsgate ein. Das Stipendium war noch warm, also tischte ich eine Tonne Krabben auf, Champagner, Weißwein, Bier und Gin. Und dann saßen wir da, doch die rechte Stimmung wollte nicht aufkommen. Wir schütteten reichlich in uns rein, und Seb, der seit Paris trocken war, sah aus, als bekäme er einen Riß. Ich trug die Krabbenschale zum Müllschlucker, und als ich zurückkam, saß Ola heulend da. Er rauchte, trank, heulte und versuchte, gleichzeitig zu reden.

»So ein Scheiß aber auch«, hörten wir. »So ein Scheiß! Jetzt, wo wir endlich wieder zusammen sind.«

»Nun komm auf den Teppich«, sagte Gunnar. »Du sollst ja nicht nach Alaska.«

Ola heulte noch lauter.

»So hab' ich mir das nicht vorgestellt«, schluchzte er. »Bin in Bjørknes reingekommen und alles. Verfluchte Scheiße!«

Gunnar schüttelte ihn mit einer sanften, aber energischen Hand.

»Nun hör mal zu, du Bräutigam. Du kannst ja wohl auch in Trondheim dein Abitur machen. Und dann wirst du mit Kirsten zusammenleben. Hast du dir das nicht immer gewünscht?«

Ola trocknete sich die Tränen ab und lächelte. Ich schenkte ihm noch einen guten Schluck ein.

»Was würde ich bloß ohne euch machen, Jungs!«

Wir klopften ihm auf die Schulter, und Ola wiegte den Kopf.
»Ich hoffe, es wird ein Junge«, flüsterte er.
Die Lage entspannte sich. Ola sah aus, als sei er schon Vater von vieren, kippte die Gläser in raschem Tempo, stolz wie ein Hahn. Dann veränderte sich sein Gesicht wieder, schrumpfte zusammen, sein Blick rutschte erschrocken in den Kopf hinein.
»Und wenn es gar nicht mein Kind ist«, keuchte er.
»Drehst du jetzt total durch?« schrie Gunnar. »Das wollen wir gar nicht gehört haben.«
Ola rechnete hektisch mit den Fingern, zählte und zählte, und mit einem leichten Seufzer und einem blitzschnellen Trommelsolo fiel er erleichtert zu Boden.
»Juni, Juli, August, September«, sang er. »Das muß der Morgen gewesen sein ...«
»Spar dir die Details«, kicherte ich und mixte eine Motorsäge für ihn.
Seb war bis dahin nicht gerade redselig gewesen, aber jetzt deutete er nach vorn und zog ein dickes schwarzes Buch aus der Tasche.
»Wenn wir schon nicht bei der Hochzeit dabei sein können, finde ich, wir sollten sie hier schon mal proben«, meinte er.
Du hältst es nicht aus – Seb saß mit der Bibel im Schoß da und blätterte darin.
»Jetzt ist er ganz abgedreht!« rief Gunnar.
Seb hört nicht drauf.
»Steh auf«, sagte er zu Ola. »Und Kim kann Kirsten sein.«
»Er soll sich doch nicht im Nidarosdom verheiraten!«
Gunnar war wie vom Donner gerührt.
»Um so wichtiger ist es, daß wir diese symbolische Weihe vornehmen«, sagte Seb ruhig.
Entweder er war total verrückt, oder er schoß übers Ziel hinaus. Wir spielten jedoch mit, an uns sollte es nicht liegen.
Gunnar saß schockiert in der Ecke, während Ola und ich Seite an Seite torkelten, und Seb langsam und deutlich irgendein Kapitel aus dem schwarzen Buch las, dann schworen wir »in guten und in schlechten Tagen«, fummelten mit den Ringen herum, bekamen einen Lachkrampf und kullerten über den Boden.
Seb blieb in seiner Rolle, und wir grölten um so mehr. Aber Gunnar fand das ganze gar nicht komisch. Er zog Maos kleines rotes Buch aus dem Regal und las sich bei *Wage zu kämpfen, wage zu gewinnen* in Hitze. Ola und ich kamen wieder auf die Beine, schenkten Schnaps ein und hicksten im Chor. Die Zeremonie war vorüber, die Priester klappten ihre Bücher zu, und da fing

Ola wieder an zu heulen, und dieses Mal schien er untröstlich. Die Tage mit den Jungen waren vorbei, jetzt gab es Windeln, Schulden, Schwiegermutter und Generve. Nie mehr The Snafus, nie mehr ein Treffen um die runden Scheiben und wilde Trommelsoli. Wir schnieften alle ein wenig. Dann schlief er ein.

Wir schafften Ola und seinen Koffer auf einer Schubkarre, die wir im Hinterhof gefunden hatten, zum Ostbahnhof, trugen ihn in den Zug und hängten ihm ein Schild um den Hals: »Silent homecoming«. Der Zug fuhr ab. Er keuchte aus dem Bahnhof, an Freds Fenster vorbei, und wir winkten, als wenn es notwendig gewesen wäre, standen mit unseren leeren Händen da und winkten.

WORKING CLASS HERO

Herbst 71

Seit Gunnar in das Studentenviertel gezogen war, sah ich nicht mehr soviel von ihm, und nachdem Ola weggefahren und Seb Mönch bei seiner Großmutter geworden war, war es ziemlich still um mich geworden. Ich besuchte mal ein paar Vorlesungen in Logik, bekam aber nie mit, worum es sich eigentlich drehte. Eines Tages war bei Frederikke ein Riesenradau, eine wütende Horde stand mit geballten Fäusten da, einer überschrie den anderen, und mitten im Gewühl stand Gunnar und grölte. Ich schlich mich hin, es war ein Stand des Unterstützungskomitees für die streikenden Fluglotsen. »Meint ihr nicht, daß die Piloten genug verdienen, hä?« schlug ein Typ auf den Tisch. »Ihr geht wohl auch noch mit der Sammelbüchse rum, wenn die Bosse von Aftenposten streiken, was!« Ich glaube, Gunnar stand auf den Zehenspitzen, jedenfalls erschien er mir größer als je zuvor. »Wir unterstützen den Lohnkampf! Der Kampf um den Lohn richtet sich gegen den kapitalistischen Staat!« — »Diese verfluchten Fluglotsen sollten lieber den Schlechtbezahlten 'nen Tausender abgeben!« — »Soll etwa das einfache Volk die Klassenunterschiede in diesem Land ausgleichen? Was für 'ne Politik ist das denn?« So ging es fast eine Stunde hin und her, dann verliefen sich die Leute, Gunnar setzte sich erschöpft und zufrieden hinter den Tisch und klapperte mit der Büchse. Da entdeckte er mich.

»Lang nicht mehr gesehen«, sagte ich und legte einen Fünfer hinein.

»Meinste, der Bräutigam ist angekommen?« kicherte er.

»Hab' von keiner Vermißtenmeldung gehört.«

Wir drehten uns jeder eine Petterøe.

»Wie läuft's mit der Einführung?« fragte ich.

»So lala. Hab' keine Zeit für die Vorlesungen. Aber ich kann mir die Notizen von einem Mädchen in der Wohnung ausleihen. Und bei dir?«

»Ach doch, es geht schon«, nickte ich.

»Schauste mal rein?« wollte ich wissen.

»Werd's versuchen. Hab' nur furchtbar viel zu tun.«

Eine Woche später war er in der Leitung.

»Du mußt um drei Uhr auf dem Universitätsplatz sein!« rief er.
»O Mann. Was passiert denn da?«
»Jetzt mußt du dich aufraffen! Die Regierung versucht, die Universität lahmzulegen. Ein Katastrophenbudget. Reicht gerade für die Prüfungsaufsichten.«
Aber als ich kurz vor drei Uhr auf dem Universitätsplatz ankam, war er menschenleer. Ich überprüfte meine Uhr, stellte fest, daß der Sekundenzeiger stand. Ich sprintete die Karl Johan hinunter, kalter Novemberregen schlug mir in die Fresse. Die Uhr über der blinkenden Freia-Reklame zeigte halb fünf. Auch vor dem Regierungsgebäude waren keine Leute. Ich fror, dachte an die Zeit, als ich mit Gunnars Flugblättern geschwindelt hatte. Ich trampelte auf die Erde, konnte mir kaum eine anstecken. Dann ging ich um die Ecke, auf den Stortorg. Und dort sah ich ihn, zu spät, als daß ich mich unbemerkt hätte davonmachen können. Er schaute mir direkt ins Gesicht, also schlenderte ich zu dem Tisch, an dem er mit Typen, die ich nicht kannte, saß.
»Ist hier noch Platz?«
Gunnar sah zu mir hoch, die anderen führten ihre harte Diskussion weiter. Es war noch Platz, ich preßte mich hinein.
»Du konntest wohl doch nicht kommen«, sagte Gunnar enttäuscht.
Ich überlegte, ob ich eine weitschweifige Erzählung von der kranken Mutter oder der Unpäßlichen in der Munchsgate auftischen sollte, ließ es aber bleiben, es hätte doch nichts gebracht. Ich klopfte auf meine Uhr.
»Stehengeblieben«, sagte ich.
Gunnar griff in die Diskussion ein, ich bekam ein Bier. Als ich mit dem fertig war, standen die anderen auf und trampelten nach draußen. Gunnar blieb sitzen. Wir saßen einander gegenüber, ohne zu reden.
Nach einer Weile sagte Gunnar:
»Da haben wir uns reichlich was vorgenommen, nicht wahr? Wir wollen den ganzen Mist mit Stumpf und Stiel ausrotten. Wir scheißen auf Reformen und Parlament. Wir hassen den Kapitalismus. Wir verachten die Sozialdemokratie, die die Arbeiter betrogen hat. Wir verabscheuen die Phrasen der Herrschenden und haben sie durchschaut. Zwei Drittel der Weltbevölkerung leben in Hunger und Unterdrückung. Darum glauben wir keinen Versprechungen, glauben nicht an Worte. Wir setzen die *Handlung* an die erste Stelle.«
Er erholte sich bei einem Schluck, ließ meinen Blick jedoch nicht los.
»Und wo zum Teufel stehst du, Kim! Du mußt dich für eine Seite entscheiden. Egal, was du tust, du wählst eine Seite. So, wie du dich jetzt verhältst, bist du Brattelis und Nixons Laufbursche.«
Ich erinnere mich nicht mehr an alles, was ich antwortete, aber ich glaube, Gunnar war damit zufrieden. Jedenfalls bestellte er noch eine Runde und lehnte sich über die schmutzige Decke.

»Okay, wir kommen aus dem Kleinbürgertum, aber auch das leidet unter dem Joch des Kapitalismus. Wir müssen von der Arbeiterklasse lernen, uns in ihren Dienst stellen.«
»Mein Großvater war ein Streckenarbeiter«, sagte ich.
»Ja, und dann wurde er Angestellter! Das ist das Ideal der Sozialdemokratie. Arbeiter zu sein, ist nicht gut genug. Du bist ein Versager, wenn du Arbeiter bist.«
Wir tranken. Gunnar predigte weiter.
»Unsere Eltern haben unter dem Kapitalismus leiden müssen, nicht wahr. Mein Vater wurde vom Monopolkapital zerbrochen und muß verrottete Kartoffeln bei Bonus verkaufen. Und dein Vater wurde der Bank geopfert, damit die Rechten die Revolutionäre noch mehr anschwärzen können!«
Das begriff ich nicht.
»Wieso das denn?«
»Das ist doch klar, Mensch. Haste nicht gelesen, was die bürgerlichen Zeitungen hinterher geschrieben haben? Junger Drogensüchtiger raubte Bank aus. Härtere Strafen. Mehr Bullen. Bessere Überwachung. Die sehen uns doch als Verbrecher an, Kim! Hatte die Bank vielleicht keine heimlichen Listen von den Jungen Sozialisten, he?«
»Du glaubst doch nicht etwa, daß der Bankraub ... daß der Bankraub fingiert war?«
»Aber logo war er das! Wenn das so ein Drogenwrack gewesen wäre, wär der doch auf der Stelle geschnappt worden. Die Stadt war hermetisch abgeriegelt. Es wurde *niemand* gefaßt! Und die bürgerliche Presse konnte loslegen und von der schrecklichen Jugend einen vorheulen und mehr und größere Gefängnisse fordern. Verfluchter Scheiß! Das stinkt doch, Kim.«
Ich wußte nicht so recht, was ich sagen und wohin ich sehen sollte. Ich drehte mir eine Zigarette.
»Haste Seb mal gesehen?« fragte ich.
»Nee. Sein Priestergehabe gefiel mir übrigens gar nicht.«
»War doch nur 'n Gag!«
»Da bin ich mir nicht so sicher. Der Typ hat die Veranlagung.«
Wir wurden von einem Mädchen, das auf Gunnar zukam, unterbrochen. Sie trug einen roten Regenmantel und eine prall gefüllte Schultertasche, beugte sich herab und gab Gunnar schnell einen Kuß.
»Merete«, sagte er, als er wieder freigekommen war. »Wohnt in der Wohnung in Sogn.«
»Kim«, sagte ich und hob mein Glas.
Gunnar packte seine Sachen zusammen.
»Er steht auf der Kippe«, sagte er, und damit war sicherlich ich gemeint.

»Aber er ist etwas lahmarschig. Braucht einen kräftigen Tritt in den Arsch.«
Merete kam einen Schritt näher, ich hatte Angst, sie würde loskicken. Statt dessen ballte sie die Faust.
»Es ist nie zu spät«, lächelte sie. »Du bist willkommen!«
Dann gingen sie. Sie wollten zu einem Treffen des Aktionskomitees. Ich blieb bei dem stinkenden Aschenbecher sitzen, und während ich versuchte, die Uhr wieder in Gang zu bringen, wurde mir klar, daß ich mir wünschte, irgendwas sollte passieren, egal was, irgendwas Großes, Wildes.
Der Sekundenzeiger begann sich zu drehen.

MY SWEET LORD

Herbst 71

Eines Abends mitten im November tauchte Seb auf. Er sah ziemlich kaputt aus, war aber nüchtern und klar. Er stellte seinen Beutel hin und atmete schwer. Seb war zurück in der Munchsgate.

Ich kochte ein paar Liter Tee, wir redeten eine Weile aneinander vorbei, fanden nicht sofort den richtigen Ton. Sebs Gesicht war schmal und ernst, und ich hätte am liebsten einen kühlen Trunk geholt, verstand aber, daß das nicht ganz passend sein könnte. Seb stand schwitzend am Fenster.

»Ich werd' sehn, daß ich 'ne neue Wohnung finde«, sagte ich. »Vielleicht kann ich ja 'nen Platz in Sogn kriegen.«

Er drehte sich schnell um.

»Das bringt doch nichts. Können doch prima hier wohnen, wir beide.«

»Meinste?«

»Logo mein ich das. Du mußt doch nicht ausziehen, Kim.«

Wir standen eine Weile lächelnd da, Seb vor dem schwarzen Fenster mit der Stadt und dem Frost. Ich ging einen Schritt auf ihn zu, umarmte ihn.

»Das wird gut laufen, nicht?« murmelte ich.

Ich sah, daß die Tätowierungen auf seinem Arm fast ausradiert waren.

Seb bekam die Matratze, und ich rollte den Schlafsack an der anderen Wand aus. Er schlief, bevor ich noch das Licht ausmachen konnte. Ich blieb bis zum nächsten Morgen wach. Dann wachte Seb auf, zog sich an und schlich sich leise davon. Er kam erst spät am Abend wieder zurück und sagte nicht, wo er gewesen war. Und ich fragte ihn auch nicht.

Eines war sicher. Von dem alten Sebastian war nicht mehr viel übrig. Ich wollte mit ihm über Paris reden, über seinen Trip, über Jim Morrison, über Nina, aber Seb hatte anscheinend einen Strich unter all das gezogen, erwähnte es mit keinem Wort. Er lag nur tief grübelnd auf der Matratze, oder er war unterwegs, ich hatte nicht die geringste Ahnung, was er machte. Die Luft wurde langsam gefährlich dick in der Munchsgate. Ich hatte Angst, daß er rückfällig geworden war, und eines Tages, als er wieder Gott weiß wo war, nahm ich mit großer Überwindung eine schnelle Razzia in seinen Sachen vor. Ich fand keinen Stoff. Ich fand einen Stapel Zettel, die von Moses David geschrieben waren. Das war es also. Ich ging raus, kaufte mir eine rote Flasche und setzte mich hin und wartete auf Seb, während ich Davids Briefe durchlas. Der Countdown zum Jüngsten Tag hatte bereits begonnen. Bis Neujahr würde die Erde zu Pulver werden. Es war zehn Uhr, als er kam. Da war die Flasche leer, und ich konnte nicht mehr vor ihm verbergen, daß ich seine Jesusbriefe gefunden hatte.

»Wo hast du diesen Scheißkram her!«

»Von einem Kumpel«, sagte Seb und setzte sich auf die Matratze.

»Nun erzähl bloß nicht, daß du gläubig geworden bist!«

Er saß eine ganze Weile still da, strich sich die Haare hinter die Ohren, stützte sich auf seine Hände. Er antwortete nicht.

»Ausgerechnet du, der du dem Konfirmationspriester den Zahn gezogen hast!«

Ich versuchte krampfhaft, die Glanzzeiten herbeizubeschwören, aber Seb zeigte keine Reaktion. Ich bekam direkt Angst. Dann begann er zu reden.

»Ich habe gelernt«, sagte Seb leise. »Ich habe Sprit, Shit und die Spritze ausprobiert, aber nie das gefunden, was ich gesucht habe. Jetzt bin ich auf dem richtigen Weg. Ich bin auf dem richtigen Weg, Kim.«

»Wohin zum Teufel führt denn dein Weg?«

»Wir müssen einen festen Punkt haben«, fuhr er fort. »Alle Menschen brauchen einen festen Punkt, ein Licht, einen Sinn.«

»Genau das steht auf diesen Zetteln!« schrie ich.

»Sonst bleiben wir nur hohle Schalen und unser Leben eine weggeworfene Sekunde. Gunnar geht *seinen* Weg, Kim. Ola hat eine Familie und erwartet ein Kind. Aber du, Kim, du irrst immer noch herum, ohne zu wissen, was du mit deinem Leben anfangen willst.«

Ich traute meinen eigenen Ohren nicht. Dann spürte ich, wie das Blut direkt unter meiner Haut pochte, ich konnte es sogar sehen, mein Blut. Ich versuchte so ruhig ich nur konnte zu sprechen, meine Stimme strich wie Sandpapier über die Zunge.

»Du wartest nicht auf Jesus«, sagte ich. »Du suchst nicht Jesus. Auf Jim Morrison wartest du. Du bist immer noch auf dem Trip, Seb. Scheißdreck, du bist immer noch nicht runter. Deine Augen sind trübe wie Sauerkraut, Seb. Du weißt ja nicht, was du sagst.«

»Vielleicht bin ich blind«, sagte Seb verdammt ruhig. »Darum habe ich ja mein Schicksal in seine Hände gelegt. Er wird mich leiten.«

Ich kroch in meinen Schlafsack, und als ich erwachte, war Seb wieder gegangen. Neben der Matratze lag die alte, schwarze Bibel.

Ich machte Frühstück, es gab nicht besonders viel zu tun. Ein neuer Tag lag

vor mir, aber ich besaß kein leeres Blatt und Buntstifte. Ich versuchte zu lernen, war aber zu unruhig, blätterte lustlos in Schjelderups Psychologiebuch. Ich wühlte mich durch einen Abschnitt über Kretschmers Typentheorie und mußte kichern, ich konnte nicht anders, versuchte, uns in die Schubladen einzuordnen, das war ziemlich verrückt. Ola war Pykniker, kein Zweifel, und Gunnar Athletiker, Seb war natürlich Leptosome und ich, ich war Dysplastiker, gehörte zu denen, die irgendeine eklige körperliche Abnormität hatten. Mir wurde von dem krummen Finger, der den Zeilen folgte, ganz schlecht, ich steckte ihn weg. Da gab's nichts mehr zu kichern. Der Tag war grau und unnütz, ein unruhiger Haufen von Stunden. Ich erinnerte mich an einen anderen Tag, auch einen Dienstag, lahm und zäh wie dieser, der sich jäh in rasende Freude verwandelt hatte, aber der jetzige Dienstag konnte mit so etwas nicht aufwarten, es war und blieb ein Dienstag, unmöglich, totgeboren.
Ich machte eine Runde nach draußen. Dort war es auch nicht viel besser. Die Stadt war sauer. Die Bäume auf der Karl Johan standen da wie Vogelscheuchen in einem asphaltierten Garten. Die Leute gingen mit gesenktem Kopf und kämpften gegen Wind und Teuerung. Die Freaks zitterten in ihren Afghanenpelzen. Afghanistan! Die Heilsarmee sang aus Herzenslust vor dem Nationaltheater. Ein Jesus-Freak stand unbeweglich mit einem großen Plakat da: Die Welt wird in 39 Tagen untergehen. Ich kaufte mir im Frühstückskeller einen Kaffee, was Gunnar und Seb mir gesagt hatten, ging mir doch zu Herzen. Während ich dasaß, mußte ich mich wieder aufbauen, ich sagte zu mir selbst, daß ich noch nicht verloren war, ich mußte nur den ersten Schritt tun, in irgendeine Richtung, und dann wäre ich so weit wie Seb oder Gunnar, ich mußte nur ein Wort sagen, ein einziges Wort. Aber irgendwas in meinem Körper, in den Händen, Beinen, in meiner Brust wehrte sich dagegen. Es war nicht so einfach. Ich irrte. Ich mußte irgendwo anfangen. Hier. Jetzt. Ich drückte die Kippe aus und ging schnurstracks in die Munchsgate, um Ordnung und Übersicht in mein Leben zu bekommen. Dort stieß ich auf eine Wand. Seb saß neben einem hohlen Typen mit Stirnband und Cape auf der Liege. Der drehte sich langsam mir zu und sagte:
»Gott segne dich, Kim.«
Ich erkannte ihn nicht sofort wieder, diesen haarigen Typen von Jesus-Freak, dann ging es mir auf, er wurde mir klar und deutlich wie eine Fotografie. Es war die Gans.
»Christian?« wisperte ich.
»Kannst mich gern *die Gans* nennen.«
Die Gans blieb bis zum Abend da und erzählte, daß er eine Zeitlang in einer Kommune der Children of God in Göteborg gelebt hatte. Aber jetzt war er nach Oslo geschickt worden, um hier Seelen zu finden. Ich sah, daß er seinen

Schlafsack dabei hatte. Ich guckte Seb an.
»Das ist doch in Ordnung, daß die Gans hierbleibt?« meinte er.
Ich wußte nicht, was ich hätte sagen sollen.
Und die Gans blieb. Tagsüber waren beide mit ihren Zetteln unterwegs. Am Abend saßen sie bei Kerzenlicht da und blätterten in der Bibel. Etwas zu essen mußte ich kaufen, denn die beiden hatten keinen roten Heller. Aber an dem Morgen, als die Gans versuchte, eine neuerliche Attacke auf mein schrumpfendes Stipendium zu reiten, da war das Faß für Kim Karlsen am überlaufen.
»Meinst du, ich soll den ganzen Zaster deiner Mafia geben, häh?«
»Du brauchst das Geld nicht«, sagte er nur.
»Ich nehme an, daß die Eintrittspreise am Jüngsten Tag ganz schön hoch sein werden. Noch 32 Tage, oder?«
Es zog nicht. Bei der Gans zog gar nichts. Er war die personifizierte Ruhe. Er schaute mich nur mit glänzenden Augen an und warb für die Ewigkeit.
Ich versuchte einen anderen Dreh.
»*Du* brauchst kein Geld, o nein. Du schnorrst dich ja bei anderen durch. Läufst wie der heilige Parasit herum und schickst mir die Rechnung.«
Es zog nicht.
»Ich teile meinen Glauben mit dir«, lächelte er.
Es war mir klar. Wir waren einer zuviel.
Ich mußte raus hier. Aber ich packte es nicht, nach Svolder zurückzukehren, es war so verdammt lange her, seit ich da gewesen war, ich traute mich nicht, all die Fragen zu beantworten. In der Nacht, als ich im Palass-Kino eingeschlossen wurde, entschied ich mich. Ich würde Cecilie auf Island besuchen. Ich war den ganzen Abend lang draußen herumgelaufen, versuchte, so wenig wie möglich in der Munchsgate zu sein. Gegen zwölf kam ich die Karl Johan runter, mußte pissen, ging in den Eingang zum Palass-Kino und pinkelte. Mitten im Strahl hörte ich, wie ein Gitter hinter mir niederrasselte, ich packte ein und lief raus. Weit kam ich nicht. Ich war eingesperrt, und die Karl Johan war leer. Ich rief, rüttelte an den Gitterstäben, aber niemand hörte mich, und das Gitter saß fest. Ich bekam Panik, mein Rückgrat war eine Lunte, die Richtung Herzen zischte. Dann zwang ich mich zu klaren Gedanken. Und während ich das tat, fiel draußen Schnee, große weiße Flocken fielen langsam auf die Straße, es wurde weiß. Ich dachte kalt und klar, betrachtete die Filmreklame. Die nächste Vorstellung war am folgenden Tag um fünf Uhr. *Donald Duck im Wilden Westen*. Länger würde ich hier also nicht festsitzen. Ich rüttelte noch einmal an dem Gitter, schrie. Es nützte nichts. Ich war eingesperrt. Ich steckte mir die letzte Zigarette an, fing an zu frieren. Die gelbe Pisse war zu einer Landkarte von Norwegen gefroren. Da entdeckte ich einen Spalt in

der Tür zum Kino, ich drückte vorsichtig die Klinke runter, sie glitt auf. Ich blieb stehen, mein Puls war ein wildes Pferd, dann ging ich hinein, in den leeren Saal, setzte mich in die Mitte, legte die Beine über den Vordersitz und starrte auf die schwarze Leinwand. Und langsam begannen sich dort vorn die Bilder zu bewegen, alle Bilder, die ich geschaffen hatte und denen ich nicht entkommen konnte. Es roch nach Schweiß und weicher Schokolade, nach Parfum und Kleidung. Ich hörte den Atem eines vielzähligen Publikums. So saß ich die ganze Nacht in dem leeren blauen Saal des Palass-Kinos da, ein Film nach dem anderen lief über die Leinwand, und ich entschloß mich, zu Cecilie zu fahren, sie hatte mich eingeladen, ich hatte ihre Adresse.

WILD LIFE

Herbst / Winter 71

Ich hatte es getan. Ich war nach Island gereist. Das Flugzeug stürzte sich dem Himmel entgegen, die Erde drehte sich vor dem Fenster, und Nesodden fiel vorbei. Dann gab es keine Zeit mehr, in meinem Kopf zerplatzte eine Luftblase, ich raste über Norwegen hinweg, durch die glasklare, schimmernde Winterluft, nur einige Meter unter der Sonne. Die Nordsee kam zum Vorschein, ich sah eine Ölplattform, die Faröer-Inseln waren unter mir, dann bezog es sich, und noch ehe ich meinen Drink leeren und recht zur Besinnung kommen konnte, sank ich ruckweise nach Keflavik hinunter, landete mit einem Stoß auf der Rollbahn, während die Windböen am Flugzeugkörper rüttelten. Ich kotzte in eine Tüte, eine Stewardeß zeigte mir lächelnd den Weg hinaus zwischen die Gletscher, und später brauchte der Bus für den Weg nach Reykjavik hinein länger, als der ganze Flug nach Island gedauert hatte.
Ich wurde an einer geschlossenen Tankstelle abgesetzt, die Nacht hatte sich über die Hauptstadt gelegt. Der Wind schlug mir wie ein Boxhandschuh in die Fresse, und etwas, das Schneeregen und Kies ähnelte, traf mich am Hinterkopf. Ich sah mich nach Leuten um, aber anscheinend waren alle auf Island schon zu Bett gegangen. Ich nahm ein Schnäpschen aus der Flasche aus dem Flugzeug, ging irgendeinen Weg entlang. Ich versuchte, auf so etwas wie einem Bürgersteig zu bleiben, aber der Wind wollte in eine andere Richtung, ich wurde auf einen weichen Acker gedrängt, und schließlich stand ich mitten auf einem kahlen Feld, bis zu den Knien im Dreck, und alles, was ich bei mir hatte, waren eine Flasche, eine Zahnbürste, die Rückfahrkarte und Cecilies Adresse.
Ich nahm ein paar Schluck und kämpfte mich weiter. In den Boots schwappte es. Dann war ich anscheinend plötzlich auf so etwas wie einem Fußballplatz, Splitt, ich konnte zwei Tore erspähen. Ich dribbelte gegen den Wind und kam auf einen Weg. Dort entdeckte ich endlich Menschen, lief hinter ihnen her und zeigte ihnen meinen Zettel. Es waren zwei Paare, und sie zeigten in vier Richtungen, bevor sie sich einig wurden und mich gen Norden schickten, gegen den Wind, den Hagel zur Seite und die Angst an den Hacken.

Als ich endlich Cecilies Straße und Hausnummer fand, war es weit nach Mitternacht. Sie wohnte im ersten Stock. Das Treppenhaus war grün und roch nach alten Eiern. Ich klingelte, und es dauerte ziemlich lange, bis sie kam. Dann öffnete sie, im Morgenmantel, verschlafen und sauer. Und in dem Augenblick, als sie mich ansah, ihre Augen immer größer und der Mund ein leeres Loch in ihrem Gesicht wurde, da war mir klar, daß es so ungefähr das Dümmste gewesen war, was mir in den Kopf hätte kommen können.
»Kim«, sagte sie leise, zu Tode erschrocken.
»Ich war hier in der Gegend«, versuchte ich es.
Wir blieben dort stehen, jeder auf seiner Seite der Türschwelle, stumm, verwirrt, sie wie eine verschlafene Galionsfigur, ich wie ein tropfender Moorzwerg.
»Du kannst reinkommen«, sagte sie schließlich, ich streifte die zugewachsenen Boots ab und trat auf Strumpfsocken ein.
Cecilie war praktisch und effektiv. Sie lieh mir trockene Kleider und hängte meine ins Badezimmer zum Trocknen. Ich schenkte uns einen Schnaps ein und setzte mich in die spartanische Stube, ein paar Plakate an den Wänden, EWG, NATO, ein schmales Bücherregal mit dicken Schinken, Krümel vom Abendbrot auf dem Tisch, eine isländische Zeitung, ein Radio.
»Was hast du denn mit deinen Stiefeln gemacht!« rief Cecilie.
Ich sank in mich zusammen. Erinnerte sie sich nicht einmal daran. Der Dachs. Ich hätte niemals herkommen sollen. Ich war ein Mißverständnis.
»Bin anscheinend ins Moor geraten«, erklärte ich.
Nach einer Weile kam sie herein und setzte sich, wickelte den Morgenmantel um sich und trug gelbe Hausschuhe. Sie sah mich lange an, ich überlegte, was ich hätte sagen können.
»Wie läuft's in Norwegen?« fragte sie als erste.
»Es geht. Gunnar ist nach Sogn gezogen. Ola hat in Trondheim geheiratet, und Seb ist bei den Children of God. Sonst geht's gut.«
»Und du?«
»Ich? Ich bin immer noch der gleiche alte Idiot. Versuche zu studieren.«
»Du hast aufgehört zu arbeiten?«
»War nur 'n Sommerjob.«
»Und jetzt bist du mit deinem Stipendiumsgeld hierhergekommen?«
»Genau.«
»Um mich zu besuchen?«
»Ja.«
»Nur deshalb?«
Langsam bekam ich Kopfschmerzen. Das mußte an der Flugreise liegen. Der Druck war noch nicht weg.

»Hab' mir gedacht, daß ich auch gleich 'n paar Weihnachtsgeschenke hier kaufen könnte«, sagte ich.
Endlich lächelte sie und gab mir einen Kuß.
»Willst du nicht auch 'nen Schnaps haben?« fragte ich schnell.
Cecilie stand auf.
»Morgen früh hab' ich eine wichtige Vorlesung, zu der ich gehen *muß.*«
»Na klar.«
»Aber hinterher können wir rausfahren. Du hast doch sicher Lust, den Geysir zu sehen, oder?«
»Oh ja.«
Cecilie holte mir eine Decke, und ich durfte auf dem Sofa liegen. Ich schlief nicht, ich flog, genau wie in meiner zarten Kindheit, ich schwebte, mußte mich an den Kissen festhalten. Und die ganze Zeit spürte ich einen merkwürdigen Geruch, wie abgebrannte Streichhölzer, angebrannt, das mußten die Räder sein, die wohl nicht in Ordnung waren, das würde eine Bauchlandung werden, ich hatte den Kontakt zum Tower verloren, die Katastrophe war kaum abzuwenden.
Ich wachte völlig zerschlagen auf, auf dem Tisch lag ein Zettel: »Bin um zwölf zu Hause. Cecilie«. Ich stolperte ins Bad, um die Schäden zu beheben, aber als ich in die Nähe des Wassers kam, machte ich auf dem Absatz wieder kehrt. Entweder die Kanalisation war kaputt gegangen, oder ich hatte den Mundgeruch des Jahrhunderts. Ich probierte es am Küchenhahn, aber das Wasser war genauso verdorben. Es war der gleiche Geruch, den ich in der Nacht verspürt hatte, verbranntes Gummi, Schwefel, ich stand auf einem Vulkan, gleich würde die Lava sich wie eine dampfende rote Grütze ergießen, es bebte unter meinen Füßen. Ich fand im Kühlschrank eine Flasche Bier. »Skallargrimsson«, das mußte ein kräftiges Met sein. Es schmeckte wie schales Lagerbier, lag wie Blei im Magen. Zum Pinkeln mußte ich wieder ins Badezimmer, zwang mir etwas Wasser unter die Arme und zog die trockenen Kleider an. Und während ich in dem brennenden Schwefelgeruch stand, übermannte mich die Neugier. Ich guckte in ihren Schrank über dem Waschbecken, eine Extrazahnbürste, Eau de Cologne, das hätte ich im Flugzeug kaufen sollen, verdammt, Tampons, Gitarrensaiten, mich ergriff eine große Sehnsucht, so stark, daß mir das Skallargrimsson wieder hoch kam. Dann bekam ich ein schlechtes Gewissen, schloß vorsichtig die Schranktür. Natürlich waren es keine Saiten, es war Zahnseide. Aber ihre Gitarre stand im Schlafzimmer, das konnte ich durch einen Spalt sehen. Ich ging nicht hinein, ich setzte mich ans Fenster und wartete. Bis zwölf Uhr war es noch eine Stunde. Zuerst regnete es. Dann hellte es gräulich auf, bevor die Sonne bei stetigem Nieselregen schien. Dann kam Wind auf, und ein Fuder Schneeregen wurde abgeladen, der Regen wurde

stärker, der Wind frischte auf und schob die Wolken fort, eine Orkanböe warf ein paar Mülleimer durch die Straßen, dann wurde es ruhig, und plötzlich war die Sonne wieder da. Dann kam Cecilie. Sie segelte in einem duften Landrover heran und hupte. Ich stürzte hinunter und klopfte auf den Panzer.

»Wenn wir jetzt fahren«, sagte Cecilie, »dann schaffen wir's wieder nach Hause, bevor es dunkel wird.«

»Heißer Schlitten«, sagte ich, konnte es nicht lassen. »Hat Alexander der Große tief in die Tasche gegriffen, was?«

»Du kannst gerne gehen, wenn du möchtest!« knurrte Cecilie und gab voll Gas. Ich rannte hinterher. Sie blieb an der Ecke stehen.

»War ja nicht so gemeint«, grinste ich.

Sie ließ mich einsteigen, wendete mit quietschenden Reifen und brauste davon.

»Die Oberklasse hat die Arbeiter jahrhundertelang ausgebeutet, nicht wahr. Und wenn mein Oberklassenpapa mir einen Landrover kaufen will, da sage ich nicht nein, sondern beute *ihn* aus! Aber *mich* kann er nicht kaufen, wenn du das denkst.«

»Natürlich nicht. Übrigens schmeckte dein Wasser nach Fußpilz.«

»Das ist überall so. Das Wasser in Reykjavik ist so.«

»Dachte schon, ich sei in der finstersten Hölle gelandet. Der Schwefel biß in der Nase.«

»Da wollen wir hin«, sagte Cecilie.

»Wohin?«

»Zur Hölle.«

Sie trat auf das Pedal, und es dauerte nicht lange, bis wir die Stadt hinter uns gelassen hatten. Auf einer Anhöhe stand ein ziemliches Spektakel, eine Kirche, die noch nicht fertig war, das Gebälk ähnelte dem Skelett eines Dinosauriers. Dann waren wir in der Wildnis, und weit entfernt konnte ich schneeweiße Bergplateaus und schimmernde Gletscher erspähen. Ein rundliches Pferd ging draußen auf den modrigen Wiesen umher und suchte nach Futter. Es fing wieder an zu regnen.

»Die Meteorologen müssen hier ja ziemlich frustriert sein«, sagte ich.

»Hauptsache, es schneit nicht«, meinte Cecilie. »Dann könnten wir auf dem Paß steckenbleiben. Da sind schon mal Leute in ihren Autos eingeschneit.«

»Gibt es denn in Reykjavik nichts Spannendes zu sehen«, versuchte ich.

Aber Cecilie fuhr weiter. Ich steckte mir eine an. Es hörte auf zu regnen. Eine Schafherde sprang erschreckt von der Straße. Der Wind zerrte an dem hohen Auto. Wir gelangten in eine merkwürdige Landschaft, holprig, rötlich, in Wellenform, wie ein versteinertes Meer, und genau das war es auch.

Cecilie fuhr an den Rand und hielt an.

»Das ist Lava nach einem Ausbruch«, erzählte sie. »Wie, findest du, sieht es aus?«
»Wie ein versteinertes Meer«, sagte ich.
»Mondlandschaft. Die amerikanischen Astronauten haben hier trainiert, bevor sie das erste Mal zum Mond geflogen sind.«
Ich sah sie an. Sie hatte das einfach so gesagt, als wenn nichts geschehen wäre.
»Stimmt das?« flüsterte ich.
Ich öffnete die Tür und wollte aussteigen. Cecilie hielt mich zurück.
»Da kannst du nicht in deinen Boots gehen!« lachte sie.
Sie fischte ein Paar solide Schutzschuhe vom Rücksitz, und ich zog sie an. Dann trabte ich raus, Cecilie wollte nicht mitkommen. Sie blieb im Auto sitzen, während ich auf dem Mond spazierenging, allein, in dem schweren Schuhwerk, ich mußte langsam und vorsichtig gehen, auf den spitzen Steinen balancieren, es roch nach Schwefel, und vom Hügel stieg Rauch auf, ich stapfte über den Mond, und der Weltraum war stumm und voller Wind.
»Du bist kindisch«, lachte Cecilie, als wir weiterfuhren.
»Ich bin Tourist«, sagte ich.
Wir kletterten zum Bergpaß hoch und dröhnten über das weiße Plateau. Ich dachte, es finge an zu schneien, und bekam Panik, aber es war nur der Wind, der den Regen gegen die Frontscheibe schlug. Cecilie hielt das Lenkrad fest, die Nadel bewegte sich auf die 130 zu. Sie kreischte, zeigte die Zähne, drehte sich auf dem Gaspedal, kitzelte noch ein paar Pferde heraus, knallte mit der Peitsche, ich schaffte es nicht, auch nur einen Schluck zu nehmen, die Flasche schlug mir gegens Gebiß.
»Es wird sicher nicht schneien, auch wenn du 'n bißchen mit dem Tempo runtergehst«, rief ich.
Aber sie holte die letzten Kräfte hervor, und die Scheibenwischer liefen auf der Windschutzscheibe Amok. Nur ich bin es, der Fehler macht, dachte ich. Ich habe den falschen Befehl, »Beschleunigung«, gegeben, hab' eine LP auf 45 Umdrehungen eingestellt. So war es die ganze letzte Zeit gewesen. Es ging zu schnell. Dann sanken wir auf Meereshöhe. Cecilie drehte sich mir zu und lächelte stolz. Ein angenehmer, kühler Wind fuhr über das Auto. Ich drehte das Fenster runter. Föhn. Plötzlich Sonne. Es roch nach Salz. Ich sah das Meer. Der Hügel war grün und rollte sich wie ein ausgelegter Teppich zum Gebirge hoch. Es blubberte und rauchte aus den Wärmequellen. Bei den Bauernhöfen standen riesige Treibhäuser. Zwei Pferde liefen über ein Feld. Eine kleine weiße Kirche stand da, von einer Steinmauer eingerahmt.
Cecilie bog mit dem Rover auf einen anderen Weg ein, der Asphalt wurde zu Kies. Die braungraue Weite dehnte sich im Osten zu einer Bergkette hin. Ich hatte noch keinen einzigen Baum gesehen.

»Wenn man auf Island lebt, weiß man, was Imperialismus ist«, begann Cecilie. Ich betrachtete ein paar Felsbrocken, die einen Abhang hinunter verstreut lagen. Ein kohlrabenschwarzer Vogel segelte mit einem Tier in den gelben Klauen durch die Luft.
»Die Regierung erzählt die ganze Zeit, sie wollten die Luftwaffenbasis schließen, aber Tatsache ist, daß sie Island immer mehr von ihr abhängig machen. Arbeitsplätze, Deviseneinnahmen, die liegen den USA zu Füßen!«
Wir fuhren über einen Fluß, der grünes Wasser führte. Eine Nebelbank kam uns entgegen, eine Weile konnten wir keinen Meter weit sehen.
»Weißt du, daß die Amerikaner hier ihre eigenen Radio- und Fernsehprogramme haben! Und die werden dem isländischen Volk vorgesetzt! Es ist die reine Gehirnwäsche!«
Als wir wieder klare Sicht hatten, hielt Cecilie mit einem Mal an und sprang hinaus. Ich ging hinter ihr her.
»Sind wir da?«
Sie schüttelte den Kopf.
»Komm«, sagte sie.
Wir kletterten einen Hügel hoch. Die Luft war kalt und schwefelig. Dann waren wir oben. Die Lunge zog sich rasselnd zusammen. Das Blut versteckte sich unter den Knien. Ich starrte direkt in einen Vulkan, einen Krater, mehrere 100 Meter breit, tief dort unten schwammen grauweiße Eisschollen auf dem braunen Wasser, wie eine zerbrochene Insel.
Ich schlich mich zurück. Cecilie lachte.
»Der ist nicht mehr gefährlich, ist schon lange tot.«
Ich wagte mich wieder vor, warf mit aller Kraft einen Stein, hörte keinen Aufschlag.
»Stell dir nur die Kräfte vor«, war alles, was ich sagen konnte.
»Ja. Eines Tages erwacht er vielleicht wieder. Genau wie das Volk.«
»Ich denk, du hast gesagt, daß er schon lange tot ist.«
Sie ging zum Auto zurück. Ich mußte pinkeln. Ich pißte genau in den Abgrund. Das gab mir ein gewisses Gefühl der Überlegenheit.
Ich lief zu Cecilie.
»Du bist *wirklich* ein Tourist«, sagte sie. »Alle Männer wollen, koste es was es wolle, in den Krater pinkeln. Du hättest sehen sollen, als ein amerikanischer Touristenbus hier war!«
Sie lachte ziemlich laut. Ich wurde wütend. Wir fuhren eine Stunde lang. Es gab keinen Weg mehr, nur noch zwei Reifenspuren. Der Schnee lag in schmutzigen Flecken herum. Der Nebel verschloß uns die Aussicht. Ich fror. Dann waren wir da. Ich stieg aus, der Gestank schlug mir entgegen. Schwefel. Ich mußte mir die Nase zuhalten, war kurz davor, mich wieder zu übergeben.

Ich folgte Cecilie auf das Gelände. Die Erde war rot und braun, es blubberte und kochte in tiefen Rissen, der Dampf zog um unsere Beine. Langsam verlor ich die Orientierung. Es war, als spaziere man durch einen Traum, mit jemandem zusammen, der hellwach war. Um mich herum zitterte es. Dann hörte ich einen Krach, und ein paar Meter entfernt stach eine blanke Säule direkt in den Himmel, sie blieb so stehen, zehn Sekunden, zwanzig Sekunden, eine halbe Minute, eine brüllende Stange kochenden Wassers, dann fiel sie sachte in sich zusammen und verschwand in einem Loch. Ich war wie gelähmt, kroch vorsichtig näher. Die Erdkugel pustete, kleine Blasen platzten am Rand, das Wasser stieg, blies sich wie eine Glasglocke auf, ein durchsichtiges Häutchen, ein Fötus, Puls, es pochte und pochte, dann explodierte es, und die Fontäne sprühte wieder los. Ich lief zu Cecilie.
»Das Wahnsinnigste, was ich je gesehen habe«, wisperte ich.
»Das ist nicht der Geysir«, sagte sie. »Das ist Strokkur. Der Geysir ist da oben, er sprüht aber fast gar nicht mehr.«
Sie deutete auf die dampfende Anhöhe hinter uns.
»Strokkur ist nur der kleine Bruder«, lächelte sie. »Die einzige Möglichkeit, den Geysir zum Spucken zu bringen, ist, wenn man grüne Seife reinkippt.«
»Was?«
»Das machen sie, wenn viele Touristen hier sind. Es steigert den Druck.«
»So was lernt ihr also auf der Universität. Klistiere!«
Cecilie lachte.
»Komm her,« winkte sie, und ich ging mit ihr zu einer Pfütze.
»Das ist der Eingang zur Hölle«, sagte sie.
Der kleine Tümpel lag still und grün da, ich fühlte mit den Fingern, verbrannte mich.
»Die Hölle?«
Ich begriff nicht, was sie meinte.
»Siehst du nicht den Gang nach unten?« lächelte Cecilie.
Da sah ich es. Unter der ruhigen Oberfläche war ein schwarzes Loch, ein Abgrund, der direkt in die Erde hinabführte.
»Da haben sie früher Leute hineingeschmissen«, erzählte sie.
Ich fing an zu schwitzen.
»Und keiner ... keiner weiß, wie tief es ist?«
»Nein.«
Ich stand da und schaute der Hölle direkt ins Auge, als es hinter uns explodierte, ich war kurz davor, mit der Fresse ins Loch zu fallen, und bekam einen derben Schwefelkuß in den Nacken. Wir drehten uns schnell um, eine unglaubliche Fontäne stieg zum Himmel hoch, eine Wasserrakete, sie stieg immer weiter, nahm gar kein Ende. Strokkur war im Vergleich dazu nur eine

Safttüte gewesen, es regnete warm über uns, ich brach mir fast das Genick, um das Ende sehen zu können, 50 Meter, 100 Meter, es hielt sich mit einer Kraft, die mich umwarf. Cecilie zog mich hoch und tanzte um mich herum. »Das ist der Geysir!« kreischte sie. »Das ist der Geysir!«
Ich machte mit bei dem Tanz, und für eine Weile, während er auf seinem Höhepunkt war, waren wir einander nahe, eine alte, heimliche Vertrautheit kam wieder auf. Dann verschwand der Geysir in der Erde, Wärme und Schwefel waren alles, was zurückblieb.
»Der ist seit Jahren nicht mehr ausgebrochen«, sagte Cecilie erschöpft. »Er hat für uns gespuckt, Kim!«
Ich traute mich nicht, mir eine anzustecken, hatte Angst, das ganze Land würde dann in die Luft fliegen.
»Jemand in der Hölle muß auf den Knopf gedrückt haben«, sagte ich.
Auf der Fahrt nach Hause passierte es. Wir waren erst eine Viertelstunde gefahren, als sich plötzlich die Vorderräder in den Schlamm gruben und wir wie ein ferngesteuertes Auto mit Kurzschluß nach vorn geschubst wurden. Cecilie versuchte es rückwärts, aber da saßen auch die Hinterräder fest. Cecilie versuchte zu wenden, wir sanken noch tiefer. Cecilie versuchte alles. Selbst das half nichts. Ich hatte gedacht, ein Landrover könnte unter Wasser fahren. Das stimmte nicht. Die Karre stand bis zum Trittbrett im Schlamm. Cecilie wurde hysterisch. Sie befahl mir zu schieben, aber ich mochte nicht als Schmutzfänger fungieren. Die Räder sanken immer tiefer. Ich sah mich um. Die flache Landschaft verschwand in einem grauen Nebel. Ein Eiswind klopfte mir auf den Rücken und lachte. Ich wurde langsam hysterisch.
»Wir müssen im Auto warten«, sagte ich. »Dann erfrieren wir jedenfalls nicht.«
»Warten!« Cecilie schrie. »Auf wen denn warten! Auf den Weihnachtsmann?«
»Auf Leute.«
»Auf diesem Weg kommt bestimmt vor nächster Woche keiner vorbei. Weißt du etwa nicht, daß übermorgen Heiligabend ist!«
Das wußte ich wirklich nicht. Aber das hätte sie mir nie geglaubt.
»Doch«, sagte ich. »Natürlich weiß ich das.«
»Und vielleicht wolltest du ja Weihnachten auf Island feiern? Dann wird dir dein Wunsch erfüllt. Ist es nicht gemütlich hier?«
»Wird 'n bißchen schwierig, einen Tannenbaum zu finden«, sagte ich und versuchte, komisch zu sein.
Cecilie torkelte aus dem Auto, ich hinterher.
»Ich will morgen zu Hause sein«, sagte ich. »Am Abend vor Weihnachten. Fährst du nicht nach Hause?«
»Nein!«

Sie weinte fast. Ich wollte sie trösten, aber an mir war sicher nicht viel Trost zu finden.
»Wenn die Leute uns nicht finden, müssen wir sie finden«, sagte ich sachlich. Aus irgendeinem Grund folgte sie mir. Wir trotteten die buckligen Reifenspuren entlang, und keiner von uns konnte sich daran erinnern, auf der Hinfahrt ein Haus gesehen zu haben.
Wir waren mindestens eine Stunde umhergelaufen und kurz davor, zu Boden zu sinken. Der Wind stürmte von allen Seiten auf uns ein. Die Sicht wurde immer schlechter. Da entdeckte Cecilie etwas am Wegesrand, es ähnelte einem Vogelhaus für Seeadler. Aber es war ein Briefkasten. Frischer Mut wurde gefaßt, wir gingen aus den Spuren und folgten einem Trampelpfad in Nebel und Ödnis. Wir mußten dort auch noch ganz schön lange wandern, Hand in Hand, denn das war nicht gerade die gemütlichste Landschaft, um zwei Tage vor Weihnachten einen Ausflug zu machen. In dem Moment, als wir einen Hof entdeckten, einen kleinen Steinkasten und zwei scheunenähnliche Gebilde, kam ein rasender Hofhund angerannt, der uns mit geschliffenem Knurren einkreiste. Wir blieben auf der Stelle stehen, während der Köter sich näherte. Endlich kam ein Alter auf die Treppe hinaus und schrie: *Seppi*! Und daraufhin legte der Rüpel sich flach auf den Boden, wedelte mit dem Schwanz, und der Chef selbst kam zu uns heruntergewackelt, das Gesicht unter einem grauen Bart versteckt und mit einem zottigen Haarkranz um den holprigen Mond. Er sagte drei Worte auf isländisch, so daß ich annahm, daß er sich vorstellte, also streckte ich meine Hand vor und rief Kim Karlsen. Da lachte er breit, spuckte schräg zur Seite aus und ramponierte meine Schulter.
»Gisle Tormodstad!«
Cecilie übernahm das Ganze, es war merkwürdig, sie isländisch sprechen zu hören, als wenn sie ein wenig blau wäre, oder ich, ich war auf direktem Weg aus der Realität heraus, ließ die Dinge einfach geschehen, und das gefiel mir eigentlich ganz gut. Wir gingen hinter Gisle und Seppi zum Wohnhaus hinauf, dort zog Gisle unter einer Plane einen uralten Jeep hervor, und nach vielen Wenn und Aber und Tritten bekam er die Räder zum Rollen. Dann dröhnten wir vom Hof, über die kahle Ebene hin und fanden den Rover im Schlamm begraben.
Wir hantierten mit Seilen und Ketten, und Gisle zog ihn heraus, elegant wie einen Splitter aus einem Finger. Cecilie bedankte sich auf isländisch, und dann sagte Gisle einen kurzen Satz.
»Er lädt uns zum Kaffee ein«, übersetzte Cecilie.
Gisles Haus war eng, ein Raum hinter dem anderen. Wir ließen uns im ersten nieder, es war klamm, Steinwände, unverputzt. Seppi fand Gefallen an mir und wärmte mir die Beine. Auf dem Bücherregal standen große, verschlissene

Ledereinbände mit Goldschrift auf dem Rücken. Gisle kam mit Dynamitkaffee und Branntwein, eine klare Flasche mit schwarzem Etikett.
»Black Death«, flüsterte Cecilie.
Gisle schenkte ein, und wir tranken, es brannte in der Röhre. Gisle schenkte erneut ein. Cecilie standen die Tränen in den Augen. Der Wind schlug gegen die Scheiben. Gisle drehte sich langsam um, sah nach draußen. Danach sagte er einen kurzen Satz. Cecilie wurde weiß um die Nase und trocknete sich die Tränen ab.
»Was ist denn?« fragte ich.
»Wir müssen hierbleiben. Er sagt, es kommt ein Schneesturm. Wir können jetzt nicht übers Gebirge fahren.«
»Hat er das alles in der kurzen Zeit gesagt?«
Gisle fügte noch einen Satz hinzu.
»Du sollst ihm helfen, die Schafe ins Haus zu kriegen«, übersetzte Cecilie.
Ich trottete hinter Gisle und Seppi über die Heide und in eine Mulde hinunter, in der es von allen Seiten blökte. Der Wind blies mir das Ohrenschmalz raus, und ich konnte mich gerade noch auf den Beinen halten. Gisle stand sicher wie ein Elefant da. Seppi wurde ganz wild, als er Witterung von den Schafen bekam, er lief in großen Kreisen herum und sammelte sie auf einer Stelle, bis sie eng wie ein Pullover zusammenstanden. Dann zauberte Gisle zwei struppige Pferde hervor, die reichlich erschöpft aussahen, schwang sich auf das eine, und ich begriff, daß ich das gleiche machen sollte. Ich rechnete damit, sofort abgeworfen zu werden, aber das Tier war leichter zu entern als ein Damenfahrrad mit Ballonreifen. Ich ließ mir den Wind durch die Haare wehen, hielt mich an der Mähne fest, und so ritten wir nach Hause, auf beiden Seiten der Herde, während Seppi im Kreis herumsprang und die Nachzügler herbeischaffte. Als wir kamen, stand Cecilie auf der Treppe, mit Teleobjektiv, sie knipste los, ich gab dem Falben einen Schubs mit den Schutzschuhen, irgendwas passierte, und dann lag ich zwischen den Schafen auf der Schnauze. Sie trampelten über mich hinweg, zogen mich mit sich, ich starrte in matte, leere Augen, roch den scharfen, sauren Gestank feuchter Wolle und hörte reichlich Geschrei. Gisles Gelächter, das Wiehern der Pferde und Seppis Knurren, ich rappelte mich auf, und Cecilie brachte mich ins Haus, während Gisle sich um die Tiere kümmerte.
Ich brauchte drei Runden schwarzen Tod, bevor ich wieder zu mir kam. Dann kam Gisle mit Seppi. Er sagte drei Worte. Cecilie lächelte und sah mich an.
»Er fragt, ob du Däne bist«, sagte sie süßlich und spulte den Film zurück.
Ich schüttelte energisch den Kopf.
Dann fing es an zu schneien.

Seppi legte sich wieder an meine Beine und leckte die Schuhe sauber. Sonst passierte nichts. Draußen wurde es dunkel. Der Sturm rüttelte am Haus. Gisle sah uns an, nickte Richtung Flasche. Ich nahm einen Schluck und gab sie ihm weiter. Er trank, ohne den Blick zu verändern. Seine Augen waren langsam und tief. Seppi legte sich in eine Ecke und schlief, ein Ohr hochgestellt. Cecilie zog sich noch etwas an. Gisle holte etwas zu essen. Er legte ein großes Fleischstück mitten auf den Tisch, und da merkte ich, daß ich noch nichts gegessen hatte, seit ich nach Island gekommen war. Cecilie drehte sich weg und sah schlecht aus. Ich entdeckte, was es war. Es war ein Schafskopf. Die Augen waren noch drin. Gisle schnitt ein Stück ab und gab es mir. Ich steckte es vorsichtig in den Mund und kaute lange. Es schmeckte wie Turnschuh. Er schnitt noch eins ab. Ich nahm es. Während ich aß, sah er mich an. Ich wollte etwas sagen. Mein Gehirn war aus Blei. Ich erinnerte mich, was die Sphinx in der zweiten Klasse im Gymnasium uns eingetrichtert hatte.

Ich rezitierte:

»Tiere sterben
Freunde sterben
auch du wirst einmal sterben
Ich kenne etwas
das niemals stirbt
das Schicksal, das den Tod bestimmt.«

Ein strahlendes Lächeln erschien auf Gisles Gesicht. Er gab mir die Flasche, trottete zum Bücherregal hinüber und zog einen großen Band heraus. *Egils Saga* stand auf dem Rücken. Und dann las er uns den Rest des Abends vor, langsam, mit klarer, kindlicher Stimme. Ich verstand nichts und alles.

Gisle ging früh ins Bett. Er brachte uns in ein Zimmer im ersten Stock und ging seines Weges. Ein schmales Bett stand an der Wand. Wir hörten den Sturm. Cecilie setzte sich in eine Ecke. Ich legte mich auf das Bett. Cecilie blieb sitzen. Wir lauschten dem Sturm.

»Willst du dich nicht hinlegen«, fragte ich. »Hier ist Platz für zwei.«

Sie antwortete nicht. Die Decke, auf der ich lag, war stachelig wie ein Kaktus und roch nach Schaf.

»Biste nicht müde?«

Sie antwortete nicht. Sie sah nur mit Ekel auf das schmutzige Bett. Und da ritt mich der Teufel.

»Wenn du für die Arbeiterklasse kämpfst, wirst du ja wohl auch in ihren Betten schlafen können«, sagte ich.

Sie schaute mich nicht an, stand auf und legte sich mit dem Rücken zu mir. Ich legte ihr eine Hand über ihren Kopf.

»Ich hab' meine Tage«, flüsterte sie.

Und so lagen wir da, bis das Licht uns kitzelte und Seppi wie ein Hahn krähte.
Cecilie wollte kein Frühstück. Als wir in das weiße Land hinausfuhren, stand Gisle auf der Treppe. Seppi lief dem Auto hinterher und kläffte. Im Osten konnten wir Hekla sehen. Der Sturm war vorbei. Es war öd und still. Der Motor. Die zwei Stunden nach Reykjavik fuhren wir, ohne ein Wort zu sagen. Als sie vor dem Hauseingang parkte, sagte sie.
»Wenn wir uns beeilen, erreichen wir noch das Flugzeug.«
»Fliegst du auch nach Hause?«
»Nein.«
Sie lief hoch und holte meine wenigen Sachen, und ich zog die Boots an. Und dann fuhren wir weiter, wieder aus der Stadt hinaus, in die amerikanische Zone, an Soldaten mit Maschinengewehren in den Händen vorbei. Cecilie kurbelte das Fenster runter und spuckte aus.
»Wann kommst du nach Norwegen?« fragte ich.
»Im Sommer. Vielleicht.«
Wir näherten uns dem Flugplatz, und ich dachte an einen alten Film, den wir zusammen gesehen hatten, schwarz-weiß. Ein Abschied unter den Flügeln, in geheimnisvollem Nebel.
Ich stieg aus dem Auto und bekam durchs Fenster einen Kuß.
»Hast du dein Ticket?«
»Ja. Du brauchst nicht zu warten, bis das Flugzeug gestartet ist. Ich komm schon mit. Keine Sorge.«
Plötzlich fuhr sie los. Ich blieb in einer Wolke von Abgasen und Schnee stehen. Ein Bus mit amerikanischen Soldaten rollte vorbei. Ein Jagdflugzeug strich mir über die Kopfhaut.
Ich trottete in die Transithalle, hin zur Bar. Dort lachten sie laut, hielten sich die Nase zu und winkten mich weg. Aus einem Lautsprecher klang ein Weihnachtslied. Ich fand einen Souvenirshop.

Zuerst fing sie an zu weinen, umklammerte mich und schluchzte, dann ging sie mit schnüffelnder Nase ein paar Schritte zurück, und ließ so viele Fragen auf einmal vom Stapel, daß ich erst mal sortieren mußte.
»Wonach riechst du denn?«
»Ich nehm' an, nach Schaf«, sagte ich und stellte den Turnbeutel in den Eingang. Vater war in der Stube und schmückte den Weihnachtsbaum, nickte mir zu, als wäre ich nur mal eben kurz weggewesen, um die Post zu holen. Pym saß auf dem Stern.
»Wo warst du?« rief Mutter.
»Island.«

»Island! Was hast du denn auf Island gemacht? Warum sagst du uns nichts davon? Hast du uns vollkommen vergessen? Im Sommer hast du auch nicht erzählt, daß du nach Frankreich gefahren bist! Was ist bloß mit dir los!«
Ich war drauf und dran, in der Tür wieder umzukehren, aber ich war pleite und aus der Küche strömte ein Duft nach Rippen und sieben Sorten Weihnachtsgebäck.
Vater kam heraus, Watte im Haar und Glitter auf dem Hemd.
»Wo bist du gewesen, hast du gesagt?« fragte er.
»Kaltes Land mit sechs Buchstaben.«
»Aber was hast du denn da gemacht!« schrie Mutter. »Was hast du auf Island verloren!«
»Hab Cecilie besucht. Sie studiert in Reykjavik. Hab' dran gedacht, vielleicht auch da anzufangen. Geologie.«
Sofort veränderte sich die Stimmung. Die Zukunft glänzte in ihren Augen, und Mutter umarmte mich.
»Das hättest du doch sagen können, Kim. Wir haben uns solche Sorgen gemacht. Du mußt versprechen, nie wieder wegzufahren, ohne uns vorher Bescheid zu sagen.«
»Ja.«
»Versprichst du es?«
»Ich verspreche es, Mutter.«
Ich wurde in der Badewanne desinfiziert, bekam schon mal einen Happen vom Weihnachtsessen und tauchte dann todmüde in die frischgebügelten Laken, lag da und hörte den Zug längs der Bucht und die Straßenbahn auf dem Drammensvei, holte den Kurier hervor und drehte mich durch ganz Europa, aber die Batterien waren leer, also lag ich da und zählte Schafe, in meinem Jungszimmer, in der Nacht zum Heiligabend '71.

Es war reichlich warm, als wir zu Großvater ins Heim hochstapften. Jemand mußte das Datum verwechselt haben. Das Thermometer zeigte 10 Grad plus an. Der Winter war auch nicht mehr das, was er mal war. Der Weihnachtsmann kam im Bastrock.
»Indian winter«, sagte ich.
Wir lachten alle drei, eine Familie auf dem Weg durch die feuchten, warmen Weihnachtsstraßen.
»Du hättest dir gerne die Haare schneiden lassen können«, sagte Mutter umgänglich und zupfte mir an den Haaren.
»Ich *habe* sie schneiden lassen. Vorletztes Jahr.«
Es herrschte gute Laune. Aber zwischendurch fühlte ich mich wie ein Seiltänzer, der Stab wippte, und das Seil zitterte. Das konnte unmöglich lange so

bleiben. Ich entschloß mich, bis zum nächsten Jahr abzuwarten.
Großvater saß wie üblich am Fenster, er war etwas geschrumpft, ein Greis geworden, sein Gesicht war so eingefallen, daß es keinen Platz mehr für das Gebiß gab. Das lag auf dem Nachttisch im Wasserglas und riß das Maul auf. Aber Großvater lachte, und es schien nicht so, als wäre sein Humor abgenutzt. Er beugte sich vor und fand in einer Schublade ein Foto, das er mir zeigen wollte. Er sprach etwas undeutlich, es hörte sich ungefähr so an wie Gisle. Aber das meiste bekam ich mit. Es war ein Foto der ersten Schienenverlegung für die Dovrebahn, 1920. Großvater stand mitten in der Gruppe, mit Bart und glänzenden Augen. Im Hintergrund thronte Snøhetta.
Großvater wedelte Mutters Apfelsinen weg.
»Ich war auf Island«, rief ich.
»Island? Mit dem Schiff?«
»Flugzeug!«
»Auf Island gibt's keine Züge?«
»Nein, und auch keine Bäume.«
»Die Schwellen«, sagte Großvater. »Die Schwellen.«
Er winkte mich näher zu sich.
»Kim, die ganze Woche haben sie hier Balken rein- und rausgetragen. Gibt es einen Krieg?«
»Nein. Sie malen nur die Zimmerdecken.«
Großvater nickte lange und zufrieden. Dann bekam er seine Geschenke. Er war ziemlich überrascht. Ich hatte für ihn einen Becher mit dem Bild des Geysirs drauf gekauft. Er stellte ihn in den Fensterrahmen und sah uns an.
»Ich hab' doch keinen Geburtstag!«
»Es ist Heiligabend«, erklärte Mutter.
Er sah uns an. Seine Augen versanken tief im Schädel. Er deutete zur Tür.
»Wenn ich aus der Tür hier komme, dann wird es einen Trubel geben!«
Und dann lachte er, er brüllte vor Lachen, schüttelte sich, die Tränen liefen.

Mutter und Vater gingen zum Vier-Uhr-Gottesdienst in die Frogner-Kirche, während ich nach Hause fuhr und Black Death trank. Die Geschenke lagen unter dem Baum. Ich las heimlich die Zettel an ihnen. Hubert hatte nichts geschickt. Nina auch nicht. Ich sank auf dem Fußboden nieder, in dem Moment kam aus der Wohnung über mir Musik, das versetzte mir einen Stich, und mit einem Mal fielen mir alle ein, die ich vermißte. Es kam von der neuen Familie, die eingezogen war, ein Kinderchor sang *Die Erde ist schön*.
Mutter und Vater kamen aus der Kirche, und beim Essen mußte ich von Island erzählen. Ich erzählte, was ich wußte, von Vulkanen und Lava, warmen Quellen und dem Geysir.

»Und du willst da Geologie studieren«, wollte Vater wissen.
»Klar«, sagte ich. »Das muß ja genau der richtige Platz sein.«
»Dann studierst du nicht mehr Philosophie?«
Langsam wurde es mulmig, ich verlor die Balance und mußte mich ans Seil klammern. Und mit einem Mal fragte Mutter:
»Hast du Hubert im Sommer besucht?«
»Nein.«
»Ich verstehe nicht, warum er sich überhaupt nicht meldet!«
Vater saß über seinen Teller gebeugt da. Der war leer. Die Stille fuhr wie eine Harpune in uns.
Mutter ging in die Küche, um die Schüsseln neu zu füllen.
Vater und ich sahen uns an.
»Ich habe ihm gesagt, daß du ihm verziehen hast«, sagte ich leise. »Ich habe ihn gebeten, nach Hause zu kommen.«
Vater sah mich immer noch an.
»Ich finde, daß du es richtig gemacht hast«, sagte ich.
Pym landete auf seiner Schulter, diese grüne Krähe, Vater lächelte kurz, und Mutter brachte mehr zu essen.
Danach öffneten wir die Geschenke. Für Vater hatte ich ein naturgetreu gearbeitetes Schaf gekauft. Ich glaube, Pym wurde eifersüchtig, er flatterte wild im Zimmer herum und hörte erst auf, als Vater den haarigen Holzklotz in den Papierhaufen legte. Mutter bekam einen Teller mit Hekla drauf. Ich bekam kein Mikrophon, sondern neue Skier. Und so klang der Heiligabend aus, mit der frohen Botschaft, während die Tage zwischen den Jahren mit Klumpschnee und Bomben kamen. Ich schlich mich aufs freie Feld, die Amerikaner warfen ihre Geschenke über Vietnam ab, die Engel verbrannten sich, das Jesuskind kam in einem verrotteten Luftschutzkeller zur Welt. Mutter servierte Kuchen, und Vater löste Kreuzworträtsel. Eines Abends, als ich die Explosionen und Schreie ganz in der Nähe hören konnte, warf ich einen Blick in seine Hefte. Die Kreuzworträtsel waren gelöst, aber es standen keine Worte da, nur Buchstaben, er hatte nur irgendwelche Buchstaben in die Kästchen gekritzelt. Wir waren allein im Wohnzimmer, er sah in eine andere Richtung.
»Denk nicht mehr dran«, sagte ich verzweifelt. »Es ist vorbei.«
Ich weiß nicht, ob er mich hörte. Vom Baum fielen schon die ersten Nadeln.
»Ich bewundere dich, Vater!« sagte ich schnell, und meinte es auch. »Ich bewundere dich!«
Mutter kam mit den sieben Sorten, und am 30. Dezember kam die Meldung, daß das Bombardement eingestellt werden sollte. Das neue Jahr stand vor der Tür. Es war die Zeit für gute Vorsätze. Ich hatte keine. Ich hatte nichts falsch gemacht.

REVOLUTION 9

Winter / Frühling / Sommer 72

Bis Februar hielt ich es zu Hause aus. Das Terrain wurde zu eng. Es hieß, entweder Pym oder ich. Also ich. Als Nixon nach China fuhr, packte ich meinen Turnbeutel und machte mich auf den Weg nach Blindern. Zu meiner großen Überraschung lagen dort Stipendiumsgeld und vier Tausender und warteten auf mich. Ich ging in einen Plattenladen und hörte mir ein paar harte Sachen an, bekam aber nicht den richtigen Drive, kaufte statt dessen eine Scheibe mit Little Walter, trank in der Scheune ein Bier und drehte Däumchen. Dann nahm ich ein Taxi in die Munchsgate.

Seb war nicht an der Tür. Es war ein Mädchen. Es war Guri.

»Oh«, sagte ich. Das war das einzige, was ich sagte.

»Hallo Kim. Komm doch rein!«

Das tat ich, warf einen Blick in die Runde, es hatte sich einiges verändert. Es herrschten Ruhe und Ordnung, es roch nach Tee und Seife, eine Decke lag über der Matratze, grüne Pflanzen im Fensterrahmen, zwei frischgewaschene Pyjamas hingen zum Trocknen an einer Leine.

»Wow«, sagte ich. »Wo ist denn Seb?«

»Er kommt gleich. Er kauft fürs Mittagessen ein.«

Ich setzte mich. Guri goß Wasser in den Kessel. Ich wurde richtig froh, als ich sie ansah, sie sah so stark aus, schien sich in ihrem Körper richtig wohl zu fühlen.

Sie kam mir zuvor:

»Ich wohne hier«, sagte sie.

»Toll.«

Sie sah auf meinen Turnbeutel.

»Und wie geht's dir?«

»Es geht voran. Und du?«

»Hab' mit Jura angefangen.«

»Stark.«

Das Wasser kochte, und Guri dosierte wissenschaftlich genau die Blätter. Während der Tee zog, war es still. Ich überlegte, was ich jetzt machen sollte.

»Klasse Pflanzen«, sagte ich und deutete zum Fensterbrett, »Hübsch.«
»Das sind Sebs«, lächelte sie. »Sein neues Hobby.«
Sie schenkte den Tee ein, goldbraun, setzte sich mir gegenüber. Ich kam langsam in Schwung.
»Und was macht Sidsel?«
»Ich glaube, sie wird Sekretärin.«
Der Tee lag wie ein glühender Pfirsich im Mund.
»Haste was von Nina gehört?«
Guri setzte ihre Tasse ab.
»Sie ist jetzt nach Hause gekommen«, sagte sie leise, und der Tee lief mir über die Hände, brannte. »Nach Dänemark. Sie macht 'ne ... 'ne Entziehung.«
»Wo ... wo ist sie denn gewesen?«
»Ihr Vater hat sie in Afghanistan gefunden. Durch die Botschaft ... Er arbeitet ja bei der Botschaft, weißte.«
Ich mußte meine Tasse hinstellen. Meine Hände waren verbrüht.
»Also ist sie doch hingekommen«, murmelte ich.
Die Tür wurde aufgestoßen, und Seb stand mit einem riesigen Dorsch in der Hand da. Er sah auf mich herunter und stieß einen Jubelschrei aus.
»Warste zum Angeln draußen?« probierte ich, aber es war, als bliebe die Stimme hängen, das Band war verknotet.
Er warf den Fisch ins Waschbecken und setzte sich rittlings auf einen Stuhl, er sah reichlich zufrieden und frisch rasiert aus.
»Dachte, du hättest deinen Kopf in einen Vulkan gesteckt! Wie war's denn auf Island?«
»Okay. Vielleicht fang ich da an zu studieren. Geologie. Muß doch der richtige Ort dafür sein.«
»Hast du das von Nina gehört?« Er guckte zu Guri rüber. »Verdammter Scheiß, aber sie packt es, Kim. Geht echt gut. Ein paar trockene Monate, und sie ist wieder glatt wie ein Kinderpopo.«
Seb war gut drauf, so hatte ich ihn nicht mehr gesehen seit dem Tag, als er zur See fahren wollte. Ich hoffte nur, daß der Törn diesmal besser verlaufen würde.
»Was ist denn aus der Gans geworden?« fragte ich.
Seb kicherte und sah zur Seite.
»Das war doch 'ne Sackgasse, Kim. Du weißt doch, er glaubte, der Jüngste Tag würde kommen, er zählte die Tage, kreuzte sie am Kalender an und all so was. Als es noch einen Tag hin war, lag er die ganze Nacht auf den Knien und murmelte wild vor sich hin. Hat dich übrigens auch erwähnt. Und den Alten aus dem Laden. War 'ne reichlich anstrengende Nacht. Und als der Morgen kam, kroch er zum Fenster hin und guckte vorsichtig raus. Ich weiß

nicht, welchen Anblick er erwartet hatte. Vielleicht ein schwarzes Loch. Aber draußen war alles, wie es sein sollte. Und da wurde er stinksauer. Er kam total ins Rotieren, packte seine Siebensachen und haute ab. Seitdem hab' ich nichts mehr von ihm gehört.«

Wir amüsierten uns eine Weile, Guri goß frischen Tee ein.

»Und dann kam ich«, sagte sie. »Hab Seb Silvester in der Stadt getroffen.«

Sie küßten einander ziemlich lange. Es war Zeit abzulegen.

Ich zog die Scheibe heraus und gab sie Seb. Er strahlte.

»*Hate To See You Go!* Wahnsinn. Little Walter!«

»Kannst sie behalten«, sagte ich und war in der Tür.

»Danke, Kim. Absolute Spitze. Komm doch mal vorbei einen Abend, dann hören wir uns ein paar Rillen an.«

Guri sah mich an.

»Wenn du was von Nina hörst ... oder ihr schreibst, dann grüß sie von mir«, sagte ich.

»Ja.«

»Grüß sie von mir. Machste das?«

»Ja, Kim.«

Ich schlurfte in die Gjestgjiveri und legte einen feuchten Umschlag um meine Gedanken. Ich weiß nicht so recht, was ich fühlte, war leer, total funktionslos, wie der Vulkan, in den ich gepißt hatte. Es wurde mir alles zuviel, letztendlich wurde es zuviel für mich, der Rausschmeißer beförderte mich vor die Tür, quatschte allgemeinen Stuß über langhaarige Paviane. Der Stortorg war ein dunkles Loch mit Gerüsten drum herum. Die Kälte zog die Poren zusammen. Ich nahm ein Taxi zu Gunnar nach Sogn. Er war etwas überrascht und zog mich in seine Bude rein, zwölf Quadratmeter, Lampe, Schlafcouch und Bücher.

»Lange her, seit wir uns das letzte Mal gesehen haben, Kamerad. Wie geht's denn so?«

»Darum geht's, Gunnar. Denkste, daß ich 'ne Weile bei dir wohnen kann?«

Er berief sofort eine Vollversammlung in der Küche ein, vier Leute tauchten noch auf, zwei Typen und zwei Mädchen, eines davon war Merete, die ich schon mal getroffen hatte. Gunnar stellte die Situation dar, und sie waren damit einverstanden, daß ich mich im Flur niederließ, wenn ich meinen Putzdienst machen würde, 50 Piepen in die Haushaltskasse zahlen und mich wie ein Geier vor der Hausmutter in acht nehmen würde. Gunnar zog eine Bierflasche hervor und schenkte ein, obwohl es nur Mittwoch war, und Merete zeigte mir die Putzliste. Ich fühlte mich schon wie zu Hause. Mao hing über dem Küchentisch, ich verstand nie, warum er diese eklige Warze nicht wegmachen ließ.

»Was machste denn?« fragte ich.
»Politologie. Und du?«
»Will versuchen, die Einführung fertigzukriegen. Danach fang ich vielleicht in Reykjavik an zu studieren. Geologie.«
»Du kannst gern meine Philosophieaufzeichnungen haben«, sagte Merete.
»Das ist nett.«
Wir gingen zu Bett. Kurz darauf klingelten fünf Wecker. Ich war Student.
Und so ging der Winter dahin. Ich saß und lernte in Gunnars Zimmer, wenn er in Blindern war. Merete hatte mich mit Heftern zugeschüttet, und ich saß mit hellwachem Kopf da und machte mir von den Notizen neue Notizen, zählte die Zeilen und schrieb die Uhrzeit an den Rand. Ich kochte Spaghetti, wusch und scheuerte. Es lief prima. Das einzige, was mir nicht gefiel, war die Aussicht. Über den Sognsvei, hinter den Schrebergärten, über den grünen, weißgefleckten Wald hinweg sah ich die Spitze von Gaustad und den hohen Schornstein.
Ich zog die Gardinen vor.
Eines Tages kam eine Nachricht aus Trondheim. Ola hatte einen Sohn bekommen, und er sollte Rikard heißen.
Das fanden wir rührend und mußten eine Stippvisite ins Restaurant machen und ein Bier köpfen, obwohl es mitten in der Woche war. Ansonsten fuhren wir samstags ins Samfunnet, und ich schaffte es nie, den Bunker zu betreten, ohne an Tragegurte zu denken und bei dem Gedanken zu erröten. Ich saß ganz oben, ganz hinten vor einem Bier und spürte das Gewicht von Konzertflügeln, während sie sich vorn auf dem Rednerpult gegenseitig ermordeten. Anschließend gingen wir durch die kalte, knisternde Nacht über Tørtberg nach Hause, Gunnar, Merete und ich, Gunnar redete von der Diskussion, schimpfte auf die Anarchisten, er redete den ganzen Weg, an Blindern vorbei, über den Ringvei, erzählte, daß sein Bruder im Gudbrandsdal in einer Landkommune war, die keine Trecker benutzen wolle, weil das die Kartoffeln verunreinige, ein Irrweg vom Kampf des Volkes weg, beurteilte Gunnar das verächtlich, er sprach von der Volksabstimmung im September, daß Bratteli sich selbst ein Bein gestellt habe, Gunnar verschwand in einer Wolke aus Frostnebel, er redete von der Ungeduld, der Revolution, Gunnar und Merete, ich fühlte mich ziemlich überflüssig, das fünfte Rad am Wagen, ein Knüppel zwischen den Speichen.
Wenn wir an solchen Abenden nach Hause kamen, schlief ich gewöhnlich in Gunnars Bett. Und wenn ich sonntags Zeit hatte und nicht lernen mußte, fuhr ich zu meinen Eltern, schaufelte Braten und andere Fuder in mich hinein. Sie hatten einen Farbfernseher bekommen und sahen sich die Ashton-Serie an, redeten die ganze Zeit nur von Ashton, sogar Vater überlegte, wie

es wohl mit Ashton weitergehen werde. Ich bedankte mich, nachdem ich mir zwei Minuten lang die glänzenden Gesichter angeschaut hatte. Sie merkten wahrscheinlich gar nicht, daß ich ging. Ich knallte mit der Tür. Manchmal ging ich in die Munchsgate, entschied mich dann aber doch anders, blieb eine Weile da stehen und ging dann langsam wieder den Weg hoch nach Sogn. Es lief prima. Ich las Meretes Aufzeichnungen, machte mir meine Notizen, schaffte das Pensum, legte Geld in die Gemeinschaftskasse und versteckte mich vor der Hausmutter. Das einzige, was mir nicht gefiel, war die Aussicht. Die Dachspitze, der Schornstein.

Ich zog die Gardinen vor.

Der Winter ging zu Ende, Ostern, die Welt schmolz dahin. Irgendwas war mit Gunnar los. Er schlich um den heißen Brei. Ich war der Brei. Er und Merete. Sie hatten Versammlungen, Leute kamen, einzeln, später am Abend gingen sie einzeln. Gunnar fragte mich nicht, ob ich dabei sein wolle, erwähnte es mit keinem Wort. Aber er führte etwas im Schilde, wollte mir noch mal eine Chance geben. Die kam am Abend vor dem 1. Mai.

»Willst du heute abend zu einem Arbeitsfest mitkommen?« fragte er.

»Arbeitsfest?«

»Wir wollen ein bißchen hämmern und malen für morgen. Und ein paar Bierchen kippen. Die vom Äußeren Westen.«

»Weiß nicht, ob ich Zeit haben werde. Muß noch 'n paar Kapitel lesen.«

Er brauchte 20 Sekunden, um mich zu überzeugen. Um sieben Uhr traten wir mit Latten und Pinsel ausgerüstet in einer Villa bei Ekely an. Die Arbeit war bereits im Gange. Die verschiedenen Abteilungen hatten jede einen Raum belegt. Gunnar und Merete verschwanden unten im Keller, ich blieb in der dritten Welt stehen. Ein Mädchen gab mir einen Hammer, und ich hämmerte. Später gab es Labskaus und Bier. Ich spürte, wie ich mitgerissen wurde, von der Stimmung, dem Optimismus, der Gemeinschaft, dem Teufelswerk, dem Kampf, der Glut, dem Glück, es war wie ein Sog, ich merkte, daß ich mitgezogen wurde, ich glaube, mein Gesicht leuchtete, denn Gunnar und Merete lachten mich an. Ein Typ stand auf einer Bierkiste und las *Fragen eines lesenden Arbeiters* vor, ein Mädchen schlug einen Akkord an, und alle sangen, »Verschwinde, EWG, du stehst uns in der Sonne«, die Wände wölbten sich nach außen, mein Herz stand unter Hochdruck, das Dach hob sich an, Wärme, Zusammenhalt, ich verlor die Kontrolle, kletterte auf einen Tisch, und die Versammlung verstummte.

»Genossen!« rief ich. »Ich bin gerade in Island gewesen und soll euch von unseren Genossen dort grüßen. Das Volk dort kämpft gegen die amerikanischen Flugbasen, gegen Gehirnwäsche und Unterdrückung. Die reaktionäre Regierung hat ihre Maske fallen lassen! Sie macht vor den USA einen Kniefall und bindet Island an den weltumfassenden amerikanischen Imperialismus an. Das macht Island von den USA abhängig, zwingt die isländischen Arbeiter, für die Amerikaner zu arbeiten, aber der Kampf hat erst begonnen! Und es ist der gleiche Kampf, den wir hier gegen die EWG führen. An einem Tag war ich weit draußen auf dem Land und traf einen Bauern namens Gisle. Er las mir aus dem Kapital vor und bat mich, das norwegische Volk von ihm zu grüßen. Unser Kampf ist ihr Kampf. Ihr Kampf ist unser Kampf!«

Ich fiel fast in Ohnmacht. Der Schweiß lief herunter, dann brach der Jubel los, ich fiel vom Tisch und wurde von Armen und Händen, weichen Wangen und geballten Fäusten aufgefangen.

Es war schon nach Mitternacht, als die Kleistergruppe fertig gerührt hatte: fünf Eimer mit Mehl und Wasser. Die Plakate wurden eingeschmiert und mit Zeitungen zusammengerollt, und das Lager wurde in neun Paare eingeteilt, die Oslo-West abdecken sollten. Mir wurde Skillebekk und Umgebung zugeteilt, ein gefährlicher Bereich, mit Bullenautos gespickt, die um die Botschaften herumschnüffelten, das erforderte einen Mann, der die Gegend wie seine Westentasche kannte. Gunnar nickte anerkennend, und zusammen mit einer rothaarigen Torte trottete ich mit fünf Tüten »Nein zum Ausverkauf Norwegens« in die milde Mainacht. Wir radelten bei Hoff vorbei und die Bygdøy Allee hinauf, stellten die Räder bei der Thomas Heftyesgate ab und gingen weiter zu Fuß.

»Wo wollen wir anfangen?« fragte Rotkäppchen.

Ich blieb vor Bonus stehen.

»Hier«, sagte ich.

Ich rollte die Plakate aus und klebte das Fenster voll. Es war ein ziemlicher Schweinkram. Ich hatte den Kleister überall. Aber hinterher sah es prima aus. Nicht für ein Sonderangebot war mehr Platz. Sie würden Jahre brauchen, das abzukratzen.

»Wir können nicht alle hier ankleben«, flüsterte Rotkäppchen.

»Stimmt«, sagte ich.

Wir arbeiteten uns von Laternenpfahl zu Laternenpfahl weiter Richtung Skillebekk vor, Rotkäppchen war cool und systematisch. Wir überquerten Drammensvei, Rotkäppchen wollte Richtung russischer Botschaft, ich konnte sie nach Svolder mitlocken. Dort beklebte ich jeden Pfahl und jede Toreinfahrt, es kribbelte mir in den Fingern, als ich Vaters Saab sah. Dann zogen wir wieder zu den Straßenbahnschienen.

»'ne wichtige Gegend«, flüsterte ich Rotkäppchen zu. »Hier sind viele auf der Kippe. Ich weiß das, bin hier aufgewachsen.«

»Kleinbürger sind stur«, sagte sie.

Wir hatten noch drei Tüten übrig und klebten uns den Drammensvei längs.

Rotkäppchen hatte den Dreh raus. Sie schaffte es, die Plakate herauszuziehen, ohne einen einzigen Tropfen zu kleckern. Ich sah selbst wie eine Tube aus: Karlsens Kleister. Aber es klappte. Bis wir das Bullenauto die Fredrik Stangsgate entlangsegeln und nach links einbiegen sahen.
Rotkäppchen übernahm das Kommando.
»Wir trennen uns!« rief sie und war wie ein roter Wind davongebraust.
Ich drehte mich auf der Stelle um und lief mit den Tüten davon, sprang über die Gabelsgate, spürte den sauren Atem von Schnauzen im Nacken, bekam Paranoia, und meine Beine kriegten Flügel. Sirenen. In einer Kurve schrie etwas. Ich raste in einen Hinterhof, sprang über einen Zaun und war auf dem Lande. Das braune Gras war feucht. Hellgrüne Bäume in der kühlen Dunkelheit. Der Speicher. Der Stall. Ich hörte Bremsen und Rückwärtsgang, Autotüren wurden zugeschlagen. Ich hatte keine Wahl. Ich tastete mich zum Luftschutzkeller und schlich mich nach unten, nicht ganz, nur zur Hälfte, setzte mich auf die Treppe. Ich hörte Stimmen. Ich lauschte nach einem Hund, hielt den Atem an. Ich weiß nicht, wie lange ich da gesessen habe. Ich hörte nichts, nur meinen eigenen rasenden Puls. Die Treppe war dunkel und kalt. Mir schien, als sähe ich da unten Augen, ganz unten in der Dunkelheit. Ich konnte nicht aufstehen, saß in einer Schmiere aus Kleister, Plakaten und Zeitungen. Es war mir, als bewege sich etwas, als höre ich das Geräusch einer Tür, die ins Schloß fällt. Ich rief. Die Stimme verlief sich im Zickzack durch die muffigen Wände, als stünde eine Reihe Menschen dort und schrie etwas zu mir zurück. Ich rief, rief alle Mächte an, ich rief zum Dachs und zu Mao, zu Jesus und Marx, Lenin, Mutter und Vater, ich schrie vor Angst, weil ich im Kleister festsaß, aber das war beileibe kein Gebet.

Es war schon früher Morgen, als ich nach Sogn kam. Gunnar und Merete waren noch auf und warteten auf mich, sie hatten im Flur einen riesigen Frühstückstisch gedeckt. Sie waren überglücklich, hatten gedacht, ich sei verhaftet und säße im Knast beim Verhör. Dann fingen sie an zu lachen. Und als ich mich im Spiegel sah, begriff ich, warum. Ich war eine wandelnde Plakatsäule. Die anderen wurden durch das Gelächter geweckt, und der Typ, der Kunstgeschichte studierte, meinte, ich würde einer kubistischen Collageskulptur ähneln, und wollte mich zur Herbstausstellung einsenden. Ich zupfte die Fetzen runter und zog die einzigen sauberen Klamotten an, die ich noch hatte. Dann packte ich meinen Turnbeutel und nahm die Bücher unter den Arm.
»Ich muß gehen«, sagte ich.
»Bleibst du nicht zum Frühstück?«
»Glaub' nicht.«
Der Tisch war mit norwegischen und roten Flaggen geschmückt.

»War 'ne schöne Rede, die du über Island gehalten hast«, sagte Merete.
Gunnar kam auf mich zu.
»Wir seh'n uns bald. Viel Glück bei der Prüfung!«
Dann nahm er meine Hand.
»Das hättest du nicht tun sollen«, sagte ich.
Er sah mich etwas verwirrt an. Dann kapierte er. Wir waren zusammengeklebt. Wir zogen so gut wir konnten, in alle Richtungen, es nützte nichts.
»Guten Kleister machen sie im Äußeren Westen«, kicherte Gunnar, wir mußten unter den Wasserhahn.
So verließ ich das Sogn Studentenviertel. Es war Frühling, und ein weicher Duft von Parfum schwebte durch die Luft. Aus den Fenstern hingen große rote Flaggen, und überall war Musik zu hören.

Bei Seb war wieder alles durcheinander. Er brauchte eine Dreiviertelstunde, um von der Matratze zur Tür zu krabbeln, und dort stand er schiefe zwei Meter lang da, in schmutziger Unterhose mit Hühnerbrust. Ich war ziemlich erleichtert.
»Das wird auch Zeit, daß du hochkommst, he!«
Wir robbten rein, und Seb bekam das Fenster auf. Auf der Fensterbank standen keine grünen Pflanzen mehr. Es hingen auch keine Pyjamas zum Trocknen da.
»Wo ist Guri?«
Er lümmelte sich auf die Matratze und steckte einen dicken Stummel an.
»She's gone and left me«, seufzte Seb.
»Aber das sah doch so prima aus, als ich letztes Mal hier war.«
»Genau, Süßer. Kannste dich noch an meinen botanischen Garten im Fenster erinnern? Tja, Guri dachte, das seien Hyazinthen, Zwiebeln und so, aber eines Tages kriegte sie heraus, daß es solider Hanf von der Hochebene war. Hab ich um Weihnachten von 'nem Typen im Park gekauft. Sie hat die ganze Ernte rausgerissen und sich aus dem Staube gemacht.«
»Haste Hasch im Fenster gezüchtet!«
»Na logo. Hatte die Ölheizung voll aufgedreht und wartete nur noch auf die Frühlingssonne. Fenster nach Süden, das reine Treibhaus, Kim.«
»Du bist schon verrückt.«
»Was soll's, Kim. Die Leute brennen doch auch Schnaps, oder?«
Er setzte Kaffeewasser auf, gab mir den Stummel und vergrub sich in einem Kleiderhaufen.
»Biste in Sogn ausgezogen?« hörte ich.
»Klaro. Wurde mir zu nervig. Hab gedacht, ich könnte hierbleiben und für die Prüfung lernen.«

Er kam mit einer ausgefransten Jeans und einem ungewaschenen Pullover wieder zum Vorschein.
»Dein Prüfungstick gefällt mir nicht, Kim. Du wirst ja ganz eckig in den Augen. Aber du kannst hierbleiben — so lange du willst!«
Wir tranken Pulverkaffee. Er schmeckte nach Seife.
»Haste nichts zu trinken?« fragte ich.
»Gute Idee, Professor. Wir schauen bei meiner Großmutter mal rein. Sie hat den Keller voll mit Kübeln vom Großvater.«
Sie wohnte am Sankthanshaug und frühstückte gerade, als wir kamen. Es roch nach getoastetem Brot und Marmelade. Sie nahm uns beide in den Arm und wollte für Seb eine Dose aufmachen, als sie sah, wie dünn er geworden war, aber Seb kam gleich zur Sache.
»Können wir nicht ein paar Saftflaschen von dir leihen, Oma. Es ist 1. Mai, die Geschäfte haben geschlossen.«
Sie sah ihn nachdenklich an, zwinkerte mit dem runzligen Augenlid und holte den Kellerschlüssel.
»Nehmt nicht soviel von dem Johannisbeersaft, Jungs, davon hab' ich nicht mehr viel.«
Ich weiß nicht, wer wen mehr verarschte. Wir trollten uns hinunter und schlossen den Verschlag auf. Eine Längswand war mit Flaschen bedeckt, von denen jede in einem separaten Loch lag.
»Großvater hat gesammelt, und Großmutter trinkt«, kicherte Seb. »Prima Ordnung. Sie schafft es sowieso nicht mehr, das alles zu leeren, bevor sie stirbt.«
Wir nahmen zehn Weißwein und einen vollen Kognak mit. Großmutter kam mit ein paar allgemeinen Ermahnungen, als wir den Schlüssel wieder ablieferten, aber sie konnte uns vertrauen, wir würden nichts verschütten. Und dann trotteten wir wieder hinunter, an Katta und Frelsern vorbei, inzwischen waren Leute auf der Straße. Die Militärkapellen liefen herum, und wir beeilten uns. Am Versuchsgymnasium war der Teufel los, Transparente hingen aus den Fenstern, absoluter Karneval. Wir preßten einen Korken nach innen und tranken eine Mundvoll auf die Pygmäen und den Religionslehrer. Dann latschten wir nach Hause und stellten das Futter in den Kühlschrank.
Wir begannen mit dem Kognak, um eine solide Grundlage zu haben.
»Willste im Zug mitlaufen?« fragte ich.
»Nix da. Bin schon mal rausgeschmissen worden. Will zur Helmsgate hoch.«
»Weißt du, wie's Nina geht?« fragte ich schnell.
»Denke, es geht ihr besser. Aber sie war ziemlich weit unten. Weiter als ich.«
»Sie hat es bis Afghanistan geschafft«, sagte ich ruhig.
»Das hat sie.«

Wir öffneten einen kalten Weißen, unter uns kochte die Stadt.
»Mein Vater ist nach Hause gekommen«, sagte Seb. »Er wohnt bei Mutter.«
Wir hielten eine Weile unsere Klappe, dachten nach.
»Haste was von Ola gehört?« fragte ich.
Seb kicherte und legte sich lang.
»Rikard wächst. Weißt du, er ist drei Wochen zu spät geboren, hatte schon 'nen Pony und Schneidezähne, als er endlich kam!«
Wir kicherten eine ganze Weile und versanken im Wein.
»Wir müssen ihn besuchen«, sagte ich. »Verdammt, wir fahren nach Trondheim — nach der Prüfung!«
»Superidee! Wir überraschen Familie Jensen mit einem Blitzangriff der Stadtguerilla!«
Wir prosteten uns zu und machten eine neue Flasche auf.
»Was für 'nen Scheiß lernst du eigentlich auf dieser moosbedeckten Universität?«
»Daß wir ins orale Stadium kommen. Quatschen und saufen.«
Mit einem Mal wurde ich verdammt müde. Seb verschwand im Nebel, mein Kopf war total leer. Er beugte sich über mich und schüttelte mich.
»Kamerad Kim! Wir wollen jetzt in die Stadt!«
»Das pack ich nich'«, murmelte ich.
Und das ist das letzte, an das ich mich erinnere, bis er wiederkam und es der nächste Tag war.
»Du willst doch wohl nicht behaupten, daß du die ganze Zeit geschlafen hast?«
Ich wußte nicht, wo ich war, ich war überall, in allen Zimmern, die ich kannte, und in jedem saßen Menschen und versuchten, mich wachzukriegen. Endlich sah ich Seb.
»Ist was passiert?« murmelte ich.
»Die ganze Stadt war auf den Beinen, Kim. Es gab kaum noch einen Stehplatz. Wir haben auf dem Universitätsvorplatz Zielwerfen organisiert. Mit Stalin als Zielscheibe! Meine Güte, da war was los!«
Er ließ sich auf der Matratze nieder, während ich aufstand.
»Hab übrigens Stig getroffen. Wir sind auf den Bauernhof eingeladen. Wann fahren wir eigentlich?«
»Nach der Prüfung.«
»Du bist nach dem Stoff ja ganz süchtig!«
Dann war Seb mit Schlafen dran, und ich fing an zu lernen. Es war eine prima Einteilung. Wir kamen nie in den gleichen Rhythmus. Wenn ich schlief, war Seb irgendwo in Oslo oder Umgebung unterwegs. Wenn er schlief, saß ich über den Büchern, und eines Morgens mitten im Mai war endlich die Prü-

fung. Meine Nerven waren ruhig wie Mutters Wollknäule, das Gehirn in höchster Bereitschaft. Seb kam gerade mit neun Krügen Wein in die Tür, die er von seiner Großmutter geholt hatte, wünschte mir Glück und glitt auf der Matratze dahin. Ich wanderte durch den schwerelosen Regen nach Blindern, fand die Turnhalle und einen Platz an der Sprossenwand. Um mich herum saßen zerzauste Haufen mit Muskelknoten in der Stirn. Ich war Buddha. Ich war der Wind und das Meer. Ich legte die frischgespitzten Bleistifte, Radiergummi und Kugelschreiber vor mich hin. Ich konnte alles bis in die Fingerspitzen, bis auf den einen, den krummen, häßlichen Finger, der war meine einzige Lücke. Dann knallte die Tür, ein schweres Atmen ging durch den Raum, und die Rentner schleppten sich über den Boden und verteilten die Aufgaben. Aber bevor ich sie nur lesen konnte, war ein anderer Alter da und wollte meinen Studentenausweis sehen. Den bekam er. Ich las weiter. Es sah einfach aus, lächerlich einfach. Hier war gar kein Bleistift notwendig. Ich nahm den Kugelschreiber und spürte eine Hand auf meiner Schulter.

»Sie stehen nicht auf der Liste«, flüsterte mir der Alte ins Ohr.

»Was für 'ne Liste?«

»Die Prüfungsliste. Haben Sie sich nicht angemeldet?«

»Angemeldet?«

Ich mußte nach vorne zu dem Aufsichtführenden. Dort wurde die Sache rasch und gnadenlos abgewickelt. Ich hatte mich nicht zur Prüfung angemeldet. Das war nur zu bedauern. Kim Karlsen mußte nach vier Minuten passen. Alle starrten mich an. Ich schaffte es nicht, meine Bleistifte noch zu holen. Ich ging zu Frederikke und bestellte ein Bier. Der Finger hatte Schuld. Ich haßte den Finger, schlug mit ihm gegen den Tisch, hatte Lust, ihn rauszureißen, in Stücke zu zerkauen. Drei Mädchen in der Ecke beobachteten mich. Ich schlich mich hinaus, lief in die Munchsgate und weckte Seb.

»Wie isses gelaufen?« gluckerte er.

»Bin rausgeschmissen worden. Hatte vergessen, mich anzumelden.«

Er sprang hoch, und ein breites Grinsen zerriß sein Gesicht.

»Saustark, Kim. Das beste, was dir passieren konnte. Das muß gefeiert werden!«

Er zog einen Weißwein aus dem Kühlschrank und goß ihn in Halblitergläser.

»Und nachher fahren wir zum Anleger runter, kaufen Krabben und legen uns unter die Bäume bei Akershus! Wie klingt das, Kim?«

»Und morgen fahren wir zu Ola!«

»Genau.«

Aber am nächsten Tag kamen wir nicht los, streckten den Finger nicht vor Mitte Juni in die Luft, aber dann, an einem heißen Morgen Mitte Juni standen wir am Trondheimvei, unsere Daumen in Reih und Glied und unsere

Köpfe voller Tatendrang. Gunnar konnte nicht mitkommen, er sollte eine Agitationsfahrt ins Sørland machen, als Ersatz hatte er uns mit einem ganzen Sack voll Flugblättern und Broschüren ausstaffiert.
»Seltsam«, sagte ich zu Seb. »Habe fast den Eindruck, als wenn die letzte Zeit, das letzte halbe Jahr, einfach so weggerutscht ist. Hab' nicht mal Zeit gehabt nachzudenken.«
»So war's in Amsterdam, als ich auf dem Trip war. 'n neues Zeitalter. Hab mit dem rechten Auge geblinzelt, und schon war eine Woche vergangen.«
»Das macht mich total nervös! Ich verliere irgendwie die Kontrolle.«
»Komm, keep cool, Kim. Wir haben Ferien.«
Die Autos rasten an uns Richtung Sinsenkreuz vorbei. Die Stadt lag im Dunst. Der Fjord sah wie ein blauer Fußboden aus. Das Land von Nesodden lag wie ein grüner Abhang vor dem Himmel.
»Biste sicher, daß wir nicht doch lieber anrufen sollen und sagen, daß wir kommen?« überlegte ich.
»Quatsch mit Soße! Dann gibt's doch nur Organisation und Panik. Der Junge hat *Familie!* Vergiß das nicht.«
Eine erkältete Kiste schwenkte vor uns auf den Bürgersteig, die Tür flog auf.
»Springt rein, Jungs! Ich bin auf dem Weg zur Arbeit.«
Wir quetschten uns auf den Rücksitz, und der Typ war an Gjelleråsen vorbei, bevor wir die Tür geschlossen hatten.
»Ihr wollt nach Trondheim? Hab' ich mir gedacht. Wo ihr doch am Trondheimvei gestanden habt. Haha. Traf mal 'nen Typen, der stand an der Stavangergate und trampte. Du bist total falsch, sagte ich. Völlig daneben.«
Wir lachten höflich, er musterte uns im Spiegel.
»Habt ihr den kapiert?« fragte er.
Wir lachten noch lauter, und der Fettwanst mit Pomade im Haar unternahm ein riskantes Überholmanöver und quetschte das Auto mit dem Spielraum einer Sekunde zwischen einen Bus und einen Lastzug.
»Geht meistens gut«, grinste er, Seb holte einen dicken Stummel hervor und wir pafften los.
»Den Tabak kenn' ich gar nicht, Jungs. Neue Marke?«
»Pakistanisches Menthol«, sagte Seb.
»Das sag ich immer, diese Fremdarbeiter schleichen sich überall ein. Was ist denn an den Teddys so schlecht, häh? Könnt ihr mir das sagen? Man kann ja gar nicht mehr durch die Stadt gehen, ohne auf eine Horde Buschmänner zu stoßen. Ich will euch mal was erzählen, Jungs. Letzte Woche war ich in Lillesand und hab einen Araber getroffen, der total mit Sørland-Akzent gesprochen hat! Was haltet ihr davon? Übrigens, kann ich mal probieren?«
Er lehnte sich nur nach hinten und griff den Joint aus der Luft, zog dran, in-

halierte und hustete wild über dem Lenkrad. Das Auto zog auf die linke Fahrbahn, er schrie, fand die rechte Spur mit einem Schrei wieder.
»Fürchterlicher Geschmack«, krächzte er. »Menthol, sagtet ihr? Da seht ihr's wieder! Nennen es Menthol, und dann ist es die reine Scheiße. Eselsscheiße. Ich kenn mich da aus. Und wenn wir Mitglied in der EWG werden, werden die Spaghettifresser mit all ihren Tricks in unser Land einwandern. Was, meint ihr, wissen diese Spanier und Italiener denn von Seife, Parfum, und Schminke? Nichts, Jungs. Aber ihren Mist verkaufen sie billig und machen den Markt für uns Seriöse kaputt. Das wird eine Katastrophe. Ganz Norwegen wird nach Schweiß stinken. Stimmt's?«
»Sind Sie Vertreter?« fragte ich.
»Du hast es erfaßt. Ich mache die Damen schön. »Pedersens Etui«. Das bin ich. Parfum, Pinzette und Puder. Plus, plus. Das bin ich. Habt ihr übrigens noch mehr von dem Tabak. Meiner ist mir ausgegangen.«
Seb gab ihm ein Stäbchen, und er dampfte los, drehte das Fenster runter und schaukelte pfeifend mit 120 daher. Der Mjøsa-See lag links von uns. Die Uhr am Armaturenbrett lief genauso schnell wie das Tachometer. Wir näherten uns dem Gebirge. Er kurbelte das Fenster hoch. Ich sah ihm ins Gesicht. Es war schwarz geworden, seit wir Oslo verlassen hatten. Er fummelte aus dem Handschuhfach einen Rasierapparat hervor und fuhr sich damit übers Gesicht.
»Batterie«, grinste er. »Das ist auch etwas, was die Damen mögen. Besonders die alleinstehenden. Kapiert ihr?«
Seb war eingeschlafen. Pedersens Augen hingen aus dem Schädel. Die Straße gehörte ihm. Sobald ein Auto auf seiner Spur war, hupte er und zischte vorbei. Es ging um Haaresbreite. Die Stunden und Kilometer türmten sich hinter uns. Ich sah den Bart in Pedersens Gesicht wachsen, ich *sah* ihn, die schwarzen Stoppeln schossen ihm aus der Haut, und er brummte mit seiner Maschine übers Kinn, während er im Zickzack durch Norwegen fuhr, Trondheim mitten im Nabel traf und abrupt bremste. Seb erwachte mit einem Schluckauf.
»Das war's, Jungs.«
Wir standen mitten auf einer Brücke. Der Nidarosdom warf seinen Schatten über uns.
Wir dankten für die Fahrt und bekamen die Tür auf. Er hielt mich mit einer weichen Hand zurück.
»Niemand soll sagen, daß Pedersen kleinlich ist«, nuschelte er.
Und dann holte er aus einem Karton auf dem Vordersitz zwei Päckchen heraus und gab sie uns.
»*Pedersens Etui*«, sagte er. »Bitteschön. Ihr seht ja fürchterlich aus.«

Wir standen auf der Brücke über dem Fluß und sahen ihn in die Dämmerung fahren. Es roch beißend nach Pomade. An der ersten Kreuzung knallte es. Ein Polizeiwagen kam von rechts, Pedersen gab Gas. Die Uniformen umringten das Auto und zogen einen grölenden Pedersen heraus.
»Wir hauen besser ab«, sagte Seb.
Das taten wir. Wir liefen, bis wir zu einem Park kamen. Dort setzten wir uns auf eine Bank und öffneten die Etuis. Seb bekam einen Lachkrampf und fing an, sein bleiches Gesicht zu pudern.
»Wir müssen uns hübsch machen!« blökte er.
Und als wir bei der Familie Jensen klingelten, sahen wir richtig süß aus. Wimperntusche, Puder, Lippenstift, Parfum und Haarspray. Ola stand in der Tür und bekam den Mund nicht wieder zu. Wir waren die Männer vom Mond. Wir warfen uns auf ihn, daß er zu Boden ging. Er kämpfte sich los und taumelte gegen die Wand.
»Wer ist es, Ola?« hörten wir aus der Stube, das mußte die Gattin sein. Ola bekam keinen Pieps heraus. Wir machten die Tür weit auf, dort im Salon mit Leuchtern und Stickereien an der Wand und Kaffee und Keksen auf dem Tisch saßen drei Menschen. Sie bekamen Maulsperre. Sie erstarrten über ihren Tassen zu Skulpturen. Ola kam hinter uns her und wedelte mit den Armen.
»Das sind S-s-seb und K-k-kim aus Oslo«, erklärte er fieberhaft und deutete in alle Richtungen. »Und das sind K-k-kirsten und ihre E-e-eltern.«
»Wo ist Rikard?« johlte Seb.
Wir latschten ins Schlafzimmer, dort lag ein rundlicher Körper in einem Korb, und als ich ihn erblickte, den schlafenden hellroten Kopf, war ich mit einem Mal klar und durchsichtig wie Glas, und ein Diamant schnitt kreuz und quer die Angst in mich hinein.
»Er ist schön«, flüsterte ich. »Wow, ist er schön.«
Ich legte einen Finger auf seine Stirn, und Rikard begann zu schreien. Kirsten kam angestürmt und hob ihn hoch, schaukelte ihn ruhig und sacht, ich mußte in einem fort schlucken. Ola stand stolz und verschreckt da und wußte nicht, was er tun sollte. Kirsten knöpfte sich die Bluse auf, und Rikard griff nach ihrem Busen.
»Laßt uns man ins Wohnzimmer gehen«, sagte Ola leise.
Und dort passierte es. Jedesmal, wenn Kirstens Mutter oder Vater ihren Mund aufmachten, fing Seb an zu gröhlen. Er saß zusammengekrümmt auf seinem Stuhl und spuckte Kekse. Die Stimmung war an ihrem Siedepunkt. Ola zerbrach eine Tasse in seiner Hand. Zum Schluß kullerte Seb auf dem Flickenteppich herum, hielt sich den Bauch und kreischte, während ihm der Puder vom Gesicht bröckelte. Ich wischte die Schminke mit meinem Schweiß ab,

und Kirsten kam mit verkniffener Miene herein. Ola saß wie eine Muschel auf dem Sofa.

Ich mußte Ordnung schaffen.

»Wir kommen vom Karneval«, lachte ich schüchtern. »Oslos Universität, wenn das Semester beendet ist. Darum sind wir ... darum sind wir ... so.«

Ich merkte mit einem Mal, daß ich es nicht hinbekam, konnte nicht lügen. Sie glaubten mir nicht. Ich bekam den japsenden Seb vom Fußboden hoch und schleppte ihn zur Tür. Ola kam hinterher, wir standen allein im Eingang.

»Tut mir leid«, sagte ich leise. »Tut mir leid. Hoffentlich haben wir nichts verdorben.«

»Ihr hättet Bescheid sagen sollen.«

Ola sah zur Seite.

»Ich beneide dich«, sagte ich. »Der Kleine und alles.«

»Was m-m-macht ihr jetzt?«

»Fahren nach Hause. Sollen von Gunnar grüßen.«

Ich gab ihm das Kopfkissen mit den Flugblättern. Seb stand wieder aufrecht und lehnte sich an Ola.

»Super, daß du wieder angefangen hast zu stottern«, kicherte er. »Dieser Akzent in Trondheim ist ja nicht mit ernster Miene zu überstehen! Haste schon mal 'nen Araber mit Sørland-Akzent reden hören?«

Ich bugsierte ihn ins Treppenhaus hinaus und knuffte Ola.

»Grüß Rikard«, sagte ich. »In 15 Jahren spielt er bei The Snafus die Trommel!«

Ola sagte nichts, aber in seinen Augen konnte ich ein ganzes Buch lesen. Ich schob Seb die Treppen hinunter und hörte Babyschreien, als wir in die nüchterne Juninacht hinauszogen.

»Verdammte Scheiße! Mußtest du ausgerechnet jetzt so 'nen Mist machen! Wo die Schwiegereltern da waren!«

»Kann nichts dafür, Kim. Es hat mich umgehauen.«

»Arschloch!« schrie ich ihm ins Gesicht. »Arschloch!«

Wir hatten in Trondheim nichts mehr zu tun. Ich hatte Geld für Bahnfahrkarten nach Hause. Der Zug ging um 10 Uhr, das konnten wir schaffen.

»Kommste mit zu Stig?« fragte Seb, als wir auf dem Gang standen und die Lichter wie Sternschnuppen vorbeizischen sahen.

»Nichts da.«

»Mensch, mach keinen Scheiß! Du bist doch wohl nicht sauer, he?«

Ich lehnte meine Stirn ans Fenster und spürte ein Vibrieren. Ich preßte sie stärker dagegen. Die Nähte knackten im Schädel.

»Ich fahr nach Nesodden«, sagte ich.

Seb stieg in Oppdal aus. Ich fuhr weiter bis Oslo. Ich sah Freds Mutter im Fenster stehen. Ich hatte Morgentau in den Augen.

In der Munchsgate war die Hitze nicht auszuhalten. Die Stadt erwachte wie ein lustloser Löwe. Ich war blank, hatte nicht mal mehr Geld für die Fähre nach Nesodden. Ich lag auf der Matratze und durchdachte die Lage. Später ging ich raus. Die Sonne stand hoch. Oben auf der Straße, vor der Bäckerei, spielten ein paar Winzlinge Fußball. Ich lief zu ihnen hin, krallte mir den Ball und wollte ihnen ein paar Tricks zeigen. Sie wurden stinksauer, dribbelten um mich herum und schrien mich an. Ich schlich mich davon. Ich mußte mir Kies besorgen, ehe ich fahren konnte. Ich hatte einen Plan. Ich spazierte nach Svolder und schloß auf. Der Geruch nach Ferien. Die Gardinen filterten das Licht. Staub. Laken über den Möbeln. Ich holte alle meine Beatles-LPs hervor, stopfte sie in eine Plastiktüte und beeilte mich rauszukommen. Die Straße war leer. Eine Böe wirbelte Sand auf. Eine Möwe schrie hinter mir. Ich fuhr zu dem Laden in der Skippergate und zeigte der alten, gierigen Hexe, was ich anzubieten hatte. Sie fummelte die Scheiben mit knotigen Fingern heraus, betrachtete sie eingehend, pustete.
»Die sind abgenutzt«, wisperte sie. »Kratzer. Flecken.«
Ich antwortete nicht.
»90 Kronen«, sagte sie schnell.
Sie hielt das Geld schon bereit. Ich nahm die Scheine und lief hinaus, blieb ein paar Sekunden stehen, Stunden, dann ging ich die Karl Johan hinauf. Das schlechte Gewissen brannte im Hinterkopf. Ich hatte mich verkauft. Bei »Saras« war ein Tisch frei. Ich bestellte Bier, drehte ein paar Zehner zusammen und steckte sie in die Gesäßtasche, so war ich sicher, mit der Fähre mitzukommen. Ich brauchte nicht vor dem Abend zu fahren. Ich hielt nach jemandem Bekannten Ausschau. Ich trank mein Bier und ging wieder auf die Karl Johan hinaus. Die Menschen schoben sich mir entgegen, wie schiefe, fallende Säulen, in der Hitze schwarz gekleidet, mit weißen, staubigen Gesichtern. Ich kam bis zum Studenterlunden. Dort steckte mir plötzlich jemand ein Flugblatt in die Faust. Es waren Peder und Schleim-Leif. SAGST DU ZUR GEMEINSCHAFT NEIN? stand auf einem großen Plakat. Ich schmiß das Papier weg und lief weiter, stoppte aber jäh. Da saßen sie ja alle, auf den gelben Bänken unter den Bäumen, das grüne Licht von oben fiel wie lautloser Regen herab. Die Eingeweide kamen mir hoch. Da saß Nina, eine Spritze im Arm, das saß Fred, pudelnaß, dünner als je zuvor, da saß der Drachen, mit dem zerfetzten Gesicht und einem blutigen, abgefressenen Arm. Und Jørgen, fett, mit dünnen Strähnen, einem blauen Schnitt durch die Wange, toten Augen. Ich lief so schnell ich konnte, hörte ein Auto quietschend bremsen. Im Park war

es leer. Ich lag auf den Knien im Gras und spuckte. Das Schloß wurde renoviert. Gerüste. Ich setzte mich in den Schatten eines Baumes. Eine Schloßwache weckte mich und bat mich zu verschwinden. Ich ging langsam wieder zur Karl Johan hinunter. Dort auf den Bänken saß niemand mehr. Das grüne Licht war dunkler geworden. Die Sonnenschirme bei Pernille sahen wie riesige Fliegenpilze aus. Da kamen sie mir wieder entgegen, Menschenmassen, schiefe, zusammenstürzende Säulen. Ich drehte mich schnell weg, riß mich los und rannte zum Club 7 hinüber. Geschlossen. Ich mußte zum Fähranleger hinunter. Die Uhren im Rathausturm schlugen. Ich trottete an dem Betongrab vorbei, blieb stehen, sah mich um und konnte den Himmel nicht entdecken. Mir fiel das alte Vika ein, und ich spürte eine Stahlkrampe im Rücken. Ich schrie wie wahnsinnig, das war der Schrei, auf den ich gewartet hatte, er war zurückgekommen, ich schrie, daß die Fenster um mich herum zerbarsten, ich stand in einer Lawine aus Glas, und in jeder Scherbe sah ich den Schein eines roten Sonnenunterganges.

LOVE ME DO

Sommer / Herbst 72

Allmählich erwachte ich von einem Schmerz, der den Arm hochjagte und sich in der Brust festsetzte. Eine weißgekleidete Frau legte mir einen Waschlappen auf die Stirn. Weit entfernt stand eine Dame, die meiner Mutter ähnelte. Sie kam zu mir, beugte sich über das Bett.

»Tut's weh, Kim?« hörte ich schwach.

»Wo bin ich?«

Die Weißgekleidete hob vorsichtig meinen Arm hoch und legte ihn auf die Bettdecke. Daher kamen die Schmerzen. Verbände. Mutter war immer noch da.

»Was ist passiert?« flüsterte ich.

»Du hast ein Schaufenster zerschlagen«, sagte sie leise. »Sie mußten dich auf der Unfallstation nähen.«

Ich bekam ein Glas Wasser. Die Krankenschwester stützte meinen Kopf mit einer kräftigen, weichen Hand.

Der Raum war schmal, mit nackten, hellgrünen Wänden. In einem Schrank bei der Tür hingen Kleidungsstücke. Meine Tweedjacke. Der Konfirmationsanzug.

Ich sah Mutter an.

»Wo bin ich?«

Sie drehte sich zur Seite.

»Gaustad.«

Ich spürte den Geruch von Terpentin und schlief wieder ein.

Als ich das nächste Mal aufwachte, waren mehr Menschen da, Vater war gekommen, Mutter, die Weißgekleidete und ein kleiner dunkler Mann, der auf einem Stuhl am Bett saß. Er hatte die Hand in der Jacke, sein Gesicht kam mir näher, brennende Augen, glänzendes, schwarzes Haar. Das war Napoleon. Ich schrie. Ich hörte viele Stimmen, Mutter war bei mir und erzählte mir Märchen. Der Arzt zählte meine Pulsschläge, und die Weißgekleidete kam mit einem Glas. Vater drehte mir den Rücken zu. Ich glaube, die Sonne

schien ins Fenster. Ich hörte einen Vogel.
»Warum bin ich hier?«
»Du mußt dich jetzt ausruhen, Kim«, sagte der kleine Mann. »Du bist hier, um dich auszuruhen, und wir wollen dir alle helfen. Verstehst du?«
Da war noch was anderes. Ich spürte es, irgendwas war mit meinem Kopf. Ich tastete mit der gesunden Hand. Totale Glatze. Glatt. Ich konnte die Erhebung fühlen, wo der Schädel zusammengewachsen war.
»Was habt ihr mit mir gemacht!« rief ich. »Was habt ihr mit mir gemacht!«
»Wir werden später miteinander reden, Kim«, sagte der kleine Arzt. »Jetzt bist du zu müde.«
Die Krankenschwester krempelte meinen Ärmel hoch, und die Menschen verschwanden. Ich war winzig klein und saß in einem Schlüsselloch. Auf der einen Seite der Tür war es stockdunkel. Auf der anderen kullerte eine weiße Sonne über den Boden.
Ich hörte das Geräusch von Schlüsseln.

Mutter war fast jeden Tag bei mir. Mein Haar wollte nicht wachsen. Ich bat sie um eine Mütze. Der kalte Flur vor dem Zimmer. Die Schritte. Der Speisesaal mit all den grauen Gesichtern und dem geschmacklosen, schmutzigen Fraß. Ich konnte nichts essen. Tabletten am Morgen, am Abend. Das Besucherzimmer mit dem alten Radio, den Zeitschriften und dem Aschenbecher aus Blech. Die Besucher, die steif dasaßen und ihre Angst und Abscheu zusammenpreßten. Jemand, der Amok lief. Isoliert. Die gedämpften Schreie. Ein Junge, der sich aus dem Fenster stürzte. Blutende auf dem braunen Hügel. Die Badewannen, grünes, abgesplittertes Email. Sich ausziehen, während die Weißgekleideten Wasser einlaufen lassen und herumgeistern. Mit einem Körper, der von innen hohl ist, zu Spott und Schande aller dastehen. Ich wollte meine Mütze nicht abnehmen. Habe es höflich verweigert. Sie lachten sich schief. Die Klotür, die nicht zu verschließen ist. Meine Zimmertür, die von außen abgeschlossen wird. Die Aussicht: Ganz in der Nähe ein dunkler Nadelwald. Die andere Seite: Das Hauptgebäude. Geradeaus, hinter dem Zaun und der Straße: Ein Feld und eine Rodung, grün, offen, sonnenbeschienen.
Mutter: »Wie geht es dir, Kim?«
Ich sah sie an. Sie schien stark. Es gab kein Anzeichen von Schwäche in ihren Augen.
»Hast du mit Doktor Vang geredet?« fuhr sie fort.
Napoleon. Ich nannte ihn Nappe. In meinem eingeäscherten Geist. Ich mußte jeden dritten Tag in sein Büro in dem anderen Flügel des Gebäudes.
»Wie gefällt es dir hier?« fragte er jedesmal, als wäre es ein Gebirgshotel.
Ich antwortete nie.

Er wurde schnell ungeduldig. Er war ein schwieriger kleiner Mann.
»Du bist sehr wenig zur Zusammenarbeit bereit, Karlsen«, sagte er und blieb gleichbleibend freundlich. »Du redest auch nicht mit deiner Mutter.«
Ich war mir immer sicherer, daß er eine Perücke trug. Sie lag schmierig auf dem Kopf, der Scheitel war ein senkrechter Strich.
Er stand immer als erster auf.
Ich konnte nichts sagen, schaffte es nicht länger zu lügen.

Die Pfleger waren eine heiße Truppe. Sie diskutierten über die EWG, und es kam vor, daß einer der ältesten Verrückten sich auf einen Stuhl stellte und schrie, daß die EWG das Tier in der Offenbarung sei und die Traktate von Rom die Tagesordnung des Antichristen und uns der Wind des Jüngsten Tages bereits um die Ohren wehe. Es gab ein Riesenspektakel. Ich blieb meistens in meinem Zimmer. Dort war es still. Ich sah aus dem Fenster. Sommer. Hatte nur einen Gedanken: Sollte ich für immer hier bleiben. Ich wußte nicht, warum ich hier war.
Manchmal sah ich Fernsehen. Die Uhr. Der weiße Sekundenzeiger, der sich im Kreis bewegte. Es konnte passieren, daß ich die Augen schloß und irgendwas träumte, im Traum stoppte ich die Zeit, und wenn ich die Augen öffnete, war nur eine halbe Minute vergangen, dabei hätte ich schwören können, daß ich schon mehrere Stunden dort gesessen hatte. Ein Blödmann, der Idiot, der den ganzen Tag Patience legte, mit allen möglichen Sachen, und es nie zur Auflösung brachte, kam zu mir.
»Laß dich nicht vom Fernsehen reinlegen«, flüsterte er und stockte gleich wieder, sah sich nervös um. »Hast du die Sportschau gesehen? Wenn ein Tor noch einmal gezeigt wird? Dann hält der Torhüter jedesmal. In der Wiederholung!«
Ich ging in mein Zimmer. Die Nacht kam immer, ohne daß ich es merkte. Der Graben zwischen Schlaf und Tag wurde langsam von einem pflichtbewußten, unerbittlichen Mann der Ordnung trockengelegt.

Mutter: »Kim, warum sagst du nichts? Wir konnten doch vorher miteinander reden?«
»Konnten wir das?«
Das traf sie tief, sie spannte alle Gesichtsmuskeln an, aber in ihren Augen war keine Schwäche, nur Besorgnis.
»Was haben wir denn falsch gemacht!« stieß sie hervor.
Den Rest der Besuchszeit klammerte sie sich an meinen Arm.
»Ich vermisse Nesodden«, sagte ich. »Ich sehne mich nach Nesodden.«
Nappe wollte mich zum Sprechen bringen. Er ging um mich herum, die

Hände auf dem Rücken, und wirkte leicht pathetisch. In seinem Zimmer roch es nach Schweiß. In seinem dunklen Blick konnte ich einen anderen, gefährlicheren Napoleon sehen, als er ihn mir bisher gezeigt hatte.
Ich hielt die Klappe.
Ich hatte keinen Appetit und wurde immer dünner. Ein Arzt kam und zog die Fäden aus der Hand. Die Narben verliefen kreuz und quer. Der mißhandelte Finger war am schlimmsten. Im Laufe des Abends ließ die Betäubung nach, verpuffte. Es tat gut, Schmerzen zu fühlen. Dann kamen sie mit der Abendmahlzeit. Tabletten. Chlorpromacin. Phenotiacin. Ich kann mich nicht mehr an alle Kosenamen erinnern. Erinnere mich nicht mehr an alles, was sie sagten. Aber alles war nur zu meinem Besten, sagten sie immer.

Mutter: »Onkel Hubert ist nach Hause gekommen!«
Ich begriff nicht, daß sie diesen Kaffee trinken konnte.
»Ein Bild von ihm ist für die Herbstausstellung angenommen worden!«
Ich drehte mich zum Fenster.
»Glaubst du, daß Verbrechen sich lohnen?«
Sie bekam es sofort mit der Angst zu tun.
»Du hast doch nichts Böses getan, Kim?«
»Warum bin ich hier?«
»Sie wollen dir helfen, Kim. Du wirst bald wieder gesund sein. Du kommst hier bald raus.«
»Gibt es dieses Jahr viele Äpfel, Mutter?«
»Ja«, sagte Mutter.
Ich schlief.

Eines Tages durfte ich mit auf einen Ausflug. Wir waren eine traurige Gang, die an den Feldern vorbei Richtung Sognsee trottete. Zwei Pfleger gingen vor und zwei hinter der Horde. Der Sommer war in seiner letzten Phase. Matt, erschöpft. Es mußte August sein. Die Beine waren nur schwer mitzukriegen. Wir schleppten uns den Weg entlang. Da sah ich sie. Sie kamen uns entgegen. Vier Jungen mit Angelruten über den Schultern und großen Angeltaschen. Sie gingen langsamer und sagten, während wir an ihnen vorbeigingen, kein Wort. Ich drehte mich um. Sie flüsterten miteinander und sahen uns hinterher.
An dem Abend fand ich keinen Schlaf.
Wind kam auf, es rüttelte am Fenster.
Schatten an der Wand. Prozessionen.
Irgendwo in der Nähe spielte jemand auf einer Säge.

Am nächsten Tag bekam ich Besuch. Gunnar und Seb saßen kettenrauchend im Besucherzimmer. Ich ging zu ihnen hinein, die Mütze tief heruntergezogen. Sie versuchten nicht, sie mir runterzureißen.
Ich setzte mich auf einen wackligen Stuhl.
Sie waren scheißnervös und wußten nicht, was sie sagen sollten.
»Wie war's bei Stig?« fragte ich.
Seb war braungebrannt und hatte Muskeln an den Oberarmen bekommen. »War okay«, flüsterte er. »Hab' in der Erde gewühlt. Werde im Herbst dorthin ziehen. Kannst dann meine Wohnung haben«, sagte er schnell.
»Glaub' nicht, daß ich sie brauche.«
Wir gingen in mein Zimmer.
»Haben dich in der ganzen Stadt gesucht«, erzählte Gunnar. »Deine Mutter sagte, daß du hier bist. Wir wollten das nicht glauben!«
Wir sagten ziemlich lange nichts mehr. Sie drehten sich eine und rauchten.
»Was ist denn passiert?« fragte Seb und schaute zu Boden.
»Weiß nicht. Hab' die Tollwut.«
Wir versuchten zu lachen. Es klang schlimm. Sie trauten sich nicht, mir in die Augen zu sehen.
»Was machen sie denn mit dir?« fragte Gunnar plötzlich.
»Sie dopen mich.«
»Scheiße!« Gunnar sprang auf und ging zum Fenster. »Verdammter Scheiß! Spuck den Mist aus! Spuck's ihnen direkt in die Fresse!«
»Hört ihr die Rufe«, fragte ich.
Sie wurden still, lauschten. Ein Schrei. Als wenn jemand mit einem Knebel im Mund schrie.
»Isolation«, sagte ich.
Die Besuchszeit war vorbei. Ich brachte sie zum Ausgang.
»Das war nicht George, der das Solo bei *While my Guitar gently weeps gespielt hat*«, sagte ich. »Das war Clapton.«
Seb sah mich irritiert an, nickte. Dann mußten sie gehen.
Den Rest des Tages saß ich mucksmäuschenstill da.

Regen.
Mutter: »Ich wollte einmal Schauspielerin werden. Ich habe Unterricht genommen, hab' ich dir das erzählt, Kim?«
»Warum hast du nicht weitergemacht?«
»Das Leben läuft nicht immer so, wie man es sich vorgestellt hat. Auch das muß man lernen.«
Die Mütze juckte auf der Stirn. Ich nahm sie ab. Mutter durfte mich auch ohne sehen. Sie strich mit der Hand über den kahlen Schädel und lächelte.

»Kann ich dir vertrauen?« fragte ich.
»Ja«, sagte Mutter. »Immer.«
»Egal was?«
»Ja, Kim. Egal, was es ist.«
Regen. Tabletten. Wasser.

Nappe wollte wieder mit mir sprechen. Ich saß in seinem Zimmer. Ich sah seine Haare an.
»Es ist schade, Kim, aber du bist für eine Behandlung einfach nicht motiviert, wie wir es nennen. Du möchtest doch gern mit den Medikamenten aufhören, nicht wahr? Aber das geht nicht, wenn du nicht in anderer Art und Weise mit uns zusammenarbeitest.«
Er blätterte in ein paar Papieren auf dem Tisch herum.
»Und wir können dich ja nicht ewig hierbehalten, oder?«
Ich dachte an die greisen Gespenster im Speisesaal, die kein Alter mehr besaßen.
»Wie lange ist eine Ewigkeit?« fragte ich.
Er sah auf, überrascht, meine Stimme zu hören.
»Wenn du diese Sachen gemacht hast, Kim, hast du da getrunken oder geraucht? Oder hast du dich selbst dazu entschlossen, aus eigenem Willen, eigenem, freien Willen?«
Ich bekam den Mund nicht wieder zu. Napoleon starrte mich an.
»Ich habe heute viel Zeit. Nimm dir die Zeit, die du brauchst, Kim.«
»Welche Sachen?«
»Das weißt du doch gut. Das Skelett zum Beispiel.«
Mutter mußte es ihm erzählt haben. Mutter. Jetzt konnte ich niemandem mehr vertrauen. Ich hielt die Klappe. Ich würde sie nie wieder öffnen.
Nappe wartete.
Dann konnte er nicht länger warten.
»Hast du bezüglich des Überfalls in der Bank deines Vaters irgendwelche Schuldgefühle?«
Ich hatte Fieber, war aber gleichzeitig völlig klar, klar, gerissen und auf der Hut wie ein gejagter Indianer.
Ich konnte ihn sehen. Den Brief, den ich, als ich bei der Musterung war, eigenhändig befördert hatte. Er lag geöffnet auf Napoleons Tisch. Zuerst war ich richtig froh. Mutter hatte nicht gepetzt. Dann entschloß ich mich. Ich beugte mich nach vorn, als wollte ich ihm etwas Vertrauliches mitteilen. Nappe sah erwartungsvoll aus. Aber statt dessen fegte ich seine Tischlampe zu Boden, riß den Brief an mich und sprang zur Tür. Er kam die Treppen hinter mir hergerannt, ich versuchte zu lesen, während ich lief, war aber zu schwach, ich

hatte keine Kraft, wurde von hinten gepackt, schlug mit der linken Hand um mich, schaffte es gerade noch, die Perücke hinunterfallen zu sehen, bevor ich selbst fiel, unglaublich schnell, in eine weiße, bildlose Dunkelheit.
Spätsommersonne. Klare, durchsichtige Luft. Ich könnte die Tannennadeln in zehn Kilometer Entfernung zählen.
Mutter: »Ich hab' dir 'ne neue Mütze gestrickt.«
Ich probierte sie auf. Sie war prima. Weich, schwarz.
»Danke.«
»Soll von Vater grüßen.«
»Warum kommt er nicht her?«
»Du darfst so etwas mit Doktor Vang nie wieder tun.«
»Was wißt ihr von mir?«
Ich steckte die alte Mütze in die Tasche.
»Wird es nicht Zeit, daß wir uns besser kennenlernen?« fragte sie vorsichtig.
Komische Worte.
»Doch«, sagte ich.
Eine Uhr schlug.

Ich schaffte es nicht, die Tage auseinanderzuhalten. Und die Nächte auch nicht. Eine Reihe von Glasmurmeln. Die Aussicht aus dem Fenster. Es mußte dem Herbst entgegengehen. Glas. Ein gelbes Blatt.
Aber an einen Tag erinnere ich mich genau. Den werde ich nie vergessen.
Ich hatte in meinem Zimmer Besuch.
Nina.
Sie saß mit ihren großen, ernsten Augen auf dem Stuhl, dünn, angeschlagen, lang, schwarzes Kleid. Der Mund.
Ich setzte mich aufs Bett, verbarg mein Gesicht in den Händen, fühlte das erste Mal seit langer Zeit, daß ich lebte.
Sie setzte sich neben mich.
»Kim«, sagte sie, war dicht an meiner Schulter.
»Wann bist du gekommen?« fragte ich. »Nach Oslo?«
»Gestern.«
»Gestern?«
»Ja. Ich werd' jetzt hierbleiben. Wir wohnen in der Tidemandsgate, erinnerst du dich?«
Ich bedeckte die Augen.
»Bist du jetzt gesund?« flüsterte ich.
»Denk schon. Das ist vorbei. Es gibt andere Sachen, für die man lebt, stimmt's, Kim?«
»Ja. Aber nicht hier.«

»Du mußt hier bald raus.«
Wir verknoteten uns ineinander, irgendwie, unsere dünnen Körper, ich beugte mich über sie, sie lag unter mir, weinte oder lachte. Ich zog ihr Kleid hoch, und sie hielt mich hart am Nacken fest.
»Sei vorsichtig«, sagte sie, bat sie.
»Keine Sorge«, murmelte ich. »Keine Angst, ich hatte Mumps.«
Es ging furchtbar schnell. Wir waren zwei Schleifsteine, die sich aneinander rieben, sie half mir, es tat weh, und sie weinte, dann liefen wir über, und in dem Moment, als ich spürte, wie ein empfindlicher Schmerz vom Schwanz ausging, öffnete sich die Tür, ich drehte mich um und schrie — und da stand Cecilie, vom Schlag getroffen, auf der Türschwelle — Cecilie. Sie drehte sich schnell um und verschwand, wie ein Traum oder ein Wecker.
Ich rollte herunter, fiel, kroch über den Boden. Nina war stumm, weinte lautlos und zog sich die Kleider an. Ein Pfleger kam hereingetrampelt. Ich hörte viele Schritte. Dann weiß ich nur noch, daß ich in einer Schneelawine war, Hunde bellten, ich fühlte, wie mich Stöcke am ganzen Körper trafen, aber dort, wo ich lag, grub niemand.

Die Weißgekleidete kam eines Morgens, als ich so war, wie ich gefunden worden war, mit einer Fotografie zu mir.
Sie war von mir. Ich lag in einem Haufen Schafe und strampelte mit Armen und Beinen.

Neue Tage. Alte Tage. Zähe Nächte.
Ich bekam die Erlaubnis, auf dem Gelände spazierenzugehen. In jedem Fenster ein Auge. Kalt. Zeit existierte nicht mehr. Meine Haare waren nicht gewachsen. Ich sah den Schornstein aus nächster Nähe. Den Zaun. Ich ging einen Pfad hinab, etwas kam mir entgegen, eine große Erscheinung, ein langsamer Berg. Ich wollte umkehren, doch dazu war es zu spät. Die Gedanken begannen zu surren, sich voneinander zu lösen, einer nach dem anderen, ein Feld rasender Blitze.
Er blieb genau vor mir stehen.
Er nahm mir die gesamte Aussicht. Er war größer denn je.
»Jensenius«, sagte ich, und nahm meine Mütze ab.
Sein Blick fiel auf meinen Schädel.
Er öffnete den Mund, brachte aber keinen Laut hervor. Seine Augen waren Pfützen einer alten Angst. Seine Zunge lag dick und schwer zwischen den Lippen. Er zitterte.
Jensenius war stumm.
Er deutete über die Schulter, auf das Hauptgebäude.

Die grüne Dachspitze.
Dann zog er einen Bleistiftstummel und ein Stück Papier hervor, schrieb, gab es mir, drehte sich langsam um und watschelte zurück.
Ich las, was auf dem Zettel stand.
Hau ab. Bevor es zu spät ist.
An dem Abend begann ich, die Medikamente verschwinden zu lassen. Ich hatte eine panische Angst. Ich war ganz klar. Ich hatte eine Todesangst und war gefährlich.

September.
Zeichen der Jungfrau. Ich war Waage.
Mutter: »Kim, du mußt mit ihnen zusammenarbeiten. Du mußt unseretwegen wieder gesund werden.«
»Kann ich mich auf dich verlassen, Mutter?«
»Ja, Kim. Natürlich kannst du das. Aber warum willst du nicht mit Doktor Vang sprechen? Er will dir doch nur helfen.«
»Was für ein Bild hat Hubert für die Herbstausstellung gemalt?«
Mutter lachte kurz.
»Eine Miesmuschel.«
Ich kaute auf einer Zigarette herum.
»Mutter, kannst du nicht irgendwann mal eine ganze Menge Papier und etwas zu schreiben mitbringen?«
Sie sah mich überrascht an.
»Natürlich. Was willst du denn damit?«
»Und einen Briefumschlag und Briefmarken.«

Gelbe Blätter wirbelten durch die Luft.
Ich saß bei Napoleon. Die Perücke saß tadellos. Er blickte auf meine Mütze und grinste schadenfroh.
»Wärst du lieber im Gefängnis?« fragte er plötzlich.
»Ja«, sagte ich.
Das Gespräch war vorbei.
Als ich runterkam, saß Gunnar im Besucherzimmer und paffte.
»Wir gehen in mein Zimmer«, sagte ich.
Der Flur.
Ich schloß die Tür und lauschte.
Gunnar sah mich an.
»Die letzte Umfrage zeigt 43 Prozent gegen und 36 dafür«, sagte er.
Ich saß am Fenster und steckte mir eine an.
»Weißt du, daß es genau zehn Jahre her ist, seit die Beatles *Love me do* aufge-

nommen haben?« fragte ich. »11. September 1962.«
»Wahnsinn. Was waren wir da noch winzig.«
Gunnar lebte regelrecht auf, seine Muskeln entspannten sich.
»Erinnerst du dich noch an das Autogramm, das ich dir in dem Herbst angedreht habe?«
»Lakritzpastillen. Du Schwein! Aber mit Kamerad Lin Piao konntest du mich nicht mehr reinlegen!«
Wir kicherten ein wenig. Ich dachte an die Flugblätter in der Schublade.
»Weißt du noch, das Pornoheft, das Stig aus Kopenhagen mitgebracht hatte?«
»Da hatte er Handball gespielt.«
»Ja, genau.«
Gunnar schien froh darüber, daß man mit mir so reden konnte, o Mann.
»Schweinische Sachen«, murmelte er grinsend.
»Und weißt du noch, wie ich dir da auf'm Klo aus der Klemme geholfen habe?«
»Das werd' ich nie vergessen, Kim.«
»Daß du mir die Hand gegeben hast und mir versprochen hast, mir zu helfen, wenn ich in Schwierigkeiten stecke?«
»Na logo, Kim.« Gunnar vergißt so was nicht.
Ich fiel mit einem Mal vor ihm nieder, ballte die Fäuste, hämmerte mit ihnen auf den Boden, hörte auf, lauschte.
»Du mußt mich hier rausholen! Du mußt mich hier rausholen, Gunnar!«

Indian summer.
Ich saß im Zimmer und wartete.
Lauwarmer Fraß auf dem Teller. Alle sprachen von den Morden in München.
Wache Nächte.
Mutter: »Was willst du denn mit all dem Papier?«
Ich legte es in meine Reisetasche im Schrank.
»Umschlag und Briefmarke?« fragte ich.
Sie gab sie mir und einen Kugelschreiber dazu.
»Willst du einen Brief an Nina schreiben? Sie war hier, nicht wahr?«

Gestern nahm ich die Läden von den Fenstern. Das Licht brach wie eine Welle ins Haus. In den Fensterrahmen lagen tote Insekten. Ich war geblendet, taumelte umher, die Hände vor dem Gesicht. Der Frühling kam von allen Seiten auf mich zu. Mai. Alles war durchsichtig. Die Papierbogen schimmerten. Die Schrift verschwand in der gleißenden Sonne. Ich kroch auf die Veranda hinaus. Meine Augen gewöhnten sich ans Licht, als wenn ich lange blind gewesen wäre und das Sehvermögen langsam zurückkäme. Der Fjord war voller Schif-

fe. Segelboote. Ein Kreuzschiff. Ein Motorkutter. Da hörte ich das Geräusch. Es war jemand da. Ich stand vorsichtig auf. Sie saß auf dem Stein, den mein Urgroßvater allein vom Anleger herbeigeschleppt hatte. Rittlings auf beiden rauhen, schwarzen Teilen, mit einem dicken Bauch, der sich unter dem geblümten Kleid wölbte.
Nina sah mich an.
»Hallo, Kim!« rief sie und winkte sacht.
Dann sprang sie vorsichtig und leicht zum Tor.
Ich wollte hinterherlaufen, hatte aber keine Kraft.
Sie drehte sich um und lächelte, hielt sich ihren riesigen Bauch.
Ich winkte mit der beschädigten Hand.
»Ich warte auf dich!« rief sie.
Und dann verschwand sie auf dem breiten Weg.
Hinter mir standen die Apfelbäume in weißer Blüte.

Es war der Wahlabend.
Der 25. September 1972. Ich war 21 Jahre alt geworden.
Ich saß im Zimmer. Ein aufgeregter Pfleger rauschte herein und wedelte mit den Armen.
»Die Neinstimmen nehmen rasend zu!« schrie er. »Lars Jakob läßt schon den Kopf hängen!«
Er verschwand sofort wieder. Ich hörte die Geräusche vom Fernseher. Klatschen, Hurrarufe.
Sie übertönten den Isolierten.
Ich sah aus dem Fenster. Es war fast Nacht. Das Bett. Die nackten Wände.
Die Weißgekleidete kam mit der Abendportion. Sie stellte das Pillentablett auf den Tisch und legte mir eine Hand auf die Schulter.
»Es wird sicher trotzdem Ja, Kim. Jetzt kommen die Stimmen von den Städten rein.«
»Kann ich's heute mal ausfallen lassen«, bat ich. Ich durfte nicht abstimmen.
Ich hätte für Nein gestimmt.
Sie war ungeduldig und nervös.
Die Geräusche von der Fernsehsendung.
»Es ist mein Job«, sagte sie schnell.
»Geh, und guck in die Röhre«, sagte ich. »Ich kann allein essen.«
Sie gab mir einen Kuß und ging eilig hinaus.
Ich hörte den Schlüssel im Schloß.
Ich zerbrach die Tabletten und verstreute sie unterm Bett.
Ich hörte das Gebrüll und Stöhnen aus dem Zimmer, in dem die Weißkittel vor dem Kasten saßen.

Es war unruhig.
Draußen der Wind, Schatten an den Wänden.
Dann war sie wieder da.
»Hast du dich noch nicht hingelegt?«
Ich setzte mich aufs Bett. Sie nahm das leere Tablett.
»Bratteli war auf dem Bildschirm. Es wird Ja.«
Ich legte mich schnell hin, und sie verschwand. Der Schlüssel. Eingeschlossen. Schritte.

Ich erwachte von einem leisen Klopfen. Ich sah mich im Dunkel um. Es klopfte wieder. Das Fenster. Ich spähte durch die Gardinen, sah Gunnars Gesicht im Schein einer Taschenlampe. Ich winkte, er löschte sie. Ich zog mich an. Nahm die Tasche mit den Schreibsachen und dem Brief. Es wunderte mich, wie einfach es war, das Fenster zu öffnen, während die Tür doch von außen verschlossen war. Ich schob mich über das Fensterbrett, und Gunnar nahm mich in Empfang. Wir liefen gebückt über den feuchten Hügel, kletterten über den Zaun, denn im Zaun von Gaustad gab es kein Loch, und dort, am Straßenrand, wartete ein Volvo PV mit laufendem Motor.
Gunnar schob mich hinein, Ola gab Vollgas, und wir rasten durch die Kurven.
Seb saß auf dem Vordersitz und schickte einen Weißwein nach hinten.
Ich kriegte das Heulen.
»Verdammt, Jungs. Verdammt!« Mehr bekam ich nicht heraus.
»Wir haben gewonnen!« schrie Gunnar mir ins Ohr. »Wir haben gewonnen!«
»Was?«
Ola saß wie ein Torhüter über dem Steuer.
»Bin in Trondheim losgefahren, als der Pfeil auf Ja stand. Sechs Stunden. Rekord!«
»Nein?«
»Ja!«
In der Kiste war helle Aufregung. Seb spielte einen Freudenblues auf der Mundorgel, Gunnar sang, wir brausten durch die Stadt, und die norwegische Flagge wurde gehißt. Ein Schwachkopf mit dem Europa- Zeichen auf der Heckscheibe war auf unserer Spur, Ola raste in die Mitte und drückte ihn in den Graben, wir steckten unsere Köpfe hinaus und zeigten ihm drei gerade Finger und einen krummen.
»Steck ihn dir in'n Arsch, du Blindfisch!« brüllte Seb, doch wir waren schon lange vorbei.
Ola parkte mitten auf der Karl Johan. Der Universitätsplatz war voll mit Leuten. Sie tanzten und hüpften mit Fahne, Flaschen und Feuerwerkskörpern

umher. Am Himmel zeigte sich ein heller Streifen, und wir warfen uns in den Tanz hinein, völlig außer Rand und Band, glücklich und verrückt. Wir schlugen Rad und waren die Sieger der Welt.
Dann drehte ich der Freude und dem Chaos den Rücken und ging fort, warf den Brief an Mutter beim Continental-Hotel ein und lief weiter zum Anleger hinunter. Vom Rathausturm schlug es sechs. Bald würde die erste Fähre von Nesodden kommen.
Während der Überfahrt blieb ich an Deck stehen.